zhongguo lidai tudi ziyuan fazhi yanjiu

中国历代土地资源法制研究（修订版）

蒲坚 ◎ 主编
张积 ◎ 副主编

北京大学出版社
PEKING UNIVERSITY PRESS

图书在版编目(CIP)数据

中国历代土地资源法制研究/蒲坚主编. —2 版(修订本). —北京:北京大学出版社,2011.10
ISBN 978-7-301-19604-5

Ⅰ.①中… Ⅱ.①蒲… Ⅲ.①土地资源-法制史-研究-中国 Ⅳ.①D922.302

中国版本图书馆 CIP 数据核字(2011)第 200609 号

书　　　名:中国历代土地资源法制研究(修订版)
著作责任者:蒲　坚　主编　张　积　副主编
责 任 编 辑:李　铎
标 准 书 号:ISBN 978-7-301-19604-5/D·2950
出 版 发 行:北京大学出版社
地　　　址:北京市海淀区成府路 205 号　100871
网　　　址:http://www.pup.cn
电　　　话:邮购部 62752015　发行部 62750672　编辑部 62752027
　　　　　　出版部 62754962
电 子 邮 箱:law@pup.pku.edu.cn
印 　刷 　者:北京宏伟双华印刷有限公司
经 　销 　者:新华书店
　　　　　　730 毫米×980 毫米　16 开本　30.75 印张　635 千字
　　　　　　2006 年 1 月第 1 版
　　　　　　2011 年 10 月第 2 版　2011 年 10 月第 1 次印刷
定　　　价:59.00 元

未经许可,不得以任何方式复制或抄袭本书之部分或全部内容。
版权所有,侵权必究
举报电话:010-62752024　电子邮箱:fd@pup.pku.edu.cn

修 订 说 明

《中国历代土地资源法制研究》一书，由北京大学出版社于 2006 年出版。此书上市不久就告脱售，常有学友因购买不到而向我索取，我无以为报。把此情况反映给出版社，经出版社研究后，同意修订再版。

这次修订分别由各位作者重新审阅原书后，有的做了修改和补充，有的纠正了原来印刷中出现的错讹，从而使本书的质量进一步提高。

由于本书出版至今已有五年，个别作者有的工作变动，有的职称已经晋升，需要重新在此说明。如柴荣已晋升为教授，第五章的修订主要由她负责。马志冰教授的研究生贾雅坤参加了第七章明代部分的修订，并提出一些补充意见。清代部分主要由杨柳负责修订。原来赵晓耕教授的博士生何莉萍前年已经毕业到广州大学任教，现为副教授，第九章的修订主要由她负责。此外，在第一版的说明中，将第六章的作者卞修全误写为卞修权，应予更正，并致歉意。

蒲 坚

2011 年 6 月 20 日

说　明

本书是国家国土资源部的科研项目。在本书立项时和撰写过程中,法规司甘藏春司长提出许多具体指示和要求,并指定由我担任本书主编,负责组织和指导这项工作。我邀请北京大学新闻与传播学院张积博士担任副主编,协助我完成这项任务,并撰写第一、二章。中国人民大学法学院赵晓耕教授与博士生柴荣(现为北京师范大学法律系副教授)共同撰写第五章,同时与博士生何莉萍共同撰写第九章。中国政法大学马志冰教授撰写第七章,同时与硕士生杨柳共同撰写第八章。北京语言大学杨翠微副教授撰写第三章。中国政法大学郑显文副教授和卞修全副教授分别撰写第四章、第六章(马志冰参加第六章的修改)。

待各部分书稿陆续送来,我看后提出意见,又反复修改几次。今年三月修改稿收齐后,先由副主编审阅统稿,并编排目录,最后由主编审阅定稿。

本书未采用教科书的形式,也与以往中国土地制度史的论著只讲历代土地制度不同,而是把土地制度从国家对土地资源管理方面按历史时期划分为九章,根据每个历史时期土地资源管理的实际情况,探讨国家对公、私土地资源管理的措施、机构的设置与职权,土地资源管理法律关系的调整,以及对破坏土地资源管理行为的惩罚。同时,对每一历史时期国家对土地资源管理的得失加以总结,以期为我国现代土地资源管理提供历史借鉴。由于我们在这方面的史识和史才有限,理论水平亦不高,书中可能存在某些缺点甚至错误,敬祈读者批评指正。

蒲　坚

2005 年 4 月 6 日

CONTENTS 目 录

绪论	1
一、我国古代私有土地的出现与发展	1
二、秦汉以降"公"、"私"土地所有制并存,而且延续到近现代	4
三、土地资源管理机构的设置与职能发展变化概述	7
四、余论与启示	10
第一章 夏商周时期的土地法制	**14**
第一节 夏商周时期的社会经济状况	14
一、夏代社会经济状况	14
二、商代社会经济状况	16
三、周代社会经济状况	17
第二节 夏商周时期的土地资源管理机构	20
一、夏商西周的土地资源管理机构	20
二、春秋战国的土地资源管理机构	26
三、先秦时期土地管理的特点	26
第三节 商周时期基本的土地立法	28
一、商与西周的土地国有制立法	28
二、春秋郑国的土地立法	30
三、春秋鲁国的"初税亩"	31
四、战国商鞅的土地变法	32
五、秦武王与嬴政的土地立法	33
第四节 夏商周时期的土地占有方式与经营方式	36
一、井田制	36
二、授田制	38
三、爰田制	40

  四、私田制 41

 第五节 周代自然资源的法律保护 43

  一、土地资源保护 43

  二、山林资源保护 45

  三、川泽资源保护 46

 第六节 夏商周时期土地国有制实践的基本经验 47

  一、注意土地立法，按照法律规范进行管理 47

  二、健全管理机构，强化农官职能 48

  三、发挥农官的专业特长，加强农业技术指导 48

  四、总结农业实践，发展农学理论 49

第二章 秦汉时期的土地法制 50

 第一节 秦汉时期的社会经济状况 50

  一、秦代的社会经济状况 50

  二、西汉的社会经济状况 52

  三、东汉的社会经济状况 54

 第二节 秦汉时期土地资源的管理机构与管理方式 57

  一、管理机构 57

  二、管理方式 60

 第三节 秦汉时期的土地资源立法 64

  一、立法形式 64

  二、立法内容 66

  三、秦代的《田律》 67

  四、汉代的《田律》与《户律》 70

 第四节 秦汉时期的土地占有形态 75

  一、公田 75

  二、私田 77

 第五节 秦汉时期的土地分配方式与经营方式 80

  一、授田制 81

  二、赐田与赋田制 84

  三、假田制 86

四、屯田制 88
　第六节　秦汉时期的土地立法经验与土地管理经验 90
　　　一、土地立法经验 91
　　　二、土地管理经验 92

第三章　魏晋南北朝时期的土地法制 96
　第一节　魏晋南北朝时期的屯田制 97
　　　一、三国时期的屯田制 97
　　　二、曹魏的屯田制 99
　　　三、西晋的屯田制 102
　　　四、东晋南朝的屯田制 103
　　　五、十六国时期的屯田制 104
　　　六、北朝的屯田制 105
　第二节　三国西晋时期的土地法制 107
　　　一、三国及西晋初对地主土地私有权的管理 107
　　　二、三国及西晋前期对自耕农小土地所有权的管理 111
　　　三、西晋的占田制、课田制、户调制和荫客制 113
　　　四、魏晋时期对土地所有权的保护 118
　第三节　东晋南朝土地所有制的形式及其管理 120
　　　一、东晋南朝大土地私有权的极度膨胀与立法限制 121
　　　二、东晋南朝维护自耕农小土地所有权的立法 126
　　　三、土断：东晋南朝特有的土地资源管理制度 129
　　　四、两晋南朝国有土地资源的其他管理形式 130
　　　五、魏晋南北朝寺院土地所有权及其管理 132
　第四节　北朝的均田制及其他国有土地资源的管理 134
　　　一、北魏的计口授田制 134
　　　二、北魏前期国有牧场的经营管理 137
　　　三、北朝后期的均田制 138
　　　四、东魏北齐和西魏北周的均田制 146
　　　五、十六国、北朝前期对土地所有权的保护 150
　第五节　魏晋南北朝土地资源管理的启示 153

一、必须满足农民基本的土地要求　　153

　　二、加强中央集权，有利于土地资源立法的实施　　155

　　三、皇权与吏治的腐败，难以实施良好的土地资源立法　　157

第四章　隋唐五代时期的土地法制　　161

第一节　隋唐五代时期土地所有权形式与法律保护　　161

　　一、土地所有权形式及其变化　　161

　　二、政府对土地所有权的法律保护　　172

第二节　隋唐五代时期对土地的耕垦、清丈与法律调整　　176

　　一、土地耕垦法令的颁布实施　　176

　　二、对于土地耕垦管理的调整　　180

　　三、对土地的清丈与户口田产簿籍的编制　　182

　　四、隋唐五代时期封建政府对于违反土地法的惩罚措施　　185

第三节　隋唐五代对于土地买卖、租赁和继承的法律规定　　187

　　一、关于土地买卖的法律规定　　187

　　二、关于土地租赁的法律规定　　193

　　三、土地继承的法律规定　　199

第四节　隋唐五代时期的均田法以及赋税立法　　202

　　一、隋唐时期的均田法　　202

　　二、赋税立法　　210

第五节　隋唐五代时期的土地管理机关与管理体制　　215

　　一、土地行政管理体制　　215

第六节　隋唐五代时期关于土地管理及其法制建设的得失　　219

　　一、土地管理及其法制建设的经验　　219

　　二、土地管理及其法制建设的教训　　222

第五章　两宋土地法律制度　　225

第一节　两宋的土地管理机构及职能　　226

　　一、中央土地管理机构　　226

　　二、地方土地管理机构　　230

　　三、不常置的土地管理机构　　233

第二节　宋代土地所有权的法律调整　234
一、私人土地所有制　234
二、土地国有制　237
三、寺院土地所有制　242
四、对公私土地所有权的法律保护　244

第三节　宋代的田赋管理制度　246
一、宋初两税法　246
二、方田均税法　247
三、青苗法　248
四、南宋经界法　249

第四节　宋代土地租佃制度　249
一、租佃制的种类——官田租佃制与私田租佃制　250
二、地租的形态　251
三、铲佃与永佃权　255
四、租佃关系的多层次化——"二地主"的出现　257

第五节　宋代土地交易法律制度　260
一、灵活复杂的田土交易方式　260
二、田土交易的法定程序　263
三、田土交易的实质要件　269

第六节　宋代的土地兼并问题　272
一、土地兼并兴盛的原因　272
二、土地兼并的发展状况　274
三、"摧制兼并"的失败　276

第七节　宋代土地管理法制的得失　277
一、两宋土地管理法制的正面经验　277
二、两宋土地法制的失败教训　283

第六章　辽金元土地法制　286
第一节　辽金土地法制　286
一、辽代土地法制概况　286
二、金代土地法制概况　290

　　　　三、辽金土地法制建设的意义　　　　　　　　　　298
　第二节　元朝土地法制　　　　　　　　　　　　　　　299
　　　　一、土地所有权的变化　　　　　　　　　　　　300
　　　　二、垦荒与屯田制度　　　　　　　　　　　　　314
　　　　三、土地经营方式　　　　　　　　　　　　　　319
　　　　四、土地管理机构　　　　　　　　　　　　　　324
　　　　五、元朝土地法制建设的意义　　　　　　　　　326

第七章　明朝土地法制　　　　　　　　　　　　　　　　329
　第一节　土地所有权形式与法律保护　　　　　　　　　329
　　　　一、土地所有权形式及其变化　　　　　　　　　329
　　　　二、土地所有权的法律保护　　　　　　　　　　332
　第二节　土地耕垦管理与法律调整　　　　　　　　　　337
　　　　一、垦田法令的颁布实施　　　　　　　　　　　338
　　　　二、土地耕垦管理的法律调整　　　　　　　　　342
　第三节　土地清丈核查与管理控制　　　　　　　　　　344
　　　　一、核田法的实施与户口田产簿籍的编制　　　　344
　　　　二、土地清丈核查的管理控制　　　　　　　　　347
　第四节　屯田法的颁布实施与管理控制　　　　　　　　350
　　　　一、军屯法的实施　　　　　　　　　　　　　　351
　　　　二、民屯法的推行　　　　　　　　　　　　　　356
　　　　三、商屯法的创立　　　　　　　　　　　　　　356
　　　　四、屯田法的管理控制　　　　　　　　　　　　358
　第五节　土地管理机关与管理体制　　　　　　　　　　361
　　　　一、中央土地管理机关　　　　　　　　　　　　361
　　　　二、地方土地管理机关　　　　　　　　　　　　362
　第六节　明朝土地资源管理及其法制建设的意义　　　　363
　　　　一、积极开发利用和合理配置土地资源,打击非法侵占
　　　　　　土地资源的违法犯罪行为　　　　　　　　　364
　　　　二、重新确认和依法保护土地产权关系,严惩侵犯土地
　　　　　　所有权的违法犯罪行为　　　　　　　　　　368

三、认真开展土地资源的清丈核查,加强土地资源的

　　管理控制　　　　　　　　　　　　　　　　　370

第八章　清朝土地法制　　　　　　　　　　　　374

第一节　土地所有权形式与法律保护　　　　　　374
一、土地所有权形式　　　　　　　　　　　　375
二、土地所有权的法律保护　　　　　　　　　377

第二节　圈地法的颁行与法律调整　　　　　　　381
一、入关前的"计丁授田"法　　　　　　　　382
二、入关后的圈地法　　　　　　　　　　　　382
三、投充制度　　　　　　　　　　　　　　　386
四、圈地法的社会弊端　　　　　　　　　　　387

第三节　土地耕垦管理与法律调整　　　　　　　388
一、顺治、康熙时期的垦田法　　　　　　　　389
二、雍正、乾隆时期的垦田法　　　　　　　　393

第四节　更名田法的颁布实施　　　　　　　　　395
一、更名田的来源　　　　　　　　　　　　　395
二、清初对明朝藩田的政策　　　　　　　　　397
三、更名田法的颁行　　　　　　　　　　　　399

第五节　清末土地法律制度的变化　　　　　　　400
一、《大清民律草案》的制订　　　　　　　　401
二、《大清民律草案》的土地立法内容　　　　403
三、其他土地立法内容　　　　　　　　　　　406

第六节　土地管理机关与管理体制　　　　　　　407
一、中央土地管理机关　　　　　　　　　　　407
二、地方土地管理机关　　　　　　　　　　　409
三、掌辖旗务的八旗都统衙门　　　　　　　　410
四、土地管理体制　　　　　　　　　　　　　410

第七节　清朝土地资源管理及其法制建设的意义　413
一、土地资源管理及其法制建设,必须遵循社会发展的

　　客观规律　　　　　　　　　　　　　　　　413

二、积极开发和有效利用土地资源,严惩破坏垦荒生产的
违法犯罪行为　　　　　　　　　　　　　　　414
三、重新调整和依法保护土地产权关系,严惩土地资源
方面的违法侵权行为　　　　　　　　　　　417
四、加强土地资源的管理控制,严惩破坏土地资源管理的
违法犯罪行为　　　　　　　　　　　　　　419
五、尝试建立近代土地资源法制体系　　　　　　419

第九章　民国时期的土地法律制度　　　　　　421

第一节　民国时期土地问题产生的社会背景　　421
第二节　民国时期土地资源管理机关的设置及职责　　423
一、土地管理机关的设置和职责　　　　　　　423
二、其他土地资源管理机关的设置和职责　　　426
三、垦殖机关　　　　　　　　　　　　　　　428

第三节　民国时期的土地管理措施　　　　　430
一、南京临时政府时期的土地管理措施　　　　430
二、北京政府时期的土地管理措施　　　　　　432
三、南京国民政府时期的土地管理措施　　　　433

第四节　民国时期的土地立法　　　　　　443
一、南京临时政府的土地立法　　　　　　　　444
二、北京政府的土地立法　　　　　　　　　　445
三、南京国民政府的土地立法　　　　　　　　451

第五节　民国时期的土地问题及对策　　　457
一、土地分配问题:地权分配不均、租佃制度不良　　457
二、土地的利用和经营问题:土地利用的分散和贫乏　　460
三、土地问题的解决对策　　　　　　　　　　461

第六节　违反土地管理法的法律责任　　　462
一、违反地籍整理的法律责任　　　　　　　　463
二、违反土地税征收的法律责任　　　　　　　464
三、违反土地承垦的法律责任　　　　　　　　464
四、违反土地使用管理的法律责任　　　　　　465

第七节　土地管理和立法的经验和教训　　466
　　一、南京临时政府时期的经验和教训　　467
　　二、北京政府时期的经验和教训　　467
　　三、南京国民政府时期的经验和教训　　467

绪 论

中国历代土地法制是中国法制史学科研究的内容之一。中国法制史教材一般把土地法律制度放在民事立法中,主要介绍历代土地所有权的法律关系,如土地所有权的归属,私人对土地所有权的取得、转让、赠与、买卖、继承,以及国家对公私土地所有权的保护等法律关系。而史学界有关土地制度问题的学术研究和中国土地制度史的论著,主要是从土地所有制方面探讨社会经济基础的性质。

但是,一个国家与土地制度相关的法律关系,绝非仅限于土地所有权问题,从土地自身的社会功能看,土地首先是一个国家所拥有并赖以存在的重要自然资源,它同江河、湖泊、海洋、森林、草原、山川等自然资源一样,应该纳入土地法律制度之内,由国家宏观调控、合理使用。因此,我们将放开中国历代土地法制研究的视野,按照土地资源自身的特点,结合我国社会不同时期的具体情况,对公、私土地所有权的法律调整与保护,土地管理机构的设置与职能,地租与地税,土地资源的利用与控制,以及对非法侵占和破坏土地资源行为的惩罚,土地资源与其他自然资源的关系,土地资源管理的得失与意义等进行考察。这样,便涉及民法和行政法两个部门法的内容。

现在先谈谈我国古代土地所有权问题,因为过去史学界有学者否认我国古代存在私有土地,并进行过热烈的讨论。应该指出,我们这里不是单纯地讨论土地所有权的性质,而是结合对土地资源管理来谈土地所有权问题。

一、我国古代私有土地的出现与发展

从史书记载来看,我们的先人早在原始公社时期,就已懂得利用土地种植谷物解决衣食问题。随着生产的发展,并以生产的谷物用来在部落之间进行交换,人们开始直观地看到土地的社会功能。土地作为生产手段的价值逐渐被人们所认识,从而部落首领以氏族长的身份,逐渐掌握了土地的支配权,并在部落之间为了争夺土地而不断发生战争。

进入文明社会以后,随着国家的出现,部落首领随之成为国王,成为家、国一致的最高统治者和全国最高土地所有者,原来氏族公社土地公有制,直接演变为国有制,或称"王有制"。夏商周时期,"溥天之下,莫非王土"[1]的局面,就是这样形成的。这一时期,国王利用手中的权力把土地和连同土地上的劳动者,封赏给诸侯和臣属,《诗经》中

---

[1] 《诗·小雅·北山》。

说:"锡(赐)之山川,土田附庸"①,"受民受疆土"②。诸侯和臣属对受封土地只有占有、使用和收益权而无处分权。不许买卖、赠予,法律规定"田里不鬻"③。诸侯和臣属对周王的法令如有违失,周王则"削以地",把封赐的土地收回。这种现象,到西周中后期开始发生变化,在某些贵族之间已经出现用土地作为交换的内容,转移土地所有权,把原来祖先受封的土地转移到别人手里。近年出土的《卫盉》铭文记载:西周恭王三年,矩伯需要觐璋一枚,便到名叫"卫"的司裘那里"以田十田"作交换。同时又"舍三田"买回赤色虎皮两张和鹿皮饰两件。这两笔交易,是裘卫当着政府官员的面受田的,可见矩伯原有的土地已转移到裘卫的手里,表明开始出现土地私有。

上述情况,到春秋战国时期,铁制农具的使用和牛耕的出现,为人们开垦荒地提供了有利条件。各诸侯国为扩大自己的经济实力,不断辟荒拓土,促进私有土地的发展。随之原来以血缘关系为纽带的宗法制度逐渐松弛,从而出现了礼崩乐坏,政权下移,王权旁落,受封诸侯各自形成独立的王国,与周天子分庭抗礼的局面。

春秋时期,各诸侯国的执政者,在其统治的范围内,对不断出现的私有土地开始采取措施进行管理,以保障国家从中受益。齐国在桓公元年(前685年)实行"相地而衰征",根据土地不同条件征收相应的赋税。鲁国在宣公十五年(前594年)开始"初税亩"。《公羊传》云:"初税亩何?履亩而税也。"这是鲁国按亩征收赋税的开始。楚国在康王十二年(前548年)下令"书土田","量入修赋"。进行土地登记,按照收成多少缴纳赋税。郑国在定公二年(前528年)"作丘赋",以"丘"为单位出兵赋若干。这些措施,标志着我国古代土地私有已经法制化,国家承认土地私有权,并且开始向土地拥有者征收田赋(税)作为国家的财政收入,反映了国家对私有土地的管理职能。

战国时期,各诸侯国为了在兼并战争中获胜,解决军需民食,进一步加强土地管理,采取各种措施提高土地利用率,增加粮食生产,提出"国以民为本,民以食为天",突出了土地资源在国计民生中的重要作用。魏国在文侯时期,任用李悝为相,进行变法改革,号召要"尽地力之教",鼓励人们开垦荒地和提高土地的单位面积产量。秦国在孝公时,任用商鞅为相,进行变法改革,为了增加农业生产,制定"重本抑末"政策,规定"僇力本业(农业),耕织致粟帛多者,复其身。事末利及怠而贫者,举以为收孥"④。从积极和消极两方面推动农业产量的提高。同时,法律规定"为田开阡陌封疆"⑤,即废除原有井田制纵横交错的阡陌,重新按现有公、私土地所有权的范围建封为界。"封"是作为土地所有权的标界,是长四尺、高四尺的土台。田界除了以封为标界外,封与封之间还有高一尺、下宽二尺的"埒"相连,使各户所占有的土地界限很明确。⑥ 这些情况,

---

① 《诗·鲁颂·閟宫》。
② 《大盂鼎》铭文。
③ 《礼记·王制》。
④ 《史记》卷六十八《商君列传》。
⑤ 同上。
⑥ 于豪亮:《释青川秦墓竹简》,载《文物》1982年第1期。

反映了对土地所有权的重视,而且法律对土地所有权加以保护。《秦简·法律答问》记载,凡私自移动作为田界标志的"封",便构成"盗徙封"罪。对侵犯土地所有权者,要处以"赎耐"的刑罚。秦统一六国后,于始皇三十一年(前216年)颁布"使黔首自实田"①的法令。按照这个法令,人们要向政府据实登记所占有田地的数量,政府承认其土地所有权。这是秦王朝在全国范围内推行并确认土地私有权的法令,进一步促进了土地私有制的发展。

自秦以后,长达二千年的封建社会,一直存在着"官(公)田"和"私田"两种不同性质的土地所有权,两者虽然都以土地作为所有权的客体,但是所有权的主体则不同,官田的土地所有权属于国家,私田的土地所有权属个人或家族。由于所有权主体不同,从而由土地产生的收益归属也不同,前者的收益归国家,后者的收益归土地所有权人。国家对两种不同性质的土地所采取的管理方式也不同。从史书记载来看,大致是:

历代王朝对国有土地的管理方式主要是:(1)通过经营的方式进行管理。例如,汉代以来的屯田制,主要由国家掌管农业生产的机构负责。通过屯田,防止土地荒芜,增加粮食生产,以解决军需民食和国家的财政税收。在边疆地区多以军屯方式,由军队屯戍,且战且守。在内地则多用商屯、民屯。(2)作为国家的牧场,饲养和放牧牛羊、骡、驼和马匹等牲畜。据《汉官仪》记载,汉代在西北边疆的牧场,仅养马一项,最多时曾达三十万匹。(3)隋唐时期以"公廨田"名义,按照各级官署开支大小拨给数额不等的土地,各级官署以此收取地租充作办公费用。(4)以"职分田"名义,按官员品级授予不同数量的土地,官员可将其出租收取地租,作为俸禄的一部分。职分田不准买卖,于卸任时移交给后任者。此制始于北魏太和九年(公元485年),隋唐时正式成为制度,以后历代相沿,明代以后废除。(5)国家将土地直接出租给农民耕种,收取地租,作为财政收入。

历代王朝对私有土地管理,主要出发点是把农民束缚在土地上,成立家室,繁衍生息,防止其流离失所、无家可归,以保证社会安定,以及赋税、徭役和兵丁的来源。汉以后历代有关土地所有权的法律关系,都规定在《田律》、《户律》或《户婚律》里,反映了这一目的和特点。

国家对私有土地的管理主要通过以下方式:(1)收取赋税。随着土地私有制的形成与发展,如前所述,到春秋战国时期,大量土地成为新兴贵族的私田,并由此而出现了因土地所有权引起的纷争。面对这种现实,各诸侯国的统治者,大都顺应了社会发展的历史潮流,承认私有土地的所有权并加以保护,国家向他们征收赋税,以促进土地所有者充分利用土地和开垦荒地。国家对私有土地所有者征收赋税作为财政收入的来源,实现了国家对私有土地管理的职能。秦统一后,随着土地私有制的发展,二千多年来,尽管历代王朝对私有土地征收赋税的名目、税额以及征收的方式不尽相同,但是都反映了国家通过赋税的征收,作为对私有土地管理的一种手段。因此,历代王朝根

---

① 《史记·秦始皇本纪》集解引徐广曰。

据国家的需要,对私有土地的赋税制度,不断进行调整与改革。(2)限制私有土地过分集中。这是国家对私有土地管理实施宏观调控的手段。历代统治者之所以限制土地过分集中,其目的主要有三:一是防止形成割据势力与中央政府分庭抗礼。二是防止自耕农民大量破产,丧失土地,流离失所,影响社会稳定。三是防止破产农民荫庇于豪强,作为隐户,影响国家赋税、徭役和兵丁来源。

战国以来,随着商品经济和土地私有制的发展,土地资源越来越集中在少数官僚、贵族、商人、地主豪强手里,到西汉时期已出现了"富者田连阡陌,贫者无立锥之地"的情况。因此统治者屡颁限田法令,"限民名田"。但是并未收到应有的效果,反而土地愈益集中,而且一些豪强地主"武断乡曲"[1],他们依靠政治或经济实力,奴役贫苦农民。《汉书》卷七十《陈汤传》记载:"关东富人益众,多规良田,役使贫民。"说的就是这一情况。东汉初,建武十五年(公元39年),"诏下州、郡,检核垦田顷亩,及户口、年貌"[2]。目的是限制豪强地主兼并土地和役使人口的数量,以缓和社会矛盾,保证国家征收赋税和徭役、兵丁来源。但是"刺史、太守多不平均,或优饶豪右,侵刻羸弱"[3]。豪强地主与地方官勾结,谎报田亩数量。于是,光武皇帝以"度田不实"罪,诛杀了十多个郡太守,加紧度田。结果招致"郡国大姓及兵长群盗处处并起,攻劫在所,害杀长吏",引起大姓豪族及兵长的武装反抗,这就是历史上的"度田事件"。这次"度田"并未触及西汉以来大土地私有者,史载"豪人之室,连栋数百,膏田满野,奴婢千群,徒附万计"[4]。

汉以后历代王朝为限制私有土地过分集中,都不断颁布新法令,采取新举措,可是最终不曾改变私有土地发展的趋势。但有些大土地所有者拥有土地的数量也不稳定,在商品经济发展的进程中,出现了"三十年河东,三十年河西"自行消长的现象。

二、秦汉以降"公"、"私"土地所有制并存,而且延续到近现代

20世纪五六十年代,历史学界对我国古代土地所有权问题曾进行过热烈讨论。从发表的论著来看,大多数学者持肯定意见,但也有少数学者持否定意见而认为中国古代不存在私有土地。他们持否定意见的理由可以归纳如下:(1)我国古代法律规定不准"田宅逾制"或"占田过限"。因此,土地只"是主权者国家的财产"。因为"我国封建社会皇帝对任何人的生命、财产有充分的生、杀、予、夺之权",而且"封建统治者可以任意改变法律",甚至"田宅可以没官"。(2)中国古代曾有"文牒"、"文契"对私有土地所有权的确认,但是,这种确认"从法律意义上看来,是缺乏条件的",或者说这种对土地私有权的确认,"仅仅是封建政权凭借法律来虚构的假象"。(3)否认中国古代存在私有土地所有权的理论根据是:马克思在《资本论》中讲到的"土地自由的私有权","只是随着资本主义生产的发展而出现的"。

---

[1] 《史记》卷三十《平准书》。
[2] 《后汉书·光武帝纪》。
[3] 《后汉书》卷二十二《刘隆传》。
[4] 《后汉书》卷四十九《仲长统传》引《昌言·理乱篇》。

我们认为中国古代存在"官（公）田"和"私田"，官田的所有权属于国家，私田的所有权属于个人或家族，是不容置疑的。

首先，关于国家对私有土地"没收"和赐田的"收回问题"。持否定观点的学者（以下称学者）认为，土地"是主权者国家的财产"，因此法律规定不准"田宅逾制"或"占田过限"，甚至"可以随时'没官'，皇帝的赐田可以随时收回"。前两点我们在前面已经谈过，是国家对私有土地实施管理的一种方式，一种措施。至于国家对私有土地"可以随时'没官'"，"可以随时收回"。从史书记载来看，对私有土地没收是有一定条件的，并非可以随时没官或收回的。例如，《三国志·魏书·高柔传》记载："时猎法甚峻……杀禁地鹿者，身死，财产没官。"这里的财产包括钱财和田宅，是因为犯罪而依法没官的。学者认为"南朝的高门士族贵如王氏，也没有土地私有权"，因为梁武帝时为造大爱敬寺"付市评田价，以直（值）逼还"。关于王氏的土地，据《南史》卷二十二《王骞传》记载，原为东晋丞相王导的赐田，为王家的私产。作为祖产，世代相传，到王骞时已近二百年。梁武帝时，要在钟山造大爱敬寺，因为地在寺西侧，梁武帝为造寺需要这块土地，"付市评田价，以直（值）逼还"。是以当时的地价，由国家征购。这项交易，虽具有强制性，并非王骞自愿，但是封建政府也还是按市价征购的，梁武帝并不是以"赐田"的名义随时收回的。我们认为，这个事例恰好说明了中国封建社会土地私有权的事实。

其次，如何看待"我国封建社会的皇帝对任何人的生命财产具有充分的生杀予夺之权"，并"可任意改变法律"的问题。我们认为，一方面，反映了封建君主制度下，皇权至上，"乾纲独揽"专制独裁的特点。翻遍历代封建律典，其内容主要是针对臣民，约束臣民的，却没有一条是约束君主的。另一方面，应该把皇帝看成是统治阶级的总代表，他对人们生命财产的予夺，总是要有一定理由的，是从巩固君权、维护统治阶级整体利益出发的。汉儒董仲舒提出王者受命于天，为君主专制作为理论根据，同时提出受命之君，要"承天意以从事"，否则上天就要降灾异"以谴告之"。我们可以看得很清楚，这就是从统治阶级整体利益考虑试图对专制君主的绝对权力加以约束。自汉代以来，各朝皇帝几乎都假借天的喜怒表现行事，而且"用这一点检验他自己和他的政策，一旦出现灾异使之不安的时候，就试图改正"[①]。每当出现严重自然灾害，社会矛盾尖锐化，封建统治受到威胁时，皇帝接受"天"的"谴告"，迫使他下"罪己诏"，并采取各种方式缓和社会矛盾，以便达到维护统治阶级整体利益的目的。此外，我国古代行政管理体制中，在中央设有谏官制度，试图对皇权发挥制约作用。历史上不乏直言极谏之士，如唐代的魏徵。也有善于纳谏的明君皇帝，如唐太宗李世民。前者是从理论上对皇权的制约，后者是从制度上对皇权的制约。两者都是从维护统治阶级整体利益出发，限制皇帝滥用权力不致造成统治危机的。从这个意义上说，皇帝个人并不是"可任意改变法律"的。法律是反映整个统治阶级的利益和要求的，而在封建社会法律也并非皇帝一个人制定或任意改变的。我们也不能否认专制君主有任意废弃自己制定法律的事实，

[①] 冯友兰：《中国哲学简史》，北京大学出版社1985年版，第225页。

但是学者引用汉代杜周说的一段话:"三尺安在哉?前主所是著为律,后主所是疏为令,当时为是,何古之法乎!"来说明皇帝可以任意改变法律。我们根据《汉书》卷六十《杜周传》可以看到,在这段话的前面有:"客有谓周曰:'君为天下决平,不循三尺法,专以人主意指为狱,狱者固如是乎?'"这段话说明当时有人批评身为最高司法官廷尉的杜周,专看皇帝的脸色断狱,而不依照法律,从而出现了大量的冤狱。可见,杜周回答,实质上是为他制造冤狱的遁词,在这里,并不反映皇帝任意改变法律。

再次,中国古代土地买卖双方订立的"文牒"、"文契",是对土地私有权的确认。但是,学者认为这种确认"从法律意义上看来,是缺乏条件的",或者说,"仅仅是封建政权凭借法律来虚构的假象"。我们认为,"文牒"、"文契"不仅是对土地私有权的确认,而且还表示国家对土地私有权的保护。为此,历代律令对土地买卖等土地所有权的转移,都规定了严格的法律程序。以唐朝为例,前期实行均田制,虽未触动原来大土地私有者的所有权,但是依照均田令,每丁所受之田有"永业田"和"口分田"之分,其中"口分田"一般不准买卖,并且为防止买主超过应受土地限额,《唐律疏议》规定:土地买卖者须先向政府申请,经政府允许发给"文牒",双方才能订立契约,转移土地所有权。土地是不动产,不能移徙,所以马克思说:土地所有人只有掌握了契约,才能"把它作为排斥其他一切人的、只服从自己个人意志的领域"①。马克思明确指出了土地买卖契约的法律意义。20世纪以来,在敦煌、吐鲁番等地出土的大量的土地买卖契约,反映了私有土地所有权频繁的转移,充分说明了国家对私有土地所有权的承认与保护。《唐律疏议·户婚律》规定:"诸妄认公私田,若盗贸卖者。"即视不同情况要受到相应的刑罚。这些事实,如前所述,反映了国家也好,皇帝也好,并不能任意没收私人的土地。由此可见,封建法律是保护私有土地所有者土地所有权实质性的有利条件,并不是虚构的假象。

否认中国古代存在土地私有权的学者,所持的理论根据是马克思在《资本论》中谈到的"土地的自由私有权",并说,这种情况"只是随着资本主义生产的发展而出现的"。既然马克思讲的是资本主义社会的土地私有权,怎么能用来说明中国封建社会的土地私有权呢?我们认为,探讨中国古代土地所有权问题,必须从中国社会的具体情况出发,密切结合中国的实际。即使是近代中国的土地所有权也应按照这一原则。否认中国古代存在私有土地所有权的学者,恰恰忽视了这一点。由于我国特殊的历史情况,在进入近代以后,私有土地所有权也受到国家的制约,在民国时期也是如此。南京国民政府1947年公布的《中华民国宪法》第143条规定:"人民依法取得之土地所有权,应受法律之保障与限制。私有土地应照价纳税,政府并得照价收买。"而且"附着于土地之矿,及经济上可供公众利用之自然力属于国家所有,不因人民取得土地所有权而影响。"宪法的这条规定,说明对私有土地所有权既保障又限制。一方面,保障合法的土地所有者的土地所有权不受侵犯。另一方面,国家对土地所有权人所有权的行使,

---

① 《资本论》第3卷,人民出版社1975年版,第695页。

又加以限制和约束。甚至根据国家建设或国防设施以及其他需要,可以随时作价收买。这种收买是具有强制性的,不一定出于土地所有权人的自由意志。在中华民国《土地法》和《中华民国民法》中又作了具体规定。如《土地法》第10条规定:"中华民国领土内之土地,……人民依法取得所有权者,为私有土地。"这是对私有土地所有权的定性。第28条规定:"省或院辖市政府对于私有土地,得斟酌地方情形,按土地种类及性质,分别限制个人或团体所有土地面积之最高额。"第208条:"国家因左列公共事业之需要,得依本法之规定征收私有土地。"《民法》第773条规定:"土地所有权,除法令另有限制外,于其行使有利益之范围内,及于土地之上下。"第790条:"土地所有人得禁止他人侵入其土地内。"上引民国时期的《土地法》、《民法》的相关条文,对私有土地所有权的保护都作了具体规定,同时对其所有权的行使又规定了某种限制。如果按照持否定观点学者的意见,这种对土地私有权的规定,显然也是属于政府"凭借法律来虚构的假象"。也就是说,中国近代社会则也不存在私有土地所有权。这种论断显然不符合中国社会历史的实际情况。

如上所述,我国自西周中后期出现私有土地以后,开始打破了"溥天之下,莫非王土"、"田里不鬻"的局面。战国时期,商鞅在秦国辅佐孝公进行变法,"废井田,民得买卖",法律对私有土地所有权予以确认。秦统一六国,"使黔首自实田",在全国范围内对个人私有土地所有权进行确认。此外,两千多年来,从古代到近代,直至民国时期,我国社会土地所有权,基本上是公有土地和私有土地两种不同性质的土地所有权同时并存。国家虽然对私有土地所有权数量加以限制,而大量的私有土地集中在少数地主手里,地主阶级通过租佃方式,把土地租给无地少地的农民,收取地租,对农民进行残酷的剥削,严重地阻碍了社会生产的发展。为了改变这种情况,我国民主革命的先行者孙中山先生最早提出"耕者有其田"的主张,最终全国人民在中国共产党领导下,通过民主革命,进行土地改革,彻底实现了这一愿望。这就是中国社会土地所有权法律关系历史发展的实际情况。

三、土地资源管理机构的设置与职能发展变化概述

上面我们结合国家对土地资源管理,阐述了每个历史时期私有土地的存在和"公"、"私"土地所有权的性质,目的是进一步展示国家对不同性质土地所有权的土地所采取的不同管理措施,从而使我们看到国家在土地资源管理方面侧重于维护国有土地资源为主体的国有土地所有权。对私有土地则是通过赋税或其他方式加以调控,使其纳入有利于社会稳定和经济发展的轨道。

下面谈谈土地资源管理机构问题。我国历代政府都设置职能机关对土地资源进行管理,制定土地管理律令,调整由土地资源而发生的各种法律关系。

夏朝的土地管理机构史无记载。商代甲骨文有"耤臣"、"小耤臣",考古学家认为这是与土地和农业生产管理有关的官吏。晚出的《周礼·地官》记载:"大司徒之职,掌建邦之土地之图与其人民之数。"大司徒是中央负责土地管理的最高机构。出土青铜器铭文有"嗣土",学者考证其职掌与《周礼》大司徒相同。大司徒之下设有各种属官,如小司徒、封人、载师、均人、遂人等,负责与土地管理相关的各项具体工作。

春秋战国时期的土地资源管理机构,基本沿用西周以来的名称。各诸侯国例设司徒,负责土地资源管理。司徒地位很高,与司马、司空号称"三有司"或"三有事",共同承担国家最高行政职能。在地方上则由县大夫、县宰、县尹承担土地资源管理之责。战国时期,随着官僚制取代世卿世禄制,七雄各国官制自成体系。韩、赵、魏沿用旧制,楚国以"尹"名官,其"治田之官"有"莠尹"。① 秦国在中央设有内史、少府与搜粟都尉,负责土地与人口、山林、池泽的管理及税收等各项事务。

秦灭六国,结束了春秋以来诸侯分裂割据的局面,建立了专制主义中央集权制的封建大帝国,在全国范围内设置了统一的土地资源管理机构。据《汉书·百官公卿表》记载,在中央设置了治粟内史,"掌谷货,有两丞",汉承秦制,"景帝后元年更名大农令,武帝太初元年,更名大司农",机构进一步扩大。属官有"太仓、均输、平准、都内、籍田五令丞"。其中太仓丞掌田租收入,籍田丞掌皇帝籍田收入。秦汉时,中央皆设少府,"掌山海池泽之税,以给共养,有六丞。"少府与治粟内史、大司农三机构职责之区别是:治粟内史和大司农负责有关土地之田租、口赋等国家财政收入的管理;山海地泽之税则由少府负责管理。

魏晋以来,随着行政管理体制进一步完善和职能的调整,尚书省开始出现,其下设若干曹,其中与土地资源管理相关的具体机构有:虞曹、屯田、地部、水部各曹。汉代以来的大司农北齐改为司农寺,负责土地资源管理和粮食储备。曹魏时有都水使者。隋唐时负责土地资源管理的机构有户部、工部、司农司、都水监。宋代基本沿袭唐制,但为加强对地方上土地管理,经常派安抚使或由地方长官兼任屯田使、营田使、劝农使等头衔督导地方土地资源管理事宜。元明清各朝中央土地资源管理机构的设置基本沿袭唐宋,但明清两朝中央户部皆设清吏司(明设十三清吏司,清设十四清吏司),负责督导各省府地方的土地资源、户口、仓场等事宜。同时中央还经常派监察御史检查各地方政府贯彻中央有关土地、钱粮等项法令执行的情况。这是君主专制体制加强的情况下在土地资源管理方面得到重视的反映。清朝比较特殊,满族人的土地田产称为"旗地",包括皇庄、宗室庄田和八旗官兵自己的土地田产,主要分布在东北、畿辅和各省驻防地区,不属于一般行政机关管辖,而是由管理旗务的八旗都统衙门统一管理。旗人的土地所有权受到法律的特殊保护,成为清朝土地资源管理的特点之一。

中国传统的土地管理机构在清末光绪三十二年(公元1906年)官制改革中开始发生变化。原来的户部改称度支部;工部与新成立的商部合并称为农工商部;新成立的巡警部改为民政部。这时土地资源管理的职能,由上述三个机关共同承担。如度支部的田赋司,负责全国田赋的征收,筹议垦务;清丈田亩,改正地租升科定则;查核内务府、八旗庄田地亩。仓司和民政部的民治司,负责编查户口、荒政、移民等事宜。疆理

---

① 参见缪文远:《七国考订补》(上册),上海古籍出版社1987年版,第88页。

司,负责核议地方区划,统计土地面积,稽核官民土地收放买卖,核办测绘、审订图志等项事宜。农工商部的农务司,负责农田、屯垦、树艺、蚕桑、森林、水产、山利、海界、畜牧以及各省水利等事项。

民国初期,南京临时政府设内务部,下设六局,其中疆理局,作为中央主要的土地资源管理机构,负责土地权用法的制定与颁布,国有、公有、私有土地之清查;变更行政区划及统计土地面积;岛地、滩地及荒山管理;海面幅员及水面埋立;外国人租界;全国各地地图测绘审定;地志之编纂;掘采土石;土地买卖之稽核等事宜。北洋政府于民国元年(公元1912年)四月,将内务部各局改为司,名称也有些变化,如原疆理局改为职方司,但职权基本未变。南京国民政府建立后,改内务部为内政部,初隶国民政府,民国十七年(公元1928年)十月,行政院成立时改隶行政院。依民国二十年(公元1931年)四月公布的《内政部组织法》规定,内政部设六司,其中土地司为中央负责土地资源管理的专门机构,负责土地征收,移民殖边,水利调查、测绘和水源、水道的保护,水灾的防御,疆界的整理及图志的征集、编审等事项。民国二十五年(公元1936年)七月,改土地司为地政司,负责土地调查、测绘与登记,土地使用、估价及土地税率,土地征收、都市土地规划和建筑以及移民实边等事务。民国三十六年(公元1947年)五月,中央设地政部为全国土地资源管理的最高行政机关。地政部下设四司:(1)地籍司,负责地籍测量、计划规章之审核;土地登记计划之审核;荒地勘测;公有土地清理;保管、核准地籍图册。(2)地价司,负责土地价格之审核规定;土地改良计划规章之审核并对其业务监督与指导;土地税及改良物税征收与减免征收之审核并监督指导。(3)地权司,负责地权之调整;扶植自耕农计划规章之审拟;公有土地之处理;土地诉愿之办理;土地征收之审核;土地金融之审核。(4)地用司,负责各种土地之审定;农地使用之规划与指导;土地及房屋租赁之管理;市地使用之规划、统制;荒地使用、土地重划与土地经济调查之规划与督导。南京国民政府地政部的成立,是我国土地资源管理趋向专门化的标志,是土地使用价值在社会发展中日益显示受到重视。古代以来传统的土地单纯地使用于农耕、仅限于满足军需民食的需要的局面被突破,反映了除满足上述需要外,而用之于城市建设、国防建设、交通建设以及各种开发等多方面的社会功能。

上面是我国历代土地资源管理机构产生发展变化的大致情况。从中我们可以看到,在古代历代王朝均设置几个机构分别承担着土地资源管理的职能。说明我国古代国家对土地资源管理职权分散,相互交错,职权不明,实际上并无专门的土地资源管理机构。到近代,对土地资源管理逐渐集中于一个专门机关管理,并颁布专门的土地法规,调整因土地资源分配发生的法律关系。这一变化说明什么呢?它说明,随着社会经济和科学技术的发展,人口的大量增加,以及城市现代化建设等多方面的需求,在有限的空间之内,对现有土地资源如何科学的有步骤的开发利用,是当时国民政府亟待解决的问题。因此,为适应这种需要,国民政府于1947年成立中央地政部,作为土地资源专门管理机关。该部除下设四司分别对土地资源进行管理外,同时为了对土地规划、设计、测量以及土地法规、地政等方面的研究,还附设有地政研究委员会、土地法规整理研究委员会、诉评审议委员会、设计考核委员会、中央土地测量大队等专门对土地资源管理的科学研究机构。所有这些,标志着中国土地资源管理开始走向现代化。

四、余论与启示

我国自秦汉以降,便出现大土地所有者与中央集权的封建朝廷发生矛盾。从国家对土地资源管理的职能来看,历代王朝在土地资源方面都制定了相关法律,依靠封建政权的强制力维护公有土地以及自耕农的土地所有权,限制、削弱大土地所有者的土地过分集中,同时要给自耕农以土地所有权。因为公有土地资源是封建国家赖以存在和发展的物质基础,而自给自足的小农经济是封建国家的社会基础。但是,大土地所有者植根于封建制社会的土壤中,它既是封建统治者的政治基础,在一定条件下又会成为与中央朝廷分庭抗礼的政治力量,或者独霸一方的封建割据势力,对封建国家造成威胁。小农是封建社会财富的创造者,也是赋税、徭役的主要承担者,对封建统治者来说,只要把小农固定在封建土地上,也就是留得青山在就不怕无柴烧。封建社会的"重本抑末"政策的"重本",主要是使小农有地可耕,发展生产,创造财富,但是,他们的生活并无保障,特别是遇有天灾人祸,往往破产,或投靠大土地所有者作依附农民,或沦为流民。两千多年封建社会的发展过程中国家在管理土地资源总的措施是:封建国家运用法律手段严格掌握国有土地资源,具有雄厚的政治经济实力,防止私有土地过分集中,不能任其无限发展,并使自耕农小土地所有者不致破产,社会秩序才能稳定,中央集权制的封建政权才能得以巩固,才能长治久安。

从文献记载或古代法律规定来看,我们的先民很早就已经懂得山、泽、林、盐,是国家之宝①,而且知道土地资源与其他自然资源的关系,并且观察到动植物生产的季节性,由此做出采猎的时间。比如1975年出土的秦简《田律》规定:春天二月林木生长,不得砍伐;此时土地干旱需水,不准堵塞水道;不到夏天不准取草烧灰,影响幼草生长;不准捉取幼兽、鸟卵和幼鸟,不准毒杀鱼鳖,等等。到七月便解除上述禁令。为了发展农业生产,朝廷要求各级官吏随时掌握农田种植和农作物生长情况。比如秦简《田律》规定:下雨以后谷物抽穗,应尽快书面报告受雨、抽穗的顷亩数和已开垦的顷亩数,已开垦和未开垦田地的顷亩数。庄稼生长后下雨,要立即报告雨量多少,受益田地的顷亩数,以便朝廷及时了解全国土地利用和农作物生产的情况。②

与土地资源最密切相关的是水资源,如前所述,古人已知道"土厚水深,居之不疾"。土地和水资源没有污染,人们不会为得病而忧虑。在今天看来这已是普通常识,但出现在两千多年以前,则反映了我国以农为本的文化底蕴。农业生产离不开水源,因此引起历代政府的重视。众所周知,战国时期的都江堰工程,后来经过历代修建,至今对川西平原的灌溉还仍然发挥着重大作用。这项工程最初从设计到施工完成,可以

---

① 《左传·成公六年》记载,韩献子对晋侯说:"夫山、泽、林、盐,国之宝也。"
② 《睡虎地秦墓竹简·田律》。

说反映了我国古代长期的水利科学知识实践的积累。历代王朝政府对水利工程的兴建与运河的开凿,都反映了他们对水利资源的开发和利用的重视,有的运河至今还在水上交通方面发挥着作用。秦汉时期,由于私有土地数量的发展,因此灌溉农田争水的现象经常发生,《汉书》卷五十八《兒宽传》记载,兒宽曾制定《水令》。唐代颜师古注云:"为用水之次具立法,令皆得其所也。"不论公有土地、私有土地,用水次序皆按此规定,"自下而上,昼夜相继,不以公田越次",并在各灌溉沟渠立闸,分立门斗放水灌溉相关公私土地。而且规定严格地灌溉用水程序,"凡用水,先令斗吏入状,官给申贴,方许开斗"①。

秦汉以后,历代王朝政府为了加强对水资源的管理,都设有专门机构负责,并且制定相关法律调整因水资源发生的纠纷及其他法律关系。汉代中央设水衡都尉,魏晋南北朝时有都水使者,隋唐时为都水监,还在尚书省工部四司中设水部司共同负责水资源的管理。历代王朝政府为发展农业生产,发挥土地资源的作用,都重视了解水资源的情况。从《史记·河渠志》到历代的《沟洫志》、《河渠志》对全国水资源都有记述,特别是北魏郦道元为桑钦《水经》所作的注即《水经注》记述全国河流水道共有一千二百五十二条,并征引各书加以说明,成为当时研究水资源的一部巨著。唐朝政府对全国水资源进行了全面调查,除边疆荒漠地区之外"凡天下水泉三亿二万三千五百五十九,其在遐荒绝域,迨不可得而知矣。其江、河,自西极达于东溟,中国之大川者也。其余百三十五水,是为中川。其又千二百五十二水,斯为小川也。若滑、洛、汾、济、漳、淇、淮、汉,皆互达方域,通济舳舻,从有之无,利于人生也。"②江河是指长江、黄河,因发源于西部青藏高原东流入海,流域最长,故称二大川。其中川、小川划分标准的根据则不得而知。但是唐政府为了开发利用水资源,在当时交通条件极不方便的情况下,竟有此详细的统计数字,我们真是为之赞叹。杜佑《通典》记载:唐代天宝元年(公元742年),全国户数八百三十四万八千三百九十五户,人口四千五百三十一万一千二百七十二口。③ 如果以当时土地和水资源平均所占比例,绝不会像今天供需之间有这样矛盾,但是在开元二十五年的《水部式》中却多处作了有关节约用水的规定。比如要求各水渠"置门斗节水",分番看守之人,要严格"开闭节水","放水多少",要"量事开闭"。这些规定也是令人赞叹的,说明唐政府对水资源的重视。

唐代的《水部式》是对水资源管理的专门的行政法规。现存《水部式》残卷,据刘俊文先生考证是开元二十五年(公元737年)的残卷。其中对水的使用与管理规定得非常具体,而且在灌溉田地时"先尽百姓灌溉",关于碾硙用水,要在"每年八月三十日以后,正月一日以前,听动用",以免影响农田灌溉用水。《水部式》还规定"田畴丰殖"或有"虚弃水利者",以及注意节约用水等问题,以此作为年终考核管理官吏政绩与功过

---

① 《长安志》卷下。
② 《旧唐书》卷四十三《职官二》。
③ 杜佑:《通典》卷七《食货典七》。

的标准之一。同时,唐律对破坏水资源的行为作了相应的惩罚规定。

上述法律规定,促进了土地资源必须与水资源相配合,从而使土地资源才能地尽其力,发展农业生产;水资源才能发挥自身的功能,滋润大地,造福于民。

从史书记载来看,我国历代王朝在对公、私土地资源管理方面,主要是使土地用于单纯地增加粮食生产,解决军需民食。因此,法律规定奖励开垦,不准无故抛荒,而且对与土地资源功能发挥作用密切相关的水资源的管理非常重视。但是,关于历代王朝如何保护土地资源的措施,由于我们缺乏这方面的知识,未见史书记载。我们认为,也许因为当时地广人稀,不存在土地资源方面的供需矛盾或人们认知的局限性,对大地只知索取,不知给予。任意砍伐树木,破坏草原植被,加以战乱频仍、人民迁离,最主要的是人们不知道发挥土地资源自身功能的同时,对土地资源采取措施加以保护,不致使土地生物植被遭到破坏,从而造成土地沙化,资源枯竭。今天我们看到西北地区的土地沙化,就会想到之所以出现这种现象,其中有自然条件的影响,也有人为的因素。据史书记载,从汉代开始,国家便在西北地区大量屯垦,并建立牧场,饲养马匹,可以设想,如果当时没有水草,是难以垦殖放牧的。由于我们的祖先缺乏保护土地资源方面的知识,给后人开发大西北造成极大困难。在这里,我们不能责备古人,因为他们受到时代的局限性。我们应总结历史上土地资源管理与保护的经验教训,为完善我国现行土地资源立法与管理制度提供历史借鉴。

我们知道,我国古代土地资源主要用于以生产粮食为主的农作物,自古以来认为"民之大事在农"①。在其他方面主要是注意水资源的利用与保护,如果两者解决得好,在不发生战乱和天灾即所谓风调雨顺的情况下,农业生产就能得以丰收增产,从而促进手工业和商业的发展,社会就将出现经济繁荣的太平盛世局面。今天则不然,我们这代人已经认识到人类物质资料的生产,离不开自然生态系统这一物质基础,而其中最主要的是土地资源。从土地资源分配看,由于城市建设的发展和厂矿、交通道路建设大量占用耕地,人为地破坏土地植被,土地资源的自然水土流失,退耕还林、还草,农民负担过重,以致认为种地得不偿失,人为地撂地抛荒等等,使可耕种的土地资源越来越少,供需矛盾日益尖锐。据2004年统计数字:全国人均耕地面积仅1.41亩。② 总结历史经验教训,针对土地资源上述的矛盾情况,我们认为,首先,要确保农民有地可耕,保证粮食生产,解决民食。古人云:"国以民为本,民以食为天"。建立"和谐"的社会,就要有地可耕,使人有饭吃。从史书记载来看,历代统治者无不关心小农的土地问题,总是要使他们有地可种,其原因是多方面的,但增加粮食生产,解决民食是主要原因。他们看到只要农民有饭吃,社会就会稳定。因此,要求我们立法或制定有利于发展农业生产的各项政策,调动农民生产积极性,使农民安心农业生产。总之,国家应将土地资源的管理和农民利益的保护,纳入法制的轨道,这不仅是中国历史上的教训,也是国

---

① 《国语·周语》。
② 参见《光明日报》2005年3月31日第4版。

外在这方面立法的经验。同时,国家行政机关对无故抛荒土地的行为要进行处理。其次,根据现在土地资源分配向多功能方面发展,在制定城市建设、交通建设规划时各方面要统筹安排,务必要考虑如何不致减少耕地面积,特别是条件较好的优质高产田。值得注意的是,有些地方政府,以所谓经营城市为名,把征用土地作为重要的财政经济来源,只顾眼前利益,缺乏全面、长远的规划,任意开发,甚至违法占用土地,破坏土地管理,造成土地资源的浪费。这种现象应该引起相关部门的高度重视,无论是旧城改造、农村城市化以及交通道路建设征用土地都要通过严格的审批制度,各级土地管理部门要层层监督土地使用,以杜绝有限土地资源的浪费。再次,加强科学研究,如何改变盐碱地、沙荒地使其成为绿洲,并能生产粮食。同时,对破坏植被者予以适当处理。目前,开发大西北、改良土地,解决水资源问题,应该是一项重大科研课题。纵观历史,从古至今,一切资源都要在土地上进行物质和能量转化,因此土地资源法律关系研究是带有基础性的立法研究。它的主要内容包括土地资源的规划、利用、治理、保护、改造和管理等六个方面。土地法律关系是从多方面综合调整与土地相关的法律关系。人地关系可分为人与地的关系和人与人的关系两个方面。人与地的关系,一般说是人对土地的开发利用问题;人与人的关系,一般说是以土地为中介在土地上发生的权利义务关系的社会问题。前者反映的是土地资源的特性,后者反映的是土地资源的社会性。我们在开发利用土地资源的同时,也要对土地资源保护,尤其用法律的手段对土地这一人类赖以生存的物质载体加以保护和管理。这样才能很好地运用国家的宏观调控机制,发挥土地的社会功能,满足社会对土地资源的需求,使人地关系和谐统一的发展。故要以史为鉴,创造未来,根据现实土地资源情况与有关部门相互配合,制定相关法律,调整土地资源的使用、分配关系,同时防止现有绿地沙化,做好退耕还林、退耕还草的安排,改良盐碱、沙化土地。造福子孙后代,使他们看到在祖国辽阔的土地上到处生态环境美好,在那些沙荒地带再现"风吹草低见牛羊"的景象。

第一章 夏商周时期的土地法制

夏商周三代是中国古代文明开始奠基和成型的时期。它的思想观念、政治体制、经济制度、文化面貌、价值取向等,皆以内容的系统性、认识的深刻性和精神的开放性,铸就了自身独特的品质,形成一幅幅美丽的历史画卷。其中,以黄河、长江两条母亲河富足的奶水哺育成长的灿烂辉煌的华夏农耕文明,堪称这些画卷中最壮美的图景。华夏的农耕文明与畜牧文明一样,是土地的产物,是人类改造大自然的杰作。然而,由于前者在利用自然物时所体现出来的能动性、创造性更大、更强,因此推动华夏民族进入了一个远比后者更主动、更自由的生活状态和更稳定的生活环境。在农耕的生产方式下,土地成为华夏民族最亲密的伴侣和最宝贵的财富。于是,管好土地,用好土地,保证土地成为永不枯竭的财富之源,成为夏商周三代为政治国的一项特别重要的内容,并且也真正启动了中国土地资源法制史的历史进程。

第一节 夏商周时期的社会经济状况

一、夏代社会经济状况

夏代,建立了中国历史上第一个国家政权。在原始社会末期,以选贤授能为特点的禅让制是产生部落联盟酋长的唯一方式,传说中的唐尧虞舜,就属于这个时期。传说唐尧族的首领尧在其晚年,没有把帝位传给自己的儿子丹朱,而是选择舜作为自己的继承人,承袭了帝业。舜到了晚年,同样没有把帝位传给自己的儿子商均,而是传给了夏族的禹。禹登基以后,建立了夏朝。禹死后,其儿子启继承帝位。从此,禅让制退出了历史舞台,以"家天下"形态为特征的统治形式居于主宰地位,中国也正式进入了奴隶制社会。

关于夏代的历史,先秦的文献零星地有过一些记载。汉代史学家司马迁在其不朽的著作《史记》中,专列《夏本纪》一篇,记述夏代的世系及历史情况。然而,由于记载缺略,长期以来,人们都把夏代看作一个传说的时代,甚至有的学者根本否定夏禹其人和夏朝的存在。甲骨文的发现,可信地证明《史记》记事的可靠性,于是人们重新审视司马迁对夏代历史的记载。同时,田野考古工作也加快步伐,积极寻找夏文化。解放以后,经过考古工作者的辛勤努力,终于在河南偃师二里头遗址找到了夏文化。二里头遗址及出土的文物证明,夏代并不是传说中的时代,而是一段真实的历史。不过,由于目前尚未发现夏代的文字与文献,还不可能通过直接的材料来了解夏代的情况。对夏代社会经济状况的了解和认识,只能借助传世文献的一些记载。

《左传》、《国语》及先秦其他文献都曾对夏代的社会情况有所描述,从中我们可以获得一些基本的认识①:

第一,夏代正式建立了国家政权。国家的特点,一是按地域而不是按血缘来组织国民,二是建立特殊的公共权力。夏代在夏王朝建立之前,即发动了与周边其他部落争夺统治权力的斗争。夏禹上台后,继续发动战争,扩大统治地盘。随着斗争的胜利,夏代的统治范围得到空前的扩展。这一范围,大致西起今河南省西部与山西省南部,东至河南省与山东省交界处,北入河北省,南接湖南省。据《左传》记载,夏代把这一广阔的地域,划分为"九州",按照一定的行政区域进行管理。夏代利用一整套国家机器来实现奴隶制统治。它的国家机器包括城市、官吏、军队、法律与监狱等。早在原始社会行将解体的时候,就出现了城市。夏代为了加强统治,继续修筑城邑。夏代建立了系统的职官组织:"后",是最高统治者的名号,拥有最高的地位和最大的权力。"后"之下,是负责军事和行政事务的六卿。六卿之下,再设各种官职。其中,有负责宗教事务的卜筮官,有负责宣传政令的"遒人",有负责畜牧业的"牧正",有负责手工业的"车正"、"陶正"等,这都是非常重要的官职。夏代拥有一支强大的军队,这是夏政权开辟疆土的工具,也是镇压人民反抗的力量。夏代制定了法律和刑罚。《左传·昭公六年》说:"夏有乱政,而作禹刑。"禹刑的诞生,是中国法律史上具有里程碑意义的事件。它表明,为了适应统治的需要,成文法开始取代氏族、部落相沿已久的习惯法;成文法以其对犯罪行为的预见和规定,而使统治者处于更加主动的地位,从而在履行镇压内部的反抗和维护社会秩序双重职能方面发挥更大的作用。

第二,建立了赋税制度。马克思说:"国家存在的经济体现就是捐税。"②从夏代开始建立了一套征收赋税的制度,在其统治区域内实施。赋税是土地所有权的表现形式,它的基础是以对土地占有、支配为内容的土地所有权的确立。《左传·哀公元年》记第六代夏王少康逃到有虞氏那里以后,尚且"有田一成,有众一旅"。杜预对它的解释是:"方十里为成,五百人为旅"。少康落难时,仍然占有如此数量的土地,那么当其大权在握时,拥有多少土地是不难想象的。可惜由于记载难征,夏代土地制度的更详细的情况,目前还不能尽知。夏代的赋税制度,先秦文献曾略有记述。《孟子·滕文公上》说:"夏后氏五十而贡,殷人七十而助,周人百亩而彻。"据孟子的解释,"贡"就是一种什一税,即土地所有者向土地使用者征收十分之一收获物以充作赋税。另据《左传·宣公三年》"贡金九牧,铸鼎象物"的说法,臣服于夏政权的各个部落,也要向夏朝纳贡。

第三,农业得到发展。农业是人类文明的基础。在原始社会妇女采集业的基础上,农业开始了缓慢进步的历程。黄河流域是农业文明成长的摇篮,夏部族即在这一区域繁衍壮大。夏朝建立后,农业出现了明显的发展。夏禹治水,变水患为水利,极大

---

① 具体可参见李启谦:《〈左传〉、〈国语〉中所见夏代社会》,载《夏史论丛》,齐鲁书社1985年版。
② 《马克思恩格斯全集》第4卷,人民出版社1958年版,第342页。

地改善了农业环境,使原来不宜农耕的沼泽湿地,变成了良田。《论语·泰伯》说:"禹尽力乎沟洫。"可见大禹为了农业生产,积极兴修水利,促进农作物的灌溉。夏代已经能够铸造一些青铜器,不过农业生产仍然以石木工具为主。其中,最主要的是石刀和石铲,其上可以安装木柄。这种新式农具与旧式农具相比,便于使用,具有更高的效率,能够使农业生产得到明显的提高。正是由于这些原因,夏代的农业得到了快速的进步。

第四,确定和推行"夏时"。原始人在循环往复的农业采集活动中,逐渐产生了最初的天文知识和历法观念。夏代的先民进一步加深了对天文、历法的认识。《左传·昭公十七年》引《夏书》的记载说:"辰不集于房,瞽奏鼓,啬夫驰,庶人走。"这是世界上第一次日食记录。"房"是二十八宿之一。这表明,当时已经把天体分成不同区域来进行观察了。《竹书纪年》记载夏桀时"夜中星陨如雨",这是世界上最早的关于流星雨的记录。由于对天文天象的观察和认识达到了一定的高度,夏人首先创造出指导农业活动的历法——夏时。夏代历法以北斗星的旋转来确定月份,并把斗柄所指的正月定为岁首,即以建寅为岁首。这样的历法,对天象的反映更准确,也更适合农业生产的需要,所以,孔子在春秋时期仍然主张"行夏之时"①。随着历法的诞生,依月份安排农事活动的"月令"也出现了。《国语·周语中》引《夏令》"九月除道,十月成梁"的话,说明当时已经有了"月令"。与历法一样,"月令"的产生同样是中国古代农业文明的一件大事。"月令"实际上是以法律的形式,确立了政府对农业事务的管理。它反映出一个事实,即从夏代开始,政府对农业的管理一直处于自觉的和主动的地位。之所以如此,恐怕与土地国有制有关。以"月令"来管理农业,以后成为一种传统,即使在以个体小农为主体的秦汉时代,政府仍然通过颁授《月令》的方式,实现对农业生产的指导和管理。

总之,夏代是中国文明的发轫时期,当时所形成的社会结构和经济制度,对于后来的中国历史产生了深远的影响。

二、商代社会经济状况

商代是继夏而起的一个新的王朝。夏代的最后一个统治者——夏桀,暴虐无道,赋敛无极,激起人民的强烈反抗。原来臣服于夏的商部族首领成汤,顺应时势,揭起反夏大旗,终于推翻了夏朝的统治,建立了商朝。商朝建立后,采取各种措施巩固和发展奴隶制政权,促进社会经济的进步,创造出辉煌灿烂的青铜文明,也使商代成为中国历史上统治时间最长的朝代。与夏代相比,商代社会经济发展的步伐更快,水平更高。

第一,建立了完善的政治制度。按照夏代政治制度的模式,商代建立了更加完善的政治制度。"王"是商代最高统治者的名号,他拥有至高无上的权力。王之下是系统不同、称呼各异的官僚,分为中央与地方两大系统。"尹"是商王的辅佐,相当于后世的宰相,地位极高。"尹"依其分管事务的不同而有不同的名目,如"族尹"、"工尹"、"右

---

① 《论语·卫灵公》,《十三经注疏》影印本,上海古籍出版社1997年版,下同。

尹"等。专职的武官,称为"亚"或"多亚"等。承担沟通神俗两个世界使命的神职人员称为"贞人"、"卜人"或"巫"等,在极端信仰鬼神的商代,他们拥有重要的地位。此外,商代也设置了负责内廷事务的官吏,其中最重要的是"宰"和"臣"。商代主要采用"封建诸侯"的办法管理广阔的疆域,即分封功臣和亲属到各地代表商王行使统治大权。他们在臣服商王、承担贡纳的前提下,具有一定的独立性。这样一套庞大复杂的政治制度,在巩固国家疆域、维护商代奴隶制统治方面,发挥了重要的作用。

第二,制定了成套的法律。商人深知法律的重要性,自觉地运用这个武器为其统治服务。商代加大了立法的力度。据说商汤一建国,就制定了"汤刑"。到了祖甲时,又对之加以修正和补充。立法的成果,为商代的管理和司法实践提供了必要的依据,所以一些商王非常强调"正法度",即要用刑罚来惩治不守法度的人。商代制定了一套刑名,主要的有刖刑、宫刑、劓刑和死刑等。商代的刑名制度对后来有很大的影响,战国时期的荀子即主张"刑名从商"①。

第三,农业出现显著进步。农业成为商代社会生产的主要部门,为商代奴隶制政权的运转和统治提供了坚实的经济基础。商王对农业活动非常重视,除自己亲自视察田作外,也常派臣僚下去督课。商代的农具从整地到收获各环节,应有尽有。既有木、石、骨、蚌壳制造的,也有青铜制造的,其中用于翻土的"耒"和用于插地起土的"耜"最为重要。这两种工具的出现,对于提高劳动效率,增加剩余产品,具有重要的价值。农业的进步,也带动了畜牧业和渔猎经济以及手工业的发展。特别是青铜器铸造,代表了商代手工业发展的最高水平。商代的青铜器品种繁多,工艺精湛,充分显示了商人高超的智慧和旺盛的创造力。②

商代是中国奴隶制统治的鼎盛时期。在强大的国家政权役使众多奴隶从事生产劳动的条件下,奴隶们创造了高度发达的青铜文明、礼乐文明。商代的典制不仅影响了商代社会进程的走向,也为周代的发展提供了模式。

三、周代社会经济状况

(一) 西周

周武王伐商,一举推翻了商纣王的暴虐政权,结束了商代长达六百多年的统治,建立了新的统一政权——周朝。从周武王立国(约公元前11世纪)到公元前771年周幽王灭亡,因首都居于西方的宗周,史称西周。这是中国奴隶制社会一个极其重要的发展时期,典章制度与社会经济全面推进,礼乐文明达到了前所未有的水平。

第一,政治上确立了分封制度。分封制度早在商代已经出现。不过,它的内容主要是兄终弟及的继承制度,嫡长子继承制尚处于萌芽阶段。周代正式确立了嫡长子继承制,以此为基础建立起系统的宗法制度。宗法制严格区别大宗与小宗,在卿、大夫、

---

① 《荀子·正名》。(王先谦:《荀子集解》,中华书局1992年版,下同。)
② 参见彭邦炯:《商史探微》第七章"商代的农业与畜牧业",重庆出版社1988年版。

士的范围内全面加以推行。周王把这大小宗及以婚姻联系起来的异姓分封到各地,从而构成一个血缘关系的网络,以便从根本上维护政权的稳定,保持统治的延续。为了对国家实行有效的管理,周王把当时国家的疆域划分为"畿服"。凡周王直接控制的地区称为王畿,王畿以外的地区按地理远近和与周王关系的亲疏划为内服与外服。周王把宗子和功臣分封到各地,称为诸侯,按照不同的等差(爵制),他们得到周王所赏赐的土地和臣民。诸侯要承担保卫疆土的任务,并且要履行纳贡的义务。

第二,加强成文立法。周文王重视法律的作用,强调"明德慎罚",以指导当时的司法实践。为此,立法工作得到进一步加强。相传西周制定了"九刑",这是九篇成文法典。到了周穆王时期,吕侯作《吕刑》,标志着西周的立法达到了新的高度。《吕刑》是西周重要的法律文献,它记载了当时重要的刑名和罪名,表达了西周所崇尚的刑罚思想,体现了周人对法律价值的认识水平。西周法律在调整当时的阶级关系、镇压奴隶反抗、维护国家政权方面,发挥了很大的作用。

第三,确立土地国有制。"溥天之下,莫非王土;率土之滨,莫非王臣"①,这是西周土地制度最根本的原则。全国的土地皆为周王所有,周王可以分授他人进行使用,但不许买卖。不过,到西周中期以后,在金文中出现了土地转让的记载。② 作为一种生产资料的土地,只有与劳动者结合起来才有意义。西周时期土地上的劳作者分为两部分人:一部分是毫无人身自由的奴隶,他们总是与土地连在一起作为赏赐的对象;另一部分是形式上拥有自由身份的庶人,他们生活在农村公社,在井田里劳动,实际上仍然过着如同奴隶一样的生活。

周人以其勃发的创造力,为自己的历史打上深刻的烙印,也为后来中华民族的发展提供了取之不尽的精神力量。礼乐文明与井田制度,成为旧时一种理想的制度模式。

(二) 春秋

周幽王的昏庸统治,导致了西周的覆亡。公元前770年周平王东迁洛邑,揭开了新的历史时期的序幕,后人把此时一直到公元前476年的历史时期称为春秋。春秋时期,周室衰微,诸侯力征,全国处于分裂割据的状态。当时政治上最突出的现象是强国争霸。由于西周大规模推行分封制,春秋时期的诸侯多达120多个。其中最强大者为晋、楚,其次是齐、秦,再其次是郑、宋、鲁、卫、邾等国。春秋末年南方的吴、越两国显示出较强的力量。经过长时期强凌弱、众暴寡的激烈征战,大量小诸侯遭到大诸侯残酷吞并,到春秋末年,诸侯国的数量已经大大地减少了。春秋各国的制度基本都是继承西周而来的,所以具有鲜明的统一性。不过,由于各国后来的发展道路不同,所以在不少

---

① 《诗经·小雅·北山》。
② 西周青铜器如格伯簋、曶鼎、散氏盘等铭文,都涉及当时的土地问题,表明土地国有制开始出现松动。参见王明阁:《从金文看西周土地王权所有制的变化》,载《西周史研究》,《人文杂志丛刊》第二辑,1984年。

地方又表现出一定的差异性。这个时期社会经济的基本状况是：

第一，继续坚持政治上的世官制度。春秋继承了西周的宗法制度，统治集团的成员多由国君的宗亲或少数异姓贵族担任。这些贵族的身份世代相传，所担任的职务也世代相袭，政治权力被他们牢固地控制起来。他们通常都有自己的名氏，并享有封邑和田地。官职、土地和俸禄三者紧紧地结合在一起，这就为贵族的统治奠定了强大的物质基础。卿大夫是贵族中的重要部分，他们仿照诸侯的政治模式，在其封邑上建立了较为完整的统治机构。当时卿大夫的势力迅速膨胀，特别是春秋晚期，各国出现了若干个控制国政的卿大夫强家，从而形成了"权去公室，政在家门"的局面。

第二，普遍推行井田制度。春秋时期井田制度在各国普遍实施，同时广泛建立的村社组织，将分散的农民纳入其中进行管理，为后世乡里制度的出现开辟了道路。春秋时农业生产主要由庶人来承担，他们将劳动所得的一部分上缴给国家或贵族，成为其财政收入的主要来源。此外，庶人还要承担沉重的徭役。当时的农业生产力水平与西周相似，农具主要以石、木为主，青铜农具还很少。春秋末期，手工业与商业得到较快的发展。大的都邑中，都出现了专供交易之需的专门市场。金属铸币也开始出现。工商业者的整体力量在不断增强，他们日益摆脱官府的束缚，走上一条独立发展的道路，为战国工商业的发达奠定了基础。

第三，周室与诸侯的权力日渐衰弱。春秋时期周王室的权威陵夷，其地位无异于诸侯，而各个诸侯的权力也渐趋衰弱，统治没落成为一种普遍的现象。与此同时，新兴的力量开始兴起壮大，整个社会处于急遽变革的时期，新的政治制度与经济制度的酝酿，即将成熟。

（三）战国

从春秋时期结束到秦始皇统一全国以前的这段时期，即公元前475年至公元前221年，称为战国。战国，是东周社会由分裂割据走向统一的历史时期。春秋以来，各国之间爆发的持续不断的兼并战争，导致大量小国的灭亡；进入战国，只剩下十几个国家，最强大的是秦、楚、韩、赵、魏、齐、燕，称为"战国七雄"。由于社会生产力的发展，旧的生产关系难以适应新的形势，因此各国纷纷开展"变法"活动，破除传统的贵族统治的模式。

变法导致了官僚制度的确立。春秋时期王权衰弱，陪臣执掌国命，造成了诸侯的陵替。战国的君主吸取这一教训，注意加强自身的权力。为此，各国都选择了以任人唯贤为特点的官僚制。随着战争过程中版图的变异，各国行政管理上积极推行郡县制。在新的官僚制度下，官吏分为中央与地方两个系统。中央的最高官职是相邦，总揽全局，治理朝中百事。相邦之下是负责各种专门事务的官职，如司徒主管民事，司空主管工程事务，司马主管军事，司田主管土地事务等。地方设守令，负责郡县的事务。从中央的相邦到地方的守令，皆由国君来任免。官吏以国君所授玺印作为权力的象征，任职理事；以国家颁布的成文法律为准绳，行使职掌；国君则通过"上计"来考核官员的政绩。官吏的选择以贤能为标准，不太强调身份。因此，许多有作为的平民受到重用,甚至成为布衣宰相。官僚制度的确立,极大地促进了战国社会的发展。

战国的变法活动,加速了井田制的瓦解。由于井田制下劳动者的生产积极性日益低落,不利于国家的经济与财政收入,各国开始选择更有利的土地利用方式,提高劳动者的积极性,从而保证统治的需要。在这种背景下,授田制成为较为流行的土地制度。其办法是,将国有土地分成小块,分配给农民耕种,国家按其产量征收赋税。这种土地与赋税制度,有利于调动劳动者的积极性。他们通过改进和推广新农具及施肥、灌溉等有力措施,发展农业生产,提高农产量。春秋时期,铁农具的使用尚不普遍。战国时期,锄、铲、镰等铁制农具和带有铁口的耙、耒等农具普遍使用。施肥受到更多的重视。当时的劳动者对于施肥的重要性已经有了更清楚的认识,并总结了多种有效的施肥方法。农业的发展离不开水利建设。战国时期各国都比较重视水利工程的兴建。魏国开辟沟渠,引黄河水灌溉农田。秦国在郡守李冰主持下,修建了都江堰水利工程,既消除了岷江的水患,也实现了对成都平原的灌溉。韩国的水工郑国,为秦国修建郑国渠,引泾、洛二水灌溉农田,使关中成为沃野。战国农业的这些经济措施和设施,大大地改变了各国的经济面貌,推动了社会的进步。

在农业繁荣发展的基础上,战国的手工业与商业也出现了前所未有的繁荣局面。由于商人的活跃,商品的种类更加丰富。从手工产品到自然物产,无不成为市场交换的商品。有的地方甚至开始交易房舍和园圃。土地买卖的现象尚不普遍。当时的手工业,一部分由官府经营,一部分由民间私人经营。其中,民营部分的比例越来越大,不仅涉足一般的门类,而且对煮盐、冶铁等门类多所染指,从而积聚了雄厚了资本,强大者甚至可以"与王者富埒"。私人工商业阶层的兴起,推动了商品经济的发展,极大地加强了各地的经济联系,为秦始皇统一全国创造了有利条件。

第二节 夏商周时期的土地资源管理机构

一、夏商西周的土地资源管理机构

夏代出现了中国最早的职官制度。由于国家事务的内容相对简单,所以夏代设官分职比较简易,远不能与后世的制度相比。早在原始社会就已经出现的农业,进入夏代以后成长为国家最主要的一个经济部门。从一些历史传说来看,夏禹一直把治理洪水、兴修水利和平治土地作为最重要的事情。当然,夏禹的活动不能取代专门职官具体的管理事务。从当时设有"工正"、"牧正"等官职的情况来推测,当时也可能出现了专门负责农业和赋税事务的官职。只是由于文献难征,今天尚不清楚这种官职的名称及其具体的职掌究竟如何。

商代,进入真正的农业时代,农业的地位更加重要,出现了多种负责土地与农业事务的职官。从甲骨文的记载来看,土地与农业始终是商王活动中特别重要的事务。在商王的一些讲话中,总是谆谆告诫人们,要力戒懒惰,勤勉劳作,争取实现农业丰收。

《尚书·盘庚》从正面强调说:"若农服田力穑,乃亦有秋。"又从反面警告说:"惰农自安,不昏作劳,不服田亩,越其罔有黍稷。"甲骨卜辞也有"王令垄囲陇"、"王令多×垄囲"的句子①。商王在占卜活动中,对风雨灾害、土地收成等问题的贞询,成为非常重要的内容。此外,商王还要经常举行大型的"协田"活动,以祭祀土地给人世带来的福泽。商代是奴隶制社会,土地属于国家所有,对土地的利用主要是通过组织奴隶集体劳动来实现的。为此,商王安排了许多职官来管理土地与农业生产。尹,是商代重要的官吏,名目复杂,职掌各异。有的负责统兵打仗,有的负责工程兴造,有的则负责王室田地的垦辟和庄稼的收获。②臣和宰,是商代负责宫廷事务的重要职官。臣的种类比较复杂,据说有二十多种。一般可以根据"臣"字后特定的名词,判断其具体职掌如何。其中的"小臣耤",应该就是负责土地与农业事务的官职。宰与臣的情况极为类似,后来冢宰、宰相等官,皆由"宰"这个名目演变出来。

相传周的始祖后稷,就是农业的发明者,所以周人的农业素称发达。随着周代政府机构的逐步完善,周人对土地与农业的管理,也建构了更系统的管理组织。司徒,是周代管理土地资源的专门机构。据战国成书、反映西周官制专书的《周礼》记载,当时中央机构分为六大系统(六官),即天官冢宰、地官司徒、春官宗伯、夏官司马、秋官司寇、冬官司空。司徒居宗伯之后,整个机构的职掌是:"使帅其属而掌邦教,以佐王安扰邦国"③。所谓"安扰",意思是安定丰饶,就是指让老百姓过上安定富裕的生活。可见,司徒的主要职责在于掌管国家的土地资源,为国谋利,为民谋利。

司徒这一机构的首脑称为"大司徒",其职掌是:

> 掌建邦之土地之图与其人民之数,以佐王安扰邦国。以天下土地之图,周知九州之地域广轮之数,辨其山林川泽丘陵坟衍原隰之名物。而辨其邦国都鄙之数,制其畿疆而沟封之,设其社稷之壝而树之田主,各以其野之所宜木,遂以名其社与其野。

大司徒掌管国家的土地资源与财政大权,其权力的具体内容包含管理土地资源与管理劳动者两个方面:

一方面,认识、了解"五地"的性质及适合生长其间的动物、植物的情况。"五地",指山林、川泽、丘陵、坟衍、原隰五种土地类型。不同的类型,土壤与气候特点不同,适合生长的动植物也不同。大司徒需要辨别"五地"的差异,按照其各自不同的自然特点和具体情况,组织农业生产,安排合理的经济活动。唯有如此,才能保证最大限度地发挥自然资源的效力,避免虚耗老百姓的物力。

另一方面,从"五地"的客观环境出发,对各地的老百姓进行多方面的教育。对各

---

① 郭沫若:《奴隶制时代》,人民出版社1973年版,第20页。
② 参见彭邦炯:《商史探微》,重庆出版社1988年版,第98页。
③ 《周礼·地官司徒》,下引各官职掌之文皆出此,不具注。(孙诒让《周礼正义》本,中华书局1987年版。)

种土地上的劳动者、生活者进行教育，这是司徒的极其重要的职责。教育的内容包括道德准则、礼仪制度、风俗习惯、生活技能等各个方面。通过教育，提高老百姓的精神素养，增强老百姓的生活能力，进而培养和睦的乡邻关系和健康的社会风尚，实现安居乐业的局面，最终为西周政权的统治奠定坚实的社会基础。司徒的教育管理职能，极为典型地反映出西周时期"官师合一"的职官特点。

大司徒的佐贰称为"小司徒"，其主要职掌在于落实"教民"的事务。具体来讲，就是根据法律的规定，把各地的老百姓按照一定的方式组织起来，授予其数量不等的土地，本着权利与义务相适应的原则，分配不同的徭役、兵役等。

在大、小司徒之下，是数量庞杂的专门职官，它们围绕着土地资源这个中心，负责各个专门领域的事务。其中，直接属于土地资源管理的职官有下列一些：

1. 封人：

> 掌设王之社壝，为畿封而树之。凡封国，设其社稷之壝，封其四疆。造都域之封邑者亦如之。

"封"，即疆界。西周把土地分封给诸侯，要划分疆界，要在四境的疆界上垒土为坛，并用五色土来祭祀社稷。因此，封人同时也要负责社稷的祭祀事务。封界与祭祀都是西周国家的大事，所以封人是当时一个重要的职官。

2. 载师：

> 掌任土之法，以物地事授地职，而待其政令。以廛里任国中之地，以场圃任园地，以宅田、士田、贾田任近郊之地，以官田、牛田、赏田、牧田任远郊之地，以公邑之田任甸地，以家邑之田任稍地，以小都之田任县地，以大都之田任疆地。（郑玄注："玄谓廛里者，若今云邑居里矣。廛，民居之区域也。里，居也。圃，树果蓏之属，季秋于中为场。樊圃谓之园。宅田，致仕者之家所受田也。《士相见礼》曰：'宅者在邦则曰市井之臣，在野则曰草茅之臣。'士读为仕。仕者亦受田，所谓圭田也。《孟子》曰：'自卿以下，必有圭田，圭田五十亩。'贾田，在市贾人其家所受田也。官田，庶人在官者，其家所受田也。牛田、牧田，畜牧者之家所受田也。公邑，谓六遂余地，天子使大夫治之，自此以外皆然。二百里、三百里，其大夫如州长；四百里、五百里，其大夫如县正。是以或谓二百里为州，四百里为县云。遂人亦监焉。家邑，大夫之采地。小都，卿之采地，大都，公之采地，王子弟所食邑也。疆，五百里王畿界也。"）凡任地，国宅无征，园廛二十而一，近郊十一，远郊二十而三，甸稍县都皆无过十二，唯其漆林之征二十而五。凡宅不毛者，有里布；凡田不耕者，出屋粟；凡民无职事者，出夫家之征。

"掌任土之法，以物地事，授地职，而待其政令"，意思是说，载师这个官职，主要是根据大司徒所确定的法律原则，认真物色和研究土地的特性，以确定土地的用途和百姓应向国家缴纳的贡赋品种。"以廛里任国中之地"云云，是讲各种土地具体的分配、使用的要求:以"国中之地"做"廛里",以"园地"做"场圃",以"近效之地"做"宅田、士田、贾田",以"远郊之地"做"官田、牛田、赏田、牧田",以"甸地"做"公邑之田",以"稍地"做"家邑之田",以"县地"做"小都之田",以"疆地"做"大都之田"。这里出现的种种"地"与"田"的名目,表明当时对于土地与农田的划分极为细致,反映了周人于此已达到很高的认识和管理水平。"凡任地,国宅无征"以下,则是对征收赋税所作的具体规定。从这样一些极为专门性的要求来看,如果不是土壤学方面的专家,恐怕难以胜任载师的职责。

3. 均人:

> 掌均地政,均地守,均地职,均人民、牛马、车辇之力政。(郑玄注:"政读为征。地征谓地守地职之税也。地守,衡虞之属。地职,农圃之属。力征,人民则治城郭、涂巷、沟渠,牛马车辇则转委积之属。")凡均力政,以岁上下。丰年则公旬用三日焉,中年则公旬用二日焉,无年则公旬用一日焉。(郑玄注:"公,事也。旬,均也。")凶札则无力征,无财赋,不收地守、地职,不均地政。三年大比,则大均。

"政",意思与"征"相同。"地政",即地征,指收取山林川泽之税与农田租税;"力政",即力征,指修理道桥、沟渠及征发马牛转运粮刍等徭役。均人这个官职,就是根据法律向老百姓征收赋税、征发徭役。"凡均力政"以下,是"地征"与"力征"具体的原则规定。

4. 遂人:

> 掌邦之野。以土地之图经田野,造县鄙形体之法。五家为邻,五邻为里,四里为酇,五酇为鄙,五鄙为县,五县为遂,皆有地域,沟树之,使各掌其政令刑禁,以岁时稽其人民,而授之田野,简其兵器,教之稼穑。凡治野,以下剂致甿,以田里安甿,以乐昏扰甿,以土宜教甿稼穑,以兴锄利甿,以时器劝甿,以疆予任甿,以土均平政。

西周时期,周王直接统治的地区划分为"国"和"野"两大部分(诸侯国也照此办理),都城及其近郊称为"国",郊以外称为"野"。居住在国中的人称"国人",居住在野中的人叫"野人"。它源于周初的民族征服战争,作为胜利者的周人居于国中,以国人的名分享受着各种特权,而被征服的部族,则被安置在野中,接受周人的统治。国和野按六乡、六遂的组织形式加以划分。遂人即是负责遂中事务的最高行政官员,主要职责是根据土地的自然形态,按照划定的基层组织形式,把遂地的野人组织编管起来,分配土地,督促生产,并且要以老师的身份,行使教育和辅导之责,组织野人辟治田野,兴修水利,耕作稼穑。

5. 土均:

> 掌平土地之政,以均地守,以均地事,以均地贡。以和邦国都鄙之政令刑禁与其施舍,礼俗、丧纪、祭祀,皆以地美恶为轻重之法而行之,掌其禁令。

"政"通"征"。"地守",指掌管山泽事务的虞人、衡人。地事,指苑囿、园圃的各种职事。"地贡",指诸侯应向天子交纳的土贡。土均的主要职责,是掌管国家的山林川泽等资源的税收的征收与减免,以及该地域范围的礼俗、丧葬、祭祀等事务。土均征收赋税的高低额度,须根据土地质量的"媺(美)恶"而分别规定。

6. 土训:

> 掌道地图,以诏地事。道地慝,以辨地物而原其生,以诏地求。王巡守,则夹王车。

"道",是说的意思。"道地图",意思是指把九州形势和各地所宜生长作物的情况告诉国王,如荆扬两州的土地宜种稻,幽并两州的土地宜种麻等,以便为国王制定经济决策提供参考。"地慝",郑玄注:"若障蛊然也。"障即瘴气,蛊即蛊毒,都是土地所生的恶物。"道障蛊",就是把那些土地生长着恶物的情况告诉国王。"辨地物",指辨别作物是出产或不出产的情况;"原其生",指分析作物的生长时间;"以诏地求",指将上述情况告诉国王,以便决定征纳的对象。也就是说,一地不能生长的东西和尚未长出的东西,国王不要要求地方缴纳。可见,土均是国家关于农作物出产事务的专门的咨询职官,任官者都应当是农业专家。

7. 山虞:

> 掌山林之政令,物为之厉而为之守禁。仲冬斩阳木,仲夏斩阴木。凡服耜,斩季材,以时入之。令万民时斩材,有期日。凡邦工入山林而抡材,不禁。春秋之斩木不入禁。凡窃木者,有刑罚。若祭山林,则为主,而修除且跸。若大田猎,则莱山田之野,及弊田,植虞旗于中,致禽而珥焉。

山虞,是负责管理山林资源的职官。山林是国有资源,国家将其砍伐之权,授予特定的"占伐之民"①,由其进行保护和砍伐。为了保护山林资源,国家制定了一整套管理规定:砍伐树木要按时间进行,仲冬时节砍伐长生在山南(阳木)的树木,仲夏时节砍伐山北(阴木)的树木,这样木材的软硬才合于使用;制作车厢"服"和农具"耒"、"耜"的用材,要伐取坚韧的"季材(即稚材)",须按时进入山林砍伐;每年十月之中,草木零落,允许万民进入山中砍材,其出入须按规定进行;国家营造工程用材,可以随时进入砍伐,不限时间;冬夏二季为法定的砍伐时间,春秋二季则不许进入山林禁地砍伐;凡违背规定盗伐,将受到刑罚惩治。山虞的职责就是按照这些规定,管理具体的山林行政事务。

8. 林衡:

> 掌巡林麓之禁令,而平其守,以时计林麓而赏罚之。若斩木材,则受法于山虞,而掌其政令。

"麓",指山足。林衡是与山虞紧密联系的一个官职。凡山脚地区的林木资源,由林衡

---

① 《荀子·王制》。

负责掌管;如果需要砍伐此地的林木,则需要获得山虞颁发的许可证。

9. 川衡:

> 掌巡川泽之禁令,而平其守,以时舍其守,犯禁者执而诛罚之。祭祀宾客,共川奠。

"川泽",是国有资源,允许老百姓取用。与山林一样,为了保护川泽中的鱼鳖蜃蛤等物产,国家也制定了一套保护规定。"川衡",就是依法保护川泽资源的职官,同时也负责和主持相关的祭祀活动。

10. 泽虞:

> 掌国泽之政令,为之厉禁,使其地之人守其财物,以时入之于玉府,颁其余于万民。凡祭祀宾客,共泽物之奠。丧纪,供其苇蒲之事。若大田猎,则莱泽野,及弊田,植虞旌以属禽。

"国泽",属于周天子所有,所以其中的鱼鳖皮角等资源,首先要满足周王的需要,剩余部分才可以颁给老百姓使用。对此,国家有一套规定加以调整和规范。泽虞一职,即负责管理有关的禁令及祭祀活动。

11. 迹人:

> 掌邦田之地政,为之厉禁而守之。凡田猎者受令焉。禁麛卵者与其毒矢射者。

"邦田之地政",指公私各种身份的人在苑囿等场所进行的各种田猎活动。为了保护苑囿资源,国家制定了专门的规定,来规范田猎活动。迹人的职责,就是依法对田猎活动进行管理。其中,为了保持苑囿的动物资源生生不息,特别规定,田猎时严禁猎杀怀胎的母鹿与幼鹿。

《周礼》是战国时期关于周代职官制度的专门著作,它所确立的职官制度系统而整齐,职掌明确而具体,虽不无理想化的成分,但确是古代行政管理与法律制度的重大成果,标志着我国早在先秦时期在政治制度的建设与规划上就已经达到了极高的水平。

那么,实际情况真的如此吗?《周礼》的记载可信吗? 从宋代以来,一直有一些学者(经今文学派)怀疑《周礼》的成书时代,也怀疑《周礼》的内容。到了晚清,康有为撰写了《新学伪经考》,对《周礼》进行了深入研究、详细论证,提出《周礼》由西汉刘歆伪造的说法。此论一出,在学术界产生了很大的影响,以至于长期以来很多人都把《周礼》看作伪书,而不敢去使用。客观地说,《周礼》自然不是出于周公之手,其整齐划一的制度,确实包含着设计者的理想化的成分。但是,完全否认其中的制度很大程度上反映了西周官制的实态,认为其是纯粹出于刘歆的伪造,则是难以令人信服的,这不是一种客观的科学态度。试想,如果没有周代真实的制度作为依据,恐怕任何聪明的人都很难凭空设计出这样一套内容丰富具体的职官制度来。事实上,《周礼》的不少官名,早就出现于各种先秦文献,而且也见于周代的铭彝刻辞中。晚清孙诒让的《周礼正义》以大量文献资料来疏证《周礼》,一再表明《周礼》内容的文献依据是充分的,而不是向壁虚构的。在这个方面,今人的研究也多有收获。其中张亚初、刘雨的《西周金文官制研究》一书,通过对铜器铭文所见官制的研究,证明《周礼》的官名,亦多见于西周金文,用雄辩的材料对《周礼》出于刘歆说提出有力的质疑。因此,借助《周礼》来认识西周的官制是可行的。至少通过《周礼》的描述,可以对周代职官制度的轮廓获得一个基本的认识。① 正是从这种认识出发,我们在此主要通过《周礼》的记载,来讨论周代的土地与农业事务的管理机构。

二、春秋战国的土地资源管理机构

春秋时期,诸侯势力极度膨胀,王室陵夷。周王室管理土地与农业事务的组织机构,沿袭了西周时期的制度。管理土地与农业事务的最高职官称为司徒,下设各种属官,分别管理各种专门的事务。各个诸侯国,基本的政治制度都是西周时期确定下来的,几乎是周王室官制的一个翻版。不过,由于春秋时期激烈的政治变化的影响,各个诸侯国的官制又呈现了自身的不同特点。各国例设司徒,负责土地和农业事务。司徒与司马、司空号称"三事",相当于宰相,是各诸侯国最高的行政职官。司徒设有不同名目的属官,负责具体事务。由于争夺土地的需要,诸侯国在各地方政治制度中逐渐选择了县制,即把新得到的土地,划为县,派官员去管理。通常在县里设一名最高负责人,称为县大夫、县宰、县人或县尹。其下设置数量不等的乡或遂,各设乡大夫、乡正或遂人、遂正管理其事。

战国时期,自西周以来相沿已久的世卿世禄制度,开始被官僚制度所取代,因而战国的政治制度出现了新的结构。大体来讲,战国各国的官制分为几个系统,由晋国蜕变而来的韩、赵、魏具有共同的内容,属于一个系统;齐国自成一个系统;与中原各国官制多有区别的楚、秦为一个系统。韩、赵、魏三国因袭旧制,都设有司徒,管理土地和人民,其组织机构与春秋时期相同。楚国也有司徒,其职掌与各国相类。此外,楚国还设有莠尹。据日本竹添光鸿解释:"莠尹盖治田之官,农重择种,务在耕耨,以去莠为义,故名莠尹耳。"②秦国的中央机构中,主要负责土地与人口、池泽山林及税收事务的官职是内史、少府与搜粟都尉;地方机构中相应的负责职官是郡太守、县令长。县令长,又称为县啬夫。

三、先秦时期土地管理的特点

夏商周时期,为适应管理土地资源和农业事务的需要,各个朝代和各个政府在中央和地方都设立了专门的管理机构。这些机构在确立与贯彻政府的农业政策,制定与

---

① 参见张亚初、刘雨:《西周金文官制研究》(中华书局1986年版)"司徒类官"与许倬云:《西周史》(生活·读书·新知三联书店1994年版)第七章的有关论述。
② 转引自缪文远:《七国考订补》,上海古籍出版社1987年版,第88页。

宣传国家的法律规定，维护土地的分配和经营秩序，保护自然资源和促进农业生产方面，都发挥了积极的作用。它们所履行的职能，充分体现了国家政权对于土地管理的重视。概括而言，当时的土地管理具有这样几个特点：

第一，建立土地资源管理机构，是国家政治制度建设的重要内容。土地是农业社会最重要的生产资料，也是最重要的自然资源与物质财富。土地资源的管理状况如何，将直接影响到人口的生存与政权的兴衰。正因为如此，从夏代以来，设立土地资源管理机构，专门负责处理和协调有关的事务，成为各个王朝和各个政权政治设施中一项极为重要的内容。到了周代，随着职官制度建设的进一步完善，土地资源管理机构的地位得到进一步加强，不论是机构的编制，还是职掌的安排，都得到法律制度的确认和保证。以司徒为首的农官系统的建立与强化，为有效管理土地资源、促进农业发展，提供了有力的组织保障。

第二，土地资源管理机构的建构，日益趋向系统化。由于自然资源的类型不同，权利归属不同，利用方式不同，管理手段不同，这就要求在建构土地资源管理机构时，既要突出机构的权威性，又要注意机构的系统性。从《周礼》所展示的官制来看，周代建立的土地资源管理机构在系统化方面确已达到了很高的程度。这一点，在纵向隶属关系与横向联系上都有所体现。从纵向隶属关系看，从周王朝到各个诸侯国，都建立了权属明确的管理机构，这就保证了国家统一的土地政令的贯彻落实。从横向联系来看，各个土地资源管理机构既坚持独立的职掌，又保持密切的联系，相互配合，协调管理。在一定程度上，这样做既可以防范管理上的一些漏洞，又能够有效地发挥行政管理的作用。

第三，明确土地管理的重点，实现宏观调整与微观指导的有机结合。先秦时期，人们对于官吏在农业管理事务中的重要性和应该承担的责任，已有一定的认识。《礼记·曲礼》说："地广大，荒而不治，此亦士之辱也。"《管子·修权》说："土地博大，野不可以无吏。"土地资源与农业事务的管理离不开官吏，而官吏的管理活动应该抓住重点来进行。先秦时期的管理重点，一是制定宏观的管理政策和法律规范；二是具体指导农业生产与土地资源的利用。这样的管理职能，是古代"官师合一"制度的要求。各级农官在制定、推行农业政策与土地法律方面，所发挥的是"官"的职能，而在指导农业生产和资源利用方面，所发挥的则是"师"的职能。由于先秦时期实行土地国有制，因此如何管理土地，如何更有效地利用土地，最大限度地实现土地资源的价值，成为政府关注的重要问题。在各种土地管理机构中任职的官员，实际上多是一些专门家，即荀子所说的"田师"[①]。对于土地资源与农业生产，他们拥有丰富的知识和经验；将这些知识与经验传授给劳动者，就是他们工作的一部分。战国时期精耕细作的农业能够得到发展，新的耕作技术与种植技术能够得到推广，与各地农官的积极指导是分不开的。先秦这种土地资源与农业管理模式，形成了一种良好的传统，对后来的中国社会产生了

---

① 《荀子·解蔽》："农精于田而不可以为田师，贾精于市而不可以为贾师，工精于器而不可以为器师。"

深远的影响,并成为中国古代农业管理的一大特色。

第四,土地资源理机构的活动,要按照《月令》所确定的规范进行。黄河流域是中国农业文明诞生的摇篮。这一区域四季分明,春种夏耘,秋收冬藏,表现出鲜明的时序性。古人通过长期的观察与总结,对农业活动的规律和土地、林木、畜牧、渔业等资源的特点产生了朴素的认识和合理的把握。为了更好地指导农业活动,保证资源的合理利用,古人便把这些认识,上升为法律规范固定下来,作为具有普遍意义的指导原则。先秦时期出现的《月令》,就是最典型的代表。所谓《月令》,即按月规定每月应当或不应当从事的农事活动。它包含两重作用:对老百姓来说,它是从事农事活动的依据与指南;对管理土地资源与农业事务的官员来说,它是管理土地和指导农业生产的法律规范。此外,其他各种规定和要求也都是农官从事管理活动的规范与依据。《月令》以及《周礼》所提供的这方面的材料,集中反映了先秦时期的管理思想。应该说,这种体现了法治精神的管理办法,对于农业的积极影响是不能低估的。

总而言之,夏商周时期所形成的强有力的土地资源与农业管理机构,以其先进的管理观念、鲜明的管理特色和丰富的管理内容,有力地促进了当时的农业生产和社会进步,并为后世的管理活动提供了宝贵的经验。

第三节　商周时期基本的土地立法

一、商与西周的土地国有制立法

通过法律规范确定财产权利的归属,这是人类从无阶级社会进入阶级社会必然要发生的事情。土地作为人类赖以生存的最重要的财产资源,一俟国家政权出现以后,便成为最受统治者瞩目的争夺对象。战争的胜利者,自然要按照一定的方式,表达其对于最大的战利品——土地的所有权愿望。一旦通过暴力方式而形成了对于土地的所有权利的既成事实,那么也就象征着一个政权获得了合法身份,并且也表明这个政权奠定于坚实的基础之上。中国古代对于社稷的崇拜,准确而深刻地表达了这种观念。为了表明对土地的所有权,商周以来开展了一系列土地立法活动。

(一) 商代

从理论上讲,中国的土地所有权立法应当始于夏代。因为夏代建立了正式的国家,出现了正式的职官制度,首先推行了以地缘为纽带的政治统治。但是,限于史料目前难以了解夏代历史的具体情况,自然当时的土地所有制如何也就无从谈起了。所以,这里只好从商代说起。

商代推翻夏代的统治以后,建立了更加庞大的奴隶制国家。由于商代的甲骨文材料反映了当时土地制度的一些内容,所以我们对于商代的情况可以知道得略多一些。对于商代社会性质的判定,目前学术界基本上取得了一致的认识,即认为商代是奴隶制社会,商代的政权是奴隶主统治的政权。作为最高统治者的商王,自认为"有命在天",不仅是替天表达统治意志的代表,而且也是地上奴隶主的总代表。他象征着国家,拥有至高无上的权力。在这种体制下,土地属于国家所有,即是属于商王所有,土地国有实际上表现为土地王有。《尚书·梓材》说"皇天既付中国民越厥疆土于先王",所揭示的正是这样的事实。后来周人所讲的"溥天之下,莫非王土"的诫令,同样适合商代的情况。

商代土地国有,体现在商王可以任意下令开垦域内的土地。甲骨文中多有这样的材料:

乙丑,贞王令垦田于京。(《京人》2363)
癸亥,贞王令多伊垦田于西,受禾。(《京人》2363)
于龙垦田。(《京人》2363)
王令垦田[于]龙。(《粹》1544)①

垦田,需要得到商王的批准和命令,这表明商王代表国家对土地行使着不容置疑的所有权。当时,"只要是臣服于商王的国族,不管什么地方,商王都有权派人前去开辟土地,这无疑是全国土地皆王所有的铁证"②。

商代土地国有,也体现在商王有权将土地赐给奴隶主贵族。据商史专家研究,甲骨文中提到的"归田"的记载,即表示"归还商王所赐田邑"的意思,而这恰恰间接地表明,商王有权赐给功臣贵族田邑。不仅如此,甲骨文材料还反映了商王建立直属田邑的事实。甲骨文中有大量"王作邑"、"我作邑"或"作邑于某地"的卜辞,这真实地记录了商王为自己开辟直属田邑的情况。③

"殷因于夏礼,周因于殷礼。"虽然目前不敢臆说商代的土地所有权制度是继承夏代的,但是商代的土地制度确实对后来西周的制度产生了很大的影响。从这个意义上讲,也许夏商周三代的土地所有权制度的确是一脉相承的。

(二) 西周

周人灭商以后,政治上推行分封制,经济上实行井田制,而这两种制度的基础是土地国有制。对此,周人概括了一个非常经典的表达。《诗经·小雅·北山》说:"溥天之下,莫非王土;率土之滨,莫非王臣。"这再明白不过地表达了周代土地国有的事实。正因为土地国有,周初才能够广泛推行分封制。分封,即为了实现巩固政权的目的,把国家的土地连同土地上的人民分配给周的同姓子弟和个别的异姓功臣。《左传·定公四年》卫臣子鱼说:

昔武王克商,成王定之,选建明德,以藩屏周。故周公相王室以尹天下,于周为睦。分鲁公以大路、大旂,夏后氏之璜,封父之繁弱,殷民六族:条氏、徐氏、萧

---

① 转引自彭邦炯:《商史探微》,重庆出版社1988年版,第144页。
② 同上,第145页。
③ 同上。

氏、索氏、长勺氏、尾勺氏,使帅其宗氏,辑其分族,将其类丑,以法则周公,用即命于周。是使之职事于鲁,以昭周公之明德。分之土田陪敦,祝、宗、卜、史,备物典策,官司彝器。因商奄之民,命以伯禽,而封于少皞之墟。分康叔以大路、少帛、綪茷、旃旌、大吕,殷民七族:陶氏、施氏、繁氏、锜氏、樊氏、饥氏、终葵氏封畛土略,自武父以南,及圃田之北竟,取于有阎之土,以供王职,取于相土之东都,以会王之东蒐。聃季授土,陶叔授民,命以《康诰》,而封于殷墟,皆启以商政,疆以周索。分唐叔以大路、密须之鼓、阙巩、沽洗,怀姓九宗,职官五正,命以《唐诰》,而封于夏虚,启以夏政,疆以戎索。

周人作为胜利者,建立了新的统治,从而以法统上的合法资格获得了对全国土地绝对的所有权。周天子把土地分配给诸侯,诸侯也可以再把这些土地分配给自己的子弟。对诸侯来说,这不过是对土地使用权的再分配。面对商代遗民,周王也制定了专门的土地政策。商人由原来的统治者变成现在的被征服者,过去享有的财产权利与其他权利被周人一概剥夺。当然,周人为了显示其好生之德,在商人诚心接受周人统治的前提下,允许新领主颁给他们一些土地。不过,一旦商人"不克敬",结果将是"尔不啻不有尔土,予亦致天之罚于尔躬"①。周王对土地的处置行为,从法律的角度来讲,恰恰显示了他作为最高土地所有者的身份。

从现在的材料来看,周初确立的"溥天之下,莫非王土"的土地所有权制度,大体上在周夷王之前仍能得到强有力的维护。从夷王开始,周天子的控制开始衰弱,诸侯贵族逐渐突破约束,把土地用于交换、租借、赔偿等活动,土地国有制开始向土地私有制的道路过渡。当然,这一过渡历程经历了相当长的历史时期。直到春秋以前,在形式上仍然一直坚持着"田里不鬻"②的规定。

二、春秋郑国的土地立法

"溥天之下,莫非王土","田里不鬻",这是周代土地法律的根本规定。但是,春秋时期随着社会生产力的发展,旧的建立在以奴隶、农奴劳动为基础上的井田制度,遇到了以小农劳动为基础的封建土地所有制的挑战。由于统治阶级内部的激烈斗争,造成失败者地位陡降、完全丧失特权和财产的结果。于是,从没落贵族中首先分化出小农阶层。他们垦辟私田,维持八口之家或五口之家的小家庭生活。另外,国人中的一部分也积极开垦私田。小农人口的增加,私田的扩大,与土地国有制度发生了激烈的冲突,同时对于社会的生产方式也构成了严重的威胁。面对这种形势,一些国家开始主动地调整土地政策,制定新的法律,从而将私田的管理纳入到固有的国家体制当中去,以协调日益突出的社会矛盾。郑国率先进行了这种变革的尝试,从而拉开了春秋时期

---

① 《尚书·多士》。(孙星衍《今古文注疏》本,中华书局1986年版。)
② 《礼记·王制》。(孙希旦《集解》本,中华书局1989年版。)

土地制度改革的序幕。

郑国的国人大量开垦私田,破坏了井田的阡陌之界,甚至也破坏了固有的水利灌溉系统。子驷担任执政以后,"为田洫,司氏、堵氏、侯氏、子师氏皆丧田焉"①。看起来,子驷整顿井田的水利灌溉系统不过是个名义,实际上是要以强硬措施剥夺占有私田最多的四个家族的土地。然而,这四个家族并不示弱,他们召集同党,发动叛乱,闯入王宫,竟把子驷等人全部杀死。可见,私田问题成为郑国一个相当严重的问题,围绕着私田而展开的斗争,已经达到了非常激烈的程度。虽然,这次较量最终以"盗众尽死"和一些重要的叛乱人物被杀或出奔收场,但是,根本的问题并未得到解决。

二十年后,子产当政,私田问题仍然摆在他的面前。公元前543年,子产采取新的思路进行了土地制度的改革。《左传·襄公三十年》说:"子产使都鄙有章,上下有服,田有封洫,庐井有伍。"子产的改革,目的在于恢复旧的田界秩序,重新明确过去的国野制度,整顿井田的封界,兴修遭到破坏的水利设施。办法是:以"伍"为单位,把私田在内的土地与人口编制起来,纳入国家的统一管理。与子驷的改革相比,子产采取了温和的措施。他并没有没收私田,而是向私田征收赋税。这表明,国家已经公开承认了私田占有者实际的占有权。显然,这种事实上的承认距离法律上的确认只有一步之遥了。

三、春秋鲁国的"初税亩"

私田的发展,是春秋中后期一个普遍的现象。如何处理由土地国有制母腹中生长出来的土地私有制,这是各国面临的一个难题。郑国的实践表明,采取向私田征税的办法,是一个理想的选择。公元前594年,鲁国实行"初税亩"②,从而开始了"履亩而税"的涉及土地与赋税问题的经济改革。鲁国改变征收赋税办法,"履亩而税",这实在也是不得已的事情。这种改革的背后,隐含着私田数量激增,大量的劳动人口离开了公田(井田),鲁国的统治者依靠与公田相适应的赋税制度,已经难以保证正常收入的严峻事实。在井田制下,相应的赋税制度是"藉法"。所以《国语·鲁语下》说:"先王制土,藉田以力。"由于生产力的提高,社会关系产生了很大的变化,小农的队伍迅速扩大,私田数量大大增加。在这种情况下,井田制的劳动方式陷入困境,井田的收入明显减少,难以满足统治者的需要,国家机器的运转遇到了威胁。面对这种情形,日益衰落的鲁国统治者,根本无力恢复旧的制度,只好顺应历史潮流,承认既存的土地占有的事实,按照实际占有田地的数额,向土地占有者征税。

这是一个重要的历史事件。可能编写《春秋》的史家,写下"初税亩"这一变革性的规定时,情绪是伤感的、无奈的。但是,这个事件却预示着一个新的历史时代的到来,奴隶主统治即将成为过去,新兴的地主阶级很快就要登上历史舞台。

---

① 《左传·襄公十年》。(杜预《集解》本,上海古籍出版社1988年版,下同。)
② 《左传·宣公十五年》。

四、战国商鞅的土地变法

春秋中后期,各个诸侯国家社会制度变革的速度明显地加快了。究其原因,与私田所有制的发展有着密切的关系。私田的普遍出现,加速了井田制度的瓦解,新的生产关系取代旧的生产关系成为不可扭转的历史发展趋势。经过艰苦的斗争,胜利的地主阶级首先在晋国和齐国建立了新的统治。公元前403年,韩、赵、魏三家分晋,宣告了晋国的灭亡。在齐国,陈氏取代了姜氏。在晋、齐之后,楚、秦两国的新兴地主阶级也掌握了政权。于是,历史选择新的发展方向,逐渐从奴隶制统治下的春秋时代过渡到封建制主导的战国时代。

战国的历史,从一开始就是伴随着一系列变法活动开始的。新兴的统治阶级,希望通过变法,彻底破除旧的不适应时代要求的制度与规定,全面建立地主阶级的统治秩序。魏国首先吹响了变法的号角。魏文侯时,在李悝主持下,魏国的变法搞得轰轰烈烈。通过推行李悝提出的"尽地力之教"①,魏国的农业生产得到了很大的进步,推动魏国走向富强。魏国的邻国赵国,在赵烈侯时发动了由公连仲主持的变法。韩国在韩昭侯时进行了由申不害主持的变法。东方的齐国在齐威王时掀起了由邹忌主持的变法。南方的楚国在楚悼王时进行了由吴起主持的变法。西方的秦国在秦孝公时开展了由商鞅领导的变法。战国的变法运动此起彼伏,一浪高过一浪。变法活动有力地打击了旧的贵族势力,巩固了新兴地主阶级专政,摧毁了旧的世卿世禄的政治制度,建立起新的官僚制度。从井田制下解放出来的劳动者——小农,成为新兴地主阶级统治的基础。当然,各国变法的程度不同,所取得的成果也不太一样。其中,商鞅变法的措施最为系统,变革的力度最大,收效也最为明显,为后来秦国统一天下奠定了雄厚的基础。

商鞅,卫国人,系卫国国君的疏属,原名卫鞅,也称公孙鞅。年少时就喜欢学习法律,曾师事魏相公叔痤,表现出很高的才能,可未能得到重用。公元前361年,秦孝公即位,发布求贤令,希望在贤人的帮助下,早日实现富国强兵的目标。商鞅就在这个时候离开魏国,投奔秦国。入秦以后,他通过秦孝公宠臣景监的推荐,见到了秦孝公。经过几次陈说,秦孝公终于被他打动,接受了他提出的变法建议。公元前356年,秦孝公任命商鞅为左庶长,主持第一次变法活动。这次变法的目的在于加强耕战,富国强兵,即通过一系列有力的措施,巩固小农的地位,鼓励小农努力耕作、勇敢作战,提高秦国的经济实力与军事实力。

针对当时秦国人口少、荒地多,而且不少人脱离农业从事工商业活动的现状,商鞅制定了法令,重农抑商,打击一切有损于小农利益和农业经济的活动。规定:凡"僇力

---

① 《汉书》卷二十四上《食货志》,中华书局点校本,下同。

本业,耕织致粟帛多者复其身。事末利及怠而贫者,举以为收孥"①。所谓"本业",是指农业,也就是一家一户男耕女织的经济事业;"末业",是指手工业和商业;"复其身",是指免除小农替政府承担的徭役;"收孥",是指将全家人没为官府的奴婢。这样的规定,就是要通过积极的奖励和残酷的惩罚,激励小农投身农业生产,发展封建的生产力,为秦国强盛奠定坚实的物质基础。

从这一次颁布的法令来看,只限于堵塞各种"利孔",让老百姓全部归于本业,尚未触及土地所有权问题。然而,如果不通过法律的变革改变土地所有制关系的话,小农的生产积极性仍然难以真正调动起来,秦国的国富强兵的崛起之梦也不容易实现。商鞅当然认识到了这一点,所以当第一次改革取得初步胜利,他升任大良造(相当于宰相)以后,就于公元前350年发动了第二次改革。这次改革的重点,是围绕着土地所有制关系展开的。其中,具有全局意义的一项改革规定是:"为田开阡陌封疆而赋税平"②。后人将这次变革的内容简洁地概括为"坏井田,开阡陌"③。"阡陌",指每亩田的小田界;"封疆",指每顷田的大田界。所谓"为田开阡陌封疆",就是要打破划分井田界限的各种田界,重新划分田界范围,向农民颁授土地。

这是一个重大的历史事件,它标志着中国土地制度至此发生了一个根本性的转折。从春秋中后期以来,由于生产力水平的迅速提高,私田数量不断增加,井田制度逐渐遭到破坏。各国的统治者为了维护旧的秩序,采取了一些措施来协调私田所有制与旧的土地国有制的冲突,从而延缓旧制度的生命。秦国的情况同样是如此。在鲁国实行"初税亩"186年之后,秦国于公元前408年实行"初租禾"。④"初租禾"与"初税亩"的性质一样,即按照占有田亩的面积来征收一定数额的谷物作为地税。尽管说"初租禾"的规定,也具有重要的意义,但它毕竟并未触动井田制度;而商鞅的这一改革,则通过法律的形式,完全摒弃了旧的井田制度,开始全面推行新的封建的土地国有制和封建地主土地所有制。土地分配方式与经营方式的变革,彻底破除了奴隶制统治的基础,为秦国新兴地主阶级建立封建专制政权开辟了道路。这样的土地变革,顺应了时代的需要和历史进步的潮流,所以在秦国产生了积极的影响,也为中国封建社会土地制度的发展开辟了道路。

五、秦武王与嬴政的土地立法

商鞅变法,深刻地触及了秦国落后的政治、经济状况和社会风俗,打破了旧制度对生产力的束缚,极大地调动了劳动者的积极性,秦国的社会经济得到了迅速发展,为秦始皇建立统一大业打下了强大的物质基础。虽然商鞅本人遭到秦国守旧力量的惨杀,

---

① 《史记》卷六十八《商君列传》,中华书局点校本,下同。
② 同上。
③ 《汉书》卷二十四上《食货志》。
④ 《史记》卷十五《六国年表》。

但秦孝公和商鞅开创的事业,在后来几个秦王的领导下,不断向前推进。1979年,在四川青川一座战国墓中发现了一块木牍,是秦武王时的一件土地法律文书,文字是:

> 二年十一月己酉朔日,王命丞相戊、内史匽:民愿更修为田律,田广一步、袤八,则为畛,亩二畛;一百(陌)道。百亩为顷,一千(阡)道,道广三步。封高四尺,大称其高。捋(埒)高尺,下厚二尺。以秋八月修封捋(埒),正疆畔,及发千(阡)百(陌)之大草。九月,大除道及阪险。十月,为桥,修波(陂)堤,利津梁,鲜草离。非除道之时,而有陷败不可行,辄为之。①

据专家考证,这件法律是秦武王二年(公元前309年)颁布的,主要讲两项内容,一是关于修治田间封界的规定,一是关于修治道桥陂堤的规定。第一项内容中对土地封界的规定,实质上反映了商鞅变法以后土地所有权的问题。"畛",是指田间小道,规格是广一步,袤八步。"陌道",是指每亩田之间的道路。"阡道",是指一顷田之间的道路。"封",是指田界的标志,规格是长、宽、高各4尺(约合今92厘米)。"埒",矮墙,这里是指连接诸封的矮墙。商鞅变法后,将井田制的百步为亩改为240步为亩,与此相应,旧的划分田界的阡陌被彻底破除,所谓"决裂阡陌"②。在破除旧阡陌以后,由于新的土地所有制度的建立,仍需要建立新的阡陌,并且仍然需要建立封埒,以明确新的土地所有权。可见,封埒所象征的乃是神圣的土地权利,而对封埒的保护实际上体现了对土地所有权的保护。后来见于秦简中的秦律规定,"盗徙封,赎耐",如果移动地权标志的封,将处以耐刑,体现的是同样的精神。

公元前246年,秦嬴政即位,成为秦国的国王。公元前221年,他完成了灭亡六国、统一天下的大业,建了新的专制主义中央集权的国家政权——秦王朝。从秦王直到秦始皇,嬴政统治的时间长达31年。秦嬴政登上王位以后,奉行传统的治国策略,继续制定《田律》,通过国家立法的形式确认土地所有权关系,保障专制主义政权的统治基础。1975年湖北云梦睡虎地秦墓发现的大量法律文献中,就有一些土地立法,最基本的是《田律》,而《南郡守腾文书》中还提到《田令》,另外,《厩苑律》、《金布律》及《仓律》也涉及土地制度。③

从秦律来看,秦国保持着国有土地所有制与私有土地所有制的二元结构。睡虎地秦简《田律》的规定反映当时国有土地所有制的存在:

> 雨为澍(澍),及诱(秀)粟,辄以书言澍(澍)稼、诱(秀)粟及垦(垦)田亩毋(无)稼者顷数,稼已生后而雨,亦辄言雨少多,所利顷数。旱(旱)及暴风雨、水潦、螽(螽)蚰、群它物伤稼者,亦辄言其顷数。近县令轻足行其书,远县令邮行之,尽

---

① 四川省博物馆、青川县文化馆:《青川县出土秦更修田律木牍》,载《文物》1982年第1期。
② 《史记》卷七十九《蔡泽列传》。
③ 俱见《睡虎地秦墓竹简》,文物出版社1978年版。

八月□□之。①

该规定要求,县一级的地方官,在遇到下了及时雨、禾稼抽穗的情况,应立即向中央政府书面报告受时雨、抽穗的顷数,以及已开垦而没有种植禾稼的顷数;当禾稼生长以后下了雨,要报告雨量多少和受益的顷数;遇到暴风雨、水涝、旱灾和虫害伤害禾稼时,也要报告顷数。距离近的县分,文书由走路快的人步行送达,距离远的县分,文书由邮驿送达,时间不能超过八月底。就其内容来看,这是关系田间行政管理的规定,但实际上反映的则是土地国有制的事实。也就是说,这样的土地是国有土地,它的所有权完全属于国家,由政府的专门机构负责管理。正因如此,法律才要求地方官对禾稼情况进行如此详细的汇报。

睡虎地秦简《田律》也反映了秦国保持着政府向农民授田的制度:

> 入顷刍稿,以其受田之数,无垦(垦)不垦(垦),顷入刍三石、稿二石。刍自黄䂮及蒉束以上皆受之。入刍稿,相输度,可殴(也)。②

授田制存在的前提条件,是国家掌握着大量可供颁授的土地。很显然,商鞅变法以后,一方面确立了封建的土地所有制,为私有土地的发展开辟了道路,另一方面国家土地所有制仍然继续坚持。可见,虽然经过商鞅变法,但秦国仍然保留着大量的国有土地。这些土地通过国家授田或租佃的方式,由小农或雇农耕种(详下文)。这说明中国古代封建土地多元结构的局面,是战国时期形成的,井田制的瓦解,并非只带来了土地私有这样一种结果。

《徭律》的规定则反映了秦国私有土地制的存在:

> 县葆禁苑、公马牛苑,兴徒以斩(堑)垣离(篱)散及补缮之,辄以效苑吏,苑吏循之。……其近田恐兽及马牛出食稼者,县啬夫材兴有田其旁者,无贵贱,以田少多出人,以垣缮之,不得为繇(徭)。③

这条法律规定,属于公家的畜养禽兽的禁苑和畜养牛马的苑囿,在需要维修时,可以征发徒众;但是,如果苑囿邻近农田,为了避免苑中动物和牛马出来伤害禾稼,县啬夫应该从田地邻近苑囿的人家征发劳力,不分贵贱,按照土地多少出人,修缮苑囿的围墙,把动物和牛马圈起来,这不得算作为国家承担徭役。这说明,那些"有田者",就是私田土地的占有者。"不论贵贱"一句,更说明占有土地者身份是复杂的。可见,当时私人占有土地的现象是比较广泛的。从法律上允许私人占有土地,这是商鞅变法的重要内容。《史记·商君列传》记载商鞅的改革说:"明尊卑爵秩等级,各以差次;名田宅、臣妾、衣服,以家次。有功者显荣,无功者虽富无所芬华。"私人占有土地称为"名田"。可

---

① 《睡虎地秦墓竹简》,文物出版社1978年版,第24—25页。
② 同上,第27—28页。
③ 同上,第77页。

见,从商鞅变法到秦嬴政时期,土地私有制的发展是非常之快的。国家的法律不仅规定了封建土地所有制,而且还通过法律规定维护这一制度。秦简的《法律答问》说:

> 盗徙封,赎耐。可(何)如为"封"?"封"即田千(阡)佰(陌)。顷半(畔)封殴(也),且非是?而盗徙之,赎耐,可(何)重殴(也)?是,不重。①

法律把移动农田疆界,称为"盗徙封",认定这是侵犯了土地所有权的行为。"顷畔封",是指百亩土地间的道路和疆界,这当是小块土地。对小块土地所有权的保护尚不含糊,那么对大土地私有权的保护更不言而喻了。应该说,秦国对土地私有权的保护确实达到了很高的水平。

第四节 夏商周时期的土地占有方式与经营方式

先秦时期,土地所有制由土地国有制的单纯结构,蜕变为封建的土地国有制与土地私有制并存的二元结构。在单一所有制结构下,土地的占有形式和经营形式主要是井田制;在二元结构下,土地占有和经营则出现了多种形式。

一、井田制

所谓井田,是指田地被分划成整齐的小块,田间的土埂和沟洫成为田与田之间的一种界限。井田制起源于何时?有的学者认为,早在夏代就出现了井田制。② 有的学者则认为,夏代的材料太少,不好论断,主张商代就已经出现了井田制。③ 先秦文献中,如《左传》、《国语》、《周礼》、《孟子》诸书都有关于周代井地或井田的记载。《左传·襄公二十五年》楚䓕掩为司马,"井衍沃"。同书《襄公三十年》记郑国经过变法,"都鄙有章","田有封洫,庐井有伍"。《国语·齐语》记管仲对齐桓公说:"井地畴均,则民不憾。"《周礼·小司徒》说:"乃经土地而井牧其田。"《孟子·滕文公上》讲的最为具体:"方里而井,井九百亩,其中为公田,八家皆私百亩,同养公田,公事毕,然后敢治私事,所以别野人也。"孟子也讲到三代的税赋制度:"夏后氏五十而贡,殷人七十而助,周人百亩而彻,其实皆什一也。彻者,彻也;助者,藉也。"由于孟子对井田制的描述比较模糊,有些地方还存在矛盾,后人对井田制度聚讼纷纭,有些人甚至怀疑这样的制度是否真的存在过,还有很多人则弥缝其辞,努力将各种有关井田的记载说圆、说通。于是,就出现了《穀梁传》中的井田制,《韩诗外传》中的井田制,《周礼》中的井田制,《汉书·

---

① 《睡虎地秦墓竹简》,第178—179页。
② 金景芳先生说:"大体上说,中国的井田制度是从夏初开始的,以后经过夏商二代至西周这一千多年的历史而达到了充分发展。"引自金景芳:《论井田制度》,齐鲁书社1982年版。
③ 郭沫若先生说:"殷代是在用井田方式来从事农业生产的,这从甲骨文字中的一些象形文字可以得到证明。例如,在卜辞中常见的田字就是一个方块田的图画,殷代必然有四方四正的方块田,才能产生得出那样四方四正,规整划分的象形文的田字。"引自郭沫若:《奴隶制时代》,人民出版社1973年版,第20页。

食货志》中的井田制,何休《春秋公羊解诂》中的井田制和《春秋井田记》中的井田制。①那么,井田制的本质到底是什么呢? 其实,我们认为,井田制是商周土地占有的一种主要形式,并且也是国王和贵族为了剥削农奴劳动而对土地进行的一种经营形式。

井田制推行的一个重要前提是土地国有制的存在。周人所说的"溥天之下,莫非王土",这是井田制实施的根本条件。井田制具有几个明显的特点:

第一,井田分为公田和私田两部分。公田的本质是土地占有者的俸禄,即他们的"禄田";私田的本质是为维持井田制下劳动者(农奴)生活的份地。二者相辅相成,构成对立统一的关系。② 附属于井田的劳动者(农奴)必须首先在公田劳动,为土地占有者提供足够的无偿劳动,然后才可以为自己的份地劳动,这就是孟子所说的"公事毕,然后敢治私事"。

第二,井田占有者所剥削的是劳动者(农奴)劳动的自然形态,也就是劳动地租,即孟子所说的"助"或"藉"。劳动者的大部分收获物都要交给土地占有者。对这种剥削方式,马克思进行了最深刻的揭露:"地租的最简单的形式,即劳动地租,——在这个场合,直接生产者以每周的一部分,用实际上或法律上属于他所有的劳动工具(犁、牲口等等)来耕种实际上属于他所有的土地,并以每周的其他几天,无代价地在地主的土地上为地主劳动。"③从《诗经·豳风·七月》所反映的事实看,农奴的生活是悲惨的。不过与奴隶相比,毕竟私田的收获物能够为农奴自己所有,对于这样的私田经济,他们还是充满了希望。《诗经·小雅·大田》"雨我公田,遂及我私"和《甫田》"我田既臧,农夫之庆"的诗句,都表达了农夫祈盼和庆祝私田丰收的心情。

第三,公田、私田划分所形成的剥削方式,决定了井田占有必然要侵占劳动者的私田。其表现是"慢其经界",即改变公田与私田的构成,最终达到侵占私田、加重对劳动者剥削的目的。这样的变化必然会引起井田制度的瓦解。所以孟子强调,要想在井田制的基础上实行仁政,"必自经界始"。如果"经界不正",必然是"井地不均,谷禄不平"。假如"经界既正",那么"分田制禄,可坐而定也"。

由于土地国有制的发展,直到西周时期井田制一直处于稳定运行的过程中。进入春秋以后,随着生产力的提高和发展,土地国有制开始遭到破坏,井田制也逐步趋于没落。虽然从文献上还能够看到春秋晚期实行井田制的史实,但那不过是一种衰微的延续罢了。从春秋晚期郑国子产实行"庐井有伍"的改革,一直到鲁宣公时"初税亩",虽然从表面看都在调整和改革赋税制度,但实际上都是由于井田制行将瓦解而带来的结

---

① 李剑农先生《先秦两汉经济史稿》(中华书局1962年版)第九章"孟子的井田政策",集中了有关的材料,可参看。

② 郭沫若先生说:"故井田制是有两层用意的:对诸侯和百官来说是作为俸禄的等级单位,对直接耕种者来说是作为课验勤惰的计算单位。有了一定的面积两方面便都有了一定的标准。"引自郭沫若:《奴隶制时代》,第29页。

③ 《资本论》第3卷,人民出版社1975年版,第889页。

果。战国初年,魏国在李悝主持下推行"尽地力之教"①的变革措施,实际上同样在昭告世人:井田制已在魏国走向了尽头。关中的秦国,经济发展程度比关东各国落后得多,所以直到商鞅变法时才一声令下,才彻底终止了井田制的命运。井田制退出历史舞台是社会经济发展的必然结果。附属于井田的农奴从井田制的桎梏下解放出来,获得了新生,极大地焕发出创造的积极性,从而迅猛地推动了战国物质文明与精神文明的建设,加快了历史前进的步伐。由于土地危机,历史上一次次将井田制美化成农民乐园的看法和企图恢复井田制的各种幻想,由于违背历史的发展进程,因而也从来不能够真正地得到再现。

二、授田制②

授田,即国家将国有土地颁授农民耕种,农民依产量的一定比例向国家交纳赋税的制度。这是战国时期普遍实行的土地占有与经营方式。

井田制度在春秋末期逐渐瓦解以后,关东各国改行授田制。西方的秦国由于经济落后,旧的制度维持时间较久,所以直到商鞅变法以后,以魏国推行的田制为榜样,才开始实行授田制。《汉书·食货志》叙魏国小农之家"治田百亩",即是战国授田制真实的反映。商鞅废井田以后,秦国也是将国有土地化为百亩单位的小块田地,重新确立封界,实行以小家庭为经营单位的土地占有制度。授田制是从井田制条件下的农奴的集体劳动,向五口之家的小家庭条件下的个体劳动的转变,它的核心内容是分田而作。对此,战国的有识之士颇为赞赏。《荀子·王霸》说:"传曰:农分田而耕,贾分货而贩,百工分事而劝。"荀子是战国晚期人,他所引的"传",应是战国早期肯定分田方式的作品。诚如传文所说,分田有利于调动劳动者更高昂的干活热情,实现土地的精耕细作,提高生产效率,客观上达到富国强兵的目的。在分田方式下,小农成为国家依靠的主体。小农的命运如何,经济地位能否得到切实的保证和维护,直接关系着一个国家的强弱和兴衰。《管子·君臣》说:"布政有均,民足于产,则国家丰矣。"它的意思是说,为政者制定政策要均衡考虑,保证小农拥有足够的产业(土地),国家就可以实现丰收。《吕氏春秋·上农》说:"民农则其产复,其产复则重徙,重徙则死其处而无二虑。""复",是厚的意思,这句话是说,农民勤勉务农就能够获得丰厚的产业,有了丰厚的产业就不会迁徙他处,安土重迁,则到死也不会有二虑。这些论述都是强调向小农分授田产的重要性。

战国具体的授田情形,《周礼》等文献的记载颇有反映。《周礼·地官·遂人》说:"以岁时稽其人民,而授之田野。"《吕氏春秋·乐成》说:"魏氏之行田也百亩,邺独二百亩,是恶田也。"从前一条记载看,授田皆有一定的时间;从后一条看,授田的数量通

---

① 《汉书》卷二十四上《食货志》。
② 对先秦授田制度的研究,以吴荣曾先生的《战国授田制度研究》(收入《先秦两汉史研究》,中华书局1995年版)一文最为系统,最有深度。本节即据吴先生的文章写成,谨表谢忱。

常是百亩,如果是薄田,可加倍授与以备休耕。魏国的制度是李悝变法时确定的,并且著于律典,在战国时期产生了很大的影响。睡虎地秦简中抄录了魏国的《户律》,讲到了授田的条件:"自今以来,假门逆吕(旅),赘婿后父,勿令为户,勿鼠(予)田宇。"只有小农才有资格得到国家的授田,而"假门逆旅,赘婿后父"等身份,不许立户,不得授予土地。这样的规定意在重农抑末,扶植小农的力量。秦国授田之制显然受到魏国的影响。上引秦简《田律》规定:"入顷刍稾,以其受田之数,无垦不垦,顷入刍三石,稾二石。"这条规定是讲授田农民向国家交纳草料,它透露了当时秦的授田制度,同样是以百亩为单位。银雀山汉简《田法》,反映了齐国授田的情况:以五百家为一州,五千家为一乡,国家把土地划拨到州、乡,再由州、乡分授给小农。① 战国时期,一些国家为增加人口,以土地为诱饵吸引其他诸侯国的人口前来定居。所以,土地也会授予外来者。最典型的是秦国。商鞅采取"徕民"的政策,大量吸引三晋人口。政府对新来者许诺,"利其田宅,而复之三世"②,即授予田宅,还免除他们三世的力役。

战国授田以百亩为单位,这正是维持一个小农家庭正常生活相应的数额。孟子说:"百亩之田,勿夺其时,数口之家可以无饥矣。"③据李悝的测算,百亩之田,相应的是五口之家。而《管子·山权数》从生产能力衡量,"地量百亩,一夫之力也","一农之量,壤百亩也",表明百亩农田,恰为数口之家的劳力所能胜任。可见,确定百亩的数量,是从多方面计算的结果,是有实际根据的。当然,由于各地区自然条件不同,土地的质量不同以及耕作方式不同,在百亩这个常量下,会出现授田数量的变动。例如,上述魏国邺地即授田二百亩。多授出的土地主要为了休耕。《周礼·地官·大司徒》对此种情况讲得更为细致:"不易之地家百亩,一易之地家二百亩,再易之地家三百亩。""一易"、"再易"是休耕一年、休耕二年的意思。《周礼·地官·遂人》则把土地分为三等:"上地,夫一廛,田百亩,莱五十亩,余夫亦如之;中地,夫一廛,田百亩,莱百亩,余夫亦如之;下地,夫一廛,田百亩,莱二百亩,余夫亦如之。""莱"是草田。以土地等级而规定授田数量,多授出的田地自然也是为了休耕。

小农受田后,得到的只是土地的使用权和经营权,土地所有权仍由国家拥有,而且土地有受有还。土地之所以需要还授,是因为土地肥瘠情况不同。定期还授,对土地的使用进行调整,有利于均衡田产和小农的利益。受田小农作为土地的占有者,要承担国家的田租和力役负担。由于是国有土地,租税是合一的。租税通常按照收获量的十分之一来收取。当然,十而税一只是一个常量,实际征收时会考虑其他因素而上下浮动。这些因素主要有土地肥瘠状况,所谓"相地而衰征"④;还有禾苗长势情况,所谓"巡野观稼,以年之上下出敛法"⑤。《管子·幼令》说:"令曰:田租百取五。"这就比十

---

① 《银雀山竹书〈守法〉、〈守令〉等十三篇》,载《文物》1982年第1期。
② 《商君书·徕民》。(蒋礼鸿《锥指》本,中华书局1986年版。)
③ 《孟子·梁惠王上》。(焦循《正义》本,中华书局1992年版。)
④ 《荀子·王制》。
⑤ 《周礼·地官·司稼》。

取一低了。《管子·大匡》说"上年什取三,中年什取二,下年什取一",这什取三、什取二又比十取一高了。这都是田租上下浮动的例证。力役是受田农民必要的义务。除未成年人和老人外,其他人都要承担力役。即使是残疾人,也得承担一部分而不能全部免除。显然,力役是农民身上非常沉重的负担,严重地影响到农民的生产和生活。正因为如此,荀子大力呼吁:"罕举力役,无夺农时"①。

由于田地是国有的,为了保证国家的税收,各级官吏对农民活动的督责是非常严厉的。法律规定不允许农民荒废田产,游走他方。青壮年农民游手闲荡,将受到刑罚的惩处,甚至沦为奴隶。银雀山简牍《田法》保留了这方面的记载:"卒岁田入少入五十斗者,□之。卒岁少入百斗者,罚为公人一岁,卒岁少入二百石者,罚为公人二岁,出之之岁□□□□者,以为公人终身。卒岁少入三百斗者,黥刑以为公人。"②可见农民不努力耕田,因而少交了租税,官府则依据少交谷物的数量进行惩罚。最重者,将丧失自由人的身份,成为奴隶。

三、爰田制

在先秦的土地立法中,晋"作爰田"是一个重要的立法活动。受其影响,后来的商鞅也在秦国"制辕田"。关于爰田制的本质,后人提出了各种看法。

爰田制首先是在晋国实行的。《左传·僖公十五年》记述了此制出台的情况:

> 乃许晋平。晋侯使郤乞告瑕吕饴甥,且召之。子金教之言曰:"朝国人而以君命赏,且告之曰:'孤虽归,辱社稷矣,其卜贰圉也。'"众皆哭。晋于是乎作爰田。吕甥曰:'君亡之不恤,而群臣是忧,惠之至也,将若君何?'众曰:"何为而可?"对曰:"征缮以辅孺子。诸侯闻之,丧君有君,群臣辑睦,甲兵益多,好我者劝,恶我者惧,庶有益乎!"众说。晋于是乎作州兵。

公元前645年,秦、晋发动了韩原之战,晋惠公被秦军俘虏。后来秦国允许晋国媾和,准备释放惠公回国。晋惠公担心国人不接纳他,瑕吕饴甥(子金)便提出一个办法,以国王的名义向国人赏赐土地。晋惠公接受了这个办法,"于是晋作爰田"。《国语·晋语三》也提到此事,但文字非常简单,"爰田"作"辕田"。

何谓"作爰田",从古至今,众说纷纭,莫衷一是。杜预解释说:"分公田之税应入公者,爰之于所赏之众。"他把"作爰田"与赋税联系起来,认为其意思是把应当缴给公家的"公田之税"作为奖赏退还给众人。孔颖达《正义》引服虔、孔晁之说破杜注,说:"爰,易也,赏众以田,易其疆畔。"意思是说爰田与赋税无关,而是通过改变土地封疆的办法以土地去奖赏众人。《国语》韦昭注说:"贾侍中云:'辕,易也。为易田之法,赏众以田,易疆界也。或云辕,车也。以田出车赋。'昭谓:此欲赏以悦众,而言以田出车赋,

---

① 《荀子·王霸》。
② 《银雀山竹书〈守法〉、〈守令〉等十三篇》,载《文物》1982年第1期。

非也。唐曰：'让肥取墝也。'"韦昭同意贾侍中即贾逵的前一说，明确否定了贾氏所引的"或云"，并引"唐曰"作为补充，认为这是"易田之法"，并且是"让肥取墝"的易田之法。《汉书·地理志》也提到"辕田"问题，说战国商鞅"制辕田，开阡陌"。颜师古引张晏注说："周制三年一易，以同美恶。商鞅始割裂田地，开立阡陌，令民各有常制。"又引孟康注说："三年爰土易居，古制也，末世浸废。商鞅相秦，复立爰田，上田不易，中田一易，下田再易，爰自在其田，不复易居也。《食货志》曰'自爰其处而已也'是也。"张晏与孟康的解释颇为具体，但对于商鞅"制辕田"与晋"作爰田"之间究竟有何联系，未著一字。汉魏以后对爰田的解释与讨论，基本上就是从上面列举的各种解释展开的。

今人对爰田的解释同样是五花八门。在各种解释中，我们认为赵光贤先生的解释比较合理，也容易理解。他说：

> 今按爰田《国语》作辕田。《汉书·地理志》说商鞅"制辕田"。从名称上看，晋之爰田与秦之辕田应当是差不多的田制。商鞅作辕田，在废井田之后，董仲舒说："商鞅开井田，民得买卖。"（《汉书·食货志》）可见作辕田是承认田地私有，辕田是得以交易，即得改易其所有者之田。我们从秦之辕田推测晋之爰田，应当也是一种可以改变其所有者之田。但因时代不同，历史条件不同，晋的爰田与秦的辕田的意义也不一样。……晋的作爰田，其意义就在于不仅惠公把公室的田赏给大臣们，而且承认其所有权。名为爰田，就是允许贵族们自由处置这些田地，允许改变其所有者。这在当时是一件创举，所以叫"作"。晋惠公用这种大利来换取他们的支持，始能如愿返国。这就是贵族土地所有制的合法化的第一步。
>
> 至于商鞅作辕田于井田制既坏之后，允许庶民自由买卖，那和晋国贵族的爰田，当然是大不相同。晋国的爰田是在井田制基础上建立的贵族土地所有制，秦国的辕田意味着庶民的土地所有制。①

可见，晋国"作爰田"，其实就是把国有土地的一部分赏赐给贵族，变成他们的私田，与汉代的赐田相类似。国有土地转化为私有土地，所有权发生了根本的变化。这样的事发生在春秋时期，当然是一种极具历史意义的事件。它表明，无论是晋国的"爰田"还是后来商鞅的"辕田"，都构成了先秦私田的重要来源。

四、私田制

先秦的土地所有制，经历了从单纯的土地国有制到土地国有制与土地私有制并存的发展过程。土地国有制，是从原始公社的公有土地演变过来的。商周的土地国有制，表现为国王所有。"溥天之下，莫非王土；率土之滨，莫非王臣"，成为这种所有制的法律概括和外在标志。商周天子对土地拥有绝对的支配权力，周初在全国范围实行分封制，就是周王对土地权力最集中的一次运用。分封的结果，出现了诸侯，而在诸侯

---

① 赵光贤：《晋"作爰田"解》，载《周代社会辨析》，人民出版社1980年版，第238—239页。

国,还有大小各级贵族。按照周制的规定,诸侯从周王分得的土地,可以再分给境内的卿、大夫,作为他们的采邑。这样,就出现了诸侯占有和各级贵族占有的土地。从理论上讲,不管土地如何分配,土地的所有权都属于国家,即属于周王,周王可以随时收回土地,而诸侯和贵族只享有土地的占有权和使用权。但是,随着时间的推移,诸侯和贵族基于长期占有的事实,逐渐将这种占有权演变为实质上的所有权。这种现象再一次印证了马克思的论述:"私有财产的真正基础,即占有,是一个事实,是不可解释的事实,而不是权利。只是由于社会赋予实际占有以法律的规定,实际占有才有合法占有的性质,才具有私有财产的性质。"①

从金文的材料来看,春秋中期以后,贵族对所占土地的支配权大大增加了。不期簋铭文说:"伯氏曰:不期,汝小子。汝肇诲于戎工,锡汝弓一、矢束、臣五家、田十田。"土地也成为赏赐的对象。曶鼎铭文说:"昔馑岁,匡暨厥臣廿夫寇曶禾十秭。以匡季告东宫。东宫乃曰:求乃人,乃弗得,汝匡罚大。匡迺稽首于曶,用五田,用众一夫曰益,……曰:用兹四夫稽首。"匡是个贵族,因盗取另一贵族曶的禾稼"十秭",被曶告发。匡希望赔偿田五田和一众三臣了事,曶不依允,后增加了二田一臣,才结束了这场官司。这表明土地已经成为赔偿的标的物。贵族对土地支配权力的扩大,大大刺激了诸侯、贵族争夺土地的贪欲。甚至属于周天子直接控制的王畿土地也日益遭受侵夺。《左传》的不少记载,反映出春秋时期土地的争夺与兼并现象已达到了非常严重的程度。②诸侯、贵族对土地所拥有的实际所有权,成为私田产生暨土地私有制出现的一个重要来源。

在贵族之间争夺土地资源的激烈斗争中,除少数人地位上升,成为更大的贵族外,大多数人则没落了。例如,《左传·昭公三年》记载晋国叔向曾披露说:"晋之公族尽矣,……肸之宗十一族,惟羊舌氏在而已,肸又无子,公室无度,幸而得死,岂其获祀!"这些没落的贵族逐渐丧失原来的采邑,有的甚至流落到外国。他们为了度日,或者开垦私田,或者强夺他人的土地。这就构成了私田和土地私有制的另一个来源。

西周时期,一直保持着农村公社。井田制是农村公社的土地占有形式。公社的社员按照一定的组织形式,被编制在井田上。在相当长一个时期,由于生产力水平与生产关系相适应,这种农村公社保持了稳定的发展状态。但是,春秋时期由于生产力的发展,旧的生产关系不再适应农村公社的生产秩序,从而引起了农村公社内部的分化。于是出现了一些劳动者不断摆脱农村公社的控制,游离在外,靠开垦私田为生,成为小土地所有者的情况。此外,商业资本与高利贷的侵蚀也不断破坏旧的土地占有的格局,从而加剧土地的买卖与转让。这些因素构成了私田与土地私有制的第三个来源。

总之,从西周中后期开始,特别是进入春秋时期,土地国有制日益遭到破坏,通过

---

① 《马克思恩格斯全集》第1卷,人民出版社1956年版,第382页。
② 前引李剑农《先秦两汉经济史稿》,于第八章《土地之兼并》分为"诸侯兼并"、"世卿贵族的兼并"、"战国时代私家豪富之兼并"三部分,对春秋、战国的土地兼并进行说明,所列材料极为丰富,可参看。

上述几个途径,逐步地出现了大量的私田。私田的不断发展,对国家的经济收入和统治秩序构成了严重威胁。于是各国不得已采取措施调整赋税政策,把私田收入纳入征敛的范围,同时也意味着国家正式承认了私田的合法身份。这个过程先在东方各国展开,最后在秦国进行。商鞅的"废井田、开阡陌"的措施实施后,土地私有制成为与封建土地国有制并存的土地占有形式,在中国社会完全确立了它的合法地位。

第五节 周代自然资源的法律保护

中国先民深厚的自然崇拜观念,以及因长期与大自然相互依存而获得的生产、生活经验,使他们产生了保护自然资源的朴素认识。随着时间的推移,这种认识不断升华,最终凝结为一种规范性的行为准则,甚至有些内容还以法律条文的形式被确定下来。先秦、秦汉时期广泛流传的《月令》,就属于这种性质的规定。《月令》今见于儒家经典《礼记》,其中的内容亦多见于先秦典籍和秦律。它以季节的顺序,规定各个时间段落应该或禁止从事的农事活动,兼具法律规范与农事指导的双重功能,比较典型地反映了中国古代土地资源与农业活动管理的特点,对于自然经济条件下土地、山林、川泽资源的保护发挥了积极的作用。

一、土地资源保护

土地是万物之母,是最神奇的自然资源。人类对土地资源的不断利用,从而导致了农业的发明。从此,人类开始摆脱采集方式下经常面临的衣食资源的困境,进入了一个可以发挥能动性,进行主动的文化创造的生活环境。农业的伟大力量,让春秋时期的哲人惊叹不已。《国语·周语上》记虢文公劝周宣王说:

> 夫民之大事在农,上帝之粢盛于是乎出,民之蕃庶于是乎生,事之供给于是乎在,和协辑睦于是乎兴,财用蕃殖于是乎始,敦庞纯固于是乎成,是故稷为天官。

土地是农业的基础,而农业则激发了人类伟大的创造力。因此,世界各个民族都有崇拜土地的观念与习俗。中国古人也将土地视为神祇,如母亲一般进行膜拜。不仅如此,在表达自然宗教情怀的同时,中国古人也采取理性的态度来对待土地资源,合理地保护土地资源。

第一,辨别土地习性,认识相宜籽种,充分发挥土地的效能。先民在与土地打交道的反复实践中,逐步认识了土地的习性和农作物的特点,知道了不同土地对不同农作物的特殊要求。在生产活动中,人们按照这些知识去指导实践,既发挥了土地的功效,又提高了收获物的产量。从《尚书·禹贡》来看,先秦时期人们已经对于神州大地(九州)不同地区的土地特性、质量及相应的赋税有了非常清楚的认识:

> 冀州"厥土惟白壤,厥赋惟上上错,厥田惟中中"。兖州"厥土黑坟,厥草惟繇,厥木惟条;厥田惟中下,厥赋贞作,十有三载乃同"。青州"厥土白坟,海滨广斥,

厥田惟上下,厥赋中上"。徐州"厥土赤埴坟,草木渐包;厥田惟上中,厥赋中中"。扬州"厥土惟涂泥,厥田惟下下,厥赋下上上错"。荆州"厥土惟涂泥,厥田惟下中,厥赋上下"。豫州"厥土惟壤,下土坟垆;厥田惟中上,厥赋错上中"。梁州"厥土青黎,厥田惟下上,厥赋下中三错"。雍州"厥土惟黄壤,厥田惟上上,厥赋中下"。

这种宝贵的经验与理论,应当是"农官"总结提炼的结果,并且也是他们指导农业生产的理论依据。《周礼》记"大司徒"的职责之一是"辨十有二壤之物而知其种";"司稼"的职责之一是"巡邦野之稼,而辨穜稑之种,周知其名与其所宜地,以为法,而县于邑间"。《礼记·月令》"孟春"说:"王命布农事,命田舍东郊,皆修封疆,审端经术,善相丘陵阪险原隰土地所宜,五谷所殖,以教道民,必躬亲之。"可见,农官不仅要处理农业行政事务,而且要从事土壤与作物的研究。由于对土壤与作物有了更深入的认识与了解,一方面可以因地制宜,安排农作物的种植,提高粮食产量,另一方面则可以有效地保护土地资源,保持土地的效力。对于农业的持续发展,这具有深远的意义。

第二,注意改良土壤结构,提高土壤品质。商代盘庚迁殷,有人就认为是因为地力衰竭的原因。这说明如果不注意维护土地,不断改善土地的品质,曾经的沃野就会成为弃地。到了周代,人们进一步加深了对土地性质的认识,不仅认识了各种土壤的习性,而且还掌握了改变土壤结构提高土壤品质的办法。《周礼·地官·草人》的职掌是"掌土化之法以物地,相其宜而为之种。"这里没有谈到具体的土化之法,而《礼记·月令》"季夏"则指出:"是月也,土润溽暑,大雨时行,烧薙行水,利以杀草,如以热汤,可以粪田畴,可以美土疆。"郑玄注:"润溽,谓涂湿也。薙,谓迫地芟草也。此谓欲稼莱地,先薙其草,草干烧之。至此月大雨,流水潦蓄于其中,则草死不复生,而地美可稼也。《薙人》掌杀草,职曰:'夏日至而薙之。'又曰:'如欲其化也,则以水火变之。'"这里所讲的,其实就是后世所说的刀耕火种的办法。经过这番处理,可以改善土地质量,大大提高农田的肥力。

第三,兴修水利工程,发展灌溉事业。自夏禹以来,在国家有组织的领导下,在全国范围内兴修水利,消除水患。水利的发展,使农业经济与井田制经营成为可能。井田制下,国家对田间排水与灌溉系统的建设非常重视,对沟浍渠道的修建都确立了明确的规格。《周礼·地官·遂人》规定:

> 凡治野,夫间有遂,遂上有径;十夫有沟,沟上有畛;百夫有洫,洫上有涂;千夫有浍,浍上有道;万夫有川,川上有路,以达于畿。

遂、沟、洫、浍,是不同规格的沟渠,既可以排涝,又可以灌溉,是当时系统完整的排灌系统。径、畛、涂、道,则是不同规格的道路,共同构成了系统完整的交通系统。实际上,排灌与交通实乃一物而二用,高度地体现了古人的聪明智慧。同书《考工记·匠人》也记述了这种制度:

> 匠人为沟洫,耜广五寸,二耜为耦,一耦之伐,广尺,深尺,谓之畎;田道倍之,

广二尺,深二尺,谓之遂。九夫为井,井间广四尺,深四尺,谓之沟;方十里为成,成间广八尺,深八尺,谓之洫;方百里为同,同间广二寻,深二仞,谓之浍,专达于川,各载姓名。

从《周礼》的这些规定来看,水利系统的建设已遍及乡遂的农耕地区,而且建设要求整齐划一,形成了共同适用的技术标准。固然,这些规定包含着一定的理想化的色彩,但在井田制条件下水利建设达了相当的规模和高度,也是事实。战国时期,各国仍然把发展水利放在重要的位置,完成了不少重要的水利工程。水利灌溉的发展,有助于更好地改善土地、利用土地和保护土地。沟渠网的建设,可以将成片的土地进行整体的规划,避免土地的浪费。同时,它可以大大克服和减少水患,从而极大地提高农业的产量,促进社会经济的全面进步。

二、山林资源保护

山林,是蕴藏各种自然资源的宝库。林木、肉食、皮革、骨角、齿牙、毛羽能满足帝王、宫廷的需要,而薪蒸柴木也为人民生活所必需。所以,山林资源具有明显的公共性,属于国家所有,不允许被私人专有。传说远古时期,山林茂盛,后因人类与动物斗争、开拓生存空间的需要,以及各部落进行战争,大量的山林遭到砍伐。《孟子·滕文公上》说:

当尧之时,天下犹未平。洪水横流,氾滥于天下。草木畅茂,禽兽繁殖,五谷不登。禽兽逼人,兽蹄鸟迹之道,交于中国。尧独忧之,举舜而敷治焉。舜使益掌火,益烈山泽而焚之,禽兽逃匿。

为了消灭动物,"益烈山泽而焚之",虽然"禽兽逃匿",但山林被烧得干干净净也一定是同时发生的事实。其实这种事情早在黄帝时就曾发生过。《管子·轻重戊》说:"黄帝之王,童山竭泽。""童山",就是秃山。黄帝称王,自然环境竟付出了这么大的代价。随着时间的推移,人类逐渐认识到山林资源的有限性,认识到如果肆意破坏取用,即使其藏量再丰富,也终有枯竭的一天,一旦那种不幸的结局来临,民生将陷入困境。《国语·周语三》记单穆公说:"若夫山林匮竭,林麓散亡,薮泽肆既,民力凋尽,田畴荒芜,资用乏匮,君子将险哀之不暇,而何乐易之有焉?"因此,在这种恐惧观念的促进下,保护山林的意识日益强烈起来。《孟子·梁惠王上》说:"斧斤以时入山林,材木不可胜用也。"即顾惜山林的生长特点,按时进去采伐,就可以保证源源不竭地取用材木。孟子把保护山林当作实现仁政的重要条件,说明当时这种思想,必定具有广泛的认同基础。先秦时期对山林保护的这种清醒的认识,有力地推动了具体的保护措施与保护法律的制定和贯彻执行。总起来看,当时的保护措施具有下列内容:

第一,建立保护机构,加强管理活动。至迟西周时,在政府机关就建立了专门的机构或职官负责山林事务。其名称有山虞、虞人、林衡等,既管理山林资源的利用,也负责山林资源的保护。法律规定了这些职官具体的行政职掌。《周礼·地官》规定"山虞"的主要职掌是："掌山林之政令,物为之厉而为之守禁。""林衡"的职掌是："掌巡林麓之禁令,而平其守,以时计林麓而赏罚之。若斩木材,则受法于山虞,而掌其政令。"

第二,制定了保护规范,从法律上明确了保护的具体内容和惩罚措施。《左传·昭公十六年》说："郑大旱,使屠击、祝款、竖柎有事于桑山,斩其木,不雨。子产曰:'有事于山,艺山林也,而斩其木,其罪大矣。'夺之官邑。""有事于桑山",是祭祀桑山的意思。据子产说,这种场合,应该"艺山林",即妥善养护山林,让山林茂盛地生长,这才能够带来雨水;而滥伐森林,是属于犯罪行为。所以最终没收了那三位大夫的"官邑"。从这个记载来看,春秋郑国时,已经制定了保护山林的法律规范,乱砍滥伐则要治罪,惩处且较重,即使是尊贵的大夫也不能逃避。推想当时各国可能都有此类规定,其来源应当是西周的法律。现从《周礼·地官·山虞》的职掌看,周代这种规定的内容是非常细致的:

> 仲冬斩阳木,仲夏斩阴木。凡服耜,斩季材,以时入之。令万民时斩材,有期日。凡邦工入山林而抡材,不禁。春秋之斩木不入禁。凡窃木者,有刑罚。

《礼记·月令》也按季节作出类似的规定。当然,这些规定并不能根本消除滥伐现象。事实上,由于战争的需要,由于统治阶级大兴土木的需要,无视这些规定,大肆采伐的事经常发生,带来的后果也是非常严重的。《孟子·告子上》说："牛山之木尝美矣,以其郊于大国也,斧斤伐之,可以为美乎?是其日夜之所息,雨露之所润,非无萌蘖之生焉,牛羊又从而牧之,是以若彼濯濯也。人见其濯濯也,以为未尝有材焉,此岂山之性也哉!"《战国策·宋策》载墨子对公输般说："荆有长松、文梓、楩柟、豫章,宋无长木。""牛山濯濯"、"宋无长木",都表明春秋战国时期山林资源还是遭到了很大的破坏。

第三,规定砍伐季节,强化时间管理。《周书·大聚篇》"禹之禁,春三月,山林不登斧,以成草木之长"。可见早在夏代就出现了有关山林的砍伐季节的规定。作为战国时期此类规范的总汇,《礼记·月令》的规定就更加系统了:孟春之月,"禁止伐木,毋覆巢,毋杀孩虫胎夭飞鸟,毋麛毋卵"。仲春之月,"毋竭川泽,毋漉陂池,毋焚山林"。孟夏之月,"继长增高,毋有坏堕,毋起土功,毋发大众,毋伐大树"。季夏之月,"树木方盛,乃命虞人入山行木,毋有斩伐"。《周礼》与秦简、汉简《田律》的规定与此大体相同。

三、川泽资源保护

川泽富于鱼盐,它与山林一样,也是生民与帝王所需的重要资源。对于这种资源的保护,古人的认识同样是清醒的。《国语·鲁语上》说:

> 宣公夏滥于泗渊,里革断其罟而弃之,曰:"古者大寒降,土蛰发,水虞于是乎讲眾罶,取名鱼,登川禽,而尝之寝庙,行诸国,助宣气也。鸟兽孕,水虫成,兽虞于是乎禁罝罗,猎鱼鳖,以为夏槁,助生阜也。鸟兽成,水虫孕,水虞于是乎禁罜䍡,设穽鄂,以实庙庖,畜功用也。且夫山不槎蘖,泽不伐夭,鱼禁鲲鲕,兽长麑䴠,鸟翼

鷇卵,虫舍蚳蝝,蕃庶物也,古之训也。"

从里革的谈话中,可知很早的时候,就有了管理川泽事务的职官水虞、兽虞,为了保证鱼鳖鸟兽的生长,定出了合适的捕捉猎获的时间。"山不槎蘖,泽不伐夭"的"古训",是对相沿已久的保护规定的最凝练的概括。春秋时期,保护川泽资源仍是官府的重要事务。《左传·隐公五年》臧哀伯谏鲁君说:"山林川泽之实,器用之资,皂隶之事,官司之守,非君所及也。"先秦各国可能都设了这种"官司"。《周礼》出现的专门职官是川衡、泽虞、廞人,《礼记·月令》则称为水虞、渔师,他们都有固定的职掌,并且也制定了相应的管理规范。睡虎地秦简的《田律》规定说:"夏月毋□□□□□毒鱼鳖,置穽罔(网),到七月而纵之。"《礼记·王制》说:"禽兽鱼鳖不中杀,不鬻于市。"又说:"獭祭鱼,然后虞人入泽梁。"孟子在其仁政方案中,提出"数罟不入于洿池"。荀子也非常重视自然资源的保护,《荀子·王制》中说:

> 君者,善群也。群道当,则万物皆得其宜,六畜皆得其长,群生皆得其命。故养长时,则六畜育;杀生时,则草木殖;政令时,则百姓一,贤良服。圣王之制也,草木荣华滋硕之时,则斧斤不入山林,不夭其生,不绝其长也。鼋鼍、鱼鳖、鳅鳣孕别之时,网罟毒药不入泽,不夭其生,不绝其长也。春耕、夏耘、秋收、冬藏四者不失时,故五谷不绝而百姓有余食也。洿池、渊沼、川泽,谨其时禁,故鱼鳖优多而百姓有余用也。斩伐养长不失其时,故山林不童而百姓有余材也。

这样的保护措施与意识,对于川泽资源持续性地生长,抑制焚林而田、竭泽而渔的掠夺性的猎取行为,发挥了积极的作用,并且对秦汉的保护管理制度也产生了一定的影响。

第六节 夏商周时期土地国有制实践的基本经验

在漫长的夏商周时代,土地国有制始终占据着统治地位。在推行土地国有制的实践过程中,政府在土地管理、土地分配、土地利用、土地耕作、土壤研究、土地保护诸方面进行了大量的探索,取得了丰富的经验,从而极大地推动了中国农业文明的成熟,促进了中国社会的进步与发展。

一、注意土地立法,按照法律规范进行管理

不论是殷商、西周,还是春秋、战国,政府都把法律的制定与完善放在一个非常重要的位置。殷商、西周强调礼制,把礼的建设与维护视为政治生活中极其重要的内容。殷礼也好,周礼也好,其实就是国家的大经大法,是治国的最根本的原则。商周时期土地的分配制度、管理制度、保护制度等,都包含在国家的礼制当中。礼的存在,是商周土地国有制度与全国范围内的井田经营制度得到有序推行的前提。礼的规范,成为人们保护土地、爱惜自然资源所遵循的古训。春秋战国时期,在传统礼制秩序日益瓦解的同时,新的成文法系统开始建立起来,用更加规范的法律形式管理包含土地资源与

农业事务在内的一切国家事务,成为各国的政治取向。法家人士甚至喊出了依法治国的要求,将法律推到了一个空前突出的地位。于是,以魏国、秦国为代表的专门的土地法律被制定出来。从秦律来看,它的内容非常广泛,规定非常具体,既有对普通民众的规范,也有对官员的约束和责任的追究。从《周礼》和《礼记·月令》来看,法律已经成了全社会共同的行为准则。主管官吏要按照法律所确定的行政职掌办事,监察官吏要按照法律规定来检查监督;普通老百姓也要按照法律的规定(主要体现为官吏的要求),耕耘收获,或者采伐捕捞。从殷商西周的礼制走向春秋、战国的法制,法律形式虽然发生了变化,但是由于土地国有制的存在,以法制管理土地的基本要求并未改变,反而在新的历史条件下进一步得到加强。当时的土地立法成果与管理经验,是中国历史一笔宝贵的文化财富,将不断成为后人汲取智慧的源泉。

二、健全管理机构,强化农官职能

自夏代以来,国家组织的建立,社会事务的增加,使管理机构的建设成为必要。在漫长的建设过程中,农官组织逐步形成,并随着社会经济的发展不断得到充实和完善。进入周代,由于井田制度的全面推行,农官组织系统进入了全面成熟的阶段,管理职能也得到前所未有的发挥。土地的分配与调整,种植的指导与督促,农业技术的发明与推广,土地资源、山林资源与川泽资源的保护与利用,等等,都是他们负责的事项。[①] 由于成文法律的制定,国家对农官的管理更进入了一种法制化的高度,出现了职官有专名、事务有专属、编制有定数、处罚有专刑的局面,从而极大地提高了农官的管理水平,对于更好地发挥农官的行政效力,产生了很大的推动作用。法律制度的完善,行政管理的加强,使先秦的农业生产一直在强有力的领导与组织下进行,保证了大型水利工程的建设,增强了战胜自然灾害的能力,加强了各地的经济联系。有效的行政管理在经济方面所显示的优越性,促进了政治的稳定,并为建设统一的国家政权奠定了坚实的基础。

三、发挥农官的专业特长,加强农业技术指导

周代的世官制度与"学在官府"的教育方式,形成先秦农官在土壤、籽种、种植、施肥等专门的农业知识上的优势,为他们更好地指导农业生产创造了良好的条件。农业的发展,离不开农业生产技术的进步。中国从很早的时期,就由粗放的农业进入到精耕细作的农业。这种精耕细作化的农业生产,成为中国农业一个非常重要的特点。在实现这种转变与跨越的过程中,农官在农业技术方面的钻研与指导所发挥的作用是非

---

① 《荀子·王制》提到一些农官,于此可见先秦农官组织之一斑,文云:"修隄梁,通沟浍,行水潦,安水藏,以时决塞,岁虽凶败水旱,使民有所耘艾,司空之事也。相高下,视肥墝,序五种,省农功,谨蓄藏,以时顺修,使农夫朴力而寡能,治田之事也。修火宪,养山林薮泽草木鱼鳖百索,以时禁发,使国家足用而财物不屈,虞师之事也。顺州里,定廛宅,养六畜,间树艺,劝教化,趋孝弟(悌),以时顺修,使百姓顺命,安乐处乡,乡师之事也。"

常突出的。可以说,先秦土地立法中的具体而细致的管理内容,与各朝农官对我国农业生产经验的研究总结是密切相关的。如果没有对土地特性,农作物习性、特点及山林、川泽资源生长规律的认识,就很难做出适合客观情况的法律规定。先秦的农官,不仅是农业理论、农业技术的总结者与探索者,也是具体实践的指导者。替农民安排生产,指导他们的具体实践,向他们推广先进的耕作技术和农具,是农官基本的职掌。先秦精细农业之所以能够得到发展,这是一个重要的因素。先秦农官的这一特点,为后世树立了榜样,成为秦汉循吏的思想与行为的渊源。

四、总结农业实践,发展农学理论

先秦丰富的农业实践,历代农官在土壤、气候、种子、肥料、灌溉、养护等方面的钻研、总结,为农学理论的诞生创造了条件。到了战国时期,诸子峰起,农家巍然而兴,厕身于儒、道、名、法之列,成为先秦诸子重要的一家。农家的出现,使先秦的农业生产经验与农学知识得到了系统的整理和理论的升华,形成了一批既有理论意义又有实践价值的著作。《汉书·艺文志·诸子略》"农家类"著录9家114篇,其中属于先秦的作品有《神农》20篇,《野老》17篇,《宰氏》17篇。这些作品早已亡佚,不知其具体内容如何,但《吕氏春秋》保存的农家作品,却充分展示了先秦农家在农学理论上的高度。

《吕氏春秋·士容论》中的《上农》、《任地》、《辩土》、《审时》四篇,都是农家作品。据专家研究,它们可能来自先秦的农书《后稷》。《上农》主要论述农业在国家政治生活中的重要地位,其中提到了保护土地、山林等自然资源的"野禁"与"四时之禁"①。《任地》主要论述如何合适地利用土地种植农作物,介绍了深耕土地和把握农时的要求。《辩土》论述了如何辨别土质进行种植,还介绍了耕种的方法。《审时》主要论述审察时间进行种植的重要性,介绍了如何审察时间的方法。这四篇作品所反映的内容,是先秦农学的理论结晶,是中国农业文明的宝贵遗产,对于后来的农业实践与农学理论产生了重要影响。

---

① 《吕氏春秋·士容论·上农》:"野禁有五:地未辟易,不操麻,不出粪。齿年未长,不敢为园囿。量力不足,不敢渠地而耕。农不敢行贾,不敢为异事,为害于时也。然后制四时之禁:山不敢伐材下木,泽人不敢灰僇,缳网罝罦不敢出于门,罜䍡不敢入于渊,泽非舟虞,不敢缘名,为害其时也。"(陈奇猷《校释》本,学林出版社1995年版。)

第二章 秦汉时期的土地法制

秦汉两代是中国封建专制社会建立并得到全面发展的时期。秦的统治虽然短暂，但秦代的政治制度与经济制度等为汉代及整个中国封建社会奠定了统治基础。汉代国祚长久，历史内容异常丰富，封建的土地法律制度与行政管理制度经过长时期的积累和建设，终于走向成熟，为后来的朝代提供了基本的制度范式。

第一节 秦汉时期的社会经济状况

结束了春秋战国的军事纷争与群雄割据局面，历史进入到秦汉时期。这一时期，国家政治统一，疆域扩展，社会经济蓬勃向上，中央集权的统治呈现出历史上少有的旺盛活力。

一、秦代的社会经济状况

秦始皇二十六年(公元前221年)，嬴政——中国历史上的第一位皇帝，终于完成了自秦孝公以来几代君王为之奋斗的统一大业，建立起第一个封建专制政权。然而，由于秦始皇的暴虐统治，这个新政权在运行了仅仅十五年之后，便在秦末农民大起义的熊熊烈火中彻底覆亡了。秦帝国区区十五年的国祚，放在历史的长河中来观照实在是太短暂了，以致后人在回顾它的社会经济状况时，除了那些造成国家灭亡的急政之外，很难再看到别的有价值的内容。

其实事实并不是这么简单。奖励耕战，发展农业，是秦国的传统。秦孝公时，商鞅废井田，开阡陌，从土地制度的彻底变革入手，扫荡了小农经济发展的障碍。而"明尊卑爵秩等级，各以差次名田宅"①的政策，更进一步刺激了小农对土地的占有欲望。与其说秦国有一支所向披靡的军队，还不如说秦国存在一个有恒产有恒心的力量雄厚的小农阶级。秦始皇正是凭借这个基础，打败六国，登上了帝位。然而，对巨大胜利的陶醉和对严刑峻法的迷信，令秦始皇迷失了方向。秦朝建立后，他本应及时调整统治政策，与民休息，让长期苦于战争灾难的全国人民获得喘息的机会。然而，他却完全忘记了人民的疾苦，反而对人民进行变本加厉的奴役，最终使其统治变成一种惨虐的暴政，使整个国家变成一座人间地狱。北筑长城，南征五岭，东修驰道，西建皇陵，全国服役的壮年男子超过二百万，几乎达到全国人口的三分之一。沉重的徭役与兵役负担，造成了"男子力耕不足粮饷；女子纺织不足帷幕"的残破局面，秦代的社会经济趋向崩溃

---

① 《史记》卷六十八《商君列传》，中华书局点校本，下同。

的边缘。所以,陈胜、吴广带领九百戍卒揭竿而起,最终由汹涌澎湃的起义力量推翻了秦帝国的统治。

秦始皇的急政把秦国引向灭亡,这给历史留下了深刻的教训。但是,秦统一后实行的各种社会经济措施并不是没有作用、没有意义的。六国灭亡,全国统一,这是秦人不懈奋斗的政治目标。自然,这种统一只有实现了法律的统一、制度的统一和思想观念的统一以后,才称得上真正的实现。对此,秦始皇与其政权的核心成员还是保持了比较清醒的认识。从秦代一建立,他们就立即采取了一系列重要措施,来维护和巩固统一的基业。

第一,在全国范围内推行郡县制。郡县制是战国时期各国在新的占领区实行的地方行政制度,与封邑制并行。在郡县制下,郡的太守与县的县令或县长,都由中央直接任命。他们凭象征权力的玺印上任,奉诏行事。这就能够保证把中央的政令直接贯彻下去,实现中央与地方最密切的政治联系,从而将春秋时代的诸侯政治彻底改变为行政效率更高的中央集权政治。秦始皇于全国统一后,放弃了一些大臣关于分封诸皇子为诸侯的提议,接受李斯的建议,在全国普遍建立郡县制。秦代开始设36郡,到秦灭亡时可能达到46郡。郡县制的设立,是对商周以来的诸侯分封制度的彻底变革,构成了封建皇权的政权基础。适应郡县制度的需要,国家的官僚制度,形成了中央为三公九卿、地方为守令,而且所有官员皆由皇帝任免的模式,这就有效保证了皇权至高无上的地位,使皇帝以诏令形式发布的法律可以直接贯彻到治下的每个地方,维护皇权的绝对统治。郡县制的设立,也有利于国家授田与土地私有的经营方式,使封建小农能够得到合理的组织和控制,从而保证国家的赋税收入与兵役需要。郡县制的设立,还有利于政府对农业这一封建国家最重要的经济产业进行管理与指导。由于政府权力的有力介入,全社会的资源可以集中调配,就为封建政府维护农业的根本地位,加强农业管理以及指导农民的生产与经营,创造了现实的可能性。

第二,推行统一的度量衡制度。度量衡与国家税收、商业活动和老百姓的经济生活密切相关。《尚书·尧典》记载舜执政以后,就实行了"同律度量衡"的措施,表明实行统一的度量衡制度是多么重要。然而,春秋战国时期,各国根据自身的需要,各行其制,度量衡制度极其紊乱。秦统一后,"一法度衡石丈尺,车同轨,书同文字"①。统一度量衡与统一车轨、统一文字一样,成为秦代的重要举措之一。今从各地出土的为数不少的秦代的量、权及诏版实物来看,当时这一制度的推行是非常认真的。即便是在北方的边远地区,新的权衡制度也一样落地生根。② 度量衡制度的统一,为国家管理全国的经济活动排除了障碍,也为各地的老百姓完粮纳税及开展商品经济活动,减少官吏上下其手,提供了一定的制度保证。统一的度量衡制度如同一条经济纽带,把全国各地紧紧地联系在一起。

---

① 《史记》卷六《秦始皇本纪》。
② 参见马非百《秦集史·金石志》的有关著述,中国社会科学出版社1982年版。

第三,构筑全国的交通网。修筑道路,把全国各地联为一体,这不仅具有重大的政治、军事意义,也具有重大的经济意义。秦始皇统一全国后,把建设全国的交通网作为一件大事来抓,先后完成了"驰道"与"直道"的建设。"驰道"修建了两条,皆以首都咸阳为起点,一条东通燕齐,另一条南连吴楚,"道广五十步,三丈而树,厚筑其外,隐以金椎,植以青松"[①],称得上是等级极高的道路了。"直道"则由咸阳直通位于今天内蒙古的九原郡,长达一千八百里,成为一条重要的国防交通线。[②] 随着以这些干道为枢纽的交通网的开通,秦始皇也将自己的足迹留在大江南北。

第四,兴建水利工程。早在秦昭王时,蜀守李冰就主持修建了都江堰这一古代伟大的水利工程。秦始皇继承了过去的传统,先后组织力量完成了郑国渠与灵渠两项巨大工程。秦统一前,韩国派水工郑国入秦,劝说秦国在泾水修建水利灌溉工程,以便牵制秦国的人力,减缓秦国对韩国的侵略进程。然而,这一工程却使秦国农业丰收,民富国强,并使后世沾溉其利。为了征服岭南,秦始皇派大军开通道路,在今广西兴安一带开凿了联结湘江、漓江的人工运河——灵渠。这些水利工程的建设,对于秦汉的农业经济和社会发展发挥了积极的作用。

上述措施是秦始皇为了国家的统一和新政权的稳固而推出的。如果从长远的历史效果来看,它们确实对于封建社会小农经济的壮大和封建国家的富足与强大发挥了积极的推动作用。然而,所有这些都是以"急政"的形式完成的,带给秦代的是社稷垮台、政权瓦解的结果。历史的喜剧效果在于,秦的不幸却是历史之幸。秦代的举措尽管未能致福于当代,却长久地遗泽于后世。汉代全面继承秦代的制度,是与秦代社会经济措施所蕴含的积极因素分不开的。

二、西汉的社会经济状况

经过八年的楚汉相争,刘邦最终打败了项羽,于公元前205年登极称帝,建立了汉帝国,史称西汉。但是,战争的残酷破坏,人口的大量死亡,奸商的囤积居奇,致使汉初的社会经济残破不堪。面对这种现状,刘邦与其臣属清醒地选择了轻徭薄赋、与民休息、壮大小农、抑制商人的统治政策。由于老百姓得到了七十来年休养生息的机会,社会经济全面恢复,出现了为后人艳称的"文景之治"。到汉武帝即位时,西汉的财富空前增加,社会的经济水平上升到一个新的阶段。《史记·平准书》描述了那时的状况:

> 至今上即位数岁,汉兴七十余年之间,国家无事,非遇水旱之灾,民则人给家足,都鄙廪庾皆满,而府库余货财。京师之钱累巨万,贯朽而不可校。太仓之粟陈陈相因,充溢露积于外,至腐败不可食。众庶街巷有马,阡陌之间成群,而乘字牝者摈而不得聚会。

---

① 《汉书》卷五十一《贾山传》,中华书局点校本,下同。
② 《史记》卷六《秦始皇本纪》:"三十五年,为直道,抵云阳,道九原,通甘泉。"同书《蒙恬传》:"始皇欲游天下,道九原,直抵甘泉,乃使蒙恬通道,自九原抵甘泉,堑山堙谷,千八百里,道未就。"

汉武帝上台后,凭借强大的物质基础,发动反击匈奴、开疆拓土的战争。战争巨大的人力与物资消耗,造成严重的社会经济危机,甚至动摇了国家的统治基础。为了避免重蹈亡秦的覆辙,汉武帝晚年改弦更张,把发展方向调整到富民务本上来。这一新的政策,经过昭、宣两代的延续,终于继"文景之治"之后,又出现了"昭宣中兴"的局面。然而,从汉元帝开始,西汉的历史急转直下,土地兼并现象愈演愈烈,小农大量破产,社会矛盾日益突出。利用危机四伏、人心厌汉的社会形势,外戚王莽篡夺了西汉政权,并掀起大规模的改革自救运动。王莽改革的失败激起了社会的激烈动荡,最后绿林赤眉起义军推翻了短命的新莽政权。

尽管西汉的社会经济在演进的过程中充满了曲折,但是它的发展方向始终是向前的,这显示出新兴地主阶级积极向上的进取精神。正因为如此,汉代在保护小农利益、推动农业发展、兴修水利工程、建设道路交通诸方面,都取得了辉煌的成就。史家多用"汉承秦制"来描述秦汉两代在基本制度上的继承关系,这自然是符合事实的。汉代确实也是在秦代的基础上展开了各种创造活动,继承与发展,因袭与创新,在秦汉的历史过程中得到了精彩的演绎。

小农经济是中央集权制度的存在条件,保护小农利益,就是保护整个地主阶级的利益,就是保护封建专制主义中央集权国家的利益。然而,土地的自由买卖,商业资本对农民的盘剥和对土地的兼并,不断威胁着农民的生存,也腐蚀着封建国家的统治基础。因此,重本抑末从秦代到西汉,不仅是理论学说,而且更是强有力的付诸实践的政策措施。重本,首先就要保护小农经济。刘邦建国后,在充分满足地主阶级利益的同时,也颁布命令,采取招徕流民、承认旧有田宅、减轻税赋、迁徙豪强、抑制商人等措施,恢复小农经济的生机。后来的各个皇帝,虽然奉行的措施不一,但维护小农利益的精神是一贯的。特别是汉武帝在位时,通过强硬手段,沉重地打击了商人阶级及豪强地主的势力,大大改善了小农的生活环境,客观上维护了小农的利益。这种种举措所带来的直接结果,就是大大地促进了西汉农业的发展。

汉代农业的进步,离不开农具的改进与完善。西汉称得上是中国农具发明和农业进步的最重要的时期。一方面,铁制农具与牛耕及别的先进的生产技术结合在一起,得到普遍推广;另一方面,农具的种类非常繁多,后世使用的主要农具基本上都可以在汉代找到。今从出土铁农具的地域来看,分布非常广泛。中原地区自不用说,即使在河西、塞北、岭南等边疆地区也是多有发现。农具的种类有耕地用的铁犁、铁铧,起土用的铁锸、铁铲,耨地用的铁锄,收割用的铁镰等。由于各地的土壤存在差异,同一种农具的形制也有所不同。以犁铧来说,有铁口犁铧、三角形式尖锋双翼犁铧、舌状梯形犁铧及大铁犁铧等。[①] 这表明,当时铁农具的铸造技术已经达到了很高的水平。铁器的广泛使用,使铁冶业成为一个重要的生产部门。汉武帝从国家利益着眼,改变了汉初以来放任私人冶铸的政策,实行盐铁官营,将铁冶大权收归国有,从而保证了铁农具

[①] 参见高敏:《秦汉时期的农业》,载《秦汉史探讨》,中州古籍出版社1998年版。

的生产和供应,同时兼收打击豪强之利。尽管昭帝时来自地方的"文学"、"贤良"批评官府生产的"铁器多苦恶"①,但是冶铸官营对于促进铁农具的推广,提高粮食产量确实具有积极的作用。

兴修水利、扩大灌溉,是汉代农业发展的另一个重要因素。汉代继承了秦代兴修水利的传统,开展了更加普遍的水利建设活动。西汉初年,羹颉侯刘信在庐江境内治理了古老的水利工程芍陂、茹陂等,溉田"凡二万顷"②。文帝时期,著名的循吏文翁任蜀守时,"穿湔江口,灌溉繁田千七百顷"③,为蜀地的农业发展做出了贡献。汉武帝时,兴修水利掀起高潮,完成了一大批重要的水利工程,如渭水渠、褒斜道与褒水渠、龙首渠、六辅渠、白渠,而且治理了黄河决口。④ 受此影响,后来的水利建设也有相当的建树。在西北屯田地区也是大力建设水利工程,把瘠土变成了溉田。⑤ 元帝时的邵信臣任南阳太守时,"躬耕劝农,出入阡陌,止舍离乡亭,稀有安居时。行视郡中水泉,开通沟渎,起水门提阏凡数十处,以广灌溉,岁岁增加,多至三万顷。民得其利,蓄积有余"⑥。此外,"汝南、九江引淮,东海引钜泽,泰山下引汶水。皆穿渠为溉田,各万余顷"⑦。

西汉的疆域,大大超过了秦代。开发道路交通,成为发展经济、沟通文化与稳定政治的一个重要条件。在这个方面,西汉在秦代的基础上继续向前推进。西汉交通以首都长安为中心,形成了从长安向全国四面八方辐射的交通网。它由几条重要的干线相连接:向西北是经陇西逾河而北,贯通河西四郡,以通西域诸国及中亚、大秦的"丝绸之路",向北是直达塞外九原的直道,向东北是经平阳、晋阳以通塞外云中、代郡的河东干线,向东是出函谷关、经洛阳,复循济水以达临淄的东部干线,向南是穿褒斜道,经汉中、广汉以达成都的西南干线。这些干线把全国的其他道路、河汉连为一体,形成一个四通八达的交通系统,把全国各地联系在一起。由于交通状况的改善,中原地区的经济得到了更快的发展,边疆地区与内地的经济、文化联系也更加密切,西汉社会经济出现了空前的繁荣。

三、东汉的社会经济状况

在新莽的短命政权被推翻之后,各路农民起义军经过激烈混战,出身于皇帝宗室的南阳大地主刘秀终于战败群雄,建立了新的政权,史称东汉。由于天灾频仍,兵燹连

---

① 《盐铁论·水旱》。(王利器《校注》本,中华书局1992年版。)
② 马端临:《文献通考》卷六《田赋考》,引公非刘氏《七门庙记》,中华书局影印本1986年版。
③ 常璩:《华阳国志》卷三《蜀志》。(刘琳校注本,巴蜀书社1984年版。)
④ 参见《史记》卷二十九《河渠书》与《汉书》卷二十九《沟洫志》的有关记载。
⑤ 《史记》卷一百一十《匈奴列传》:"汉度河自朔方以西至令居,往往通渠置田,官吏卒五六万人,稍蚕食,地接匈奴以北。"
⑥ 《汉书》卷八十九《循吏传(邵信臣)》。
⑦ 《史记》卷二十九《河渠书》。

年,东汉初年的社会经济遭到严重的破坏,到处是城邑丘墟、饿殍相藉的悲惨景象。显然,采取积极措施恢复经济,增加粮食生产,让老百姓重新获得安定的生活、生产环境,是东汉统治者的急务。为此,东汉政府通过法律形式作出下列规定:

第一,恢复三十税一的制度。三十税一,是自文景以来的田租标准,体现出汉代与民休息的政治取向。这个税率可以减轻农民的负担,让他们得到一些实惠。在获取民心、恢复小农经济的生机方面,这一规定具有显著的作用。

第二,对贫困人口加强赈济。面对大量的贫穷如洗、无以为生的农户,特别是其中的鳏寡孤独者,政府向他们提供必要的救济,为他们提供口粮、籽种,帮助他们维持生活,开展生产,避免饿死于沟壑,或者被掠卖为奴婢的命运。据统计,从刘秀光武帝建武二十九年(公元53年)到章帝建初四年(公元78年),"朝廷发给鳏寡孤独及不能生活的贫民粟三斛或五六斛前后凡十次,平均约三年发一次救急粮"①。政府持续的赈济,让老百姓感受到国家的温暖,也在一定程度上缓解了贫困者的困难。

第三,释放奴婢,打击掠卖人口活动。西汉末年,由于小农破产,大量人口沦为奴婢,同时将平民掠卖为奴的现象也异常严重。这是当时一个非常严峻的社会问题,直接关系到生产力的解放与社会经济的恢复。刘秀从政治、经济以及人道的视野出发,连颁九道诏令,命令各地将王莽时期非法没为奴婢者、战乱时期被掠卖为奴婢者,都释放出来,免为庶人,并且要改善他们的待遇。各种伤害侵辱奴婢的行为,如杀害奴婢、炙灼奴婢等,都要按律严惩,废除"奴婢射伤人弃市律"②。同时,严厉打击掠卖人口的犯罪活动。在中国历史上,以这样严肃的态度对待奴婢问题,发布这样多的法令来解决奴婢问题,刘秀是第一人。从一些记载来看,当时对法令的贯彻是认真有效的,并非全是官样文章。③ 当然,由于私有制的存在,由于土地买卖的存在,要求刘秀彻底解决奴婢问题是不可能的。但是,刘秀的这些措施在一定程度上抑制了严重的小农奴婢化的过程,解放了生产力,维护了小农经济的基础地位,促进了东汉社会经济的恢复与发展。

第四,清查土地,抑制豪强兼并。土地兼并在刘秀当政时已变成了一个突出的问题,这与西汉的情况完全不同。其原因主要在于,东汉政权是在南阳大地主集团的支持下建立起来的,所以大地主对土地的贪欲从一开始就赤裸裸地表现出来,以致于东汉初年的社会关系变得日益紧张。尽管皇帝刘秀是地主集团的总代表,但为了维护地主集团的整体利益与长远利益,刘秀不得不采取措施来限制地主集团的眼前利益。建武十五年(公元39年)刘秀诏令全国"度田","检核垦田顷亩及户口年纪"④。然而,负责执行法令的刺史、太守等地方官员,惧于达官豪强的势力,处法不平,"或者优饶豪

---

① 范文澜:《中国通史》第二册,人民出版社1986年版,第136页。
② 《后汉书》卷一下《光武帝纪》,中华书局点校本,下同。
③ 《后汉书》卷三十六《郑兴传》叙郑氏于建武十二年从吴汉平蜀,"诏兴留屯成都。顷之,侍御史举奏兴奉使私买奴婢,坐左转莲勺令"。
④ 《后汉书》卷一下《光武帝纪》。

右,侵刻羸弱",以致于"百姓嗟怨,遮道呼号"①。这是封建政权与豪强地主的一场博弈,刘秀虽然硬着头皮推行度田的法令,并以"度田不实"的罪名处死了河南尹张伋及一批郡守②,但是由于他最终无意触动贵戚功臣的利益,所以这场清查土地的活动以失败告终。从此以后,东汉政府不再检核土地与人口,表明在这场利益较量中,皇帝最后还是向大地主集团让步了。③ 这种让步,对东汉社会产生了极大的影响。在经济上加快了小农的分化,促进了大土地所有制的形成;在政治上则是士族、外戚、宦官等政治势力争夺权利的斗争更加激烈,导致东汉晚期的统治更加腐败和黑暗。

当然,度田措施虽未能有效推行,但光武帝所采取的其他措施还是得到了积极的贯彻、落实,并且也获得了长久的社会效果。在具体贯彻落实这些措施的时候,一些忠君爱民的地方官,招徕流民,开垦田亩,兴修水利,劝课农桑,深受老百姓爱戴,在东汉经济恢复和发展的过程中发挥了积极的作用。

光武帝建武初年,张堪担任渔阳太守,"乃于狐奴开稻田八千余顷,劝民耕种,以致殷富"④。建武六年(公元30年),李忠担任丹阳太守,"垦田增多,三岁间流民占著者五万余口"⑤。建武七年(公元31年),杜诗担任南阳太守,"造作水排,铸为农器。用力少,见功多,百姓便之"⑥。另外,他还"修治陂池,广拓土田,都内比室殷富",被老百姓比作西汉的邵信臣,称为"邵父杜母"⑦。建武十一年(公元35年),马援任陇西太守,大力推进西北地区的水利灌溉事业,"为狄道开渠,引水种粳稻"⑧,又在金城一带,"开导水田,劝以耕牧,郡中乐业"⑨。建武十三年(公元37年),邓晨任汝南太守,"兴鸿郤陂数千顷田。汝土以殷,鱼稻之饶,流衍它郡"⑩。建武年间,任延任武威太守,"置水官吏,修理沟渠,皆蒙其利"⑪。这是光武帝时最有代表性的几位。

总的来看,东汉经济恢复与发展的基础是在光武帝时奠定的,到了明帝、章帝及和帝时期,东汉的社会经济仍旧向前发展,地方官在兴修水利、发展农业生产方面,继续保持积极进取的势头。明帝永平年间,鲍昱任汝南太守,通过建设水利工程,使当地"水常饶足,溉田倍多,人以殷富"⑫。同时的著名的水利专家王景,曾兴修了多项水利

---

① 《后汉书》卷二十二《刘隆传》。
② 《后汉书》卷一下《光武帝纪》叙建武十六年秋九月,"河南尹张伋及诸郡守十余人,坐度田不实,皆下狱死。"
③ 《后汉书志》第十八《五行六》:"时诸郡太守坐度田不实,世祖怒,杀十余人,然后深悔之。"
④ 《后汉书》卷三十一《张堪传》。
⑤ 《后汉书》卷三十一《李忠传》。
⑥ 《后汉书》卷三十一《杜诗传》
⑦ 同上。
⑧ 《水经注·河水》,上海古籍出版社1990年版。
⑨ 《后汉书》卷二十四《马援传》。
⑩ 《后汉书》卷十五《邓晨传》。
⑪ 《后汉书》卷七十六《循吏传·任延》。
⑫ 《后汉书》卷二十九《鲍永传》附《鲍昱传》。

工程,迁庐江太守后,又修复了著名的芍陂,重新让当地稻花飘香。① 章帝建初年间,秦彭任山阳太守,"兴起稻田数千顷"②。元和年间,鲁丕任赵相与东郡太守期间,"为人修通溉灌,百姓殷富"③。同时的张禹任下邳相,修复徐县蒲阳陂,"为开水门,通引灌溉,遂成熟田数百顷",后又垦至千余顷。④ 章和元年(公元84年),马棱任广陵太守,在境内"兴复陂湖,溉田二万余顷,吏民刻石颂之"⑤。和帝永元年间,何敞任汝南太守,"又修理鲖阳旧渠,百姓赖其利,垦田增三万余顷。吏人共刻石,颂敞功德"⑥。顺帝永和五年(公元140年),"会稽太守马臻创立镜湖,在会稽、山阴两县界筑塘蓄水,高丈余,田又高海丈余。若水少,则泄湖灌田;若水多,则开湖泄田中水入海,所以无凶年。堤塘周回五百一十里,溉田九千余顷"⑦。顺帝时崔瑗任汲令,"为人开稻田数百顷"⑧。

东汉享国二百年,在相当长的时期内能够保持国泰民安的局面,是与东汉诸帝推行各种积极的社会经济政策分不开的,也与当时一大批循吏的勤恳工作分不开的。由于老百姓得到了相对安定的生活与生产环境,所以保证了东汉的社会经济能够不断向前推进。

第二节 秦汉时期土地资源的管理机构与管理方式

农业是古代社会最重要的产业部门。自先秦以来,中国一直非常重视农业生产和土地事务,设置专门机构来从事管理活动。秦汉继承了先秦的历史传统,在新的官僚制度的条件下与土地私有制流行的新的时代背景下,进一步张官置吏,加强管理,形成了中国封建社会农业与土地资源的一整套管理模式。

一、管理机构

秦汉两代的政治制度基本相同,职官设置保持了密切的继承关系。当然,由于时代条件的变化,两汉也形成不少独有的职官。秦汉职官总体的模式是:中央为三公九卿制,地方为守令制,在西北边疆地区则是民政寓于军政,军政统理民政。具体而言,在管理农业与土地资源方面,中央的机构主要有:

(一) 治粟内史(大司农)

治粟内史是秦官,属于九卿,汉景帝时更名为大农令,汉武帝时又改为大司农。

---

① 《后汉书》卷七十六《循吏传·王景》。
② 《后汉书》卷七十六《循吏传·秦彭》。
③ 《后汉书》卷二十五《鲁恭传》附《鲁丕传》。
④ 《后汉书》卷四十四《张禹传》。
⑤ 《后汉书》卷二十四《马援传》附《马棱传》。
⑥ 《后汉书》卷三十三《何敞传》。
⑦ 《太平御览》卷六十六引《会稽记》,中华书局影印本1992年版。
⑧ 《后汉书》卷五十二《崔骃传》附《崔瑗传》。

《汉书·百官公卿表》所述该职官的沿革与职掌是：

> 治粟内史，秦官，掌谷货，有两丞。景帝后元年更名大农令，武帝太初元年更名大司农。属官有太仓、均输、平准、都内、籍田五令丞，斡官、铁市两长丞。又郡国诸仓农监、都水六十五官长丞皆属焉。骏(搜)粟都尉，武帝军官，不常置。王莽改大司农曰羲和，后更为纳言。初，斡官属少府，中属主爵，后属大司农。

由于农业是最重要的生产部门和国家的财政来源，因此，治粟内史(大司农)的职掌并非单纯限于农业与土地资源，而是统摄了农业及其他广泛的相关产业的事务。

西汉的大司农有两丞，其中之一称为"中丞"①。该官统辖着七个职能部门：

太仓：掌管田租的收入、漕运及粮食的储存、保管。

均输：长官称为均输令，在各郡设立，掌管官营商业货物的流通与贩运。汉武帝时实行新的均输制度，将各郡应缴的货物，按当地市价折合为当地出产的价廉量大的土特产品，连同输往中央的运价一起折算，就地缴给设于各郡的均输官。这样做有利于增加国家的收入，也能减少因远程运输贡品而造成的耗费，官民两利。

平准：长官称令，掌管官营商业收售物资以平抑市场商品价格的事务，与均输密切相关。其办法是：在京师置平准机构，将各种由大司农所掌管的官有物资都集中在这里。当市场上某种商品价格上涨时，平准就以低价抛售；价格下落，则由平准收购，使物价保持稳定。这一制度有利于限制富商的投机活动，对老百姓有一定的好处。

都内：掌管各地贡献的方物及钱币。有的学者推测此官由"大内"这一职官演变过来。②

籍田：长官称为籍田令，掌管皇帝籍田收入。籍田是古代帝王劝民耕种、为民垂范的一种礼仪。《汉旧仪》谈到汉代的籍田说："帝王亲耕后，大赐三辅二百里孝悌、力田、三老布帛、百谷万斛，为立籍田仓。"可见，该官主要负责籍田的收入。

斡官：据陈直先生研究，此官最初属于少府，中间一度属于主爵都尉，后来改属大司农，掌管铸造钱币的事务。③

(二) 少府

秦汉国家的财政收入(如田租、口赋等)由治粟内史(大司农)负责管理，而皇帝及皇室收入(山海地泽之税)则由少府负责管理。也就是说，皇帝及皇室收支与国家收支分别进行管理，两者之间保持着明确的界限。《汉书·百官公卿表》说："少府，秦官，掌山海池泽之税，以给供养，有六丞。"少府还兼管皇帝的秘书、膳食等事务，所以少府属官极多。东汉时期，皇帝收入与国家岁入分别开支的情况开始发生变化，遂使少府的职能与机构都相应地发生了许多变化。光武帝将少府收取禁钱(山海池泽之税)的权

---

① 陈直：《汉书新证》，天津人民出版社1979年版，第97页。
② 同上。
③ 同上书，第98页。

限划归大司农,减省了与此相关的一些属官,此后,皇帝、皇室财政与国家财政就混为一团。随着一些秘书机构也逐步独立出来,少府的权限就大大地被缩小了。作为管理秦汉农业与土地资源的专门机构,少府手里掌握着大量的公田。据《汉书·食货志》,少府设有农官,它应是直接负责所辖公田耕种、税收的机构。

(三) 水衡都尉

水衡都尉,是在汉武帝时期设置的,主要负责上林苑的事务。然而据《汉书·百官公卿表》,其机构与职掌都是比较复杂的:

> 水衡都尉,武帝元鼎二年初置,掌上林苑,有五丞。属官有上林、均输、御羞、禁圃、辑濯、钟官、技巧、六厩、辨铜九官令丞。又衡官、水司空、都水、农仓,又甘泉上林、都水七官长丞皆属焉。……成帝建始二年省技巧、六厩官。王莽改水衡都尉曰予虞。初,御羞、上林、衡官及铸钱皆属少府。

上林苑是一个巨大的皇室苑囿。这里除了繁茂的林木、众多的动物外,还有大量可以耕种的土地。所以,除了供皇帝打猎消遣外,还可以从其富足的资源中获得大量的农副畜牧产品。本来事涉皇家必然要张大其制,再加上这里本身就有许多事务,所以上林苑设有庞大的管理机构就不足为奇了。值得注意的是,上林苑设有农官,曾发现"上林农官"瓦当,可证。上林农官应是具体管理上林苑耕垦、税收事务的官员。这说明上林苑的土地已经投入了农业生产和粮食种植,其收获物是当时公田收入的重要部分。

(四) 太仆

太仆,秦汉负责养马事务。《汉书·百官公卿表》说:

> 太仆,秦官,掌舆马,有两丞。属官有大厩、未央、家马三令,各五丞一尉。又车府、路軨、骑马、骏马四令丞。又龙马、闲驹、橐泉、駒䮈、承华五监长丞。又边郡六牧师苑令各三丞;又牧橐、昆蹏令丞皆属焉。

马政,是秦汉时期与行政、军事有关的重要事务。特别是汉武帝时代,为了满足军事需要,由太仆负责在西北地区大力养马,规模空前。《汉旧仪》说:"太仆牧师诸苑,三十六所,分布北边西边,以郎为苑监官,奴婢三万人,分养马三十万头,择取教习,给六厩牛羊无数,以给牺牲。"据此,则知太仆以官奴婢在西北地区蓄养了大量的马匹和牛羊。显然,在太仆手上也掌握着大量的土地,所以,太仆属官中也有专门的农官。另据学者考证,太仆的属官挏马,也有称为"挏马农丞"的属吏。"挏马本为治马乳之官,所以有农丞者,因赵过教田太常及三辅,太常有诸陵寝隙地,可以耕种,挏马官署内外,亦必有空地,试学赵过代田法,故设有农丞管理其事。"[①]

(五) 太常

太常原名奉常,掌管宗庙礼仪。从汉高祖迁徙关东,富室豪强于关中建设供奉帝

---

① 陈直:《汉书新证》,第94页。

后陵园的陵县开始,西汉一共建立了九个陵县,这些陵县就由太常来管辖。在辖地治民的意义上,太常颇类似于一个郡。史籍也实有将太常当作一郡看待的记载。《汉书·食货志》叙汉武帝时赵过推行代田法说,"使教田太常、三辅,大农置巧工奴与从事,为作田器,……是后边城,河东、弘农、三辅、太常民皆便代田"。因为要负责民政,那么管理土地资源就成为太常的基本职责之一。

秦汉时期地方管理农业与土地资源的职官主要是:

(一) 太守

秦汉地方实行郡县制,郡的最高长官是太守。从理论上讲,太守无所不统,颁授土地、劝课农桑当然是其重要职责。两汉政声卓著的太守,无不重视老百姓的生产、生活,无不关注年景丰歉和水利建设。

(二) 农都尉

农都尉,郡守的属官,设于汉武帝时代,专门负责本郡的农业事务。传世文献对该官的情况无多记述。从汉简材料来看,西北边地多设此官,负责屯田事务(详下文)。

(三) 县令、县长

县令、县长是一县的最高长官,因系亲民官,所以被称为"民之父母",或"父母官"。在县令长所统理的事务中,授田、农产、租税、垦殖等无疑都是非常重要的。两汉重视农业,也重视县令长的任用。许多人就是在这个位置上,循守法令,率民致富,从而建立了政绩,最后成为国家的大吏。从道理上讲,县令长事务繁巨,也应该设置专门的属官负责农田土地事务,由于史书失载,详情如何难以尽知了。

汉代负责农业、土地资源的机构,除上面介绍过的之外,在西北地区发现的简牍材料中还提到一些,如"农令"、"田官"、"候农令"、"别田令史"、"农亭长"、"代田长"、"农都尉"、"护田都尉"等,这都是在西北垦戍地区进行大规模的屯田活动时设置的官职,它反映了当时西北的屯田规模浩大,组织机构颇为系统的情形。

二、管理方式

在秦汉时期特别是在汉代,国家对于诸如土地分配、土地耕种、土地买卖、土地保护、土地纠纷等事务的管理,主要采取行政管理与法律管理的方式。前者是指各级行政官员通过各种行政命令和手段所进行的管理,后者则是指借助司法程序所进行的管理。

(一) 行政管理

秦汉时期从中央到地方都建立起一整套行政组织。这套组织厉行法禁,有效地贯彻了中央的政令,发挥了比较高的行政效率。秦汉把小农作为立国之本,大力保护小农经济。皇帝通过制诏、命令,颁布国家的土地政策、土地规定,地方官员则通过"条教"、文告及下乡视察的方式,宣传贯彻政府的法令,劝导老百姓守法遵令,务本力农。

宪令明布、明法不欺,这是秦汉时期受到法家影响,政府在管理国家事务时遵循的一条重要原则。为此,国家的法律和皇帝以制诏形式颁布的各种命令都要广泛传播,务使城乡家喻户晓。汉代的诏书多数都要公开发布,所谓"布告天下"。如《史记·平准书》记汉武帝发布的表彰卜式的一道诏书说:"天子下诏曰:'卜式虽躬耕牧,不以为利,有余辄助县官之用。……赐爵关内侯,金六十斤,田十顷。'布告天下。"

在一个尚未产生公共媒介的社会,要把皇帝的诏令布告天下,如果地方官无所作为是难以办到的。所以,颁布诏令就成为汉代刺史、太守一项非常重要的工作。汉代有"班春"之制。班春,即颁布春令的意思,班同颁。每年春天,太守例赴所属县分"行县"时,需要把象征皇帝恩泽、反映皇帝心声的诏书,颁布给下属官员和辖境的普通老百姓。《后汉书·刘平传》叙刘平任全椒县长时,工作出色,以致于刺史、太守行部、行县时,别无所事,"唯班诏书而已"。西汉著名的循吏黄霸任太守时,非常注意颁诏事务,"选择良吏,分部宣布诏令,令民咸知上意"①。睡虎地秦简中南郡太守腾发布的《语书》,也提到地方官吏要注意明布法律:"今法律令已具矣,而吏民莫用,乡俗淫失(泆)之民不止,是即法(废)主之明法殹(也),而长邪避(僻)淫失(泆)之民,甚害于邦,不便于民。故腾为是而修法律令、田令及为间私方而下之,令吏明布,令吏民皆明智(知)之,毋巨(讵)于罪。"②除在固定时间颁布诏书外,秦汉还有时间不固定,完全是因特殊情况而颁布诏书的情形。其目的就是向官民通报政府重大的政治措施,让各地民众了解国家大事,支持政府的决策。例如,汉文帝即位后,继续推行黄老政治,采取了一系列轻徭薄赋、与民休息的重要措施。当时,山东的老百姓欣闻这些举措,备受鼓舞。西汉贾山的《至言》描述老百姓前往闻听诏书的情状说:"臣闻山东吏布诏令,民虽老羸癃疾,扶杖而往听之,愿少须臾毋死,思见德化之成也。"③

国家的政策与制度确定以后,地方官的工作态度与工作作风,成为其能否宣传贯彻,老百姓能否支持和执行的一个关键。汉代的太守、刺史为使政府法令落实下去,常会制定一些所谓的"条教"④或文告,督促属官的工作,同时也制定一些行政规范,作为老百姓从事农业生产的行为准绳。上面提到的秦简《语书》其实就是这样的文字。《汉书·王尊传》记载王尊任安定太守时,一上任即"出教告属县曰:'令长丞尉奉法守城,为民父母,抑强扶弱,宣恩广义,甚劳苦矣。太守以今日至府,愿诸君卿勉力正身以率下。故行贪鄙,能变更者与为治。明慎所职,毋以身试法。'"《后汉书·循吏传》记载任延初任九真太守时,鉴于地方风俗落后,"不知牛耕","乃令铸作田器,教之垦辟。田畴岁岁开广,百姓充给"。东汉著名循吏王景,任庐江太守时,同样制定"常禁",颁布"训令",以教导地方的老百姓接受先进的生产方式:"先是百姓不知牛耕,致地力有余而食常不足。郡界有楚相孙叔敖所起芍陂稻田。景乃驱率吏民,修起芜废,教用犁耕,由是

---

① 《汉书》卷八十九《循吏传·黄霸》。
② 《睡虎地秦墓竹简·语书》,文物出版社1978年版,第15页,下同。
③ 《汉书》卷五十一《贾山传》。
④ 《汉书》卷八十九《循吏传·黄霸》:"太守霸为选择良吏,分部宣布诏令,令民咸知上意。使邮亭乡官皆畜鸡豚,以赡鳏寡贫穷者。然后为条教,置父老师帅伍长,班行之于民间,劝以为善防奸之意,及务耕桑,节用殖财,种树畜养,去食谷马。"《后汉书·酷吏传·周𬘘》:"(周𬘘)善为辞案条教,为州内所则。"

垦辟倍多,境内丰给。遂铭石刻誓,令民知常禁。又训令蚕织,为作法制,皆著于乡亭,庐江传其文辞。"①东汉的不其县令童恢,采取制度化管理,"耕织种收,皆有条章"②。在地方守令的影响下,一些最基层的地方官——亭长也采取这样的管理方式。东汉的仇览任蒲地的亭长时,"劝人生业,为制科令"③。各级地方官的此类文告、训令、科令等,成为日常行政管理的重要工具,在当时的行政活动中发挥着很大的作用。

奉法守职成为许多汉代官员显著的为官特点。汉人所讲的"吏道以法令为师"④、"汉吏奉三尺律以从事"⑤,在一定程度上体现了当时官员的价值观念。奉法,即按照法律规定办事;守职,即忠于职守,把任内的工作做好。汉代是牛耕技术与铁制农具普遍推广的时期,也是江南与边塞地区大力开发与发展的时期。新的农耕技术的采用,落后风俗的改变,小农正常的生活、生产秩序的维持,豪强势力的打击,都需要一大批奉法守职的地方官努力工作,既能执行政府的政令,又能主动地开拓工作局面。这实际上成为两汉地方官处官办事的基本方式和任职目标。当时,从太守、县令一直到乡下的游徼、亭长,按照这种目标行事的地方官吏前后相续,史不绝书。

西汉的黄霸任颍川太守时,不仅非常注意"宣布诏令",而且采取细致的措施去指导老百姓利用土地,发展生产。为了保障鳏寡孤独者的生活,他要求"邮亭乡官皆畜鸡豚",同时制定条教,"置父老师帅伍长,班行之于民间,劝以为善防奸之意,及务耕桑,节用殖财,种树畜养,去食谷马"⑥。由于黄霸的大力推行,颍川得到大治。西汉的龚遂任渤海太守时,针对当地"俗奢侈,好末技,不田作"的风气,以俭约率民,引导老百姓大力发展生产:"令口种一树榆、百本薤、五十本葱、一畦韭,家二母彘、五鸡。民有带持刀剑者,使卖剑买牛,卖刀买犊,曰:'何为带牛佩犊!'春夏不得不趋田亩,秋冬课收敛,益畜果实菱芡。劳来循行,郡中皆有畜积,吏民皆富贵。狱讼止息。"⑦东汉的秦彭任山阳太守时,组织老百姓开垦稻田数千顷。为了防止地方奸吏在税收上作弊中饱,他"每于农月,亲度顷亩,分别肥瘠,差为三品,各立文簿,藏之乡县。于是奸吏踧踖,无所容诈"⑧。东汉的樊晔任扬州牧时,"教民耕田种树理家之术"⑨。后来,他的管理经验得到皇帝的肯定,"诏书以其所立条式,班令三府,并下郡国"⑩。由于这样一批地方官的勤恳作为,汉代的地方经济呈现出旺盛的活力,汉代的很多官吏也成为后来封建社会地方官居官为政的楷模。

---

① 《后汉书》卷七十六《循吏传·王景》。
② 《后汉书》卷七十六《循吏传·童恢》。
③ 《后汉书》卷七十六《循吏传·仇览》。
④ 《汉书》卷八十三《薛宣传》。
⑤ 《汉书》卷八十三《朱博传》。
⑥ 《汉书》卷八十九《循吏传·黄霸》。
⑦ 《汉书》卷八十九《循吏传·龚遂》。
⑧ 《后汉书》卷七十六《循吏传·秦彭》。
⑨ 《后汉书》卷七十七《酷吏传·樊晔》。
⑩ 同上。

（二）法律管理

以不同形式的法律实现对土地资源的管理,这是秦汉时期土地管理的重要方式。概括而言,具有这样一些内容:

第一,法律规定了不同的土地所有制。从商鞅变法以来,国家正式承认了土地私有权,允许土地自由买卖。秦汉继承了这种制度,全国的土地分为公田与私田两大类。公田属国家所有,其所有权的代表者有权行使对公田的占有、处分、获得收益的权利。私田属于占有者个人所有,个人享有对该土地的占有、使用、买卖、租佃等权利。

第二,法律规定各种所有制的土地都要将其土地四至、形状绘成地图,报官备案。《周礼·地官·小司徒》说:"地讼,以图正之。"郑玄解释"地讼"为"争疆界者","图"为"邦国本图"。这表明,凡出现了土地纠纷,都要根据绘有土地疆界的地图来确定。《周礼》的规定反映了周代的制度,但秦汉时期也将此制继承下来。因为汉代存在各种所有权的土地,而土地纠纷的解决最令人信服的依据就是最初确定疆界四至的地图,这是为官府所认可的法律凭据。从西汉匡衡的土地诉讼案来看,当时的确是以地图定谳的。匡衡曾在西汉元帝时任宰相,他的封地乐安乡共有土地3100顷,"南以闽佰为界"。但是,由于"初元元年,郡图误以闽佰为平陵佰",而这错误"积十余岁不改",这就使匡衡的封地多出了400顷。这件事在汉成帝建始元年(公元前32年)国家重新核定土地疆界并更定地图时才被人揭发出来。经过审核"故图",确实发现是初元元年(公元前48年)的郡图弄错了;然而匡衡故作不知,"专地盗土",最后被免为庶人。① 从这个案件可以看出,地图几乎成为土地所有权的表征。

第三,法律规定土地契约是土地所有权的象征。土地买卖的存在,促进了土地契约关系的发展。秦汉时期,由于土地频繁转让,土地契约也盛行起来。从汉代的地契实物来看,一件契约应当有立契时间、买卖双方的姓名、籍贯、身份和土地的面积、价格及中人等。② 官府承认契约的效力,在土地诉讼中,可以作为主张权利的依据。

第四,法律保护公私土地所有权,凡侵占官私土地者,将受到刑罚的惩处。土地是古代社会最重要的财富,保护土地所有权是封建政权最基本的一项职责。凡侵犯土地所有权、盗卖官私土地、不当使用土地等行为,都在惩治之列,严重者将被处以极刑。《汉书·高惠高后文功臣表》:"乐平简侯卫毋择。建元六年,[嗣侯侈]坐买田宅不法,有请赇吏,死。"同书《李广传》附《李蔡传》:"李蔡以丞相坐诏赐冢地阳陵当得二十亩,蔡盗取三顷,颇卖得四十余万,又盗取神道外壖地一亩葬其中,当下狱,自杀。"

第五,官府受理土地纠纷的诉讼。对于民间的土地纠纷,如果向官府提起诉讼,通常情况下官府都会受理,并做出判决结果。《汉书·萧何传》说:"上罢布军归,民道遮

---

① 《汉书》卷八十一《匡衡传》。
② 《居延汉简释文合校》(文物出版社1987年版):"(前缺)置长乐里乐奴田卅五畞,贾(价)钱九百,钱已毕。丈田即不足,计反数环(还)钱。旁人淳于次孺、王充、郑少卿,古酒旁二斗,皆饮之。"又,在东汉的墓葬中,也出土了一些买地的铅券、玉券和砖券。虽然都是下葬的明器,但却是真实契券的再现。可参见张传玺《秦汉问题研究》(北京大学出版社1985年版)一书的有关论述。

行上书,言相国贱强买民田宅数千万。"萧何看到功臣一个个被除掉,为了安身固位,不惜采取贱价强买老百姓田宅的做法,以自污名声。失去土地的老百姓在刘邦平定了黥布叛乱,凯旋长安的途中,拦住刘邦呈递诉状,控诉萧何的过行。同书《韩延寿传》记载:左冯翊太守韩延寿"行县至高陵,民有昆弟相与讼田自言,延寿大伤之"。"行县"(即到所属各县视察民情)处理积案,平反冤狱,这是太守的常职。高陵县的兄弟俩为土地纠纷一事向太守韩延寿申告,这正是当时官府受理民间土地诉讼的明证。当然,这个案子由于韩延寿的感化,兄弟二人最终放弃诉讼,"深自悔,皆自髡,肉袒谢,愿以田相移,终死不敢复争"。《后汉书·鲁恭传》也记载:"讼人许伯等争田,累守令不能决,恭为平理曲直,皆退而自责,辍耕相让。"从两汉的这些案例来看,受理土地争讼案件,是当时官府的日常事务。正是通过受理各种土地诉讼案件,政府实现了对土地的法律管理。借助国家的强制性力量,自然能够充分保护各种土地的所有权,维护社会的经济秩序和政治秩序。

第三节 秦汉时期的土地资源立法

与战国时期相比,秦汉成文的土地立法在数量、形式、内容诸方面,都呈现出新的状态。这时的土地立法活动,不断适应整个社会封建地主经济占据统治地位的形势,力图通过各种形式的法律,规范土地的占有、使用行为,以保证社会秩序的稳定和统治基础的强固。

一、立法形式

立法形式,是指国家立法机关制定并为其他机关所认可的法律规范的具体表现形式。中国古代的成文立法,经过战国时期的探索与积累,到秦汉时期已经走向成熟。各种立法形式形成了一个具有鲜明特色的律令体系,即以律令为主干,辅以多种形式的单行规定,共同构成一个完整的法律框架体系。这样的法律构成,既保持了法律的稳定性,又兼顾了法律对现实情况的适应性。从土地法律来看,当时的法律形式主要是律与令两类:

(一)律

律,是秦汉时期处于主干地位的法律。律作为国家成文法律的专称,大约出现于公元前3世纪中,即战国中期略晚。从睡虎地秦墓出土的魏律来分析,魏、秦两国可能是较早使用这一称呼的国家。汉代因秦律而来,仍然保持了"律"的称呼。

秦律从秦孝公发动的商鞅变法开始,一直延续到秦始皇时期,经历了很长的过程。今从睡虎地秦墓出土的秦的法律文献来看,秦称为"律"的法律有:《田律》、《厩苑律》、《仓律》、《金布律》、《关市律》、《工律》、《徭律》、《司空律》、《军爵律》、《置吏律》、《效律》、《传食律》、《行书律》、《内史杂律》、《尉杂律》、《属邦律》等。当然,这些只是墓主人生前抄录的部分,绝对不是秦律的全部。从这些律名可以看出,秦律的种类是非常

第二章　秦汉时期的土地法制

繁多的,它所调整的社会关系也是非常广泛的。

今从所见的秦律可知,直接调整土地制度、土地关系的法律是《田律》及《厩苑律》。《田律》今存6条,内容涉及农田水利、山林野兽保护、刍稿缴纳、牛马饲养等。《厩苑律》今存3条,内容是关于管理饲养牲畜的厩圈和苑囿的规定。就具体规定而言,秦律的内容十分丰富,条文都非常具体细致。可以推想,当时有关土地管理的律文,其内容一定是非常饱满的。

汉代建立后,萧何制定了《九章律》,从而形成了汉代法律的主体。《九章律》即《盗》、《贼》、《囚》、《捕》、《杂》、《具》、《户》、《兴》、《厩》九篇。然而,汉代称为"律"的法律,并不限于这"九章"。据文献来看,就有《傍章律》、《越宫律》、《朝律》、《尉律》、《酎金律》、《上计律》、《钱律》、《左官律》、《大乐律》、《田律》、《田租税律》、《尚方律》、《挟书律》等。据1983年从湖北江陵张家山247号汉墓出土的汉简《二年律令》①来看,主要有《金布律》、《徭律》、《置吏律》、《效律》、《传食律》、《行书律》、《□市律》、《均输律》、《史律》、《告律》、《赐律》、《奴婢律》、《蛮夷律》等。那么,这些法律与《九章律》的关系如何,它们是《九章律》的具体部分,还是独立于《九章律》之外的单行法律,现在还难以说清。合理的解释,应该是兼而有之。

汉律中与土地制度、土地关系直接有关的部分是《户律》、《厩律》、《田律》等。《户律》为《九章律》之一,今已亡佚。因为"户律"的名称与内容逐渐演变为唐律的《户婚律》,因此后人多借唐律来了解汉代的户律。《唐律疏议·户婚》涉及土地制度与土地管理的条目有:卖口分田、占田过限、盗耕种公私田、妄认盗卖公私田、在官侵夺私田、盗耕人墓田、不言及妄言部内旱涝霜虫、部内田畴荒芜、里正授田课农桑违法等。汉代的《户律》是否如此,长期以来不得而知。1983年张家山发现的大量汉律材料中,就有《户律》,可能就是《九章律·户律》的具体条文。从内容来看,《户律》包括政府对民户的户籍管理的规定,也包括政府向农户分配土地的规定。这自然是土地法律中比较重要的内容。《厩律》也属《九章律》之一。汉代的《厩律》来自秦代的《厩苑律》,后几经调整,唐代变为《厩库律》。《厩律》主要是关于牲畜饲养与管理的规定,涉及牧地的占用管理问题。汉代"田律"的名称,曾见于《周礼》郑注。然而由于汉律亡佚,后世对于《田律》具体的内容并不清楚。在张家山汉简中保存了一部分《田律》,这为后人了解其具体内容提供了实物材料。可以看出,汉简《田律》与秦简《田律》,一脉相承,对于土地授受、刍稿征收、马牛及野生资源的保护等都作出了一些具体的规定。

作为法律的主体,秦汉的"律"在立法上体现了两个重要的特点,一是具体性。秦汉的律,调整的范围极其广泛、复杂,但所作的规定都非常具体、细致,操作性很强。二是稳定性。秦汉的律,一旦制定就不会轻易修改,表现出很强的稳定性。这些特点,客观地体现了秦汉时期的立法水平。

---

① 《张家山汉墓竹简[247号墓]》,文物出版社2001年版。

(二) 令

令,法令,作为一种法律形式,始于秦始皇。秦始皇建立皇帝制度时确定:"命为制,令为诏。"①汉代继承下来,所以秦汉时期凡以制诏形式发布的文告,皆属令的范畴。令与律相辅而行,是皇帝根据现实需要对律所作的必要补充。所谓"前主所是著为律,后主所是疏为令"②,便是对律令关系最简洁的概括。在立法上,律的稳定性与令的灵活性,造成令的数量远远多于律。当然,令也并非只在一时有效。事实上,汉代许多令的行用时间都很久,如汉文帝时定下的《养老令》,一直到东汉时期仍在执行。令具有广泛的适用性与突出的现实针对性,举凡政治、经济、军事、文化、法律、礼仪等活动,都可以具令进行规范。

秦汉诸帝发布的命令中,有许多都与土地制度、土地关系、土地资源管理有关,它们构成了汉代土地立法的极其重要的部分。例如,汉高祖五年(公元前202年)夏五月关于"兵皆罢归家"的诏书说:"诸侯子在关中者复之十二岁,其归者半之。民前或相聚保山泽,不书名数,今天下已定,令各归其县,复故爵田宅。……诸侯子及从军归者,甚多高爵,吾数诏吏先与田宅,及所当求于吏者,亟与。"③这道诏书(命令)明确承认了地主对原来土地的所有权,也承诺对跟随刘邦作战的"高爵"者,优先授予田宅。这些规定,对于稳定汉初的社会秩序产生了很大的影响。又如,汉宣帝地节三年(公元前67年)冬十月,为了吸引流民还乡,皇帝下诏说:"流民还归者,假公田,贷种、食,且勿算事。"④东汉章帝元和(公元85年)二年二月,为恢复牛疫后的社会经济,下诏说:"自牛疫以来,谷食连少,良由吏教未至,刺史、二千石不以为负。其令郡国募人无田欲徙它界肥饶者,恣听之。到在所,赐给公田,为雇耕佣赁种饷,贳与田器,勿收租五岁。除算三年。其后欲还本乡者,勿禁。"⑤这些都是涉及两汉土地分配的非常重要的法律。

二、立法内容

秦汉时期土地法律所调整的范围是非常广泛的,从传世文献与出土文献来看,其主要的内容有:

(一) 关于公田的分配标准

秦汉的土地分为公田与私田两大类。私田为地主所私有,其占有、经营、转让等活动国家无须多加过问。公田则为国家所有,是国家的基本财富,也是国家扶弱抑强的重要凭借。对于公田的分配、使用、经营等内容,法律中多有规定。秦汉时期政府手中一直掌握着数量巨大的公田。尽管各个时代公田的数量不同,但政府始终控制着相当数量公田的事实并未发生变化。公田的一大部分,被划为份地分配给小农耕种,以获

---

① 《史记》卷六《秦始皇本纪》。
② 《史记》卷一百二十二《酷吏列传·杜周》。
③ 《汉书》卷一下《高帝纪》。
④ 《汉书》卷八《宣帝纪》。
⑤ 《后汉书》卷三《章帝纪》。

得国家所需的租税。向小农分配公田,其做法实际上是战国时期授田制度的延续。对于秦汉两代是否实行过授田制度,史学界在很长时期内持怀疑态度。睡虎地秦简出土以后,发现了有关秦代授田制度的法律规定,人们开始相信秦代存在授田制度。但是,对于汉代是否也同秦代一样存在授田制度,人们仍然表示怀疑。张家山汉简的出土,发现了有关授田的规定,从而完全消除了学术界长期的疑问。在张家山汉简的《二年律令》中,发现了汉代的《田律》与《户律》,其中对于授田制度多有规定,极大地丰富了今人对汉代授田制的认识。

（二）关于土地顷亩阡陌的标准

春秋战国时期,为了更好地管理土地,各国对土地的顷亩与阡陌标准都有所规定。秦汉时期,出于管理的需要继续对此进行规定(详见下文)。

（三）关于土地的保护

在汉代的《田律》中,多有保护土地的规定。张家山汉简《田律》规定:"盗侵巷术、谷巷、树巷及垦食之,罚金四两。"①

（四）关于马牛的保护

马牛是古代重要的农业生产资料和生产工具,也是国家和农户的宝贵财富,对马牛的保护,是封建法律所关注的一个重点。汉简《田律》规定,马牛所经过的地方,都不许挖掘陷阱;凡挖掘陷阱或者设置机械伤害马牛者,即便马牛未被杀伤,事主将耐为隶臣妾,马牛被杀伤者,与盗法同。此外,偷盗马牛属于严重的犯罪,秦汉简牍都保留了这方面的案例。

（五）关于山林资源的保护

重视对山林资源的保护是西周以来的传统,秦汉的土地法律仍然坚持这样的规定。在秦汉具有法律效力的《月令》,就是这方面最典型的法律,而秦汉简牍中也多有此类规定。

（六）关于土地契约文件的保管

在公田的颁授、赏赐、归还、承继与私田的租佃、转让、分割、承继以及完粮纳税过程中,都会形成大量的契约、地图及其他各种各样的土地文书。这是原始的档案,是处理土地与租税纠纷的依据,对其进行妥善管理,是土地行政管理事务中极为重要的一个部分。从汉简《户律》来看,当时对这些档案文书的管理是非常重视的,有关规定都非常具体明确。

三、秦代的《田律》

战国的法律名称实现"改法为律"的转变,是商鞅活动的结果。从此以后,秦国居于主体地位的法律便称为"律"。在秦的诸多名目的法律中,有一部律称为《田律》,这是秦代专门的土地法律。关于这部法律产生的时间,由于历史失载,现在难以断定。

---

① 《张家山汉墓竹简[247号墓]·二年律令》,文物出版社2001年版,第166页。

也许最初是在商鞅变法时制定的,后来经过不断的修订、补充,一直在秦国实施,到秦始皇统一全国后,这部法律又得到完善、充实,推广到全国范围内施行。它与其他法律一起出土于秦始皇三十年(公元前217年)去世的名叫喜的墓葬之中,说明这是当时正在行用的一部法律。当然,由于史料阙如,我们只能进行这样的推测,其真实的立法与修订过程,现在恐怕难以弄清了。

现在所见的秦代《田律》,于1975年出土于湖北云梦睡虎地11号秦墓,同时出土的还有其他各种重要的秦代法律。当然,这些法律并不是完整的秦律,而是墓主根据自己需要所作的摘抄。《田律》就是这样的一种抄件,它所反映的只是当时土地法律内容的一些侧面和片段,而完整的秦代土地法律,其内容自然会更加丰富、更加广泛。不过,尽管如此,秦简《田律》的发现,仍具有极其重要的价值。

今《睡虎地秦墓竹简·田律》共有6条,下面分别加以说明。

    1. 雨为澍(澍),及诱(秀)粟,辄以书言澍(澍)稼、诱(秀)粟及垦(垦)田暍毋(无)稼者顷数。稼已生后而雨,亦辄言雨少多,所利顷数。旱[旱]及暴风雨、水潦、螽(螽)蚰、群它物伤稼者,亦辄言其顷数。近县令轻足行其书,远县令邮行之,尽八月□□之。

这是关于禾稼的田间管理的规定。从律文可知,秦代对于农业的田间管理是非常重视的。自然的雨水情况、禾苗的抽穗情况以及土地的耕种情况等,都属于田间管理的具体内容。凡下了及时雨、禾稼抽穗及可种而未种土地的数额等,各基层县分都要及时向中央主管机关报告;距离近的县派所谓"轻足"(即走路快的人)递送文书,距离远的县由邮驿递送文书,必须在八月底以前送到。这个规定的内容比较具体、明确,典型地反映了秦代立法所具有的内容具体、语言明晰、易于操作的特点,并从一个侧面表现了秦政府关心农业、发展生产的积极态度。

    2. 春二月,毋敢伐材木山林及雍(壅)隄水。不夏月,毋敢夜草为灰,取生荔……到七月而纵之。唯不幸死而伐绾(棺)享(椁)者,是不用时。邑之纾(近)皂及它禁苑者,麛时毋将犬以之田。百姓犬入禁苑中而不追兽及捕兽者,勿敢杀;其追兽及捕兽者,杀之。河(呵)禁所杀犬,皆完入公;其他禁苑杀者,食其肉而入皮。

这条律文包含两个部分的内容,前一部分是依照《月令》保护林业资源与动物资源的规定,后一部分是保护禁苑动物的规定。中国古人通过长期的观察,对于山林与动物的生长特点获得了丰富的知识。为了更好地保护人们赖以生存的自然资源,从先秦以来,人们通过各种方式表达保护山林与动物资源的愿望。终于到战国时期,这种保护愿望升华为国家的法律。当时流行的《月令》之类的作品,几乎原封不动地被搬入国家的律典。该律文的规定就是这种法律的延续。从汉简的《田律》来看,这些内容又移进了汉律。可见,中国古人保护自然资源的观念与行动具有极其久远深厚的历史。禁苑是专供帝王狩猎的场所,对禁苑猎物的保护,就是对帝王尊严的维护,这些规定在今天看来多无深义,但在当时具有重大的意义。

> 3. 入顷刍稿,以其受田之数,无垦(垦)不垦(垦),顷入刍三石、稿二石。刍自黄麯及蓿束以上皆受之。入刍稿,相输度,可殹(也)。

这是关于受田民户缴纳刍稿的规定。刍稿就是饲草、禾秆,是当时满足国用的重要税入。律文规定,每顷田地应缴纳的刍稿,按照所受田地的数量缴纳,不论垦种与否,每顷缴纳刍三石、稿二石。刍或干叶或乱草够一束以上即收。缴纳刍稿时,可以运来称量。这条规定文字简单,但透露的信息却十分重要。它表明,在秦代确实存在着国家将公田授予民户耕种的授田制度。这是破除井田制度以后,适应新的生产方式的要求而出现的新的土地制度,在中国土地制度史上具有极其重要的地位。受田的民户,自然须向国家交纳田租,此外,也要按照受田的顷亩数额向国家交纳刍稿。

> 4. 禾、刍稿徹(撤)木、荐,辄上石数县廷。勿用,复以荐盖。

这是对谷物与刍稿仓储时所使用物品的规定。在储存谷物与刍稿时,需要一定数量的木头与草垫供垫衬之用。该律规定,当粮草从仓库全部移空时,原来的垫衬物木头或草垫,不许移作他用,而要妥善保管,以后再用于粮草的垫衬。这一规定,体现出秦代爱护公物,力求物尽其用的态度。

> 5. 乘马服牛禀,过二月弗禀、弗致者,皆止,勿禀、致。禀大田而毋(无)恒籍者,以其致到日禀之,勿深致。

这是关于禀给国家驾车的马牛饲料的规定。按律文规定,驾车马牛的饲料过期二个月没有领取或送发的,都要停止领发。领发事务由农官大田负责,皆要有领取凭证和固定的账目。大田按账目或凭证的期限发放。因驾车马牛为农业所需,故有关的规定放在《田律》。

> 6. 百姓居田舍者毋敢酤(酤)酉(酒),田啬夫、部佐谨禁御之,有不从令者有罪。

这是禁止农村居民卖酒的规定。秦代崇本抑末,反对老百姓从事工商末业。另外,酿酒会消耗粮食,饮酒会耽误事情,这都不利于农作,故当时会有此种规定。

尽管今天可见的秦简《田律》只区区6条,但涉及的方面却是颇为广泛的。我们推断,当时凡与土地有关的一切事务,都列入《田律》进行调整。所以,秦代的《田律》完全是以大农业的视野而构筑的法律,它既可以被看做是一部土地法,也可以被看做是国家的农业法。当然,这并不意味着《田律》尽是大而无当、不着边际的规定。恰恰相反,它所关注的对象都是非常细微的,而规定又都是极为具体的。这样的法律可操作性强,不论是百姓守法和官吏执法,它都提供了充分的可能性。这一点,对于今天的立法活动来讲,仍然具有一定的借鉴价值。

四、汉代的《田律》与《户律》

汉代土地法律的主体是《田律》与《户律》，其渊源来自秦代的相同立法。当然，由于时代的变迁，汉代的不同时期对其进行调整与充实也是必不可少的，只是限于材料，要清楚地区分这些变化则是非常困难的事情。长期以来，人们只知道汉代《田律》与《户律》的名称，对其内容则并不了解。1983年，湖北江陵张家山汉墓出土了大量汉代的法律简牍，其中就有《田律》与《户律》。从此，亡佚已久的汉律重见天日，其丰富的内容才逐渐为世人所知。下面对两种法律的具体规定进行简要的介绍。

（一）《田律》

汉代的《田律》之名，始见于《周礼·秋官·士师》"四曰野禁"郑注："野有《田律》。"清末孙诒让在《周礼正义》中正确地指出："《田律》盖《汉律》篇名，若《典路》注引《上计律》之类。"对《田律》所规范的内容，孙氏未作解释，而同时代的著名律学家沈家本提出一种解释："《田律》谓田猎之律，非田亩之事也。观后所引军礼，郑注大司农云犯田法之罚，彼所言者，蒐田之法也。"[①] 按沈氏的解释，汉代的《田律》所调整的事务，属于军旅田猎之事，而并非农田土地之事。由于沈氏是汉律研究的名家，加上并无多少材料可以质证其说法的是非，所以他的解释在学术界产生了很大的影响。睡虎地秦简的《田律》出土以后，始知《田律》的内容多"田亩之事"，方晓沈说并不正确。因为秦简《田律》如此，汉代的《田律》应相差不会太大。汉简《田律》出土后，以确实的材料告诉世人，秦汉两代的《田律》一脉相承，其内容主要皆与"田亩之事"有关。

张家山汉律的时代，专家定为吕后二年（公元前186年）。[②] 从出土的各种律文来看，它与睡虎地秦墓出土的法律一样，也应当是墓主根据需要所作的摘录，而非汉律全文。《田律》自然也是如此。不过与秦简《田律》相比，汉简《田律》无论数量与内容都超过了秦律。汉简《田律》今存13条[③]，依其内容可分为四类：

第一，关于授田的规定：

1. 田不可田者，勿行，当受田者欲受，许之。

2. 入顷刍稿，顷入刍三石，上郡地恶，顷入二石，稿皆二石。令各入其岁所有，毋入陈，不从令者罚黄金四两。收入刍稿，县各度一岁用刍稿，足其县用，其余令顷入五十五钱以当刍稿。刍一石当十五钱，稿一石当五钱。

3. 刍稿节（即）贵于律，以入刍稿时平贾（价）入钱。

4. 卿以下，五月户出赋十六钱，十月户出刍一石，足其县用，余以入顷刍钱入钱。

[①] 沈家本：《汉律摭遗》卷一，载《历代刑法考（三）》，中华书局1985年版，第1380页。
[②] 参见《张家山汉墓竹简·二年律令》的"说明"，文物出版社2001年版，第133页。
[③] 参见《张家山汉墓竹简[247号墓]·二年律令》。

这些律文集中反映了汉代关于授田制度的规定。上文已经说过,授田制度是战国以来代替井田制而出现的一种重要的公田分配制度。但是,在这些律文出土以前,学术界不太相信汉代也存在授田制度。《田律》的出土展现出汉代授田制度的画卷,填补了一段记载的空白。律文1明白无误地说明,当时存在着授田制度。凡可以耕种的土地,都可以授予老百姓耕种,不能耕种的土地则不能颁授;当然如果受田民户愿意领受,官府也允许颁授。至于民户受田的数额,该《田律》未见规定,而同时出土的《户律》却规定得比较清楚。民户领受国家的土地以后,自然需要承担田租和徭役等负担。此外,还要缴纳刍稿。律文2的规定显然与秦律关于刍稿的规定存在渊源关系,不过比秦律的内容更多。依秦律来分析,汉律关于缴纳刍稿的对象的规定,肯定是指受田的民户。汉律所定的缴纳数量与秦律完全一样,也是"以其受田之数"来确定的。即使汉律没有这样的话,但两相比较,这一点也是完全可以确定的。与秦律相比,汉律要求缴纳的刍稿必为当年所产,而不准把陈旧的输入,不从命令者要罚金4两,这样的规定又比秦律严厉得多。对官府来说,刍稿的收纳要以"一岁"为度,收够一年所需即可,其余应收的刍稿则以"顷入五十五钱,刍一石当十五钱,稿一石当五钱"的比率折钱收纳。律文3则规定了如果刍稿的价格高于法律所确定的比价,则刍稿的折价应以时价来计算。律文4则对于卿以下的贵族缴纳户赋予刍稿做出规定。汉代是封建的等级社会,国家的法律毫不掩饰其对特权阶级的优容。普通民户根据受田数量缴纳刍稿,而卿以下的贵族则按户缴纳,而且只是"五月户出赋十六钱"、"十月户出刍一石",简直如同杯水车薪。

第二,关于垦田与土地管理的规定:

1. 已豤(垦)田,上其数二千石官,以户数婴之,毋出五月望。
2. 田不可豤(垦)而欲归,毋受偿者,许之。
3. 侵盗巷术、谷巷、树巷及垦食之,罚金四两。
4. 田广一步,袤二百卌步,为畛,亩二畛,一佰(陌)道,百亩为顷,十顷一千(阡)道,道广二丈。恒以秋七月除千(阡)佰(陌)之大草;九月大除道□阪险;十月为桥,修波(陂)堤,利津梁。虽非除道之时而有陷败不可行,辄为之。乡部主邑中道,田主田道。道有陷败不可行者,罚其啬夫、吏主者黄金各二两。□□□□□及□土,罚金二两。

秦汉时期对于土地的管理极为重视,基层的土地开垦与耕种情况,都要求上报上级机构掌握。律文1规定各县道开垦的土地,每年五月十五以前都要按户数上报郡廷。由各户开垦的土地,也应该属于国家颁授的土地,划入授田数额中计算。律文2规定,民户受田后,土地无法开垦,希望将土地退还政府,如果当初未曾接受政府的补偿,则允许退田。律文3规定,侵盗或垦食公共用地,如巷术(术,邑中道也)、谷巷(溪水旁的小路)、树巷(树木间的小路),则要罚金四两。律文4规定了土地的顷亩制度,并对田间道路、桥梁、陂堤的维护、修缮与责任作出规定。

第三,关于取用自然资源与兴建土功的规定:

1. 禁诸民吏徒隶,春夏毋敢伐材木山林,及进[壅]隄水泉,燔草为灰,取产麛卵,毋杀其绳重者,毋毒鱼(下残)。

2. 毋以戊已日兴土功。

律文1残缺不全,不过仍然可以看出它与秦简《田律》间的渊源关系。说明在秦汉的《田律》中,保护山林与动物资源占有重要的地位,有关规定构成了它的基本内容。律文2则表现了当时人的迷信观念。

第四,关于保护马牛、牲畜及其食稼的规定:

1. 诸马牛到所,皆毋敢穿阱,穿阱及置他机能害人、马牛者,虽未有杀伤也,耐为隶臣妾。杀伤马牛,与盗同法。杀人,弃市;伤人,完为城旦。

2. 马、牛、彘羵、羵食人稼稽,罚主金马、牛各一两,四辱羵若十羊,羵当一牛,而令挢嫁偿主。县官马、牛、羊罚吏徒主者。贫弗能赏(偿)者,令居县官;□□城旦舂、鬼薪白粲也,笞百,县官皆为赏(偿)主,禁毋牧羵。

3. 官各以二尺牒疏书一岁马、牛它物用稿数,余现刍稿数上内史,恒会八月望。

汉律与秦律一样,同样把保护马牛的内容放在《田律》中。律文1规定,在马牛所到处不得挖掘陷阱或安置其他机关,若因此而造成"害人、马牛者",即使未造成杀伤后果,事主亦将"耐为隶臣妾"。而故意杀伤马牛,则"与盗同法"。可见,汉代对于杀伤马牛行为的处罚是非常严重的。《盐铁论·刑德》批评商君之法,"盗马者死,盗牛者加",从这里的规定来看,汉律确是继承了秦法的精神。律文2是对官私马牛猪羊等牲畜啃食禾稼后应做赔偿的规定。从法律性质上讲,这属于民事法律的内容,不过因与农业有关,所以归入《田律》。从这一规定的内容来看,同样表现出具体而明确的特点,与秦律的精神是一脉相承的。

(二)《户律》

汉代的《户律》属萧何《九章律》中的一篇,不过其具体律目,唐代已不大清楚了。沈家本撰《汉律摭遗》,只能无可奈何地说:"《户律》之目,《晋志》无以考之。"① 然而,1983年12月,在湖北江陵张家山247号汉墓出土的大批珍贵汉律文献中,发现了失传已久的《户律》。尽管不是《户律》全文,但其丰富的内容仍然令人惊叹不已。汉简《户律》现存21条,绝大多数字句完整,意思明白。据内容来看,《户律》系就民户的户籍、田宅、租赋、里居等方面的事务所进行的规范,集中了古代民事法律关系的基本规定,是研究汉代民法、土地法、经济法不可多得的材料。

汉简《户律》中,土地方面的规定占有一定的分量,主要集中在授田宅、买卖田宅与

---

① 沈家本:《汉律摭遗》卷一,《历代刑法考(三)》,中华书局1985年版,第1376页。

土地契约文书管理诸方面,下面略作介绍。

第一,关于颁授田宅的规定:

  1. 关内侯九十五顷,大庶长九十顷,驷车庶长八十八顷,大上造八十六顷,少上造八十四顷,右更八十二顷,中更八十顷,左更七十八顷,右庶长七十六顷,左庶长七十四顷,五大夫廿五顷,公乘廿顷,公大夫九顷,官大夫七顷,大夫五顷,不更四顷,簪䄢三顷,上造二顷,公士一顷半顷,公卒、士五(伍)、庶人各一顷,司寇、隐官各五十亩。不幸死者,令其先后择田,乃行其余。它子男欲为户,以为其□田予之。其已前为户而毋田宅,田宅不盈,得以盈。宅不比,不得。

  2. 宅之大方步。彻侯受百五宅,关内侯九十五宅,大庶长九十七宅,驷车庶长八十八宅,大上造八十六宅,少上造八十四宅,右更八十二宅,中更八十宅,左更七十八宅,右庶长七十六宅,左庶长七十四宅,五大夫廿五宅,公乘廿宅,公大夫九宅,官大夫七宅,大夫五宅,不更四宅,簪䄢三宅,上造二宅,公士一宅半宅,公卒、士五(伍)、庶人各一宅,司寇、隐官半宅。欲为户者,许之。

商鞅变法的一项重要措施就是:"明尊卑爵秩等级,各以差次名田宅。"①就是说,秦国的军士在战争中获得军功,就可以得到不同的爵秩,并根据其爵秩的等级,国家授予不同数量的土地与住宅。这一措施功用极大,对于秦汉政治也产生了深远的影响。汉高祖五年(公元前202年)发布的重要诏令,表明汉代从建国之初就坚定地继承了秦代"有功劳行田宅"的政策。② 而汉简《户律》颁授田宅的规定,说明这种政策很快就上升为国家的法律。律文1应是国家按爵秩授田的数量规定。值得注意的是,授田对象除了有爵位者外,还包含没有爵位的公卒、士伍、庶人及属于刑徒的司寇、隐官等身份的人。这表明,汉代的授田范围极其广泛,实际上是实施一种普遍的授田制。尽管无爵位者受田数量有限,但毕竟有了一块属于自己使用的土地,其经济地位自然可以得到一定程度的改善。授田预示着小农数量的增加,这一方面有利于社会的稳定,另一方面则必然会强固国家的统治基础。西汉时期政治稳定,军事强大,文化繁荣,恐怕与当时授田制的推行有着紧密的关系。律文2则是国家对不同爵秩者所制定的授予住宅的数量标准。与授田对象一样,授宅对象中也包含了无爵秩的公卒、士伍、庶人以及司寇、隐官等身份的人。传世文献中有零星的材料提到汉代授田宅的问题③,但内容都不甚

---

 ① 《史记》卷六十八《商君列传》。
 ② 《汉书》卷一下《高帝纪》高祖六年说:"夏五月,兵皆罢归家,诏……又曰:'七大夫、公乘以上,皆高爵也。诸侯子及从军归者,甚多高爵,吾数诏吏先与田宅,及所当求于吏者,亟与。爵或人君,上所尊礼,久立吏前,曾不为决,甚亡谓也。异日秦民爵公大夫以上,令丞与亢礼。今吾于爵非轻也,吏独安取此。且法以有功劳行田宅,今小吏未尝从军者多满,而有功者顾不得,背公立私,守尉长吏教训甚不善。其令诸吏善遇高爵,称吾意。且廉问,有不如吾诏者,以重论之。'"
 ③ 贺昌群先生在《秦汉间封建土地所有制形式与秦末农民起义的关系》一文第三节《封建国家土地所有制的基本内容是计口授田》中,曾据史书所反映的汉代授田制的材料进行研究,载贺昌群:《贺昌群史学论著选》,中国社会科学出版社1985年版。

详细。汉简《户律》的这些规定，较为全面地揭示了汉代授田宅制度具体的法律内容。显然，这些材料具有重大的学术价值。

第二，关于田宅变更与买卖的规定：

1. 田宅当入县官而诽(诈)代其户者，令赎城旦，没入田宅。
2. 欲益买宅，不比其宅者，勿许。为吏及宦皇帝，得买舍屋。
3. 受田宅，予人若卖宅，不得更受。
4. 诸不为户，有田宅，附令人名，及为人名田宅者，皆令以卒戍边二岁，没入田宅县官，为人名田宅，能先告，除其罪，有(又)畀之所名田宅，它如律令。

授田制度下，国家授予民户的田宅是否也存在归还和允许买卖的问题，这是了解授田制度时人们必然要提出的问题。从汉简《户律》的规定来看，国家颁授的田宅确曾存在主人关系变更及买卖的问题。律文1表明，民户领受的田宅待户主去世，无人"代其户"时，田宅则要归还国家。如果田宅当入官府而诈称为"代其户者"，则不仅田宅将被没官，而且事主还要承担"令赎城旦"(即以钱赎取城旦罪)的处罚。律文2表明，政府授予的土地不允许买卖，而住宅则允许买卖。买卖住宅也附有一些条件，对于想扩大住宅的人户来说，如果所买住宅不与自己的房屋毗邻，则不许买卖。也就是说，如果欲买的住宅与自家住宅邻接，则允许买卖，否则不许。当然，对于官吏而言，这种限制就不复存在了，法律允许其"得买舍屋"，即自由地购买住宅。律文3规定，凡是政府颁授的住宅，如果送人或卖掉，那以后就不许再从政府领受了。显然，法律并未对住宅买卖的行为做出明确的禁止性的规定，而是留有较大的活动空间。律文4是对非户主而妄自向政府登记领受田宅行为的规定。凡未独立为户而拥有田宅，以及为他人"名田宅"(向官府登记领受田宅)，都罚为更卒戍边二年，并没收其田宅。如果"为人名田宅"，能自首，则免除其罪罚，并将该田宅授予其使用。

第三，关于契约文书管理的规定：

1. 八月令乡部啬夫、吏、令史相杂案户籍，副臧(藏)其廷。有移徙者，辄移户及年籍爵细徙所，并封，留弗移，移不并封，及实不徙数盈十日，皆为金四两；数在所正、典弗告，与同罪。乡部啬夫、吏主及案户者弗得，罚金各一两。

2. 民宅园籍、年细籍、田比地籍、田命籍、田租籍，谨副上县廷，皆以若匣匱盛，缄闭，以令若丞、官啬夫印封，独别为府，封府户；节(即)有当治者，令史、吏主者完封奏(凑)令若丞印，啬夫发，即杂治之；臧(藏)□已，辄复缄闭封臧(藏)，不从律者罚金各四两。其或为诈伪，有增减也，而弗能得，赎耐。官恒先计仇，□籍□不相(?)复者，磬(系)劾论之。民欲先令相分田宅、奴婢、财物，乡部啬夫身听其令，皆参辨券书之，辄上如户籍。有争者，以券书从事；毋券书，勿听。所分田宅，不为户，得有之，至八月书户，留难先令，弗为券书，罚金一两。

这两条律文主要是关于妥善保管土地契约文书的法律规定。在当时存在田宅授受与继承、买卖等各种复杂关系的情况下,保管好土地契约与各种相关文书,是能不能实现对土地事务进行有效管理的重要环节。从这些规定来看,国家对于土地事务的管理已相当成熟,达到了很高的水平。

上述几方面的规定只反映了汉代《田律》与《户律》的部分内容,这自然是令人遗憾的。但是,尽管如此,它们包含的内容还是极其丰富的。通过这些法律,我们仍然可以强烈地感受到秦汉政府在管理土地资源、管理农业事务方面所体现的法律精神和高超的立法水平。只要善于学习和借鉴,今人必能从这样的法律中吸取许多有益的东西。

第四节 秦汉时期的土地占有形态

商周时期,土地的占有形态单一整齐,那就是"溥天之下,莫非王土"的土地国有制。到了春秋战国时期,在生产力的猛烈推动下,从旧的生产关系的桎梏中,诞生了新的生产关系,于是封建领主与封建地主阶级相继走上历史舞台,土地所有制也从过去纯粹的国有制,变成了土地国有与地主、自耕农私有并存的形态。秦汉时期,这种二元结构的土地所有制形态相沿未改,全国的土地大体可以划分为公田与私田两大类。

一、公田

公田,又称官田、草田,系由商周的井田演变而来。它的所有权为国家拥有,国家可以行使占有、处分、收益的权利。从这个意义上来说,国家就相当于地主的身份,耕种公田的劳动者不过是它的佃户而已。所以,明末清初的顾炎武说:"官田,官之田也,国家之所有,而耕者犹人家的佃户也。"[1]秦汉的公田具有这样几个来源:

第一,由前代继承下来的公有土地。井田制度的瓦解,虽使土地私有制有所发展,但并未引起土地国有制的彻底消亡,各国都掌握着大量的公田。秦统一全国后,这些公田自然变成了秦代的国有土地,这是秦代能够推行"令黔首自实田"的授田制度的前提与基础。西汉建立后,原来为秦政府所拥有的土地全部由汉廷所继承,成为汉代的公田。汉代之所以能够制定授田的法律,在全国范围内实现普遍的授田制度,也首先是因为它从秦代继承了大量的国有土地。

第二,山林川泽之地。自商周以来,山林川泽之地一直属于公共资源,由国家直接掌握。《左传·隐公五年》说:"山林川泽之实,器用之资,皂隶之事,官司之守",正确地说明了这个事实。秦汉时期虽然规定山林川泽的收入归皇帝所有,但并不意味着它的所有权就归皇帝私有。就此种土地的本质而论,它仍然是属于国家公田的范畴。国家可以把山林川泽开辟成巨大的园囿,供皇帝狩猎;可以建成广袤的牧场,养育马匹、牧畜;可以取用其中丰富的林木资源、盐铁资源、渔业资源,以供国用;也可以将其开垦为农田,赋予贫民耕种。由于山林川泽之地,是公田的重要构成,在国家的经济生活中占

---

[1] 黄汝成:《日知录集释》卷十"苏松二府田赋之重"条,岳麓书社1994年版。

有重要的地位,所以,秦汉的土地法令对其保护与利用,都给予高度的重视。

第三,国家开疆拓境新占有的土地和各个地方新开垦的土地。秦汉时期,由于对外战争的胜利,国家的版图大大扩展,土地面积空前增加。于是新的郡县纷纷诞生,内地人口大量移往边郡,政府或者授田耕种,或者组织戍卒屯田。此外,各地的地方官,为了发展当地的生产,改善人民的生活,也积极兴修水利,开垦荒地,从而扩大了耕地的面积。不论边郡地区新拓展的土地还是内郡新垦辟的土地,它们都属于国家所有。

第四,罚没的各种土地。封建的土地所有权,只是一种相对的权利,而不是一种绝对的权利。当土地私有者违反了国家的法令或者触犯了皇权的利益时,国家则可以利用国家机器没收其包括土地在内的私人财产。秦汉对犯有重罪的大臣,除处以刑罚外,往往还要没收其土地。汉武帝时期,由于杨可告缗,非法占田的商贾受到毁灭性的打击,政府从他们手上没收了大量的土地,史称"田大县数百顷,小县百余顷,宅亦如之"①。由于这一次规模空前的打击活动,汉廷公田的拥有量达到了顶峰。对这种"没入田",当时各置农官,组织耕种。秦汉两代为了抑制豪强,皆实行了迁徙大姓豪族的措施。其中,犹以西汉推行的时间长,效果显著。汉高祖九年(公元前198年),首先"徙齐、楚大族昭氏、屈氏、景氏、怀氏、田氏五姓关中,与利田宅"②。后来各帝延续其制,直到汉元帝时才最终废除其制。由于被迁徙者都是各地的大土地占有者,将其迁徙后,原有的土地则收归国家所有,而国家在关中授与他们新的土地,则数量有限,这既瓦解了豪强大族的经济基础,消除了政治上的隐患,又增加了国家的土地收入,从而尽收强干弱枝之效。

第五,户绝田。秦汉实行授田制,自然是有授有还。从汉简《田律》来看,还田的标准在于户口能否成立。如果旧户主死亡,有人代户,则所授田不用归还;如果户绝,无人继代,则土地要归还政府。在秦汉的社会条件下,户绝田的比例当不是小数。

第六,无主荒田。在出现了私有土地的时候,有相当部分的土地属于私人所有。但是,由于出现灾荒、疾疫、饥馑和兵乱,不少地方人口死散、聚落丘墟,于是原来的熟田就成了无主荒田。楚汉战争、西汉末与东汉末的农民战争之后,都大量出现了这样的情况。对于离乱之后的这些无主荒田,自然都归政府所有。

上述各种来源的公田,构成了秦汉国有土地的总额。据学者统计,汉代的公田几乎占到全国土地的94%,而私人所拥有的土地只占区区6%。③可见,秦汉时期封建国有土地所有制占据了绝对统治的地位。

当然对于这一问题,学术界的认识并不是完全一致的。有的学者认为,尽管国有土地在全国土地总面积中占有如此巨大的比例,但还是不能把它看做是当时占支配地位的土地所有制。理由是,两汉国有土地中相当大的部分是未垦田,而可垦田中私有

---

① 《史记》卷三十《平准书》。
② 《汉书》卷一下《高帝纪》。
③ 参见林甘泉主编:《中国封建土地制度史》,中国社会科学出版社1990年版,第193页。

土地占了绝大部分。我们认为,这种看法是偏颇的。

首先,两汉留下的关于未垦田与可垦田的数量统计并不是精确的,以这种统计数字来立论,恐怕是不大可靠的。实际上,秦汉土地的垦殖状态始终处于一种变化过程中。政策的调整、地方官吏的尽职尽责、人口的增加、牛耕的推广、水利的兴修等,都可以造成土地的垦辟,相反,政治的黑暗、自然灾害的降临、疾疫的发生等,也会造成人口锐减,土地荒芜。从史实来看,由于汉代长时间社会安定,政平讼理,汉代土地垦殖的速度是非常之快的,取得的效果是十分明显的。很难说,当时国家所掌握的可垦地就比私人少。

其次,授田制的普遍推行,表明可耕田主要掌握在政府手里。即使民户受田以后,长时间使用、经营该块土地,但其法权属于国家,而不属于民户,这样的土地不能视为民户的私有土地。主张私有土地的比例大大超过国有土地的观点,是以否认汉代存在授田制为前提的。汉简《田律》与《户律》已经证明,汉代存在授田制度是不能否认的。

再次,皇帝获得"山川园池市肆租税之入",只表明了财富的一种分配方式,并不意味着皇帝从法权上对那些资源拥有所有权。封建的"皇帝所有"与奴隶制时代的"王有"一样,所表现的都是国家所有。当汉武帝征伐四夷,国用严重不足时,经济政策出现新的调整,"县官开园池,总山海,致利以助贡赋,修沟渠,立诸农,广田牧,盛苑囿。太仆、水衡、少府、大农,岁课诸入田牧之利,池籞之假,及北边置任田官,以赡诸用"①。皇帝所入重新分配,而山林川泽之地的收入则由国家重新安排利用。这说明,皇帝所有本质上仍然是国家所有。

因此,无论从哪个方面看,秦汉时期都是封建的土地国有制占据着统治地位。只有这样,才能够真正理解秦汉政府诸如打击豪强、抑制商贾、保护小农、限制田宅逾制、劝课农桑、兴修水利等政治、经济举措的深刻意义。

二、私田

古代法律所承认的私田,正式出现于商鞅变法以后,从此,"田里不鬻"②的旧制被逐步打破,在公田之外,分化出"民得买卖"的私田。私田的存在,构成了地主土地所有制。这种土地所有制的特点是,地主占有大量的土地,主要通过雇佣劳动经营土地或将土地出租给佃农耕种,获取剩余农产品或地租收入,以维持其整个家族养尊处优的生活。秦汉地主的私田,主要有这样几个来源:

第一,通过皇帝的赏赐而得到的土地。国家的大量公田,从形式上既可以体现为由政府所有,也可以体现为由皇帝所有。在前一种情况下,则是按照法律的规定,对土地进行合法的分配与利用。在后一种情况下,皇帝根据"朕即国家"观念的支配,可以轻易地将国家的土地赏赐给皇亲贵戚、达官臣僚、宠臣爱幸,从而变成他们可以任意支

---

① 《盐铁论·园池》。
② 《礼记·王制》。

配的私田。当然,在某些特殊环境中,作为一种恩德,皇帝也可能将土地赏赐给贫民。《后汉书·明帝纪》叙汉明帝永平九年(公元66年)夏四月甲辰的一道诏书说,"诏郡国以公田赐贫人各有差",就是这样的例子。获赐的这些土地都变成了私田。

第二,把非法占有的土地变成私田。本来,土地的颁授与占有都有制度的规定与数量的限制。但是,由于在公田的分配途径中已经包含了私田的来源,而私田可以买卖的性质,就促使达官贵人千方百计地多占私田。这种占有往往是通过各种非法手段实现的。例如,曾在汉武帝时担任过丞相的李蔡,"诏赐冢地阳陵,当得二十亩,蔡盗取三顷,颇得四十余万,又盗取神道外壖地。"①沈家本认为,"蔡既赐地阳陵,则所得者必陵外官地,故能盗取三顷之多。"②这一看法是正确的。前面提到的西汉的匡衡,利用行政划界时的疏漏,竟然多得土地400顷。这些事例表明,为了攫取宝贵的土地财富,扩充其私田的数量,一些重臣显宦完全不惜干法犯禁。所以,汉代的地主通过非法途径获取的私田,其数量可能是很大的。

第三,通过土地买卖的方式,增加私田。土地买卖是获得私田的主要来源,是私人占有土地的基本方式。秦汉时期在国有土地所有制持续向前发展的同时,土地买卖也日益盛行起来,从而急遽地壮大了地主土地私有制。秦代存在的时间过于短暂,留下的土地买卖的材料不多,而汉代的这种记载却不绝于史。萧何强买民田的故事是非常著名的。萧何为了免除刘邦的猜疑,听从了他人的建议,"多买田地,贱贳贷以自污"③。本传还记载了萧何"置田宅必居穷处,为家不治垣屋,曰:'后世贤,师吾俭;不贤,毋为势家所夺'"④。从中可以看出,当时购买田地以出租经营,已是社会上一种常见的现象,并且很可能是官宦的一种生财之道。由于其剥削严重,而为一般的社会道德所指责,所以萧何不惜以此方式来自污。另外也可看出,势家大户对良田的争夺是十分激烈的,家道中落者的良田,很难摆脱为势家豪强兼并的命运。需要注意的是,这是汉高祖初年的情况。随着西汉社会经济的好转,文景时期商人资本迅速活跃起来,土地与奴隶成为富商聚敛的对象,所谓"以末致财,用本守之"⑤。从农民一方来说,由于土地兼并的加剧,生活日益艰难,"卖田宅鬻子孙"⑥势所难免。到了汉武帝时期,虽然大力打击商人势力,但官宦名士购买土地则为法律所允许,土地兼并仍在缓慢地推进。从《史记》、《汉书》的一些记载看,当时买田已成为官宦生活中极其重要的事情。丞相田蚡以势压人,想要得到魏其侯的"城南田"⑦,骠骑将军霍去病出征匈奴途中,为其父亲

---

① 《汉书》卷五十四《李广传》附《李蔡传》。
② 沈家本:《汉律撼遗》卷二,载《历代刑法考(三)》,中华书局1985年版,第1396页。
③ 《史记》卷五十三《萧相国世家》。
④ 同上。
⑤ 《史记》卷一百二十九《货殖列传》。
⑥ 《汉书》卷四十九《晁错传》。
⑦ 《史记》卷一百七《魏其武安侯列传》。

霍中孺"买田宅奴婢"①,酷吏宁成"乃贳贷买陂田千余顷,假贫民,役使数千家"②,丞相公孙贺"兴美田以利子弟宾客"③,司马相如与卓文君到成都以后,"买田宅,成富人"④。风气所及,购买土地的就不仅仅是显宦名士了,地方豪杰、富商大贾都逐渐加入到这支购买土地的大军中来。到了汉元帝时,"关东富人益众,多规良田,役使贫民"⑤,已经成为突出的社会现象。东汉时期,此风沿袭不改。吴汉"尝出征,妻子在后买田业"⑥,马防"兄弟贵盛,奴婢各千人以上,资产巨亿,皆买京师膏腴田"⑦。

  从道理来讲,在允许土地买卖的环境中,交易活动应该按照一定的价格公平贸易。但是,在封建的等级制度的统治下,出卖土地的农民其实很难得到公平合理的地价,他们的土地多被巧取豪夺、强行霸占。当年萧何买田,就被老百姓控诉"贱强买民田宅数千万"。各地的诸侯王权力逾制,多通过非法手段侵占农民的土地。汉武帝惩治衡山王,所列举的罪状中就有"王又数侵夺人田,坏人冢以为田"⑧。同案的淮南王的罪行中同样也有"夺民田宅"⑨一条。这说明,当时诸侯王霸占民田颇有普遍性。

  土地买卖,必然导致土地兼并,而土地兼并则必定引起小农破产,从而从根本上瓦解封建统治的秩序,最终激起农民起义。西汉末年的农民起义、东汉末年的农民起义,都产生于这样的原因。其实汉初的统治者对于这个道理是深有体会的。为了使其政权能够长治久安,汉代从政策与制度上主动限制土地的非法占有,也利用法律武器大力打击各种非法买卖与非法侵占土地的行为。在汉律中,曾经制定了各种侵占土地的罪名,以便有针对性地进行惩处。

  罪名之一是"买公田"。公田不得买卖,以买卖的方式侵占公田自属违法行为。《汉书·百官公卿表下》,记载成帝二年"右扶风温顺为少府,二年,坐买公田,与近臣下狱,论。"直到东汉时期,仍然保留着这一罪名。据《后汉书·郅寿传》记载:"寿以府藏空虚,军旅未休,遂因朝会,讥刺(窦)宪等,厉声正色,辞旨甚切。宪怒,陷寿以买公田诽谤,下吏当诛。"郅寿是否真有买公田的事实姑且不论,但东汉与西汉一样,买公田是一种重大的犯罪。

  罪名之二是"专地盗土"。《汉书·匡衡传》记载匡衡在临淮郡僮县的封地因其明知不改,沿旧地图之误,多划了400顷土地,廷尉对其奏劾说:"《春秋》之义,诸侯不得专地,所以一统尊法制也。衡位三公,辅国政,……而背法制,专地盗土以自益。"汉代以《春秋》决狱,《春秋》的原则自是国家的宏纲大法。"专地盗土"为诸侯所忌,自然也

---

① 《汉书》卷六十八《霍光传》。
② 《史记》卷一百二十二《酷吏(宁成)列传》。
③ 《汉书》卷六十六《刘屈氂传》。
④ 《史记》卷一百一十七《司马相如列传》。
⑤ 《汉书》卷七十《陈汤传》。
⑥ 《后汉书》卷十八《吴汉传》。
⑦ 《后汉书》卷二十四《马援传》附《马防传》。
⑧ 《史记》卷一百一十八《淮南衡山王列传》。
⑨ 同上。

应为汉代的臣子所诫,所以廷尉认为这种"专地盗土"的"自益"行为,属于汉代最严重的犯罪——不道,而不道是可以被杀头的。虽然最终匡衡得到优容,未受刑惩,但还是由丞相免为庶人。

罪名之三是"田宅逾制"。汉武帝设置部刺史,命其按"六条"问事,以监察各个地方的郡守与诸侯王。六条的第一条即是"田宅逾制"①。凡各地的守令与诸侯违法占有田宅,都在监察之列。从西汉的情况来看,刺史的监察活动,在揭露地方官违法乱纪方面发挥了积极的作用。东汉时期,"田宅逾制"的罪名仍旧存在,但由于执法松懈,富人侵占田宅甚嚣尘上,完全失去了控制。东汉末年的著名政论家荀悦沉痛地说:"诸侯不专封,富人名田逾限,富过公侯,是自封也。"②这种状况表明东汉统治灭亡,为期已经不远了。

罪名之四是"商者不农"。《后汉书·黄香传》说:"迁魏郡太守。郡旧有内外园田,常与人分种,收谷岁计千斛。香曰:'《田令》商者不农,《王制》仕者不耕。伐冰食禄之人,不与百姓争利。'乃悉以赋人,课令耕种。"汉代为了保障小农利益,防止商业资本的侵蚀,严厉实行崇本抑末的措施。所谓"商者不农",意思是说商贾之家不能领受土地,兼事农业。如果允许商人业农,则必然引起土地的兼并、小农的破产。《后汉书·刘般传》也提到:"先是时,下令禁民二业。"所谓"禁民二业",是指禁止农民经商,这与"商者不农"的规定异曲同工,目的也是为了崇本抑末。事实上,尽管两汉不断打击商人,但商人的势力仍然持续壮大。富有的商人几无例外地将剩余资本投入土地,形成商人、地主二位一体的身份,加剧了全社会土地的兼并。

罪名之五是"名田他县"。《汉书·哀帝纪》颜注引如淳说:"令甲,诸侯在国,名田他县,罚金二两。"名田,即占田,就是向官府登记户口,领受田宅。他县,是指诸侯封地之外的县分。这一规定主要是为了禁止诸侯逾越制度,非法多占土地。

客观地讲,汉代上述法律规定并不全是摆设,在很多时候是得到严格执行的。正因为存在政府这种积极的保护措施,才使汉代保持了相当强大的小农力量。小农经济为国家提供了充足的赋税、兵源,为汉代物质文明与精神文明的建设奠定了雄厚的基础。然而,由于土地私有制的扩张本质,封建地主借助土地买卖与各种非法占有土地的渠道,将大量公田逐步转化为私田,从而使土地私有制越演越烈,最终激起了农民的反抗。土地危机与封建政权的垮台几乎成了一个铜板的两面。

第五节 秦汉时期的土地分配方式与经营方式

秦汉时期公田数量巨大,封建的土地国有制占据统治地位。政府对于公田的分配

---

① 《后汉书》志第二十八《百官五》注引蔡质《汉仪》:"诏书旧典,刺史班宣,周行郡国,省察治政,黜陟能否,断理冤狱,以六条问事,非条所问,即不省。一条,强宗豪右,田宅逾制,以强凌弱,以众暴寡。……"
② 荀悦:《申鉴·时势》,上海古籍出版社影印本1990年版。

与经营,选择的方式主是下列几种。

一、授田制

本章第三节已根据秦汉简册《田律》与《户律》的规定,解释过授田制的基本内容。此节结合传世文献的记载,再作一些讨论。

从秦汉简册中的土地法律,可以清楚地看出,秦汉的授田制与战国的授田制是一脉相承的。① 也就是说,从战国一直到汉代,国家对于公田的分配主要采取授田的办法,按照法律所确定的等级标准,分别将公田分配给各色编户齐民,由各家各户自行耕种。授田的数额,汉简《户律》作出了明确的规定。高爵者的授田数额是相当大的,而公卒、士伍、庶人则各得1顷即百亩,司寇、隐官徒则得50亩。普通民户授田百亩,这是战国确定的制度。李悝曾说"今一夫挟五口,治田百亩。"②到了西汉,延续不改。晁错说:"今农夫五口之家,其服役者不下二人,其能耕者不过百亩。"③这恰好印证了汉简《户律》的规定。大约一直到西汉中晚期,这个数量仍然在维持着。贺昌群先生曾对此有所论证,他认为汉代"受田数大概是每人二十亩至三十亩,《赵充国传》谓'田事出,赋人二十亩。'《流沙坠简·簿书类》第56简有:仁口京威里高子雅田三十亩。又,《杂事类》第54简有:(上缺)口故口威里高长口田卅亩入租(下缺)。以上二简虽上下文残缺,但知这三十亩是当地农民所受的田,'入租'即是向政府缴纳田租。一人既可受田二十至三十亩,如一家五口,一户当受田百亩左右"④。贺文所引的材料都在昭帝以后,说明西汉这个数额标准维持的时间是相当长的。当然,由于人口增长、吏治腐败、豪富多占等原因,法律所规定的数额实际上可能难以颁授。即使名义上能够足额授予,但如果所授土地多数难以垦种,同样是一种亏缺。这在当时必定是不能避免的现象。

秦汉的授田制是土地的分配方式,也是土地的经营方式。井田制那种经营方式闹到最后,劳动者消极怠工,生产率不能提高,必然走向瓦解。而将土地分配给各户经营,按亩征税,劳动者的积极性高涨了,对土地的劳动投入(精耕细作、施肥灌溉)增加了,产量自然就能得到提高。分地经营的好处,战国人已经深有体会。《吕氏春秋·审分览》说:"今以众地者,公作则迟,有所匿其力也;分地则速,无所匿迟也。"而《荀子·王霸》更将这种分田劳动视为一种必然的经营方式:"农分田而耕,贾分货而贩、百工分事而劝,士大夫分职而听。"由于授田制具有新兴的地主统治所不可缺少的优越性,所以成为秦汉最基本的土地分配制度。

得到土地的编户,自然需要承担法定的义务,即要缴纳田租、刍稿、口赋、算赋,承

---

① 吴荣曾先生对战国授田制度进行了深入研究,可参见《战国授田制研究》,载《先秦两汉史研究》,中华书局1995年版。
② 《汉书》卷二十四上《食货志》。
③ 同上。
④ 贺昌群:《贺昌群史学论著选》,中国社会科学出版社1985年版,第268—269页。

担兵役与徭役等。秦代的田租较重,按董仲舒的说法,"收泰半之赋"①,那就超过了十分之五。汉代大大减轻,先是定为十五税一,以后改为三十税一,并成为定制。刍稿则按土地的顷亩来征收。算赋则"民年十五以上至五十六岁出赋税,人百二十为一算"②。口赋则"民年七岁至十四岁六十钱"③。兵役与徭役的负担较重,据董仲舒叙述的有关规定是:"月为更卒,已,复为正一岁,屯戍一岁。"④不过,西汉的更役可以纳钱代替,这说明当时的商品经济已有了较快的发展。在农民能够足额得到国家授田的条件下,虽然这些负担仍显沉重,但尚可承受。如果土地不足,农民的生活就非常困难了。土地是农民的衣食之源,是他们的命根子,也是封建国家最大的经济问题和最大的政治问题。

秦汉保护小农利益的态度是非常明确的。秦始皇二十八年(公元前219年),他在琅邪刻石明确公布了他的大政方针:"皇帝之功,勤劳本事;上农除末,黔首是富。"汉代诸帝也一再强调:"农,天下之本。"⑤除了政治上强调外,国家也采取多种措施来保护小农利益。在土地方面,明确规定政府颁授给农民的土地不允许出卖。因为一旦农民出卖了土地,衣食无着,就会沦落为封建地主的门客,或者成为商贩游食之人,严重者将会变成流民。不管哪种情况出现,都意味着国家的劳动人口的流失,赋税、兵源的减少,国本的空虚、动摇。所以,汉代通过政策和法律手段,大力维护小农利益,保障小农经济,打击和抑制损害小农发展的行为。政府之所以实施普遍的授田制度,就在于维护和强固小农经济。

从管理技术来讲,授田制推行的前提是民户户籍制度的建立。没有严格的户籍制度,土地的分配、田税的征收、徭役的兴发以及治安的维护都很难落实。从商鞅变法以来,秦国就建立了系统的户籍制度,秦汉时期户籍制度又进一步得到了完善。秦代中央政府掌握着详细的户口田赋资料,所以萧何入咸阳,首先把这部分资料控制起来。⑥汉代建立后,继续高度重视户口的登记、核实与统计工作,并建立起一整套常规的管理办法。西汉景帝时规定,"天下男子二十始傅"⑦,即将名字登记于政府的户籍,开始承担更卒的徭役,同时开始从政府领受土地。对于户口、土地、税赋、徭役等事务,秦汉在王国、郡、县皆设专官进行管理,这些官员被称为"计吏"、"上计吏"或"上计掾"。这些官吏要详细统计当地每年户口、垦田、田租、徭赋的出入和"盗贼"的多少。《后汉书·续汉志》说:"秋冬岁尽,各计县户口、垦田、钱谷出入,盗贼多少,上其集(计)簿。"所谓

---

① 《汉书》卷二十四上《食货志》。
② 《汉书》卷一下《高帝纪》颜师古注引如淳说。
③ 《汉书》卷七《昭帝纪》颜注引如淳说。
④ 《汉书》卷二十四上《食货志》。
⑤ 《史记》卷十《文帝纪》。
⑥ 《史记》卷五十三《萧相国世家》:"沛公至咸阳,诸将皆争走金帛财物之府分之,何独先入收秦丞相御史律令图书藏之。沛公为汉王,以何为丞相。项王与诸侯屠烧咸阳而去。汉王所以具知天下阸塞,户口多少,强弱之处,民所疾苦者,以何具得秦图书也。"
⑦ 《汉书》卷五《景帝纪》。

"秋冬岁尽",实际是指每年的八月份。汉代以十月为岁首,八月即为年底。所以汉人有"八月案比"的说法。《后汉书·安帝纪》元初四年(公元117年)的诏令说:"方今案比之时",李贤注引《东观汉记》说:"方今八月案比之时,谓案验户口,次比之也。""案比",就是审核。汉代对于"上计"事务是非常重视的,"上计"的结果反映了地方官的政绩,与其官职升迁有着紧密的关系。所以,有的地方官不惜造作假材料,以欺骗中央政府。汉宣帝在黄龙元年(公元前49年)的诏令中,曾对此大加批评:"方今天下少事,徭役省减,兵革不动,而民多贫,盗贼不止,其咎安在?上计簿具文而已,务为欺谩,以避其课。三公不以为意,朕将何任?……御史察计簿,疑非实者,使真伪毋相乱。"①汉宣帝起于民间,对下情颇为了解,故能发现当时"上计"中存在的问题。

作为一种重要的制度,汉代授田制的有效推行,依赖于健康的政治环境。大体说来,在汉武帝以前,由于政府采取严厉的手段打击豪强势力,打击商人势力,打击不法官僚,因此,大土地占有制的发展进程相对而言是比较缓慢的。也就是说,授田制在这一时期大体能够正常地实施和运行,小农经济的秩序是较为稳定的。但是,元、成以后由于统治政策的变化,地主土地所有制迅速发展,土地兼并的速度空前加快。这时开始出现了很多在以前不曾有过的官僚、商人、地主三位一体的大土地占有者,而汉元帝的师傅张禹就是这样的典型。《汉书》卷八十一《张禹传》记载其事说:"天子(指成帝)数加赏赐,前后数千万。禹为人谨厚、内殖货财,家以田为业,及富贵,多买田至百顷,皆泾渭溉灌,极膏腴上价。它财物称是。"大土地占有者的出现,意味着当时土地兼并已到了相当严重的地步,授田制遇到了可怕的挑战。正因为如此,土地问题才不能不引起统治者的关注。面对严重的土地危机,地主阶级开明派的代表师丹提出了一个"限田"的解决方案。《汉书·食货志》记载其事说:

> 哀帝即位,师丹辅政,建言:"古之圣王,莫不设井田,然后治乃可平。孝文皇帝承亡周乱秦兵革之后,天下空虚,故务劝农桑,帅以节俭。民始充实,未有兼并之害,故不为民田及奴婢为限。今累世承平,豪富吏民赀数钜万,而贫弱愈困,……宜略为限。"

师丹的意见得到了哀帝的赞同,他诏命公卿进行讨论。在哀帝的一道诏书中,他不无沉痛地指出:"诸侯王、列侯、公主、吏二千石及豪富民多畜奴婢,田宅亡限,与民争利,百姓失职,重困不足。其议限列。"从这些话语可以看出,西汉的土地危机问题已到了不能不解决的时候了。于是,丞相孔光与大司空何武共同议定了一个"限田"方案。《汉书·食货志》和《汉书·哀帝纪》都记载了它的具体内容。其核心的规定是:"列侯在长安,公主名田县道,及关内侯、吏民名田,皆毋过三十顷。诸侯王奴婢二百人,列侯、公主百人,关内侯、吏民三十人。""贾人皆不得名田、为吏,犯者以律论。"西汉的成哀时期,社会已经陷入深重的危机之中。虽然皇帝及一些开明人士,从王朝的长远利

---

① 《汉书》卷八《宣帝纪》。

益考虑,制定了这种温和的限制措施,但是,由于此时的皇帝与中央政府早已失去了昔日的权威,这样的"限田令"不过是一纸空文,难以得到真正的执行。

王莽篡汉后,为了摆脱困境,掀起了一系列改革活动。面对积重难返的土地兼并问题,王莽希望通过恢复"王田"的办法,来寻找解决的出路。他在实行"王田"的诏令中规定:"今更名天下田曰'王田',奴婢曰'私属',皆不得买卖。其男口不盈八,而田过一井者,分余田予九族邻里乡党。无故田,今当受田者,如制度。"①当以土地买卖而实现的土地私有制已经成熟到足以瓦解土地国有制的时候,期望仅凭一纸法令彻底堵塞土地买卖的渠道,并消灭私有土地的想法,实在是太天真、太幼稚了。汉末的形势与西周、春秋相比,已经发生了根本不同的变化,无视经济规律的作用和地主阶级根本的经济利益,妄想恢复井田制,这是根本办不到的。所以,王莽的改革从根子上就注定了失败的命运。这种失败表明,在封建社会只有农民革命才是解决土地问题的最有效的办法。在农民的革命斗争中,旧的土地占有的秩序将被打破,新的土地国有制的基础将重新建立,有利于小农的授田制度才有可能在新的社会条件下得到运行。

二、赐田与赋田制

赐田是汉代私田的重要来源。在封建专制的政治体制下,皇帝为了维系"亲亲"之谊,表现帝王之尊,体现谋国之公以及显示君主之恩等,都可能把国家的公田加以赏赐。赏赐土地,成为汉代皇帝政治生活中重要的内容。这在汉武帝身上表现得最为突出。建元三年(公元前138年),"赐徙茂陵者户钱二十万,田二顷"②。元鼎年间,征伐南越,齐国的平民卜式向皇帝上书,"愿父子与齐习船者往死之"。对于其爱国举动,汉武帝特予物质赏赐,并专门下诏大加褒扬:"卜式虽躬耕牧,不以为利,有余辄助县官之用。今天下不幸有急,而式奋愿父子死之,虽未战,可谓义形于内。赐爵关内侯,金六十斤,田十顷"③。当时,树立卜式这个典型,意在维护武帝的对外政策,具有重大的政治意义,所以不惜钱财予以重赏。如果说这些赏赐的例子尚与国家利益有关的话,那么赐给奶妈、姐姐田宅则纯属私恩了。武帝的一个号称"大乳母"的奶妈,上书请求得到某所公田,汉武帝慨然应允。④ 武帝有一次到长陵拜谒,遇到自己的姐姐,"武帝奉酒前为寿,奉钱千万,奴婢三百人,公田百顷,甲第,以赐姊"⑤。此外,武帝也把土地赏给幸臣。建章宫曾出现过一个类似麋的动物,他很想知道这个动物的名字,然而身边通经术的群臣都不知道,只好求教博物洽闻的东方朔。东方朔借机提出一个获得土地的要求:"某所有公田鱼池蒲苇数顷,陛下以赐臣,臣朔乃言。"汉武帝一口答应。⑥ 学术界

---

① 《汉书》卷九十九中《王莽传》。
② 《汉书》卷六《武帝纪》。
③ 《史记》卷三十《平准书》。
④ 《史记》卷一百二十六《滑稽列传》。
⑤ 《汉书》卷九十七上《外戚传》。
⑥ 《史记》卷一百二十六《滑稽列传》。

有一种看法,认为汉代公田的数额在汉武帝时期达到了顶峰。这可能是汉武帝能够动辄进行赏赐土地的重要原因。当然,汉武帝的文治武功辉煌一时,权力异常隆盛,也是一个不可忽略的因素。汉武帝以后,皇帝赏赐土地虽间有记载,但不再像汉武帝那样集中了。苏武入使匈奴被拘19年,昭帝时归国,"拜为典属国,秩中二千石,赐钱二百万,公田二顷,宅一区。"① 汉成帝时,曾任元帝师傅的张禹,老而无耻,"好平陵肥牛亭部处地,又近延陵,奏请求之。上以赐禹,诏令平陵徙亭它所。"②

东汉仍旧赐田,但对象下移了。汉明帝永平九年(公元66年),"诏郡国以公田赐贫人各有差"③。汉章帝元和二年(公元85年)的诏令说:"自牛疫以来,谷食连少,良由吏教未至,刺史、二千石不以为负。其令郡国募人无田欲徙它界就肥饶者,恣听之。到在所,赐给公田,为雇耕佣赁种饷,贳与田器,勿收租五岁,除算三年。其后欲还本乡者,勿禁。"④

皇帝赐田的现象,是汉代土地国有制的一种反映。它的表现形式虽然是以皇帝的名义赏赐土地,但由于土地并非皇帝个人所有,所以皇帝的赐田本质上仍然属于授田的范围。当然,这是一种法外授田。问题的荒谬之处在于,一方面封建政府通过各种手段来维护授田制度,打击土地兼并的现象,另一方面大量的公田却通过赐田的渠道,转变成私田,从而腐蚀和瓦解土地国有制的基础。可见,秦汉的土地私有制完全就是土地国有制的派生物。正是皇帝自己凭借至高无上的权威,不断损害着国家的统治基础。

说到汉代的法外授田,不能不提到"赋田"。两汉皇帝或丞相多颁布法令把公田赋给贫民。《后汉书·明帝纪》叙永平十三年(公元70年),汴渠修成后,汉明帝巡幸河渠,下诏说:

> 自汴渠败决,六十余岁,……今五土之宜,反其正色,滨渠下田,赋与贫人,无令豪右得固其利,庶继世宗《瓠子》之作。

《汉书·武五子传·广陵厉王》说:

> 后(刘)胥子南利侯宝坐杀人夺爵,还归广陵,与胥姬左修奸。事发觉,系狱,弃市。相胜之奏夺王射陂草田以赋贫民。奏可。

同书《霍光传》说:

> (霍)山曰:"今丞相用事,县官信之,尽变易大将军时法令,以公田赋于贫民,发扬大将军过失。"

---

① 《汉书》卷五十四《苏建传》附《苏武传》。
② 《汉书》卷八十一《张禹传》。
③ 《后汉书》卷二《明帝纪》。
④ 《后汉书》卷三《章帝纪》。

地方官得到中央批准,也可以将公田赋给贫民。《后汉书·文苑传》记黄香迁为魏郡太守后,将"郡旧有内外园田","悉以赋人,课令耕种"。同书《樊宏传》附《樊准传》记樊准针对当时连年水旱频仍,郡国多遭饥困的状况,上书中央关注解决。临朝称制的和熹邓太后接受他的建议,"悉以公田赋与贫人"。

从上引记载来看,"赋田"不同于"赐田"。"赐田"的对象是皇亲、显宦、名臣、宠幸或具有特殊地位的人,东汉间或也赐给贫民,体现了皇帝的恩典。"赋田"的对象则是遭受水旱疾疫灾患的贫民,是国家恤救灾民的一种特殊措施。赐田,变成了私田,而赋给贫民的土地从法权上说仍然属于国家,需要向国家缴纳田租,农民所得到的只是使用权。所以,"赋田"不仅属于授田的范围,而且是授田制的必要补充,赋田制使汉代的授田制度变得更加完整、更加充实。

三、假田制

汉武帝时期因对内打击地主豪强,对外反击匈奴侵略,使公田的数量陡然增加。对这些公田的分配与经营,除实行了授田、赐田、赋田的方式外,还实行了一种新的方式——假田。《盐铁论·园池》载汉武帝时负责财政事务的大臣桑弘羊的话,他说:

> 是以县官开园池,总山海,致利以助贡赋,修沟渠,立诸农,广田牧,盛苑囿。太仆、水衡、少府、大农,岁课诸入田牧之利,池籞之假,及北边置任田官,以赡诸用,而犹未足。

桑弘羊在此概括地介绍了汉武帝时期为改善财政状况,而实施的各种重大的经济措施。他提到的"北边",是指从匈奴手中夺取的河南地(今内蒙古河套地区)与"河西"(指宁夏与甘肃一带)地区;"田官",应当特指政府在这些地区设置的农官,即著名的"北假田官"。《汉书·元帝纪》记载代表儒家势力的汉元帝上台后,更改武帝以来的旧制,于初元五年(公元前44年)诏令"罢角抵、上林宫馆希御幸者、齐三服官、北假田官、盐铁官、常平仓。"既然元帝罢废的都是汉武帝时重大的经济措施,可证桑弘羊所说的"田官"就是指"北假田官"。这表明"北假田官"是设置于汉武帝时期的一个专门的农官,它负责所谓"假田"的管理与"假税"的征收事务。

那么,"假"的意思是什么?"假税"又是如何征收的?对这些问题,自古及今言人人殊。上引《汉书·元帝纪》"北假田官",颜师古注引李斐说:"主假赁现官田与民,收其假税也。故置田农之官。"李斐把"假"解为"假赁"。《汉书·宣帝纪》地节元年(公元前69年)"假郡国贫民田",颜师古注说:"权以给之,不常与。"我们认为,李斐与颜师古的解释都对。其实,"假"就是借的意思,也就是租赁。从经营关系来说,犹如李斐所说的"假赁见官田与民",即把现有官田租赁给农民耕种;从所有权关系来说,就是颜师古所说的"权以给之,不常与"。一些学者把李、颜二说对立起来恐怕并不妥当。"假"是租赁;"假田"就是把官田暂时租给农民耕种,土地的所有权归国家所有,承租者在契约有效期限内只享有使用权。"假租",就是承租"假田"所要缴纳的租税。

第二章 秦汉时期的土地法制

从史料来看，汉武帝时出现的这种把土地暂时借给农民耕种的方式，在宣、元时期是非常流行的，可以称得上是一种重要的土地经营方式。《汉书·宣帝纪》载地节元年（公元前69年），"假郡国贫民田。"地节三年（公元前69年），"又诏池籞未御幸者，假与平民。郡国宫馆，勿复修治。流民还归者，假公田，贷种食，且勿算事。"同书《元帝纪》载，元帝初元元年（公元前48年）四月诏令说："关东今年谷不登，民多困乏，其令郡国被灾害者，勿出租赋，江海陂池属少府者，以假贫民，勿租赋。"初元二年（公元前47年），继续下令重申："诏罢黄门乘舆狗马，水衡禁囿，宜春下苑，少府佽飞外池，严籞池田，假与贫民。"东汉时期继续实施假田。《后汉书·和帝纪》载永元五年（公元93年），诏令"自京师离宫果园上林广成囿悉以假贫民，恣得采捕，不收其税。"同书《张禹传》记载张禹上书建议"其广成、上林空地，宜且以假贫民"，"太后从之"。同书《安帝纪》记载永初元年（公元107年）二月，诏令"以广成游猎地及被灾郡国公田假与贫民。"

上述记载表明，假田制是汉代国家的常制，是当时公田重要的经营方式。"假田"的来源有几种，在边郡地区，主要是新获得的土地，这些土地不归郡县掌握，而由国家在边郡设置的专门的农官来负责管理，北假田官就是一个典型。在内郡地区则有多种来源，一种是由少府直接掌管的山林池泽之地，其收入归皇帝支用；一种是中央政府兴修水利工程所开辟的新的土地，这种土地通常设置专官管理，如昭帝时的"稻田使者"①；一种则是由地方郡国垦辟的公田。不管哪种来源，都可以在需要的时候假与农民。

从国家的角度来理解，推行假田制，既可以增加政府的财政收入，以裕国用，又可以扶危济困，解救民疾，是一种仁政。在汉武帝时可能主要发挥了前者的功能，元、成帝以后主要发挥了后者的功能。所以，元帝一方面罢废了北假田官，另一方面则继续实施假田制，而且后来"假田"的对象总是针对着受灾的贫民。这样，有的学者遂把"假田"与"赋田"混为一谈。上文讲过，"赋田"本质上属于授田制，赋予贫民的土地如同国家的授田一样，可以由农户长期占有、使用，被赋田的农户，其田租应与一般田租一样，三十税一。"假田"则不同。它只是政府经营公田的一种方式，而不是分配土地的方式。政府在特殊的时期，把某些公田有期限地租与民户耕种，一旦期限届满，政府就要收回这些土地。我们目前尚不清楚"假田"的一般期限，但不管长短如何，这个期限应该是存在的，否则这个"假"字就没有意义了。当然，也不能排除史家叙事时，将"假"、"赋"二字混用，但综合更多的材料来看，"假田"与"赋田"的本质区别是不能混同的。

农户租佃"假田"，需要缴纳"假税"。关于假税的税率，有关的记载极少。汉代《九章算术》中有关的算术题，可以间接地透露一些信息。该书《均输》第廿四题：

> 今有假田，初假之岁，三亩一钱，明年四亩一钱，后年五亩一钱。凡三岁得一

---

① 《汉书》卷七《昭帝纪》注引如淳说："特为诸稻田置使者，假与民收其税入也。"

百,问田几何? 答曰:一顷二十七亩四十七分亩之三十一。

从本题的田税额来看,假田的税额只有一钱,确实是轻微之极。其实这并不难理解。"假田"的对象是贫民,所以其赈济性质是非常明显的。既然是为了赈灾恤困,那么租税的征收只具有一点象征的意义,象征着这块土地是短期租自国家的。当然有的时候,就连这点轻微的租税也不再征收了。上引材料中所见的"以假贫民,勿租税",就是这种例子。当然,"假田"的质量是不一样的。也许租税极轻的土地,是瘠薄硗埆之地,而肥饶之地的田租则与正常田租一样,保持三十税一的税率。

"假田"的实施主体应该是政府,由政府主管机关将公田租借给贫民耕种。但是,西汉末年,由于吏治败坏,有权有势者插手"假田"事务,由他们从政府手中得到公田,再转手假与农民,从承租土地的农民那里获取高额租税。这就是王莽揭露当时豪强大地主兼并土地时所说的"分田假劫"。关于"分田假劫"存在各种不同的解释。其实,如结合王莽"而豪民侵陵,分田假劫,厥名三十税一,实什税五也"①这句话的内容,再紧扣"假"字来理解,不难看出,"分田假劫",就是指豪强地主对"假田"的劫夺。当年贺昌群先生对"分田假劫"作过一个解释:"'分田'应读作'份田';'假劫'的'假',便是上举汉书诸帝本纪中的'假郡国贫民田'、'假公田'的'假'"。这话的意思是,政府计口假与(赋予)贫民的份田,被豪强劫夺(兼并)去了。"②可以说这个解释触及到了"劫"字的实质。西汉晚期,大土地拥有者多是官僚、地主、商人三位一体的身份,他们通过权钱交易,可以轻易地得到国家本欲用于仁政的公田,然后以"见税十五"的高额租税转手租给农民。到了这个地步,假田制就被彻底异化了,变成了加速汉代政权灭亡的不可抵抗的推动力。

四、屯田制

秦汉时期,北方匈奴强大的武力与野蛮的掠夺方式,对中原的政治统治与社会经济秩序构成了严重的威胁。所以,加强北边防务,抵抗匈奴入侵是当时重要的政治任务。秦始皇时,命蒙恬将十万大军进攻匈奴,收复河南地,"又渡河,据阳山北假中"③。为了能够固守此地,蒙恬进行了一番艰苦的经营。据西汉的主父偃说:"朔方地肥饶,外阻河,蒙恬城之以逐匈奴,内省转输戍漕,广中国,灭胡之本也。"④似乎蒙恬当时修筑了朔方城,就已经开始了屯田活动。汉文帝时,北边形势危机,晁错深谋远虑,提出了著名的"移民实边"的战略。他说:

> 然令远方之卒守塞,一岁而更,不知胡人之能,不如选常居者,家室田作,且以备之。……先为室屋,具田器,乃募罪人及免徒复作令居之;不足,募以丁奴婢赎

---

① 《汉书》卷二十四上《食货志》。
② 贺昌群:《贺昌群史学论著选》,中国社会科学出版社1985年版,第268页。
③ 《史记》卷一百十《匈奴列传》。
④ 《史记》卷一百一十二《平津侯主父偃列传》。

罪及输奴婢欲以拜爵者;不足,乃募民之欲往者。皆赐高爵,复其家。予冬夏衣,廪食,能自给而止。①

汉文帝接受了这个建议。一般认为,晁错的这一建议,实发汉代屯田制的先声。其实,"移民实边"与真正的屯田制度尚有一些区别。按晁错的建议,在边郡从事农耕活动的是各种移民,而不是担任军事任务的戍卒,这是"移民实边"的真谛。而屯田制则是使驻屯兵士直接从事农业生产,以解决粮食的供应问题。不过,正是实施了"移民实边",才衍生出后来的屯田制度,这也是事实。

汉代真正的屯田活动,是从汉武帝时期卫青、霍去病率军大规模反击匈奴开始的。《史记·匈奴列传》说,元狩四年(公元前119年),卫青、霍去病大破匈奴,"是后匈奴远遁,而幕南无王庭。汉度河自朔方以西至令居,往往通渠置田,官吏卒五六万,稍蚕食,地接匈奴以北。"同书《平准书》说:元鼎六年(公元前111年),"初置张掖、酒泉郡,而上郡、朔方、河西开官田,斥塞,卒六十万人戍田之。"同书《大宛列传》说:汉军击败大宛后,"而敦煌置酒泉都尉,西至盐水,往往有亭,而仑头有田卒数百人,因置使者护田积粟,以给使外国者。"

从这些记载来看,汉武帝时期屯田规模是相当大的,在整个北部与西北边疆都可以见到屯田士卒的身影。直到汉武帝晚年,搜粟都尉桑弘羊仍然建议在今新疆轮台一带实行屯田:"臣愚以为可遣屯田卒诣故轮台以东,置校尉三人分护,各举图地形,通利沟渠,务使以时益种五谷"。② 不过,由于国内形势严峻,汉武帝担心重蹈亡秦覆辙,下"轮台罪己之诏"加以制止。

屯田的实行,解除了内地供应军食的沉重负担,实现了屯戍军卒粮食的自给,加强了边防,开发了边疆,对于汉代版图的稳固和社会经济的繁荣,发挥了重大的作用。所以昭、宣时期屯田活动一直持续下来。以后的屯田活动时兴时废,到三国曹魏时期,由于枣祗、韩浩的建议,屯田制再度辉煌,为曹操统一北方提供了雄厚的物质基础。

组织军士屯田,是汉代对边郡公田的一种经营方式。从居延汉简提供的材料来看,当时对屯田活动的组织管理是较为严格的。

第一,政府设置了专门的管理机构,管理屯田事务。《汉书·百官公卿表》说:"农都尉、属国都尉,皆武帝初置。"《后汉书·百官志》说:"边郡置农都尉,主屯田殖谷。"可见农都尉是负责边郡屯田的专官。汉代的太守也是统军官员,有郡将、将屯之称,太守之下设诸部都尉,有的部都尉即兼管屯田事务,名衔上加"将兵护民田官"。汉简中的农官还有部农长、护田校尉、候农令、守农令、别田令史、劝农掾、代田长、仓长等。③这表明,当时在这种军政、农政合一的制度下,屯田活动的管理机构是非常健全的。健全组织机构,是屯田制成功的重要保证。

---

① 《汉书》卷四十九《晁错传》。
② 《汉书》卷九十六下《西域传》。
③ 参见林甘泉:《中国封建土地制度史》第一卷,中国社会科学出版社1990年版,第265页。

第二，屯田的军卒都被编制在一定的军事组织中。屯田卒是兵农合一的身份，他们都按军事组织编制起来，集中居住。来自同一个郡县的人，通常编入同一个单位。有些军卒携有家室，家室一般都居住在居民集中的坞壁中，只有法定的休息时间才可以回家探望。如果私留不归，则要受到惩罚。

第三，规定了屯田卒的数额。当时采取的是分田经营的方式，即向每个田卒分配一定数额的土地。《汉书·赵充国传》说："田事出，赋人二十亩。"颜师古注："田事出，谓到春人出营田也。赋谓班与之也。"赵充国在金城郡屯田的数额是每人二十亩。汉简的材料也表明田卒的土地有定额，定额因土地的肥瘠情况而异。

第四，屯田卒不能拥有自己的经济。汉代屯田卒的口粮与生活必需品，都由官府提供，并可以定期领取一定数目的劳动津贴。由于土地和田器、耕牛皆为国家提供，屯田卒的劳动收入应当全部归国家所有。所以，屯田卒并没有自己独立的经济。从这个意义来说，田卒就是国家的农奴，所遭受的剥削是极其深重的。当然，这种情况可能与屯田卒的构成有一定的关系。汉代的屯田卒中，有一部分是从农民中征发的，而更多的则是刑徒和弛刑徒。刑徒是罪犯，而弛刑徒曾经是罪犯，他们的身份卑贱，自然难以得到什么经济待遇。

汉代除军屯外，也组织了民屯。民屯由内郡的老百姓应募而往，官府分配给一定数量的土地令其耕种。由于劳动者的身份不同，民屯者的生产形式以一家一户为单位，行动较为自由。为了帮助民屯户积蓄力量，国家也提供一点优惠的照顾，如赐予爵位，一段时间内免除税赋，提供种籽、农具等。由于军屯与民屯的生产条件不同，民屯户的劳动成果要以田租的形式向国家缴纳，租税率在"每亩四斗左右"。[①] 这就比"三十税一"的额度重多了。

屯田制是汉代因军事需要而探索出来的一种公田经营方式。在特定的历史条件下，它的确有利于解决军事供应的难题，并可以消除因通过内地挽运粮食而引起的社会危机，减轻一些地区比较突出的人地矛盾。对于保持政治稳定和军事强盛，具有重要的意义。正因为如此，历史上不断出现不同形式的屯田制。

第六节　秦汉时期的土地立法经验与土地管理经验

秦汉时期是中国古代成文立法的一个辉煌时代，也是推行法治收效最显著的时代。这个时期，定法修律在统治者眼里成为不可忽略的大事，明法议法在官僚士人的心中，成为关心国是、致身通显的捷径。从帝王到臣民，对法律的尊重程度几乎可以说为古代各朝所仅见。如果说中国古代历史上曾经有一个时期的法制状况接近于商鞅、韩非等法家人士所期待的目标的话，那么只有这个时期庶可当之。

从土地立法与土地管理来讲，当时所取得的成就是非常突出的。商周时代单一的

[①] 参见林甘泉：《中国封建土地制度史》第一卷，中国社会科学出版社1990年版，第278页。

第二章　秦汉时期的土地法制

土地国有制度,到这时已经蜕变为国有与私有相结合的二元结构的土地所有制,土地类型进一步多样化,管理事务也日趋复杂化。不过,秦汉历史的创造者们经过探索与实践,最终建构了一套适应当时社会情形的土地法律制度。它不是停留在字面上的抒发思想家社会理想的制度,而是一套活生生的付诸实践的制度,是秦汉典章制度的基本构成。它具有丰富的内涵,一方面反映了法律本身的理论与实践,另一方面体现了当时的统治政策和社会关系。作为一套完整的富有创造力的法律制度,它的实施取得了不少成功的经验,对于今天来说仍然值得认真总结,并从历史的启示中获得有益的借鉴。

一、土地立法经验

土地成文立法的开端虽在战国时期,但立法走向成熟化与系统化则是在秦汉时期。在立法方面,秦汉丰富的实践确实留下了一些宝贵的经验。

第一,制定专门的成文法,为土地管理提供法律依据。继承了战国的优秀传统,秦汉时期把制定专门的成文法放在重要位置。为了对土地进行有效的管理,当时制定了各种形式的土地法律,其中最重要的是《田律》与《户律》。《田律》是土地管理的基本法,它调整的对象是各种土地关系和各种使用土地资源与保护土地资源的行为。今从秦汉残留的《田律》规定推断,当时《田律》的内容应该是非常丰富的。《户律》一直是封建国家成文法典的重要组成部分,它虽不专针对土地关系而订,但也与土地制度有着密切的关系。所以,把《户律》视为秦汉时期的成文土地法律并非牵强附会,而是符合实情的。《田律》与《户律》相互配合,相互补充,共同构成了秦汉土地法律的主干。律,是秦汉法律最重要的形式,享有最隆盛的法律地位,一旦制定以后,轻易不能修改,具有历久而行的稳定性。《田律》与《户律》就是处于这种地位的法律,在秦汉时期一直行用不替。除了这种相对稳定的法律以外,中央政府、主管各部门以及地方官员针对现实的具体情况,也适时地制定与颁布各种形式的成文法令,对全国的、地方的或者局部地区的土地问题进行管理。这些成文法令,对主干法律进行了必要的补充和完善,从而共同构成了秦汉土地管理的法律体系。

成文土地法律的制定,对于秦汉统一的专制主义中央集权国家来说具有重要的意义。由于土地法律同样贯穿了秦汉国家的治国思想、利益取向,因此它的贯彻实施就意味着国家根本的大政方针的宣传落实,对于凝聚人心、培养统一的思想观念,具有很大的作用。秦汉官僚政治的推行,势必要求官员以法律办事;否则各自为政,国家统一的政令就难以推行,国家统一的局面也难以维持。所以,成文土地法律的存在,为官员管理土地事务提供了基本的法律依据,也为监察机关纠察各种土地违法行为提供了法律准绳。土地的占有问题涉及每个家庭,土地的利用与保护涉及许许多多的个人。成文土地立法的制定与广泛的宣传贯彻,有利于大多数人依法行事,从而形成一个经济繁荣、秩序稳定的社会环境。显然,成文土地立法对于土地管理本身以及整个国家大局来说,都有至关重要的意义。

第二,法律内容具体、翔实,可操作性强。法律不同于政策,它除了原则性的规定以外,还需要对具体问题进行具体的规定,唯其如此,法律的遵守与执行才可能落到实处。如果一件不具有宪法地位的法律,满篇都是原则性的条文,执法者无从操作,那么这样的法律能起到多少有效的作用,是可以想见的。秦汉的立法者深通这个道理,所以当时法律的一个显著特点就是规定具体,可操作性强。从秦汉简牍所见的《田律》、《户律》及其他相关法律来看,当时的规定一方面文字简约,文义清楚,另一方面则具体翔实,便于执行。这样的立法风格,显然受到了法家观念的深刻影响,体现了循名责实的法家精神。

第三,制定罪名,打击土地犯罪。法律是体现国家意志的强制性的规定,它除了禁止性的规定外,还应有对违法犯罪行为承担法律责任的规定。如果缺乏后者,那么法律的强制作用就很难体现,通过法律规范社会行为、打击犯罪,也就无从谈起。秦汉的土地法律注意及此,一则制定了禁止性的规定,二则制定了相应的罪名,对于犯法者进行惩处。今从汉代各种材料中可见的有关罪名主要有:购买公田、专地盗土、田宅逾制、名田他县等。上文对此论述已详,此处不赘。应该说,这只是汉律中关于土地犯罪的少数几个罪名,当时一定还有其他更多的罪名。罪名的制定,既集中反映了当时的土地犯罪问题,也反映了政府对此种犯罪的态度问题。由于土地问题实际上是涉及国家政权安危的根本问题,秦汉政府对于封建土地制度的维护可谓不遗余力。法律上这些罪名的设立以及依照罪名对土地犯罪行为的惩处,真实地表现了统治阶级为稳固土地制度而进行的努力。自然,这些法律措施发挥的效果还是比较明显的。如果仅仅抓住东汉"度田"问题的失败而否认整个秦汉时期对土地有效的管理,那是片面的,也是违背历史真实的。

二、土地管理经验

对于封建国家来说,农业是其最重要的经济产业,而土地管理也就成为其最紧要的事务。当然,制定成文土地法律、建立起土地管理的法律体系,这自然是实现土地有效管理的非常重要的条件。但是,光有这些还是不够的。在封建专制的政治条件下,国家政策的确立与行政措施的出台,不仅不能缺少,在很多时候它们所发挥的作用可能更大,效果更显著。因此,秦汉时期对于土地资源的管理和整个土地制度的维护,实际上是三管齐下,即政策、行政措施与法律制度三者,相辅相成,共同作用。

第一,政策上允许土地私有制发展,但大力维护土地国有制的主体地位。秦汉时期土地国有制与土地私有制并存,而土地私有制又存在地主土地私有制与小农土地私有制。对于土地所有制形式,秦汉国家的基本政策是,允许土地私有制的存在和发展,但是维护土地国有制的主体地位。具体表现集中在一点,就是以法律的形式规定受田的数量,禁止田宅逾限。土地国有制,是统一的封建专制政权的经济基础。土地国有制的削弱和破坏,必然会引起土地兼并、农民破产流亡。其结果是国家所控制的劳动人手大量减少,从而必然带来租税、徭役、兵源匮乏等一系列严重的问题。这种后果一旦出现,封建统治将无法维持下去,改朝换代自难避免。这一点,显然是任何统治者都不愿意看到的。所以,只要能力允许,统治者就要努力维护土地国有制度。汉朝的政策清楚地表达了这样的愿望。汉代为了确保土地国有制,规定田宅有定制,逾限即是犯法。此外,采取有力措施打击豪强势力,抑制土地兼并的速度与规模。豪强是在土地私有制过程中涌现出来的一股社会力量,其成分较为复杂,有显宦大族,也有官吏商贾,还有地主游侠。他们共同的特点是盘踞于地方,占有大量的土地,役使大量的佃户宾客,武断乡曲,作威作福。从经济上讲,豪强势力的壮大,是牺牲小农经济的结果;从政治上讲,豪强势力的存在,对一统政权构成重大的威胁。所以,铲除豪强势力,扶助小农经济,成为汉代政治的精髓所在。从汉高祖刘邦开始制定了迁徙关东大族于关中的政策,一直实行到汉元帝时期,极大地抑制了大土地势力的发展。汉武帝上台后,更是把打击豪强视为急务。由于实施了告缗与算缗,各地的豪强地主遭到毁灭性的打击。为了经常性地抑制豪强壮大,汉代还制定了"豪强役使"的罪名,凡役使田客过限即可以按此罪名惩处。这样的一些措施,对于保护小农利益,稳固和维护土地国有制的主体地位都起到了有效的作用。

第二,经济上发展水利事业,提高土地的利用率,以有效地巩固小农经济。由于劳动者生产积极性的根本改变,小农经济与井田制下的农奴经济相比,生产力水平自然高出了许多。但是,由于小农经济的经营分散性,抗击自然灾害的软弱性和对土地投入的有限性,决定了小农经济又是一种极其脆弱的经济。为了使小农经济能够发挥最大的优势,秦汉政府从经济上创造条件来改善小农经济发展的外部环境。这方面,核心的问题是发展水利事业。在中国北方干旱与半干旱地区,水利工程的建设,直接关系着土地的利用率与农业的丰歉,同时也关系着小农经济的兴衰和封建政权的安危。然而,一家一户的个体家庭,自然无力兴造任何一项水利工程。作为公共工程的水利设施,必须由政府组织建设。这是土地国有制条件下政府的基本职能。早在先秦时期,就已经形成这样的建设传统。秦汉时期的历史条件虽然发生了很大的变化,但由于土地国有制居于主导地位,所以政府在水利事业发展进程中的主角作用不但未被淡化,反而得到了加强。

纵观这段历史,可以清楚地看到,当时在水利建设方面确实取得了巨大的成就。表现之一是对黄河的持续性治理。黄河泛滥,给社会带来巨大的灾难。治理黄河是一个经济问题,更是一个政治问题。从汉文帝时拉开治河序幕以后,两汉各朝进行了多次大规模的治河活动。其中,汉武帝调动兵卒数万人堵塞瓠子口(今河南濮阳)的场面,尤为悲壮。汉武帝亲临现场视察,还命令随同官员自将军以下与士卒一起负薪。经过这场奋战,长达二十多年的黄河决口被彻底堵上了。汉代河患的治理,有利于无数灾民结束颠沛流离、无所安居的生活,也有利于增加新的土地面积,提高国家的财政收入。表现之二是加强灌溉工程的建设。秦汉时期重视水利灌溉工程的建设,并取得了巨大的成就,已见于本章开头的介绍。当时的灌溉工程分为两类:一类是引水灌渠。它的建设尤以汉武帝时最引人注目。史载,汉武帝时期一共修建了 6 条大型的引水渠:渭水渠、河东渠、褒水渠、龙首渠、六辅渠、白渠。这些重大的水利工程,在漕运、灌溉、排涝诸方面发挥了很大的作用。特别是渭水渠、六辅渠和白渠,为利尤钜。受汉武帝兴修水利的影响,关中以外的其他各地也兴修了不少重要的灌渠。如朔方郡修建灌渠引河套的黄河之水进行灌溉,汝南、九江修建灌渠引淮水灌溉。另一类是修筑蓄水的陂池。两汉一些忠君爱民的优秀地方守令,把兴修陂池作为己任,发动群众大力建设,兴造了许许多多这样的蓄水工程,而东汉时期的成就尤其显著。汉代文翁、邵信臣、邓晨、鲍昱、马棱、王景等人的名字,已永久成为中国历史上兴修水利的模范,彪炳史册,为世代传诵。一般认为,汉代国力强盛,社会经济繁荣,老百姓安居乐业。这种局面的形成,自然得益于汉代小农经济的稳定存在。当然,如果没有水利灌溉的基础,小农经济体制的运行将失去基本的动力。从这一点来说,当时兴修水利无论在经济上抑或政治上都具有重大的意义。

第三,技术上大力推广先进的耕作方法,提高土地的产出,促进农业生产力的发展。早在先秦时期,直接指导具体的农业生产活动,推广新的耕作方法,就已经成为各级农官的基本职责。这一传统在秦汉时期被继承下来,并发扬光大。尤其是汉代,这方面的表现最值得注意。汉代的大一统局面,为农业的全面发展创造了良好的条件,也为落后地区的经济发展提供了现实的可能性。汉代是农具发明和新的耕作方法创造的最重要时期。广泛推广铁农具、牛耕技术、代田法、区田法及其他先进的耕作方法,成为许多地方官和农官的重要工作。

汉武帝实行铁冶官营以后,在全国各地遍设铁官,加强铁农具的生产和推广运用。在官府的倡导下,各式铁制农具得到了普遍的采用。特别是犁、耧等新农具的大面积推广,结束了中国漫长的耒耜时代,首次在中国历史上真正确立了以犁、耧为主的农具在农业生产中的主导地位,对汉代农业及中国后来几千年的农业生产发生深远的影响。牛耕技术出现于战国时期,但真正在全国范围内推行,被老百姓接受是在秦汉时期。当时的法律规定了对耕牛的保护条款,而地方官也积极把牛耕技术推广到各地。东汉时期,牛耕技术甚至传播于一些偏远落后的地区。牛耕技术的普遍推广,极大解放了劳动生产力,有效地改善了耕地质量,对于保证农产量提高发挥了至关重要的作用。秦汉时期一些农官经过探索,发明了新的耕种方法。汉武帝时赵过发明了代田法。其法:在每一亩土地(汉制:横1步纵240步为1亩)上把每步分为3甽,每甽广1尺,深1尺。三甽每年轮换一次,所以称为代田。代田法是对古代轮作方法的一种根本改进,实现了对土地的精细化经营,"用力少而得谷多"[①],经济效果非常显著。东汉时期,继代田法之后发明了区田法。其法:根据土地质量,将土地分为上农区田、中农区田与下农区田三种类型,不同的区田按照不同的深度、间距标准进行耕种。这同样是一种精耕细作的方法,与代田法相比,它的精细程度进一步提高。对于这种新的耕种方法,当时曾下令推行。此外,在注意推广新农具和新的耕种方法的同时,当时的政

---

① 《汉书》卷二十四上《食货志》。

府与官员也非常关注经济作物的种植。农作物种植的单一化,无助于老百姓生活的改善,难以使他们安居乐业,并且也不利于地尽其利。汉代一些关心民情并有政治头脑的地方官,通过积极引导,促进经济作物的种植,改善小农的生活。西汉的渤海太守龚遂,"劝民务农桑,令口种一树榆,百本薤,五十本葱,一畦韭,家二母彘,五鸡"①。东汉的桂阳太守任飒,"教民种植柘麻纻之属,劝令养蚕织屦民,得利益焉"②。正是通过这样具体的指导和细致的管理,汉代政府的重农政策与法令,才能够落实到基层,为各地的小农遵守执行。同时,汉代的小农也正是由于得到了地方官实实在在的指导和帮助,从而克服了生产的分散性、盲目性,增强了战胜因文化落后、环境闭塞而导致的脆弱性的能力,提高了民众对于政府和国家的向心力。

---

① 《汉书》卷八十九《循吏传》。
② 《后汉书》卷七十六《循吏传》。

第三章　魏晋南北朝时期的土地法制

魏晋南北朝时期的土地法制承先启后，不仅与秦汉时期保持着深厚的渊源关系，而且对于隋唐五代的土地法律制度产生了直接的影响。

土地法制的核心之一是土地所有制。魏晋南北朝社会始终存在着三种基本的土地所有制形式，即封建国家土地所有制、封建地主土地所有制和自耕农小土地所有制。魏晋南北朝时期的土地法制就是对这样三种土地所有制形式的法律体现，政府对土地资源的管理也是围绕着这三种土地所有制形式进行的。随着佛教的发展繁荣，魏晋南北朝时期出现了寺院土地私有制。但是，由于它只是地主土地所有制的一种表现形式，并不构成一种独立的所有制，因而国家并未对之制定专门的特别法律。

土地法制的另一个核心是土地所有权。对土地拥有占有权与使用权，并不意味着取得了土地的所有权。马克思说："只是由于社会赋予实际占有以法律的规定，实际占有才具有合法占有的性质，才具有私有财产的性质。"① 魏晋南北朝时期土地所有者如要合法占有土地，需要得到国家制定的成文法和为国家所承认的习惯法的认可。这种成文法有两种来源：一种是重新制定的成文法，例如，屯田法和占田制、均田制有各种法律规定；另一种是由秦汉继承而来，并与新的法制并行的法律。这种习惯法也有两个来源：有的是从前朝继承过来的，如"其地有草者，尽为官田"；有的则是在新的历史条件下形成的，例如，东晋南朝时期世族地主占山封水，"民俗相因"，对此，统治者也只好承认既成事实，甚至还以成文法的形式予以认可。

魏晋南北朝时期，三种土地所有制形式，都得到较快的发展。在三国特定的社会条件下，人口锐减，国有土地大增。为适应军事需要和社会形势的要求，曹魏大行屯田，并使屯田制成为占据主导地位的土地所有制。政府作为实际的地主，通过屯田的经营方式，充分实现了国有土地的效能，为曹魏统一北方奠定了雄厚的经济基础。魏末晋初，以名占田的土地私有制得到较快的发展，推动了西晋占田令的诞生。北魏，在带有浓厚的原始分配制色彩的"计口授田"制的基础上，颁布了均田令，从而造就了对中国古代社会产生了重大影响的均田制。

在中国封建社会，土地私有制经历了一个不断深化和纯粹化的过程。这种私有，是一种有条件的私有，而不是绝对的私有。从本质上说，封建土地私有制的法权形态不可能是完全的、成熟的和纯粹经济性的私有制形态。魏晋南北朝时期尽管历史在曲折中演进，但土地私有的深化和纯粹化的过程仍在继续。最突出的表现就是土地买卖逐渐得到国家法律的承认和保障。这个时期，像汉代那种禁止商人名田的法令已经不

---

① 马克思：《黑格尔法哲学批判》，载《马克思恩格斯全集》第1卷，人民出版社1956年版，第382页。

复存在,土地买卖不仅更加频繁,而且开始向土地买卖征收契约税,给土地买卖以法律保护。此外,均田制下国有土地禁止买卖的法令也逐渐放宽,这从另一个侧面反映出土地私有制正在逐步深化。

第一节 魏晋南北朝时期的屯田制

这一时期,作为封建土地制度下的国有土地,其主要的管理与经营方式是屯田制。东汉末,由于社会大动荡,为国有土地量的增加提供了条件,所以三国时期国有土地量显然有所上升。西晋以后,又开始了下降的过程。随后南北分裂,北方十六国北朝时期,国有土地量又明显有所上升,而南方的东晋、宋、齐、梁、陈时期,国有土地处于节节下降的状态。国有土地量的这种上升和下降,是一系列的社会因素造成的,也与封建私有土地的变化、发展密切相关。

魏晋南北朝时期的国有土地形态有:屯田制、计口授田制、国有牧场制、均田制。由于魏晋特殊的历史环境,我们先谈屯田制。

一、三国时期的屯田制

三国时期魏、蜀、吴均实行屯田。屯田是封建政府对国有土地管理与经营的一种形式。自汉代以来,按照社会习惯,"其地有草者,尽曰官田"①。只要是非私人耕种的土地,皆为官田,即国有土地。而屯田正是在荒地上进行的,也就是在国有土地上由国家组织劳动者耕种。当时人认为,屯田制下的土地为国有是不言自明的。

国家屯田也有其法源。至晚自西汉文帝时期便已有徙民于边陲从事农垦情况的出现。② 至汉武帝时期屯田遍及于整个西北和北部边陲。屯田数量和规模不断增加和扩大,屯田的劳动者也逐渐由徙民、庶民发展到士兵,出现了民屯和军屯两种不同类型。曹操在《置屯田令》中说:"孝武以屯田定西域,此先世之良式也。"曹操明确指出,曹魏的屯田直接法律渊源是汉武帝西域屯田。

鉴于屯田和屯田土地为国有土地有其法的渊源,所以三国时期尽管有屯田,却不见三国颁有详细法律条文及皇帝诏令。我们能查到的唯一的一条屯田令是曹操的《置屯田令》,此于研究三国屯田法制弥足珍贵,抄录如下:

> 自遭荒乱,率乏粮谷。诸军并起,无终岁之计,饥则寇略,饱则弃馀,瓦解流离,无敌自破者不可胜数。袁绍之在河北,军人仰食桑椹。袁术在江、淮,取给蒲蠃。民人相食,州里萧条。公曰:"夫定国之术,在于强兵足食,秦人以急农兼天下,孝武以屯田定西域,此先代之良式也。"是岁乃募民屯田许下,得谷百万斛。于

---

① 仲长统:《昌言·损益》。
② 《汉书》卷四十九《晁错传》,参见《论曹魏屯田的历史渊源》,载《魏晋南北朝社会经济史探讨》,人民出版社1987年版。

是州郡例置田官,所在积谷。征伐四方,无运粮之劳,遂兼并群雄,克平天下。①

《置屯田令》中曹操自述了屯田目的和屯田法的渊源。

我国封建社会制定和公布成文法,大都是奉王命制定的。君主始终居于最高立法者的地位。法无论以何种形式出现,都是出自君主的旨意。由于三国时期特殊的政治环境,居于最高立法者地位的大都不是君主,而是最高决策者。魏国由于曹操"挟天子以令诸侯",所以屯田法制的最高立法者是曹操,前述《置屯田令》就是如此,魏国大规模屯田也是由此开始的。东吴屯田的最高立法者是时被曹丕封为吴王的孙权。黄武五年(226年),由于东吴"所在少谷",孙权接受陆逊的建议,"表令诸将增广农亩",大规模进行军屯。史书是这样记载的:

> (黄武)五年春,令曰:"军兴日久,民离农畔,父子夫妇,不听相恤,孤甚愍之。今北虏缩窜,方外无事,其下州郡,有以宽息。"是时陆逊以所在少谷,表令诸将增广农亩。权报曰:"甚善。今孤父子亲自受田,车中八牛以为四耦,虽未及古人,亦欲与众均等其劳也。"②

孙权表示,我与太子亲自受田耕作,以为天下表率,并将给自己驾车的八条牛改作四套耕牛,这表现了孙权大规模兴屯的决心。《诸葛亮·故事·遗迹篇》曰:"《水经注》:五丈溪水侧有黄沙屯,诸葛亮所开也。""开"意为开发,"屯"即屯田。蜀汉屯田也是决策者诸葛亮的主意。

三国时期屯田的重大决策当然是最高决策者发布政令,即使是某地的具体屯田也是由最高立法者发布政令。曹魏在许昌屯田之前,屯田已经开始小规模进行。初平三年(192年),毛玠建议曹操"修耕植,蓄军资",曹操采纳了毛玠建议,小范围的屯田已经开始。建安十八年(213年),司马懿向曹操建议,"于耕战之中,分带甲之士,随宜开垦"③。这也是由曹操作出的决策。东吴也是如此。嘉禾四年(235年),东吴由于"兵久不辍,民困于役,岁或不登",粮食不足,所以孙权"遣兵数千家佃于江北"④。

就屯田规模、组织和成效而言,三国中曹魏居首位。曹魏广泛推行屯田制,与当时面临的形势密切相关。

首先是中原经济的破坏。自董卓之乱以来,"洛阳宫室烧尽,街陌荒芜,百官披荆棘,依丘墙间。……饥穷稍甚,尚书郎以下自出樵采,或饥死墙壁间"⑤。长安城中"强者四散,羸者相食,二三年间关中无复人迹"⑥。黄河流域和江淮平原到处是"百里无

---

① 《三国志·魏书》卷一《武帝纪》。
② 《三国志·吴书》卷四十七《吴主传》。
③ 《晋书》卷二十六《食货志》。
④ 《三国志·魏书》卷二十六《满宠传》。
⑤ 《三国志·魏书》卷六《董卓传》注引司马彪《续汉书》。
⑥ 《后汉书》卷七十二《董卓传》。

烟,城邑空虚,道殣相望"①,有些地区甚至"人相饥困,三年间相啖食略尽"②。更有军阀的军队"吏士大小自相啖食"③。可见解决粮食问题是当时各地军阀的当务之急。

东汉以来流民问题愈演愈烈,所谓"丧乱之后,吏民流散饥穷,户口损耗"④。广大民众为躲避战祸,"捐弃居产,流亡藏窜"⑤。史书记载,青、徐一带的士庶流移至幽州者多达"百余万口"⑥;关中"顷遭丧乱,人民流入荆州者,十余万家"⑦。杜恕上疏中写道:"今大魏奄有十州之地,而承丧乱之弊,计其户口,不如往昔一州之民"⑧。户口损耗,流移逃散,造成劳动力严重短缺,农业生产遭到极大破坏。

黄巾军起义被镇压以后,其余部黑山军仍坚持反抗。初平三年(192年),曹操打败青州黄巾,"受降卒三十余万,男女百余万口,将其精锐者,号为青州兵"⑨。建安元年(196年),曹操进攻汝南、颖州黄巾,收降何仪、何曼部。这支黄巾军余部与青州黄巾一样,拥有大量家属,且拥有大量耕牛农具,这些人需要安置。

在当时形势下,曹魏集团必须采取措施,尽快缓解粮食奇缺的局面,摆脱"公家无经岁之储"的危局;亦应招抚大量流民,使其重新附着于土地;妥善安排收编的黄巾军余部,给他们和家属以出路。在这种情况下,曹操历史地选择了加强国有土地的经营,实行屯田制。

广泛推行屯田首先要解决拥有相连成片的大量可耕地。赤壁之战前,就有人指出,"中国(即中原)萧条,或百里无烟,城邑空虚"⑩。中原的司马朗也说:"今承大乱之后,民人分散,土业无主"⑪,黄河流域"土广人稀,中地未垦"⑫,这就出现了"土业无主,皆为公田"⑬的局面。土地自然成为国有,曹操兴立屯田占有土地是合法的。

二、曹魏的屯田制

曹魏屯田有民屯、军屯两种。最早出现的是民屯。史学界一般认为曹魏大规模兴立民屯始于建安元年(196年),但小规模民屯在此以前就已经开始。前述初平三年毛玠建议曹操"修耕植,蓄军资",就是一例。建安元年,曹操毅然采纳枣祗、韩浩的建议,

---

① 《三国志·吴书》卷五十六《朱治传》注引《江表传》。
② 《后汉书》卷七十二《董卓传》。
③ 《三国志·蜀书》卷三十二《先主传》注引《英雄记》。
④ 《三国志·魏书》卷十六《苏则传》。
⑤ 《三国志·魏书》卷十五《司马朗传》。
⑥ 《后汉书》卷七十三《刘虞传》。
⑦ 《晋书》卷二十六《食货志》。
⑧ 《三国志·魏书》卷十六《杜恕传》。
⑨ 《三国志·魏书》卷一《武帝纪》。
⑩ 《三国志·吴书》卷五十六《朱治传》。
⑪ 《三国志·魏书》卷十五《司马朗传》。
⑫ 仲长统:《昌言·损益》。
⑬ 《三国志·魏书》卷十五《司马朗传》。

"乃募民屯田许下","得谷百万斛"①。建安十年(205年)以后,曹操决定"广置屯田",在全境"州郡例置田官",这是普遍推广屯田。主持推广屯田的是司空掾国渊,在曹魏境内,"相士处民,计民置吏,明功课之法"②。自此,曹魏屯田法制化、普遍化。

曹魏正式推行军屯在建安十八年(213年)。这是曹操接受司马懿建议,军队实行"且耕且守"③,"于征伐之中,分带甲之士,随宜开垦"④。魏文帝时设立度支尚书,主管全境军屯。齐王芳正始年间,邓艾于淮水流域建立广泛的军屯,"淮南、淮北皆相连接。自寿春到京师,农官兵田,鸡犬之声阡陌相属。每东南有事,大军出征,泛舟东下,达于江淮,资食有储,而无水害"⑤。此外,在青、徐两州及荆、豫的军队都"且佃且守","广农垦殖,仓谷盈积"⑥,也都先后兴立军屯。

曹魏境内共十二州、九十二郡、七百一十四县。民屯主要分布在腹心地区的司、豫、冀、兖四州,司、豫尤多,缘边诸州也有;军屯则主要分布于雍、凉、幽、并、青、徐、荆、扬等八州,腹心地区亦不少。⑦

曹魏屯田的组织系统、编制方式、剥削形态和屯田劳动者的身份地位等,是否皆有成文法,不见历史记载,但可以肯定的是曹魏有《屯田法》。西晋咸宁元年(276年)十二月诏书中写道:"出战入耕,虽自古之常,然事力未息,未尝不以战士为念也。今以邺奚官奴婢著新城代田兵种稻,奴婢各五十人为一屯,屯置司马,使皆如《屯田法》。"⑧这条资料对于研究曹魏屯田立法弥足珍贵,但历史记载中不见其具体的内容。

民屯的组织形式、管理机构是有成文法的。《续汉书·百官志》注引《魏志》说:"曹公置典农中郎将,秩二千石;典农都尉,秩六百石,或四百石。典农校尉,秩比二千石,所主如中郎;部分别而少为校尉丞。"这是民屯组织的管理系统,可称为典农系统,包括四级建制:大司农、典农中郎将(典农校尉、校尉丞)、典农都尉(或称屯田都尉、农都尉)、屯司马。

大司农是主管全国屯田事务的中央政府官员。大司农负责曹魏的财政收入和支出,而屯田是当时财政收入的一项重要来源。故掌管屯田成为其主要职责。典农诸官属于大司农统辖下的地方行政建制,其地位、权力与郡县相当。典农中郎将相当郡守,典农都尉相当县令。典农属吏有典农功曹、典农纲纪、上计吏等。典农系统乃准军事编制,典农诸官皆带有军衔,还率领士卒。

曹魏屯田的基层行政单位是屯,每五十人为一屯,每屯置司马。民屯的直接生产

---

① 《三国志·魏书》卷一《武帝纪》注引《魏书》。
② 《三国志·魏书》卷十一《国渊传》。
③ 《晋书》卷一《宣帝纪》。
④ 《晋书》卷二十六《食货志》。
⑤ 同上。
⑥ 《三国志·魏书》卷二十七《胡质传》。
⑦ 郑佩欣:《关于曹魏屯田的若干问题》,载《文史哲》1961年第3期。
⑧ 《晋书》卷二十六《食货志》。

者为屯田民,史籍中称为屯田客、客,或称典农部民,亦泛称之曰百姓、民。

曹魏军屯组织管理系统多元化,但主要的是仿照典农系统,建立了度支系统,以作为全国的军屯事务的组织管理体系。中央有度支尚书管理全国军屯事务,下有度支中郎将(司农度支校尉)和度支都尉,是三级建制。度支中郎将、度支校尉相当典农中郎将、典农都尉。军屯的基层单位是营,"五里置一营,营六十人"。

军屯的直接生产者主要是服现役的士兵,也有其家属,即军户。在边境与各军事要地屯驻的中央军屯田,或让士兵"且耕且守",一身而二任焉,或部分士兵专门从事戍守,一部分专门从事屯田。曹魏的腹心地区多采取这种形式。曹魏的主力部队为中外诸军,士兵的服役地点远离本土,士兵的家属称为士家,士家参加屯田,主要劳动力是士兵的父母妻息。州郡兵主要隶属于地方政府,主要负责本地区防务,士家与士兵住在一起,共同经营屯田。

马克思说:"政治经济学不是把财产关系的总和从它们的法律表现上即作为意志关系包括起来,而是从它们的现实形态即作为生产关系包括起来。"①现实中的生产关系形态比它的法律表现丰富得多、复杂得多,屯田中的剥削形态和屯田劳动者的身份地位,肯定比屯田法丰富得多,下面我们论述的屯田的剥削形态和屯田劳动者的身份地位,其中内容当有一部分为屯田法中成文法的内容,有相当部分是非成文法的内容。

鉴于当时的历史条件,急需解决粮食问题,这决定了封建国家榨取屯田劳动者的剩余劳动的基本方式必然是实物地租。民屯实行集中管理,分散经营,即由政府划定屯田区,按准军事形式编制劳力,把一定的土地分配给他们,各户独立经营,其生产过程受屯田官的监督,屯田劳动者可以享有一定程度的经营权和部分收益权。屯田劳动者与封建国家建立了依附性极强的租佃关系。封建国家对屯田农民的剥削办法,就是枣祗所确定的"分田之术",即分成租。《晋书》卷一百九《慕容皝载记》记有曹魏屯田具体的剥削方式:"持官牛田者,官得六分,百姓得四分,私牛而官田者,与官中分。"民屯中封建国家对屯田民的剥削几乎等同于私有土地上地主田庄,按比例收取实物地租。这当有成文法,但成文法的具体条文不详。据史学家研究,当时每一个屯田民耕种五十亩土地,五十亩田租按四六分成计算,需交田租九十斛,高于编户齐民的土地税几十倍。

民屯的屯田民对封建国家保持着严格的隶属关系,被牢固地束缚在土地上,不能自由迁徙,而封建国家却可以随意迁徙他们,甚至可以将他们赏赐给"贵势之门",他们实际上已沦为国家农奴。

军屯中集中管理、分散经营的屯田,例如,专门屯田的士卒,或者士家屯田,封建国家的剥削率大概与民屯同,似乎也有成文法。史称:"旧兵持官牛者,官得六分,士得四分,自持私牛者,与官中分,施行来久,众心安之。"②军屯中完全集中经营管理的屯田,

---

① 马克思:《论蒲鲁东》,载《马克思恩格斯全集》第16卷,人民出版社1956年版,第30页。
② 《晋书》卷四十七《傅玄传》。

例如"且耕且佃"的士卒,扣除包括劳动者以"廪赐"形式领取的生活费用以及屯田的生产费用外,其收益全部上缴国家。劳动者领取的"廪赐"加上屯田的生产费用,据史家研究二者还占不到屯田收益的五分之一,其剩余劳动剥削率远远高于前述的分成制。

军屯中屯田士卒的身份地位较民屯中的屯田部民更低,因为这是与曹魏的士家制度联系在一起的。曹魏为确保国家兵源,建立士家制度,为士兵专门设置户籍,即军户。凡入军户者,皆失去人身自由,对国家有牢固的人身依附关系。不仅士本人不能脱离军籍,士的子女为士息、士女。士息则继父亲世袭为士,士女必须婚配士家,永为士妇。曹魏政府定出严苛的法律来控制士家。

士家子弟只能当兵,不准进入仕途。曹魏"重士亡之法,罪及妻子"。士的家属集中于邺、洛阳等地,以作人质,防止逃亡或叛降敌国。曹魏法律规定,士女如私自与吏民结婚,"一切录夺",即强夺后再嫁给士为妻。士死后,其妻由政府强行配嫁给其他的士为妻。

曹魏颁有《屯田法》,实行国有土地集中经营的制度。在当时历史条件下,屯田制促进了黄河流域农业生产的恢复和发展,黄河流域得以继续保持全国领先地位。屯田制下,曹魏推广区种法,兴修水利,提高了社会生产力的水平。曹魏屯田,促使流散的劳动力与土地重新结合,使濒临于饥死的农民有了喘息的机会。屯田也为曹魏统一北方灭蜀伐吴奠定了比较雄厚的物质基础。

曹魏屯田制下的封建国有土地得到高度发展,在中国历史上可谓空前绝后。当时的人就已经认识到屯田制下的各项立法乃"权假一时,……非正典也"①这正表明当时的人就认识到似曹魏这样大规模屯田及其相关立法,在中国土地制度及土地立法史上是"权假一时",不是每个朝代都有的。

曹魏民屯在魏晋之际废除。《三国志·魏书》卷四《陈留王纪》载:"是岁(咸熙元年,264年),罢屯田官以均政役,诸典农皆为太守,都尉皆为令长。"《晋书》卷三《武帝纪》载:"(泰始二年,266年)十二月,罢农官为郡县。"两条资料中,后一条资料大概是前条法令的重申。民屯屯田法的废除也是最高立法者颁布的法令。

三国时期就屯田规模和成效而言,曹魏最大,孙吴次之,蜀汉居于末位。土地法制亦相应如此。蜀汉屯田因史料奇缺,仅能言其概况,遑论其法制。吴、蜀屯田均受到曹魏屯田的影响。东吴屯田较曹魏屯田差异较大,但东吴屯田在法制上与曹魏相同是基本的。例如,皆有民屯军屯之别;管理体制方面都有独立的郡县级的民屯行政区,有相当郡守、县令的典农官员;屯田户地位卑微,对封建国家有很强的人身依附关系;屯田剥削率很高,等等。鉴于以上情况,更兼东吴屯田法制史料较少,我们不再单独论列。

三、西晋的屯田制

魏末晋初,民屯制废除,但在军屯方面,西晋继承了曹魏制度,规模一度有所扩展。

---

① 《晋书》卷四十六《刘颂传》。

江淮地区依然是军屯大本营,但荆州、豫州也都出现大规模屯田。晋泰始五年(269年),羊祜任荆州都督,兴建有达八百余顷的军屯区,"大获其利",后来竟"有十年之储"①。晋咸宁四年(278年),杜预在豫州屯田,领佃者为"州郡大军杂士,凡用水田七千五百余顷耳"②,在极西边陲的西晋西域长史府的海头(今罗布泊西侧),也设置有军屯。西晋军屯较曹魏屯田地域更广。

西晋军屯法制是继承了曹魏屯田制,而有所变化。下面对两条典型史料试作分析。

泰始四年(268年),御史中丞傅玄上疏晋武帝司马炎,指出军屯的弊政在于剥削加重,其中有如下一段:

> 又旧兵持官牛者,官得六分,士得四分;自持私牛者,与官中分,施行来久,众心安之。今一朝减持官牛者,官得八分,士得二分;持私牛及无牛者,官得七分,士得三分,人失其所,必不欢乐。臣愚以为宜佃兵持官牛者与四分,持私牛者与官中分,则天下兵作欢然悦乐,爱惜成谷,无有捐弃之忧。③

傅玄疏中有"旧兵"、"佃兵",所论显系军屯。曹魏时民屯中是屯田客与国家四六或五五分成,军屯中士家与士共同经营屯田时,也是与民屯一样分成。傅玄疏中所言就是指此。傅玄认为曹魏军屯的四六或五五分成,"众心安之",如增至二八或三七分成,就"人失其所,必不欢乐"。在傅玄看来西晋应该延续曹魏的军屯法制,其实西晋军屯制除了管理者作了部分改变外,基本沿袭曹魏屯田制。

西晋时军屯中有以奴婢代替士卒屯种的情况。为此,晋武帝司马炎于咸宁元年(275年)十二月下诏曰:

> 出战入耕,虽自古之常,然事力未息,未尝不以战士为念也。今以邺奚官奴婢著新城,代田兵种稻,奴婢各五十人为一屯,屯置司马,使皆如屯田法。④

在西晋最高统治者看来,用奴婢代士卒屯田乃减轻士卒负担的权宜之计。其中五十人为屯,屯设司马,"皆如屯田法",也就是基本沿袭曹魏屯田法。

中外学者都认为西晋军屯的组织管理体制与曹魏一样,由驻军长官与度支官员共同管理,前者主管屯田的生产和劳动力调配,后者负责屯田收益的分配。

四、东晋南朝的屯田制

东晋南朝时官僚、贵族、门阀地主占山封水,决湖为田,几乎把两湖流域、长江两岸可以开垦的山川林泽大部霸占,在这种情况下,东晋南朝缺乏大规模屯田的客观条件。

---

① 《晋书》卷三十四《羊祜传》。
② 《晋书》卷二十六《食货志》。
③ 《晋书》卷四十七《傅玄传》。
④ 《晋书》卷二十六《食货志》。

东晋南朝疆域相比较而言战争对农业的破坏小,不像曹魏初年那样粮食供应成为军国重务,因而缺乏屯田的主观条件。这个时期是屯田式微的时代。

东晋南朝国家屯田成效较小。东晋初,元帝命"非宿卫要任"的军队,"皆宜赴农,使军各自佃作,即以为廪"①。东晋明帝时(323—325年),温峤建议:"诸外州郡将兵及都督府非临敌之军,且田且守",明帝采纳了他的意见。② 明帝时陶侃在荆州实行军屯也取得相当成效。南朝时朝廷中虽有屯田议论,皆未见诸行事。

南朝时边郡将领自主屯田倒是小有成就,其中较突出的是萧梁时期。天监元年(502年),始兴王憺为荆州刺史,"厉精为治,广开屯田,减省役力,……民甚安之"③。裴邃"出为竟陵太守,开置屯田,公私便之",后迁"北梁、秦二州刺使,复开创屯田数千顷,仓廪盈实,省息边运,民吏获安"④。中大通二年(530年),陈庆之为南北司二州刺史,"罢义阳镇兵,停水陆转运,江湖诸州并得休息,开田六千顷,二年之后,仓廪充实"⑤。中大通六年(534年)夏侯夔为豫州刺史,"乃率军人于苍陵立堰,溉田千余顷,岁收谷百余万石,以充储备,兼赡贫人,境内赖之"⑥。大同八年(542年),江州刺史湘东王渊镇压刘敬躬起义之后,"于江州新蔡高埭,立颂平屯,垦作蛮田"⑦。这些军屯大都在军事前线,限于局部地区,旋兴旋废,缺乏制度化建设。

东晋南朝屯田式微,有关屯田的法制更乏建树,皆延续魏晋旧制。从东晋南朝有关屯田的朝中议论,可知皆以曹魏屯田制度为依归。东晋太兴二年(319年),三吴大饥,死者以百数,百官各上封事,后军将军应詹上表曰:"有国有家者,何尝不务农重谷。近魏武皇帝用枣祗、韩浩之议,广建屯田,又于征伐之中,分带甲之士,随宜开垦,故下不甚劳,而大功克举也。"又曰:"宜简流人,兴复农官,功劳报赏,皆如魏氏故事。"⑧南齐初年,给事黄门侍郎崔祖思上书陈政事,其中写道:"广田以实廪,国富民赡。……近代魏置典农,而中都实足。"⑨崔祖思要齐太祖萧道成效法曹魏之屯田制,内中可见曹魏屯田制对中国历史的深远影响。

五、十六国时期的屯田制

十六国时期社会大乱。少数族豪酋利用本民族原在汉族统治者剥削压迫下的困苦,发动民族战争,压迫汉族人民,也只能依靠军力维持自己的短期统治。黄河流域长期陷入血腥恐怖的绝境之中,各族人民都承受着无穷的灾难,时时面临死亡的威胁,在

---

① 《晋书》卷二十六《食货志》。
② 同上。
③ 《梁书》卷二十二《始兴王憺传》。
④ 《梁书》卷二十八《裴邃传》。
⑤ 《梁书》卷三十二《沈庆之传》。
⑥ 《梁书》卷二十八《夏侯亶传》附《夏侯夔传》。
⑦ 《梁书》卷三《武帝纪》。
⑧ 《晋书》卷二十六《食货志》。
⑨ 《南齐书》卷二十八《崔祖思传》。

这种情况下各族统治者连组织屯田都有困难。十六国时期推行屯田制的仅限于后赵、前燕和前秦几个政权。

东晋南朝仿照曹魏屯田的议论,仅限于朝堂论事,没有付诸实行,但十六国时期却是在实践中仿照曹魏屯田制。

后赵是十六国中最早实行屯田的政权。后赵建立之初石勒就"遣使循行州郡,劝课农桑"。几乎同时,石勒"以右常侍霍皓为劝课大夫,与典农使者朱表、典劝都尉陆元等循行州郡,核定户籍,劝课农桑"①。典农使者、典劝都尉应是由曹魏屯田中管理民屯的"典农校尉"、"典农都尉"发展而来。此为后赵推行民屯之始。338年,"(石)季龙谋伐昌黎,运谷三百万斛以给之。又以船三百艘运谷三十万斛诣高丽,使典农中郎将王典率众万余屯田于海滨"②。典农中郎将为曹魏所设管理民屯的相当郡守的官员。这条史料表明后赵的军屯管理也是仿照曹魏。340年,石虎讨伐慕容皝,与此同时,"自幽州东至白狼(今辽宁喀喇沁左翼蒙古自治县西南),大兴屯田"③。

前燕统治者对于是否严格按照曹魏屯田制组织民屯,展开了一场辩论。慕容皝实行屯田,"以牧牛给贫家,田于苑中。公收其八,二分入私。有牛而无地者,亦田苑中,公收其七,三分入私"。这明显是仿行西晋初年实行的剥削率,不同于曹魏屯田制,遭到记室参军封裕的反对,反对的理由是因为曹魏时"持官牛者,官得六分,百姓得四分;私牛而官田者,与官中分。百姓安之,人皆悦乐"。显然,封裕主张严格仿照曹魏对屯田客的剥削率。慕容皝采纳了封裕的建议,于是下令:"苑囿悉可罢之,以给百姓无田业者。贫者全无资产,不能自存,多赐牧牛一头。若私有余力,乐取官牛耕者,其依魏晋旧法。"④慕容皝实行"魏晋旧法"的具体内容,史无记载,无以详细阐明。慕容皝推行的民屯还有两点应予指出:首先,规模并非很大,仅限于国家苑囿中废弃荒田;其次,贫困的屯田民的耕牛乃国家所"赐"。

由《晋书》卷七十四《桓彝传》附《桓冲传》可推知,前秦曾在襄阳之沔北推行民屯。其法制状况,史书中无任何记载。

六、北朝的屯田制

北魏及北齐、北周的屯田无论在规模还是在成效方面远远超越十六国及东晋南朝。北魏以部落组织下的游牧民族进入中原,其部落组织的诸多制度影响了汉族地区的传统制度,其中屯田制即其一。北魏屯田制虽有受曹魏屯田制影响之处,但北魏屯田制自有其一套新制。

北魏屯田始于拓跋珪登国九年(394年),"使东平公元仪屯田于河北五原(内蒙五

---

① 《晋书》卷一百五《石勒载记下》。
② 《晋书》卷一百六《石季龙载记上》。
③ 同上。
④ 《晋书》卷一百九《慕容皝载记》。

原),至于梱阳塞外(内蒙包头一带)"①。元仪的屯田相当成功,《魏书》卷十五《元仪传》记曰:"督屯田于河北,自五原至梱阳塞外,分农稼,大得人心。"元仪屯田的成功,成为吸引后燕发动军事进攻以掠夺粮食的原因。慕容垂遣其子慕容宝"自五原攻魏,……降魏别部三万家,收穄(黄米)田百余万斛"②。由慕容垂掠获之丰,可想见五原屯田规模之大。北魏势力渐向中原推进,屯田范围逐步扩大,拓跋珪于皇始二年(397年),命元仪"徙屯巨鹿,积租扬威"③。巨鹿一带开始有了屯田。太武帝拔跋焘时,刁雍曾在薄姑律镇(今宁夏灵武县西南)"督课"诸军经营屯田,后曾"运屯谷五十万斛付沃野镇,以供军粮"④。可知薄姑律镇屯田的效果相当好。

北魏前期屯田主要集中北方沿边诸镇,至北魏后期北境沿边诸镇屯田衰落,中原地区特别南部边防地带屯田得到发展。太和十六年之后,"值朝廷有南讨之计,发河北数州田兵二万五千人,通缘淮戍兵,合五万人,广开屯田"⑤。这说明河北仅调淮河沿岸的屯田兵就有二万五千人,可见河北屯田兵人数之众,亦可见在淮河沿岸的屯田规模之大。《魏书》卷四十四《薛野月者传》附《薛虎子传》记薛虎子在北魏南境徐州任刺史,是时"州镇戍兵,资绢自随,不入公库,任其私利,常苦饥寒"。于是薛虎子上表曰:"在镇之兵不减数万,资粮之绢,人十二匹,即自随身,用度无准,未及代下,不免饥寒。论之于公,无毫厘之润;语其私利,则横费不足。非所谓纳民轨度,公私相益也。徐州左右,水陆壤沃,清、汴通流,足盈激灌。其中良田十余万顷。若以兵绢市牛,足得万头。兴力公田,必当大获粟稻。一岁之中,且给官食。半兵耘植,余兵尚众,且耕且守,不妨捍边。一年之收,过十倍之绢;暂时之耕,足充数岁之食。"薛虎子所部为镇戍兵,镇戍兵携带家属。镇戍兵的后勤保障有"官给"及"资绢自随"两种制度,薛虎子部属后者。北魏最高统治者采纳了此议。

北魏后期屯田的主要成就是在全国范围内推行民屯。

太和十二年(488年),因"顷年山东饥,去岁京师俭",秘书丞李彪上书北魏孝文帝,建议推行民屯:

> ……魏氏以兵乏粮,制屯田以供之。用能不匮当时,军国取济。……又别立田官,取州郡户十分之一为屯民,相水陆之宜,料顷亩之数,以赃赎杂物馀财市牛科给,令其肆力。一夫之田,岁责六十斛,蠲其正课并征戍杂役。……高祖览而善之,寻皆施行。⑥

自李彪上书,北魏民屯制普遍化、制度化。惜史料缺落,在全国具体实行的情况不得

---

① 《魏书》卷一百一十《食货志》。
② 《资治通鉴》卷一百八《晋纪》。
③ 《魏书》卷二《太祖纪》。
④ 《魏书》卷八十八《刁雍传》。
⑤ 《魏书》卷七十九《范绍传》。
⑥ 《魏书》卷六十二《李彪传》。

其详。

北魏屯田制与曹魏屯田有同有异。北魏屯田基层组织叫"屯",屯田的兵谓之"屯兵";民屯管理"别立农官";民屯中"课米六十斛",乃综合曹魏民屯及孙吴以后的吏户耕垦州郡公田的剥削量;屯田的劳动者没有人身自由。这都是相同处。更重要的是,北魏屯田自有其新制。北魏民屯的劳动者乃取"州郡户十分之一",此为前朝所无;曹魏民屯劳动者是否承担劳役和兵役乃史学界长期聚讼的问题,但明令"蠲其正课并征成杂役"亦是魏晋以来所无。

北魏屯田制新内容的出现,一方面是因为北魏以部落制下游牧民族统一北方,其各项制度虽然要沿袭汉魏旧制,但另一方面也较易冲破汉族传统,提出新的法制。

北齐、北周的屯田规模远不如北魏那么大,史籍仅零星资料,无从探讨屯田立法的新制度建设。

第二节 三国西晋时期的土地法制

三国时期的屯田,特别曹魏屯田虽在国民经济中居于主导地位,但当时的人就已经认识到这是"权假一时",是土地法制发展史中的特殊情况,是历史长河中的漩涡。其实在三国时期封建土地私有制仍是不可忽视的,地主土地私有制、自耕农土地私有仍占很大比重,尤其在西晋占田制下更是如此,这才是历史发展的主流。

一、三国及西晋初对地主土地私有权的管理

三国及西晋对地主土地私有制的管理主要依靠习惯法和成文法。其习惯法有的是战国秦汉以来继承的,有的是三国及西晋时形成并为当时人惯于遵行的;成文法有新颁发的,也有从战国秦汉继承过来的。

这里主要谈对世族地主的土地管理及立法。

东汉以来,世族地主得到很快的发展。三国西晋时期"大姓雄张,遂以为俗"[①],这里的"俗",主要指历史上继承的成文法、习惯法和当代形成的习惯法。

三国时期战乱地区一部分世族地主留在本地或移居险阻之地修筑坞堡,武装自卫。此类事例颇多,《三国志·魏书》卷二十三《常林传》:

> 林乃避地上党,耕种西山阿。当时旱蝗,林独丰收,尽呼比邻,升斗分之。依河间太守陈延壁。陈、冯二姓,旧族冠冕。张杨利其妇女,贪其资货。林率其宗族,为之策谋。见围六十余日,卒全堡壁。

冯、陈二姓都是当地的世族地主,他们在自己祖籍筑坞自保。他们的土地或为祖宗留下的世业,或开荒所得。"旧族冠冕",表明土地大都是继承祖辈遗产。这种由继承而

[①] 《三国志·魏书》卷十六《仓慈传》。

来的土地的所有权是受到政府保护的。另一类地主"捐弃居产,流亡藏窜"①,率领宗族、部曲迁至新地,另建新田庄。如田畴即为显例:

> 畴得北归,率举宗族他附从数百人,……遂入徐无山中,营深险平敞地而居,躬耕以养父母。百姓归之,数年间至五千余家。畴谓其父老曰:"诸君不以畴不肖,远来相就,众成都邑,而莫相统一,恐非久安之道,愿推择其贤长者以为之主。"……同佥推畴。……畴乃约束相杀伤、犯盗、诤讼之法。法重者至死,其次抵罪,二十余条。……袁绍数遣使招命,又即授将军印,因安辑所统。畴皆不拒不受。②

"因安辑所统",指封建国家承认田畴建立的田庄,占有的土地是合法的。田畴所在的徐无山中的土地,按习惯法,"土业无主,皆为公田"③,而公田允许民户"但随力之所能至而耕"④,而已垦种的土地即为民户所有。政府正是从这个意义上承认迁居的世族地主占田的合法性。

西汉末的刘秀之舅樊宏的父亲樊重,是南阳大地主,占有一座典型的田庄,《后汉书》卷三十二《樊宏列传》载:

> [樊]重字君云,世善农稼,好货殖。……三世共财,子孙朝夕礼敬,常若公家。其营理产业,物无所弃,课役僮隶,各得其宜,故能上下戮力,财利岁倍,至乃开广田土三百余顷。其所起庐舍,皆有重堂高阁,陂渠灌注。又池鱼牧畜,有求必给。尝欲作器物,先种梓漆,时人嗤之,然积以岁月,皆得其用,……赀至巨万,而赈赡宗族,恩加乡闾。

这样一个大地主,以皇戚之重,东汉时自然成为世家地主,但到三国时,田庄换了主人:

> [新野樊氏陂]东西十里,南北五里,俗称之凡亭陂。陂东有樊氏故宅,樊氏既灭,庾氏取其陂。故谚曰:"陂汪汪,下田良,樊子失业庾公昌。"⑤

这是朝代兴替中世族地主土地所有权变化的典型例子。樊氏陂为庾氏取,纯粹是一种政治手段,绝非土地买卖。世族地主土地私有权打上王侯权贵的烙印,以致其土地私有制,不完全是经济性的法律表现,而混杂了政治的一些因素。也可以说世族地主的土地所有权的私有性是不完全、不稳定的,完全可能随王朝的更替而变化。而当时的封建国家承认并维护这种土地所有权的变动,实则维护本朝新贵的土地所有权。

《三国志》一书及裴松之注的内容多注重政治史记载,于经济史实多有忽略,故不见有关庶族地主土地所有权法令及土地管理的记载。大概都沿袭秦汉旧法。土地可以买卖是中国封建土地所有制的一个重要特点。土地买卖不仅是一种常见的经济事

---

① 《三国志·魏书》卷十五《司马朗传》。
② 《三国志·魏书》卷十一《田畴传》。
③ 《三国志·魏书》卷十五《司马朗传》。
④ 《文献通考·田赋一》。
⑤ 《水经注》卷三十一《淯水》。

实,而且在法律形式上也得到了封建国家的承认和保护。大地主和富裕农民也购买土地,但土地买卖却是庶族地主扩大地产的主要方式。

蜀郡成都人张裔之友杨恭死后,其"子息长大,为之娶妇,买田宅产业,使立门户"①。这是平民购买土地的例子。汉末的徐幹在《中论》里写有"使王公以下制奴婢限数及百姓卖田宅"的建议,可见百姓卖田宅已成为严重的社会问题。

西晋占田令颁行后,土地买卖仍在进行。如《晋书》卷五十三《愍怀太子遹传》记曰:"贾谧潜太子于贾后曰:'太子广买田宅,多蓄私财以结小人者,为贾氏故也。'"贵为太子尚且大量购置土地,可见土地买卖的盛行。当时土地买卖的盛行在考古资料亦有反映,在南京江宁丁甲山一号墓发现有西晋太康六年(285 年)的铅地券,文曰:

> 太康六年六月二十四日,吴故左郎中立节校尉、丹阳江宁曹翌、字永翔,年三十三亡。买石子岗坑虏牙之田,地方十里,值钱百万以葬,不得有侵持之者。券书分明。②

这一铅地券属明器,大体反映了民间土地买卖文书的基本内容,也反映了土地买卖是合法的,购买的土地的所有权受到法律保护。

三国至西晋初颁布的维护世家地主利益的土地法令有曹魏的赐租牛客户令和孙吴的复田、复客制。自东汉以来,世族地主就参与对国有土地和劳动力的分割,他们也要求通过自己手中掌握的政权将这种权力法律化。这种法令为前代所无。

关于曹魏的"赐公卿以下租牛客户"令,兹引用两条资料来说明,一条在《三国志·魏书》卷一《武帝纪》,一条在《晋书》。先分析第一条,原文如下:

> [建安]七年春正月,公军谯,令曰:"吾起义兵,为天下除暴乱。旧土人民,死丧略尽,国中终日行,不见所识,使我凄怆伤怀。其举义兵以来,将士绝无后者,求其亲戚以后之,授土田,官给耕牛,置学师以教之。为存者立庙,使祀其先人,魂而有灵,吾百年之后何恨哉!"

此令颁布于建安七年(202 年),也就是官渡之战后的第二年,时在兵马倥偬之际,严格讲曹魏尚没正式立国,颁行的地域不广。从内容看,"授土田,官给耕牛"仅限于阵亡"将士绝无后者",由官府寻找其亲戚作为继承者。本法令所及的社会面极小,不是面向全国的政策法令。从另一方面讲,这道令毕竟不是赏赐给某个人土田、耕牛。规定赏赐的土地当然是国有土地,但是不是屯田制下的民屯土地,于史无可考。

《晋书》卷九十三《王恂传》记载赐租牛客户制如下:

> 魏氏给公卿已下租牛客户数各有差,自后小人惮役,多乐为之,贵势之门动有百数。

---

① 《三国志·蜀书》卷十一《张裔传》。
② 《南京附近六朝出土文物》,载《文物参考资料》1955 年第 8 期。

从行文语气中可知,曹魏政府颁发有赐租牛客户法令。"租牛客户",即官府控制的屯田民。由"给公卿已下租牛客户数各有差",可知公卿以下大部分品官及有特权者皆得到数量不等的"租牛客户",赐给的面相当广,非对某个人或少数人,可见给客制已经制度化、普遍化。"小人惮役,多乐为之",可知租牛客户在品官及特权者荫庇下可免役。占田、赐客、荫客,这都是西晋占田制的滥觞。

孙吴的世族地主的势力盛于曹魏。孙氏父子先后实行世袭领兵制、领郡制、奉邑制等,大批将领有世将、世官的特权。随着他们政治、经济势力的膨胀和军、政特权的牢固化,就要求土地和劳动力的再分配法制化,从而产生了孙吴的赐田、赐客制,亦称"复田"、"复客"制。曹魏的给租牛客户制,在史籍中几乎不见具体实行的记载,而孙吴赐田、赐客制具体实行的记载颇多,现列举如下:

1. 周瑜新死,"(孙)权素服举哀,感动左右。丧当还吴,又迎之芜湖,众事费度,一为供给。后著令曰:'故将军周瑜、程普,其有人客,皆不得问。'"①

2. 吕蒙因破曹魏皖城,"(孙)权嘉其功,即拜庐江太守,所得人马皆分与之,别赐寻阳屯田六百人,官属三十人"②。

3. 吕蒙死后,"蒙子霸袭爵,与守冢三百家,复田五十顷"③。

4. 潘璋"性奢泰,末年弥甚,服物僭拟。……嘉禾三年卒。……璋妻居建业,赐田宅,复客五十家"④。

5. 陈武死,"(孙)权命以其爱妾殉葬,复客二百家"⑤。

6. 陈武庶子陈表,"表所受赐复人得二百家,在会稽新安县。表简视其人,皆堪好兵,乃上疏陈让,乞以还官,充足精锐。诏曰:'先将军有功于国,国家以此报之,卿可得辞焉?'表乃称曰:'今除国贼,报父之仇,以人为本。空枉此劲锐以为僮仆,非表志也。'皆辄料取以充部伍。所在以闻,权勤嘉之。下郡县,料正户羸民以补其处"⑥。

7. 蒋钦死后,"(孙)权素服举哀,以芜湖民二百户,田二百顷,给钦妻子"⑦。

8. 孙琳被诛后,孙休颁诏:"诸葛恪、滕胤、吕据等,并无罪见害,并宜改葬,追赐其家,复其田宅。"⑧

这八条资料中颁发人均为最高立法者,因而赐田、赐客制乃源于君主的旨意,其有法律效力是毋庸置疑的。所赐之田当为国有土地,所赐之客比较复杂。第六条资料陈表的

---

① 《三国志·吴书》卷五十四《周瑜传》。
② 《三国志·吴书》卷五十四《吕蒙传》。
③ 《三国志·吴书》卷五十四《周瑜传》。
④ 《三国志·吴书》卷五十五《潘璋传》。
⑤ 《三国志·吴书》卷五十五《陈武传》注引《江表传》。
⑥ 《三国志·吴书》卷五十五《陈武传》附《陈表传》。
⑦ 《三国志·吴书》卷五十五《蒋钦传》。
⑧ 《建康实录》卷三《景皇帝》。

客肯定非一般民户,因为陈表认为是可供征战的"劲锐",我们认为应是屯田民。第二条资料更清楚,所赐的为"屯田六百人",明明白白是屯田客。由第六条资料可知,孙权补赐给陈表的是"正户"。东吴时的"正户"又称"县户",都是编户齐民。第七条资料中赐给蒋钦妻子的"民二百户"亦应为编户齐民,也就是一般农户。可见孙吴"赐客"制中的客并非全为屯田民,亦有一般民户。"赐田"、"赐客"亦称"复田"、"复客"。"复田"是指将所赐之田免除田租。"复客"是指将所赐人户租税和徭役负担免除,从此成为向私家纳税服役的佃客。

由以上八条资料我们可以看出以下共同点:1. 被赐田、赐客者几乎全为孙吴的武将;2. 赐田、赐客的时间都多在被赐者死后。由此可知,孙吴的赐田赐客就是在世族地主内部所及的面亦非甚广,并非占田制那样遍及品官及权贵。但也应看到赐田、赐客制为西晋按品官占田的占田法令的制定奠定了基础。

二、三国及西晋前期对自耕农小土地所有权的管理

西晋武帝泰始四年(268年),时天下颇有水旱之灾,御史中丞傅玄上疏晋武帝说:"以二千石虽奉务农之诏,犹不勤心以尽地利。昔汉氏以垦田不实,征杀二千石以十数。臣愚以为宜申汉氏旧典,以警戒天下郡县,皆以死刑督之。"①傅玄以西晋时天下郡县长吏不尽心劝课农桑,请求晋武帝"申汉氏旧典",予以严惩。实际上,秦汉以后历代,对于庶族地主及自耕农小土地所有制的土地立法,同样多是战国秦汉的"旧典"。

(一) 扶植自耕农

三国时期用法令扶植自耕农以曹魏较为突出,这也是曹操政治上成功之处。首先是招徕、安辑破产小农及逃亡农民为郡县领民。曹魏政府中最高统治者与臣下讨论劝课农桑,鼓励耕垦。臣下上表认为朝廷应"以户口率其垦田之多少",户口增加,其垦田也应按比例相应增加,并以此作为考核郡县官吏的主要标准。曹操"甚善之"②。曹操对劝课农桑取得成效的官吏都给以奖励升擢。曹魏时期地方官吏不少人根据当地条件发布了不少政令,制定了不少政策奖励耕桑,发展经济。其中可谓典型者应是郑浑,他每到一地都鼓励耕垦,注重增殖人口。《三国志·魏书》卷十六《郑浑传》:

> 复迁下蔡长、邵陵令。天下未定,民皆剽轻,不会增殖;其生子无以相活,率皆不举。浑所在夺其渔猎之具,课使耕桑,又兼开稻田,重去子之法。民初畏罪,后稍丰给,无不举赡;所育男女,多以郑为字。……太祖征汉中,以浑为京兆尹。浑以百姓新集,为制移居之法,使兼复者与单轻者相伍,温信者与孤老为比,勤稼穑,明禁令,以发奸者。由是民安于农,而盗贼止息。及大军入汉中,运转军粮为最。又遣民田汉中,无逃亡者。太祖益嘉之,复入为丞相掾。文帝即位,为侍御史,加

---

① 《晋书》卷四十七《傅玄传》。
② 《三国志·魏书》卷二十一《刘廙传》注引《廙别传》。

驸马都尉,迁阳平、沛郡二太守。郡界下湿,患水涝,百姓饥乏。浑于萧、相二县界,兴陂遏,开稻田。郡人皆以为不便,浑曰:"地势洿下,宜溉灌,终有鱼稻经久之利,此丰民之本也。"遂躬率吏民,兴立工夫,一冬间皆成。比年大收,顷亩岁增,租入倍常,民赖其利,刻石颂之,号曰郑陂。转为山阳、魏郡太守,其治放此。……入魏郡界,村落整齐如一,民得财足用饶。明帝闻之,下诏称述,布告天下。

郑浑立有"去子之法"、"移居之法",看来郑浑发布了不少地方政令,用意在"课使耕桑",亦应有课耕桑之法,不过史书失载,除郑浑外,其他如京兆太守颜斐、河东太守杜畿、金城太守苏则、敦煌太守皇甫隆等,或使"百姓勤农",或者"令属县整阡陌,树桑果"。杜畿在河东"课民畜牸牛草马,下逮鸡豚犬豕皆有章程",那么对于最为重要的开垦荒地、劝课农桑亦应有"章程",不过我们无从知道了。

(二) 搏击豪强地主

曹魏扶植自耕农的另一项政令是搏击豪强。建安九年(204 年),曹操大破袁尚军,发布《收田租令》,内中声讨袁绍集团说:"袁氏之治也,使豪强擅恣,亲戚兼并,下民贫弱,代出租赋,衒鬻家财,不足应命。"这里批判的是袁氏在河北的统治,使豪强擅恣,兼并小农的土地;实则告诫曹魏地方长吏不应蹈袁氏覆辙,而应"重豪强兼并之法",才能使"百姓喜悦"①。曹魏打击一般豪强,世家大族亦屡遭严惩。

曹魏扶植自耕农最重要的法令是田租户调制。军阀混战之时,大小割据势力以抄掠为务,毫无纲纪可言。其肆无忌惮的抢劫,迫使广大自耕农流离失所,连维持简单的再生产亦不再可能。改变这种无秩序的掠夺,实为最高统治者的当务之急。建安五年(200 年),曹魏"始制新科下州郡,又收租税绵绢"②,此为曹魏田租户调制之滥觞。建安九年,发布前述之《收田租令》说:"其收田租亩四升,户出绢二匹、绵二斤而已,他不得擅兴发。"在中国田赋史上,田租户调制的出现意义重大。首先,将汉代十五税一或三十税一的分成地租制,改变成亩收四升的固定田租。固定田租增产不增租,有利于刺激农民生产的积极性。其次,汉代按人口交算赋、口赋,曹魏改为以户为单位交户调,增人不增税,在人口锐减的时代,有利于促进人口增殖。

东吴、西蜀亦有招徕流民发展小土地私有的相关法令。例如,孙权赤乌三年(240 年)颁诏曰:"盖君非民不立,民非谷不生。顷者以来,民多征役,岁又水旱,年谷有损,而吏或不良,侵夺民时,以致饥饿。自今以来,督军郡守,其谨察非法,当农桑时,以役事扰民者,举正以闻。"③东吴钟离牧有这样一个故事:"(钟离牧)少爱居永兴,躬自垦田,种稻二十余亩。临熟,县民有识认之,牧曰:'本以田荒,故垦之耳。'遂以稻予县人。县长闻之,召民系狱,欲绳以法,牧为之请。长曰:'君慕承宫,自行义事。仆为民主,当

---

① 《三国志·魏书》卷一《武帝纪》。
② 《三国志·魏书》卷十二《何夔传》。
③ 《三国志·吴书》卷二《吴主孙权传》。

以法率下,何得寝公宪而从君邪?"①其中的"法"、"公宪",当指鼓励垦荒田以为私有的法令的相关条款。汉代以来的习惯法认为"其地有草者尽为公田","县人"虽为土地原主人,既然是县人未耕,即可视为官田,因此钟离牧可依习惯法垦荒耕种,"县人"无权追夺土地上收获物。诸葛亮治蜀,史称:"科教严明,赏罚必信,无恶无惩,无善不显。至于吏不容奸,人怀自厉,道不拾遗,强不侵弱,风化肃然也。"②诸葛亮实行法治,政治比较清明,给自耕农的土地私有制的发展营造了一个较好的政治环境。

三、西晋的占田制、课田制、户调制和荫客制

西晋的占田制是民屯废止以及世族地主广占土地的现状的法典化。魏末晋初"罢屯田官,以均政役",民屯废除,屯田民都改变了身份、行政隶属关系,以及田赋课征办法。屯田民中除部分成为官僚地主的依附民以外,其余大部分成为封建国家的编户齐民,即自耕农,原来屯垦的土地随之成为他们实际占有的土地。西晋从灭蜀到灭吴的十余年间净增户近百万,口八百四十万,其中大部分是屯田民转化为编户齐民,造成户口急增。这部分人的土地所有权没有通过法律加以确认,易造成土地权属关系的混乱。西晋王朝在废除屯田制以后,需要制定新的制度,全面整顿原屯田区的土地权属关系,既确认原屯田民的土地所有权,使他们安心务农,又要保证原屯田区的土地充分利用,免于抛荒。

西晋是代表世族地主利益的政权,它需要调节封建国家、世族地主、编户齐民三者之间的利益关系。自曹魏"给公卿已下租牛客户"之后,世族地主分割官府控制的劳动力,将屯田客变成自己的部曲、佃客。此时的"给客"制度已制度化、普遍化,世族地主分割国有土地同时进行。西晋王朝是代表世族地主利益的政权,其立国行政的基本方针是大力维护和扩大世族地主的等级特权,因之需将世族地主分割国家土地和人口法典化。同时,它所代表的是世族地主的整体利益,又是凌驾于整个社会之上的公共权力机关,有自己的特殊利益,所以它对世族地主无限制的分割国家土地、人口需要给以适当限制。泰始五年(269年),晋武帝为了限制大地主土地兼并和过多的占有人口,向豪强地主发布诏书,警告道:"不得侵役寡弱,私相置名。"③西晋王朝需要制定新制度,既维护世族地主的特权,又能保障国家赖以存在的物质基础。

三国时期,三国普遍存在数量不等的自耕农,他们的土地有相当一部分为开荒所得,产权易发生纠纷,前引钟离牧开荒即其一例。此外,国家无占田法,农民无归田垦荒的积极性,造成"地有余羡而不农者众"。因此,西晋需要一套新法制,确认自耕农通过垦荒获得的土地所有权,调动农民的生产积极性。

在新的历史条件下,西晋王朝于太康元年(280年)颁布了占田制、课田制、户调制、

---

① 《三国志·吴书》卷六十《钟离牧传》。
② 《三国志·蜀书》卷三十五《诸葛亮传》。
③ 《晋书》卷二十六《食货志》。

荫客制。法制条文仅见于《晋书》卷二六《食货志》，引文如次：

> 及平吴之后，有司又奏："诏书'王公以国为家，京城不宜复有田宅。今未暇作诸国邸，当使城中有往来处，近郊有刍藁之田'。今可限之，国王公侯，京城得有一宅之处。近郊田，大国田十五顷，次国十顷，小国七顷。城内无宅城外有者，皆听留之。"

> 又制户调之式：丁男之户，岁输绢三匹，绵三斤，女及次丁男为户者半输。其诸边郡或三分之二，远者三分之一。夷人输賨布，户一匹，远者或一丈。男子一人占田七十亩，女子三十亩。其外丁男课田五十亩，丁女二十亩，次丁男半之，女则不课。男女年十六已上至六十为正丁，十五已下至十三、六十一已上至六十五为次丁，十二已下六十六已上为老小，不事。远夷不课田者输义米，户三斛，远者五斗，极远者输算钱，人二十八文。其官品第一至于第九，各以贵贱占田，品第一者占五十顷，第二品四十五顷，第三品四十顷，第四品三十五顷，第五品三十顷，第六品二十五顷，第七品二十顷，第八品十五顷，第九品十顷。而又各以品之高卑荫其亲属，多者及九族，少者三世。宗室、国宾、先贤之后及士人子孙亦如之。而又得荫人以为衣食客及佃客。品第六以上得衣食客三人，第七第八品二人，第九品及举辇、迹禽、前驱、由基、强弩、司马、羽林郎、殿中冗从武贲、殿中武贲、持椎斧武骑武贲、持鈒冗从武贲、命中武贲武骑一人。其应有佃客者，官品第一第二者佃客无过五十户，第三品十户，第四品七户，第五品五户，第六品三户，第七品二户，第八品、第九品一户。

> 是时天下无事，赋税平均，人咸安其业而乐其事。

下面对作为经济法律制度的占田制、课田制和户调制、荫客制的内容试作申论。

（一）占田制

首先阐述作为法律术语"占田"的含义。"占"可作自报、登记、注册解。《史记》卷三十《平准书》："各以其物自占。"《索隐》曰："按郭璞云：'占，自隐度也。'谓各自隐度其财物多少，为文簿送之官也。若不尽，皆没入官。"《后汉书》卷八十九《王成传》："（王成为胶东相）劳来不息，流民自占者八万余口。"两例都是自报、登记的意思。汉至魏晋一般是按此意思使用"占田"一词。秦有"使黔首自实田"，意为命令全国平民（包括农民和没有爵禄的地主）要自向政府如实呈报自己占有的土地。汉代有"名田"，《史记·平准书》司马贞《索隐》对不许有市籍商人"名田以便农"句解释道："商人有市籍，不许以名占田也。"可知"名田"，是由"以名占田"的登记方式而来。"自实田"、"名田"是与"占田"内涵相近的法律术语。由此亦可知"占田"的法律渊源。

占田令里包含两类不同性质的占田制，一为一般农民及庶族地主为对象的占田制，一为以世族地主为主体的官僚地主占田制。首先谈前者。一般平民占田，男子一人占田七十亩，女子一人可占田三十亩。此处法律条文中仅提男子、女子，没明确划分丁男、丁女与次丁男、次丁女，其范围相当宽泛，凡是著籍于国家的编户齐民，不分年龄,均可按法令规定计口占田。国家法令允许编户农民申报登记法定标准额度以内个人实际占有的土地,并确认其所有权,可以享受法律规定的占有、使用、收益、处分等多种所有权的权能。在社会实际生活中,农民很难如数占有土地,庶族地主或者能高出限额,一般农民大概多低于限额。对于高出限额的土地,以理推测,大概不允许登记,也就不承认其所有权。

占田制下每家农户能否占足定额,在很大程度决定于其有否人力、物力进行垦荒,当时"地有余羡",能开荒即能更多地占田,因而占田制有鼓励农户垦荒的积极作用。

西晋占田令内另有品官等级占田制。占田制首列诸王公侯占田:京城内"得有一宅之处。近郊田,大国田十五顷,次国十顷,小国七顷"。关于贵族地主与官僚地主的占田,最重要的是品官等级占田。各级官僚地主占田按品级高下有不同的标准额度,一品可占田五十顷,以下每品递减五顷,九品可占十顷。品官占田实际上是对官僚地主已经占有土地的法律确认,承认其所有权。如果已占有的土地低于法令规定的额度,可依法占足;如超过了法律规定的额度,如何处置,占田制无明确的法律规定,联系占田制以前的情况,是要受到弹劾的。

马克思指出:"只是由于社会赋予实际占有以法律的规定,实际占有才具有合法占有的性质,才具有私有财产的性质。"[①]西晋的占田制是法律上对自耕农、庶族地主、世族地主已占有土地的事实的法律认可,促进了土地私有制的发展。

(二) 课田制和户调制

作为田赋课征的法律术语的"课田",主要为对私有土地课征田税。西晋课田制既然是田赋课征的法规,其实施范围当然是占田,即前述农户向政府申报登记并经政府确认的私有土地。

课田制规定,丁男课田五十亩,丁女课田二十亩,次丁男半之,次丁女不课,老小不课。"次丁男半之",史学界多认为系丁男一半二十五亩。占田制男子占田七十亩、女子占田三十亩,是允许平民拥有私有土地的最高限额,与课田亩数有差额。西晋政府允许且鼓励农民占足法定额度的土地,但不负责给未达到法定数量的平民补足缺额的土地,在课征田税时,却一律按照占田标准农户的课田标准的土地数量来计算。课田实质上是应纳田租的田亩数量,是每个农户必须保证耕种的最低数量的土地面积,带有强制性、固定性的特点。

西晋时与律令并行的,律令以外的制书、诏诰等法律文书的汇编称《晋故事》。《初学记》卷二七引《晋故事》记载了田租户调的具体数字。西晋委实有田租、户调制,但《晋书》中无田租具体数量的记载,因而《初学记》所引就非常珍贵。引文是这样写的:"凡民丁课田夫五十亩,收租四斛,绢三匹,绵三斤。凡属诸侯,皆减租谷亩一斗(一升之误),计所减以增诸侯。绢户一匹,以其绢为诸侯秩。又分民租户二斛,以为诸侯奉。其余租及旧调绢,二(疑为绢之误)户三匹,绵三斤,书(应为尽)为公赋,九品相通,皆输

---

① 马克思:《黑格尔法哲学批判》,载《马克思恩格斯全集》第1卷,人民出版社1956年版,第382页。

入于官,自如旧制。"由于《晋书·食货志》记载简略,甚至失载,而《晋故事》文字多有讹误,所以关于西晋平民应纳田租数量,是以户计抑或以丁计、以亩计,已经聚讼多年。我们认为以丁计史料根据更充分。虽然以丁为课征对象,但在实际课征时则是以户为单位,按户计丁,按丁计课。丁男、次丁男、丁女分别规定了不同的数量。国家按每户应课丁口总数计算课田面积,再按课田面积乘以每亩八升,这就是该户应纳科田税额。每亩八升,是根据《晋故事》所记"凡民丁课田,夫五十亩,收租四斛",计算出来的。

西晋占田制下,占田对象仅笼统地提男女,没有明确地划分丁男、丁女与次丁男、次丁女,占田范围相当宽泛,凡著籍于国家编户的人口,不分年龄,皆可按规定额度计丁占田。这就造成每户人口愈多,占田愈多。课田不是,只有男女正丁和次丁男有课田,也就是按国家法令规定的课田额度交纳田租。这样以来,农户人口愈多,占田愈多,而人口应课田数只及正丁和次丁男,人均应课田数及应纳田租反而愈少,增田不增田租。这实际上是鼓励人口增殖。

占田制下对农民的剥削是加重了,抑或减轻了,史学界多有争论。占田制下课田每亩纳税八升,比曹操于建安九年(204 年)所定"田租亩四升",看似增加了一倍。但实际上农户在占田制下所纳田租为课田的田租,户内仍有非正丁人口占田而不纳租,因而不能笼统地说占田制下农户负担的田租增加了。有的学者计算,如一对夫妇仅占田一百亩,田租略高于曹魏时期,如加上不课田的人口所占土地,每亩会低于四升。

户调制也是国家法定的农业税收,与课田制的区别在于它以户为征收对象,故谓之户调。与占田制、课田制同时颁行的新的户调,"丁男之户,岁输绢三匹,绵三斤,女及次丁男户者半输。其边郡或三分之二,远者三分之一。夷人输賨布,户一匹,远者或一丈。"西晋户调额比曹魏时提高二分之一,对边远地区和少数民族有所照顾。西晋户调制的征收办法更完备,将户分作三种类型:丁男户、丁女户、次丁男户,后两种户仅交纳丁男户之一半。

西晋户调制在《晋故事》中记载有如下一句话:"尽为公赋,九品相通,皆输于官,自如旧制。"其中"自如旧制"是指继承曹魏之制,其中之一即"九品相通",亦即曹魏征户调时"九品混通"之制。也就是说户调制规定的"绢三匹,绵三斤"是丁男户户调的法定标准数量,在实际征收时是根据各户家赀的高低分为九等,资产多者按高于标准量递增,资产少按低于标准量递减。这就是《晋故事》中的"九品相通",一作"九品混通"。其中家赀包括土地、住宅、园圃、奴婢及其他动产。政府在征收时,全国户调的总额是相对稳定的,用此保证国家财政收入之可靠,另一方面各户根据自己的家赀等级交纳数量不同的户调,又体现了"赋税平均"[①]的精神。

西晋户调课征的实物主要是绢、绵,但也因地制宜。北方不宜蚕桑,允许以布麻折纳,例如,"上党及平阳上麻二十二斤,下麻三十六斤当绢一匹"[②]。

[①] 《晋书》卷二十六《食货志》。
[②] 《太平御览·百卉部二》引《晋令》。

(四) 荫客制

三国以来的官僚地主享有的赋役豁免特权,至西晋时法典化。

西晋时官品荫亲属制由法律作出规定,各级官僚"各以品之高卑荫其亲属,多者及九族,少者三世。宗室、国宾、先贤之后及士人子孙亦如之"。"宗室"指司马氏皇族,"国宾"指曹魏后代,"先贤之后"即孔孟等之后代,"士人子孙"指未担任现职官僚的名门大家,他们和各级官僚一样都可荫庇范围大小不等的亲属。"三世"指父、子、孙三代,九族包括高祖、曾祖、祖、父、己身、子、孙、曾孙和玄孙九代。"荫"是法律用语,或曰受荫者可减免向国家交纳的赋役,或曰受荫者犯法量刑时可减免刑罚,这里指前者,受荫者可免除课役。

荫客制是与荫亲属并行的经济法令。客有两类,一为佃客,乃封建依附农民;一为衣食客,指官僚地主家中有点文化和管理才能的帮闲和管家。按官品高低规定了对佃客和衣食客荫庇的不同数额:"其应有佃客者,官品第一、第二者佃客无过五十户,第三品十户,第四品七户,第五品五户,第六品三户,第七品二户,第八、第九品一户。"衣食客,第六品以上可得三人,第七、八品二人,第九品一人。

秦汉时期大地主的豁免特权主要在徭役豁免方面,魏晋南北朝时期的豁免权不仅在徭役方面,同时也表现在赋税方面,西晋占田制下荫亲属、荫客制是这种特权的法典化,这对中国历史影响巨大。士族,不论现职官僚或非现职官僚,都可以按照官品尊卑与门阀高低,享受荫亲属荫客的特权。这在中国历史上第一次获得法律的确认。户调式中虽没明确规定士族(不论是现职或非现职官僚)拥有免税免役的特权,但既然其亲属、佃客和衣食客均有不出租调和不服徭役的特权,他们自身也有免税免役的特权,应当是不言自明的。如果说曹魏、东吴时期官吏、将领获得的"租牛客户"与"复田"、"复客"的特权还没有普遍化的话,那么,自西晋户调式法令的颁布之后,所有在职官僚、皇族及世家子弟都按照国家统一的法令,获得免役免税的特权。西晋时士族地主的免役、免税特权法典化了。

西晋的占田制既吸收了前朝土地法令和有远见思想家"限民占田"的思想,又考虑到占田法令实施的历史条件。男女计丁占田的办法,既肯定了编户均可占田的权力,又区别了男女劳动力的不同生理特点;官民占田的不同标准,既体现了照顾不同阶级与特权等级的既得利益,又贯彻了充分开发利用土地的精神,这都在不同程度上影响了北魏至唐代的均田制。

北魏至隋唐的均田制下均向民户征收"调",可见"调"的出现其影响十分深远。

西晋实行的户调式,即土地、田赋、劳动人口管理新体制,促进了太康年间经济繁荣和社会安定。史称:

> 太康之中,天下书同文,车同轨,牛马被野,余粮栖亩,行旅草舍,外闾不闭。

民相遇如亲,其匮乏者取资于道路,故于时有天下无穷人之谚。①

《晋书·食货志》也有大体相同的概述。其中不乏史家溢美之词,但对社会的总体把握当与史实相去无几。太康元年(280年),有户2459840,至太康三年(282年),户3770000,三年内增加了130万户。人口自然增长绝达不到这个速度,主要原因是户调式法令颁布,允许并鼓励农民占田,故纷纷著籍,"民乐其生"②。

西晋占田制所包括的品官等级占田制和荫亲属荫客制对门阀制度的确立起到很大作用。门阀制度是确认与维护士族特殊地位的等级特权制。门阀地主的特殊的经济地位体现在经济立法方面是品官占田制和荫亲属荫客制。

西晋的占田制,由于西晋国祚短促,历史文献中不见关于具体推行的史料,向为史家所忽视,但其在中国土地法制史上占有极其重要的地位。

四、魏晋时期对土地所有权的保护

(一) 对国家土地所有权的保护

土地所有权始终是封建时期财产所有权的主要内容。魏晋时期国有土地资源是土地所有制的基本形式之一,国有土地受到法律保护。

曹魏维护屯田制下的土地国有。曹芳继位后,由曹爽、司马懿辅政,曹爽重用私党何晏等人,"晏等专政,共分割洛阳、野王典农部桑田数百顷,及坏汤沐地以为产业"③。至魏末晋初,国有土地仍不断被侵夺,所以晋武帝继位之初,便颁发禁止占田的诏令:

> 泰始初,(李憙)封祁侯。憙上言:"故立进令刘友、前尚书山涛、中山王睦、故尚书仆射武陔各占官三更稻田,请免涛、睦等官。陔已亡,请贬谥。"诏曰:"法者,天下取正,不避亲贵,然后行耳,吾岂将枉法其间哉!然案此事皆是友所作,侵剥百姓,以缪惑朝士。奸吏乃敢作此!其考究友以惩邪佞。涛等不贰其过,皆勿有所问。……今熹亢志在公,当官而行,可谓'邦之司直'者矣。……其申敕群僚,各慎所司,宽宥之恩,不可数遇也。"④

山涛、司马睦、武陔在《晋书》皆有传。山涛乃曹魏旧臣,曾"迁大将军从事郎中",颇得司马昭信任。入晋,守大鸿胪,进爵新沓伯。后除尚书仆射,领吏部。司马睦为晋宗室,司马懿之弟司马进的儿子,仕魏,封安平亭侯。入晋封中山王,封邑五千二百户。武陔,曹魏旧臣,累官司隶校尉,转太仆卿,司马昭甚亲重之。晋太始初,拜尚书,迁左仆射、左光禄大夫,开府仪同三司。史称"宿齿旧臣,名位隆重"。这样三个位高权重的人,因为侵夺了国有土地,也要受到弹劾,李憙要求对他们免官贬谥。更重要的是晋武

---

① 干宝:《晋纪·总论》。
② 《晋书》卷五《愍帝纪》引干宝《晋纪·总论》。
③ 《三国志·魏志》卷九《曹爽传》。
④ 《晋书》卷四十一《李憙传》。

帝的诏令:"法者天下取正,不避亲贵。"看来晋武帝连"亲贵"也不允许侵占官田。晋武帝将侵占官田的刘友斥之为"奸吏",并"申敕群僚,各慎所司,宽宥之典,不可数遇也"。晋武帝在保护国有土地所有权方面态度相当坚决。

李憙还依法检举过裴秀侵占国有土地。《晋书》卷三十五《裴秀传》载:

> 司隶校尉李憙复上言,骑都尉刘尚为尚书令裴秀占官稻田,求禁止秀。诏又以秀干翼朝政,有勋绩于王室,不可以小疵掩大德,使推正尚罪而解秀禁止焉。

向秀在曹魏时累迁至尚书仆射。司马昭立嗣未定时,司马昭喜欢谦和儒雅的司马攸,对长子司马炎有所忽视,司马炎甚至有被废黜的危险。据《晋书·向秀传》记载,正是在此时向秀对司马昭进言:"中抚军(司马炎)人望既茂,天表如此,固非人臣之相也。"由于此,司马炎才巩固了世子的地位,司马炎在上引诏书中说向秀"有勋绩于王室"盖即指此。对于向秀,司马炎是可以赦免的,但骑都尉刘尚却被治罪了。

我们不见西晋政权为保护国有土地特别颁发律令,但史实中所见,西晋政权对保护国有土地表现出相当魄力。

(二) 对私有土地所有权的保护

西晋对土地私有权的保护最重要的当然是占田制,占田制确认了在法定额度内私人实际占有土地的所有权,占田者享有法律规定的占有、使用、收益、处分等各种权能。对这些前已有论述,我们要申述的是土地私有的法律观念愈来愈深入人心。

晋武帝太康年间,也就是占田法令颁布后,朝廷之上进行过一次大辩论,《晋书》卷四十六《李重传》是这样记载的:

> 时太中大夫恬和表陈便宜,称汉孔光、魏徐干等议,使王公已下制奴婢限数,及禁百姓卖田宅。中书启可,属主者为条制。(李)重奏曰:"……周官以土均之法,经其土地井田之制,而辨其五物九等贡赋之序,然后公私制定,率土均齐。自秦立阡陌,建郡县,而斯制已没。降及汉魏,因循旧迹,王法所峻者,唯服物车器有贵贱之差,令不僭拟以乱尊卑耳。至于奴婢私产,则实皆未尝曲为之立限也。八年己巳诏书申明律令,诸士卒百工以上,所服乘皆不得违制,……如诏书之旨,法制已严。今如和所陈而称光、干之议,此皆衰世逾侈,当时之患。然盛汉之初不议其制,光等作而不行,非漏而不及,能而不用也。盖以诸侯之轨既灭,而井田之制未复,则王者之法不得制人之私也。人之田宅既无定限,则奴婢不宜偏制其数,惧徒为之法,实碎而难检。方今圣明垂制,每尚简易,法禁已具,和表无施。"

史学界很重视《李重传》这条资料,主要分歧在于占田制颁布后,地主,特别是门阀地主是否往往逾制多占土地。然而,我们可以从中读出西晋政权保护土地私有制的信息。

太中大夫恬和提出了西汉孔光和曹魏徐干提出的限田限奴婢的建议,但着重点在"使王公已下制奴婢限额,及禁百姓卖田宅",而不是限田。李重陈述了土地所有制变迁的大趋势:商鞅变法以后,井田不可复,"王者之法不能制人之私"。李重认为土地私有制的发展是大趋势,是任何盛世都具有的,限田限奴婢皆为衰世的言论。"王者之法不能制人之私"与前面"禁百姓卖田宅"相呼应,意在说明王者也不能干预百姓的土地买卖。这种言论在中国历史上还是第一次出现,它清楚地表明西晋时在政治理念中排除了对土地私有权的任何干预。在西晋法律实践中,私有土地产财也受到法律的保护,皇帝也不例外。泰始四年(268 年),晋武帝将举行籍田礼,在诏书中讲到籍田礼定于"处田地于东郊之南,洛水之北",武帝认为"近世以来,耕籍止于数步之中,空有慕古之名",现在"应修千亩之制"。一千亩的空地当难以找到,武帝特命令臣下:"若无官田,随宜便换,而不得侵人也。"①国家举行如此大典,尚且命令不准侵占私田,可见保护土地私有权已经在朝廷内外深入人心。

在指明西晋保护土地私有的同时,也应当指出魏晋时私有土地所有权仍是相对的、不完全不充分的,封建国家是封建土地至高无上的所有者,封建政府仍对土地私有权进行行政干预。魏太和(227—232 年)中,仓慈出任敦煌太守,"旧大族田地有余,而小民无立锥之地",仓慈下令将大族多余的土地,"皆随口割赋,稍稍毕其本直"②。这是强迫地主将多余土地贱价卖给农民,是明显对土地买卖中的行政干预。

第三节 东晋南朝土地所有制的形式及其管理

东晋南朝的土地制度仍然沿着秦汉三国西晋的道路发展,其土地法制也基本上沿续秦汉至西晋的土地法制,但有所变更。

东汉以来逐渐形成一部分世代相袭的特权地主,西晋时通过品官占田制、荫亲属荫客制,他们按其品阶品级的高低而得到不同数量的土地和佃客的经济特权,因而成为门阀地主阶层。这都为东晋和南朝所继承。东晋南朝采取一系列维护世族地主阶级利益的措施,世族地主阶级发展至极盛阶段。世族地主疯狂侵占国有土地危及了封建皇权的统治,引发皇权同世族地主在争夺山林川泽方面的斗争,遂有官府禁止侵占山林川泽的法令。东晋南朝禁止占山封水的法令有张有弛,但总的情况是法令混乱,往往以退让、妥协而告终。

东晋南朝时大量北方人南迁,侨置郡县的设置造成特有土地管理法制——土断的出现。

东晋南朝二百七十年间,在刘宋元嘉年间和梁武帝天监、普通年间社会相对安定,颁布了一些扶植小土地私有制的政策法令。

东晋南朝时期庶族地主得到缓慢发展,但不见封建王朝发布的有关庶族地主的土地法制。魏晋南北朝时期,特别南北朝出现特殊的地主土地私有制形态,即寺院地主土地私有制形态。与此相应的就有僧官制度和皇权与寺院地主间争夺土地的斗争。

---

① 《晋书》卷十九《礼志上》。
② 《三国志·魏志》卷十六《仓慈传》。

一、东晋南朝大土地私有权的极度膨胀与立法限制

东晋南朝的世族地主是由两部分人为基础发展起来的,一是由三国孙吴政权时期发展起来的世族地主。东汉末北方军阀混战,北方世族地主纷纷南下江东,他们同孙氏为首的江南豪族相结合,形成了孙吴的"势力倾于邦国,储积富于公室"的世族地主。西晋平吴后,他们的势力得以保存。在西晋占田、荫客制下,江南世族地主获得了与北方世族相同的特权。西晋灭亡,他们的特权和大土地私有制没受到任何触动。二是西晋灭亡,北方世族地主大量南迁,他们麇集于建康及其附近地区。东晋政权认为"若不容置此辈,何以为京都",对北方南迁的世族地主百般优容。他们仰仗政治势力,迅速占有大批土地,成为江南另一批世族地主。

东晋南朝门阀地主占有土地主要通过以下途径:一为祖宗世业,江南原孙吴世族地主多是如此。二为赐田,东晋王导在建康有赐田八十顷,从史书可以看出直到萧梁时,其后代仍保有这一赐田。又如刘宋时,赐王悦良田五顷。三为侵夺民田,如晋宋之际,"权门并兼,强弱相凌,百姓流离,不得保其产业"①。四为侵夺公田和山泽。梁武帝在诏书中就写道:"豪家富室,多占取公田"②,封占山泽者更比比皆是。五为购买土地,史书于此记载不多。

东晋南朝采取一系列维护世族地主大土地所有制的政策。有些是有法令可查的,有些虽无法令可查,但从史书记载中可见其在事实上的存在;有的是成文法,有的则是不成文的新的为政府认可的习惯法,即所谓"山湖之禁,虽有旧科,民俗相因,替而不奉"③。

东晋南朝保护世族地主的大土地所有制的法制有以下诸项:首先,西晋时的占田制、荫客制并未废除,而在实际执行中对世族地主占田荫客都有明显放宽。《隋书·食货志》记载有梁、陈旧制,其中没有品官占田制,无占田制不是无意中遗漏,而是西晋时品官占田已远不能满足世族地主占田的欲望,他们要求突破西晋占田制的限额。前述赐王导田八十顷就突破了西晋品官占田的最高限额三十顷。其次,允许北来的世族地主在江南封占山泽,东晋南朝地主不惜破坏自秦汉以来"山海、天地之臧,宜属少府(供养皇室)"的传统,不断放宽不准世族地主侵占山林的法令。再次,为南来的北方门阀地主另立不税、不役的白籍。

东晋南朝禁止门阀地主侵占山林,实际上占山封水愈演愈烈。最典型的是谢灵运和孔灵符。《宋书》卷六十七《谢灵运传》有如下记述:

"(谢灵运)性豪奢,车服鲜丽,衣裳器物,多改旧制。""灵运父祖并葬始宁县,并有故宅及墅,遂移籍会稽,修营别业,傍山带江,尽幽居之美。""灵运因父祖之

---

① 《宋书》卷二《武帝纪中》。
② 《梁书》卷三《武帝纪下》。
③ 《宋书》卷五十四《羊希传》。

> 资,生业甚厚。奴僮既众,义故门生数百,凿山浚湖,功役不已。寻山陟岭,必造幽峻,岩嶂千重,莫不备尽。……尝自始宁南山伐木开径,直至临海,从者数百人。临海太守王琇惊骇,谓为山贼,徐知是灵运乃安。"

谢灵运不满足于占山,又要将回踵湖放水,将沿湖泄水后露出的湖田据为己有,引发了与地方官的矛盾。

> 会稽东郭有回踵湖,灵运求决以为田,太祖令州郡履行。此湖去郭近,水物所出,百姓惜之,(会稽太守孟)顗坚执不与。灵运既不得回踵,又求始宁岯崲湖为田,顗又固执。灵运谓顗非存利民,正虑决湖多害生命(孟顗信佛,认为决湖则杀生),言论毁伤之,与顗遂构仇隙。因灵运横恣,百姓惊扰,乃表其异志,发兵自防,露板上言。

官司打到皇帝面前,刘宋太祖刘义隆认为谢灵运被诬告,不加罪。谢灵运此次决湖造田虽未得逞,由其所撰《山居赋》中自言:"其居也,左湖右江,往渚还汀。面山背阜,东阻西倾。"可知谢灵运祖、父及自身三代不知占了多少山,封了多少水。对此,谢灵运在《山居赋》中有如下铺陈:

> 敞南户以对远岭,辟东窗以瞩近田,田连岗而盈畴,岭枕水而通阡。阡陌纵横,塍埒交经,导渠引流,脉散沟并。……南山则夹渠二田,周岭三苑,九泉别涧,五谷异穰。……北山二园,南山三苑,百果备列,乍近乍远,罗行布株,迎早候晚。

这都是谢氏侵占山林川泽利用挟藏户口开垦而成。另一个占山封水的典型是孔灵符:"灵符家本丰,产业甚广,又于永兴立墅,周回三十三里,水陆地二百六十五顷,含带二山,又有果园九处,为有司所纠,诏原之。"[①]

由谢灵运、孔灵符建立庄园过程可知,其占山封水是非法的。之所以非法,受到地方官的纠劾、反对,原因之一在于山川林泽为国有;之二在于断了穷民的生计,即"贫弱者薪苏无托"。虽然占山封水为非法,但作为最高统治者的皇帝都免了他们的罪,甚至给以支持,刘宋太祖就命州郡官吏支持谢灵运决湖占田。

世族门阀地主肆无忌惮地占山封水,必然引起世族地主与封建国家、封建皇权的争夺山林的矛盾斗争,东晋南朝颁发了不少禁止侵占山林川泽的法令,也制定了允许品官占山封水的法令。

(一) 东晋咸康二年(336年),制定了"壬辰之科",颁发诏书:"占山护泽,强盗律论,赃一丈以上,皆弃市。"[②]东晋时对盗国家财物者处罚很重,"占山护泽,强盗律论",意即从重处罚,"皆弃市"。《晋律》规定,盗御物弃市,可见占山护泽被认为是盗窃皇帝老爷的御物。

---

① 《宋书》卷五十四《孔灵符传》。
② 《宋书》卷五十四《羊希传》。

（二）东晋安帝义熙年间，刘裕掌军政大权。义熙九年（413年），刘裕借安帝的名义，颁诏禁占山封水："先是山湖川泽，皆为豪强所专，小民薪采鱼钓，皆责税直，至是禁断之。"①

（三）刘宋文帝元嘉十七年（440年），文帝诏书中指出："山泽之利，犹或禁断"是"伤治害民"，要求地方官"明加宣下，称朕意焉"。②

（四）宋孝武帝大明（457—464年）初年，朝廷规定现任官吏按官品高低确定占山顷数，超限额者依常盗律论罪，废除咸康二年的壬辰之科。《宋书》卷五十四《羊希传》记有此事：

> 大明初，（羊希）为尚书左丞。时扬州刺史西阳王（刘）子尚上言："山湖之禁，虽有旧科，民俗相因，替而不奉，燓山封水，保为家利。自顷以来，颓弛日甚，富强者兼岭而占，贫弱者薪苏无托，至渔采之地，亦又如兹。斯实害治之深弊，为政所宜去绝，损益旧条，更申恒制。"有司检壬辰诏书："占山护泽，强盗律论，赃一丈以上，皆弃市。"（羊）希以"壬辰之制，其禁严刻，事既难遵，理与时弛。而占山封水，渐染复滋，更相因仍，便成先业，一朝顿去，易致嗟怨。今更刊革，立制五条。凡是山泽，先常燓爈种养竹木杂果为林菇，及陂湖江海鱼梁鳅鮆场，常加功修作者，听不追夺。官品第一、第二，听占山三顷；第三、第四品，二顷五十亩；第五、第六品，二顷；第七、第八品，一顷五十亩；第九品及百姓，一顷。皆依定格，条上赀簿。若先已占山，不得更占；先占阙少，依限占足。若非前条旧业，一不得禁。有犯者，水土一尺以上，并计赃，依常盗律论。停除咸康二年壬辰之科"。从之。

下面试作分析。

首先，占山封水日趋成为严重的社会问题。刘子尚是宋孝武帝之第二子，被封为西阳王时年仅六岁（五周岁），至大明初年不过是个八九岁的少年，不可能满腹经纶，畅议社会问题，肯定是扬州刺史幕府中的下僚代劳。世族地主占山封水对西阳王来说不可能有切肤之痛，幕僚替他担心的是这一严重的社会问题已危及封建王朝和西阳王的地位。至于羊希，皇帝也讨厌他"轻薄多衅"，应属于敢于对社会问题发议论的官僚。他也深感占山封水"实害治之深弊"，是不禁不行了。

其次，羊希提出来的"立制五条"实际上是封建国家对世族地主的让步。第一，废除对占山封水惩处严苛的"壬辰之科"。对即使已占足山林顷亩，但仍然强占山林者的惩处也减轻了。按"壬辰之科"，依"强盗律论"，按晋律"若加威势下手取财为强盗"；而羊希"立制五条"则"依常盗律论"，常盗指以秘密方式窃取他人财物。依前者处罚为弃市，依后者则区别不同情节定罪量刑，也减轻了。第二，现任官吏，一律按官品高低合法地占有山林，所占山林顷亩依官品高低递降。前此所占山林顷亩不足，可依法占

---

① 《宋书》卷二《武帝纪中》。
② 《宋书》卷五《文帝纪》。

足;如已占足,不得依法再占。品官所占山林登记在自己财产簿(赀簿)上,等于承认是其私有财产。第三,凡是在此之前所占山林川泽之上已种植了竹木杂果及建有捕鱼设施者,可不再追夺,承认其合法私有。

再次,此大明年间羊希建议的"立制五条"并未很好执行。遍检史书不见切实实施"立制五条"的史料。由《羊希传》所记,刘宋王朝对羊希建议仅以"从之"二字轻松带过,并未采取切切实实的措施。故羊希建议后,南朝世族依旧无节制地占山封水。就在刘宋朝廷肯定了羊希建议不久,浙江的情况是:"会稽多诸豪右,不遵王宪。又幸臣旧习,参半宫省,封略山湖,妨民害治。"①世族地主既然"不遵王宪",任何法律都难以遏制他们占山封水的贪欲。刘宋大明初年的政治环境也决定了羊希建议的"立制五条"难以有效地实施。刘宋的创立者刘裕死后,宫廷内部骨肉相残。孝武帝继位之初就发生了孝武帝六叔刘义宣的叛乱,大明三年(459年)又有孝武帝六弟刘诞据广陵(今江苏江北淮南地区)抗命,命沈庆之领兵击之。大明二年(458年),彭城(今徐州)民高阇、沙门昙标密谋起义,事发,皆被杀。朝廷内外动乱,加上孝武帝荒淫无度,朝廷无暇,也无力有效地推行新的法制。羊希建议难以有效实施也与刘宋政治运行体制有关。刘裕鉴于东晋门阀势盛,威权下移,所以外藩皆托付宗室。刘裕谕"京口(南徐州治所,今江苏镇江)要地,去都邑密迩,自非宗室近戚,不得居之"②。荆州也是如此,"以荆州上流形势,地广兵强,遗诏诸子次第居之"③。除了荆、扬、南徐州以外,其他重要州镇,也大都由诸王出任刺史。诸王掌握有方镇的军队,还兼任地方最高行政长官,形成半独立的政权,刘宋中央法令无法很好地贯彻执行,前述会稽地区"不遵王宪",即其例证。

(五)大明七年(463年),宋孝武帝颁诏:"前诏江海田池,与民共利。历岁未久,浸以弛替,名山大川,往往占固。有司严加检纠,申明旧制。"④引文中"前诏"当与羊希建议无关,因其中没关涉到品官可占山林。细查史书,《宋书》卷六《孝武帝纪》有减轻百姓徭赋减少宫廷糜费一诏,其中写道:"其江海田池公家规固者,详所开弛。贵戚竞利,悉皆禁绝。"这都是无具体措施、无严厉的惩罚手段的一般诏书,很难说得到有效的执行。前者倒是为禁占山封水专门颁诏,后者仅是在诏书中一笔带过。大明七年诏中"有司严加检纠,申明旧制","旧制"所指为何,我们也不清楚。

(六)南齐高帝建元元年(479年),齐高帝萧道成于继位之初颁诏:

> 自庐井毁制,农桑易业,盐铁妨民,货鬻伤治,历代成俗,流蠹岁滋。援拯遗弊,革末反本,使公不专利,氓无失业。二宫诸王,悉不得营立屯邸,封略山湖。⑤

---

① 《宋书》卷五十七《蔡兴宗传》。
② 《宋书》卷七十八《刘延孙传》。
③ 《宋书》卷六十八《刘义宣传》。
④ 《宋书》卷六《孝武帝纪》。
⑤ 《南齐书》卷二《齐高帝纪下》。

萧道成为表示自己代宋称帝会有仁政施之于民而颁发的此诏,内中大都为不切实际的废话,更何况他禁止的仅是"二宫诸王"之封略山湖。至于一般世族封山湖他也知道禁不住,何况他还要世族支持他的统治,他一向不敢得罪世族首领。

(七)梁武帝天监七年(508年),梁武帝为山林之禁颁发了一纸诏书:

> 刍牧必往,姬文垂则;雉兔有刑,姜宣致贬。薮泽山林,毓材是出,斧斤之用,比屋所资。而顷世相承,并加封固,岂所谓与民同利,惠兹黔首?凡公家诸屯戍见封熂者,可悉开常禁。①

这倒是为反对占山封水专门发布的诏书,他也知道自古都允许穷困百姓进山砍柴,这是百姓的生活来源。但他对世族地主封固山林,仅有道义上的责问,并无切实可行的法令条文。

(八)梁武帝大同七年(541年)十二月,梁武帝颁诏指斥时弊,其中有关占山封水之禁的内容:

> 又复公私传、屯、邸、冶,爰至僧尼,当其地界,止应依限守视;乃至广加封固,越界分断水陆采捕及以樵苏,遂至细民措手无所。凡自今有越界禁断者,禁断之身,皆以军法从事。若是公家创内,止不得辄自立屯,与公竞作以收私利。至百姓樵采以供烟爨者,悉不得禁;及以采捕,亦勿诃问。若不遵承,皆以死罪结正。②

这是自刘宋大明年间以来措辞最为严厉的禁止占山封水的诏书。细读诏书,可知其已对世族地主及僧尼作了让步,因为从前已占的,可以"依限守视"。

东晋南朝有关世族地主封水占山的法令是混乱的,是无效的。法律必须具有相对的稳定性和连续性,不能朝令夕改。东晋南朝关于禁止占山封水的法令却不是这样,东晋咸康二年(336年)的"壬辰之科"重法惩处占山封水,到刘宋大明初年的羊希建议允许品官可按官品高低法占有山林,非法占有山林的惩处也减轻了,到梁武帝时非法占有山林不过仅受到道义上谴责。如此自相矛盾,混乱不堪的法令,正如恩格斯所指出的:"因内在的矛盾而自己推翻自己。"法律自相矛盾,使人感到无所适从,手足无措。细检我们上列七项有关禁止占山封水的法令,仅羊希建议注意到法令的和谐性,明白废止"壬辰之科",使法令保持和谐统一,其他项法令则置以前法令于不顾,不管矛盾与否,自说自话。这样一来,法令就没有可操作性了。

说东晋南朝禁止占山封水法令无效,还因为当时政治环境的混乱。"城头变幻大王旗",走马灯似的朝代更替,二百年间,换了五家皇帝,最短命的南齐,国祚不过二十三年。每个小王朝内,又是宫廷争斗,又是叛乱相仍,中央政权无力去贯彻已有的法令。

---

① 《梁书》卷二《武帝纪中》。
② 《梁书》卷三《武帝纪中》。

东晋南朝维护世家地主阶级的利益。谢灵运要求决会稽东郭回踵湖以为田,刘宋太祖竟然"令州郡履行"。就是这位刘宋太祖在颁发的诏书中指出:"山泽之利,犹或禁断"是"伤治害民"之举,要求地方官予以禁止。南朝最高立法者在法令中禁止占山封水,在现实生活中又动用政权力量支持占山封水,维护世族地主阶级的利益。东晋南朝禁止侵占山林川泽地的法令逐步放宽,正是东晋南朝统治者维护世族大土地所有制的结果。

我们论述中指出东晋南朝禁止世族地主占山封水的法令等于具文,对世族地主让步,也是相对的。世族地主的贪欲是无止境的,封建国家有其自身的利益,有些中央的政策和地方政府反对世族地主占山封水的政策确实起到实实在在的作用。

东晋时的刁协及其诸子,"素殷富,奴客纵横,固吝山泽,为京口之蠹"。在桓玄篡位时支持桓玄,后老少皆被杀。刘裕借机将其家财散给百姓,其封占山泽亦开禁。① 刘宋明帝泰始年间蔡兴宗任会稽太守,"会稽多豪右,不遵王宪。又幸臣近习,参半宫省,封略山湖,妨民害治。兴宗皆以法绳之。会土全实,民物殷阜,王公妃主,邸舍相望,桡乱在所,大为民患,子息滋长,督责无穷。兴宗悉启罢省"②。蔡兴宗立朝正直敢言,连皇帝也怕他三分,史称"以方直见惮",所以在会稽任内敢于搏击豪强。前引孔灵符产业甚广,又于永兴建立庄园,周回三十三里,水陆地二百六十五顷,受到地方官的纠劾,后因答对不实而被免官。③ 谢灵运两次想决湖为田,刘宋太祖刘义隆已经令州郡履行,由于太守孟顗的抵制而未果。④ 梁朝顾宪之任婺州太守时,"竟陵王于宣城、临成、定陵三县立屯,封山泽数百里,禁民樵采"。顾宪之依法向竟陵王上陈不可封山泽,"言甚切直",竟陵王只得下令解除山泽之禁。⑤

上举数例禁止世族地主占山封水,其突出特点在于全为地方官所发布政令,得以切实执行。一方面,这与政治斗争有关,例如刘裕之与刁协;另一方面,则与地方官本人的政治品质有关。关于蔡兴宗前已述及。顾宪之为官清正,"累经宰郡,资无担石,及归,环堵,不免饥寒"。顾宪之又敢于与恶势力进行斗争,"至于权要清托,长吏贪残,据法直绳,无所阿纵"。

二、东晋南朝维护自耕农小土地所有权的立法

东晋南朝没有像西晋占田制以及北魏至隋唐的均田制那样,有明确法律条文扶植、维护广大自耕农土地所有制,也没有流传下来或出土法律条文可见其维护自耕农土地所有权。

中国历史上带有规律性的现象是自耕农数量的增减,往往标志着社会生产发展的

---

① 《晋书》卷六十九《刁协传》。
② 《宋书》卷五十七《蔡兴宗传》。
③ 《宋书》卷五十四《孔灵符传》。
④ 《宋书》卷六十七《谢灵运传》。
⑤ 《梁书》卷五十二《顾宪之传》。

迟速和经济的繁荣和衰败,更关系着国家赋役收入的多寡。历朝只要是较为清醒的统治者都采取培植自耕农的措施。东晋南朝总体上看是自耕农萎缩时期,但东晋南朝某些统治者还是采取了一些措施、颁布了一些法令减少自耕农的赋役负担,我们认为这是间接的维护自耕农的土地所有权。自耕农经济具有不稳定性的特点,其主要原因是封建国家赋役负担的加重。封建赋役加重,必然逼使自耕农卖掉土地,转化为佃农或者雇农。故封建赋役的减轻,在某种程度上就是维护自耕农土地所有权。

东晋王朝继承了西晋士族的腐朽性,统治阶级的内部斗争与东晋王朝相始终。这决定了东晋王朝不可能从总体上有效地促进生产的发展、减轻民众负担,但个别的法令还是有的。东晋元帝太兴元年(318年),颁诏:"徐、扬二州土宜三麦,可督令熯地,投秋下种,至夏而熟,继新故之交,于以周济,所益甚大。……勿令后晚。"①其后频年旱蝗灾,因种麦而民众获益甚多。穆帝升平元年(357年),因立皇后大赦天下,并令"逋租宿债皆勿收"②。孝武帝宁康二年(374年),皇太后颁诏:"三吴奥壤,股肱望郡,而水旱并臻,百姓失业,夙夜惟忧,不能忘怀,宜时拯恤,救其彫困。三吴义兴、晋陵及会稽遭水之县尤甚者,全除一年租布,其次听除半年,受振贷者即以赐之。"③

刘宋在刘裕和他的儿子刘义隆时期,是刘宋的兴盛时期,也可以说是南朝兴盛时期。刘裕和刘义隆父子采取了一系列减轻人民负担的措施。晋安帝的王皇后死,原有"脂泽田四十顷",在临沂(侨置,在今江苏句容县境内)、湖熟(今南京东南湖熟镇)一带,刘裕下令将其分赐贫人。④ 当时江南"山湖川泽,皆为豪强所夺,小民薪採渔钓,皆责税直"。义熙九年(413年),刘裕下令禁断。⑤ 刘裕在消灭刘毅后,曾在荆州"宽租省调,节役原刑"。⑥ 刘裕做了两年皇帝而死去。刘裕的继承者中,刘宋文帝刘义隆统治较为清明,在其统治的三十年中,呈现东晋以来未曾有的繁荣景象。

刘宋文帝在刘裕改革的基础上,继续进行一些改革。文帝在诏书中写道:"国以民为本,民以食为天。"他知道扶植小农对自己王朝兴衰的关系。他也知道政治的好坏自己是有责任的,他写道:"加深阴阳违序,旱疫成患,仰惟灾戒,责深在予"。他从天人相应的角度,认识到自己没将国家治理好,老天爷也发怒,降下灾异,用此谴告他。正是基于以上认识,他才能进行一些改革,采取了一些措施扶植小农,也就是维护自耕农的土地所有。

刘宋文帝采取的扶植自耕农的措施主要有劝课农桑、蠲免赋役、救灾赈贫和开荒等。刘宋文帝发布的劝课农桑最早的法令在元嘉八年(431年),诏曰:"自顷农桑惰业,游食者众,荒莱不辟,督课无闻,一时水旱,便有罄匮,苟不深存务本,丰给靡因。郡

---

① 《晋书》卷二十六《食货志》。
② 《晋书》卷八《穆帝纪》。
③ 《晋书》卷九《孝武帝纪》。
④ 《晋书》卷十《安帝纪》。
⑤ 《宋书》卷二《武帝纪》。
⑥ 《资治通鉴》晋安帝义熙八年。

守赋政方畿,县宰亲民之主,宜思奖训,导以良规。咸使肆力,地无遗利,耕蚕树艺,各尽其力。若有力田殊众,岁竟条名列上。"文帝认识到当时地方官督课农桑不力,训诫他们应当对百姓"导以良规",肆力"耕桑树艺"。元嘉二十一年(444年),文帝颁诏,要求旱灾地区青、徐、兖、豫及扬州、浙江西部种小麦;责成官吏速运彭城、下邳的麦种贷给农户;徐州、豫州多稻田,要求地方官兴修水利;并明白告诫地方官要切实执行朝廷法令,"不得但奉公文而已"。文帝对于宋与北魏战争中受魏军劫掠之民众,要求地方官"务尽劝课",贷给粮食籽种,蠲免税调。文帝在位的元嘉三十年内多次救灾,主要是水灾。元嘉十二年(435年)六月,都城建康(今南京)和丹阳、吴兴、淮南、义兴大水,建康城内街市水深可以行船,文帝命用徐豫南兖三州和会稽、宣城二郡的数百斛粮食赈济前述五郡遭水灾的民众。为节约粮食,京城内禁酒。蠲免钱粮在元嘉年间有的是因庆祝文帝登极,"逋租宿债勿复收";有的是出巡所经之地蠲免钱粮;有的是因"淫亢成灾"。其中记载比较具体的有元嘉十七年(440年)蠲免钱粮,史书记载如次:"诏曰,'前所给扬、南徐二州百姓田粮种子,兖、两豫、青、徐诸州比年所宽租谷应督入者,悉除半。今年不收处都原之。凡诸逋债,优量申减。'"①诏书中所言,兖、两豫等州已宽减租谷,今年再蠲一半,粮食失收地方全免。元嘉二十二年(445年),在熟湖(今江苏江宁东)开垦废田千顷。

刘宋文帝在位的元嘉三十年中,劝课农桑者四次,赈灾(主要是水灾)六次,蠲免钱粮六次,大规模开荒一次。元嘉年间史称小康,和这些扶植小农的法令有密切关系。魏晋南北朝史专家王仲荦指出:"刘裕父子的一系列措施,……稳定了正在趋于没落的自耕小农这一阶层,使他们的经济不至日益衰颓。"②这在客观上维护了自耕农的土地所有权。

南齐、梁、陈三朝关于扶植自耕农的措施仍然依刘宋的路数。南齐武帝发布诏书劝课农桑,对地方官的要求相当具体,惩罚亦严厉,文曰:"守宰亲民之要,刺史按部所先,宜严课农桑,相土揆时,必穷地利。若耕蚕殊众,足厉浮堕者,所在即便列奏。其违方骄矜,佚事妨农,亦以名闻。将明赏罚,以劝勤怠。校核殿最,岁竟考课,以申黜陟。"③这是南朝劝课农桑诏书中很突出的一道。蠲免钱粮的诏书也有颁布,梁武帝大同四年(538年),"南兖、北徐、西徐、东徐、青、冀、南北青、武、仁、潼、睢等十二州,既经饥馑,曲赦逋租宿责,勿收今年三调(指调粟、调帛、杂调)"④。南齐时蠲免钱粮要根据民户资产情况,富裕民户不在蠲免之列,称"中赀者"及"高赀不在例"⑤。陈在南朝中是统治区域最小的,但仍有较大范围的救灾措施。陈宣帝太建十二年(580年)颁诏:"夏中亢旱伤农,畿内为甚,民失所资,岁取无托。……其丹阳、吴兴、晋陵、建兴、义兴、

---

① 均见《宋书》卷五《宋文帝本纪》。
② 王仲荦:《魏晋南北朝史》上册,上海人民出版社1979年版,第386页。
③ 《南齐书》卷三《武帝纪》。
④ 《梁书》卷三《武帝纪下》。
⑤ 《南齐书》卷三《武帝纪》。

东海、信义、陈留、江陵等十郡,并诸署即年田税、禄秩、并各原半,其丁租半申至来岁秋登。"①南齐、梁、陈三朝开垦荒地的记载相对较多。梁武帝大同七年(541年)颁诏禁止将荒芜的公田租赁给富民,而下令分给贫民:"凡是田桑废宅没入者,公创之外,悉以分给贫民,皆使量其所能以受田分。"②其后,梁朝由皇帝三次发布诏书,"因饥以后亡乡失土,可听复业,蠲课五年"。这是利用蠲免租调的办法,鼓励农民垦荒。陈朝仍有北方民众大批渡江南下者,陈王朝颁诏,指出这批流民开垦荒地,"并蠲课役","良田废村,随便安处。若辄有订课,即以扰民论"③。这对流民垦荒的政策应当说相当宽松。综观南齐、梁、陈三朝的扶植自耕农维护其土地所有权的法令,应当说有两个特点:其一,法令都是在王朝政治相对清明时颁布的;其二,法令欠具体,无可操作性,因而全部不见具体执行及执行后取得社会效果的记载。

南朝自宋、齐以下大土地所有者已霸占绝大部分已开发的土地,再加以封锢山湖,自耕农能占有的土地已微乎其微。更何况南朝自宋元嘉二十七年(450年)以后,巨额的捐税和经常的战争重担,使正在日趋没落的自耕小农迅速破产,丧失了手中土地。刘宋大明八年(464年),南朝有户九十万六千八百七十,到陈亡时,南朝仅有户五十万。经过一百二十五年,户数反而减少将近一半,主要原因是自耕农不断破产,只得依附于世族地主,成为隐户。

三、土断:东晋南朝特有的土地资源管理制度

西晋永嘉之乱以后,进入中原地区的各少数民族统治者,对汉族人民的压迫和剥削极其残酷,带有异常鲜明的民族压迫、歧视的色彩。每当少数民族贵族统治动摇,对汉族民众控制松弛之时,那些本来"南向而泣,日夜以觊"的中原汉族民众,就通过南北交界的边境线,渡淮越江涌向南方。中原人民流徙南下,集中于荆、扬、梁、益诸州。

据谭其骧教授的研究,南渡人口约九十万,占北方人口总数的八分之一强。也就是说,永嘉之乱以来,北方每八个人之中,就有一人迁至南方,占东晋、南朝辖区人口的六分之一。东晋及南朝政权对如此众多的流民采取了怀柔与安置的办法。一方面拉拢流民领袖如祖逖、苏峻等,让他们参加中央或地方政权,另一方面则在长江南北陆续设置侨州郡,即"各因其所居旧土侨置郡县名,并置守令以统治之"④。居住在侨置郡县的北方流民,被称为"侨人"或"侨居户"。对于这些侨居户,东晋政权将他们编入临时户籍,就是"白籍"。原土著户编入正式户籍,即"黄籍"。从此在南方就出现黄白籍之分。我们要讨论的是,由于侨置州郡和白籍的出现,引起的政府对土地管理的混乱。

首先是侨户的赋役问题。入黄籍的原土著户的土地是要向封建国家纳田赋的,但

---

① 《陈书》卷五《宣帝纪》。
② 《梁书》卷三《武帝纪下》。
③ 《陈书》卷五《宣帝纪》。
④ 胡三省:《通鉴释文辨误》。

持白籍的侨户不修闾伍之法,不在考课之科,凭白籍可以不向官府纳税服役。也就是说,侨户占有的土地不是封建政府考课的对象。也可以理解为,东晋南朝辖区六分之一的人口占有的土地不向官府交租。此外还有不入户籍的"无贯之人",他们"不乐州县编户","客寓流离",过着浮浪生活,最初政府采取"任量准所输"的"乐输"政策。[①]但浮浪人连"乐输"政策也不接受,这使东晋政府束手无策。东晋政府对这部人所耕种的土地也失去管理的权力。加以当时侨置郡县把行政区划搞得"紊乱无纪,文实俱违",一个南徐州,就包括有徐、兖、幽、冀、青、并等州的侨置郡邑。今常州一地,在当时就设有十五六个郡级和六十多个县级的流寓郡县。这都表明非改革不行,这就有土断的出现。

土断制是想通过整理户籍,以便于政府统一对编户齐民的租调剥削。北来侨民与江南土著一样承担租调,故史称刘宋孝武帝孝建元年(454年),"始课徐州侨民租"[②]。这也是将侨民所占有的土地置于封建政府法制控制之下。

根据王仲荦先生的统计,东晋南朝土断共八次[③],其中最著名的为庚戌土断和义熙土断。东晋哀帝兴宁二年(364年)三月初一庚戌这一天颁布法令:"大阅户人,严法禁,称为庚戌制。"[④]桓温主持这次土断,曾是雷厉风行,如晋宗室嗣彭城王司马玄,"会庚戌制,不得藏户,玄匿五户,桓温表玄犯禁,收付廷尉,既而宥之"[⑤]。土断内容之一在整顿侨置郡县,即"并省侨郡县"。除此外,要使"民籍不立"的"无贯之人"编入国家户籍。由于兵役沉重,北来的侨民往往在土断之际,隐匿不报户口,请求世家大族的保护,以期逃避沉重的政府调役,所以才有上述对司马玄的惩处。义熙土断是在晋安帝义熙八、九年(412、413年)进行的。当时刘裕当政,执行得也比较严格。余姚大姓虞亮"藏匿亡命千余人,公诛亮,免会稽内吏司马休之"[⑥]。刘裕又下令江荆二州"凡租税调役,悉宜以见户为正"[⑦]。接着在全国推行。

土断后,将北来侨民土地置于封建政府控制之下,"王公以下皆正土断白籍"[⑧],封建政府控制下的土地和人口大量增加,租调也随之增加,取得了"财阜国丰"的效果。

四、两晋南朝国有土地资源的其他管理形式

除屯田外,两晋南朝的国有土地可分为两大类,一为山林川泽苑囿园池,一为郡县公田和禄田。

---

① 《隋书》卷二十四《食货志》。
② 《宋书》卷六《孝武帝纪》。
③ 王仲荦:《魏晋南北朝史》上册,上海人民出版社1979年版,第349—351页。
④ 《晋书》卷八《哀帝纪》。
⑤ 《晋书》卷三十七《彭城穆王权传》。
⑥ 《宋书》卷二《武帝纪中》。
⑦ 同上。
⑧ 《晋书》卷七《成帝纪》。

山林川泽苑囿园池从来都归封建国家所有。晋朝规定："名山大泽不以封,盐铁金银铜锡,始平之竹园,别都宫室园囿,皆不为属国。"①所谓"皆不为属国",就是山林川泽苑囿在分封制下也不属于被分封的诸王,而为国家所有。萧梁时同样规定:"名山大泽不以封,盐铁金银及竹园,皆不以属国。"②从文字上看,字句略同,可见两晋南朝有关山林川泽国有的法律有明显的继承关系。从东晋南朝世族地主占山封水看,他们霸占了不少,但封建国家总还是掌握着相当数量的此类土地。由于史书记载的限制,我们无法证实。但从南朝职官的设置,可以推测南朝政府仍掌握有一定数量的山林川泽苑囿等土地。刘宋大司农下,设有导官、籍田、太仓三令,籍田令掌宗庙社稷之田。少府下有东冶令、南冶令,即掌矿山冶铸之事。盐场、苑囿都有官吏掌管。萧梁时有司农卿,"主农功、仓廪,统太仓、导官、籍田、上林令,又管乐游北苑丞,左、右、中部三仓丞"③。由此可推知,南朝政府所掌握的山林川泽等土地还有相当一部分,否则不会空设这么多官吏。

魏晋南北朝时期州郡有公田,又称官田。三国时各郡官吏掌握一定数量的公田,由郡国之吏耕种。魏文帝黄初中(220—226年),颜斐为京兆太守,"于府下起菜园,使吏役闲鉏治"④;王朗也说魏文帝时"吏士大小,并勤稼穑"⑤。吏士耕种公田的做法,在东吴更多。《三国志·吴书·吴主孙休》传记载,吏在战时从征,平时"出限米",这是指耕种州郡公田缴纳田租。两晋时州郡拥有公田,由吏耕作,所以应詹向皇帝建议:"都督可课佃二十顷,州十顷,郡五顷,县三顷。皆取文武吏医卜,不得挠乱百姓。"⑥这不仅反映州郡以文武吏耕公田已很普遍,也反映出州郡公田以吏佃耕已制度化。到刘宋时,文武吏佃种州郡公田并纳租米的制度更为明确,《宋书》卷九十二《徐豁传》记载:"郡大田,武吏年满十六,便课米六十斛,十五以下至十三,皆课米三十斛,一户内随丁多少,悉皆输米。"梁武帝大同七年(541年),有禁富民"占取公田"之诏,可知南朝历代州郡皆有公田。

以公田所入充官吏俸禄者,谓之禄田。此承袭东汉末年旧制。关于禄田,西晋称菜田,法律有明文规定:

> 诸公及开府位从公者,"元康六年,给菜田十顷,田驺十人,立夏后不及田者,食奉一年"。
>
> 特进等,"元康元年,给菜田八顷,用驺八人,立夏后不及田者,食奉一年"。
>
> 光禄大夫等,"给菜田六顷,田驺六人"。

---

① 《晋书》卷二十四《职官志》。
② 《隋书》卷二十六《百官志》。
③ 同上。
④ 《三国志·魏书》卷十六《仓慈传》注引《魏略》。
⑤ 《三国志·魏书》卷十三《王朗传》。
⑥ 《晋书》卷七十。

三品将军等,"菜田、田驺,如光禄大夫"。

尚书令等,"元康元年,始给菜田六顷,田驺六人,立夏后不及田者,食奉一年"。

太子太傅、少傅等,"给菜田六顷,田驺六人,立夏后不及田者,食奉一年"。①

内中"立夏后不及田者",谓以立夏之日为时限,立夏前莅任者可收菜田收益以归已,而立夏后莅任则菜田收益应归前任,自己另领俸禄。两晋南朝时,详细记载禄田法令者仅此一例,但整个南朝都有禄田存在。刘宋前废帝永光元年(465年),诏"减州郡县禄田之半"②。昇明元年(477年),又下令"复郡县禄田"③,禄田的授予办法,《南史》卷七十《阮长之传》有载:

> 时郡县田禄,以芒种为断,此前去官者,则一年秩禄,皆入后人。始以元嘉末改此科,计月分禄。长之去武昌郡,代人未至,以芒种前一日解印绶。

"以芒种日为断"的办法,显然是承袭西晋菜田制办法。史书所载,直至陈朝,禄田制仍在实行。这也表明南朝历代都有作为郡县公田的禄田,且有相关的禄田法制,不过由于史籍记载缺略,我们无从探讨罢了。

五、魏晋南北朝寺院土地所有权及其管理

魏晋南北朝,尤其是南北朝时期,寺院土地所有制是新出现的一种土地所有制形态。据何兹全先生根据《辩证录》和《释氏通鉴》等书记载的统计,东晋时僧民达二万四千人,南朝各代均超过此数,梁朝时多达八万二千七百;北魏时僧尼总数多至二百万人,北齐时三百万人,北周为二百万人。④ 寺院依仗政治上和宗教上的特权广占土地。北魏孝文帝时,"寺夺民田,三分居一",到后来"非但京邑如此,天下州镇僧寺亦然。侵夺细民,广占田宅"⑤。如此众多人口,占有如此多土地,管理成为封建王朝必须解决的问题。

南北朝寺院地主土地来源途径有合法与非法两大类。合法途径中,首先是皇帝和官府的赏赐。南北朝时期皇帝多佞佛,例如石勒将名僧浮图澄"号为大和尚,军国规模颇访之"⑥,梁武帝四次舍身,要当和尚。在这种情况下,皇帝大量赏赐土地给寺院。北京大学藏有一通碑帖,典型地表明北魏孝文帝时给寺院赏赐土地。

> 太和十八年,本寺案修大会,感甘露降,厥后帝迁洛阳。至十九年特赐寺庄,

---

① 《晋书》卷二十四《职官志》。
② 《宋书》卷七《前废帝纪》。
③ 《宋书》卷十《顺帝纪》。
④ 何兹全:《五十年来汉唐佛教寺院经济研究》,北京师范大学出版社1985年版,第7—8页。
⑤ 《魏书》卷一百一十四《释老志》。
⑥ 同上。

为夜饭庄子。东至大河北夜叉岭下小河水心,大河南至大横岭,东至龙港寨;南至武遂沟,掌石州分水岭;西至大河南松岭,西吴小沟子,大河北五十岭水分;北至左掩沟堂后东海眼、西海眼为界。①

这片皇帝所赐土地,四至清楚,名为寺庄。南朝梁武帝逼使王导的后人,将东晋时赐给王导的八十顷良田交回,赐给大爱敬寺。

其次,地主、官僚及富商将自己私有土地施舍给寺院,这是寺院土地主要来源。在整个社会弥漫着佛教信仰、迷信的社会环境下,富人为来世的福祉,不惜破家礼佛,施舍土地即手段之一。南梁何胤在病危时留下遗书:"田畴馆宇悉奉众僧"②。北齐时,幽州范阳郡范阳县地主严氏家族中多人向寺院施舍土地,严光灿兄弟,"共施武郭庄田四顷",严惠□等"各施田二十亩",严市念等"各施地二十亩"③。《洛阳伽蓝记·序》中写道:"王侯贵臣,弃象马如脱屣;士庶豪家,舍资财若遗迹。"如此举世若狂施舍土地财产给寺院,这成为寺院获取土地的主要手段。

再次,贫苦农民为逃避租调徭役将土地交给寺院,以求庇护。寺院僧尼"寸绢不输官库,升米不进公仓",在这种情况下,贫苦农民千方百计或将土地交给寺院,或剃度为僧,以求免除租调徭役。南朝百姓剃度为僧者所在多有,史称"所在郡县,不可胜言",造成"天下户口,几亡其半"④的局面。北朝也有大批"以避输课"的"无籍僧尼"⑤。

最后,购买土地。有手抄本《石窟寺本末》中记载,今河南巩县石窟寺,在北魏时"买官田二十顷",在魏孝文帝时,再次"买寺田二十顷"⑥。

寺院地主集宗教、政治和经济特权于一身,非法占有小民土地的现象多有发生。北魏时各州镇寺僧"侵夺细民,广占田宅"⑦。在南朝,僧侣地主也加入占山封水的行列,南梁时僧侣对山林川泽"广加封固,越界分断水陆采捕及以樵苏,遂至细民措手无所"⑧。

南北朝对寺院土地的管理是通过僧官。根据印度佛教戒律,僧尼个人不许拥有土地,但寺院可以拥有土地。佛教传入中国后,寺院广占田土。对这部分土地,封建政府通过僧官进行管理。史书中一般认为十六国时后秦最早设立僧官。北宋赞宁在《大宋僧史略》卷中《僧寺纲纠》记曰:姚秦之世,秦主敕选道 为僧正,僧迁为悦众,法钦、慧斌掌僧录。僧正是全国最高僧官,以佛法戒律管束僧尼。"悦众"协助僧正管辖僧尼,执掌庶务。"僧录"为掌管僧籍,处理日常事务的僧官。南朝大体上沿用的就是后秦僧官

---

① 转引自曾庸:《北魏佛教寺院经济》,载《新史学通讯》1955年第4期。
② 《南史》卷三十《何尚之传》。
③ 《河北石徵》卷一。
④ 《广弘明集》卷二十七。
⑤ 《魏书》卷一百一十四《释老志》。
⑥ 文载《中州今古》1985年第4期。
⑦ 《魏书》卷一百一十四《释老志》。
⑧ 《梁书》卷三《武帝纪下》。

制度。

北魏设沙门统为全国最高僧官。在地方上有州统、州都；郡统、郡维那及县维那，管理地方僧尼，处理日常佛教事务。北朝通用北魏的僧官制度。

佛教事务，先告僧官，"后报官方"。由此可知，寺院的土地也由僧官管理。具体管理法令，史书缺载。历代史书记载的土地管理诏令中有关寺院土地的极为罕见，可知关于寺院土地的管理多由僧官负责，皇帝和封建政府一般不予过问。

有关寺院土地管理问题，必须要谈北朝两次灭佛。北魏太武帝灭佛，是因为太武帝想以儒家文教"整齐风俗"，而他认为佛教"假西戎虚诞，妄生妖孽"，故把佛教作为戎狄之教加以排斥。北周武帝的灭佛，主要是经济性质"[1]。北齐北周僧尼有三百万，占两国人口的十分之一。寺院占有肥沃的土地，又享受免除租调徭役的特权。北周武帝要富国强兵，就要"求兵于僧众之间，取地于塔庙之下"[2]。经北周武帝灭佛后，"五众（出家的五种佛教信徒——引者）释门减三百万，皆复军民，还归编户"[3]。从土地管理的角度看，将这三百万人在寺院中占有的土地，改为承担租赋由国家进行管理的土地。周武帝自己说灭佛的好处，"自废以来，民役稍稀，租调年增"[4]，也是这个意思。

第四节　北朝的均田制及其他国有土地资源的管理

自战国至西晋，中国的封建土地制度和土地法制基本上一脉相承，东晋南朝的土地制度和土地法制仍然沿着秦汉三国西晋的道路发展，但到十六国时期形势发生较大变化。长期战乱，民众流徙死亡，土地关系发生了巨大变化。少数民族入主中原后，少数民族原来的历史传统对中原地区的阶级关系、土地制度都带来冲击。鲜卑族拓跋部建立的北魏政权武力上统一北方，为了解决它面临的各种社会矛盾，进行了较全面的社会改革，其中就包括颁布均田令。均田令及相关法制历经北魏、北齐、北周直至隋唐，持续近三百年，它在中国土地法制史上产生了深远影响。

一、北魏的计口授田制

和三国两晋南朝一样，北魏的国有土地制度中有军屯、民屯，北魏不同于其他的则是它的计口授田制度。史学界多认为计口授田与北魏均田制有直接联系，为均田制的渊源，故将计口授田于此处论列。

计口授田制度，也简称为授田制，它开始于道武帝拓拔珪时期。北魏在天兴元年（398年）灭亡了燕，"徙山东六州民吏及徒河、高丽杂夷三十六万，百工伎巧十余万口，

---

[1] 白寿彝总主编：《中国通史》第五卷，第403页。
[2] 《广弘明集》卷二十四。
[3] 《广弘明集》卷十。
[4] 同上。

以充京师"。同年二月,"车驾自中山幸繁畤宫,更选屯卫。诏给内徙新民耕牛,计口受田"①。从此,开始实行了计口授田的土地制度。

北魏的"计口授田"很类似于民屯制度。在汉代的时候,徙民屯田于边陲地区。有学者认为,北魏的"计口授田"本质上就是北魏民屯制度的开始。②他还认为,"由于史籍中没有使用'民屯'字样,而多次讲到的却是'计口授田',为了不造成误会,故仍列为授田制的存在形式"。但有的观点认为"计口授田"实际上就是均田制,高校教科书里一般都采用了这个观点。

(一)计口授田的条件

我们先分析北魏实行"计口授田"的条件和背景。

北魏在统一北方以后,对境内的各少数民族实行了高压政策,对汉族及其他少数民族进行无休止的财富掠夺。由于北魏贵族的暴政,各族人们不断起义,北魏政府的统治受到威胁。为了遏制这种情况的进一步发展,北魏政府颁布了一项紧急措施,敕令:"县令能静一县劫盗者,兼治二县,即食其禄。能静二县者,兼治三县,三年迁为郡守。二千石能静二郡,上至三郡,亦如之,三年迁为刺史。"③敕令虽下,但收效甚微。因此,为了挽救北魏的统治,政府进行了改革,实行了"计口授田"制度。

北魏建国以后面临很多新的问题。首先是它自身的转变,拓跋部从原来的游牧经济要向中原地带的农业经济转换,拓跋部也从以前习惯于迁徙,转向了定居的生活,以前那种掠夺式的增加财富,已经不适合拓跋部自身的转变,他们要适应中原的经济形态,从农业生产上获得财富。北魏初期,不仅组织屯田,而且设置了八部帅劝课农桑。但是由于长期战争,劳动力很缺乏,因此就强制游民,把游民束缚在荒地上,进行农业生产。

北魏"计口授田"制度实施的范围很广泛,包括了几乎雁门关以北的整个雁北地区,"东至代郡(今山西大同左云县一带)、西至善无(今山西右玉县)、南极阴馆(今山西代县)、北尽参合(今山西阳高县)为畿内之田;其外四方四维,置八部帅以监之,劝课农耕,量校收入,以为殿最"④。

(二)计口授田的内容

到了太武帝拓跋焘太平真君五年(444年)时,距实行计口授田已经有近半个世纪,这时候的畿内计口授田的耕种者,已经发生了贫富分化。在这种情况下,太武帝为了推动京畿内的农业生产,针对新的情况,特别下诏作出了一些管理方面的规定:

> 其制有司课畿内之民,使无牛家以人牛力相贸,垦殖锄耨。其有牛家与无牛

---

① 《魏书》卷二《太祖纪》。
② 参见高敏:《魏晋南北朝社会经济史探讨》,人民出版社1987年版,第13—14页及第225页。高敏《中国经济通史·魏晋南北朝经济卷》(中国社会科学出版社1998年版)第282页,重申了这个观点。
③ 《魏书》卷七上《高祖纪上》。
④ 《魏书》卷一百一十《食货志》。

家一人种田二十二亩,偿以私锄功七亩,如是为差。至与小、老无牛家种田七亩,小、老偿以锄功二亩。皆以五口下贫家为率。各列家别口数,所劝种顷亩,明立簿目。所种者于地首标题姓名,以辨播殖之功。又禁饮酒、杂戏、弃本沽贩者。垦田大为增辟。①

从诏书中可以看出,政论对这种国有土地上不同家庭的贫富差距已经承认,并且规定没有牛的家庭用自己的体力和有牛的家庭进行交换,规定了牛力和人力交换的比例,这样就保护了无牛户利益,实际上也承认了这些新徙户对于土地的使用权,只是土地所有权还在政府手里。

这段记载我们还可以看出,北魏政府从法律上规定了计口授田制度的具体内容。首先,国家政府设专职人员管理。在计口授田区域里,备有人口、土地、地租档案,对于每一家的人口、耕种亩数、应交地租等,都"明立簿目",以备检查监督。其次,垦区的劳动者都被纳入类似军事的编制中,在每家领种的"地首标题姓名,以辨耕殖之功"。农作物生长如何,政府给予一定的奖惩,如果土地耕种不力,或者土地荒芜的,给予法律的制裁。因为土地上的耕种者已经出现了贫富分化,为了保证垦区的农业生产,又制定了有牛之家与无牛之家之间,人力与牛力之间的交换,并定出比较合理的比例。另外,土地上的劳动者没有随意改变自己的职业,禁止他们从事商业、酒业和杂耍等行业,用这种法律形式,鼓励农业生产。

"计口授田"制度的实施,史籍中还记载着北魏政府在京畿北方地区实行的情况。太宗拓跋嗣永兴五年(413年)秋,"奚斤等破越勤倍泥部落于跋那山西,获马五万匹,牛二十万头,徙二万余家于大宁,计口受田。……八月,……甲寅,帝临白登,观降民,数军实。(河西胡)曹龙降,……辛未,赐征还将士牛、马、奴婢各有差。置新民于大宁川,给农器,计口授田"②。两次计口授田都是在大宁,现今张家口附近,而且都是对被征服少数民族的计口受田,这是北魏政府要把少数民族的游牧生产转变成更适合统治的农耕经济的具体表现。这种措施,对补充中原的劳动力,对这些地区的农业经济的发展,无疑大有作用。

"计口授田"制度实施了七十余年,直到孝文帝初年,仍然实行。"去年牛疫,死伤大半,耕垦之利,当有亏损。今东作既兴,人须肆业。其敕在所督课田农,有牛者加勤于常岁,无牛者倍庸于余年。一夫制治田四十亩,中男二十亩。无令人有余力,地有遗利。"③这段记载对了解"计口授田"制度非常重要,也说明"计口授田"发展到后来,已经与均田制有很大的关系。太和元年课田令中的"一夫制治田四十亩,中男二十亩",可能就是后来均田制中规定的"男夫受露田四十亩,男十一岁以上受田二十亩"的滥觞。这种制度也不再限于京畿地区,其他地区也实行了。

---

① 《魏书》卷四下《世祖纪下》。
② 《魏书》卷三《太宗纪》。
③ 《魏书》卷七上《太宗纪》。

二、北魏前期国有牧场的经营管理

北魏前期的国有牧场在史籍中有很多明确的记载。

鲜卑拓跋部入主中原以后,也圈占土地。拓跋珪在平城一带,"以所获高车众起鹿苑,南因台阴,北拒长城,东包白登,属之西山,广轮数十里"①。拓跋部虽然已经开始意识到了农业生产的重要性,但由于畜牧业一直是他们的主要生产方式,另外由于军备的需要,也很需要军马,所以他们还延续着过去的生产方式。

由于北魏的国有牧场,大都分布在原来北方六镇及其以北的广大蒙古草原上,就是在河西、西河和陇右地区,也是以畜牧业为主。更有甚者,在中原的一些农业区,有些地方也被划为畜牧区,变成了国有牧场。

如孝文帝"即位之后,复以河阳为牧场,恒置戎马十万匹,以拟京师军警之备。每岁自河西徙牧于并州,以渐南转,欲其习水土而无伤也,而河西之牧弥滋矣"②。孝文迁洛之后,为宇文福"检行牧马之所",于是宇文福又"规石济(今河南延津)以西,河内以东,据黄河南北千里为牧地。事寻施行,今之马场是也"③。

北方很多被征服的少数民族,都被北魏政府直接把整个部落安置在广大的草原上,让他们从事畜牧业生产,而且他们自己部族内部还延续着以前的社会制度,可能保持了以往的氏族制,仍然归豪酋统治,这些豪酋之于北魏政府,则是附臣。

现将北魏政府把被征服少数民族安置在国有牧场的事迹,据史籍所载,抄录如下:

> 高车诸部望军而降者数十万落,获马牛羊亦百余万,皆徙置漠南千里之地。乘高车,逐水草,畜牧蕃息,数年之后,渐知粒食,岁致献贡。由是国家马及牛、羊遂至于贱,毡皮委积。④

拓跋焘于神䴥二年(429年),征讨蠕蠕获胜,"列置新民于漠南,东至濡源,西暨五原、阴山,竟三千里"⑤。

太平真君六年(445年),"迁徙诸种杂人五千余家于北边,令民北徙畜牧至广漠,以饵蠕蠕"⑥。

从以上可以看出,国有牧场在北魏的国有土地中占有很重要的位置,面积也是很广大的。关于国有牧场的法制,史书中无记载,只有付之阙如。

---

① 《魏书》卷二《太宗纪》。
② 《魏书》卷一百一十《食货志》。
③ 《魏书》卷四十四《宇文福传》。
④ 《北史》卷八十六《高车传》。
⑤ 《魏书》卷四上《世祖纪上》。
⑥ 《魏书》卷四下《世祖纪下》。

三、北朝后期的均田制

（一）均田制度的产生

北魏自拓跋珪后,逐步走上了封建化的轨道,其社会经济也得到了长足的发展。特别是到了孝文帝拓跋宏时期,对社会政治和经济进行了深刻的改革,北魏前期的"计口授田"制度到了此时,就演变成了历史上著名的均田制。

北魏政府实行均田制,解决了土地和农民问题,实现了土地和农民的结合,对北魏经济的发展起到了重要的作用,均田制甚至是后来中国得以统一的一个至关重要的因素。北魏政府除了实行均田制,而且与均田制配套,还实行了一些其他的法律制度。

北魏在其不同时期,所实行的均田制是不同的,我们在上节谈到的"计口授田"就可以看做均田制的前身。当然我们在谈到"计口授田"时,也认为它和曹魏的民屯酷似,实际上就是民屯,但北魏史籍上由于没有提到民屯字样,而是不断提到"计口授田",所以我们把它作为一个特别的制度来谈。从这个角度,均田制的渊源,就是民屯制度。所谓均田制,是政府把所有权属于国家的土地,按照一定的程序与规定授予直接生产者耕种,然后按授予土地的法定数量向生产者课取租、调、力役的国有土地制的一种特殊表现形式。北魏前期存在的国有牧场制、屯田制、计口授田制等多种国有土地形式,为均田制推行提供了历史的依据和传统。加上整个北方自晋末,"天下大乱,生民道尽,或死于干戈,或毙于饥馑,其幸而自存者盖十五焉"[1]。连绵不断的战争与自然灾害造成了"百姓流亡,中原萧条,千里无烟,饥寒流陨,相继满壑"[2]的残破景象,大量荒地、废地又为均田制的推行提供了客观条件。及乎孝文帝时期,更产生了实行均田制的迫切需要,从而使均田制的推行成为势所必然。在研究均田令之前,来探讨一下李安世所上的均田疏,可以帮助我们理解均田令颁布的目的和原因。

《魏书》卷五十三《李安世传》记载:

> 时民困饥流散,豪右多有占夺,安世乃上疏曰:"臣闻量地画野,经国之大式;邑地相参,致治之本。井税之兴,其来日久;田菜之数,制之以限。盖欲使土不旷功,民罔游力。雄擅之家,不独膏腴之美;单陋之夫,亦有顷亩之分。所以恤彼贫微,抑兹贪欲,同富约之不均,一齐民于编户。窃见州郡之民,或因年俭流移,弃卖田宅,漂居异乡,事涉数世。三长既立始返旧墟,庐井荒毁,桑榆改植。事已历远,易生假冒。强宗豪族,肆其侵凌,远认魏晋之家,近引亲旧之验。又年载稍久,乡老所惑,群证虽多,莫可取据。各附亲知,互有长短,两证徒具,听者犹疑,争讼迁延,连纪不判。良畴委而不开,柔桑枯而不采,侥幸之徒兴,繁多之狱作。欲令家丰岁储,人给资用,其可得乎? 愚谓今虽桑井难复,宜更均量,审其经术,令分艺有

---

[1] 《魏书》卷一百一十《食货志》。
[2] 《晋书》卷一百零九《慕容皝载记》。

准,力业相称,细民获资生之利,豪右靡余地之盈。则无私之泽乃播均于兆庶;如阜如山,可有积于比户矣。又所争之田,宜限年断,事久难明,悉属今主。然后虚妄之民,绝望于觊觎;守分之士,永免于凌夺矣。"高祖深纳之,后均田之制起于此矣。

从李安世的疏中可以看出五个问题。第一,他根据中国古代"井田制"的做法,认为对"田莱之数,制之以限",是统治的根本。第二,为了不浪费地力,要实行限田,这样可以控制豪右占有膏腴的土地,有利于游民进行农业生产,使得"单陋之夫",也可以得到耕种的土地。第三,常年的战争,使农业生产遭受前所未有的破坏,劳动者弃田卖宅,流离失所,成为游民,土地与劳动者分离,很多荒地,也有被豪强地主霸占,出现了"良畴委而不开,柔桑枯而不采"的景象,严重影响了生产和生活。第四,李安世认为,如果均田,可以有效地实行对豪右的占有土地的限制,这样,就有可能使一般百姓也得到一份相当的土地,使得劳力和所占有的土地相适应,对恢复生产的作用很大。第五,对于土地的纠纷,李安世认为应该规定一个占有年限,凡占有时间长,对所有权无法判断的,就把土地断给现有的主人,以杜绝"虚妄之民"的非法企图,使安分守己的农民不受欺凌和侵夺。李安世的建议深得孝文帝的赞同,均田制的设想也就从此产生。

(二)均田令的颁布

颁布的均田令,是北魏最著名的土地立法,也是北魏最具特点的土地立法。

太和九年(485年)十月,下诏:

> 朕承乾在位,十有五年。每览先王之典,经纶百氏,储蓄既积,黎元永安。爰暨季叶,斯道陵替,富强者兼山泽,贫弱者望绝一廛,致令地有遗利,民无余财。或争亩畔以亡身,或因饥馑以弃业,而欲天下太平,百姓丰足,安可得哉?今遣使者循行州郡,与牧守均给天下之田,还受以生死为断,劝课农桑,兴富民之本。①

《魏书》卷一百十《食货志》中载有均田制法令条文,在条文前有"下诏均天下民田"一句,与上引《高祖纪上》文字对读,可知《高组纪上》所载诏书,应为均田制条文前类似序言的文字。这段文字用以阐明颁布均田制的目的在"劝课农桑,兴富民之本","储蓄既积,黎元永安"。均田的原因在于"富强者并兼山泽,贫弱者望绝一廛",限制兼并,与前述李安世疏基本一致。

《魏书》卷一百十《食货志》中记载"九年下诏,均给天下民田"。后来成书的《通典》、《资治通鉴》,关于北魏推行均田的年代也都是从《魏书》。据这些史料,可以说明孝文帝颁布均田令是在太和九年。②

---

① 《魏书》卷七上《高祖纪上》。
② 魏晋南北朝史家唐长孺先生在均田制实行的时间问题上有不同看法,参见《北魏均田制中的几个问题》,载《魏晋南北朝史论丛续编》,三联书店1959年版,第96—120页。

现将均田令抄录如下：

(太和)九年(《册府元龟》作"太平真君九年"，误。)，下诏均给天下民田：

1. 诸男夫十五以上，受露田四十亩，妇人二十亩，奴婢依良。丁牛一头受田三十亩，限四牛。所授之田率倍之，三易之田再倍之，以供耕作(《通典》作"耕休"，于义为顺，恐系《魏志》误)及还受之盈缩。

2. 诸民年及课则受田，老免及身没则还田。奴婢、牛随有无以还受。

3. 诸桑田不在还受之限，但通入倍田分。于分虽盈，没则还田(《通典》及《册府元龟》均无此四字，且于义不顺，应为上条"没则还田"四字之重出)，不得以充露田之数。不足者以露田充倍。

4. 诸初受田者，男夫一人给田二十亩，课莳馀，种桑五十树，枣五株，榆三根。非桑之土，夫给一亩，依法课莳榆、枣。奴各依良(《册府元龟》此四字作"各依根限"，我意以为应补上此四字)。限三年种毕，不毕，夺其不毕之地。(《通典》无以上数句，系漏载)于桑、榆地分杂莳馀果及多种桑、榆者不禁。

5. 诸应还之田，不得种桑、榆、枣、果，种者以违令论，地入还分。

6. 诸桑田皆为世业，身终不还，恒从见口。有盈者无受无还，不足者受种如法。盈者得卖其盈，不足者得买所不足。不得卖其分，亦不得买过所足。

7. 诸麻布之土，男夫及课，则给麻田十亩，妇人五亩，奴婢依良。皆从还受之法。

8. 诸有举户老小癃残无授田者，年十一已上及癃者各授以半夫田，年逾七十者不还所受，寡妇守志者虽免课亦授妇田。

9. 诸还受民田，恒以正月。若始受田而身亡，及卖买奴婢、牛者，皆至明年正月乃得还受。

10. 诸土广民稀之处，随力所及，官借民种莳。役有土居者(此句不可解，《通典》及《册府元龟》此句均作"后有来居者"，于义为顺，恐系《魏志》误)，依法封授。

11. 诸地狭之处，有进丁受田而不乐迁者，则以其家桑田为正田分，又不足不给倍田，又不足家内人别减分。无桑之乡，准此为法。乐迁者听逐空荒，不限异州他郡，唯不听避劳就逸。其地足之处，不得无故而移。

12. 诸民有新居者，三口给地一亩，以为居室，奴婢五口给一亩。男女十五以上，因其地分，口课种菜五分亩之一。

13. 诸一人之分，正从正，倍从倍，不得隔越他畔。进丁受男者恒从所近。若同时俱受，先贫后富。再倍之田，放此为法。

14. 诸远流配谪、无子孙、及户绝者，墟宅、桑榆尽为公田，以供授受。授受之次，给其所亲；未给之间，亦借其所亲。

15. 诸宰民之官，各随地给公田(《册府元龟》作"各随近给公田"，于义为顺)，刺史十五顷,太守十顷,治中、别驾各八顷,县令、郡丞各六顷。更代相付,卖者坐如律。①

均田令"均天下之田",把全国的荒田收归国有,然后重新进行分配,对于北魏经济的发展起到了很重要的作用。由于长期战争,北方的经济遭到了巨大的破坏,但在均田制实行以后,大量的无主荒地得到了开垦,大批的流民得到了土地,成为土地上的劳动者,北方被破坏的经济得到了恢复和发展。农业产量得到了提高,北魏的户口数增加,比西晋还要多一倍多。社会也趋于相对的稳定,这些都为以后中国最后的统一打下了经济基础。

(三) 露田与桑田

均田制并不是把所有的土地都变成了国有土地,而是把全国的荒地先收归国有,然后再进行分配,其中有属于国家土地的部分,也承认私有土地,具体规定了土地私有的合法性。

分析均田制各条令如下。先看关于国有土地的条令。"露田"是国有土地的名称,这部分土地由国家控制,按照一定的条件分配给个人使用,到了"老免及身没则还田",所以这些土地个人是没有所有权的。授田的数量,是年年都可以使用的耕地,以男夫一人40亩,妇人20亩,但由于土地要休耕,往往加倍授田,如果是两年休耕的土地,三倍授田,也就是男夫120亩,妇人60亩。"露田"的授田对象是十五岁以上的成年男女,包括男性和女性的奴隶,甚至还有丁牛,对授田丁牛的数目限制在4头,每头牛授予30亩。官吏按照官职的大小得到数量不同的授田,这也是公田的一部分,因为是按官职的高低分配的土地,这部分土地应该可以看做是"职田"的一部分。年幼和癃残之为户者,给成年男子一半的露田。露田不允许买卖,在实施均田的北朝诸王朝中,北魏对土地买卖限制最严。"宰民之官所受公田,卖者坐如律",也说明这点。

均田令中有关"桑田"部分的规定,就是关于土地私有的法律。桑田"皆为世业,身终不还,恒从现口"。桑田可以买卖,因此是私有土地。桑田给予成年的男女,也给予成年的男性奴隶,女性奴隶不在授给"桑田"之列。桑田和住宅地,农民可以世代相承,享有较完全的占有和使用权。但农民如果没有及时种上桑树,封建政府即可将未种桑的桑田收回,故农民对桑田的所有权也是有限的。均田制中还规定"非桑之土"。只给15岁以上的男子每人授一亩"桑田",但"别给麻田十亩、妇人五亩",男女奴隶所授相同,只是要"皆从还授之法",即麻田属于"露田"性质而不属于终身不还的"桑田"性质。②

---

① 转引自高敏:《中国经济通史·魏晋南北朝卷》,经济日报出版社1998年版,第298页。书中注如下:法令条文的校勘,详见高敏《魏晋南北朝社会经济史探讨》一书中的《北魏均田法令校释》一文。关于法令条文的分类及其适用范围,在该文中已有比较详细的论述。法令条文前的数字,系笔者所加,非原文所有,特此注明,以免误解。

② 郑欣认为麻田桑田化,参见《魏晋南北朝史探索》,山东大学出版社1997年版,第164页。

从上面的分析可以看到,均田制不仅仅是国家土地所有制,而且是一次国家对土地的再分配制度,其中有对国有土地的规定,同时还对私有土地也立法。均田制中包括土地私有的成分。

(四)均田制立法的意义

北魏的均田制立法,可以说是我国历史上现存的首次记载详细的有关土地法制的成文法。从其中对露田的性质、数量、分配方式和授予对象来看,均田制就是北魏前期"计口授田"的继续和完善,使得计口授田制度得到在全国范围的实行,制度也日趋严密。

均田制中对"桑田"的规定,可以看出北魏政府不但没有取消私有土地,而且还保护土地私有的合法性,保护了以往地主土地私有制,但对桑田数量的限制,既表明北魏政府实际上是承认地主拥有原来的土地,但也限制他们的私有土地占有量。这样可以把私家荫户和流亡的农民吸引到了国有土地上,不让他们成为私家的农奴,而是使得他们成为附着在国家土地上的国家的农奴。在均田制中还有关于奴隶的授田规定,这又满足了奴隶主对土地的要求。

这里有个问题要附带着谈一下,就是均田制实施范围的问题。针对这个问题,王仲荦先生把它概括为两种看法:"一种说法认为均田制实施后,全国土地都由政府来重新分配;一种说法是均田制的实施只局限在国家荒地和绝户田方面。"[①]学界一般都认同第二种说法,认为均田制对凡属私有的土地没有触动,而是对荒地和绝户地进行分配。

均田令同时具有保护土地国有制和承认土地私有制的二重作用。它的贯彻执行,既可以起到在不触动原有土地拥有者的土地要求的前提下,限制私家对土地和农民的占有,又可以使拥有大量奴隶的奴隶主成为地主,他们手下的奴隶也可以通过国家的授田,成为拥有国有土地露田和私有土地桑田的农奴。[②] 这样一来,对北魏的奴隶社会的生产方式是一个很大的突破,对农业经济的发展起到了推动作用。均田制的实行,推动了北魏社会整体的封建化过程。

均田制对土地买卖的限制,从立法形式上破坏了土地私有权的完整性,并对大土地所有者兼并小农多少有所限制。在均田制下农民对所受国有土地没有所有权,对所受桑田和宅田有所有权,对露田则只有使用权。均田制对土地的买卖进行了严格的规定,它规定只有作为世业田的桑田才可以买卖,而且这种买卖也是有限制的,只能是"盈者得卖其盈,不足者得买其不足"。也就是说,只有世业田可以按规定分数,可以在有余和不足之间调剂,其他的一律不可以买卖。

另外,学界很多学者认为,均田制中有关桑田的规定,有利于保留豪强的私有土地。这个观点并非近现代学者的新创,昔贤马端临在《文献通考》卷二《历代田赋之制》

---

① 王仲荦:《魏晋南北朝史》下册,上海人民出版社1980年版,第534页。
② 高敏:《中国经济通史·魏晋南北朝卷》,经济日报出版社1998年版,第302页。

中曰：

> 观其立法，所受者露田。诸桑田不在还受之限，意桑田必是人户世业，是以栽植桑榆其上。而露田不栽树，则似所种者皆荒闲无主之田，必诸远流配谪无子孙及户绝者墟宅桑榆尽为公田以供授受，则固非尽夺富人之田以予贫人也。又令有"盈者无受无还，不足者受种如法，盈者得卖其盈，不足者得买所不足，不得卖其分，亦不得买过所足"，是令其从便买卖，以合均给之数，则又非强夺之以为公田而授无田之人。

马端临关于这个问题的论述说明北魏在推行均田制的时候并没有没收地主的私有土地，政府用来授受的土地皆为无主荒地，地主的私田是通过桑田的形式保留下来的。

（五）关于均田制实施的问题

关于北魏均田立法是否实施及其实施的程度，我们的看法是：均田立法基本上有效地推行于全国，但推行有个过程，农民受田普通不足。

均田制颁布两年后，齐州（今山东济南市）刺史韩麒麟上表说："耕者日少，田者日荒"，建议"计口授田"。① 这表明此时均田法尚未推行到北魏南边的齐州。这是因为齐州刚从刘宋夺得不久，故没能实行。宣武帝元恪时，曾命源怀巡行北边六镇，源怀上表曰："主将参僚，专擅腴美，瘠土荒畴给与百姓，因此困敝。日月滋甚。诸镇水田，请依地令，分给细民，先贫后富。若分付不平，令一人怨讼者，镇将以下连署之官，各夺一时之禄；四人以上，夺禄一周。"②从"请依地令"可知，所指为均田令。均田令在北方六镇虽已推行，但将官违诏占有膏腴之田，故源怀建议将土地重新分配，"先贫后富"。在推行均田制过程中，根据社会实际情况，官员也提出更具体的实施办法，如尚书令元澄，"秦垦田授受之制八条，甚有条贯，大便于时"③。敦煌文书中西魏计账文书的研究，确凿无疑地证明均田制曾在全国有效地推行。④ 以下简称之为《文书》。

斯坦因由我国敦煌劫走的 S0613 号文书，计由十七个片断组成，文长无法全录，我们根据中日学者研究的结论，简约申述。从授田对象上看，《文书》中丁男、丁女、丁妻、单丁、奴婢、老小、寡妻以及癃残为户，甚至耕牛，和北魏均田令中规定完全一致。从授田的类别看，北魏均田制中"正从正，倍从倍"、"麻布之土，则别给麻田十亩，妇人五亩"，"男女十五以上，因其地分，口课种菜五分亩之一"。这些规定在《文书》中都有反映，多次出现"麻田"、"园（田）"、"正（田）"，例如，户主为邓延天富家，已受田二十六亩中有"十五亩麻、十亩正、一亩园"。《文书》中记载不少与北魏均田制规定完全符合。例如，《文书》中有癃老中小为户主的六户，《文书》记曰："应受田一顷一十六亩，足"，

---

① 《北史》卷四十《韩麒麟传》。
② 《魏书》卷四十一《源贺者附源怀传》。
③ 《魏书》卷十九中《任城王云传附元澄传》。
④ 参见唐耕耦：《西魏敦煌计账文书以及若干有关问题》，载《文史》第九辑。

其中"三十亩麻,八十亩正,六亩园"。对照北魏均田制如下规定:"诸有举户老小癃残无授田者,年十一以上及癃者各授以半夫田。"按本《文书》应受田额为丁男麻田十亩,正田二十亩,那么六户应受的半夫田共应为麻田三十亩,正田六十亩,共九十亩,加上牛一头应受正田二十亩,六户园宅田六亩,共一顷一十六亩。因此六户受田都是足额的。我们应当指出的是,敦煌所在,为北魏的边远地区,尚能较严格的推行均田令,一则表明均田令的施行是有效的,再则表明北魏地方政府有相当高的行政效率。

《文书》的发现释读是北魏实行均田制的确证,直至西魏时期均田制仍在有效地施行。但从《文书》看,地处边远地区,人口相对稀少的敦煌地区一般民户普遍受田不足,中原地区更是如此。均田制的施行有较大的局限。

均田制对于限制豪强也起了一定的作用。如杨椿即因盗种牧田,判罪论赎;崔暹也因侵夺田产而免官。华州刺史杨播,"至州,借民田,为御史王基所劾,削夺官爵";杨椿与华州民史底争田相讼,寇儁主判,认为"史底穷民,杨公横其地","遂以地还史底"①。官僚与民争田诉讼中,穷民能取得胜利,表明在均田制下,政府保护农民的土地使用权,也限制了豪强兼并土地。

均田制是中国土地制度中的一种特殊形式,它包括国有土地部分和私有土地的部分,对前者,它建立起了国家和受田农民之间的一种特殊的租佃关系,把农民强制控制在国有土地上成为依附于国家的农奴。对后者,它并没有触动土地私有,只是通过限制土地买卖,从立法形式上破坏了土地所有权的完整性,并在一定程度上限制了大土地所有者对小农的兼并。它适应了当时社会的具体情况,因此它在中国历史上存在了长达三个世纪之久。

(六)宗主督护制与三长制

统一了北方以后的北魏政府,所面临的是经济残破、人口锐减、社会秩序混乱的严重局势。北魏政府必须建立一套能稳定社会秩序以及使各阶层人民都能够生活,并使生产能够正常进行的典章制度。均田制立法要想在北魏正常的实施,就得破坏以前的地方政权形式——宗主督护制。所谓宗主督护制度,是由鲜卑人氏族部落组织演化而来的。鲜卑族为了保持其种族统治及适应农业定居生活的需要,将其原部落解散(离散诸部),由族长率领同族人在内地居住(分土定居),并从事生产,原来的族长就演变成了宗主,同族的其他人就称为宗子。宗子要向宗主交纳租税,但不承担政府的租赋徭役,也就是没有被纳入政府户籍的民户。宗主向政府交纳租税,但宗子不直接和政府发生关系。长期的战乱,使得小农很难自存自保,宗主督护制在相当的程度上可以保障小农要求的稳定的生产环境。另外,北魏政府对编户齐民的租税剥削很重,致使很多小自耕农在国家的重税下破产,另外政府征税是按照"户"来征收的,所以很多小农不愿意析户,宁愿"五十、三十家方为一户"。很多小的自耕农为了避免国家的赋税和官吏的搜刮,而不得不依附于强宗豪族,成为强宗的荫户。北魏时期大族聚居的情

---

① 《魏书》卷五十八《杨播传》,《周书》卷三十七《寇儁传》。

况很普遍,"一宗将近万室,烟火连接,比屋而居"①。这种情况使得政府可以征税的编户齐民流失,相反强宗的荫户很多,不利于政府征收税收,政府的财政收入得不到增加,强宗的存在也不利于中央集权的加强。

李冲建议建立三长制,取消宗主督护制,与豪强地主争夺劳动人口,所以势必在北魏朝中引发一些大官僚的反对,在北魏政权内部引起争议。"久无三长,惟立宗主督护,所以民多隐冒,五十、三十家方为一户。冲以三长治民,所由来远,于是创三长之制而上之。文明太后览而称善。"②李冲首先提出三长制,遭到了朝廷大臣的反对。这场斗争揭示了当时北魏的一个重大的社会矛盾,北魏国家与大土地所有者和大量荫户占有者之间,针对限田和争夺劳动人口展开斗争。国家要清理人口,把依附于豪强地主家的荫户变成国家的编户齐民,成为国家的纳税人,把豪强地主从荫户那里剥削的财物变成国家的租赋,自然会遭到朝中豪强地主的强烈反对。

三长制的内容,就是把人口按照邻、里、党三级组织起来,即五家为邻,五邻为里,五里为党,各立一长。这种地方组织的渊源就是过去的乡、亭、闾、里制度。从此,北魏建立起了地方行政体系,中央集权的作用得到了发挥,均田制的实施也有了行政体系上的实行者和保障者。三长的职能除了推行均田制以外,还担任着征发徭役和兵役的任务。均田制和征发徭役、兵役都有了组织上的保证。

三长制建立,均田令推行,于是在太和十年(486年)颁布了一套新的租调制度。《魏书·食货志》云:

> 魏初不立三长,故民多荫附。荫附者皆无官役,豪强征敛,倍于公赋。(太和)十年,给事中李冲上言:"宜准古,五家立一邻长,五邻立一里长,五里立一党长,长取乡人强谨者。邻长复一夫,里长二,党长三。所复复征戍,余若民。三载亡愆则陟用,陟之一等。其民调,一夫一妇帛一匹,粟二石。民年十五以上未娶者,四人出一夫一妇之调;奴任耕婢任绩者,八口当未娶者四;耕牛二十头当奴婢八。其麻布之乡,一夫一妇布一匹,下至牛,以此为降。大率十匹为公调,二匹为调外费,三匹为内外百官俸,此外杂调。……"书奏,诸官通议,称善者众。高祖从之,于是遣使者行其事。乃诏曰:"……井乘定赋,所以均劳逸。……又邻里乡党之制,所由来久。……自昔以来,诸州户口,籍贯不实,包藏隐漏,废公罔私。富强者并兼有余,贫弱者糊口不足。赋税齐等,无轻重之殊;力役同科,无众寡之别。虽建九品之格,而丰埆之土未融;虽立均输之楷,而蚕绩之乡无异。……今革旧从新,为里党之法,在所牧守,宜以喻民,使知去烦即简之要。"初,百姓咸以为不若循常,豪富并兼者尤弗愿也。事施行后,计省昔十有余倍。于是海内安之。

为了更好地了解均田制实行以后租调制度的变化,现抄录一段史料说明均田制实行以

---

① 《通典》卷三《乡党》引宋孝王《关东风俗传》。
② 《魏书》卷五十三《李冲传》。

前的租调制,据《魏书》卷一百一十《食货志》记载:

> 太和八年,始准古班百官之禄,以品第各有差。先是,天下户以九品混通,户调帛二匹、絮二斤、丝一斤、粟二十石;又入帛一匹二丈,委之州库,以供调外之费。至是户增帛三匹,粟二石九斗,以为官司之禄。后增调外帛满二匹。

对比均田制前后的租调制,可以看出一些租调方面的差异。在均田制实施之前,收租调是按户为单位,均田制实施后则是按授田对象。均田制以前的租调制是沿袭了过去的"九品混通"的方式,此后则否。这是因为推行均田制以后,每户纳税的多少是由受田的丁口、奴婢、丁牛的数量来决定的。在推行均田制以前,除征收租调以外,还要加征调外的运输费和官吏的俸禄。而新的租调制规定:"大率十匹中五匹为公调,二匹为调外费,三匹为内外百官俸",运输费和俸禄开支都包括在正税之内,不再另立名目。这样就有效地争夺了苞荫户。北魏政府在讨论实行三长制和新的租调制时,冯太后说:"立三长,则课由常准,赋有恒分,苞荫之户可出,侥幸之人可止。"①和均田制相关联的新租调制力求简便,就是为了使课输有"常准"、"恒分",以便和大地主争夺"苞荫之户"。

均田制、三长制、租调制,这三个互相关联的制度,在实行以后,确实给北魏社会带来了很多变化,对北魏乃至后来的社会发展都起了很大的推动作用。

由于均田制的实行,广大无地和少地的农民能获得一块属于自己的国有荒地进行生产,而且新的租调制使得他们所受剥削也比以前要轻,一定程度上刺激了他们的劳动积极性,北魏的经济很快得到了恢复和发展,国力增强,"库藏盈溢,钱绢露积于廊者,不可较数"。

四、东魏北齐和西魏北周的均田制

534年,高欢立元善见为帝,即孝静帝,并迁都于邺;同年,北魏孝武帝元修逃入关中,依靠宇文泰,从此北魏分裂成了东、西魏。大权分别掌握于高欢与宇文泰之手。550年,高洋废孝静帝,改国号为齐;556年,宇文护废西魏恭帝,改国号为周,从而形成了北齐、北周的对立。

(一)东魏北齐的均田立法

东魏北齐的均田制,可分为两个阶段,从东魏孝静帝天平元年(534年)到北齐武成帝河清三年(564年)为第一阶段,即完全继续北魏末年均田制的阶段;从河清三年开始到北齐灭亡,为第二阶段,即改易旧制的阶段。前后两个阶段的分水岭,就是河清三年发布的均田令。

及北齐政权取代东魏后,北齐"给授田令,仍依魏朝,每年十月普令转授,成丁而授,丁老而退,不听卖易。文宣帝天保八年(557年)议徙冀、定、瀛无田之人,谓之乐迁,

---

① 《魏书》卷五十三《李冲传》。

于幽州宽乡以处之"①。由此可见,北齐初期其均田的办法"仍依魏朝",变化不大。

北齐初期的均田制虽然承袭北魏,然而,在北魏均田令中所规定的露田、桑田的性质方面却发生了微妙的变化。这从《通典·食货·田制》所引宋孝王《关东风俗传》中获得证明。《关东风俗传》曰:"……其赐田者,谓公田及诸横赐之田。《魏令》:职分公田,不问贵贱,一人一顷,以供刍秣,自宣武出猎以来,始以永赐,得听卖买。迁邺之始,滥职众多,所得公田,悉从货易。又天保之代,曾遥压首人田以充公簿,比武平以后,横赐诸贵及外戚佞宠之家,亦以尽矣。……纠赏者依《令》:'口分之外,知有买匿,听相纠列,还以此地赏之。'至有贫人,实非剩长买匿者,苟贪钱货,诈吐壮丁口分,以与纠人;亦既无田,即便逃走,帖卖者帖荒田七年,熟田五年,钱还地还,依令听许;露田虽复不听卖买,卖买亦无重责。贫户因王课不济,率多货卖田业,至春困急,轻致藏走;亦有懒惰之人,虽存田地,不肯肆力,在外浮游,三正卖其口田,以供租课。"从这条材料中可以看出,北齐均田令中的私有成分增加了。

由北魏至东魏初均田令的变化有二。其一,土地私有成分增加,公田允许买卖。在北魏均田制中规定,公田不得买卖,"卖者坐如律",到东魏时官吏的公田不再"更代相付",即不将公田转交下一任官吏,田地成为"永赐"的,"得听卖买"。迁都邺城后,滥赐官吏以公田,"悉从货易"。从记载的行文上看,国家颁发有命令,允许公田买卖。公田买卖有了成文法的根据。农民田地的使用权的买卖范围也扩大了。内中有三种情况:(1)农民的口分田可以买卖。《关东风俗传》中出现了口分田,口分田可能是北魏均田制中的桑田,北魏均田制中桑田"盈者得卖其盈,不足者得买所不足。不得卖其分,亦不得买过此足"。对桑田的买卖是有严格限制的。到东魏则笼统地记为可以买卖。(2)农民外逃,原有土地,不论桑田、露田,农民均可将使用权帖卖出去,将来人回来,"钱还地还,依令听许"。这是农民出卖暂时的使用权。"依令听许",表明农民将土地使用权暂时出卖已有成文法。(3)农民中贫困之户因不能上纳租调,就率多货卖田业,此中当包括桑田和露田,所以史称"露田虽复不听卖买,卖买亦无重责"。所谓"懒惰之人",抛弃田宅成为流民,邻长、里长、党长就"卖其口田,以供租课"。这两种情况下土地买卖虽无成文法,但已为习惯法所允许。东魏的均田土地买卖放宽,本来的官田成为"永赐"之田,也可以买卖,这都表明其土地私有成分增加。其二,官吏的职分田授予面扩大。北魏均田制下,仅"诸宰民之官,各随地给公田",也就是仅刺史、太守、治中别驾,县令及郡丞授予公田,到东魏时官员"不问贵贱,一人一顷",而且"横赐诸贵及外戚佞宠之家"。杜佑在《通典》中记北魏均田制时,指后世的职分田渊源于北魏官吏所受官田,实则北魏尚无职分田一词,到东魏时出现职分田一词,这都影响了后世。

以河清三年的均田令为界线,使东魏、北齐的均田制进入了它的第二阶段。《隋书》卷二十四《食货志》记载河清三年均田令曰:

---

① 《通典》卷二《食货典二·田制下》。徙民之事,《隋书》卷二十四《食货志》亦有记载。

河清三年定令:乃命人居十家为比邻,五十家为闾里,百家为族党。男子十八以上,六十五已下为丁;十六已上,十七已下为中;六十六已上为老;十五已下为小。率以十八受田,输租调,二十充兵,六十免力役,六十六退田,免租调。京城四面,诸坊之外三十里内为公田。受公田者,三县代迁户执事官一品已下,逮于羽林武贲,各有差。其外畿郡,华人官第一品已下,羽林武贲已上,各有差。职事及百姓请垦者,名为永业田(原作"永田",此据《通典》及《册府元龟》改)。奴婢受田者,亲王止三百人;嗣王止二百人;第二品嗣王已下及庶姓王,止一百五十人;正三品已上及皇宗,止一百人;七品已上,限止八十人;八品已下至庶人,限止六十人。奴婢限外不给田者,皆不输。其百里外及州人,一夫受露田八十亩,妇四十亩(《通典》作"妇人四十亩")。奴婢依良人,限数与在京百官同。丁牛一头,受田六十亩,限止四牛(原作"军",据《通典》改)。又每丁给永业二十亩,为桑田。其中(《通典》作"其田中")种桑五十根,榆三根,枣五根。不在还受之限。非此田者,悉入还受之分。土不宜桑者,给麻田,如桑田法。率人一床,调绢一匹,绵八两,凡十斤绵中,折一斤作丝。垦租二石,义租五斗。奴婢各准良人之半。牛调二尺,垦租一斗,义租五升。

北齐的河清均田与北魏均田制有明显的继承关系,但又颇有不同,下面于不同处略作申述。

其一,丁年,即受田年龄不同。北齐"率以十八受田,输租调","六十六退田,免租调"。北魏十五岁受田,七十为老,丁年跨度最宽。其二,北魏露田倍受,北齐不用倍田的名义,一夫直予露田八十亩,牛一头予露田六十亩。北周同。其三,北齐规定桑田麻田皆为永业,而北魏均田制下,丁男受麻田十亩,妇人五亩。北魏麻田不准买卖,北齐给麻田如桑田法,且麻田似可以买卖。其四,北齐奴婢受田数量作了限制,这是北魏所没有的。其五,北齐优待鲜卑贵族,特别指出"三县代迁户执事官一品已下,逮于羽林武贲"可受公田,还为他们所受公田,划了一个特殊地区,即邺城周围三十里以内。而华人官员受田则在"其外畿郡"。其六,官员受田范围扩大,由北魏的"宰民官",扩大为鲜卑贵族和汉族中一品官以下,羽林武贲以上各级官员。

河清均田与北魏均田的不同,其本质方面为土地私有性的加强。首先,私有土地数量的扩张。北魏均田制下,只有种桑地区丁男受桑田二十亩作为"世业",妇女及女奴不在给桑田之列;麻布之土,所有民户皆不授作为私有土地的桑田。所受麻田,如露田一样年老免课或死亡则应还田给国家。到北齐,无论种桑之地还是麻布之土,每丁均受田二十亩,或为桑田,或为麻田,都是永业田,"不在还受之限"。河清均田规定:"职事及百姓请垦田者,名为永业田"。对这条的涵义学术界尚无公认的解释。河清均田另一条规定:"每丁给永业二十亩,为桑田"。对照两条,似乎可认为官吏及百姓请垦的土地应纳入桑田或麻田。但细读史书原文又觉不妥,从史书上下文看,这两条在行文中相距甚远,又无内在联系。有的学者推测曰:"职事及百姓所垦之田,即成为各户私田,不在永业、口分之列",是世业田。① 但作者没提出有力的证据。我们细检北魏均田令,发现如下一条:"诸土广民稀之处,随力所及,官借民种莳。"我们认为河清均田中垦田条脱胎于北魏均田令此条。北魏均田令此条是在土广民稀处鼓励民户垦荒,法律明文规定是国家借给民户的,国家需要时当然可以收回,肯定非民户所能私有。河清均田中此条也是意在鼓励民户垦荒,故曰"垦田"。所不同的是,田非借给民户,倒承认是民户的永业田,即私田。同样鼓励民户垦荒,但垦出的荒田,在河清均田制下成为私田,这清楚地表明,北齐的河清均田较北魏均田制,其土地私有性加强。其次,桑田的私有化程度加深。河清均田中桑田成为法定的永业,这是北魏均田所没有的。北魏均田制下只能在有"盈"和"不足"的情况下才准买卖,而到了北齐永业田的买卖已无限制。从前引《关东风俗传》可以看出东魏时均田制下民户土地私有化已经加深,但基本上是限制在习惯法范围之内,到了北齐河清均田,这种私有化加深成为国家成文法中所规定的了。

从北魏太和九年均田令到北齐河清三年均田令的历史过程,是均田制内部土地私有性逐渐加强的过程,均田制中的国有土地和私有土地的共存性,导致均田制存在内部的矛盾。另外,北齐时期社会土地私有化的发展,是导致均田制内容发生变化的最重要的原因。隋唐均田在很大程度上继承了北齐均田,这也表明北齐均田反映了其时代的土地私有化潮流。

(二)西魏北周的均田立法

西魏、北周的均田制,可以分为两个发展阶段:从北魏末年到西魏大统恭帝三年(556年)之前,为第一阶段。

据前引西魏大统十三年(547年)敦煌计账户籍残卷(斯六一三号文书)记载:其麻布之土所授麻田的数量,仍为男丁10亩,妇人5亩,与北魏均田令的规定相同。这证明西魏大统十三年时在授田数量上和北魏同。

从西魏恭帝三年(556年)到北周末年,为第二阶段,《隋书·食货志》所载均田令即其证。

> 后周太祖作相,创制六官。……司均掌田里之政令。凡人口十已上,宅五亩;口九已上,宅四亩;口五已下,宅三亩。有室者,田百四十亩。丁者田百亩。(《通典》卷二《食货·田制》亦载此均田令,内容同)。

北周的均田令和北魏的相比,奴婢与耕牛受田的情况不见于均田令了。关于桑田与露田的区分、桑田允许买卖的程度等条款都不见了。一种可能是史籍没有记载,另一种可能则是在北周时,土地的买卖更加宽泛了,或者就已经取消了限制。总之,按照这个时期土地私有化的进程,北周的土地买卖规定一定比北魏时要松动,均田令规定适应了当时的土地私有化趋势。

---

① 杨际平:《北朝隋唐均田制新探》,岳麓书社2003年版,第69页。

为了执行均田制,北周还具体规定了一些法律条文,《周书·武帝纪》记载:"正长隐五户及十丁以上,隐地三顷以上者至死。"因为荫户、隐丁、隐地必然影响到均田令的执行,故以重法治之。

北周除均田令外,《六条诏书》还规定了劝课办法,也就是每当岁首,地方官要戒励百姓,无论少长,"但能持农器者,皆令就田,垦发以时",要使"农夫不废其业,蚕妇得就其功"①。北周政治较清明,均田法令与劝课农桑的法令相辅而行,所以关陇一带农业发展,较北齐为好。

五、十六国、北朝前期对土地所有权的保护

十六国、北朝时期的私有土地形式和魏晋南朝有所不同,除了也有小农土地私有制、世族地主土地私有制、庶族地主土地私有制以及寺院土地私有制以外,还有牧场私有制。

牧场私有制的情况在史籍中记载很少,其立法情况不见史籍。但从一些史料中可以了解牧场私有这种土地私有形式当时发展的状况,并由此理解十六国时期的土地立法。

太宗拓跋嗣泰常六年(421年),曾"制六部民,羊满百口,输戎马一匹"②,这便是对解散部落组织之后的拓跋族自由牧民中拥有私有牧畜者征收牲口税。这种自由牧民,一般没有自己的私有牧场,由于牧场的面积比较大,分割起来又不容易,所以自由牧民拥有私有牧场不太可能。而且,那个时代的北方少数民族,大多还处在部落时期,部落酋长一般都拥有很广大的牧场。比如尔朱荣的先祖,原先居住在尔朱川,常领部落,"世为酋帅",乃世袭的部落贵族。到登国初年,因为尔朱氏"率契胡武士千余人"从拓跋珪征伐有功,于是迁徙"秀容川,诏割方三百里封之,长为世业",从此尔朱氏"家世豪擅,财货丰赢",成了"牛羊驼马,别色为群,谷量而已"的大私有牧场主。③ 尔朱氏牧场土地为最高立法者所封,土地的合法性不容置疑,但所封土地是所有权,抑或是使用权,无更多史料足资佐证。我们认为最大可能是使用权,因为无牧场买卖的记载。《北齐书·神武帝纪上》记载高欢于秀容川见到尔朱荣时说:"闻公有马十二谷,色别为群,将此竟何用也?"仅马匹就有十二谷,那么牧场之大,可以想像。由尔朱氏的牧场,可知在北魏初年,已经有这样的私有牧场了,实际上,这种私有牧场在这之前一定是存在的,只是史籍没有记载而已。

除了尔朱氏家族的私有牧场以外,在北朝时期著名的私有牧场还有北齐时善无人库狄干之曾祖越豆眷。在北魏道武帝拓跋珪时,"以功割善无之西腊污山地方百里以处之",拥有了一个庞大的私有牧场。

---

① 《周书》卷二十三《苏绰传》。
② 《魏书》卷三《太宗纪》。
③ 《魏书》卷七十四《尔朱荣传》。

拓跋珪、嗣、焘三代，不少将领被赏赐牲畜以为私有者不少，见于《魏书》诸帝纪者数不胜数。这些将领都拥有大量私有牲畜，如果没有私有牧场，将何以处之！因此，可以断定，北魏前期的私有牧场肯定是不少的。

十六国、北朝前期，小农土地私有制虽然受到了少数民族政权之间战乱及少数民族大迁徙的影响，但这些少数民族政权还是基本延续了西晋时原有的郡县组织系统对农民进行管理，让这些小农承担租调劳役。

为了保证对小农实现租调力役剥削，北方诸王国的统治者也往往采取一些"劝课农桑"的措施，如后赵之石勒，曾"以右常侍霍浩为劝课大夫，与典农使者朱表、典劝都尉陆充等循行州郡，核定户籍，劝课农桑。农桑最修者，赐爵五大夫"①。石季龙统治时期，也曾下令"解西山之禁，蒲苇鱼盐除岁供之外，皆无所固。公侯卿牧不得规占山泽，夺百姓之利"②。前燕慕容皝，为了改变"百姓流亡，中原萧条，千里无烟，饥寒流陨"的状况，乃令"苑囿悉可罢之，以给百姓无田业者。贫者全无资产，不能自存，各给牧牛一头"；"百工商贾，四佐与列将速定大员，余者还农"③。为了增加交纳租调和服劳役的人口，也是下令限制豪强霸占土地，以各种方法恢复与发展小农经济。

北燕冯跋"励意农桑，勤心政事，乃下书省徭薄赋，堕农者戮之，力田者褒赏，命尚书纪达为之条制"。不久，"又下书曰：……桑柘之益，有生之本。此土少桑，人未充其利，可令百姓人殖桑一百根、柘三十根"④。这些政策都力求恢复小农经济的发展。

拓跋部在北魏初年建立，虽然拓跋部是游牧民族，当时的畜牧业比较发展，但北魏政府在农业区，鼓励农业经济发展，小农经济得到一定程度的恢复。拓跋珪登国元年（386年）二月，便"息众课农"⑤；天兴元年（398年）正月，"诏大军所经州郡，复赀租一年，除山东民赋之半"⑥，说明北魏前期，政府已经非常重视小农经济了。拓跋嗣和拓跋焘两代，多次免除小农的租调，劝课农桑。高宗拓跋濬与显祖拓跋弘都多次下诏鼓励农耕，直到高祖拓跋宏于太和元年（477年）下诏："一夫制治田四十亩，中男二十亩，无令人有余力，地有遗利。"⑦

封建社会存在大量自耕农，这是世界史上普遍的现象。中国历代统治者都深知自耕农数量多"则邦本自固"的道理，纵然是落后的游牧民族进入中原，也会在汉族士大夫的影响下很快认识到这个道理。他们劝课农桑，其实质在于使无土地的贫民占有土地，成为自耕农，使原有自耕农的经济得以稳固。稳定自耕农的基本条件是使其占有一定的土地。从这个意义上讲，劝课农桑就是维护自耕农土地所有权。

---

① 《晋书》卷一百零五《石勒载记下》。
② 《晋书》卷一百零六《石季龙载记上》。
③ 《晋书》卷一百零九《慕容皝载记》。
④ 《晋书》卷一百二十五《冯跋载记》。
⑤ 《魏书》卷二《太祖纪》。
⑥ 同上。
⑦ 《魏书》卷七上《高祖纪》。

与小农经济得到恢复相对应的就是地主土地所有制得到了发展,无论是在十六国时期,还是在北魏前期,虽然统治者是游牧民族出身,但无论是拓跋贵族还是汉族地主对私有农耕土地都有很强的要求。《魏书·杨播传》附《杨椿传》云:"(椿)诫子孙曰:我家入魏之始,即为上客,给田宅,赐奴婢、马牛羊,遂成富室"。《北史·外戚·闾毗传》附《常英传》,谓天安中(466年),常英为平州刺史,常䜣为幽州刺史,常伯夫进爵范阳公,"诸常自兴安(451—252年)及至是,皆以亲疏受爵赐田宅,时为隆盛"。"䜣年老敕免归家,恕其孙一人扶养之,给奴婢田宅"。十六国和北朝前期的拓跋贵族,都有很多的私有土地,和他们占有大的私有牧场一样,在畜牧区,他们占有的土地就是私有牧场,在农耕区,则占有大的私有土地进行农业生产,这些少数民族的部落酋长已经开始地主化了。他们的土地私有显然是受到政府的保护的,拓跋贵族的农耕土地大多属于赏赐得来的。

十六国、北魏前期的地主土地私有制还是主要以大量的汉族地主为主。淝水之战后到北魏时期,北方仍然存在着坞、壁、堡、砦,其中最著名的就是河东薛氏坞。前秦时期,薛强在陈川打败了慕容永的进攻。强死,其子薛辩"复袭统其营","务农教战,恒以数千之众,摧抗赫连氏"。薛辩死后,其子薛谨率其宗族部曲。薛谨死,其子薛洪"祚世袭"。河东薛氏坞,从十六国直到北魏前期,历经一百余年,多次打退"五胡"政府的进攻,保证了坞壁内部安全。这样的坞壁就是一个独立王国。

到了西晋末期以及十六国北朝前期,以坞壁形式存在的地主田庄到处都是,比如刘聪的青州刺史曹嶷攻陷汶阳关等地后,"齐鲁之间郡县垒壁降者四十余所";石勒攻钜鹿、常山二郡,"陷冀州郡县堡壁百余,众至十万"[①]。当时的地主田庄大都采用了军事建筑坞壁来保护,在动乱不断的年代,坞壁用这种方式保护着地主农庄,也用这种方式保护着农业生产,使其在战乱年代有个相对和平的生活和生产空间。

这些以军事和生产生活为目的的坞壁,在阻止当时少数民族酋帅的侵犯上起到了很好的作用。北方的这些地主坞壁,十六国北魏的少数民族统治者对他们的态度和对策,从攻打镇压向依靠转换。十六国时期之初,少数民族政权对坞壁实行攻打屠杀的政策,这样就激化了民族之间的矛盾,坞壁不但没有缩小减弱,反而越来越多,互相之间的仇视加深,互相之间的屠杀也越来越多。在一些文人的建议下,十六国的统治者改变了策略,开始拉拢坞壁的地主,用他们的力量稳定和统治坞壁里的汉族民众。十六国政权采用的方式是,根据坞壁的大小,把坞壁主封为州刺史、郡太守和县令长。这样就把本来反对少数民族政权的这些汉族地主纳入了他们的统治体系,使得他们在统治体系中占有一席位置,也可得到相应的利益。各个坞壁的坞堡主都成为了少数民族政权的地方官吏。但是由于这些坞壁中有比较强的宗族关系,而且这些坞壁的土地和人口都很多,因此虽说他们是地方官吏,但实际上不得不承认这些坞壁的独立性,坞壁中还实行以前那种隶属关系。这样,十六国北朝前期,在汉族地区,坞壁成为地方机

[①] 《晋书》卷一百零四《石勒载记上》。

构,实行的是宗主督护制。以宗族关系为掩护和以坞壁建筑为特征的地主田庄的表现形式,就从非法存在变成了普遍的合法存在,使得这时的田庄主就以坞主与宗主相结合的姿态表现出来。西晋末年以后,历十六国时期到北魏统治的前期,其所以在当时的整个北部中国坞壁林立,是由于这种形式是地主阶级在混乱局面下保存自己与发展自己的最好形式。在这种坞壁组织里,每一个坞壁组织都有首领,大都被称为"坞主",也有被称为"宗主"的。例如,庾衮、郗鉴、祖逖、李矩、郭默、刘遐、刘畴等人,皆被称为"坞主"①。

十六国至北魏前期,政府将坞壁主任命为地方行政长官,实际上承认这些"一身而二任焉"的坞主兼田庄主占有土地的合法性。将他们任命为地方行政长官,实际上也就是通过他们管理坞壁内及坞壁周围民户占有的土地。

第五节　魏晋南北朝土地资源管理的启示

我国自古就是农业大国,农业的基础在于开发和利用土地。人类在开发和利用土地的过程中形成的社会联系和社会关系在法律上的表现就是土地法制。由于魏晋南北朝是社会大动荡时期,土地法制也变化很大,给我们提供了很多足资借鉴的历史经验,也给我们提供了很多教训。

一、必须满足农民基本的土地要求

封建社会的基础是农业,土地又是农业所必需的,土地是农民的衣食之本。历代统治者也知道满足农民的土地要求。

曹魏屯田时就提出了满足农民最迫切的生存要求的问题,用曹魏时期朝堂上的语言表述,就是"宜顺其意"。自东汉末年以来,被剥夺了土地和脱离了土地的农民,即使参加了黄巾军起义也还带有大量农具、耕牛,被曹操镇压的青州黄巾和颍川黄巾就是这样。曹魏募民屯田,使农民以隶属农民的身份重新和土地结合起来,对农民来讲是"顺其意"。

自东汉末年,流民就成为严重的社会问题,《后汉书·桓帝纪》记载:"百姓饥穷,流冗道路,至有数十万户,冀州尤甚"。农民脱离了土地,只得"裸行草食"。由于东汉末年黄河流域军阀混战,社会生产遭到破坏,粮食奇缺,即使汉代农业发达的三辅地区,也已"人民饥困,二年间相啖食略尽"②。曹操在与吕布争夺兖州之时,军队缺粮,东阿人程昱"略其本县",夺得"供三日粮",粮中"颇杂以人脯"③。中原地区普遍的情况是:

---

① 详见《晋书》诸人列传。
② 《三国志·魏书》卷六《董卓传》。
③ 《三国志·魏书》卷十四《程昱传》注引《世语》。

"民人相食,州里萧条。"①人口大量死亡,当时人估计,"是时天下户口减耗,十裁一在"②,或曰"人众之损,万有一存"③。在这种社会条件下,农民的生存权也丧失殆尽,屯田制是实现劳动力与土地相结合的最好形式。屯田制下农民以及披着甲胄的农民——士兵有了衣食之源,有了生存保障,他们对屯田制是乐于接受的。在普遍推广屯田制的过程中就有如下记载:"太祖(曹操)欲广置屯田,使国渊典其事。渊屡陈损益,相土处民,计民置吏,明功课之法。五年中仓廩丰实,百姓竞劝乐业。"④曹魏屯田虽然采取封建地主私人田庄的分配模式,五五分成或四六分成,对农民剩余劳动的剥削率远高于秦汉以来的自耕农,但农民还乐于接受,因为屯田制下毕竟有了生存保障,可以免于饥寒。关于这一点史书多有记载:

> 旧兵持官牛者,官得六分,士得四分,自持牛者,与官中分,施行来久,众心安之。⑤
>
> 魏晋虽道消之世,……持官牛田者,官得六分,百姓得四分;私牛而官田者,与官中分。百姓安之,人皆悦乐。⑥

这两条史料,一曰士兵,一曰百姓,表明无论是民屯抑或军屯,劳动者都乐于接受这种制度。

关于屯田制对于农民来讲,曹魏统治者认为"宜顺其意",历史上有这样一个故事,现简述如下。

建安三、四年(198—199年)间,袁涣被拜为沛南部都尉,曹魏在此时募民屯田,百姓不愿意作屯田民,多有逃亡,袁涣向曹操提出自己的建议:"夫民安土重迁,不可卒变,易以顺行,难以逆动,宜顺其意,乐之者乃取,不欲者勿强。"曹操接受了袁涣建议,故尔"百姓大悦"⑦。由袁涣一生历史可知曹操是信任他的,曹魏统治者认为实行屯田制,对农民是"宜顺其意",这在曹魏朝堂之上有基本的共识。

土地法制应满足农民对土地的基本要求,曹魏朝中称之为"宜顺其意";北魏实行均田制时君臣议政,则曰"因民之欲"。

北魏在实行均田制、三长制之初朝堂上颇有一番争论,内秘书令、南部给事中李冲就认为均田制、三长制"因民之欲,为之易行"⑧。上疏实行均田制的主客给事中李安世在奏疏中更详细地阐明了如何满足农民的基本土地要求,认为均田制可以使"雄擅之家,不独膏腴之美;单陋之夫,亦有顷亩之分。所以恤彼贫微,抑兹贪欲,同富约之不

---

① 《三国志·魏书》卷一《武帝纪》注引《魏书》。
② 《三国志·魏书》卷八《张绣传》。
③ 《续汉书·郡国志一》刘昭补注引《帝王世纪》。
④ 《三国志·魏书》卷十一《国渊传》。
⑤ 《晋书》卷四十七《傅玄传》。
⑥ 《晋书》卷一百零九《慕容皝载记》。
⑦ 《三国志·魏书》卷十一《袁涣传》。
⑧ 《魏书》卷五十三《李孝伯传》附《李安世传》。

均,一齐民于编户"。李安世明确提出抑制豪强的土地贪欲,使民众有顷亩之分,成为拥有小块土地的自耕农,即编户齐民。李安世认为均田制的宗旨是"令分艺有准,力业相称,细民获资生之利,豪右靡馀地之盈"①。魏孝文帝在发布均田令的诏书中也要求改变"富强者并兼山泽,贫弱者望绝一廛"的局面,"均给天下之田","兴富民之本"②。在北魏庙堂之上,均田制要"因民之欲",满足农民最基本的土地要求,对此君臣意见是一致的。

"民惟邦本,本固邦宁",乃我国古代政治哲学中最早、也是最精彩的表述,历代统治者中较清醒者都懂得这个道理,在土地法制中都贯穿有这种精神。

二、加强中央集权,有利于土地资源立法的实施

法律是由国家强制力保证其实施的。"如果没有政权,无论什么法律,……都等于零。"③在中国封建社会要保证法律的实施,首先必须加强中央集权。北魏朝庭中一场争论,可资帮助我们认识强有力的中央政权在推行均田制、三长制中的作用。《魏书》卷五十三《李冲传》有较详细记载:

> 旧无三长,惟立宗主督护,所以民多隐冒,五十、三十家方为一户。冲以三正治民,所由来远,于是创三长之制而上之。文明太后览而称善,引见公卿议之。中书令郑羲、秘书令高祐等曰:"冲求立三长者,乃欲混天下之法。言似可用,事实难行。"羲又曰:"不信臣言,但试行之,事败之后,当知愚言之不谬。"太尉元丕曰:"臣谓此法若行,于公私有益。"咸称方今有事之月,校比民户,新旧未分,民必劳怨,请过今秋,至冬闲月,徐乃遣使,于事为宜。冲曰:"民者,冥也,可使由之,不可使知之。若不因调时,百姓徒知立长校户之勤,未见均徭省赋之益,心必生怨。宜及课调之月,令知赋税之均。既识其事,又得其利,因民之欲,为之易行。"著作郎傅思益进曰:"民俗既异,险易不同,九品差调,为日已久,一旦改法,恐成扰乱。"太后曰:"立三长,则课有长准,赋有恒分,苞荫之户可出,侥幸之人可止,何为而不可?"群议虽有乖异,然惟以变法为难,更无异义。遂立三长,公私便之。

这次争论中改革派壁垒分明,以冯太后、孝文帝为首,改革的设计者为李冲,但反对派不是鲜卑族中元老重臣,而是汉族官僚郑羲、高祐、傅思益。原保守派中的元丕倒支持变法。从上面引文可知朝中反对派有相当数量,又多为汉族官僚,力量不大,这表明以冯太后、孝文帝为首的改革派的权力得到加强,也表明北魏中央集权加强,冯太后的一席话就使均田制、三长制得以顺利推行。

在均田制、三长制推行前夕北魏政治形势亦可见中央集权的加强,实行"班禄"即

---

① 《魏书》卷五十三《李冲传》。
② 《魏书》卷七上《高祖纪上》。
③ 《列宁全集》第11卷,人民出版社1963年版,第98页。

其一例。北魏建国后,于文武百官一直不设俸禄,战争期间靠抢掠财富,中原既定之后以贪赃枉法盘剥民众。冯太后和孝文帝决心实行"班禄"制,即给文武百官发俸禄,严禁贪赃枉法。规定犯赃绢一匹以上处死,枉法者无论多少一律处死。自太和八年(484年)六月正式"班禄",至是年九月,刺史以下官吏因犯赃被处死者四十余人。孝文帝舅公李洪任秦益二州刺史,犯有贪污罪,如此显宦贵戚,孝文帝亲自审问后处死。一时间,官吏人人自警,吏治出现比较清明的景象,中央集权得以加强。

北魏均田制、三长制得以有效推行与最高立法者的个人性格不无关系。冯太后临朝称制十五年,史称其"多智略,猜忍,能行大事,生杀赏罚,决之俄顷,……震动内外"。"后性严明假有宠侍,亦无所纵。"孝文帝被史家称之为一代英主,"听览政事,莫不从善如流。哀矜百姓,恒思所以济益"。"加以雄才大略,爱奇好士","虽于大臣持法不纵"。曹魏屯田制能取得巨大成就与曹操的才能性格有关,至于北魏均田制与冯太后、孝文帝的关系也当如此看。

列宁曾经指出:"一般用什么来保证法律的实行呢?第一,对法律的实行加以监督。第二,对不执行法律的加以惩办。"①法律监督和法律制裁是实施法律的必要条件。国家不对法律的实行加以监督,法律会化为乌有;国家不对违法者加以惩处,法律则形同虚设。对实行均田制中违法者惩处,在前述均田制实施中已作论述,下面就实行均田制中的监督问题试作探讨。

孝文帝颁布的均田诏中有如下一句:"今遣使者,循行州郡,与牧守均给天下之田"②。此句为诸书称引,但并未深论。诏书中"使者"为监察官。汉代监察官奉皇帝命出使,事毕即罢,如行冤狱使者、美俗使者、直指使者等。南北朝时中央政府派往地方巡视、安抚之临时使节称使者。北朝皆循前代成例,常遣使巡省四方,问民疾苦,受理辞讼,搜访贤良、赈赡鳏寡,黜陟长吏。其官皆非常设,临时遣官任之。北魏前期就已不断地派使者循行州郡。道武帝拓跋珪在建国之初,便于天兴元年(398年),遣使者循行州郡,举奏守宰不法者。后连续两年命使者巡行,纠劾不法。此后,明元帝拓跋嗣、文成帝拓跋濬时,也经常派使者巡视地方。魏孝文帝时监察制度的职能得到根本性加强。

遣使出巡是我国古代中央监察地方的重要方式。使者官品不高,但以小制大,权重,因为他们是持节衔命出巡。正如晋武帝所言,使者出巡"俾朕昭然鉴于幽远,若亲行焉",他们是代表中央监察地方。在实行均田制时,魏孝文帝将"遣使者循行州郡"放在牧守之前,意在提高使者的地位,加强对实行均田制的监督。均田制推行过程中使者是如何具体监督地方官实行均田制的,可惜史书无具体记载,我们也无缘作深入探讨了。

在推行均田制过程中,北魏中央有决心有魄力,与均田制配套创三长制,加强了对

---

① 《列宁全集》第2卷,人民出版社1959年版,第253页。
② 《魏书》卷七上《高祖纪上》。

地方官的监督,兼以惩处不法官吏,所以北魏均田制应当是南北朝时期土地法制中实行得最好的。

三、皇权与吏治的腐败,难以实施良好的土地资源立法

北朝的北齐、北周都实行均田制。就现存的文献资料而言,北齐的均田制较北周内容详细,条目清楚全面,有较多的可操作性,也较能反映我国古代土地所有制发展的趋势,应当承认北齐的土地法制是良法。但史学界公认的是北齐均田制的实施较北周为差,用韩国磐先生的话说:"据史书记载,北齐均田的效果很差。"①北齐均田制实行效果很差的原因史家有多种论断,我认为其中主要原因是北齐政权的腐败。

北齐是鲜卑贵族为主体的政权,依照鲜卑落后习俗,以杀夺为能干,以凶暴为英雄,其政权始终含有高度的野蛮性。其野蛮性之一就是最高统治者有意纵容贪污,北齐的实际建立者高欢即是。《北齐书》卷二十四《杜弼传》记载了高欢与杜弼的一段对话:

> 弼以文武在位,罕有廉洁,言之于高祖(高欢)。高祖曰:"弼来,我语尔。天下浊乱,习俗已久。今督将家属多在关西,黑獭(宇文泰)常相招诱,人情去留未定。江东复有一吴儿老翁萧衍者,专事衣冠礼乐,中原士大夫望之以为正朔所在。我若急作法网,不相饶借,恐督将尽投黑獭,士子悉奔萧衍,则人物流散,何以为国?尔宜少待,吾不忘之。"及将有沙苑之役,弼又请先除内贼,却讨外寇。高祖问内贼是谁。弼曰:"诸勋贵掠夺万民者皆是。"高祖不答。……高祖然后喻之曰:"……诸勋人身触锋刃,百死一生,纵其贪鄙,所取处大,不可同之循常例也。"

高欢集团有意识地对文官武将"纵其贪鄙",当时从中央到地方"罕有廉洁",贪污成风,这成为北齐一朝严重的社会问题。

对北齐统治集团政治的昏乱荒嬉与贪残凶暴,吕思勉先生有段精当的概括:"北齐之事,始坏于文宣,而大坏于武成。……武成荒淫,实更甚于文宣;诒谋不臧,至后主而更昏荡。政治内紊,强敌外陵,……不及二十年,而齐祚迄矣。"②

高洋即文宣帝,是代魏建北齐的第一个皇帝,也是荒淫暴虐史所罕见的皇帝。在即位六七年后荒淫暴虐本性开始暴露。高洋平日袒露形体,涂脂抹粉,披头散发,穿着少数民族服装招摇过市。有时招纳一批民间妇女入宫,供自己和亲信日夜宣淫。这样一个昏乱荒淫的皇帝,当他向民间妇女问道:"天子如何?"得到的回答是"颠颠痴痴,何成天子?"高洋这样的人实在不可能存心政事。

武成帝高湛是高欢的第九个儿子,高洋的胞弟,其荒淫残暴较高洋更肆无忌惮。高湛威逼兄嫂李氏(高洋妻子)与之私通,后来将李氏衣服扒光,用皮鞭抽打,装入布袋

---

① 韩国磐:《魏晋南北朝史纲》,人民出版社1983年版,第503页。
② 吕思勉:《两晋南北朝史》上册,上海古籍出版社1983年版,第713页。

扔入水中。高湛重用奸佞，不理朝政。他将军政大权全部委之佞幸小人和士开。和士开升为侍中、开府仪同三司。事无大小，全由和士开裁决。和士开对高湛说："自古帝王皆化为灰土，圣贤尧舜和暴君桀纣，一死之后，有何区别？陛下宜趁青春壮年时纵情享乐，不必有所顾忌。快乐一日胜千年长寿。朝政国事全委之大臣，还怕办不了，陛下千万别自己费精力了。"①高湛听了十分高兴，就将朝政放心地委托和士开等去办理，于是"帝三四日一视朝，书数字而已，略无所言"②。这样一位荒淫无耻不理朝政的皇帝，任何于国于民有利的法制，到他手上都成为一张废纸。

年仅十岁的高纬，继其父高湛成为更加昏暴奢靡的皇帝。高纬不理朝政有似乃父，他说话不清，故而不喜见朝中大臣，除非他宠幸亲昵的佞幸外，不太与人说话。别人看他，他都怒气冲冲地责怪别人。朝堂上奏事的大臣虽贵为三公和尚书令等大臣但也不敢看他，奏事也是略陈大义就落荒而逃。高纬又残暴至极，剥人皮以为笑乐。就这样的皇帝老爷还自称是无忧天子。

史称"自和士开执事以来，政体隳坏"。至高纬时期，和士开与一帮佞臣把持朝政，引领亲党，贿赂公行，官爵滥赏。一时间奴婢、太监、商人、歌舞人被滥封为高官显宦者将近万人。历史上记载"开府千余，仪同无数"，所谓"开府"，即开建府署，辟置僚属。两汉惟三公（太尉、司徒、司空）可开府，三公乃品秩最高显宦。魏晋南北朝时期凡开府，地位与三公相当，品秩、俸赐亦与三公相当。"仪同"，即"仪同三司"，谓开府之仪制援引三公成例。仪同在北齐时为纵一品。成千上万的奴婢、太监、商人、歌舞人都晋升为当朝位同三公的高官显宦，这在中国政治腐败史上，亦可谓前所未有。由于官员庞杂，职责不明，中央下达的诏令文书，这些不通政事的高官显宦在文书上只会写个"依"字，自己的姓名也不写，结果连谁写的都不知道。北齐后主高纬特赐给佞幸以卖官权，于是史书中就有了下面一段奇文：

> 乃赐诸佞幸卖官，或得郡两三，或得县六七，各分州郡，下逮乡官，亦多降中旨，故有敕用州主簿，敕用郡功曹。于是州县职司，多出富商大贾，竞相贪纵，人不聊生。③

在我国历史上买官卖官的市场如此繁荣，仅东汉末出现过。北齐从中央到地方皆"官由财进"，一般官员所想的就是如何以财谋得高官，位晋高位以后又如何卖官鬻爵刻薄百姓。

后主高纬之奢靡无奇不有。宫中奴婢都封为郡君（命妇之称，品官之母或妻封为郡群）。宫女宝衣玉食者，五百余人。一条裙子价值万匹绢，镜台竟值万金。宫女早晨穿的新衣，晚上就当废物扔掉。武成帝高湛的胡皇后有条真珠裙，后主高纬也为穆皇

---

① 《北齐书》卷五十《和士开传》。
② 《资治通鉴》卷一百六十九。
③ 《北齐书》卷八《后主纪》。

后做了件真珍珠的裙子。适逢北周遭皇太后大丧,高纬派薛孤、康买为弔使以弔丧为名,暗中派胡商带锦缎三万匹,到北周购买珍珠,为皇后造七宝车,可惜周人不卖给珍珠,但七宝车还是造了。御马厩中都铺上毛毡,食物有十余种,马交配时"设青庐,具牢馔而亲观之"。喂狗用好肉,马和鹰、狗都有封号,或封仪同,或封郡君,斗鸡封开府。

如此腐败、奢靡、荒嬉的政权,日常行政事务都难以维持,遑论实行任何新的法制。

最早将北齐的腐败政治与均田制实行的情况联系在一起的是《关东风俗传》,我们能见到的仅是《通典》卷二《食货二》的引文,我们不惮繁冗,引文如下:

> 其时强弱相凌,恃势侵夺,富有连畛亘陌,贫无立锥之地。昔汉氏募人徙田,恐遗垦课,令就良美。而齐氏全无斟酌,虽有当年权格,时暂施行,争地文案有三十年不了者,此由授受无法者也。其赐田者,谓公田及诸横赐之田。魏令,职分公田,不问贵贱,一人一顷,以供刍秣。自宣武出猎以来,始以永赐,得听卖买。迁邺之始,滥职众多,所得公田,悉从贸易。又天保之代,曾遥压首人田,以充公簿。比武平以后,横赐诸贵及外戚佞宠之家,亦以尽矣。又河渚山泽有可耕垦肥饶之处,悉是豪势,或借或请,编户之人不得一垄。纠赏者,依令,口分之外知有买匿,听相纠列,还以此地赏之。至有贫人,实非剩长买匿者,苟贪钱货,诈吐壮丁口分,以与纠人,亦既无田,即便逃走。帖卖者,帖荒田七年,熟田五年,钱还地还,依令听许。露田虽复不听卖买,卖买亦无重责。贫户因王课不济,率多货卖田业,至春困急,轻致藏走。亦有懒惰之人,虽存田地,不肯肆力,在外浮游。三正卖其口田,以供租课。比来频有还人之格,欲以招慰逃散。假使暂还,即卖所得之地,地尽还走,虽有还名,终不肯住,正由县听其卖帖田园故也。广占者,依令,奴婢请田亦与良人相似,以无田之良口,比有地之奴牛。宋世良天保中献书,请以富家牛地先给贫人,其时朝列,称其合理。

记载北齐政治腐败造成均田制不能依法推行以至破坏的材料,以此书最全面准确,下面我们结合其他文献记载试作论述。

北齐最高统治者和中央率先破坏均田制。均田制下官员可根据自家人丁、奴婢及耕牛多少获得露田、桑田,但耕牛受田较良人为少,但实际执行中良人受田"比有地之奴牛"。在政治极度腐败情况下,官员及地主呈报自己耕牛及奴婢数时,应该是虚报,以此大量占田。所以在北齐建国之初,宋世良就提出"请以富家牛地先给贫人"。官员可占有职分公田,官员愈多,所占职分田愈多。中央率先破坏均田制另一表现就滥封各类官员,这在东魏时已是如此。《北齐书》卷十八《高隆之传》记曰:"魏自孝昌以后,天下多难,刺史太守皆为当部都督,虽无兵事,皆立佐僚,所在颇为烦扰。隆之表请自实在边要见有兵马者,悉皆断之。……自军国多事,冒名窃官者不可胜数,隆之奏请检括,向五万余人,而群小喧嚣,隆之惧而止。"北齐建立后,文宣帝高洋以设郡县太多,官多冗滥,他说:"丁口减于畴日,守令倍于昔辰。……但要荒之所,旧多浮伪,百室之邑,便立州名,三户之民,空张郡目。"①后主高纬时官爵滥赏情况前已述及。如此冗滥的官员都要受职分田,除此外还有"诸横赐之田",谓之"横赐",可知赐田数量无限,也不在均田制内容之中。此横赐诸田可以买卖,可以传给子孙,成为永赐之田。横赐的结果是国家掌握的公田"亦以尽矣"。国家无公田可授给民户,均田制破坏,罪魁祸首就是北齐最高统治者。

如此腐败奢靡的皇帝及官僚在整个社会煽动起一股贪欲横流的妖风。皇帝就是煽动妖风的始作俑者,史称"齐自河清之后,逮于武平之末,土木之功不息,嫔嫱之选不已,征税尽,人力殚,物产无以给其求,江海不能赡其欲。所谓火既炽矣,更负薪以足之"②。皇帝如此,大臣亦然,"志气骄盈,与夺由己,求纳财贿,不知纪极,生官死赠,非货不行,肴藏银器,盗为家物,亲狎小人,专为聚敛"③。在贪欲横流的社会风气下,有权势财富的人死命追求土地,东魏时天平初,"时初给民田,贵势皆占良美,贫弱咸受瘠薄"④。北齐时,如《关东风俗传》指出,"其时强弱相凌,恃势侵夺,富有连畛亘陌,贫无立锥之地"。"又河渚山泽有可耕垦肥饶之处,悉是豪势,或借或请,编户之人不得一垄。"国家不能掌握有可耕地,以"买匿"为借口,鼓动纠举,举报后"以此地赏之",在贪欲横流的社会风气下,一些无赖大肆纠举,造成"至有贫人,实非剩长买匿者,苟贪钱货,诈吐壮丁口分,以与纠人,亦即无田,即便逃走。"这造成土地法制的极端混乱。

皇帝的腐败奢靡造成横征暴敛,"爰自邺都及诸州郡,所在征税,百端俱起"⑤,这最终都要加在编户齐民头上,负担不起,只有逃亡,租调无着,"三正卖其口田,以供租课"。整个社会乱作一团,均田法令无法推行。

北齐均田制从条文看应属良法,但在政治腐败的历史条件下,无法推行,效果很差。这使我们想起《北齐律》的命运。《北齐律》也是良法,程树德先生在《九朝律考》中说:"南北朝诸律,北优于南,而北朝尤以齐律为最。"现代学者称《北齐律》在中国封建立法史上具有划时代意义,但就是拥有这部具有划时代意义的法律的北齐,政刑不一现象极为严重,从上到下一般均不依律令办案而随意加刑,实行酷法,少有宽减。被誉为"法令明审,科条简要"的《北齐律》成为一纸空文,北齐的均田令亦复如此。

---

① 《北齐书》卷四《文宣帝纪》。
② 《北齐书》卷八《幼主纪》。
③ 《北齐书》卷十八《孙腾传》。
④ 《北齐书》卷十八《高隆之传》。
⑤ 《北齐书》卷八《幼主纪》。

第四章 隋唐五代时期的土地法制

第一节 隋唐五代时期土地所有权形式与法律保护

一、土地所有权形式及其变化

隋唐五代时期是我国封建社会经济发展和转型的时期,这种变化最突出的表现是土地制度的变革。隋至唐朝前期,土地形式以国有土地为主,政府把国有土地分配给农民耕种,从中收取赋税。隋及唐朝前期实行的均田制是在刚刚经过战乱、人口稀少、土地荒芜的特定情况下施行的,它有助于调动农民的积极性。但是,唐代均田令对于贵族官僚授予的永业田过多,加之对土地买卖限制的松弛,这些因素都不利于均田制的推行。尤其是一方面,随着土地私有制的发展,政府控制的国有土地数量越来越少。而另一方面,国家控制的户口却迅速增长,如唐初武德年间,全国仅有户二百余万户,到开元天宝时期,全国控制的户口数已达八百九十余万户。这种人口的迅速增长与国家用于提供均田的土地数量日益减少的矛盾造成的直接后果是均田制下的农民受田严重不足。然而,封建政府对均田制下的农民征收的赋税税额并没有因此而减少,农民除了要向封建政府交纳足额的赋税外,还要承担服兵役和徭役的义务。如此沉重的负担让均田制下的农民喘不过气来,纷纷逃离土地。与此同时,私人土地制迅速发展,一些官僚贵族通过分得永业田而成为大地主。他们把私人土地租种给逃离均田制的农民,从中收取高额地租。私有土地的迅速增加直接破坏了均田制度,唐开元天宝以后,封建的庄园经济得到了迅猛的发展。

(一) 国有土地

按照土地所有权的不同归属,隋唐时期的土地类型可以分为国有土地和私有土地两种类型。所谓封建的国有土地,是指封建政府以国家的名义占有土地。隋、唐建国后不久,为保证封建国家的劳动人手,征收更多的赋税,继续实行北魏以来的均田制,极力维护封建的土地国有制。实行均田制,最基本的条件是有大量的荒地,而在隋初,荒地也很多。南北朝末年,全国人口不过六百余万户,而东汉桓帝时多达一千零六十余万,从每平方公里的人口密度来看,隋代人口比东汉稀少一半左右,在当时肯定有大量的荒地。从文献的记载来看,当时北方确有不少荒地。据《魏书》卷一百零六《地形志》说:"恒代而北,尽为丘墟,崤潼以西,烟火断绝;齐方全赵,死如乱麻。"北齐北周对峙百余年,双方经常发生战争,土地荒芜现象仍然存在。如河南地区是"荒废来久,流民分散";荆州则"土地辽落,称为殷旷"。所以,在隋文帝开皇元年(581),即颁布新令,实行授田。唐朝初年,由于隋末战乱,土地荒芜,"自燕赵跨于齐、韩,江淮入于襄、邓,东周洛邑之地,西秦陇山之右","宫观鞠为茂草"。唐太宗贞观初年,"自伊洛以东,暨乎海岱,萑莽巨泽,茫茫千里,人烟断绝,鸡犬不闻,道路萧条,进退艰阻"。甚至到唐高宗显庆年间,河南某些地方仍然是"田地极宽,百姓太少"①。李唐政府将这些无主土地据为国有,以法律的形式予以保护。

1. 隋朝的国有土地

隋代的国有土地的种类很多,概而言之,有如下几种:

(1) 露田

隋开皇新令规定,农民受露田按照北齐之制,即一丁男受露田八十亩,妇人四十亩,"单丁及仆隶各半之",奴婢受田亦如北齐,如良人数。隋代的露田是封建政府依法向农民征收赋税的依据,故国家法律规定"不听卖买",依法还受。由于隋朝政府把大量的国有荒地授给农民,所以到隋炀帝大业十一年(615年)时,很多荒芜的土地大多变成了农田。据《隋书》卷四《炀帝纪下》记载:"今天下平一,海内晏如,宜令人悉城居,田随近给,强弱相容,力役兼济,穿窬无所厝其奸宄,萑蒲不得聚其捕逃。"然而,封建政府控制的土地毕竟有限,随着人口的增加,国家控制的可耕地面积已远不能满足农民受田的需要,如隋文帝开皇十二年(592年),"时天下户口岁增,京辅及三河,地少而人众,衣食不给。议者咸欲徙就宽乡。其年冬,帝命诸州考使议之。又令尚书,以其事策问四方贡士,竟无长算。发使四出,均天下之田。其狭乡,每丁纔至二十亩,老小又少焉"②。

(2) 职分田、公廨田

关于职分田和公廨田,据某些学者研究,是远从两晋时期的菜田、禄田和州郡公田,近从北魏时刺史、太守和县令等所受的公田发展而来。北魏时期这类田地不准买卖,更代相付。隋朝时虽未见明文规定,但从后来唐朝仍禁止这类田地的买卖看,隋朝的规定应与唐朝相同。不过,从隋朝开始,将官吏所受的公田分为两类:一为职分田,其收入作为官吏俸禄的一部分;二为公廨田,其收入作为官府的办公费用。如果官署的人员有所变动,职分田、公廨田必须是"更代相付"的。关于公廨田的设置,最早是由苏孝慈提出的,《隋书》卷四十六《苏孝慈传》云:"先是,以百僚供费不足,台省府寺咸置廨钱,收息取给。孝慈以为官民争利,非兴化之道,上表请罢之。请公卿以下给职田各有差。上并嘉纳焉。"

(3) 屯田和营田

隋唐时期,中国国土辽阔,超过了此前各个封建王朝。为了防止外敌的入侵,政府经常在边境派兵驻守。为了解决军粮的问题,历代政府都沿边境地区开荒种地,隋代亦是如此。如在长城线上,开皇三年(583年),隋文帝"令朔州总管赵仲卿,于长城以

---

① 《通典》卷七《历代盛衰户口》。
② 《隋书》卷二十四《食货志》。

北,大兴屯田,以实塞下。又于河西,勒百姓立堡,营田积谷。"①隋代另一个大屯区是在河西陇右地区,隋炀帝大业年间,统一了西域,置西海、鄯善、且末等郡,"谪天下罪人,配为戍卒,大开屯田,发西方诸郡运粮以给之"②。卫尉卿刘权,从炀帝征吐谷浑,设"置河源郡、积石镇,大开屯田,留镇西境"③。

(4) 国家控制的其他土地

隋代政府并非把国家所有的土地都拿出来进行均田。除了上述的国有土地外,政府还控制着许多公共土地。如皇家园林、山川林泽、无人开垦的荒地以及政府未受给农民的公田等。对于这些土地,封建皇帝经常把它赏赐给贵族功臣,如大官僚杨素就受赐"公田百顷",樊子盖、卫玄等亦均赐"良田甲第"。

2. 唐朝的国有土地

唐承隋制,唐代的国有土地也有很多种类型:

(1) 口分田

口分田是国家授给均田制下农民的土地,是政府直接从农民身上榨取赋税的前提条件。唐代授给农民口分田的具体办法是:丁男中男一顷,老男笃疾废疾四十亩,寡妻妾三十亩,如为户者,减丁之半。凡田分为二等,一曰永有业,一曰口分。丁之田二为永业,八为口分。口分田在农民死后须退还国家。此外,唐政府还对僧尼、道士、老男、笃疾、废疾以及寡妻妾、官户等授予口分田的规定。

(2) 职分田、公廨田

唐代延续了隋代的制度,关于职分田,诸京官文武职事职分田:一品一十二顷,二品十顷,三品九顷,四品七顷,五品六顷,六品四顷,七品三顷五十亩,八品二顷五十亩,九品二顷。诸州及都护府、亲王府官人职分田:二品一十二顷,三品一十顷,四品八顷,五品七顷,六品五顷,七品四顷,八品三顷,九品二顷五十亩。此外,镇戍关津岳渎及在外监官也根据不同的职务给予土地。

(3) 屯田、营田

唐朝的屯田规模比隋代有所扩大,有工部屯田郎中所掌管的屯田,有司农司所管的屯田,还有州镇的屯田。据《唐六典·尚书工部》所载:"屯田郎中、员外郎掌天下屯田之政令。凡军、州边防镇守转运不给,则设屯田以益军储。其水陆腴瘠,播植地益,功庸烦省,收率等级,咸取决焉。"唐时屯田郎中"管屯总九百九十有二,大者五十顷,小者二十顷。凡当屯之中,地有良薄,岁有丰俭,各定无三等。凡屯皆有屯官、屯副"。至于司农司和州镇所管屯田,《通典》卷二《屯田》所载如下:"大唐开元二十五年(737年)令:诸屯隶司农寺者,每三十顷以下、二十顷以上为一屯,隶州镇诸军者,每五十顷为一屯。应置者皆从尚书省处分。其旧屯重置者,一依承前封疆为定。新置者,并取荒闲

---

① 《隋书》卷二十四《食货志》。
② 同上。
③ 《隋书》卷六十三《刘权传》。

无籍广占之地。其屯虽料五十顷,易田之处各依乡原量事加数。"

唐代屯田的分布范围很广,在两税法施行前,京畿和东都一带都有屯田。姜师度曾在同州进行屯田,华州也有屯田,韦机曾在东都屯田,元载在东都、汝州一带置屯田。安史之乱以后,各节度使所置的屯田更多。

所谓营田,本来是开垦荒地发展生产的意义。如《旧唐书》卷八十三《张俭传》说:"俭单马推诚,入其(思结)部落,召诸首领,布以腹心,咸匍匐启颡而至,便移就代州。即令检校代州都督,俭遂劝其营田。每年丰熟,……表请和籴,拟充储备,蕃人喜悦。"这里所谓"营田",既不是军屯,也不是民屯,"劝之营田"就是劝之发展生产经营农业的意思。到了唐朝后期,内地设置很多屯田,当时人们多将屯田称为营田。关于唐朝后期的营田规模,《唐会要》卷七十八"元和十三年"条说:"初,景云开元间,节度、支度、营田等使,诸道并置,又一人兼领者甚少。艰难以来,优宠节将,天下拥旄者,当不下三十人,例衔节度支度营田观察使。"这段记载对于了解唐代后期营田发展的规模,具有重要意义。

(4) 国家牧地

唐政府掌握着大量的牧地,据《元和郡县图志》卷三"关内道"记载,牧监:贞观中自京师东赤岸泽移马牧于秦、魏二州之北,会州之南,兰州狄道县之西,置牧使以掌其事,仍以原州刺史为都监牧使以管四使。南使在原州南一百八十里,西使在临洮军西二百二十里,北使寄理原州城内,东宫使寄理州城原内。天宝中诸使共有五十监,其所管辖的范围东西约六百里,南北约四百里。这个牧场可能是唐代最大的牧场。除此之外,唐朝在银州、闽中、盐州、襄州等地也设有牧地。贞元元年八月,因吐蕃率羌浑之众犯塞,分遣中官于潼关、蒲关、武关,禁大马出界。与此同时,国家对牧场的管理也更加重视,如元和十四年八月,于襄州谷城县置临汉监以牧马,仍令山南东道节度使兼充监牧使。太和十一年十一月,度支盐铁使等奏以银州是牧放之地,水草甚丰,国家自艰虞以来,制置都阙。每西戍东牧,常步马相凌,致令外夷侵骄,边备不立。臣得银州刺史刘源状,计料于河西道侧,近市孳生,堪牧养马,每匹上不过绢二十匹,下至十五匹,臣已于盐铁司方图收拾羡余绢,除正进外另得五万匹,今于银州置银州监使,委刘源充使勾当,冀得三数年外,蕃息必多。

(5) 官庄

唐代还有许多由政府控制的官庄,负责对官庄进行管理的机构是庄宅使。关于唐代官庄的情况,史书记载十分零散。如《唐大诏令集》卷二引《穆宗即位敕》云:"诸州府,除京兆河南府外,应有官庄宅铺店碾硙茶菜园盐畦车坊等,宜割属所管州府。"唐朝后期,随着均田制的破坏,官庄的数量也越来越多。唐文宗时,大臣上奏书说:"陛下即位,不忧声色,于今十年,未始采择,数月以来,稍意声伎,教坊阅选,百十未已,庄宅收市,未为有闻。"

(6) 其他国有土地

唐代的国有土地还有很多类型,如皇家园林、驿站土地、山川湖泊、城乡道路等。

对此,政府都颁布法令予以保护,禁止私人占有。在《唐律疏议》卷二十六"侵巷街阡陌"条规定:"诸侵巷街、阡陌者,杖七十。若种植垦食着,笞五十。各令复故。虽种植,无所妨废者,不坐。《疏议》曰:'侵巷街、阡陌',谓公行之所,若许私侵,便有所废,故杖七十。'若种植垦食',谓于巷街阡陌种物及垦食者,笞五十。各令以旧。若巷陌宽闲,虽有种植,无所妨废者,不坐。"

3. 五代时期的国有土地

五代十国时期,战争频仍,政局动荡,政权更迭频繁。在这样的社会环境下,土地所有制形态并未因为统一局面的破坏而改变。无论是在北方的五代或是在南方诸国,依然存在土地国有制。关于五代十国时期的国有土地类型,主要有营田和官庄两种形式。

(1) 营田

唐朝末年,由于数十年连绵不断的战争,致使人口大量流亡,土地大量荒芜。因此,五代十国时期,国有无主的荒地大大增长。各割据政权为了巩固其封建统治,纷纷采取措施,开垦荒地,致力于恢复农业生产。其主要措施就是召集农民,开置营田,同时辅之以屯田。

关于五代时期北方营田的分布情况,后梁时期文献记载不详,关于后唐的营田情况,从史书记载来看,无论是范围还是规模,都是最大的。后唐的营田范围几乎遍及全国各州府,其中规模最大的,是三白渠一带的营田。后唐庄宗同光三年三月,"西京奏:制置三白渠起置营田务一十一"。三白渠,即太白渠、中白渠和南白渠,位于泾水之北。该地区自同光三年三月后便起置营田。此外,见诸史料记载的后唐开置营田的地区还有:后唐明宗天成二年八月,"户部员外郎知诏诰于峤上言:请边上兵士起置营田,学赵充国,诸葛亮之术,庶令且战且耕,望致轻徭"。同年十二月,"左司郎中卢损上言:以今岁南征,运粮糜费,唐、邓、复、郢,地利膏腴,请以下军官健与置营田,庶减民役,以备军行"。

后晋的营田情况不详。后周时期,在全国范围内设有相当数量的营田,但后周施行的营田时间很短,至广顺三年,太祖下诏悉罢营田务,将所有营田土地割归州县,《旧五代史》卷一百一十二《后周太祖纪第三》载:"乙丑,诏:诸道州府系属户部营田及租税课利等,除京兆府庄宅务、赡国军榷盐务、两京行从庄外,其余并割属州县,所征租税课利,官中只管旧额,其职员节级一切停废。"

至于南方十国的营田也有很多。如南唐在淮南地区进行屯田,吴越在浙西苏州和淞江一带营田,蜀国在四川的屯田等,规模都很大。蜀国山南节度使武璋,以褒中用武之地,营田为急务,乃凿大洮以导泉源,溉田数千顷,人受其利。

(2) 官庄

官庄,是五代十国时期国有土地的又一种经营方式。五代各朝皆置官庄,并设有专门的管理机构。后梁的官庄,史书记载不详。后唐时期,官庄很多,如在明宗长兴二年六月,政府下诏:"止绝诸射系省店宅庄园。"但后唐的官庄很不稳定,经常受到官僚地主的侵占,所以,后唐明宗曾颁布了《禁侵射入官店宅庄园敕》,云:"应诸道系省店宅庄园,或抵犯刑章,纳来家业;或主持败阙,收致抵当。姓名才系籍书,诸利未经收管,诸色人等,不度勋庸高下,不量事分浅深,相尚贪饕,竞谋侵射,惟利是视,以得为期。诸色人稍立微功,朝廷必加懋赏。……启幸灾乐祸之门,颇污教风,须行止绝"。后晋、后周都有官庄。据《册府元龟》卷四百九十五《邦计部·田制》记载,太祖广顺三年九月,敕:"京兆府耀州庄宅、三百渠使所管庄宅,并属州县,其本务职员节级一切停废。除见管水硙,及州县镇郭下店宅外,应有系官桑土屋宇园林车牛动用,并赐见佃人充永业。如已有庄田,自来被本务或形势影占,令出课利者,并勒见佃人为主,依例纳租。条理未尽处,委三司区分,仍遣刑部员外郎曹匪躬专住点检,割属州县。"

在南方诸国中,以闽国官庄的数量最多。据《文献通考》卷七《田赋七》记载:宋真宗天禧四年,"福建转运使方仲荀言:'福州王氏时,有官庄千二百一十五顷,自来给与人户主佃,每年只纳税米,乞差官估价,令见佃人收买,与限二年,送纳价值'。"

总之,从隋唐五代时期的国有土地类型来看,在隋及唐安史之乱以前,国有农业用地主要有口分田、屯田、营田等,畜牧业土地主要为国家牧地和皇家林苑,此外,还有一小部分官庄和皇庄。唐开元天宝年间以后,随着均田制的逐渐破坏,大土地私有制的发展,国家控制的国有土地数量锐减,这一时期的国有土地主要以官庄等为主,由官府把土地出租给农民耕种,原来均田制下的农民转而变成了政府的佃农,人身关系也发生了变化。

(二) 私有土地

隋唐时期虽沿用了北魏以来的均田制度,但并未彻底否定私有土地。在均田制下,仍存在许多私人土地。安史之乱以后,封建土地私有制得到了进一步的发展,出现了许多庄园,庄园经济又成为封建私人土地所有制的主要形式。

1. 隋代的私有土地

(1) 官民的永业田

隋代的法律规定,官民的永业田可以买卖,可以传给子孙世代享有,所以隋代的永业田实际上也就是变相地使国有土地变成了私人所有。隋代对于永业田的规定是:"自诸王以下至于都督,皆给永业田各有差,多者至一百顷,少者至四十亩。"① 普通民众所受的永业田,皆遵后齐之制,即一夫一妇除露田外,另有桑田或麻田二十亩,桑田和麻田可以传给子孙。因此,官僚贵族的永业田,普通百姓的桑田、麻田在自己去世后都变成了子孙的私有土地。

(2) 园宅地、继承地和赏赐的土地

根据《隋书·食货志》的记载,在隋代,普通百姓"园宅,率三口给一亩,奴婢则五口给一亩"。官僚贵族所占的园宅当然会更大。那些大官僚地主除了政府授予的永业田外,还从祖先那里继承了许多土地。从北朝至隋唐,中国北方私人地主占有大量的土

---

① 《隋书》卷二十四《食货志》。

地。如关陇贵族于氏,魏、周以来,世业不坠,他家的土地世代相承,并不因实行均田而受到损失。唐初大官僚于志宁就曾说:"臣居关右,代袭箕裘,周魏以来,基址不坠。"①原来的大贵族杨素,在"诸方都会处,邸店水硙并利,田宅以千百数"。由于贵族官僚占有的私田太多,到隋文帝开皇初年,"太常卿苏威立议,以为户口滋多,民田不赡,欲减功臣之地以给民。谊奏曰:'百官者,历世勋贤,方蒙爵土,一旦削之,未见其可。如臣所虑,正恐朝臣功德不建,何患人田有不足?'上然之,竟寝威议"②。

隋代最高统治者还经常利用手中的权力把国家的土地赏赐给手下的功臣,这些赏赐的土地也就成了私人的土地。如大官僚杨素就曾受赐"公田百顷",卫玄、樊子盖等亦均受赐"良田甲第"。这些封赐的土地当然不会再返回给政府,其所有权也就变成私人的财产。

(3)非法掠夺的土地

一些大豪强地主为了满足自己的私欲,还经常利用特权非法强占别人的土地。如杨素的田宅大多在华阴县,家中门人多放纵不法,当地华阴长史荣毗以法绳之,无所宽贷。又如官僚宇文述侵占民田,地方官李圆通"判宇文述以田换民"。这些非法获取的土地当然不会受到法律保护,可一旦他们的行为得逞,非法的土地就会成为其合法的财产。

2. 唐五代时期的私有土地

大土地私有制在唐朝前期还不是很发达。自高宗、武后以后,私有土地的数量明显增多,私有土地的种类与隋朝相比,亦增加了许多。概而言之,有如下几类:

(1)官、民的永业田

唐政府对于官吏所受的永业田数量远远超过农民所受的永业田。据《通典》卷二《田制下》记载:"其永业田,亲王百顷,职事官正一品六十顷,郡王及职事官从一品各五十顷,国公若职事官从二品各四十顷,郡公若职事官从二品各三十五顷,县公若职事官正三品各二十五顷,职事官从三品二十顷,侯若职事官正四品各十四顷,伯若职事官从四品各十顷,子若职事官正五品各八顷,男若职事官从五品各五顷。上柱国三十顷,柱国二十五顷,上护军二十顷,护军十五顷,上轻车都尉十顷,轻车都尉七顷,上骑都尉六顷,骑都尉四顷,骁骑尉、飞骑尉各八十亩,云骑尉、武骑尉各六十亩。其散官五品以上同职事给。兼有官爵及勋俱应给者,唯从多,并不给。若当家口分之外,先有地非狭乡者,并即迴受,有剩追收,不足者更给。诸永业田皆传子孙,不在收授之限。即子孙犯除名者,所承之地亦不追。所给五品以上永业田,皆不得狭乡受,任于宽乡隔越射无主荒地充(原注:即买荫赐田充者,虽狭乡亦听)。其六品以下永业,即听本乡取还公田充,愿于宽乡取者亦听。"以上是关于官吏永业田、赐田的规定。

我们再看一下对普通农民所授永业田的规定。按唐代均田制的规定,农民受田百

---

① 《旧唐书》卷七十八《于志宁传》。
② 《隋书》卷四十《王谊传》。

亩,其中有二十亩是永业田。对于工商户,"永业田、口分田各减半给之,在狭乡者并不给"。这里的减半给之,是授予工商户永业田十亩。此外,对于老男、笃疾、废疾亦授予一定数量的永业田。

(2) 园宅地

按唐代土地法的规定,凡天下百姓皆给园宅地,良人三人以上给一亩,三口加一亩;贱人五人给一亩,五口加一亩。对于园宅地,其私有权应属于无期永代的,子孙有权继承,这一点在《宋刑统》中有所反映。据《宋刑统》卷十二所引《户令》:"诸应分田宅及财物者,兄弟均分,兄弟亡者,子承父分,兄弟俱亡则诸子均分。"这里的"田宅",应指永业田。

(3) 墓田

墓田是家族的墓地,亦属于永代私有的土地,且有不可转让性。唐律对于私家墓地在法律上予以保护。如《唐律疏议》卷十三"盗耕人墓田"条云:"诸盗耕人墓田,杖一百;伤坟者,徒一年。即盗葬他人田者,笞五十;墓田,加一等。仍令移葬。若不识盗葬者,告里正移埋,不告而移,笞三十。即无处移埋者,听于地主口分内埋之。疏议曰:墓田广袤,令有制限。盗耕不问多少,即杖一百。伤坟者,谓尊窀穸之所,聚土为坟,伤者合徒一年。即将尸柩盗葬他人地中者,笞五十;若盗葬他人墓田中者,加一等,合杖六十。如盗葬伤他人坟者,亦同盗耕伤坟之罪。"

(4) 私人田庄

唐代的田庄又称"庄"、"庄宅"、"别业"、"庄园"等。据有的学者考证,最早的庄是东魏祖鸿勋在范阳雕山的山庄,北齐、北周、隋代都有过田庄。隋末农民起义虽然冲击了大小地主,暂时缓和了阶级矛盾,使土地兼并有所减轻。但是,李唐王朝仍然是地主阶级的政权,在唐政府中掌握政权的仍是贵族官僚和新兴地主。如协助李渊谋划太原起兵的裴寂,原来是隋末晋阳的宫监,唐朝建国后封魏国公,赐田千顷,任宰相。徐世绩是"家多童仆,积粟数千钟"的大财主。关中大姓于志宁,北周大贵族于谨的曾孙,隋封燕国公,任侍中,是关中有名的大地主,于志宁曾对唐太宗说:"臣家自周、魏以来,世居关中,赀业不坠。"很显然,唐政府对于开国元勋予以优待。对于那些没有参加反隋的旧贵族、旧官僚,国家对其土地所有权也给予了法律保护。在武德元年七月,颁布了《隋代公卿不预义军者田宅并勿追收诏》,正式宣布:"其隋代公卿以下,爰及民庶,身往江都,家口在此,不预义军者,所有田宅,并勿追收。"[①]已经抄没者,必须退还。例如,内史令萧瑀,其"关内产业并先给勋人,至是特还其田宅"。唐初地主的田庄就是这样发展起来的。

随着土地兼并的加剧,中唐以后,地主的田庄进一步扩大。早在贞观年间,便出现了官僚地主强占民田的情况。据《旧唐书》卷五十八《长孙顺德传》记载:"前刺史张长贵、赵士达,并占境内膏腴之田数十顷。"高宗永徽年间,洛州豪富之室,皆籍外占田,刺

---

① 《唐大诏令集》卷一百一十四,学林出版社1992年版。

史贾敦颐扩获田地三千顷。为了防止地主兼并土地,中央政府多次下令禁止土地买卖,如在永徽时期,曾下令禁买卖世业、口分田,诏买者还地而罚之,但收效甚微,土地兼并日益激化。大商人邹凤炽,"邸店园宅,遍满海内";武则天的女儿太平公主,"田园遍于近甸膏腴"。玄宗时期,宰相李林甫"京城邸第,田园水碾,利尽上腴。城东有薛王别墅,林亭幽邃,甲以都邑"。工部尚书卢从愿,"盛殖产,占良田百顷,帝自此薄之,目多田翁"。京兆尹李憕,"丰于产业,伊川膏腴,水陆上田,修竹茂树,自城及阙口,别业相望。与吏部侍郎李彭年,皆有地癖"。上述情况并不是个别现象,唐代很多官僚都兼并土地,当时工部尚书张嘉贞说:"比见朝士,广占良田,及身没后,皆为无赖子弟作酒色之资。"至于豪强和商人,也大量侵占良田。如河南土豪屈突仲任,"家童数十人,资数百万,庄第甚众"。玄宗末年,相州王叟,"富于财,积粟近至万斛,……庄宅尤广,客二百余户。"

唐代地主田庄的发展过程,同时也就是均田制度破坏的过程。天宝年间,大土地所有制恶性膨胀,均田制全面瓦解。据《册府元龟》卷四百九十五《田制》云:"如闻王公百官及富豪之家,比置田庄,恣行吞并,莫惧章程,借荒者皆有熟田,因之侵夺;置牧者唯指山谷,不限多少。爰及口分永业,违法卖买,或改籍书,或云典贴,致令百姓无处安置,乃别停客户,使其佃食。"尤其是一些大官僚利用政治优势,掠夺或抑买民间良田,唐人谓之"任所寄庄"。《北梦琐言》说:"唐李尚书镇南梁日,境内多朝士庄产,子孙侨寓其间。"唐后期各地出现的"寄庄户",就是官僚贵族侵占民田的有力见证。

对于官僚贵族肆意侵占农田的情况,唐朝政府也曾一再下令制止。开元二十五年(735),唐玄宗下诏书说:"天下百姓口分永业田,频有处分,不许买卖典贴。如闻尚未能断,贫人失业,豪强兼并。宜更申明处分,切令禁止。"天宝十一载(752)中央政府又申明两京五百里内不合广置牧地,应将多余的田地括出,且不准官僚工商富豪兼并之家请受这些田地。唐朝政府颁布的禁令虽多,效果却不明显。安史之乱以后,兼并益烈,逃户更多,故宝应元年(762)又下诏令:"百姓田地,比者多被殷富之家、官吏吞并,所以逃散,莫不由兹。益委县令,切加禁止。若界内自有违犯,当倍科责。"[①]这个诏令的效力更小。安史之乱后,由于藩镇与朝廷之间矛盾重重,户口逃散,均田制遭到破坏,社会上出现了"疆畛相接,半为豪家;流庸无依,率是编户"的局面。

(5)寺院土地

对于唐代寺院土地的性质,目前学术界还有争论。不过绝大多数学者认为,唐代寺院的土地属于私有土地。唐朝建国后,针对社会上出现大量无主荒地的情况,在颁布均田令的同时,也颁布了对僧尼道士授田的规定。唐朝政府授田给僧尼道士的目的,有些学者认为是唐政府对北朝以来寺观广占田地既成事实现象的正式承认,是僧尼社会地位逐渐提高的表现。而笔者认为,唐中央政府通过授田给僧尼道士,正是李唐政府试图从经济上控制寺院土地发展的表现。由于有了政府授田给僧尼、道士这一

---

① 《唐会要》卷八十五《逃户》。

前提,国家就有足够的理由对僧尼道士占田的数量及规模进行限制。如唐朝前期,政府就多次对寺院的田产进行检括。开元二十一年,唐玄宗命"检括天下寺观田",少林寺田碾因系先朝所赐,不令官收。这说明唐代是禁止寺院、道观额外占田的。

但是,由于唐朝许多皇帝和官僚贵族都信奉佛教,他们把大量的土地赠给寺观,使僧尼、道士非法占有的土地越来越多。早在武则天时期,就有"所在公私田宅,多为僧有"的记载。中宗时,寺院不但广占土地,而且还侵夺百姓之田。如《全唐文》卷十九《申劝礼俗敕》中说:"寺院广占田地及水碾硙,侵夺百姓。"睿宗时,在雍州竟出现了寺僧与太平公主为争夺土地而打官司的情况。唐玄宗开元十八年,金仙长公主奏请将自己的私有土地捐献给寺院。《金石萃编》卷八十三记述了此事:"范阳县东南五十里上堡村襄子淀中麦田、庄并果园一所及环山林麓,东接房南岭,南逼他山,西止白带山口,北限大山分水界,并永充供给山门所用。"说明这时僧人非法占有土地的现象已非常严重。

安史之乱以后,随着商品经济的发展,土地买卖驰禁,寺院经济出现了兴盛的景象。唐代宗时,江南地主张宗达,与兵部尚书刘晏等,在苏州共置法华道场,张宗达为道场"置常住庄二区"。唐德宗时,宰相陆贽为衢州正觉寺"捐助田千余亩以饭众僧"。

此外,僧寺积财买田的现象也很普遍。从史籍记载来看,唐代宗、穆宗、文宗时期买田的现象最为严重。肃宗时,扬州六合县灵居寺贤禅师"置鸡笼墅、肥地庄,山原连绵,亘数十顷"。代宗大历年间,僧道标为杭州天竺寺"置田亩,岁收万斛"。唐文宗开成四年,日本僧人圆仁自登州西赴长安,一路经过多处寺院田业,均系庄园经营。第一处文登县赤山村法华院,"其庄田一年得五百石米",若以亩租五斗计,大约有田地千亩。第二处是长山醴泉庄,在寺北十五里,有"寺庄园十五所"。第三处太原府三交驿有"定觉寺庄,见水碾"。第四处长安资圣寺有"诸庄"。圆仁所见可以证明,在今山东、河北、山西至都城长安地区,寺庄随处可见。

(三) 所有权形式的变化

隋唐五代时期是中国古代土地制度重大变革的时期。尤其是从唐玄宗开元天宝以后,封建的土地所有权形式发生了巨大的变化,由过去传统的以国有土地为主转变成以私有土地为主要形式。

天宝末年,安史之乱爆发,干戈四起,国家社会制度遭到破坏,一切典章制度均已荡然无存,国家颁布的均田法令自然无人贯彻实行。安史之乱过后,均田制下的农民或死于战火,或举家远徙,出现了所谓的"丁口转死,非旧名矣;田亩移换,非旧额矣;贫富升降,非旧第矣。户部徒以空文,总其故书,盖非得当时之实"①。在这种情况下,均田制已无法恢复实施。

均田制破坏之后,私有土地占有形式成为社会的主体,而国有土地退居次要地位。据当时的文献记载:"今疆畛相接,半为豪家,流庸无依,率是编户。"有许多地方,往往

---

① 《唐会要》卷八十三。

一县土地有三分之二以上被地主豪强和私人占有,如在栎阳,"其瘠沃相半,豪户寒农之居,三分以计,而豪有其二焉"①。唐后期像这样的大地主比比皆是,下引一些具体事例:

据《太平广记》卷四百九十九记载:"相国韦公宙,善治生,江陵府东有别业,良田美产,最号膏腴,而积稻如坻,皆为滞穗。咸通初,授岭南节度使,懿宗以番禺珠翠之地,垂贪泉之戒。宙从容奏曰:江陵庄积谷尚有七千堆,固无所贪矣。帝曰:此所谓足谷翁也。"另据《旧五代史》卷一百二十三《宋彦筠传》记载:"(彦筠)又性好货殖,能图什一之利,良田甲第,相望于郡国。将终,以伊、洛之间田庄十数区上进,并籍于官焉。"宋彦筠购置的许多土地原来是国家的土地,"并籍于官",说明唐末五代时期国有土地大量流失,转而变成了私人土地。关于国有土地流失的原因,主要是由于安史之乱后,社会动荡,均田制下的百姓纷纷逃离家园。当战乱过后,地方政府财政紧张,为了缓解财政危机,便把这些无主的国有土地出卖,一些豪强官僚乘机低价收购,变成了自己的产业。随着私人土地数量的增加,在全国各地出现了一种特殊的经济形式,即庄园经济。

从均田制发展到庄园经济,是中国封建土地发展史上的一件大事。庄园经济的出现标志着以国有土地为主的土地占有形式退到次要地位,而私有土地占有制则占据主导地位。一些豪强地主利用社会动荡乘机广占土地,富甲一方。如平定安史之乱的功臣郭子仪本人就拥有私人土地上万顷,据《孙樵集》卷四记载:"自黄蜂岭洎河池关,中间百余里,皆汾阳王私田,尝用息马,多至万蹄。"

接下来,我们再谈一下唐五代时期庄园制的管理模式。官僚豪族对庄园拥有完全的占有权,他们设有庄吏或别墅吏来管理,如"郑光,宣宗之舅,别墅吏颇恣横"②。就是以仆人来管理的。至于小的田庄,则由自己管理。如叶县梁仲朋"渠西有小庄,常朝往夕归"③。蜀人毋乾昭,"庄在射洪县,因往收割"④。唐代著名的书法家颜真卿也有庄在郑州,因田庄常年无人居住,便出租与他人,据《太平广记》卷三十二"颜真卿"条记载:"颜氏之家,自雍遣家仆往郑州征庄租。"

唐代的私人庄园除了本人长期居住外,很多都出租给佃户耕种,从中收取地租。关于地租的税额,比均田制下的农民交纳的税额要高。据《陆宣公集》卷二《均节赋税百姓》载:"今京畿之内,每田一亩,官税五升,而私家收租殆有亩至一石者,是二十倍于官税也;降及中等,租犹半之,是十倍于官税也。"唐代私租虽然苛重,但却可逃避政府繁重的徭役和兵役,生活相对安定,这也是为何在唐后期许多农民宁可租种私家的田地也不愿意在国家均田制上进行耕种的真正原因。

田庄地主把土地租给佃户耕种,经常通过制定契约来实现,可以说庄园经济的发

---

① 《沈下贤集》卷六。
② 《唐语林》卷二《政事下》。
③ 《太平广记》卷三百六十二。
④ 《太平广记》卷一百三十三。

展直接促进了封建契约的规范化、法律化。封建政府承认客户身份的合法存在,因此,庄园经济下的客户不同于魏晋南北朝的佃客、衣食客之类。唐代的客户可以自立为户,与地主的人身依附关系较轻,有时还能够贴买田地。据《唐会要》卷八十五"籍账"条记载:"宝应二年(763年),九月敕:客户若住经一年已上,自贴买得田地,有农桑者,无问于庄荫家住,及自造屋舍,勒一切编附为百姓差科,比居人例量减一半,庶填逃散者。"

唐后期大土地私有制的发展,庄园经济的出现,致使大量的农业劳动力流失,封建政府的收入锐减。为了缓和财政危机,唐代统治者开始改变了过去那种把国有土地分配给农民的做法,转而将土地租种给农民耕种,于是就出现了与私人庄园相对应的官庄和皇庄。关于官庄和皇庄的情况,前已述及,此不赘述。关于封建政府官庄出租的租额,也非常沉重,据《元氏长庆集》卷三十八《同州奏均田》记载:"每亩约税粟三斗,草三束,脚钱一百二十文。"不过,实际上的租税要远多于此,"若是京上司职田,又须百姓变米雇车搬送,比量正税,近于四倍加征"。与私庄稍有不同的是,官庄上的农民,对于土地逐渐有了占有的性质,故到后周时期,才会出现"应有客户元佃系省庄田,桑土、舍宇,便赐逐户,充为永业"的事情。①

最后,需要指出的是,均田制破坏以后,除了私人田庄、官庄和皇庄外,个体小农经济在社会上仍然占有很大的比重。封建政府为了稳定社会秩序,有时也会对无地或少地的农民授田。如在广德和大历年间,都有把逃死户的田产"据丁口给授"或"量丁口充给"百姓或浮客的记录。② 两税法施行以后,虽无课户不课户、口分永业田之说,但仍有政府授田给农民的记载。如《唐会要》卷八十五《逃户》云:"长庆元年(821年)正月敕文:应诸道管内百姓,或因水旱兵荒,流离死绝,见在桑产,如无近亲承佃,委本道观察使于官健中取无庄田有人丁者,据多少给付,便与公验,任充永业。"这种将逃户田地授予农民为永业田的做法,实际上就是在法律上承认了农民对土地的占有权,与过去国家均田制下分配的口分田已完全不同,已带有私有土地的性质。唐朝中叶出现的这种情况,到五代时期继续发展,如后周显德二年(955年)规定:"一应有坐家破逃人户,其户下物业,并许别户陈告,请射承佃,供纳租税,充为永业。不限年岁,不在论认之限。"③所有这些情形,都促进了封建土地私有制的发展。

二、政府对土地所有权的法律保护

马克思说过:"土地是人类伟大的实验场所,是提供劳动工具和劳动材料的仓库,是社会的住处和基础。"人类离开了土地,既无处生存,也就更谈不上发展。自从私有制产生、国家建立以后,对于以农业为主的东方封建帝国来说,土地是最重要的生存条

---

① 《旧五代史》卷一百一十二《太祖纪第三》。
② 参见《唐会要》卷八十五。
③ 《五代会要》卷二十五《逃户》。

件。人们不断地从土地上取得自己的生存资料,土地的价值也逐渐被人们所认识,成为国家、私人的重要财富。土地具备了这一特征,自然而然也就成为人们争夺的对象。封建政府为了维护国家利益、维护封建统治秩序,也会加强土地方面的立法,以保护国家、私人的合法土地。

隋唐时期是我国古代封建土地制度发展和完善的重要时期,也是中国封建法律制度较成熟的时期,隋唐的统治者们为了维护封建国家机构的正常运转,为了保障社会秩序的正常进行,积极加强土地方面的立法,对国有土地和私有土地的所有权给予法律保护,并在立法上取得了很大的成就。

(一) 土地所有权的特征

所谓土地所有权是指土地所有者依法对其所有的土地享有的占有、使用、收益和处分的权利。在这四种权利中,处分权居于核心地位,它决定土地所有权的性质。依据对土地所有权的处分不同,隋唐时期的土地所有权在法律上分为国有土地和私有土地两种类型。隋唐五代时期的土地所有权与其他民事权利相比,具有如下的特征:

首先,是权利主体的特定性。隋唐五代时期的土地,只能由国家和私人所有,国家和私人以外的民事主体不能成为土地所有人。对于国有土地,只能由国家占有,如《唐律疏议·户婚律》中规定:"诸盗种公私田者,一亩以下笞三十;五亩加一等。过杖一百,十亩加一等,罪止徒一年半。荒田,减一等。强者,各加一等。苗子归官、主。""诸妄认公私田、若盗贸卖者,一亩以下笞五十,五亩加一等;过杖一百,十亩加一等,罪止徒二年。"对于私田,法律也给予明确保障,"诸在官侵夺私田者,一亩以下杖六十,三亩加一等;过杖一百,十亩加一等,罪止徒二年"。

其次,是交易的限制性。隋唐时期的法律对土地的交易形式进行了种种限制。对于口分田及国家其他公田,法令明确禁止交易。如《新唐书·食货志》云:"初,永徽中,禁买卖世业、口分田。其后,豪富兼并,贫者失业。于是,诏买者还地而罚之。"对于永业田,在唐律中专门设立法条予以规定。据《通典》卷二《田制下》记载:"诸庶人有身死家贫无以供葬者,听卖永业田。即流移者亦如之。乐迁就宽乡者,并听卖口分(原注:卖充住宅、邸店、碾硙者,虽非乐迁,亦听私卖)。诸买地者,不得过本制,虽居狭乡,亦听依宽制。其卖者不得更请。凡卖买皆须经所部官司申牒,年终彼此除附。若无文牒辄卖买,财没不追,地还本主。"

再次,权能的可分离性。隋唐时期,为了使土地资源能得以有效的利用,曾将土地的使用权从所有权中分离出来,使之成为一种相对独立的物权形态。众所周知,均田制下的口分田是属于国有土地,但政府并不亲自耕种,而是把它授给农民耕种,当农民到了一定的年龄,失去了继续耕种土地的能力,政府再不能从农民身上征收赋税时,政府则收回农民的口分田,另授予他人。在近年来发现的吐鲁番出土文书中,经常会见到国家把口分田授给农民的情况。如大足元年,政府授给农民邯寿寿口分田23亩、张玄均35亩;先天二年,授给农民阙名16亩;开元四年,授给农民母王6亩、杨法子19亩、余善意7亩、阙名16亩、董思勖8亩;开元十年,授给农民赵玄表10亩、曹仁备22

亩、阙名30亩;天宝六载,授给农民郑恩养47亩、徐庭芝10亩、程思楚18亩等。政府把土地给农民后,并不是让农民无偿使用,农民还得向国家交纳一定数量的赋税。据《唐六典·尚书户部》记载:"凡赋役之制有四:一曰租,二曰调,三曰役,四曰杂徭。课户每丁租粟二石;其调随乡土所产,绫、绢、絁各二丈,布加五分之一,输绫、绢、絁者锦三两,输布者麻三斤,皆书印焉。凡丁岁役二旬,无事则收其庸,每日三尺。有事而加役者,旬有五日免其调,三旬租调俱免。"

对于没有用于均田的土地,唐朝中央政府亦将其租给农民耕种。尤其是在安史之乱以后,政府把官田租给农民耕种的情况更为普遍。如在大历十四年五月,内庄宅使奏,州府没入之田,有租万四千斛,官中主之,为冗费,上令分给所在,以为军储。

(二) 隋代关于土地所有权的法律保护

隋代是我国历史上一个短命的封建王朝,它只存在了三十七年,加之史书记载不详,因此,隋朝的土地立法也就显得颇为简略。其中记载较为详细的还是关于均田方面的法令。据《册府元龟》卷四百八十七《赋税一》记载,早在隋文帝开皇二年,即颁布了均田令,隋代的均田令规定:"其丁男、中男永业露田,皆遵后齐之制",但在此后实行的过程中,亦应有所调整和补充。关于北齐均田令的内容,因前面已有论及,就不多加赘述了。在此我们只想就隋代均田法新的变化加以讨论。从现存的文献来看,隋代均田令新增加的法律条款至少有四条。其一是府兵士兵依农民还受土地。开皇十年五月,隋文帝下诏:"魏末丧乱,宇县瓜分,役车岁动,未遑休息。兵士军人,权置坊府,南征北伐,居处无定。家无完堵,地罕包桑,恒为流寓之人,竟无乡里之号。朕甚愍之。凡是军人,可悉属州县,垦田籍账,一与民同,军府统领,宜依旧式。"由此条诏令可知,在开皇十年以前,府兵士兵居无定处,没有固定的土地,到这时改为"悉属州县,垦田籍账,一与民同",即与均田的农户一样,分配土地。其二是府兵士兵身死王事者,所受露田不退还公,由子继承。据《隋书·郎茂传》记载:"(郎茂)又奏身死王事者,子不退田,品官年老不减地,皆发于茂。"此所谓"身死王事者",当指阵亡之府兵士兵。这条记载表明,在郎茂上奏之前,府兵士兵已按田令的规定受有土地,并如同百姓一样实行还受之制。为了表示国家对阵亡兵士的优恤,又提出了凡阵亡兵士,其所受露田不入还授之列,可由其子继承之议。郎茂的奏议后为隋文帝所采纳,并付诸实施。其三是省府州县,皆给公廨田。开皇十四年,工部尚书苏孝慈提议设置公廨田。《隋书·食货志》对此事作了详细的记载。其四是取消妇人、奴婢的受田。在开皇二年的田令中,应有妇人、奴婢受田的规定。然而,到隋炀帝即位后,"诏除妇人及奴婢、部曲之课",既然除妇人、奴婢、部曲之课,那么,依照隋朝"未受地者皆不课"的规定,妇人、奴婢从此时起便不再受田了。因此,原来田令中妇人、奴婢受田的条文也就随之取消。

接下来我们再看一下隋代政府对国有土地的法律保护。众所周知,隋代施行均田制的目的就是为了把农民束缚在土地上进行劳动,为了保护国有土地不受侵害,隋代采取了许多法律措施,具体的方法有:其一,沿用前代的乡里组织,严格户籍的管理。在畿内(首都及直辖县)以五家为保,设有保长;五保为闾,设有闾正;四闾为族,设有族正。畿外在保之上为里,设有里正;里以上为党,设有党长。这样隋朝从中央到地方就建立了一整套的行政系统,来加强对民众的管理。地方州县和乡里组织的官吏其职责是核对本乡里的人口,按国家均田法的规定分配土地,定期向国家交纳税收。据《隋书·公孙景茂传》记载:"转道州刺史。……(景茂)好单骑巡人,家至户入,阅视百姓产业。……由是人行义让,有无均通,男子相助耕耘,妇人相从纺绩。大村或数百户,皆如一家之务。"对于私自买卖土地和侵占国有土地的行为,政府则给予严厉的打击。据《隋书·食货志》记载:"是时山东尚承齐俗,机巧奸伪,避役惰游者十六七。四方疲人,或诈老诈小,规免租赋。高祖令州县大索貌阅,户口不实者,正、长远配,而又开相纠之科。大功以下,兼令析籍,各为户头,以防隐冒。"

其二,和北魏、北齐一样,隋王朝为了将更多的农民束缚到国有土地上,保证国家的赋税收入,就必须限制私人土地的发展,尤其是限制豪强地主广占土地和荫附人口。隋文帝认为,限制大土地私有制发展最有效的途径就是从豪强地主手中抢夺劳动力。为此,隋文帝采纳了大臣高颎的建议,实行户籍定样。《隋书·食货志》对高颎的这一办法作了记述:"高颎又以人间课输,虽有定分,年常征纳,除注恒多,长吏肆情,文账出没复无定准,难以推校。乃为输籍定样,请徧下诸州,每年正月五日,县令巡人,各准便近,五党三党共为一团,依样定户上下。帝从之,自是奸无所容矣。"《通典》卷七《食货典》也说:"其时承西魏丧乱,周齐分据,暴君慢吏,赋重役勤,人不堪命,多依豪室。禁网隳紊,奸伪尤滋。高颎睹流冗之弊,建输籍之法。于是,定其名,轻其数,使人知为浮客,被强家收大半之赋;为编氓,奉公上蒙轻减之征。"根据原书的注释:"浮客,谓避公税,依强豪作佃客也。"通过高颎的轻税之法,"浮客悉自归于编户",全都成为国家的在籍人口。一些私人豪强地主由于没有依附人口,也就无法开垦和占领土地。隋朝政府通过上述措施,进而达到保护国有土地的目的。

(三)唐五代时期关于土地所有权的法律保护

唐五代时期各朝政府为了土地的管理和合理使用,先后制定了一系列的法律文件,对土地所有权进行保护。这些法律条文涉及范围十分广泛,对侵占国有、私有耕地,非法侵占公共用地,非法占山野陂湖利等行为,都有明确的规定。

众所周知,土地是一个非常宽泛的概念,它由土地及其附着物共同构成土地的形态。所谓附着物包括土地上的房屋、林木、地下宿藏物等。隋唐五代时期的法律不但对土地的买卖、使用、占有、处分给予了明确的规定,而且对于土地上的附着物也有明确的规定。

我们先看一下对土地上房屋的规定。隋唐法律条文中对于官私的住宅给予了保护。如《唐律疏议》卷二十六"向城官私宅射"条规定,严禁威胁官私住宅内人身安全的行为,凡"向城及官私住宅,若道径射者,杖六十;放弹及投瓦石者,笞四十;因而杀伤人者,各减斗杀伤一等"。对于非法侵入人家,唐律也有明确的规定。隋唐法典中明确保护私人的住宅不受侵犯,在《唐律疏议》卷十八"夜无故入人家"条规定:"诸夜无故入人家者,笞四十。主人登时杀死者,勿论;若知非侵犯而杀伤者,减斗杀伤二等。"长孙无忌等对此条作了《疏议》,曰:"夜无故入人家",依刻漏法:昼漏尽为夜,夜漏尽为昼。谓夜无事故,辄入人家,笞四十。家者,谓当家宅院之内。登于入时,被主人格杀之者,勿论。"若知非侵犯",谓知其迷误,或因醉乱,及老、小、疾患,并及妇人,不能侵犯,而杀伤者,减斗杀伤二等。在《唐律疏议》中,还有对于因放火而烧毁官私住宅的规定,《唐律疏议》卷二十七"烧官府私家舍宅"条规定:"诸故烧官府廨舍及私家舍宅,若财物者,徒三年;赃满五匹,流二千里;十匹,绞。杀伤人者,以故杀伤论。"

在隋唐法典中,对于官私园林中的瓜果、林木、庄稼等种植的物品,也给予了保护。《唐律疏议》卷二十七第441、442条,都有明确的规定。如第441"食官私田园瓜果"条规定:"诸于官私田园,辄食瓜果之类,坐赃论;弃毁者,亦如之;即持者,准盗论。"第442"弃毁器物稼穑"条云:"诸弃毁官私器物及毁伐树木、稼穑者,准盗论。即亡失及误毁官物者,各减三等。"另外,在唐律中,还有对于山野之物,如有人先割取,后来者占有,如何处分的问题。隋唐法典皆强调先占的原则。如《唐律疏议》卷二十"山野物已加功力辄取"条记载:"诸山野之物,已加功力割伐积聚,而辄取者,各以盗论。《疏议》曰:山野之物,谓草、木、药、石之类。有人已加功力,或割伐,或积聚,而辄取者,各以盗论,谓各准积聚自处时价,计赃,依盗法科罪。"

在古代的众多法典中,都有对土地内宿藏物的规定,隋唐法典也不例外。《唐律疏议》卷二十七第447、448条曾对此作了规定。如第447"得宿藏物隐而不还"条云:"诸于他人地内得宿藏物,隐而不送者,计合还主之分,坐赃减三等。(注云:若得古器形制异,而不送官者,罪亦如之。)《疏议》曰:谓凡人于他人地内得宿藏物者,依令合与地主中分。若有隐而不送,计应合还主之分,坐赃减三等,罪止徒一年半。"如系官田,私人借种,如何处分?唐律作了进一步的解释:"问曰:官田宅,私家借得,令人佃食;或私田宅,有人借得,亦令人佃作,人于中得宿藏,各合若为分财?答曰:藏在地中,非可预见,其借得官田宅者,以见住、见佃人为主,若作人及耕犁人得者,合与佃住之主中分。其私田宅,各有本主,借者不施功力,而作人得者,合与本主中分。借得之人,既非本主,又不施功,不合得分。"从这条法律条文中我们可以看出,唐律的规定主要是为了保护所有人及施功人的权利,即土地的所有者和财物的发现者。

第二节 隋唐五代时期对土地的耕垦、清丈与法律调整

一、土地耕垦法令的颁布实施

(一)隋朝土地耕垦法令的颁布实施

自公元581年隋文帝杨坚取代北周政权建立隋朝之后,隋朝的统治者为了增强国力,采取了许多措施发展农业生产。其中一项最重要的措施就是调动农民的积极性,大力开垦荒地。从《隋书·食货志》和《资治通鉴》等许多文献中,经常可见到这方面的

资料。

早在隋文帝开皇三年(583年),为了使农民有充裕的时间从事农业生产,隋文帝下令提高军队士兵的服役年龄,改为军人21岁成丁,并"减十二番每岁为二十日役",让丁男有更多的时间从事生产。鉴于西北地区被突厥、吐谷浑屡次侵扰,隋文帝命朔州总管赵仲卿在长城以北大兴屯田,以解决部队的粮草问题。不久,又在河西地区勒令百姓立堡,营田积谷。隋文帝的这些措施,对于开发西北地区的农业都起到了促进作用。

针对有些地方如京辅及三河地区土地少人口众多,衣食不给,而有些地方又土地宽阔、人口稀少的情况,隋文帝与大臣们讨论此事,议者皆云将狭乡人口迁往宽乡。在这一年冬天,隋文帝派使臣到全国各地,均天下之田,以解决土地多寡不均的问题。

隋朝政府通过颁布法令,制定上述措施,使农业生产得到了迅猛的发展,农业人口迅速增加,垦田面积也不断扩大。据《通典》卷二《田制》记载:"开皇九年(589年),任垦田千九百四十万四千二百六十七顷(原注说:隋开皇中,户总八百九十万七千五百三十六,按定垦之数,每户合垦田二顷余也。)……至大业中,天下垦田五千五百八十五万四千四十顷。"《通典》记载的具体数字虽不甚准确,但耕地面积激增的事实还是毋庸置疑的。

(二) 唐朝土地耕垦法令的颁布实施

自唐朝建国以来,许多皇帝都重视农业生产,先后颁布法令开垦田地。若想发展农业生产,首先要使农民有田可种。在经历了隋末丧乱之后,州县萧条,人口稀少,国家掌握了大量的无主荒地。如何尽快地把无主土地利用起来,就必须调动农民的积极性。针对这种情况,施行均田制,把土地分配给农民,从农民身上榨取地租无疑是最好的办法。早在武德六年六月,唐高祖李渊就发布了《劝农诏》,号召地方官员不应耽误农时,鼓励百姓积极从事农业生产。为方便起见,在此引之如下:

> 有隋道丧,区宇分离,百姓凋残,弊于兵革。田亩荒废,饥馑荐臻,黎元无辜,坠于沟壑。朕膺图驭极,廓清四海,安辑遗民,期于宁济,劝农务本,蠲其力役。然而边鄙余寇,尚或未除,顷年以来,戎车屡出,所以农功不至,仓廪未登,永言念此,无忘寤寐。今既风雨顺节,苗稼实繁,普天之下,咸同盛茂,五十年来,未尝有此,万箱之积,指日可期。时值溽暑,方资耕耨,废而不修,岁功将阙,宜从优纵,肆力千亩。其有公、私债负及追征、输送,所至之处,宜勿施行。寻常营造工匠等,事非急要,亦宜停止。……州县牧宰,明加劝导,咸使戮力,无或失时。务从简静,以称朕意。①

武德七年四月,唐高祖颁布均田令,把因战乱而成为无主的土地分配给了农民,从而使土地和劳动力很好地结合起来,为唐初经济的恢复和发展打下了基础。

---

① 《唐大诏令集》卷一百一十一。

唐朝初年施行的均田制在贞观时期就出现了问题。武德年间施行的均田制"似所种者皆荒闲无主之田,固非尽夺富者之田,以予贫人也"①。所以,在空荒地较少的地区实行均田,农民往往受田不足,而在一些偏僻的地区,这里人口稀少,土地又大量闲置。贞观十八年(644年),唐太宗"幸灵口,村落偪侧,向其受田,丁三十亩。遂夜分而寝,忧其不给"②。对于农民受田不足的情况,深感忧虑。如何解决这一问题,唐太宗政府制定了鼓励农民由土地不足的狭乡迁往宽乡的政策。贞观元年,"朝廷立议,户殷之处,得徙宽乡"③。当时的陕州刺史崔善为就表示反对,认为关中地区丁男全充府兵,如果任令迁移,会造成统治中心地区兵防空虚的局面。出于军事上的考虑,唐太宗只能作罢。但当关中发生饥荒时,政府还是把灾民迁往宽乡"分房就食"。同时,政府对于迁往宽乡的民户也给予了政策上的照顾。贞观十一年,当唐朝政权稳固之后,在新制定的《贞观律》中,对于宽乡的百姓占田过限不作违法论处,实际上就是从法律上肯定了农民开垦荒田的合法性。成书于唐高宗永徽年间的《唐律疏议》继承了前代的规定,"若占于宽闲之处不坐。谓计口受足以外,仍有剩田,务从垦辟,庶尽地利,故所占虽多,律不与罪"。如果狭乡的百姓"人居狭乡,乐迁就宽乡"的,可以免除赋役负担,"去本居千里外,复三年。五百里外,复二年。三百里外,复一年"。官员如不按《赋役令》的规定,则处以徒二年的处罚。这些措施都有利于开垦荒地,扩大农业耕作面积。贞观十八年二月,唐太宗下令,"诏雍州录尤少田者,给复移之宽乡"。④ 由上可见,唐朝政府颁布垦田的法令,主要是将人口密集地区的剩余劳动力迁往人口稀少的地区,并在赋役方面给予优待,从而解决了这一难题。

为了鼓励农民耕作,劝课农桑,唐太宗等人还以身作则,亲自藉田。贞观三年(629年)正月,太宗皇帝亲祭先农,躬御耒耜,藉于千亩之甸。天子亲自藉田,原是古代的仪式,不足为奇。但自东晋以后,北方长期处于分裂割据的局面,此举早已废弃。唐太宗鉴于前代不重农事的教训,亲自藉田,收到了很好的效果,据《旧唐书·礼仪志》记载,"观者莫不骇跃"。唐太宗此举当然不是为了充充样子,他自己还在田园里种了几亩庄稼,以此来体会百姓的辛苦。有时他锄草不到半亩,就感觉到疲劳,于是对身边的人说:"以此思之,劳可知矣。农夫实甚辛苦。"

为了鼓励农民垦荒,唐太宗等人还经常派使臣到各地巡视,劝课农桑。鉴于以往官员到各地巡视,民间百姓多亲往出迎的局面,他要求使者到州县时,"遣官人就田垅间劝励,不得令有迎送。若迎送往还,多废农时,若此劝农,不如不去"⑤。

唐太宗的继任者唐高宗等人也非常重视农业生产,大力开垦荒地,他曾下令禁止买卖口分田、永业田,留意垦荒,针对当时河南地区"田地极宽,百姓太少"的情况,下令

---

① 《文献通考》卷二。
② 《册府元龟》卷一百零五。
③ 《旧唐书》卷一百九十一《崔善为传》。
④ 《册府元龟》卷四十二。
⑤ 《贞观政要》佚篇(罗振玉校录)。

鼓励百姓垦荒,收到了一定的成效。唐高宗死后,武则天称帝。武则天是中国历史上一位有作为的女政治家,她十分重视农业生产,对于地方官员,规定州县境内"田畴垦辟,家有余粮",则予以迁升,如"为政苛滥,户口流移",百姓田地荒芜,则必加惩罚。[①]她还亲自编写了《兆人本业记》这部农业著作,用以指导农民耕作。在武则天统治时期,农业生产得到了迅猛发展,人口数量也大幅度增加,户籍从永徽时期的三百八十万户,到她去世时已增加到六百一十五万余户。劳动力的大量增加无疑会扩大垦田的数量。

武则天死后,中宗、睿宗都无所作为。公元713年,唐玄宗即位。唐玄宗也是一位重视农业生产的皇帝,在开元十二年(724年)五月,唐玄宗亲自颁布了《置劝农使安抚户口诏》,下令百姓开垦闲置的荒芜土地,《唐大诏令集》卷一百一十记载了此事:

> 有国者必以人为本,固本者必以食为天,先王于是务其三时,前圣所以分其五土。劝农之道,实在于斯。朕抚图御历,殆逾一纪,旰食宵衣,勤乎兆庶,故兢兢翼翼,不敢荒宁。项岁以来,虽稍丰稔,犹恐地有遗利,人多废业,游食之徒未尽归,生谷之畴未均垦。以是轸念,临遣使臣,恤编户之流亡,阅大田之众寡。至如百姓逃散,良有所由。当天册、神功之时,北塞、西陲作梗,大军之后,必有凶年,水旱相仍,逋亡滋甚。自此成弊,至今患之。且违亲越乡,盖非获已,暂因规避,旋被兼并。既冒刑网,复损产业,客且常惧,归又无依。积此艰危,遂成流转。或因人而止,或佣力自资,怀土之思空盈,返本之途莫遂。朕虔荷丕构,子育万人,立德非冥(宜?),而滋弊未革,纳隍驭朽,实切于心。既深在予之责,思弘自新之令。其先是捕逃,并容自首,如能服勤陇亩,肆力耕耘,所在闲田,劝其开劈,任遂(逐)土宜收税,勿令州县差科,征役租庸,一切蠲放。若登时不出,或因此更逃,习俗或然,以为抵法。是阻我诚信,是紊我大纲,爰及所由,须加严限。

唐玄宗颁布的这项法令,其目的就是为了招抚流亡百姓,开垦荒地,并在徭役、租、庸等方面给予优厚,从而使流民返回土地,从事农业生产。

唐朝统治者并不是一味地强调开垦荒地,还十分强调合理地利用土地。为了保持生态环境平衡,唐朝政府非常注重植树绿化。如在《田令》中就规定:"诸户内永业田,每亩课种桑五十根以上,榆、枣各十根以上,三年种毕。乡土不宜者,任以所宜树充。"[②]在唐玄宗开元年间,又再次颁布了《劝天下种桑枣制》,诏书内容是:

> 敕:《诗》有《豳风》,陈王业也。八月剥枣,以助男功;蚕月条桑,俾修女事。赡人之道,必广于滋殖;分地之利,非止于耕耘。益之以织纴,杂之以果实,则寒有所备,俭有所资,如旨蓄之御冬,岂无衣以卒岁!项属多艰难食,必资树艺,以利于人,庶俾播种之功,用申牧养之化。天下百姓,宜权课种桑、枣,仍每丁每年种桑三

---

① 《唐大诏令集》卷一百一十,学林出版社1992年版。
② 《唐令拾遗·田令第二十二》"永业田课种桑枣"条,长春出版社1989年版,第551页。

十树。其寄住、寄庄、官荫、官家,每一项地准一丁例。仍委节度、观察、州县长吏躬亲勉率,不得扰人。务令及时,各使知劝。①

唐朝初年的这些措施,对于土地的开垦和利用起到了重要作用。据史书记载,唐朝的垦田面积随着上述这些法令的推行而不断扩大。据《通典》卷二《田制》记载:"天宝中,应受田一千四百三十万三千八百六十二顷十三亩。至建中初,分遣黜陟使按比垦田,田数都得百十余万顷。"上述数字虽非实际垦田数,但据有些学者研究统计,唐代的实际垦田面积约在八百万顷至八百五十万顷之间,高于西汉平帝时期的垦田数。

二、对于土地耕垦管理的调整

隋唐五代是我国封建社会法律制度十分发达的时期,历代政府关于土地的立法也颇为成熟,在隋唐时期的法律形式律、令、格、式以及敕令中都有关于土地耕垦方面的规定。这些法令对于大面积开垦荒地,提高单位面积的农业亩产量都起到了促进作用。

(一) 隋唐律典中关于土地耕垦的管理规定

隋朝建立后,隋文帝杨坚即命大臣高颎等制定新律。第三年,又命苏威、牛弘等更定新律,即开皇三年律,也就是有名的《开皇律》。《开皇律》虽已佚失,但唐律基本上沿用了隋律的规定。关于耕垦田地方面的规定,可从《唐律疏议》中看得明白。由于耕牛是开垦土地重要的生产工具,自北魏以来就有对耕牛受田,保护耕牛的规定。如北魏有禁盗牛法,西魏时将盗牛者笞死。所以隋朝时也有对盗窃耕牛的处罚规定。为了让更多的游浮劳动力返回土地,从事农业生产,隋朝继续实行禁止隐漏户口的法令,规定"户口不实,正长远配"②,"若一人不实,则官司解职,乡正里长皆远流配"③。

唐朝建立后,继续以法律的形式保障土地的耕垦。在唐代的法典《唐律疏议》中,有许多这方面的条款。如"部内田畴荒芜"条规定:"诸部内田畴荒芜者,以十分论,一分笞三十,一分加一等,罪止徒一年。州县各以长官为首,佐职为从。户主犯者,亦计所荒芜五分论,一分笞三十,一分加一等。疏议曰:'部内',谓州县及里正所管田。称'畴'者,言田之畴类,或云'畴,地畔也。'不耕谓之荒,不锄谓之芜。若部内总计,准口受田,十分之中,一分荒芜者,笞三十。假有管田百顷,十顷荒芜,笞三十。'一分加一等',谓十顷加一等,九十顷荒芜者,罪止徒一年。'州县各以长官为首,佐职为从',县以令为首,丞、尉为从;州即刺史为首,长史、司马、司户为从;里正一身得罪。无四等罪名者,止依首从为坐。其检、勾品官为'佐职'。其主典,律无罪名。户主犯者,亦计所荒芜五分论:计户内所受之田,假有受田五十亩,十亩荒芜,户主笞三十,故云'一分笞三十'。'一分加一等',即二十亩笞四十,三十亩笞五十,四十亩杖六十,五十亩杖七

---

① 《唐大诏令集》卷一百一十一。
② 《隋书》卷二十四《食货志》。
③ 《隋书》卷六十七《裴蕴传》。

十。其受田多者,各准此法为罪。"①从上述唐律的规定中我们看到,唐代政府对于土地的管理非常严格,严禁土地荒芜,否则主管官吏要受到惩处。

(二) 隋、唐令中对土地耕垦管理的规定

隋令迄今已经佚失,其对土地耕垦的规定已不得知。唐令中对土地的规定最为详细,由于唐令中有关田令的条文早已佚失,日本学者仁井田陞曾对唐代的田令进行了复原工作,总计复原了三十九条,这些条文对于了解唐代的土地立法颇有参考价值。

概而言之,田令中关于土地耕垦的法律规定有:其一,是对于宽乡狭乡的界定。按唐令的规定,诸州县界内受田悉数足者为宽乡,不足者为狭乡。"诸狭乡田不足者,听于宽乡遥受。""诸以工商为业者,永业、口分田各减半给之,在狭乡者并不给。"②这种遥授土地的办法,有利于调剂剩余劳动力,开垦荒芜的土地。其二,关于百姓受田的规定。唐令规定:"诸丁男、中男给田一顷,笃疾、废疾给田四十亩,寡妻妾三十亩,若为户者加二十亩。……狭乡授田,减宽乡之半,其地有薄厚,岁一易者,倍授之。宽乡三易者,不倍授。"对于隋唐施行的均田制,已有许多学者进行了研究,认为均田制并非是指封建政府将所有的国有土地都用来均田,而是规定了农民受田的最高限额。从现存的敦煌吐鲁番文献来看,农民受田普遍不足。正如我国学者韩国磐先生所指出的那样,隋唐均田令的颁布,就包含了鼓励垦荒的意图。③ 法令明确规定允许百姓耕垦荒地,实际上为百姓扩大生产提供了法律保障,肯定了百姓在均田令规定的范围内开垦土地的合法性。由于广大农民的辛勤努力,垦辟了不少土地,据《元次山集》卷七记载:"开元、天宝之中,耕者宜力,四海之内,高山绝壑,耒耜亦满。"在高山绝壑上耕种土地,肯定是开辟了不少土地。这样,耕地面积大为扩充了。其三,对于官吏授予的永业田,隋唐令规定:"诸所给五品以上永业田,皆不得狭乡受,任于宽乡隔越射无主荒地充。其六品以下永业,即听本乡取还公田充。愿于宽乡取者亦听。"④唐朝政府把五品以上官员的永业田在宽乡授予,也有鼓励垦荒的意图。其四,对于荒闲无籍的土地,唐令也规定,鼓励军队和地方进行屯田和营田。如《田令》"诸屯之田"条云:"诸屯,隶司农寺者,每三十顷以下,二十顷以上为一屯。隶州、镇、诸军者,每五十顷为一屯。其屯应置者,皆尚书省处分。其旧屯重置者,一依承前封疆为定。新置者,并取荒闲无籍广占之地。其屯虽料五十顷,易田之处,各依乡原量事加数。其屯官,取勋官五品以上及武散官并前资边州、县、府、镇、戍八品以上文武官内,简堪者充,据所收斛斗等级为功优。"这里的"取荒闲无籍广占之地",主要是在地广人稀的地区大面积开垦土地,对于主管官吏的考核迁升,其依据是"据所收斛斗等级为优"。为了保障屯田的顺利进行,唐朝政府实行耕牛配给制,"诸屯田,应用牛之处,山原川泽,土有硬软,至于耕垦,用力不同。土

---

① 《唐律疏议》卷十三。
② 《唐令拾遗·田令第二十二》"五品以上永业田不得狭乡受"条,第556、562页。
③ 参见韩国磐:《北朝隋唐的均田制度》,上海人民出版社1984年版,第221页。
④ 《唐令拾遗·田令第二十二》"五品以上永业田不得狭乡受"条,第553页。

软处每一顷五十亩配牛一头,强硬处一顷二十亩配牛一头。即当屯之内有硬有软,亦准此法。其稻田每八十亩,配牛一头"。对于营田,"若五十顷外,更有地剩,配丁牛者,所收斛斗,皆准顷亩折除,其大麦、荞麦、干萝卜等,准粟计折斛斗,以定等级"①。唐朝政府为了扩大耕地面积,由官府配给耕牛,无疑会调动农民的积极性,对于垦荒耕种起到了促进作用。

为了鼓励地方官吏引导农民垦荒,在唐代的《考课令》中还有这方面的规定,《唐令拾遗·考课令第十四》"州县官人进考降考"条云:"诸州县官人,抚育有方,户口增益,各准见在户,为十分论,加一分,刺史、县令各进考一等;每加一分进一等。……其有劝课田农,能使丰殖者,亦准见地为十分论,加二分,各进考一等,每加二分进一等(此为永业口分之外,别能垦起公私荒田者)。其有不加劝课,以致减损者,损一分降考一等,每损一分降一等(谓永业口分之外,有荒废者)。若数处有功,并应进考者,亦听累加。"由于把土地开垦作为对地方官吏考核的重要标准,因此许多官吏上任之后带领百姓垦田,客观上也促进了农业生产的发展。

三、对土地的清丈与户口田产簿籍的编制

隋唐五代时期,为了统一对土地管理、分配和清丈,统一度量衡的标准是先决条件。隋唐以前,长期处于南北分裂的状态,度量衡不统一,为了改变这种状态,唐朝政府下令统一顷亩之制,具体办法是,根据《旧唐书·食货志》记载:武德七年始定律令,以度田之制。五尺为步,田广一步,长二百四十步为亩,百亩为顷。顷亩之制的统一,为土地的丈量分配提供了便利条件。唐玄宗开元二十五年(737年),又再次规定了顷亩之制,《通典·食货二》以及《册府元龟·邦计部·田制》等都对此作了记述:"大唐开元二十五年令:田广一步,长二百四十步为亩,百亩为顷。"

由于土地和国家赋税有着密切的关系,所以对于土地的清丈也就成为封建国家的一件大事。据《唐六典》卷三《尚书户部》记载:"凡王公已下,每年户别据已受田及借荒等,具所种苗顷亩,造青苗簿,诸州以七月已前申尚书省;至征收时,亩别纳粟二升,以为义仓。"从上述这则资料我们看到,唐代政府对于公私土地的数量还是非常清楚的。为了准确地掌握每位家庭所拥有的土地数量,唐前期地方官府每年在农闲时期都要对农民的土地进行丈量,官府授予农民的田地在十月开始,十二月结束。

安史之乱以后,由于社会动荡,许多农民逃离土地,土地的所有权也在不断转移,为了准确掌握土地的信息,地方政府也经常对土地的情况进行盘查,并及时把逃亡人口的土地分给农民。如大历元年,"诏流民还者,给复二年,田园尽,则授以逃田。天下苗一亩税钱十五"。随后不久,"又诏上都秋税分二等,上等亩税一斗,下等六升,荒田亩税二升"。大历五年,又始定法:"夏,上田亩税六升,下田亩税四升;秋,上田亩税五

---

① 《唐令拾遗·田令第二十二》。

升,下田亩三升;荒田如故。"①唐后期政府以土地亩数作为政府征税的重要标志,说明官府对于公私土地的数量控制地仍然十分严格。及至到了唐德宗时,采纳了杨炎的建议,实行两税法,其最重要的前提就是国家牢牢掌握公私土地的数量。据《旧唐书》卷一百一十八《杨炎传》记载:"凡百役之费,一钱之敛,先度其数,而赋于人,量出以制入,户无主客,以见居为簿,人无丁中,以贫富为差。不居处而行商者,所在郡县,税三十之一(后来改为十分之一),度所(取)与居者均,使无侥利。居人之税,秋夏两征之,俗有不便者正之。其租庸杂徭悉省,而丁额不废,申报出入如旧式。其田亩之税,率以大历十四年(779年)垦田之数为准,而均征之。"这里的"率以大历十四年(779年)垦田之数为准",说明即使在唐朝后期,政府对于全国土地数量的统计也是十分准确的。

隋唐五代时期的历代政府对于土地田产的管理十分严格,据《新唐书·食货志一》记载:"凡里有手实,岁终具民之年与地之阔陿,为乡账。乡成于县,县成于州,州成于户部。又有计账,具来岁课役以报度支。国有所须,先奏而敛。凡税敛之数,书于县门、村坊,与众知之。水、旱、霜、蝗耗十四者,免其租;桑麻尽者,免其调;田耗十之六者,免租调;耗七者,课役皆免。凡新附之户,春以三月免役,夏以六月免课,秋以九月课役皆免。徙宽乡者,县覆于州,出境则覆于户部,官以闲月达之。……四夷降户,附于宽乡,给复十年。奴婢纵为良人,给复三年。没外蕃人,一年还者给复三年,二年者给复四年,三年者给复五年。浮民、部曲、客女、奴婢纵为良者附宽乡。"从上述这则资料中我们大体可以看出唐代中央和地方政府对于土地的统计程序,即先在乡里进行统计,然后汇总成乡账;乡账完成后再上报到县,由县汇总成县账;县账完成后送达至州,汇总成州账,最后由各州上报到中央户部。这样中央政府对于全国的土地数目也就非常清楚了。在土地清丈统计的过程中,基层工作最为重要,首先要由乡里汇制成关于土地的图册,即所谓的手实。关于唐五代时期乡里的手实,在现存的敦煌吐鲁番文献中,经常会见到这方面的资料。下面我们就看一看唐五代时期的户籍及手实情况。先看一下唐天宝四载的户籍残卷:

(上缺)五百文(以下四行下缺)
(上缺)并纳得讫
天宝四载十
部田　城东五里
部田　城东五里左部渠　东白祐　西渠　南张□明
部田　城西五里毛头渠　东张斌　西渠　南渠　北□
当乡剥籍地如前　谨牒
　　　开元廿九年三月　日里正　阚
弟嘉秀

----

① 《新唐书》卷五十一《食货一》。

唯有常田二亩余久不

青之次望请准式

上柱国账子张嘉盛(后缺)①

接下来是唐大历四年(761年)沙州敦煌县悬泉乡宜禾里手实,兹引之如下:

户主赵大本年柒拾壹岁　老男下下户　课户,见输

妻孟年陆拾玖岁　老男妻

女光明年二十岁　中女

男明鹤年叁拾陆岁　会州黄石府别将　乾元二年十月□日授甲头张为言,曾德,祖多,父本

男思祚年贰拾柒岁　白丁

男明奉年贰拾陆岁　白丁转前籍年廿,大历二年账后貌加就实

男如玉年贰拾肆岁　中男宝应元年账后,漏,附。

合应受田肆顷五十叁亩玖拾亩已受,八十玖亩永业,一亩居住园宅,三顷六十三亩未受。

一段拾亩永业　城东十五里八尺渠　东自田　西翟守　南翟　北自田

一段拾亩永业　城东十五里八尺渠　东索晖　西路　南路　北自田

一段五亩永业　城东十五里八尺渠　东索晖　西渠　南渠　北索谦

　沙州　敦煌县　悬泉乡　宜禾里　大历四年手实

一段肆亩永业　城东十五里八尺渠　东窦智　西渠　南渠　被荒

一段陆亩永业　城东廿里沙渠　东赵义　西路　南渠　北玄识

一段贰拾亩永业　城东十五里八尺渠　东路　西路　南怀庆　北路

一段玖亩永业　城东十五里八尺渠　东渠西观田　南渠　北张孝

一段贰拾五亩永业　城东十五里八尺渠　东路　西路　南孟庆　北路

一段壹亩居住园宅

……②

从上述这两件户籍手实文书中可以看出唐代地方政府对于田产户籍的管理制度情况,文书首先记载了该户家庭成员的情况,然后记录了该家庭已受田、未受田和园宅地的数量,最后记述了该户所受土地的四至,内容详细具体,便于清查。

关于唐代户籍手实制定的情况,据唐令规定:"诸应收授之田,每年起十月一日里正预校勘造簿,历十一月,县令总集应退、应受之人,对共给授,十二月内毕。"③手实制定完毕,上报中央,由中央户部负责管理,以便国家随时掌握地方每年土地变动情况。

---

① 参见《敦煌资料》第1辑,中华书局1961年版,第138页。
② 同上书,第61—62页。
③ 《唐令拾遗·田令第二十二》"应收授之田"条。

四、隋唐五代时期封建政府对于违反土地法的惩罚措施

在以农耕为主的古代东方,农业是国家的根本命脉,而土地则是农民的命根子,只有土地立法完善,从根本上保证农民的合法权益,国家才能稳定,社会才能发展。从隋唐五代时期各个政权对于土地的立法来看,无论是立法技巧还是立法水平都是很高的。

(一) 不准占田过限

隋朝是一个承前启后的政权,由于年代的久远,隋代的法典《开皇律》、《开皇令》、《大业律》等已经佚失,但从继承隋律精神的唐律来看,对于土地的立法还是相当完善的。如《唐律疏议》卷十三对于占田过限的规定:"诸占田过限者,一亩笞十,十亩加一等;过杖六十,二十亩加一等,罪止徒一年。若于宽闲之处者,不坐。"长孙无忌等在疏议中对此作了解释:"王者制法,农田百亩,其官人永业准品,及老、小、寡妻受田各有等级,非宽闲之乡不得限外更占。若占田过限者,一亩笞十,十亩加一等;过杖六十,二十亩加一等,一顷五十亩罪止徒一年。"对于宽乡计口受田足额之外,如仍有剩余土地,务从开垦,庶尽地利,故所占虽多,律不与罪。但"仍须申牒立案,不申请而占者,从'应言上不言上'之罪"处罚。

(二) 不准盗种公私田

唐代法律严厉打击盗种公私土地的犯罪行为,针对上述情况,唐律规定:"诸盗耕种公私田者,一亩以下笞三十,五亩加一等;过杖一百,十亩加一等,罪止徒一年半。荒田,减一等。强者,各加一等。苗子归官、主。"对于该条法律条文,唐律疏议又作了进一步的解释:"田地不可移徙,所以不同真盗,故云'盗耕种公私田者。''一亩以下笞三十,五亩加一等',三十五亩有余,杖一百。'过杖一百,十亩加一等',五十五亩有余,罪止徒一年半。'荒田减一等',谓在账籍之内,荒废未耕种者,减熟田罪一等。若强耕者,各加一等:熟田,罪止徒二年;荒田,罪止徒一年半。'苗子各归官、主',称苗子者,其子及草并征还官、主。"①

(三) 不准妄认公私田

对于妄认公私田地的行为,唐律规定:"诸妄认公私田,若盗贸易者,一亩以下笞五十,五亩加一等;过杖一百,十亩加一等,罪止徒二年。"疏议对此作了解释:"妄认公私之田,称为己地,若私窃贸易,或盗卖与人者,'一亩以下笞五十,五亩加一等',二十五亩有余,杖一百。'过杖一百,十亩加一等',五十五亩有余,罪止徒二年。"由于土地是一种特殊的商品,所以唐律对于妄认、盗卖土地的行为也作了特殊的规定:"《贼盗律》云,阑圈之属,须绝离常处;器物之属,须移徙其地。虽有盗名,立法须为定例。地既不离常处,理与财物有殊,故不计赃为罪,亦无除、免、倍赃之例。妄认者,谓经理已得;若未得者,准妄认奴婢、财物之类未得法科之。盗贸易者,须易讫。盗卖者,须卖了。依

---

① 《唐律疏议》卷十三。

令:'田无文牒,辄卖买者,财没不追,苗子及地之财并入地主'。"

（四）不准官员侵夺私人田地

在中国古代,农民是社会的弱势群体。对于侵夺私人田地的行为,《唐律疏议》卷十三"在官侵夺公私田"条规定:"诸在官侵夺私田者,一亩以下杖六十,三亩加一等;过杖一百,五亩加一等,罪止徒二年半。园圃,加一等。"疏议对此做的解释是:"律称'在官',即是居官挟势。侵夺百姓私田者,'一亩以下杖六十,三亩加一等',三十二亩有余,罪止徒二年半。'园圃',谓莳果实、种菜蔬之所而有篱院者,以其沃塉不类,故加一等。若侵夺地及园圃,罪名不等,亦准并满之法。或将职分官田贸易私家之地,科断之法,一准上条'贸易'为罪,若得私家陪贴财物,自依'监主诈欺'。"如果是官人之间互相侵夺,则与百姓同例,处罚略轻。

（五）不准盗耕墓田

为了维护封建社会的孝道观念,唐律中对于盗耕墓田的行为更是给予了严厉惩罚。如唐律中规定:"诸盗耕人墓田,杖一百;伤坟者,徒一年。即盗葬他人田者,笞五十;墓田,加一等。仍令移葬。若不认盗葬者,告里正移埋,不告而移,笞三十。即无处移埋者,听于地主口分内埋之。"

（六）对乡里组织授田违法的惩罚

乡里等基层组织对于农民的受田违反规定,《唐律疏议》卷十三载:"诸里正,依令:'授人田,课农桑。'若应受而不授,应还而不收,应课而不课,如此事类违法者,失一事,笞四十;三事,加一等。县失一事,笞三十;二十事,加一等。州随所管县之多少,通计为罪。各罪止徒一年,故者各加二等。"按疏议的解释:"'授田:先课役,后不课役;先无,后少;先贫,后富。'其里正皆须依令造簿通送及课农桑。若应合受田而不授,应合还公田而不收,应合课田农而不课,应课植桑、枣而不植,如此事类违法者,每一事有失,合笞四十。"

（七）限制口分田买卖的规定

为了保护国有土地的所有权,唐律对于国有土地的买卖进行了严格的限制,唐律规定:"诸卖口分田者,一亩笞十,二十亩加一等,罪止杖一百;地还本主,财没不追。"疏议解释曰:"'口分田',谓计口受之,非永业及居住园宅。《礼》云'田里不鬻',谓受之于公,不得私自鬻卖,违者一亩笞十,二十亩加一等,罪止杖一百,卖一顷八十一亩即为罪止。地还本主,财没不追。'即应合卖者',谓永业田家贫卖供葬,及口分田卖充宅及碾硙、邸店之类,狭乡乐迁就宽者,准令并许卖。其赐田欲卖者,亦不在禁限。其五品以上若勋官,永业地亦并听卖。故云'不用此律'。"[①]

（八）对非法侵占街巷等公共用地的惩罚

对于非法侵占巷街阡陌、非法侵占山野陂湖、偷食公私田地上的瓜果以及非时焚烧田野等犯罪行为,在《唐律疏议·杂律》中也有专门的规定。我们先看一下对侵占巷

[①] 《唐律疏议》卷十二。

街、阡陌等行为的处罚规定。《唐律疏议》卷二十六"侵巷街阡陌"条云:"诸侵巷街、阡陌者,杖七十。若种植垦食者,笞五十。各令复故。虽种植,无所妨废者,不坐。"对于侵占山野陂湖的行为,唐律中已规定:"诸占固山野陂湖之利者,杖六十。"按疏议的解释:"山泽陂湖,物产所植,所有利润,与众共之。其有占者,杖六十。已施功者取者,不追。"对于偷食公私田地瓜果的行为,唐律也有明确的规定:"诸于官私田园,辄食瓜果之类,坐赃论;弃毁者,亦如之;即持去者,准盗论。"为了保护土地,对于非时焚烧田野的行为,唐律规定:"诸失火及非时烧田野者,笞五十(注云:非时,谓二月一日以后、十月三十日以前。若乡土异宜者,依乡法。);烧人舍宅及财物者,杖八十;赃重者,坐赃论三等;杀伤人者,减斗杀伤二等。"

(九) 对于违犯唐令、格犯罪的处罚办法

据《唐六典》卷六记载,隋唐时期的令典中都有田令的内容。如隋开皇年间命高颎等撰定的《开皇令》,《田令》篇目排在第二十三,唐朝时,对《田令》篇目的排列也各不相同,如《唐六典》将《田令》篇排在第十八,而仁井田陞在复原唐令时则作"田令第二十二"。众所周知,令是关于国家各项制度的法典,类似于现代的行政规章,本身并没有明确的罚则。那么,对于违反唐令规定的行为又是如何处罚呢?我们可从唐律中可以找到相应的答案。据《唐律疏议》卷二十七"违令"条规定:"诸违令者,笞五十。注云:谓令有禁制而律无罪名者。"如《田令》"竞田"条规定:"诸竞田,判得已耕种者,后虽改判,苗入种人。耕而未种者,酬其功力。未经断决强耕者,苗从地判。"如果上述情况不依唐令的规定,则按唐律中的"违令"罪处罚。

再看一下唐代格对土地的规定。格的职能是"禁违正邪",即对于违背律、令所作出的补充性惩罚措施。由于年代久远,唐代的格至今已佚失。所幸的是,在20世纪初敦煌吐鲁番出土的文书中保留了部分唐代格的残卷。在S1344《开元户部格》残卷中,也有两条关于逃人田土方面的条文。其一是景龙二年三月的条文,其中规定:"畿内逃户宅地,王公百官等及外州人不得辄请射。"另一是唐元年七月十九日的规定:"逃人田宅,不得辄容卖买,其地任依乡原价租充课役,有剩官收。若逃人三年内归者,还其剩物。其无田宅,逃经三年以上不还者,不得更令邻保代出租课。"由此可见,在唐代的各类法典中,对于土地问题都有相关的法律规定。

第三节 隋唐五代对于土地买卖、租赁和继承的法律规定

一、关于土地买卖的法律规定

为了保护国有土地不至于流失到私人手中,为了保障均田制的顺利实施,隋唐两代政府都在国家的法典中对土地买卖进行了种种限制。可以说从一开始就不提倡和鼓励土地买卖、典帖,因此在立法上也没有给予足够的重视。

（一）国家法典中关于土地买卖的规定

1. 隋代土地买卖的法律规定

隋代土地的买卖究竟是如何规定的，现存的材料没有明确的记载。不过，由于隋代的均田制沿用北齐之制，故隋代的土地买卖亦应与北齐相同。北齐时期土地的买卖规定是：露田"悉入还受之分"，不许买卖。桑田"不在还受之限"，即可以买卖。如果是沿用北魏之法，仅是买卖有余和不足的部分。至于给予官僚贵族的赐田，据《通典》记载，自宣武出猎以来，"始以永赐，得听买卖。"但到了后来，露田也出现了买卖的迹象。《通典·田制》引《关东风俗传》说："露田虽复不听卖买，卖买亦无重责。贫户因王课不济，率多货卖田业，至春困急，轻致藏走。亦有懒惰之人，虽存田地，不肯肆力，在外浮游，三正卖其口田，以供租课。比来频有还人之格，欲以招慰逃散，假使暂还，即卖所得之地，地尽还走，虽有还名，终不肯住。正由县听其卖贴田园故也。"

隋代继承了北齐时期的土地立法，对国家授予农民的露田，当然不允许买卖，对于官僚地主的私田和永业田，应该是允许买卖的。农民的麻田和桑田，只是允许出卖有余和买进不足。但是，由于均田制下的农民负担过重，也有出卖露田的情况，这种现象虽属违法行为，但由于在国家的法典中，没有明确的罚责，故买卖露田的现象也屡禁不止。

2. 唐代土地买卖的法律规定

及至唐代，对于土地买卖的限制更加松弛。桑田、麻田都是永业田，可以自由买卖；口分田在一定条件下也可以买卖。在现存的唐令中，首先会看到对卖田的限制。早在武德七年，就规定："凡庶人徙乡及贫无以葬者，得卖世业田。自狭乡而徙宽乡者，得并卖口分田。已卖者，不复授。死者，收之，以授无田者。"[①]唐玄宗开元二十五年，对于土地的出卖限制又进一步放宽，除了"诸庶人有身死家贫无以供葬者，听卖永业田，即流移者亦如之。乐迁就宽乡者，并听卖口分。卖充住宅、邸店、碾硙者，虽非乐迁，亦听私卖"[②]。在这里，不但乐迁就宽乡者听卖口分田，即使是卖充住宅、邸店、碾硙亦属合法，这也为土地买卖大开了方便之门。

对于官僚贵族的赐田、永业田，《宋刑统》卷十二"卖口分及永业田"条明确记载："赐田欲卖者，亦不在禁限。其五品以上若勋官永业地，亦并听卖。"

接下来再看一下对买田的规定。仁井田陞《唐令拾遗·田令》"买地不得过本制"条云："诸买地者，不得过本制，虽居狭乡，亦听依宽乡。其卖者不得更请。"所谓"不得过本制"，即无论狭乡还是宽乡，不能超过政府授田的最高限额。在这里所说的最高限额，指均田制下的农民（丁男、中男）应授田百亩，官吏的授田依品级而定。

唐代法律制度中对土地的买卖限制并没有维系多久，随着商品经济的发展和商品买卖的日益频繁，土地作为一种商品必然要进入流通领域。唐玄宗天宝年间，土地买

---

① 《文献通考》卷二《田赋考二》。
② 〔日〕仁井田陞：《唐令拾遗》，栗劲、霍存福等译，长春出版社1989年版，第560页。

卖像泻堤洪水,已势不可挡。唐玄宗时,曾两次发布诏书,限制土地的买卖。第一次是开元二十三年七月,诏书规定:"天下百姓口分、永业田,频有处分,不许买卖典帖,如闻尚未能断,贫人失业,豪富兼并,宜更申明处分,切令禁止。若有违犯,科违敕罪。"①第二次是天宝十一年的诏书,《册府元龟》卷四百九十五引该诏书云:

> 如闻王公百官及富豪之家,比置庄田,恣行吞并,莫惧章程。借荒者皆有熟田,因之侵夺;置牧者唯指山谷,不限多少。爰及口分永业,违法卖买,或该籍书,或云典帖,致令百姓无处安置。乃别停客户,使其佃食,既夺居人之业,实生浮惰之端。远近皆然,因循亦久。不有釐革,为弊虑深。其王公百官勋荫等家,应置庄田,不得逾于令式……自今已后,更不得违法买卖口分永业田。

天宝年间的这纸诏书并不能改变土地买卖的大潮,安史之乱以后,随着均田制的瓦解,国家控制的公田数量日减,私人土地数量的增加,土地买卖更加频繁,唐前期法律所规定的土地买卖的办法已不适应形势的需要。到了五代时期,新的土地买卖法律就应运而生了。

(二) 土地买卖的法律程序

1. 唐代土地买卖的法律程序

唐代土地买卖需经过严格的程序,土地的买卖首先要制作买卖文书,经官府确认后,除去卖主旧的田籍,更换新主,发给土地所有的凭证。据《通典》卷二记载:"凡买卖,皆须经所部官司申牒,年终彼此除附。若无文牒辄买卖,财没不追,地还本主。"这也就是说,在购买土地时,一定要向当地的主管机关申报,到年终时将双方的权利义务转移,这里所说的义务是指向国家交纳的赋税。如果双方不向官府申报,尤其是买主不获得政府颁发的文牒,其所有权就得不到法律的保护,政府会将买主新购买的土地无条件没收,将土地返还原主。因此,买卖双方到官府办理过户手续是必不可少的。

仅有政府颁发的文牒还远远不够,买卖双方还必须制定土地买卖的法律文书。日本学者仁井田陞曾专门对唐宋时期土地买卖的文书进行了探讨。② 在该著作中,引用了两条唐代土地买卖的资料,第一条为元和九年乔进臣买地契,兹引之如下:

> 元和九年九月二七日,乔进臣买
> 得地一段。东至东海,西至山,南至
> 刬各北至长城,用钱九十九千九
> 百九文。其钱交付讫,其得更不得忏
> 客。如有忏客,打你九千,使你作奴婢。
> 上至天,下至皇(黄)泉。
> 保人张坚故

---

① 《册府元龟》卷四百九十五。
② 参见《唐宋法律文书研究》第二编第一章第二节(东方文化学院东京研究所刊)。

>　　　　　保人管公明
>　　　　　保人东方朔
>　　　　　见人李定度
>　涿州范阳县向阳乡永乐村郭义理
>　南二里人　　　乔进臣牒

在《江苏通志稿·金石五》中收录了《徐府君夫人彭城刘氏和附铭》,其文如下:

> 其墓园地东弦南北迳直肆拾壹步,西弦南北迳直长肆拾壹步,南弦东西迳直长阔贰拾肆步,北弦东西迳直长贰拾肆步。南至官路,北至买地主许伦界,东至许界,西至王弥界。其墓园地于大和五年(831年)三月拾肆日立契,用钱壹拾叁千伍百文,于扬子县百姓许伦边买所墓园地,其墓园内祖墓壹穴,肆方各壹拾叁步,丙首壬穴。记地主母河宫同卖地人亲弟文秀、保许林、保人许亮、保人芟宁。

在《匋斋藏地记》卷三十三《刘元简卖地契》中,也保存了刘元简买地的契约,现抄录如下:

> 维大中元年(847年)岁次丁卯八月甲午朔式一日甲寅□□刘元简为亡考□□刘□□墓于定州□喜□□虞卿晖同村于百姓高元静(约缺六字)伍贯文买地一段壹拾亩充永业墓地。东自□□□□吴侍御墓,南自至,北自灵□括(约缺七字)是卖地人高元静(约缺八字)□人李□□阁如岳。东至青□,西至□□□,南至□□,北至□□,上至青天,□□□(下至黄)泉,□□刘□□有居者,远□万里,石券分明(下缺)买人岁月主者一□以后主人大富贵。

从这几则史料来看,唐代土地买卖的契约须具备如下的要件。其一,是契约制定的时间。在上述三件土地买卖的契约中,都有明确的日期,即元和九年、大和五年、大中元年。其二,是买卖双方的姓名。如第一份契约的买主是乔进臣,卖主不详;第二份契约的买主是徐府君家人,卖主是许伦;第三份契约的买主为刘元简,卖主是高元静。其三,土地的四至及亩数。其四,买卖的担保及证人。从几件文书看,担保人又分买方的担保和卖方的担保,如买卖双方发生违约行为,双方的保人要承担连带责任。证人只是起见证的作用,不承担连带责任。其五,买卖双方在契约成立后的保证。从上述三则契约来看,对买卖双方契约成立后的悔约,并没有明确的罚则。虽然在元和九年的契约中有"打你九千,使你作奴婢"之语,但这并不是法律用语,而是类似于民间的誓言,与我们发现的几件唐代寺院买卖文书和宋代买卖土地的文书相比,显得很不严谨。①

在从封建的国有土地均田制向封建私有土地庄园制过渡的过程中,唐代寺院频繁的土地买卖从中起了很重要的作用。应该说寺院大量的买卖土地犹如一针催化剂,加

---

① 参见郑显文:《中国古代关于商品买卖的法律文书研究》,载《中国经济史研究》2003年第2期。

速了均田制的崩溃和瓦解。尽管唐代一些有名的政治家对佛教寺院广占土地现象颇有微词,如武则天时期,就有人宣称"所在公私田宅,多为僧有"。唐中宗时,又有人称"寺院广占田地及水碾硙"。但我们认为唐代寺院所掌握的土地绝大多数都是通过正当渠道获得的,其中很大一部分就是通过合法的买卖而取得。

唐代寺院买卖土地的现象虽屡见不鲜,但保存下来的契约文书却很少。在《金石萃编》卷一百一十四中,记载了大中初年位于长安东北部的安国寺购买土地的情况。为方便阅读,兹引之如下:

> 安国寺
> 万年县浐川乡陈村安国寺,金□壹所,估计价钱壹百叁拾捌贯五百壹□文。舍叁拾玖间,杂树共肆拾玖根,地□亩玖分。庄居:东道并菜园,西李升和,南龙道,北至道。
> 牒前件庄,准敕出卖,勘案内□正词、状请。买价钱准数纳讫,其庄□巡交割分付,仍帖买人知,任便为主。□要有回改,一任货卖者奉使判。□者准判牒知任为凭据者,故牒。

这是一件唐代寺院购买政府官庄的买地契约文书。从这份文书的内容看,首先,该文书记载了卖方出卖土地的亩数及土地附着物上的房屋、树木,明确标出了该庄的四至。其次,该文书明确记载了买卖双方的名称,买方为安国寺,卖方是地方官府。再次,就双方进行交易的过程而言,当事双方的法律地位是平等的。由买方出资,卖方在收到买方交付的足额货款后,通知买方接管土地和房屋。这里,丝毫没有官府强迫的迹象。双方交易后制定了买卖文书,并由主管的官员"判官内仆□承彭□、副使内府□令赐绯□□刘行宜"拿出经上级官府准许出卖的审批意见出示给买方。最后,文书中明确了双方发生分歧时的解决途径,那就是和其他的买卖纠纷一样,通过文书中所标明的法律救济来解决。如文书规定:"□要有回改,一任货卖者奉使判"。

在法国国立图书馆所藏敦煌文书中,有 p3394 号《大中六年(852 年)沙州僧张月光父子回博土地契》,这是一件单向的土地交换文书。该文书虽非买卖文书,从文书的内容看,却具备了所有买卖文书的要件。如该文书记载了交换双方当事人的姓名,即僧张月光和僧吕智通;还记载了双方交换土地的亩数及四至,僧张月光土地贰拾五亩,共分三段,僧吕智通土地共五畦拾壹亩,分为两段。经双方同意,"各自收地","入官措案为定",即经过官府的公证后,"永为主己"。此外,又规定了对方违约的责任,"立契后有人忏吝园林舍宅田地等称为主记者,一仰僧张月光父子知当,并畔觅上好地充替,入官措案"。最后,为田主张月光,保人男坚坚、手坚、儒奴侄力力,以及见人僧张法源、于佛奴、张达子、王和子、马宜奴、杨千荣、僧善惠的签字。

现在如果我们把前面的三件世俗买卖土地的文书和后边两件寺院买卖、交换的文书相对照,就会发现后边的文书规定得更加规范具体,与宋代的土地买卖文书更相似。如后边的文书中又加了两个要件,其一,是到官府进行公证,即入官措案为定;其二,对解决违约的途径、对违约一方所承担的法律责任规定得更明确。如在 p3394 号文书中规定,若僧吕智通违约,由僧张月光觅上好地充替。

作为唐代商品交换重要内容之一的土地买卖,同样促进了唐代不动产业交易的规范化。众所周知,在唐以前,由于受重农轻商思想的影响,商品经济极不发达,很多人把土地视为自己的命根子,非到了万不得已的情况决不出卖,因而国家对于不动产的买卖很不规范,这从已发现的汉魏六朝的土地买卖文书中就可见一斑。① 但到了唐代,由于佛教寺院频繁买卖土地,使土地的买卖更加规范,买卖双方须制定严格的法律文书,文书中须写明买卖双方的姓名、土地的亩数及四至、双方违约的法律责任、双方的担保人、见证人、土地买卖的日期,最后还要经过官府的公证等,这套完整的程序对买卖双方当事人的利益都给予了明确的保护,这不能不说是一种进步。及至五代时期,对不动产的买卖规定得更加合理,不但照顾到了当事人的利益,而且考虑到了邻接权的问题,制定了区别一般意义上买卖的特殊程序,即先问亲临、输钱印契、过割赋税、原主离业,这不能不说就是受唐代佛教寺院土地买卖的影响。

2. 五代时期土地买卖的法律程序

五代时期,关于土地的买卖又增加了新的程序,即政府在买卖双方交易时,从中收取一定交易税。后唐时期,民间侵占土地的现象严重,这些私人土地在交易时不经过官府,致使屡有争讼,已成为社会的隐患。如长兴二年六月八日,左右军巡使奏:"诸厢界内,多有人户侵占官街及坊曲内田地,盖造舍屋,又不经官中判押凭据,厢界不敢悬便止绝,且恐久后别有人户,更于街坊占射,转有侵占,不惟窄狭,兼恐久后及致人户争竞。近日人户系税田地多被军人、百姓作空闲田地,便立封疆修筑墙壁占射,又无判押凭据。及本主或有文契典卖,兼云占射年深,或有税额及无税,空闲拦占不令修盖,以此致有争竞,厢界难有立绝者。"为了改变这种状态,到了后周时,终于出台了由政府控制土地买卖,从中征收一定数额交易税的政策。《五代会要》卷二十六《市》记载了对土地买卖征税的情况,兹引如下:

> 周广顺二年十二月开封府奏……又庄宅牙人,亦多与有物业人通情,重叠将产宅立契典当;或虚指别人产业,及浮造屋舍,伪称祖父所置;更有卑幼骨肉,不问家长,衷私典卖,及将倚当取债;或是骨肉物业,自己不合有分,倚强凌弱,公行典卖,牙人钱主,通同蒙昧,致有争讼。起今后,欲乞明降指挥……其有典质倚当物业,仰官牙人业主及四邻同署文契,委不是曾将物业印税之时,于税务内,纳契白一本,务司点检,须有官牙人邻人押署处。及委不是重叠倚当,方得与印。如有故违,关联人押行科断,仍征还钱物。如业主别无抵当,仰同署契行保邻人均分代纳。如是卑幼不问家长,便将物业典卖倚当;或虽是骨肉物业,自己不合有分,辄

---

① 参见〔日〕仁井田陞:《中国法制史研究·土地法、交易法》第一部第二章《汉魏六朝的土地买卖文书》,东京大学出版会1981年版。

敢典卖倚当者,所犯人重行科断,其牙人钱主,并当深罪,所有物业,请准格律指挥。如有典卖庄宅,准例房亲邻人,合得承当。若是亲人不要,及著价不及,方得别处商量,不得虚抬价例,蒙昧公私。有发觉,一任亲人论理,勘责不虚,业主牙保人并行重断,仍改正物业。或亲邻人不收买,妄有遮吝,阻滞交易者,亦当深罪。从之。

从上述这则史料可以看出,五代时期对于土地买卖与以前相比有了重大的变化。这种变化主要表现在:其一,典卖田产必须先问房亲邻人,如房亲邻人不要及价格不合理,方可卖与他人,卖主不得以虚抬价例的形式剥夺房亲邻人的优先购买权。如发现卖主有上述行为,"一任亲人论理勘责"。为了防止房亲和邻人干涉卖主的正当交易,也制定了对卖主的保护措施,如亲邻不收买而妄加阻遮,同样追究责任。这在法律上确定了房亲邻人对土地的优先购买权。其二,在法律上剥夺了子女卑幼对土地的处分权。如卑幼不经过家长而擅自出卖家庭田地,所犯人员亦严加惩办,甚至中介人牙人、钱主(买主)亦不能幸免。其三,进一步保护土地所有人的权利。如即使是自己的子女兄弟,如自己不合有分,亦没有处置权。其四,对违反契约的法律责任,也有明确的规定。如发现买主或卖主有欺诈行为,又无力偿还债权人财物时,由有关责任人保人、邻人、牙人承担赔偿责任。

二、关于土地租赁的法律规定

隋及唐前期,农民可以从封建政府手中分得定额土地,土地买卖和兼并得到了控制,土地租佃现象自然为国家公有土地出租的形式。安史之乱以后,随着均田制的瓦解,私人土地数量增加,私人出租的土地占有很大的比重。

(一)国有土地的租佃方式

隋唐时期,国家公有土地出租给私人的土地类型有:

1. 职分田和公廨田

隋唐时期的职分田和公廨田最早源于两晋的菜田、禄田和州郡公田,到北魏时,国家给刺史、太守和县令部分公有土地,这类土地不许买卖,更代相付。隋朝时,将官吏所受的土地分为两类:一为职分田,其收入作为官吏俸禄的一部分;二为公廨田,其收入作为官署的办公费用。这些土地官吏自己不会亲自耕种,由官府将土地出租给无地或少地的农民耕种,从中收取一定数量的地租。

2. 宫地、官庄

隋、唐皇室和官府还控制着大量的土地,这些土地也是用来出租给农民耕种的。隋唐时期的宫地由长春宫使管理。由于宫地在京城附近,故大多由同州刺史或朝中官员担任。如开元八年(720年),同州刺史姜师度兼营田长春宫使,上元元年(674年),殿中监李辅国充长春宫使。到大历九年以后,一般由同州刺史兼长春宫使。长春宫使负责将土地出租给附近的民户,从中收取一定数额的租税。

唐代的官庄由内庄宅使管理。内庄宅使在武则天时期所置，李吉甫《百事举要》说："司农别有园苑庄宅使"，认为是武后所设。而冯鉴《续事始》则云唐玄宗时置。李肇《国史补》云"玄宗开元天宝末置使，有庄宅使"。庄宅使的办公地点在丹凤门街东来庭坊西北的庄宅司。而在全国各州县亦有官庄，唐穆宗时，曾令将管辖权下到各州府，"诸州府，除京兆河南府外，应有官庄宅、铺店、碾硙、茶菜园、盐畦、车坊等，宜割属所管州府"。

隋唐五代时期的官庄和宫庄经常由主管部门把土地出租给农户，从中收取地租。如《唐会要》卷八十三记载："大历十四年五月内庄宅使奏：州府没入之田，有租万四千余斛，官中主之，为冗费，上令分给所在，以为军储。"由于租种官田的农户大多是贫苦的农民，所以政府也经常免除佃户的赋税。如唐懿宗咸通年间，政府就下令"应租庄宅使司产业，庄硙店铺，所欠租斛斗草，及舍课地头等钱，所由人户贫穷，无可征纳，年岁既远，虚系簿书，缘咸通七年赦条不该，今宜从大中三年已后至大中十四年以前，并宜放免"①。

五代时期，官庄的数量仍然很多，每州都有数量不等的官庄。如广顺三年九月，后周皇帝下令京兆府，云耀州庄宅三百，渠使所管庄宅并属州县，其本务职员节级一切停废。除见管水硙及州县镇郭下店债外，应有系官桑土屋宇园林车牛动用，并赐先佃人充永业。如已有庄田，自来被本务或形势影占，令出课利者，并勒见佃人主依例纳租，条理未尽处，委三司区分，仍遣刑部员外郎曹匪躬专任点检割属州县。

唐五代时期也曾出现把官庄赐给官吏充作永业田的情况。《金石萃编》卷十三收录了后晋天福年间的《广慈禅院庄地碑》，该文书记录了后晋时期官庄的管理、租佃、税收以及交割等方面的事情。为方便阅读，兹引录如下：

> 晋昌军节度使安审琦奏：臣近于庄宅营田务请射到万年县春明门陈知温庄一所，泾阳临泾教坊庄孙藏用庄、王思让庄三所营田，依例输纳夏秋省租，逐庄元不管蓝林桑枣树木牛具，只有沿庄旧管田土，一切见系庄宅司管属，欲割归县，久远承佃，供输两税，伏候指挥。

> 右件庄，可赐安审琦充为永业，宜令安审琦收管，依例供输差务，仍下三司指挥交割付安审琦，准此。天福六年八月二十五日

> 户部牒晋昌军节度使准宣头晋昌军节度使安审琦奏，……牒具如前，已牒晋昌军庄宅务仰切详宣命指挥使交割与本道节度使讫，具逐庄所管荒熟顷亩数目交割月日分拆申上，所有未割日已前合纳课租，即仰务司据数管系征纳□绝讫申，其随庄合著系县正税，亦仰具状牒与本县管征，无令漏落，事须牒晋昌军节度使，亦请差人交割收管，充为永业，依例供输差税者。谨牒。

在现存的敦煌吐鲁番文书中，保存了许多国有土地出租给私人耕种的情况。如

---

① 《唐大诏令集》卷八十六《咸通八年五月德音》。

《周天授二年(691)西州高昌诸县堰头等申青苗亩数佃人牒》所记,就有这方面的材料,兹引之如下:

　　□渠第一堰:(头脱?)康阿战
　　□□(都督)职田八亩半佃人焦昌智通种粟
　　都督职田拾壹亩半佃人宋居仁种粟
　　(下略)
　　县公廨柒亩壹百步佃人唐智宗种粟

又如《周如意元年(692)西州高昌县诸堰头等申青苗亩数佃人牒》也记载了公田出租的情况。

　　县公廨佐史田拾亩佃人氾义感　东康多允　西康倚山
　　　　　　　　　　　　　　　　　　　　　南渠　北渠
　　县令田贰亩佃人奴集聚　东县公廨佐史田　西安交通
　　　　　　　　南渠　北宋神□

隋唐五代时期,官田出租的情况毕竟只是个别现象,随着均田制的瓦解,私田的大量出现,土地租佃已成为不可避免。

(二) 私田的租佃

隋唐五代时期土地的租佃大致有三种情况。

1. 农民与农民之间所发生的租佃关系。

这种租佃关系产生的原因复杂,从现存的敦煌吐鲁番租佃契约文书分析,主要是由于受土地分散、零星、距离家庭过远或耕种困难有关。如在敦煌文书S5927号纸背所记录的《唐天复二年樊曹子刘加兴租佃土地契》即属于这种情况。该文书内容如下:

　　天复二年壬戌岁次十一月九日,
　　慈惠乡百姓刘加兴城东
　　□渠上口地四畦共十亩,缺乏人力,
　　莫(佃)种不得,遂租与当乡
　　百姓樊曹子莫(佃)种三年。断
　　作三年价直:干货斛斗壹拾贰石,
　　麦粟五石,布壹匹肆拾尺,又布三丈。
　　布壹匹,至到五月末分付,又布三
　　丈余到其上□并分付刘加兴。
　　是日,一任租地人三年莫(佃)种不(卜)许刘加兴,
　　三年除外并不珍(准)刘加兴论限。
　　其地及物,当日交相分付,两共面对平章,一定与后,不许休悔,如有休悔者,
　　罚王(?)六入不悔人

> 天复二年壬戌,岁次十一月
> 九日,慈惠乡百姓樊曹子
> 遂租当乡百姓刘加兴
> 城东□渠上口地四畦共十
> 亩。(以下空白)

还有是同一家族内部的租佃,这种租佃主要是本人外出或有其他特殊事情而让别人耕种。如在 P3257 号文书《甲午年(934)二月十九日索义成分付与兄怀义佃种凭》中,记录的是弟弟将土地租种给兄长的事情。内容如下:

> 甲午年二月十九日,索义成身着瓜州,所有父祖口分地叁拾贰亩,分付与兄索怀义佃种。比至义顺到沙州得来日,所着官司诸杂烽子官柴草等大小税役,并总兄怀义应判,一任施功佃种。若收得麦粟,任自兄收,颗粒亦不论说。义成若得沙州来者,却收本地。渠河口作税役,不□□兄之事。两共面(对)平章,更不许休悔,罚牡羊壹口。恐人无信,故立文凭,用为后验。
> 　　　　　　　　种地人兄索怀义(押)
> 　　　　　　　　种地人索富子(押)
> 　　　　　　　　见人　索流住(押)
> 　　　　　　　　见人书手判官张盈(押)

2. 农民租佃地主的土地

农民自己缺乏土地,为了维持生计,以高额的地租租种地主或寺院的土地。这种租佃关系体现了农民和地主之间剥削与被剥削的关系,而且这种租佃形式在唐五代时期占有多数。虽然形式上双方是剥削和被剥削的关系,但在法律上双方还是平等的契约关系。其中出租土地一方称为田主或地主,承租方称为租佃人或佃人,双方订立契约时完全出于自愿。在敦煌吐鲁番出土的文书中,我们经常会看到这类契约文书。如敦煌文书 S6063 号文书即属于此。今引录如下:

> 乙亥年二月十六日,敦煌乡百姓索黑奴、程□
> 子二人,伏缘欠缺田地,遂于侄男索□护面
> 上,于城东尤渠中界地柒亩遂租种瓜。其地
> 断作价直,每亩壹硕二斗,不谏(拣)诸杂色
> 目,并总收纳。两共面对平章,立契以后,
> 更不许休悔。如若先悔者,罚麦两䭾,充
> 入不悔人。恐人无信,故立此契。
> 　　　　　　　租地人程□子
> 　　　　　　　租地人索黑奴
> 　　　　　　　见人氾海保

第四章　隋唐五代时期的土地法制

隋唐五代时期也是寺院经济高度发达的时期。在这一时期中,许多寺院都占有大量的土地。为了从土地上获得收入,寺院僧人把土地租种给附近的农民耕种。在敦煌文书中,就保存了许多类似的文书。法国国立图书馆所藏文书 P2858 号《酉年(829?)二月索海朝租地帖》即属此类:

> 索海朝租僧善惠城西阴安渠地两突。每
> 年价麦捌汉硕,仰海朝八月末已前依数
> 填还了。如违不还,及有欠少不充,任将此
> 帖掣夺家资,用充麦直。其每年地子,三分
> 内二分亦同分付。酉年二月十二日索海朝立帖
> 身或东西不在,仰保填还。见人及保弟晟子(押)
> 　　　见人? 氏
> 　　　见人
> 　　　见人
> 　　　见人

从上述我们所见到的契约文书来看,唐五代时期租佃制已十分发达,租佃契约的内容也很齐备。大体说来,租佃契约的制定一般须具备如下要件:立契的时间、订立契约双方的姓名、租佃的原因、田地的四至和亩数、土地的种类、土地的租价和租种期限、违约者的责任及惩罚措施、担保人、见人等。

安史之乱以后,随着均田制的瓦解,以一家一户小农家庭为主体的封建经济体系受到了大土地私有制经济的巨大冲击,庄园或庄田(或称为田庄)作为一种新型的租佃关系出现了。庄园或田庄并不是唐中叶以后才出现的,南北朝时期庄田已很多。但唐中叶以前的田庄主要靠人身依附关系很强的部曲、奴婢等耕种。随着均田制的瓦解,大土地私有制盛行,社会上出现了"富者兼地数万亩,贫者无容足之居"的状况。占有大量土地的地主不得不采用集中经营、设庄管理的方式。庄园中的生产者,主要是佃耕的农民,这些农民称为寄庄户或寄住户,他们"庸力客作,以济糇粮"。

庄园中的生产方式主要是耕佃制,由没有或有少量土地的佃客租种庄园地主的土地,劳动成果以地租的形式交纳,或交定额租,或实行分成制。庄园主与佃客之间完全是一种租佃契约关系,人身依附关系相对减轻。生产者地主的土地主要根据佃客具体的要求,包括租种的时间、亩数、租种土地的价格以及违约责任等。一旦双方订立的契约到期,两者的租佃关系立刻解除,佃客不会被束缚在土地上,可以自由支配自己的劳动时间。劳动者的地位在社会上也不受到歧视,如果自己有条件购买土地,还可以重新成为政府的编户。《唐会要》卷八十五记载了宝应二年的敕令:"客户若住经一年已上,自贴买得田地,有农桑者,无问于庄荫家住,及自造屋舍,敕一切编附为百姓差科,比居人例量减一半,庶填逃散者。"

虽然唐末五代时期佃客的身份相对自由,他们和地主在订立契约时地位平等,但

并不意味着他们不受地主的剥削。据元稹的《元氏长庆集》卷八十三记载,唐后期官庄的地租很高,"比量正税,近于四倍加征",而佃种于私人地主土地的佃客其受剥削的程度更深。唐人陆贽曾说:"今京畿之内,每田一亩,官税五升,而私家收租,殆有亩至一石者,是二十倍于官也。降及中等,租犹半之,是十倍于官税也。"①私人地租高出官税十倍或二十倍,表明佃客所受剥削之重。还有一些豪强地主竟然与佃客实行均分制。据《太平广记》卷四百二十八记载,泾州大将焦令谌,"取人田自占,给与农,约熟归其半"。像岭南的少数民族地区,佃农受的剥削仍然很重,"每岁中与人营田,人出田及种粮,耕地种植,谷熟则来,唤人平分"。由于佃客所受的剥削太重,致使许多佃客无法交清地租,只得悬欠,有时拖欠积五六年之久。

3. 贫困农民出租土地

在唐五代时期,也有一种特殊情况,即贫困的农民因生计所迫把自己土地出租给别人。在敦煌文书中,就有这方面的契约文书。英国伦敦博物馆所藏文书 S466 号《后周广顺三年龙章祐、祐定兄弟出典土地契》记载了田主因生活窘迫而被迫出租土地的事例。该文书内容如下:

> 广顺三年岁次癸丑十月二十二日立契,莫高乡百姓龙
> 章祐、弟祐定,伏缘家内窘缺,无物用度,今将父
> 祖口分地两畦子共贰亩半,只(质)典已莲畔人押衙
> 罗思朝。断作地价:其日见过麦壹拾五硕。字(自)
> 今以后,物无利头,地无雇价。其地雇种,限
> 肆年内,不喜(许)地主收俗(赎)。若于年限满日,便仰地主辨(办)
> 还本麦者,便仰地主收地。两共对面平章
> 为定,更不喜(许)休悔。如若先悔者,罚青麦
> 拾馱,充入不悔人,恐后无信,故勒次(此)契,用
> 为后凭。
> 　　　　　　　地主弟龙祐定(押)
> 　　　　　　　地主兄龙章祐(押)
> 　　　　　　　只(质)典地人押衙罗思朝
> 　　　　　　　知见父押衙罗安进(押)
> 　　　　　　　知见人法律福海(知)

从这份契约文书中可以看出,田主龙章祐、龙祐定兄弟虽属于土地的所有人,但由于家庭窘迫,被迫把自己父祖的口分地出租,这种出租与地主将剩余土地出租的作法完全不同。龙氏兄弟出租土地完全是为生计所迫,如果龙氏家庭的经济状况再无好转,下一目标恐怕就要出卖土地,而这种现象正是中国古代的农民从自耕农向佃农转变的

---

① 《陆宣公奏议集》卷四。

特征。

三、土地继承的法律规定

关于隋唐五代时期土地继承制度,传统的法律文献记载极为简单。根据现有文献分析,隋唐五代时期的继承制度原则上实行嫡长子继承制。为了维护嫡长子的继承权,《唐律疏议》卷十二《户婚律》中规定:"诸立嫡违法者,徒一年。即嫡妻年五十以上无子者,得立嫡以长,不以长者亦如之。"如无嫡子去世或有罪疾,则立嫡孙;无嫡孙,以次立嫡子同母弟;无同母弟,才立庶子。

(一) 严禁养子继承

对于养子,唐律则严格禁止。如唐律规定:"即养异姓男者,徒一年;与者,笞五十。其遗弃小儿年三岁以下,虽异姓,听收养,即从其姓。"也就是说,唐代收养异姓子女仅限于三岁以下的遗弃儿童,否则不许收养。收养之后,从养父之姓,并享有同其他子女一样的权利。

(二) 在外别生男女的继承权问题

在对待在外别生男女的问题上,唐律虽未有明确的规定,但《宋刑统》卷十二引唐玄宗天宝六年五月敕节文规定:"或其母先因奸私,或素是出妻弃妾,苟祈侥幸,利彼资材,遂使真伪难分,官吏惑听。其百官、百姓身亡之后,称是在外别生男女及妻妾,先不入户籍者,一切禁断。辄府、县陈述,不须为理,仍量事科决,勒还本俗。"唐玄宗的这条诏书,实际上也就剥夺了凡在死者生前不入户籍子女的继承权。

(三) 在财产继承上采取诸子均分制

隋唐五代时期关于爵位实行嫡长子继承制,但在财产的分割上实行的是遗嘱继承或诸子均分制。《唐律疏议》卷十二"同居卑幼私辄用财"引唐《户令》云:"应分田宅及财物者,兄弟均分。妻家所得之财,不在分限。兄弟亡者,子承父分。"唐令中的这条条文,为我们了解唐代的土地继承制度提供了最直接的证据,即兄弟之间土地实行均分,如兄弟之间有人先亡,可以子承父分,代位继承。

(四) 关于女儿继承权的问题

在对待女儿继承权的问题上,唐五代时期的法律文献没有明确记载。《宋刑统》卷十二引唐文宗太和五年二月十三日敕节文有这样的规定:"死商钱物等,其死商有父母、嫡妻及男,或亲兄弟,在室姐妹、在室女、亲侄男,见相随者,便任收管财物。如死商父母、妻儿等不相随,如后亲属将本贯文牒来收认,委专知官切加根寻,实是至亲,责保讫,任分付取领,状入案申省。"从这份诏书我们可以看到,唐代的法定继承人的顺序是:父母、嫡妻、儿子、亲兄弟、在室姐妹(指未出嫁)、在室女(未出嫁)、亲侄男。但在实践中,继承父母遗产的主要是儿子。

(五) 遗嘱继承

在现存的敦煌文书中,保存了许多唐代的遗嘱文书。说明唐代遗嘱继承的法律地位要高于法定继承。如敦煌文书 S0343 号《析产遗嘱(样式)》中为我们了解唐代财产

分割提供了第一手资料。为方便读者,兹引文如下:

> 吾今桑榆已逼,钟漏将穷,病疾缠身,暮年不差,日日承忘
> 痊损,月月渐复更加,想吾四体不安,吾则似当不免。吾
> 与汝儿子孙侄家眷等,宿缘之会,今为骨肉之深,未得安
> 排,遂有死奔之道,虽则辜负男女,逝命天不肯容。所是
> 城外庄田、城内屋舍家活产业等,畜牧什物,恐后或有不
> 亭(停)争论、偏并;或有无智满说异端,遂令亲眷相憎,骨
> 肉相毁,便是吾不了事。今吾惺悟之时,所有家产、田
> 庄畜牧什物等,已上并以分配,当自脚下,谨录如后。
> 右件分配,并以周讫,已后更不许论偏说剩。如若违吾语者,
> 吾作死鬼,擘汝门镗,来共汝语,一毁地下,白骨万劫,是其
> 怨家;二不取吾之语,生生莫见佛面。谨立遗书,限吾嘱矣。

在现存的敦煌文书中,有些遗嘱文书直接就是采用了财产均分制的形式。在分配土地时,因受具体条件的限制,不可能全部采取平均分割的方式,但从分配的内容看,每份遗嘱都尽可能作到平等。如 P2685 号文书《沙州善护、遂恩兄弟分家契(年代不详,828 年?)》就是最好的例证:

> (前缺)
> 城外□□□□□□□□□□□□□□□□□□□□□
> 畜乘安(鞍)马等两家□□□□□取□□□□
> 壹领壹拾叁增,兄弟义让,□上大郎,不入分
> 又向南地壹畦六亩,大郎;又向北仰地六亩,弟。寻渠
> 九亩地,弟;西边八亩地,舍坑子壹□(亩),大郎。长地五亩,弟;
> 舍边地两畦共壹亩,渠北南头寻渠地壹畦肆亩,计五亩,
> 大郎。北仰大地并畔地壹畦贰亩,□(兄);寻渠南头长地子壹亩,
> 弟。北头长地子两畦各壹亩:西边地子弟;东边兄。
> 大郎分:釜壹受九斗,壹斗五胜锅壹,胜半龙头
> 铛子壹,铧壹孔,镰两张,鞍两具,镫壹具,被头
> 壹,剪刀壹,炒壹,锹壹张,马钩壹,碧绢壹丈柒尺,黑
> 自牛壹半对草马与大郎,钁壹具。
> 遂恩:铛壹口并主鏊子壹面,铜钵壹,龙头铛子壹,种
> 金壹付,镰壹张,安(鞍)壹具,大斤壹,铜灌子壹,钁□
> 壹具,绢壹丈柒尺,黑犉牛壹半。
> (下略)
> 　　　　　　兄善护
> 　　　　　　弟遂恩

诸亲兄程进进

兄张贤贤

兄索神神

在敦煌文书中,还有很多类似的分家文书或遗嘱文书,如 S2174 号《天复九年(909)董加盈兄弟三人分家契》、P3410 号《沙州僧崇恩处分遗物凭据》等。值得注意的是,在敦煌文书 P3744 号《沙州僧张月光兄弟分书》中,已出家的僧人张月光竟然与俗家兄弟平分财产,这说明在唐代,即使出家人同样可以继承财产,并依据均分的原则进行平分。该文书内容如下:

(前缺)
在庶生,观其族望,百从无革。是故在城舍
宅,兄弟三人停分为定。余之资产,前代分孽
俱讫,更无再论。前录家宅,取其东分。东西三丈,
南北,北至张老宅门道,南师兄厨舍南墙□□□□
定,东至三家空地。其空地约旧墙外三□□□□□
内,取北分,缘东分舍,见无居置,依旧堂□□□□□
见在椓木并檐,中分一间,依数与替。如无替,一任
和子拆其材梁,以充修本。分舍枇篱,亦准上。其
堂门替木壹合,于师兄日兴边领讫。……
区分已定,世代依之。一一分析,兄弟无违。文历已讫,,
如有违者,一□(则)犯其重罪,入狱无有出期;二乃于官受鞭一
阡若是师兄违逆,世世堕于六趣。恐后无凭,
故立斯验。仰兄弟姻亲邻人为作证明。
各各以将项(?)印押署为记。其和子准上。
(署名略)
平都渠庄园田地林木等,其年七月四日,就庄
对邻人宋良升取平分割。故立斯文为记。
兄僧月光取舍西分壹半居住,又取舍西园
从门道直北至西园北墙,东至治谷场西墙直
北已西为定。其场西分壹半。口分地取牛家道
西三畦共贰拾亩,又取庙坑地壹畦拾亩,又取舍南
地贰亩,又取东涧舍坑巳东地三畦共柒亩,孟授□(地)
陆畦共拾五亩内各取壹半。又东涧头生荒地□□(各取)
壹半。大门道及空地车敞并水井,两家合。其树
各依地界为主。又缘少多不等,更于日兴地上,取白杨
树两根。塞庭地及员佛图地,两家亭分。园后日兴

地两亩,或被论将,即于师兄园南地内取壹半。
弟日兴取舍东分壹半居住,并前空地,各取壹半,
又取舍后园,于场西北角直北巳东绕场东直南□□
舍北墙治谷场壹半。……

从上述这两件契约文书看,隋唐五代时期土地的继承大多是采取诸子均分的原则。无论结婚与否,或是出家的僧人,都与世俗兄弟享有同样的继承权。土地的继承者在继承土地和财物的过程中,为了维护自己的合法继承权,大多采用制定要式文书的形式,包括财产继承者的姓名、所继承财产的名称,如是房屋,须写明房屋的地点和间数;如是土地,须写明土地的亩数、土地的位置和土地的质量等。最后,契约文书中明确记载了违背分家文书所应承担的责任。如在 P3744 号文书中对于违约者"一则犯其重罪,入狱无有出期;二乃于官受鞭一阡"。在 P2685 号文书中对于违约者的惩罚是"如有先是非者,决杖五拾"。说明唐五代时期对于土地的继承也和其他财产继承一样,受到国家法律的保护。

第四节　隋唐五代时期的均田法以及赋税立法

一、隋唐时期的均田法

(一) 隋唐时期推行均田制的条件

隋唐时期推行的均田法是中国中古时期一项重要的土地制度。它源于北魏,瓦解于唐,存续了近三百年的历史。但是,从北魏到隋唐各朝由于社会状况的不断变化,原来推行均田制所具备的条件也发生了新的变化,可以说各时期推行均田制条件的差异造成了均田制内容上的不同。

1. 隋代实行均田制的条件

隋代实行均田制的条件,概括起来,具有如下几点因素:

其一,隋代推行均田制并不是突如其来的,而是延续了北齐、北周时期的均田制制度。众所周知,隋代的建立并不是通过大的社会变革建立起来的政权,而是通过宫廷政变建立起来的。因此隋朝建立后,许多制度都沿用前代,即使土地制度亦是如此。只不过在某些地方有所变化而已。自北魏、北齐、北周至隋,均田制度实行了近百年,为隋代推行均田制提供了宝贵的经验。因此,隋代从隋文帝开始就积极推行均田制度。

其二,隋代实行均田制也是封建政府同豪强地主争夺劳动人口、扩大自己统治的需要。将农民束缚在土地上,来保证封建国家的劳动人手,从农民身上征取更多的赋税,强迫农民服更多的劳役,这是北魏推行均田制的目的,也是此后封建政府推行均田制的动机。隋朝当然不会例外。在隋朝建立之初,社会上人口隐匿的现象十分严重,据《隋书·食货志》记载:"是时山东尚承齐俗,机巧奸伪,避役惰游者十六七。四方疲

人,或诈老诈小,规免租赋。高祖令州县大索貌阅,户头不实者,正长远配,而又开相纠之科。大功已下,兼令析籍,各为户头,以防容隐。"隋文帝的这一政策只能解决暂时的问题,为了长久地把农民束缚在土地上,隋文帝还采纳了大臣高颎的建议,实行输籍定样。《隋书·食货志》对输籍定样作了如下的记述:

> 高颎又以人间课输,虽有定分,年常征纳,除注恒多,长吏肆情,文账出没,复无定簿,难以推校。乃为输籍定样,请偏下诸州,每年正月五日,县令巡人,各随便近,三党五党,共为一团,依样定户上下。帝从之,自是奸无所容矣。

另外,《通典》卷七《丁中》也对当时的情况作了叙述:

> 其时承西魏丧乱,周齐分据,暴君慢吏,赋重役勤。人不堪命,多依豪室,禁纲骤紊,奸伪尤滋。高颎睹流冗之病,建输籍之法,于是定其名,轻其数,使人知为浮客,被强家收太半之赋,为编甿奉公上,蒙轻减之征。

杜佑在此下文作注说:"浮客,谓避公税,依豪强作佃客也";"高颎设轻税之法,浮客悉自归于编户。隋代之盛,实由于斯"。隋代通过与豪强争夺劳动人口,使得许多依附于豪强的人口归附中央,成为国家的编户,这是隋代强盛的重要因素。

隋代政府把农民从豪强手中重新抢夺回来,必须要解决的问题就是分配给农民土地,否则这些无地的农民仍然会回到原来的生活轨迹中。那么隋朝政府是否有条件向农民分配土地呢?隋朝政府是否控制着大量无主的荒地呢?还是让我们看看当时文献的记载。自南北朝以来,北方一直处于动荡割据的局面之中。连年的战乱造成了北方人口稀少、土地荒芜的景象。到了北齐、北周时,这种情况仍没有太大的改变。如颍川和汝阳一带,"荒残已久,流民分散";荆州"土地辽落,称为殷旷";梁州所属的南郑常年遭受战乱,"户口残耗"。地旷人稀的情况为隋代实行均田制提供了最直接的条件。

在和豪强地主争夺人口的同时,也必须对豪强地主占有的土地进行限制。隋代沿用了北齐时期对于官吏永业田的规定,"自诸王以下至于都督,皆给永业田,各有差。多者至一百顷,少者至四十亩"。过去很多学者认为这条关于官吏永业田的规定是封建政府为了维护官僚贵族特权所采取的规定,但我们认为这条规定本身也有限制官僚贵族无限占有土地的意思。像大官僚宇文述侵占民田,当地主管官吏李圆通就"判宇文述田以还民"[①]。

其三,隋朝建立之后,隋文帝杨坚为了避免出现权臣专权、社会重新陷入分裂割据的局面,采取了一系列加强中央集权的措施。通过加强中央的权力,隋朝统治者从而控制了大量的劳动人手和无主荒地,并利用强大的国家机器将土地和人口有机地结合起来,推行均田制。

---

① 《隋书》卷六十四《李圆通传》。

2. 唐代实行均田制的条件

及至唐代,实行均田制的条件又发生了新的变化。隋朝末年,由于隋炀帝的残暴统治,终于爆发了隋末农民大起义。经过了隋末大的社会动荡,到唐朝建国之前,整个社会经济处于崩溃的边缘。据时人记载,由于隋末战乱,广大的中原地区满目荒凉,"自燕赵跨于齐韩,江淮入于襄邓,东周洛邑之地,西秦陇山之右","宫观鞠为茂草,乡亭绝其烟火"①。《隋书·杨玄感传》也描述了当时的社会状况,由于隋炀帝穷兵黩武,"转输不息,徭役无期,士卒填沟壑,骸骨蔽原野,黄河之北,则千里无烟;江淮之间,则鞠为茂草"。瓦岗军的领导人李密在讨隋檄文中列举了隋炀帝的罪状,说在隋炀帝统治期间,"头会箕敛,逆折十年之租;杼轴其空,日损千金之费。父母不保其子,夫妻相弃于匡床,万户则城郭空虚,千里则烟火断绝"。隋末这种凄凉的景象甚至到了唐朝初年还没有改变。据《旧唐书·魏征传》记载:"今自伊洛以东,暨乎海岱,灌莽巨泽,苍茫千里,人烟断绝,鸡犬不闻,道路萧条,进退艰阻。"人口的大量锐减,土地的大片荒芜,为唐朝推行均田制提供了方便。

对于唐朝统治者来说,为了国家的长治久安,也必须立即采取措施,增加财政收入,恢复和发展农业生产,增强国力,以稳定自己的统治。如何才能稳固自己的统治呢?唐太宗等人认为:"国以民为本,人以食为命,若禾黍不登,则兆庶非国家所有。"因此,恢复和发展农业生产,重视百姓的利益,让民众能生存下去是当务之急。如何才能让百姓活下去,必须借鉴隋朝灭亡的教训,实行休养生息的政策,劝课农桑。所以从唐高祖开始,就重视把农民束缚在土地上,让农民安心农业生产。唐高祖李渊登基不久,就颁布了《申禁差科诏》,强调因隋末丧乱,桑农咸废。今天下无事,"百姓安堵,各务称职,家给人足,给事可期。所以新附之民,特蠲徭赋,欲其休息,更无烦扰,使获安静,自修产业"。在武德七年(624年),唐高祖又颁布了均田令,把国家控制的无主荒地分配给农民。

(二)隋唐均田法的主要内容

1. 隋代均田法的内容

隋文帝杨坚夺取北周政权后,就颁布了新法,实行均田制。隋代均田的具体办法是:

关于农民的受田,《隋书·食货志》记载:

> 男女三岁已下为黄,十岁已下为小,十七已下为中,十八岁已上为丁。丁从课役,六十为老,乃免。

> 其丁男、中男永业露田,皆遵后齐之制。并课树以桑榆及枣。其园宅,率三口给一亩,奴婢则五口给一亩。

关于官吏的受田,《隋书·食货志》亦有明确的记载:

---

① 《隋书》卷二十四《食货志》。

自诸王以下至于都督,皆给永业田,各有差。多者至一百顷,少者至四十亩(《通典·田制下》作三十顷)。

京官又给职分田。一品者给田五顷。每品以五十亩为差,至五品,则为田三顷,六品二顷五十亩。其下每品以五十亩为差,至九品为一顷。外官亦各有职分田。又给公廨田,以供公用。

对于府兵制下军士的受田,隋文帝开皇十年(590年)规定,军人"垦田籍账,一与民同",就是说军士与农民同样受田。西魏北周建立府兵制后,于建德二年(573年)"改军士为侍官,募百姓充之,除其县籍,是后,夏人半为兵矣"[1]。北周时期,还将乡兵、义从纳入府兵的系统之中。这样,原来隶属于州县籍的百姓因被点为府兵而除其县籍。到了隋文帝时期,这些原来来自州县农民的府兵按规定又与农民一样隶属州县,并与均田制下的农民同样受田,从而出现了府兵制下的兵士就是均田制下农民的现象。由于府兵的兵士有出征打仗的任务,隋文帝时,采纳了郎茂的建议,对战死的府兵给予了照顾,"身死王事者,子不退田。品官年老不减地"[2]。所谓身死王事,就是指士兵为封建国家战死,政府给予了特殊的优恤,允许其子不退田给国家。

最后,需要指出的是,隋代的均田制与前后朝代相比,发生了一些变化。这些变化主要表现在:其一,"省府州县,皆给公廨田,以供公用",由隋代首创了公廨田制。隋代以前,并没有公廨田制度。公廨田制的出现在开皇十四年,此议首发于工部尚书苏孝慈。据《隋书》卷四十六《苏孝慈传》载:"先是,以百僚供费不足,台省府寺咸置廨钱,收息取给。孝慈以为官民争利,非兴化之道,上表请罢之,请公卿以下给职田各有差,上并嘉纳焉。"苏孝慈的建议很快得到了隋文帝的批准。据《隋书·高祖纪下》记载:"(开皇十四年)六月丁卯,诏省府州县,皆给公廨田,不得治生,与人争利。"正式推行了公廨田制。其二,隋代取消了以前实行的对妇人、奴婢受田的规定。在开皇二年的田令中,应有妇人、奴婢受田的规定。然而,隋炀帝即位后,在仁寿四年十月(604年)下诏:"除妇人及奴婢、部曲之课。"[3]既然除去妇人、奴婢的课税,依照隋朝"未受地者皆不课"的原则,相应的妇人、奴婢受田的规定也应取消了。到了唐代,我们看不到再有奴婢、妇人受田的记载。

2. 唐代均田法的内容

唐代继续沿用隋代实行均田制度。唐高祖武德七年(624年),当全国统一战争刚一结束,就颁布了均田令,推行均田制。此后,唐太宗、唐高宗、唐玄宗等人也先后对均田制进行完善。如贞观十八年(644年),下令"雍州尤少田者,并给复,移之于宽乡"[4]。唐高宗时,又下令禁止买卖口分田和永业田。唐玄宗时,先后在开元七年(719年)、开

---

[1] 《隋书》卷二十四《食货志》。
[2] 《隋书》卷六十六《郎茂传》。
[3] 《资治通鉴》卷一百八十。
[4] 《册府元龟》卷一百零五。

元二十五年(737年)重新颁布均田令,开元二十二年(734年)还因豪强兼并土地而下诏,"诏买者还地而罚之"。唐朝前期采取的这些措施,都是为了有效地推行和维护均田制度。

关于唐代均田制的具体办法,文献记载颇为详细。在《新唐书》、《旧唐书》、《通典》、《唐会要》、《唐六典》、《册府元龟》等文献均有明确记载。概括起来唐代均田法大致包括如下几个方面的内容:

(1) 均田制行政管理法令

关于均田制的行政管理法令,在《唐六典·尚书户部》条中,对于均田制的行政管理给予了明确的规定。这些规定涉及土地的亩顷之制、乡里之制、户籍之制和乐住之制(即关于宽乡狭乡和有无军府之制)等内容。唐代的亩顷制度是:凡天下之田,五尺为步,二百有四十步为亩,百亩为顷。度其肥瘠宽狭,以居其人。唐代的地方的行政组织为:百户为里,五里为乡。两京及州县之廓内分为坊,郊外为村。里及村坊,皆有正,以司督察。四家为邻,五家为保,保有长,以相禁约。唐代的户籍之制是:凡男女始生为黄,四岁为小,十六为中,二十有一为丁,六十为老。每岁一造记账,三年一造户籍。县以籍成于州,州成于省,户部总而领焉。(注云:诸造籍,起正月,毕三月,所须纸笔、装潢、轴帙皆出当户内,口别一钱。)凡天下之户,量其资产,定为九等。每定户以仲年,造籍以季年。州、县之籍恒留五比,省籍留九比。辨天下之四人,使各专其业:凡习学文武者为士,肆力耕桑者为农,功作贸易者为工,屠沽兴贩者为商。(原注云:工、商皆谓家专其业以求利者;其织紝、组紃之类,非也。)工、商之家不得预于士,食禄之人不得夺下人之利。唐代的乐住之制是:居狭乡者,听其从宽;居远者,听其从近;居轻役之地者,听其从重。(原注云:畿内诸州不得乐住畿外,京兆、河南府不得住余州。其京城县不得住余县,有军府州不得住无军府州。)唐代的宽、狭乡之制规定:凡州、县内所部受田悉足者为宽乡,不足者为狭乡。

(2) 受田的原则

关于均田制下受田的原则,《唐六典·尚书户部》条记载:"凡给口分田皆从便近;居城之人本县无田者,则隔县给授。凡应收授之田皆起十月,毕十二月。凡授田先课后不课,先贫后富,先无后少。"从上述这则史料可以看出,唐代均田制下的农民受田有如下几个特点:口分田就近授予,这主要是考虑到农民耕种便利;城市居民如本县无田可隔县授与,即在邻县分配土地;分配土地的办法是"先课后不课、先无后少"。先课后不课主要是考虑到课户要向国家交纳赋税和服各种徭役。先无后少主要考虑到若百姓无地就无法生活下去。这几个原则既考虑到了国家利益,又照顾到了贫困百姓的生活,具有一定的合理性。

(3) 土地分配办法

我们先看一下对普通民众的授田。据《唐六典·尚书户部》记载:"凡给田之制有差。丁男中男以一顷(原注:中男年十八以上者,亦依丁男给),老男笃疾废疾以四十亩,寡妻妾以三十亩,若为户者,则减丁之半。凡田分为二等,一曰永业,一曰口分。丁之田二为永业,八为口分。凡官户受田,减百姓之半。凡天下百姓给园宅地者,良口三人以上给一亩,三口加一亩;贱口五人给一亩,五口加一亩。其口分永业不与焉(原注:若京城及州县郭下园宅,不在此例)。"

对于工商业者、僧尼、道士,唐代的均田制也有明确的规定。《通典·田制下》对于工商业者受田是这样规定的:"诸以工商为业者,永业口分田各减半给之,在狭乡者并不给。"对于工商业者减半受田,考虑到了工商业者的生计;在狭乡者不给,主要是从重农轻商的思想出发对工商业给予限制。对于僧尼、道士的受田,《唐六典·尚书户部》记载:"凡道士给田三十亩,女冠二十亩,僧尼亦如之。"对于僧尼道士的受田在以前从未有过,是唐代首创。唐朝政府为何会对出家人授田,其动机如何?历来说法纷纭。我们认为最主要的原因是道士、僧尼社会地位提高的结果。唐朝前期很多皇帝大都崇信佛法,因此佛教在唐前期得到了很大发展,社会地位也不断改善。对于道教,李唐统治者更是情有独钟。唐朝建国后,南北朝以来形成的门阀士族势力还很强盛,出身于关陇贵族集团的李氏家族并不显赫。为了抬高自己家族的地位,神话其自身的统治,李唐统治者宣称道教所奉的始祖老子李耳原为李唐皇室始祖,道教也就成为唐朝政权的家族宗教,因此对道教的重视也就可想而知了。正是在这种思想的指导下,唐代的均田制首次对僧尼道士授田。

我们再看一下对于官吏受田的规定。关于官吏的受田,可分为三类,即永业田、职分田和公廨田。先看一下唐代对官僚贵族永业田的分配情况。《通典》卷二《田制下》云:"其永业田,亲王百顷,职事官正一品六十顷,郡王及职事官从一品各五十顷,国公若职事官正二品各四十顷,郡公若职事官从二品各三十五顷,县公若职事官正三品各二十五顷,职事官从三品二十顷,侯若职事官正四品各十四顷,伯若职事官从四品各十顷,子若职事官正五品各八顷,男若职事官从五品各五顷。上柱国三十顷,柱国二十五顷,上护军二十顷,护军十五顷,上轻车都尉十顷,轻车都尉七顷,上骑都尉六顷,骑都尉四顷,骁骑尉、飞骑尉各八十亩,云骑尉、武骑尉各六十亩。其散官五品以上,同职事给。兼有官爵及勋,俱应给者,唯从多,不并给。若当家口分之外,先有地非狭乡者,并即迴受,有剩追收,不足者更给。诸永业田皆传子孙,不在收授之限。即子孙犯除名者,所承之地亦不追。"政府对于所给五品以上永业田,皆不得狭乡受,任于宽乡隔越射无主荒地充。其六品以下永业田,即听本乡取还公田充,愿于宽乡取者,亦听。对于赐田,唐代规定,应赐人田,非指的处所者,不得狭乡给。

关于官吏的职分田,《通典·田制下》记载:"诸京官文武职事职分田:一品十二顷,二品十顷,三品九顷,四品七顷,五品六顷,六品四顷,七品三顷五十亩,八品二顷五十亩,九品二顷。并去京城百里内给。其京兆、河南府及京县官人职分田,亦准此,即百里外给者,亦听。"关于各州、府、亲王府官人等人员的职分田,《通典·田制下》也有记载:"诸州及都护府、亲王府官人职分田:二品一十二顷,三品一十顷,四品八顷,五品七顷,六品五顷,七品四顷,八品三顷,九品二顷五十亩。镇戍关津岳渎及在外监官:五品五顷,六品三顷五十亩,七品三顷,八品二顷,九品一顷五十亩。三卫中郎将、上府折冲都尉各六顷,中府五顷五十亩,下府及郎将各五顷。上府果毅都尉四顷,中府三顷五十亩,下府一顷五十亩。其外军校尉一顷二十亩,旅帅一顷,队正副各八十亩。皆于领所州县内给。其校尉以下,在本县及去家百里内领者,不给。"

对于官吏的公廨田,唐代规定:大唐凡京诸司,各有公廨田,司农寺给二十六顷,殿中省二十五顷,少府监二十二顷,太常寺二十顷,京兆府、河南府各十七顷,太府寺十六顷,吏部、户部各十五顷,兵部、内侍省各十四顷,中书省、将作监各十三顷,刑部、大理寺各十二顷,尚书都省、门下省、太子左春坊各十一顷,工部一十顷,光禄寺、太仆寺、秘书监各九顷,礼部、鸿胪寺、都水监、太子詹事府各八顷,御史台、国子监、京县各七顷,左右卫、太子家令寺各六顷,卫尉寺、左右骁卫、左右武卫、左右威卫、左右领军卫、左右金吾卫、左右监门卫、太子左右春坊各五顷,太子左右卫率府、太史局各四顷,宗正寺、左右千牛卫、太子仆寺、左右司御率府、左右清道率府、左右监门率府各三顷,内坊、左右内率府、率更府各二顷。以上为朝廷各官署的公廨田。至于唐代地方官府的公廨田数额,据《唐六典·尚书户部》记载:"凡天下诸州公廨田:大都督府四十顷,中都督府三十五顷,下都督府、都护、上州各三十顷,中州二十顷,宫总监、下州各十五顷,上县十顷,中县八顷,中下县六顷,上牧监、上镇各五顷,下县及中牧、下牧、司竹监、中镇、诸军折冲府各四顷,诸冶监、诸仓监、下镇、(上)关各三顷,互市监、诸屯监、上戍、中关及津各二顷,下关一顷五十亩,中戍、下戍、岳、渎各一顷。"

此外,唐代均田制还有关于倍田、因公损伤等特殊的规定。《通典·田制下》云:"其给口分田者,易田则倍给(原注:宽乡三易以上者,仍依乡法易给。《新唐书》与此有所不同)。"对于因公损伤或流落外藩者,唐代均田法也给予了照顾,"诸因王事没落外藩不还,有亲属同居,其身分之地,六年乃追,身还之日,随便先给。即身死王事者,其子孙虽未成丁,身分地勿追。其因战伤及笃疾废疾者,亦不追减,听终其身也"①。

唐代的均田法与隋代的均田法相比,有了几点不同。首先是受田对象发生了变化。从唐朝政府颁布的法令看,除寡妻妾和为户主外,一般妇女不予受田,说明唐代妇女的地位与北朝相比有所下降。唐代的均田法取消了对奴婢和耕牛的受田(《唐律疏议·名例》中规定,身份于高于奴婢的官户成进丁减口分之半、杂户可以依百姓例受田),这与隋以前的受田法有明显的不同。奴婢的不受田,说明经过了隋末农民大起义的洗礼,使很多奴婢获得了解放,奴婢的数量正逐渐减少。另外,新增加了对工商业者、僧尼、道士的受田,说明工商业者、佛教、道教的势力正逐渐抬头。

(三)隋唐均田法的实施情况

在传世的文献中,有多处记载了均田制的实施情况。如在开皇十二年(592年),隋文帝"命诸州考使议之,又令尚书以其事策问四方贡士,竟无长算。帝乃发使四出,均天下之田"②。唐太宗贞观十八年(644年),李世民到灵口视察,问当地百姓的受田情

---

① 《通典》卷二《田制下》。
② 《隋书》卷二十四《食货志》。

况,当得知丁男受田才三十亩后,下诏"雍州录尤少田者,并给复,移之于宽乡"。另外,《册府元龟·田制》也记录了唐玄宗天宝十一年(752年)下令均田的情况:"两京去城五百里内,不合置牧地,地内熟田,仍不得过五顷以上、十顷以下。其有余者,仰官收。应缘括简共给授田地等,并委郡县长官及本判官录事,相知勾当,并特给复业并无籍贯浮逃人,仍据丁口,量地好恶,均平给授。"

关于隋、唐前期实施均田法的情况,还有许多文献有所记载,在此就不一一列举了。即使在安史之乱以后,虽然均田制已名存实亡,李唐统治者还多次颁布诏令,进行均田。据《唐会要》卷八十五云:"广德二年(674年)四月敕:如有浮客,情愿编附,请射逃人物业者,便准式据丁口给授。如二年以上,种植家业成者,虽本主到,不在却还限,任别给授。"

除了传世文献外,敦煌、吐鲁番出土的文书记载隋唐时期推行均田制的情况更为详细。在已发现的隋唐时期的户籍残卷中,每户下一般都注明是课户还是不课户,户内各口下都注明男女和黄中丁老寡等不同性别和年龄,注明应受田和已受田、未受田的数字,这说明隋唐时期即使在遥远的西北地区均田制仍然是认真执行的。下面是唐大足元年(701年)的户籍,兹移录如下:

　　户主张玄均年叁拾肆岁　上柱国子　课户见不输
　　母薛　年陆拾贰岁　寡
　　弟思寂　年贰拾肆岁　上柱国子
　　合应受田贰顷叁拾壹亩　柒拾五亩已受,肆拾亩永业,叁拾五亩口分,一顷五十六亩未受。①

我们再看一个唐玄宗天宝六年不课户的户籍:

　　户主徐庭芝载壹拾柒岁　小男　天宝五载账后漏附代姊承户　下下户空
　　姊　仙仙载贰拾柒岁　中女空
　　婆　刘　载捌拾五岁　老寡空
　　母　马　载肆拾捌岁　寡空
　　姑　罗朿载肆拾柒岁　中女空
　　姑　锦朿载肆拾柒岁　中女空
　　合应受田壹顷壹拾贰亩,叁拾亩已受,二十亩永业,一十亩口分,八十二亩未受。

在敦煌、吐鲁番等地出土的唐代户籍文书还有很多,因限于篇幅,就不一一列举了。但从上面的事例中可以看出,隋唐时期在全国各地推行均田法还是很成功的。

---

① 转引自《中国古代籍账研究·录文》。

二、赋税立法

隋唐五代时期的封建政府把土地分配给农民并不是最终目的，从农民身上征收更多的赋税才是封建政府推行均田制的本意所在。因此，若想进一步了解隋唐时期的土地制度，还必须要了解这一时期的赋税立法。

（一）隋唐时期的租调力役之法

1. 隋朝的租调力役之法

隋朝政府把土地分配给农民的最终目的是为了从农民身上榨取更多的地租，因此在制定均田法的同时，也相应地制定了赋税制度。隋文帝夺取政权后，在颁布均田令的同时，也颁布了租调力役之制。据《隋书·食货志》记载："及（文帝）受禅，……仍依周制，役丁为十二番，匠则六番。及颁新令，……丁男一床，租粟三石。桑土调以绢绝，麻土以布绢。绢以匹，加棉三两。布以端，加麻三斤。单丁及仆隶各半之。未受地者皆不课。有品爵及孝子顺孙义夫节妇，并免课役。"开皇初所颁布的这个赋役新令不久就予以改变，到了开皇三年（583年），隋文帝入新宫，下令军、人以二十一成丁，力役由原来的十二番减为每岁二十日役。减调绢一匹为二丈，布减为二丈五尺。① 开皇十年（590年），因天下无事，隋文帝对徭役制度又进行了改革，规定"百姓年五十以上者，输庸停防"。隋文帝的这一规定是为了更好地照顾均田制下的府兵。自开皇十年隋文帝明令军人"垦田籍账，一与民同"，从而也就完成了兵农合一，均田下的农民变成了国家的府兵。"百姓年五十以上者，输庸停防"，也就是说农民到了五十岁以后可以向政府交纳一定数量的财物，代替向官府服兵役或徭役。隋炀帝即位后，又再次减轻赋役。《隋书·食货志》云："炀帝即位，是时户口益多，府库盈溢，乃除妇人及奴婢部曲之课。男子以二十二成丁"，农民的服役年龄进一步缩短，使农民有更多的时间从事农业生产。

2. 唐朝的租调力役之法

及至唐朝，由于均田制发生了变化，随之而来对赋税制度也进行了调整。《唐六典·尚书户部》记载："凡赋役之制有四：一曰租，二曰调，三曰役，四曰杂徭。课户每丁租粟二石。其调随乡土所产绫、绢、绝各二丈，布加五分之一（《唐律疏议·户婚律》、《通典·赋税下》都记载输布二丈五尺），输绫、绢、绝者锦三两，输布者麻三斤，皆书印焉。凡丁岁役二旬（闰年加二日），无事则收其庸，每日三尺。有事而加役者，旬有五日免其调，三旬则租调俱免。"唐代与隋代的赋税制度稍有不同，隋代五十岁以上可以输庸停防，而唐代规定人丁只要交纳绢布等财物，即可代替力役，并称之为庸。因此，唐代的赋役制度又称为租庸调法。需要指出的是，唐代江南地区赋税的征收与中原地区略有不同，名义上是以租庸调法征收，实际上是折征租布。这主要是由于在江南地区实行均田的效果差，农民分得土地少的缘故。

---

① 参见韩国磐：《北朝隋唐的均田制度》，上海人民出版社1984年版，第157页。

在唐代的租庸调法中,规定了下列几种情况下可以得到减免赋税和徭役。其一是遭到自然灾害。《唐六典·尚书户部》说:"凡水、旱、虫、霜为灾害,则有分数:十分损四已上免租,损六已上免租、调,损七已上课役俱免。若桑麻损尽者,各免调。若已役、已输者,听免其来年。"其二是对新附籍者和特殊身份的人可以享有减免特权。《唐六典·尚书户部》规定:"凡丁新附于籍账者,春附则课、役并征,夏附则免课从役,秋附则课役俱免。凡丁户皆有优复蠲免之制(注云:诸皇宗籍属宗正者及诸亲,五品已上父祖、兄弟、子孙,及诸色杂有职掌人)。若孝子顺孙、义夫节妇、志行闻于乡闾者,州县申省奏闻,表其门闾,同籍悉免课役;有精诚致应者,则加优赏焉。"其三是对于迁居宽乡或陷没外蕃回来者,唐代租庸调法也给予了减免。《通典·赋税中》说:"诸人居狭乡乐迁就宽乡者,去本居千里外,复三年;五百里外,复二年;三百里外,复一年。一迁之后,不复更移。诸没落外蕃得还者,一年以上复三年,二年以上复四年,三年以上复五年。外蕃之人投化者,复十年。诸部曲奴婢放附户贯,复三年。"

由于国家赋税与人丁紧密联系,为了维护国家的税收,《唐律疏议·户婚律》开篇就对百姓脱户、逃避赋役的行为给予了规定:"诸脱户者,家长徒三年;无课役者,减二等;女户,又减三等。(注谓一户俱不附贯。若不由家长,罪其所由。即见在役任者,虽脱户及计口多者,各从漏口法。)脱口及增减年状,以免课役者,一口徒一年,二口加一等,罪止徒三年。其增减非免课役及漏无课役口者,四口为一口,罪止徒一年半;即不满四口,杖六十。"

地方政府是国家税收的具体执行机构,地方官吏是本地区、本部门的直接责任人,他们工作的认真与否关乎国家的财政收入。为了保证国家掌握户口的真实性,确保国家的赋税来源,唐律中又对脱户漏户的直接责任者乡里、州县等基层官吏的渎职行为给予了处罚。我们先看一下对乡里组织的规定:"诸里正不觉脱漏增减者,一口笞四十,三口加一等;过杖一百,十口加一等,罪止徒三年。(注:不觉脱户者,听从漏口法。州县脱户亦准此。)若知情者,各同家长法。"对于乡里官吏妄脱户籍、以增减赋税的行为,唐律的处罚要比不觉脱漏严厉得多:"诸里正及官司,妄脱漏增减以出入课役,一口徒一年,二口加一等。赃重入己者,以枉法论,至死者加役流;入官者坐赃论。"①

州县长官是中央政府向地方的派出机构,由于州县官员不直接控制民众,而是通过乡里等组织进行管理,所以对于地方上脱户、漏户的处罚在量刑上较乡里系统的官员要轻,唐律规定:"诸州县不觉脱漏增减者,县内十口笞三十,三十口加一等;过杖一百,五十口加一等。州随所管县多少,通计为罪。(注:通计,谓管二县者,二十口,笞三十;管三县者,三十口笞三十之类。计加亦准此。若脱漏增减并在一县者,得以诸县通之。若止管一县者,减县罪一等。余条通计准此。)各罪止徒三年。知情者,各同里正法。(注:不觉脱漏增减,无文簿者,官长为首;有文簿者,主典为首。佐职以下节级连坐。)"

---

① 《唐律疏议》卷十二。

从上述唐律中的规定我们可以看到：其一，唐代逃避赋税的主要手段是在户籍作文章，即增减和脱漏户口，因此准确地掌握户籍是保证赋税的关键所在。所谓脱户，即脱离户籍，成为无户的百姓，这类农民脱户的主要原因是国家实行的均田制受田不足，无力向国家交纳沉重的赋税，而逃离国有土地，转而租种私人土地。漏户是漏报丁口，将应向国家服徭役和兵役的丁男不报，以逃避徭役和兵役。增减也是虚报户口的一种方式，所谓增，即夸大实际年龄，将丁男虚报成老男；所谓减，即将丁男虚报成儿童，以此来逃避赋役。

3. 唐朝税收立法

唐代税收有严格的法律规定，对于税收的各个环节都要按照法定程序执行，禁止弄虚作假和营私舞弊的行为发生。对于在税收中出现的违法行为，唐律中制定了多项罪名，主要有：

（1）应受复除而不给罪。所谓复除，即按规定应享受减免赋税的法定条件，《唐律疏议》卷十三规定："诸应受复除而不给，不应受而给者，徒二年。其小徭役者，笞五十。"唐代法律中规定应复除的情况很多，如唐令中规定的孝子、顺孙、义夫、节妇并免赋役；百姓从狭乡迁往宽乡，千里以外复役三年，五百里以外给复二年等。

（2）差科赋役违法罪。《唐律疏议》卷十三规定："诸差科赋役违法及不均平，杖六十。若非法而擅赋敛，及以法赋敛而擅加益，赃重入官者，计所擅坐赃论；入私者，以枉法论，至死者加役流。"唐代《赋役令》对百姓每年应交纳的赋税有明确的规定，即"每丁，租二石；调绢、绢二丈，绵三两，布输二丈五尺，麻三斤；丁役二十日"。如果临时别差科者，依临时处分。凡不依此法而擅增加赋税数额，或虽依令、格、式而擅加益，财物入官者，重杖六十；若财物入私，准枉法论，即枉法一尺杖一百，一匹加一等，十五匹绞。

（3）纳税违期不交罪。《唐律疏议》卷十三规定："诸部内输课税之物，违期不充者，以十分论，一分笞四十，一分加一等。（注：州、县皆以长官为首，佐职以下节级连坐。）户主不充者，笞四十。"

（4）丁夫差遣不平罪。《唐律疏议》卷十六规定："诸应差丁夫，而差遣不平及欠剩者，一人笞四十，五人加一等，罪止徒一年。即丁夫在役，日满不放者，一日笞四十，一日加一等，罪止杖一百。"根据唐令的规定"诸差科，先富强，后贫弱；先多丁，后少丁"①。这款规定主要是针对地方官吏徭役征发不合理而制定的惩罚措施，封建政府力争使徭役征发在公正合理的情况下来实现，避免地方官吏法外多征。

（5）丁夫杂匠稽留不赴罪。为了保证国家工程和治安防卫及时有效，唐律中规定："诸被差充丁夫、杂匠，而稽留不赴者，一日笞三十，三日加一等，罪止杖一百；将领主司加一等。防人稽留者，各加三等。即由将领者，将领独坐。"

（6）私使丁夫杂匠罪。唐代对于工匠、丁夫每年服徭役的期限有明确的规定，对每项工程所需的日期也事先有所计算，为了防止地方官府私役工匠和丁夫，唐律规定：

---

① 〔日〕仁井田陞：《唐令拾遗》，栗劲等译，长春出版社1989年版，第618页。

"诸丁夫、杂匠在役而监当官司私使,及主司于职掌之所私使兵防者,各计庸准盗论;即私使兵防出城镇者,加一等。"①

(7) 非法兴造罪。唐代律令对"非法兴造"没有统一的界定,所谓"非法兴造"即指修建池塘、亭榭、馆舍之类。凡非时科唤工匠,驱使十庸以上,坐赃论。该项规定主要是为保护工匠、丁夫的利益不受损害,同时也避免地方官员大修亭榭馆所。

(8) 巧诈以避征役罪。唐代规定,凡均田制下的丁男都有为国家服兵役的义务,《唐律疏议》卷十六规定:"诸临军征讨,而巧诈以避征役,若有校试,以能为不能,以故有所稽乏者,以'乏军兴'论;未废事者,减一等。主司不加穷核而承诈者,减罪二等;知情者与同罪,至死者加役流。"

(9) 应输课役回避作匿罪。《唐律疏议》卷十五规定:"诸应输课税及入官之物,而回避诈匿不输,或巧伪湿恶者,计所阙,准盗论。主司知情,与同罪;不知情,减四等。"长孙无忌等在《疏议》中对此解释道:"应输课役,谓租、调、地税之类,及应入官之物,而回避诈匿,假作逗留,遂致废阙及巧伪湿恶,欺妄官司,皆总计所阙入官物数,准盗科罪,依法陪填。"这句话的意思是,凡向国家交纳的税物,若诈匿不交,或将水分过重、质量较差的粮食来冲抵税收,除准盗科罪外,还要依法陪填。

(10) 应输课物而赍财货罪。《唐律疏议》卷十五规定:"诸应输课物,而辄赍财货,诣所输处市籴充者,杖一百。将领主司知情,与同罪。"长孙无忌等在《疏议》中解释曰:"应输送课物皆须从出课物之所,运送到输纳之处,若用钱货在所输送之地易货充籴,杖一百。"唐律中的这项规定,是为了避免官员在充籴的过程中有徇私舞弊行为的发生。

以上对唐代的租庸调制及相应的法律规定进行了探讨。前已述及,由于唐代实行的租庸调法与均田制紧密结合,随着唐玄宗开元天宝年间均田制的逐步瓦解,与之相适应的租庸调法也面临着变革。这一制度最终被后来出现的两税法所取代。

(二) 唐代后期的赋税改革和两税法的施行

在隋唐时期实行租调法的同时,还存在一项按土地征税的制度,这就是地税。地税是由隋朝开皇时的社仓发展而来。唐太宗贞观年间,采纳了尚书左丞戴胄的建议,正式定制。贞观二年(628年)四月三日,尚书左丞戴胄上书云:隋开皇订立此制,设立社仓,致使隋文帝一朝无饥馑。"今请自王公以下,爰及众庶,计所垦田稼穑顷亩,每至秋熟,准其见苗,以理劝课,尽令出粟;麦稻之乡,亦同此税;各纳所在,立为义仓。若年谷不登,百姓饥馑,当所州县,随便取给。则有无均平,常免匮竭。"唐太宗听从了他的建议,命令户部尚书韩仲良制定具体方案,规定"王公以下,垦田亩纳二升",以备荒年。从此,在唐代开启了按田亩征收赋税的先河。

唐玄宗开元天宝以后,由于天下户籍久不更造,加之丁口转死,田亩卖易,贫富升降不实,均田制下的府兵因负担过重而逃亡,使均田制遭到了破坏。均田制的破坏直

---

① 《唐律疏议》卷十六。

接导致了租庸调法的瓦解。从唐代宗大历四年(769年),开始改变了以前的征税制度,以亩定税,规定"十亩收其一",分夏、秋两次征收。如果说大历年间的分夏、秋两季征税还是临时性的话,那么到了唐德宗建中元年(780年),为急需解决当时的财政危机,宰相杨炎向德宗建议,正式实行两税法。《旧唐书·杨炎传》记载了两税法的具体措施:"凡百役之费,一钱之敛,先度其数,而赋于人,量出以制入。户无主客,以见居为簿,人无丁中,以贫富为差。不居处而行商者,在所郡县,税三十之一(后来改为十分之一),度所取与居者均,使无侥利。居人之税,秋夏两征之,俗有不便者正之。其租庸杂徭悉省,而丁额不废,申报出入如旧式。其田亩之税,率以大历十四年垦田之数为准,而均征之。夏税无过六月,秋税无过十一月。……以尚书度支总统焉。"

关于两税法的名称,目前学术界有不同的意见,有的学者认为两税是指地税和户税,有的学者认为两税主要指分夏、秋两季征税。笔者认为以夏税和秋税的收税时间来解释两税更为合理。因为在两税法施行后,还有许多其他杂税,如果仅将国家的赋税概括为两税(即户税和地税)是不恰当的。

两税法的实行改变了以往以丁作为纳税依据的做法,两税法的征税对象是"户无主客,以见居为簿",不论是主户、客户、行商的大贾,还是皇亲国戚、官僚贵族、孝子顺孙等,都要交税。这样一来,封建政府的纳税面扩大了,政府的财政收入也增加了。

两税法的征收不再以丁男作为税收的标准,而是以财产的多少为准,资产多者多征,资产少者少征,这也改变过去丁少财多征税少、丁多财少征税多的局面,使唐代的税收政策更趋于合理,因此两税法是中国赋税制度的重大变革。

唐德宗时期杨炎推行的两税法,总的原则是"量出制入",即根据下一年度的预算开支分配来年的税收总额,改变了以往"量出为入"的策略,因而多少有点计划性。但是,这一税收政策很快也就出现了弊端,由于"定税之数,皆计缗钱;纳税之时,多配绫绢"①,实行的是钱、物两征制,就为地方官吏征收赋税时提供了可乘之机。以前租庸调制,国家税收名目清楚,地方官员无机可乘,现在实行两税法,征收货币税,但实际征税时,又以实物居多,缗钱须通过折算,随着唐后期钱重货轻现象的出现,农民的负担也就越来越重。《新唐书》卷五十二《食货志》说:"自初定两税,货重钱轻,乃计钱而输绫绢。既而物价愈下,所纳愈多,绢匹为钱三千二百,其后为钱一千六百,输一者过二。虽赋不增旧,而民愈困矣。"开始时是将物折钱计算,如原应交绢一匹,按时价折成三千二百文,于是三千二百文成为定额的税额,交纳时的货物必须其价钱等于三千二百文。可是,由于钱价上涨,物价下降,本来一匹绢值三千二百文,后来仅值一千六百文,三千二百文的税收总额不变,农民的负担却增加了一倍。

唐德宗建中年间实行的两税法一改以往的征税制度,实行以土地和财产的多寡为征税标准,过去一直逃避征税的官僚地主这次也必须向国家交税,谁的土地多,谁就向国家多交税。这项政策不但扩大了国家的纳税面,也改变了因土地不均而赋税不平的

---

① 《陆宣公集》卷二十二《均节赋税恤百姓》。

状况。尤其是在实行之初,简化了赋税种类,如初行时规定:"其比来征科色目,一切停罢","此外敛者,以枉法论"①,这多少减轻了农民的负担。宋代的欧阳修在《新唐书》卷五十二《食货志》中对此评价甚高,他说:"议者以租、庸、调,高祖太宗之法也,不可轻改。而德宗方信用炎,不疑也。旧户三百八十万五千,使者按比得主户三百八十万,客户三十万。天下之民,不土断而地著,不更版籍而得其虚实。岁敛钱二千五十余万缗,米四百万斛,以供外;钱九百五十余万缗,以供京师。"

但是,两税法并不能从根本上解决唐后期财政紧张的状况。没过多久,这项规定就被打破。一些地主为了逃避赋税,不惜采用诡名寄产,隐瞒土地数量等方式逃税,于是为增加政府收入,各种杂税又先后出现,转嫁到了农民的头上。唐代著名的文学家柳宗元在《捕蛇者说》中曾把唐后期封建政府繁重的赋税比喻为毒蛇猛兽,说明两税法并不能从根本上解决贫富不均的问题,也不能解决农民的土地问题。到唐朝末年,终于爆发了一场以平均土地为口号的农民起义,即黄巢领导的农民起义,最终推翻了唐朝政权。

第五节　隋唐五代时期的土地管理机关与管理体制

一、土地行政管理体制

自西周以来形成的"溥天之下,莫非王土"的以国有土地为主的局面,到隋唐五代时期并没有太大的改变,隋唐五代时期的各朝政府也和以往的封建社会一样,皇帝是封建国有土地的所有者,拥有对土地的最高管理权。在皇帝之下,设有从中央到地方等一系列具体的职能部门对土地进行管理。

(一) 中央的土地管理机构

隋唐时期中央主要的管理体系是三省六部制,尚书省是最高执行机构,同时也是全国土地最高的具体管理职能部门。尚书省下设吏、户、礼、兵、刑、工六部,其中户部"掌天下户口井田之政令",其最高长官为户部尚书,是中央具体负责土地管理的最高官员。尚书之下,设有四个职能部门,一曰户部,二曰度支,三曰金部,四曰仓部。在这四个部门中,户部的管辖范围最大,除了总管全国的户籍、赋役外,最重要的就是管理全国的土地。户部负责制定全国土地的管理法规,如田亩之制、给田之制、租输纳之制等。

户部之外,在中央六部中,工部也负责部分土地的管理。《唐六典》卷七对工部尚书的职责进行了论述:"工部尚书、侍郎之职,掌天下百工、屯田、山泽之政令。其属有四:一曰工部,二曰屯田,三曰虞部,四曰水部。"从这则材料可以看出,工部除了管理屯田外,主要负责对全国山川林泽等无主荒地的管理。工部之下,对于山川林泽进行管

---

① 《唐会要》卷八十三。

理具体的职能机构是水部郎中,其官爵为从五品,下设员外郎一人,从六品上。"水部郎中、员外郎掌天下川渎、陂池之政令。"工部对于屯田管理的机构是屯田郎中,据《唐六典》卷七记载:"屯田郎中一人,从五品上;员外郎一人,从六品上;主事二人,从九品上。屯田郎中、员外郎掌天下屯田之政令。凡军、州边防镇守转运不给,则设屯田以益军储。其水陆腴瘠,播植地宜,功庸烦省,收率等级,咸取决焉。诸屯分田役力,各有程数。凡天下诸军、州管屯,总九百九十有二,大者五十顷,小者二十顷。凡屯田之中,地有良薄,岁有丰俭,各定为三等。凡屯皆有屯官、屯副。屯官取前资官、文武散官等强干善农事,有书判,堪理务者充;屯副取品子及勋官充。六考满,加一阶,听选;得三上考者,又加一等。"工部屯田郎中在管理屯田事务时,制定了严格的规章和办法,其规定之细致,在今天看来仍令人叹服。如对于不同农作物,所用的单功也不同,"凡营田一顷,料单功九百四十八日;禾,二百八十三日;大豆,一百九十二日;小豆一百九十六日;乌麻,一百九十一日;麻,四百八十九日;床黍二百八十日;麦,一百七十七日;荞麦,一百六十日;蓝,五百七十日;蒜,七百二十日;葱,一千一百五十六日;瓜,八百一十八日;蔓菁,七百一十八日,苜蓿,二百二十八日。"①

司农寺,是唐代部分土地的管理机构之一。司农在隋唐以前曾是土地管理最重要的职能部门,但从隋代以后其职权明显下降。《唐六典》卷19云:"隋司农卿一人,正三品,炀帝降为从三品。司农但统上林、太仓、钩盾、导官四署,罢典农、华林二署。以平准、京市隶太府寺。掌园苑、薪刍、蕴炭、市易、度量。皇朝因之。"由此可见,隋代司农的职掌仅是皇家园林。及至唐代,司农寺直接管理经营的田地,也仅限于苑内屯及诸屯监等规模有限的政府直接控制的土地;司农寺甚至成为"天子亲耕之点缀。"另据《新唐书·食货志三》记载,在唐代,司农寺也掌管着部分的屯田,"司农寺每屯三十顷,州、镇诸军每屯五十顷。……隶司农者,岁三月,卿、少卿循行,治不法者。凡屯多收者,褒进之。"

此外,唐代兵部也管辖部分国有土地。据《新唐书·食货志三》记载:"岁以仲春籍来岁顷亩、州府军镇之远近,上兵部,度便宜遣之。"与此相适应,唐代在地方驻扎的军队也参与了屯田。池田温《中国古代籍账研究·录文》诸种文书一五四《开元年代西州诸曹符帖目》云:"(上缺)兵曹符:为差输丁二十人助天山屯事。"

(二) 地方的土地管理机构

隋唐时期地方上实行州、县两级管理体制,州设刺史,县设县令。缘边重要的地方设总管,兼管理军民,武德后期改为都督。唐代的都督府分为大都督府、中都督府和下都督府。另外,在京兆、河南、太原还设立三个府,为特殊的地方机构。作为州一级地方官吏的职责,《唐六典》卷三十云:"京兆、河南、太原牧及都督、刺史掌清肃邦畿,考核官吏,宣布德化,抚和齐人。劝课农桑,敦谕五教。每岁一巡属州县,观风俗,问百姓,录囚徒,恤鳏寡,阅丁口,务知百姓之疾苦。"

---

① 《唐六典》卷七。

在州刺史之下设有若干属职。其中仓曹、司仓参军掌公廨、度量、庖厨、仓库、租赋、征收、田园、市肆之事。户曹、司曹参军掌户籍、计账、道路、逆旅、田畴、六畜、过所、蠲符之事,而剖断人之诉竞。凡男女婚姻之合,必辨其族姓,以举其违。凡井田利害之宜,必止其争讼,以从其顺。凡官人不得于部内请射田地及造碾硙,与人争利。

州的下一级机构是县,县的最高长官是县令,其职权是"京畿及天下诸县之职,皆掌导扬风化,抚字黎民,敦四人之业,崇五土之利,养鳏寡,恤孤穷,审察冤屈,躬亲狱讼,务知百姓之疾苦。所管之户,量其资产,类其强弱,定为九等。其户皆三年一定,一入籍账"。

由于地方官吏是土地的直接管理机关,所以封建政府把各地农业的发展、土地的垦辟以及人口的增殖作为对地方官员考察的重点。《唐六典》卷二"考功郎中"条有"二十七最"之说,其中第二十是"耕耨以时,收获剩课,为屯官之最",把土地耕种的好坏作为考察地方官吏政绩的重要标准。

(三)乡、里等基层组织

隋代的乡里组织,沿用了北朝的三长制,不过与以前相比,略有变化。《隋书·食货志》对此有明确的记载:"五家为保,保为保长。保五为闾,闾四为族,皆有正。畿外置里正比闾正,党长比族正,以相检察焉。"保长、闾正、里正、党长的职责是负责本乡里的日常事务管理,主要是检查户口、实施均田的具体分配等。

唐代的基层组织与隋代有所不同,据《唐六典》卷三记载:"百户为里,五里为乡;两京及州县之廓内分为坊;郊外为村。里及村、坊,皆有正,以司督察。四家为邻,五家为保,保有保长,以相禁约。"

关于唐代里正和保长的职责,与隋代一样,主要是负责本乡里的户口、田地的管理工作。唐代前期是均田制盛行的时代,乡里基层组织负责把土地分配给农民。在近年来发现的敦煌吐鲁番文书中,清楚地记录了唐代三长把土地分配给农民的情况。如大历四年,在敦煌悬泉乡,乡里的三长即把国家的土地授给农民。杨际平先生曾将其列成图表,兹引之如下①:

户别编号	户主姓名	受田口	应受田	已受田	未受田	永业田(已受)	永业田(未受)	口分田(已受)	口分田(未受)	其他田	备注
68	赵大本	三丁一中一老男	453	90	263	89	11	/	350		
69	李真如	/	/	/	/	/	/	/	/		绝户
70	李仙仙	寡当户	51	/	51	/	20	/	30		被记为绝户

---

① 参见杨际平:《均田制新探》,厦门大学出版社1991年版,第246页。

(续表)

户别编号	户主姓名	受田口	应受田	已受田	未受田	永业田(已受)	永业田(未受)	口分田(已受)	口分田(未受)	其他田	备注
71	张可曾	中女当户一寡	81	46	35	20	/	25	35		
72	张介介	中女当户	51	/	51	/	20	/	30		被记为绝户
73	宋二娘	寡当户	51	/	51	/	20	/	30		
74	索思礼	一丁一老男	153	243	90	40	/	167	57	勋田19亩,买田14亩	受田过限
75	索游仙	/	/	/	/	/	/	/	/		绝户
76	安游景	一丁	101	29	72	20		5	75	买田3亩	
77	安大中	一丁	101	33	68	20		12	68		
78	令狐朝俊	一中一寡	131	38	93	20		18	92		

另外,在新疆阿斯塔那42号墓出土的一批高昌县授田簿也证明了这一点。关于退田的文书也保存很多。如在《唐开元二九年前后(c.741)西州高昌县欠田簿》记载:大女车寿持出嫁绝退一亩常田,和静敏死退二亩,张阿苏剩退一段一亩等,具体的情况可参见日本学者堀敏一所著的《中国古代籍账研究·录文》部分。

(四) 土地行政管理的法规

隋唐时期土地行政管理的法规,最集中的文献是仁井田陞辑录的《唐令拾遗·田令》。仁井田陞从众多的唐代文献中汇总了关于唐代土地的法律条文,共39条。这些条文涉及的内容非常广泛。概括起来有:

1. 给田之制。隋唐时期的均田制对于政府分给农民、官吏的土地均有明确的规定,对于百姓的永业田、口分田、官吏的永业田,都明确了具体的亩数。甚至对于工商业者、僧尼、道士、寡妻妾等授田的数量也有明确的规定。隋唐时期均田令还规定了具体的分配方法和各种可能出现的特殊的情况,以防止出现纰漏。因前面在均田制一节中已专门论及,此不多述。

2. 使用之制。隋唐政府对于发放给农民的土地如何使用均有明确的规定。如对于永业田的使用,唐代规定:"诸户内永业田,每亩课种桑五十根以上,榆、枣各十根以上,三年种毕。乡土不宜者,任以所宜树充。"土地分配后,不得荒芜,假如有人"其借而不耕,经二年者,任有力者借之。即不自加功,转分与人者,其地即回借见佃之人。若佃人虽经熟讫,三年之外不能种耕,依式追收改给也"。

在有关隋唐的土地法令中,还有关于宽狭之制,即"诸州县界内所部受田悉足者为宽乡,不足者为狭乡"。另外还有焚田之制、买卖、典贴之制等,有些内容在其他章节中已作了论述,在此就不加赘述了。

第六节 隋唐五代时期关于土地管理及其法制建设的得失

隋唐五代时期虽然仅存在了约四百余年的历史,但在关于土地管理及法制建设等方面还是给后人留下了许多值得总结的经验和教训。中国是一个以农业为主的大国,在以农耕为主的社会里,解决好农民的土地问题,保障农业生产的顺利进行,是维护社会稳定、促进经济发展的关键。因此,历代统治者若想实现国家的长治久安,就必须处理好农业生产和农民的土地问题,使土地和农业生产得到最有效的结合,只有这样,才能把农民牢牢地束缚在土地上,使百姓安居乐业,封建国家的财政收入也有所保障。而一旦农民失去土地,出现农民和土地相脱离的现象,农业发展也就失去了内在的动力,农民的生活就不能得到保障,封建政权也就会处于动荡和崩溃之中。在隋代和唐朝前期,由于封建政府重视对土地的管理,并在法律上给予保障,使得土地和农业生产得到了有机地结合,从而促进了封建经济的发展,出现了历史上有名的"开皇之治"、"贞观之治"和"开元盛世"。但是,安史之乱以后,封建政府加大了对农民的剥削,使均田制下的广大农民纷纷逃离土地,一些豪强地主乘机兼并土地,大土地私有制得到了迅速的发展,农民成为封建庄园经济下的佃农,靠租种地主的土地为生。这种巨大的贫富差距最终导致了唐末农民大起义的爆发和唐王朝的灭亡,中国社会进入了政治黑暗、国家分裂动荡的五代十国时期,历史的教训是极其惨痛的。

一、土地管理及其法制建设的经验

从隋朝建国到唐玄宗开元天宝年间,封建政府一直施行国有土地的分配制度——均田制。农民通过政府实行的土地分配制度,可以多少分得一小块土地,使自己的生活有了保障。首先,封建国家通过土地分配的方式将农民固定在土地上,既解决了农民的生活问题,稳定了社会秩序,又可以从农民身上榨取更多的赋税收入,从而取得了一举两得的效果。农民分得土地以后,可以安心从事农业生产和生活,这有助于缓和阶级矛盾,促进社会的发展。根据史书记载,在隋至唐前期这短短的一百多年的时间里,先后出现过历史上少有的几个治国盛世,如开皇之治、贞观之治、开元之治等,这与当时的封建政府制定正确的土地政策是分不开的。其次,隋唐时期推行均田制,开垦了不少荒芜的土地,扩大了耕地面积,使农业生产得到了发展,从而也提高了农民的生活质量。尤其是唐朝政府鼓励百姓到宽乡地区开垦荒地,使原来一些落后地区的经济得到了开发。《唐律疏议·户婚律》中所引《疏议》曰:"若占于宽闲之处不坐,谓计口受足以外仍有剩田,务从垦辟,庶尽地利,律不与罪。"这在法律上对农民拥有土地的使用权和占有权给予了保障,从而调动了农民生产的积极性,使社会出现了繁荣的景象。据《通典》卷七《历代盛衰户口》记载,隋唐时期,以长安为中心,"东至宋、汴,西至岐州,夹路列店肆待客,酒馔丰溢。每店皆有驴赁客乘,倏忽数十里,谓之驿驴。南诣荆、襄,北至太原、范阳,西至蜀川、凉府,皆有店肆,以供商旅"。再次,隋唐时期均田法的出台,也从立法的角度保护了农民切身利益,凡非法侵占农民土地的行为都属违法行为。无论其身居何职,都要受到追究。像隋朝的大官僚杨素、唐朝的太平公主等人,虽贵为皇亲国戚,因违法侵占他人土地,最后仍不得不把土地退还给民众。另外,隋唐时期实行均田制度,也解决了国家军队的兵员问题。在均田制下,受田的农民就是国家府兵制下的士兵,兵农合一的出现减轻了国家的财政负担,增强了军队的战斗力,这些都是实行均田制所带来的积极影响。

为了维护封建国有土地的所有权,自北魏时期开始,封建政府皆制定了相应的法令法规,以保护土地为封建国家所有,隋唐的统治者亦不例外。

隋政府制定了严格的土地管理办法,对于国有土地予以保护。如建立完善的户籍和土地管理机构,由乡里基层组织负责收授土地。在已发现的敦煌和吐鲁番出土的文书中,我们见到了许多有关这方面的内容。

为了维护封建土地国有权,唐代的法律也制定了许多有关这方面的规范。如《唐律疏议》卷十三《户婚律》有对于占田过限、盗种公田、妄认公田的规定。对于盗种公田,唐代规定:"诸盗耕种公私田者,一亩以下笞三十,五亩以下加一等;过杖一百,十亩加一等,罪止徒一年半。荒田,减一等。强者,各加一等。苗子归官、主。"从这条材料来看,李唐政府不但对国家耕地给予严格的保护,即使是无人开垦的荒地,也不允许民众使用。在《唐律疏议》卷二十六"占山野陂湖利"条曾专门设有对国家无主土地的管理规定,"诸占固山野陂湖者,杖六十。疏议曰:山泽陂湖,物产所植,所有利润,与众共之。其有占固者,杖六十。已施功取者,不追"。对于侵占公共用地,唐代也有明确的规定。如在同书卷二十六"侵巷街阡陌"条记载:"诸侵巷街、阡陌者,杖七十。若种植垦食者,笞五十。各令复故。虽种植,无所放废者,不坐。疏议曰:'侵巷街、阡陌',谓公行之所,许私侵,便有所废,故杖七十。'若种植垦食'谓于巷街阡陌种物及垦食者,笞五十。各令依旧。若巷陌宽闲,虽有种植,无所防废者,不坐。"上述这些措施,都有力地维护了国有土地的所有权,对于侵占国有土地的违法行为给予了严厉地打击。

隋唐五代时期,由于是国有土地和私有土地两种土地形式并存,封建政府对于个人合法拥有的私有土地则给予了法律保护。隋唐两朝政府在实行均田制的同时,对于原先个人合法拥有的私有土地,并没有依靠国家机器强制没收,而是明令予以保护。

首先,隋唐政府对于官僚贵族、普通百姓原有的私人土地予以承认。隋唐政权建立后,并未因均田制的实施而失去合法性。像唐朝初年,大臣于志宁"家自周、魏以来,世居关中,赀业不坠"。说明自北周以来,北周、隋、唐政府一直对私人的原有土地给予承认。及至唐初立国,唐高祖曾颁布法令,明确予以保护,武德元年七月,颁布了《隋代公卿不预义军者田宅并勿追收诏》:"其隋代公卿以下,爰及民庶,身往江都,家口在此,不预义军者,所有田宅,并勿追收。"对于已抄没者,依数退还。例如,内史令萧禹,其关内产业并先给勋人,至是特还其田宅。

其次,国家严禁豪强地主侵夺农民的私有土地。如在永徽年间,下令禁止买卖世业口分田,其后豪富兼并,贫者失业,于是诏买者还地而罚之。武则天时期,安乐公主、韦温等侵夺百姓田业,雍州司田陆大同尽断还给百姓。不过,安史之乱以后,由于国家的法令废弛,官僚贵族侵占农民土地的情况屡有发生,在《敦煌掇琐》卷七十就有这样的记述:"百姓凋残,强人侵食;如宋智阁门尽为老吏,吞削田地,其数甚多,昨乃兼一户人,共一毡装,助其贫防,不着百钱乃投此状来,且欲沮议。"尽管如此,豪强地主侵占农民的土地仍是非法的。隋唐政府明确制定法律,对私人的土地予以保护。在《唐律疏议》卷十三"盗耕种公私田"、"在官侵夺私田"、"妄认盗卖公私田"、"盗耕人墓田"等条文中都有对私人土地保护的规定。如在"妄认盗卖公私田"中规定:"诸妄认公私田,若盗贸卖者,一亩以下笞五十,五亩加一等;过杖一百,十亩加一等,罪止徒二年。"在"盗耕种公私田"条中规定:"诸盗耕种公私田者,一亩以下笞三十,五亩加一等;过杖一百,十亩加一等,罪止徒一年半。荒田,减一等。"这些措施,不但维护了封建地主的土地私有权,同时也保护了普通农民的合法权益。

隋唐两代政府把土地分配给农民并不是最终目的,从农民身上榨取更多的赋税,解决国家的徭役和兵役才是最根本的目的。通过上述的分析,我们认为无论是前代的隋朝政府还是后来的唐朝政权都达到了这一目标。将农民束缚在土地上,保证封建国家的劳动人手,以便从中征取租调力役,这是中国古代封建政府的一贯政策。早在西汉时,晁错就指出:"不足生于不农,不农则不地著,不地著则离乡轻家",因此,"明主知其然也,故务民于农桑","民可得而有",当然也能满足统治者过上奢华的生活。隋唐五代的统治者也不例外,隋唐时期的封建政府通过均田、屯田、营田等办法,把土地分配给农民耕种,不但可以向农民征收大量的赋税,还可以解决国家军队的兵员问题,这也是统治者为何把土地分配给农民最重要的原因。

隋朝建国后,隋文帝杨坚采用互相揭发的办法,令大功以下的血亲都另立户籍,以防隐漏户口。尤其是高颎制定了户籍定样,更是严格地把农民束缚在土地上。对于高颎制定的政策,唐人杜佑一针见血地指出:"其时,承西魏丧乱,周齐分据,暴君慢吏,赋重役勤。人不堪命,多依豪室,禁纲隳紊,奸伪尤滋。高颎睹流冗之病,建输籍之法,于是定其名,轻其数,使人知为浮客,被强家收太半之赋,为编民,奉公上蒙轻减之征。"杜佑在此文下自注说:"浮客,谓避公税,依豪强作佃家也;高颎设轻税之法,浮客悉自归于编户。隋代之盛,实由于斯。"可见,隋朝政府把土地分配给农民,其目的是不想让广大的农民成为豪强地主的依附人口,否则,封建政府就无法从农民身上榨取更多的财富。

唐朝政权建立后,同样要利用把土地分配给农民的办法,向农民征收赋税。像唐太宗本人就曾这样说过:"国以民为本,人以食为命,若禾黍不登,则兆庶非国家所有。"因此,恢复和发展农业生产,最大限度地满足农民的土地需要,不仅可以向农民征收赋税,更能使封建政府得以长期统治下去。

在把土地分配给农民、实行均田制的同时,隋、唐政府也把服兵役的义务转嫁给了农民。西魏、北周时期实行府兵制度,多是源于隶属县籍的百姓。在均田制下,他们原本是农民,只是被点为府兵后,才除其县籍,不属州县。到隋文帝时,这些来自府兵的农民,按规定与农民一样受田,籍账仍归州县,府兵制下的兵士,也就是均田制下的农民。府兵制的士兵,平时进行农业生产,战争时期出征打仗,必要的军用物资由府兵自己解决,这样封建国家就把这笔庞大的军费转嫁给了农民。为了保证国家的兵员,隋、唐的统治者们也必须加强土地的立法,对封建的土地制度予以保障。如隋文帝时期,规定军人受田,"垦田籍账,一与民同",就是说军士与农民同样受田。到后来,隋朝又规定:"身死王事者,子不退田。品官年老不减地"。身死王事主要指士兵为封建国家战死者,这是对府兵制下官兵的一种优恤。

总之,封建政府把土地分配给农民,既解决了国家的兵役问题,又从农民身上征收了大量的赋税,同时也解决了农民的生活问题,使农民在一个相对安定的环境下从事农业生产,这个一举三得的办法,收到了巨大的成效。从隋到唐前期这不到二百年的时间里先后出现了历史上少有的治国盛世,与封建国家推行正确的土地政策有密切的关系。当然,好的土地制度也要有好的土地管理和完善的土地立法予以保障,隋、唐两朝统治者把对户籍和土地的管理下放到基层乡里组织,由乡里组织负责土地的分配和统计,再层层上报给中央政府,形成了一整套的管理体系。这套体系减少了国家的财政开支,提高了行政效率。为了防止地方管理机构在土地管理过程中出现的营私舞弊现象,隋唐两代的统治者在土地立法上也有许多建树。在律、令、格、式四种法律形式中,都有相关的法律规定。这些法律内容整齐划一,对于保护国有土地和私人合法土地不受侵害起到了重要作用。

二、土地管理及其法制建设的教训

但是,我们也应看到,隋唐五代时期的土地立法也有很多不完善的地方,有许多历史教训值得总结,具体来说有如下几点:

首先,隋、唐两朝政府对于土地所有权立法的矛盾直接造成了对于土地管理的混乱。隋唐两代政府在极力保护国有土地、颁布《均田令》的同时,还大力发展土地私有制,这种相矛盾的土地政策必然造成国有土地的数量日益减少,均田制下的农民受田普遍不足。随着私有土地数量的不断增加,出现了许多占有大量土地的豪强地主。安史之乱以后,私人庄园数量的增多绝不是偶然的现象,而是隋、唐两代政府对于官僚贵族大量赐予永业田的必然结果。前已述及,隋唐两代政府在对农民授予口分、永业田的同时,也对官僚贵族授予永业田。关于隋唐两代官僚受田的数额,著名隋唐史专家韩国磐先生曾经统计,在隋代,以一个最高官员受田为例,可受永业田一百顷,职分田五顷,奴婢三百人受田若假定为一百五十对夫妇,可受田二百一十顷,合计为三百一十五顷,这一数字相当于二百二十五对夫妇受田的数量。从对于官僚地主所受的永业田的数额来看,大土地私有制在均田制下日益发达起来。[①] 这种相矛盾的土地政策和土

---

① 参见韩国磐:《隋唐五代史纲》(修订本),人民出版社1988年版,第41页。

第四章 隋唐五代时期的土地法制

地立法带来的后果就是国有土地受到侵害,私有土地日益发展,作为社会的弱势群体——均田制下的农民受田普遍不足,广大农民的利益得不到保障。到唐玄宗开元、天宝之际,广大农民纷纷逃离土地,也正是封建政府互相矛盾的土地管理政策所带来的必然结果。

其次,隋唐两代政府在把土地分配给农民的同时,也把繁重的徭役、兵役和赋税转移给了农民。这种竭泽而渔的做法导致了农民负担过重,有时甚至是不堪重负。唐高宗、武则天统治以后,社会上甚至出现了一种奇怪的现象,由于均田制下农民的负担过重,其生活反不如官僚贵族私人庄园上的佃客。在这种复杂心理的驱使下,广大农民逃离了国有土地,转而来到封建地主的庄园,成为私人庄园里的佃客。可以说,封建政府对农民的过重剥削,不顾农民的死活是造成封建土地制度瓦解的一个重要因素。关于封建政府对农民的剥削状况,当时的许多文献中都有记载。如在隋文帝开皇十三年,为了修建仁寿宫,从全国各地征调了许多民工,"役使严急,丁夫多死,疲敝颠仆者,推填坑坎,覆以土石,因而筑为平地,死者以万数"①。隋炀帝时,修建东都洛阳、开凿大运河、三伐高丽,又动用了大量的劳力。这些人都是农村的主要劳动人口。农民离开土地,使农业生产遭到了严重的破坏,形成了"虽有田畴,贫弱不能自耕种"的局面。隋朝末年,由于山东、河南等地发生水灾,关中地区发生旱情之时,广大农民由于缺乏粮食而饿殍遍野之际,封建国家的粮仓却"犹太充牣",许多仓库的粮食甚至腐烂也不肯救济灾民。隋朝政府正是在国家富庶、百姓贫瘠的境况下走向了灭亡。

隋末如此,即使被封建史家誉为盛世的开元天宝时期,农民境遇仍然十分悲惨。有的学者对开元天宝时期农民的生活状况作了分析:中国古代理想的家庭模式是五口之家,按唐代文献的记载,均田制下的农民受田普遍不足,如平均每丁受田三十五亩,当时的粮食亩产量为一石,则全年产粮为三十五石。这三十五石粮食够不够农民一年的生活费用呢?根据敦煌吐鲁番文书对当时天宝年间物价的记录,农民一年中须指出口粮二十七石,向政府交纳租调、地税六石四斗等赋税,剩下的粮食仅余一石六斗了。所剩下的这些粮食,农民还要购买全家衣物、农具、日常生活用品,以及送往迎来、生老病死等开支,若去掉这些开支,农民每年要短几个月的口粮。② 上面的计算还是农民每年正常的收入,计算的时间是封建社会的盛世开元天宝年间。如若遇到天灾人祸,或是社会动荡年代,则农民的生活更加悲惨。唐玄宗晚年,任用王鉷为户口色役使,"时有敕给百姓一年复。鉷即奏征其脚钱,广张其数,又市轻货,乃甚于不放。输纳物者有浸渍,折估皆下本郡征纳。又敕本郡高户为租庸脚士,皆破其家产,弥年不了。恣行割剥,以媚于时,人用嗟怨"③。在这样繁重的赋役压榨下,广大农民实在难以维持正常的生产和生活,只能逃离土地,成为社会的浮游人口。据《唐会要》卷八十五"逃户"条引

---

① 《隋书》卷二十四《食货志》。
② 参见韩国磐:《唐天宝时农民生活之一瞥》,载《隋唐五代史论集》,三联书店1979年版。
③ 《旧唐书》卷一百零五《王鉷传》。

宝应元年四月敕令曰："近日已来,百姓逃散,至于户口,十不半存。今色役殷繁,不减旧数,既无正身可送,又遣邻保祗承,转加流亡,日益艰弊。"农民逃离土地,不但使国家的赋税减少,而且影响到了社会的安定,唐末农民大起义的爆发就与社会上出现大量的流民有着密切的关系。

最后,需要指出的是,隋、唐两代政府对均田制下的农民授田普遍不足,其目的是为了鼓励农民大量开垦荒地。荒地的开垦固然扩大了垦田亩数,增加了农民的收入,但毫无计划、毫无目的的开垦也对当时的生态环境造成了破坏。如隋唐两代在西北地区常年驻扎大量军队,实行屯田和营田,虽然解决了粮饷问题,但对一向以畜牧业为主的西北地区的生态环境也产生了许多不良影响。隋文帝开皇四年,"以陇西屡被寇掠,而俗不设村坞,命(贺娄)子干勒民为堡,仍营田积谷"①。唐朝建立后,在西北许多州县都设立营田使,负责土地的开垦,据《资治通鉴》卷二百一十记载,唐高宗时,"置河西节度、支度、营田等使,领凉、甘、肃、伊、瓜、沙、西七州,治凉州"。河西如此,关中亦是如此。隋唐时期,由于关中地区人口稠密,农民受田普遍不足,因此,黄土高原的许多草地被开垦成梯田,种上了庄稼。大量的荒山草地被开垦,也使黄河上游水土流失严重,生态环境遭到了严重的破坏。我们说从唐代以后,关中地区、西北地区再也没有出现过昔日的繁荣,与隋、唐时期大规模的垦荒有着密切关系。

---

① 《资治通鉴》卷一百七十六。

第五章 两宋土地法律制度

自中唐以后历五代十国,近二百年的战乱,造成大量的土地荒芜,到公元960年宋太祖赵匡胤建立宋朝、二十年后宋太宗统一天下时,即便是农业比较发达的中原地带,被耕植的土地也只有十之二三。面对这种情况,统治阶层要想稳固政权,在经济方面的一个重要举措就是想方设法扩大耕地面积,加强土地管理,恢复农业生产。因此朝廷屡次鼓励流民垦荒,动用军队屯田。新建立的北宋政权采取对农民新垦荒地不加赋税的政策,乾德四年(966年)诏:

> 自今百姓有能广植桑枣开田者,并令只纳旧租,永不通检。①

除减免赋税外,北宋还采取农民开垦荒地即成为其永业的做法,至道元年(995年)诏:

> 应诸道州府军监管内旷土,并许民请佃,便为永业,仍与免三年租税,三年外输税十之三。②

南宋时,内外战争又使许多良田荒废,因此南宋采取所垦荒地"满三年,与充己业,许行典卖"③的做法,宋代允许土地自由买卖,租佃方式也十分盛行,这成为其土地立法的一个重要内容。北宋初,为适应土地买卖和租佃关系的需要,出现了官府正式承认土地所有权的凭证——红契。这种较为自由的土地制度,一方面增加了国家的赋税收入,加强了国家对土地的管理,一定程度上能解决频频出现的财政危机;但另一方面也带来土地兼并和集中的问题。土地私有权得到法律的承认,地主、官僚、商人占有大量的私田,其来源的主要途径是买卖,其经营的主要方式是租佃;有权势的地主、官僚还通过强占民田,侵占公田扩大自己的私田,更加剧了土地兼并现象,蔡京在永丰一地的圩田就达近千顷。两宋土地政策的基本特征是"不立田制",没有完整的贯彻始终的土地政策。究其原因,一是宋代土地兼并严重,任何田制都会威胁豪强巨室的利益,而上下官吏大都是广占田土的大户,因此任何威胁或损害官僚豪族的土地政策都无法获得官吏尤其是地方官吏的支持,如限田法、方田均税法、经界法等都因损及豪家大姓的利益而无法推行下去。二是由于社会的动荡不安,导致决策过程粗糙,执行时遇到问题就得停止,反复不已。正如《宋史·食货志》序言所说:

---

① 《宋大诏令集》卷一百八十二《劝栽植开垦诏》。
② 《宋大诏令集》卷一百八十二《募民耕旷土诏》。
③ 《建炎以来系年要录》卷一百七十二《绍兴二十六年三月己巳》。

宋臣于一事之行,初议不审,行之未几,即区区然较其失得,寻议废格。后之所议未有以愈于前,其后数人者,又复訾之如前。使上之为君者莫之适从,下之为民者无自信守,因革纷纭,非是贸乱,而事弊日益以甚矣。世谓儒者论议多于事功,若宋人之言食货,大率然也。

第一节　两宋的土地管理机构及职能

综观两宋官制的复杂程度,有过于以往任何朝代,宋饱学之士,已有不能究明本朝官名、官职之叹。司马光曾言:"今官爵混淆、品秩紊乱、名实不符、员数滥滥。"①因此宋代的田土农官制也就不可避免的有此弊病,管理田土的机构职责交叉不统一,如户、工二部或同职异务,或一事而多官;在中央与地方的关系上也体现出中央集权、地方分权的特点,地方管理田土的机构常为兼职,或根据需要而随时设立的非常置机构。在宋代庞大的国家机构中,并没有一个固定的专门管理土地的部门,但有不少机构的职责却涉及土地问题。据有关的文献分析,宋代土地管理的机构大致有三个系统:第一,行政决策机构,涉及有关土地制度的大政方针;第二,中央执行系统,中央各部门对土地政策的推行;第三,地方执行系统,即地方路、州、县对中央土地政策的具体落实。

一、中央土地管理机构

中央有关土地的执行机构主要有户部、司农寺、工部等。尚书省六部二十四司,以吏部、户部、礼部为左名曹,司封、司勋、考功、度支、金部、仓部、祠部、主客、膳部为左曹,以兵部、刑部、工部为右名曹,职方、驾部、库部、都官、比部、司门、屯田、虞部、水部为右曹。

(一) 户部

北宋前期设三司(盐铁、度支、户部)为主管全国经济财政的最高机构,其长官为三司使,也称为计相。神宗时,撤销三司,将其职权分归户部和工部。北宋初,本官不管本职,而是新设一些机构分割了各部的大部分职权。直到元丰改制之后,以三省代替中书门下,六部各设了尚书和侍郎,主管本部事务,三省六部中的户部才有了相应的职权。

户部左曹的职掌为:

> 掌天下人户、土地、钱谷之政令,贡赋、征役之事。以版籍考户口之登耗,以税赋持军国之岁计,以土贡辨郡县之物宜,以征榷抑兼并而佐调度,以孝义婚姻继嗣之道和人心,以田务券责之理直民讼。②

---

① 司马光:《温国文正司马光文集》卷十九《十二等分职任差遣札子》。
② 《宋史》卷一百六十三《职官三》。

户部右曹的职掌为:

> 以常平之法平丰凶、时敛散,以免役之法通贫富、均财力,以伍保之法联比闾、察盗贼,以义仓赈济之法救饥馑、恤艰厄,以农田水利之政治荒废、务稼穑,以坊场河渡之课酬勤劳、省科率。①

由此可以看出,户部左曹与土地有关的职责范围包括以下几个方面:

第一,户口,凡诸路州县户口增减,民间立户分财,典卖屋业,陈告户绝;

第二,农田,农田和田讼,验奏各地虫害雨雪情况,查核灾伤逃绝人户,劝课农桑,请佃地土;

第三,检法,税赋的征收,如受纳、支移、折变;房地的课税,卖田投纳牙契。

户部右曹与土地有关的职责范围主要是负责常平、农田水利及户绝田产。主管左右曹的长官分别称为左曹郎官、右曹郎官。

户部尚书又设都拘辖司,其所属有三个部门:度支,金部,仓部。与农业土地有关的仓部的职责是:国家仓库储积,漕运上供,均定支移、折变之数。建炎三年,罢司农寺归仓部,此时的仓部便有了司农寺的职权。户籍与土地管理密不可分,尤其是户等的划分与各户所占有的土地状况有着密切的关系,赋税与土地的关系更是息息相关,所以说户部是管理土地的一个重要机构。元丰官制行,设官十三人,尚书一人,侍郎二人,郎中、员外郎,左右曹各二人,度支、金部、仓部各二人。

(二) 制置三司条例司

宋神宗于熙宁二年(1069年)二月任用王安石为参知政事,实行变法,设立制置三司条例司为主持变法机构,筹划与制定新的财政土地政策,由王安石与知枢密院陈升兼领。曾颁布农田水利法、实行青苗法、颁布淮、浙、江、湖等六路的均输法。次年,并入司农寺。

(三) 司农寺

北宋初设判寺事二人,以两制或朝官以上充任,负责籍田、祭祀所需物品、常平仓等事务。即"掌供籍田九种,大中小祀供豕及蔬果、明房油、与平粜、利农之事"②。熙宁三年(1070年),废制置三司条例司,青苗、免役、农田水利等法都由司农寺主持拟订推行,熙宁六年,设干当公事官出视各路,考课诸路提举常平官对新政的推行。熙宁七年,司农寺言:

> 所主行农田水利、免役、保甲之法,措置未尽,官吏推行多违法意,欲榜谕官私,使人陈述,有司违法,从寺按察。③

熙宁九年废干当公事官。元丰改官制,寺、监不治外事,司农寺所辖并归户部右

---

① 《宋史》卷一百六十三《职官三》。
② 《宋史》卷一百六十五《职官五》。
③ 同上。

曹,司农寺设司农卿、少卿、丞、主籍,掌有关仓廪、籍田、苑囿之事。南宋时建炎三年,司农寺一度并归仓部,绍兴四年又恢复设置。在南宋时,屯田、营田之事也由司农寺提领,绍兴六年,张浚主持都督行府措置江淮营田时,任命樊宾为司农少卿提领营田公事。樊宾等人措置江淮屯田营田事务,定十二条,包括每县设十庄,每五顷为一庄,五家为一甲,给耕牛五头,每户别给菜田十亩,由国家提供农具、种子,每庄给草屋十五间,每家两间等等。樊宾主持营田事务后,一般都认为其取得了显著的成绩。

（四）工部

尚书省所属工部,北宋初,因所掌事务归三司修造案,只设判部事一人,无实际职责。元丰五年(1082年)改革官制,工部设尚书、侍郎、郎中、员外郎各一人。掌天下城郭、宫室、舟车、器械、符印、钱币、山泽、苑囿、河渠之政。其所属机构有三个：屯田、虞部、水部。设官十人,尚书、侍郎各一人,工部、屯田、虞部、水部郎中员外郎各一人。元祐元年,减水部郎官一员。绍圣元年,屯田、虞部只置郎官一员兼领两部。建炎三年下诏令,工部郎官兼虞部,屯田郎官兼水部。隆兴元年诏令工部、屯田一人兼领,自此四司合为一。

屯田郎中、员外郎,"掌屯田、营田、职田、学田、官庄之政令,及其租入、种刈、兴修、给纳之事。凡塘泺以时增减,堤堰以时修葺,并有司修葺种植之事"①。元祐年间曾将营田、职田、官庄之事改由户部职掌。

（五）稻田务、公田所

稻田务是政和年间检括官田的机构。时宦官杨戬主管后苑作,一胥吏言汝州(今河南临汝)有地可以种稻田,于是设稻田务负责此事。这个稻田务建于宋太宗初年,"遣内园兵士种稻",雍熙二年(985年)废除,咸平二年(999年)又恢复,"募民二百余户,自备耕牛,就置团长,京朝官专掌之,垦六百顷,导汝水浇溉,岁收二万三千石"②。后将京畿诸县天荒瘠卤之地一万二千余亩入稻田务,招人承佃纳租。政和六年(1116年),改为公田所。杨戬死,稻田务于宣和六年(1121年)并入西城所。

（六）西城所

宋徽宗时期,蔡京集团掀起了第二次土地兼并的高潮,西城所就是为适应这种掠夺土地的需要而设立的。西城所是政和六年(1116年)由宦官杨戬设立的。为扩大公田的范围,一胥吏杜公才献计"立法索民田契,自甲之乙,乙之丙,展转究寻,至无可证"。然后就将土地收归官有。宣和初年,通过这种方法已在京东西、淮西北一带将隐田、天荒之地入官,改税为租,主管机构是西城所。宣和三年,李彦控制了这一机构,后苑作和营缮所的公田都并入西城所。民间美田,多被指为天荒之地,拘没入官,强迫原业主承佃,缴纳公田钱,前后共括得田三万四千三百余顷。而且在根括过程中,"凡民间美田,使人投牒告陈,皆指为天荒,虽执印券皆不省。鲁山阖县尽括为公田；焚民故

---

① 《宋史》卷一百六十三《职官三》。
② 《续资治通鉴长编》卷四十四《真宗咸平二年》。

券,使田主输租佃本业"①。逆社会经济生活而动用强暴的手段与民争财只能是激化社会矛盾、点燃农民起义的烈火。所以到宣和七年十二月罢西城所。

(七) 提举官田所

临时掌管特种官田的机构,绍兴二十八年(1158年)根据在浙西、浙东、淮东扩沙田、芦场的需要而设立。景定四年(1263年)回买两浙、江东西过限的民田以充公田,也曾一度设置该机构。政和元年(1111年)的总领措置官田所则是出卖官田的临时机构。

(八) 籍田司

属太常寺,其长官为籍田令,熙宁三年(1070年)设置,掌有关皇帝耕籍田出纳事务,种植五谷蔬果,藏冰特用。

(九) 虞部郎中、员外郎

"掌山泽、苑囿、场冶之事,辨其地产而为之厉禁。凡金、银、铜、铁、铅、锡、盐、矾,皆计其所入登耗以诏赏罚。"②可见,有关山川森林的开发和矿产资源的开采由虞部掌管。《宋职官分纪》卷十一记载:"国朝虞部掌山泽、苑囿、畋猎、取伐木石薪炭之属,屏绝猛兽毒药,及茶、矾场、盐池井、金银铜铁锡坑冶废置及收采之事。"熙宁七年,全国坑冶凡一百三十六所,领于虞部。

(十) 水部郎中、员外郎

"掌沟洫、津梁、舟楫、漕运之事。凡堤防决溢,疏导壅底,以时约束而计度其岁用之物。修治不如法者,罚之;规画措置为民利者,赏之。"③可见,水部负责管理河道的开淘、渡口桥梁及运粮河道的畅通、堤防水利等设施的疏导维护。

沟河司。天圣四年(1026年)设立,负责管理开封府界与南京(今河南商丘)、亳州、宿州等地的沟洫河道开淘。宝元二年(1039年)废该机构,命有关官员与开封府界提点司及转运司各认其地段管理。熙宁九年(1076年),废开封府界沟河司归都水监。

(十一) 都水外监

宋初,有关内外河渠堤堰事务属三司河渠案。嘉祐三年(1058年),承唐制设都水监主管水政。设判监事一人,以员外郎以上官充任;同判监事一人,以朝官以上充任;都水监丞二人、主籍一人,皆以京朝官充任。都水监丞轮流出外管理有关河堤事务,设官属于澶州(今河南濮阳),称外都水监。元丰改制后,设立都水使者一人为长官,掌内外川泽、河渠、桥梁、堤堰疏浚等事;丞二人,助理本监事务;又设置了南、北外都水丞司,以外都水丞主管,分治河事。宣和三年(1121年)废该机构,绍兴九年(1139年),在应天府(今河南商丘南)重新设立南外都水丞寺,在东京(今河南开封)设立北外都水丞司。绍兴十年,将其并归工部。

---

① 《宋史》卷四百六十八《杨戬传》。
② 《宋史》卷一百六十三《职官三》。
③ 同上。

二、地方土地管理机构

(一) 路一级机构

宋初沿袭唐制,将全国划分为十余道。宋太宗改道为路,路作为朝廷派出机构的辖区,地位在州、县之上。神宗元丰八年(1085年)将全国划分为二十三路。北宋前期,各路皆设置转运使和提点刑狱,有些路常置安抚使,各设衙门办事。安抚使由本路最重要的州府长官兼任,主管一路的军政,也兼民政土地、司法财政等事务。安抚使司(帅司)、转运使司(漕司)、提点刑狱司(宪司)、提举常平司(仓司),合称为"帅、漕、宪、仓","漕"、"宪"、"仓"都具有行政监察职能也统称为"监司"。这几个机构都具有管理土地的职能。

1. 发运使。负责将淮、浙、江、湖等六路的税赋收入搬运入京,且兼管茶、盐、矾、酒税等事。即"掌经度山泽财货之源,漕淮、浙、江、湖六路储廪以输中都,而兼制茶盐、泉宝之政,及专举刺官吏之事。"①政和九年,废发运司,以户部侍郎梁汝嘉为经制使行使发运使之职。不久又将其职权分给各路监司。乾道六年,重又设置,以户部侍郎史正志为两浙、京、湖、淮、广、福建等路都大发运使。是年冬天,因史正志奏课诞谩、徒扰州郡而被罢官,遂废发运司。

2. 转运使。宋初设随军转运使、水陆计度转运使,供办军需。太宗以后,转运使渐成各路长官,经度一路全部或部分财赋,监察各州官吏,并以官吏违法,民生疾苦等情况上报朝廷。例如建炎五年五月,

> 又令县具归业民数及垦田多寡,月上之州,州季上转运,转运岁上户部,户部置籍以考之。②

崇宁中,广南东路转运判官王觉,因开垦荒田几乎达到万顷,被"诏迁一官"③。说明转运使在土地管理方面的职责不仅仅限于将垦田数上报户部,而且其所辖地的垦田数还是考核其政绩的一个重要指标。

3. 提点刑狱司。淳化二年(991年),置各路提点刑狱官,两年后废。景德四年(1007年)恢复设置;天禧四年(1020年)加劝农使,不久改提点刑狱劝农使,天圣六年(1028年)尽废,明道二年(1033年)复置各路提点刑狱。掌所辖地区的司法、刑狱,并有监察地方官之责。因此由田土而起的刑狱由提点刑狱司审断,且地方官吏在土地管理方面的失职行为也由其来纠举。

4. 提举常平司。神宗时,为推行新法,各路置提举常平广惠仓兼管勾农田水利差役之事。其后或废或置。绍兴时,与提举茶盐官合为一职,名提举茶盐常平等公事或

---

① 《宋史》卷一百六十七《职官七》。
② 《宋史》卷一百七十三《食货上一》。
③ 同上。

提举常平茶盐公事,通称提举常平官。掌各路役钱、青苗钱、义仓、赈济、水利、茶盐等事,并监察各州官吏。即"掌常平、义仓、免役、市易、坊场、河渡、水利之法"①。神宗熙宁二年,"分遣诸路常平官,使专领农田水利"②。元祐元年(1086年)时罢废,绍圣元年(1094年)复设,遂成定制,南宋初一度并入提点刑狱司。

5. 提举坑冶司。掌冶炼与钱币铸造,"掌收山泽之所产及铸泉货,以给邦国之用"③。宋初,发运使兼提点各钱监。咸平三年(1000年),以江南转运副使兼都大提点江南、福建路铸钱事。景祐二年(1035年),始置江、浙、川、广、福建等路都大提点坑冶铸钱公事。元丰二年(1079年),分置虔州(今江西赣州)与饶州(今江西波阳)两提点司,分管东西九路。后或合为一司或分为数司,或由转运使、发运使兼任。淳熙年恢复了景祐旧制,在饶州设都大提点坑冶铸钱司。

6. 提举三白渠公事。掌管三白渠的蓄放灌溉,"掌潴泄三白渠,以给关中灌溉之利"④。

7. 提点开封府界诸县镇公事。掌畿内开封府界县镇刑狱、盗贼、场务收税、河渠修理等事务,以朝官和阁门祗候各一人充任。

(二) 府、州、军、监一级机构

各州(府、军、监)直属朝廷,由朝廷委派京官管理诸州事,知州可直接向朝廷奏事。知州以外,设通判同领州事,裁处州诸事,与知州联署行文。州级军设于军事要地,州级监设在矿区所在县,通常只辖一、二县,虽与府、州同级而地位较低,长官称知军、知监,通常不设副长官。据《哲宗正史职官志》记载:

> 诸州府置知州事一人,州、军、监亦如之,掌总领郡务……凡兵民之政,皆总焉。凡县事,令丞所不能决者,总而治之。又不能决则禀于所隶监司,及申省部。

所谓的兵民之政自然包括了对兵民都至关重要的土地问题。其署官有:录事参军、司户参军、司法参军、司理参军。

通判。宋初,有鉴于五代地方跋扈之弊,太祖乾德元年统一湖南后,始于各州府置通判,州一人,大州二人,人口不及万户者不置。通判为州府副长官,有监察所在州府官员的职责,凡民政、财政、户口、赋役、司法等事务文书,都需知州或知府与通判连署方能生效。乾道七年孝宗诏曰:

> 访闻诸路州军往往并不曾投纳契税,所有人户典卖田宅船马驴骡,合纳牙契税钱。昨降指挥,专委诸路通判印造契纸,以千字文(为)号,置簿,送诸县出卖。⑤

---

① 《宋史》卷一百六十七《职官七》。
② 《宋史》卷一百七十三《食货上一》。
③ 《宋史》卷一百六十七《职官七》。
④ 同上。
⑤ 《宋会要辑稿·食货》三十五之一十三。

可见,通判还有负责田宅买卖官印田宅契书印制的职责。

录事参军。也称司路参军,简称司录。如带京朝官、选人、三班使臣等阶官或试衔官任职,则称知录。掌府衙庶务,户婚诉讼,通书六曹案牍。端拱初,窦扴"擢太子中允,知开封府司录事,俾按察京畿诸县田租"①。说明其有核实田籍,确定租税赋役是否均等的职责。太平兴国八年(983)知开封府司录参军事赵孚奏言:

> 庄宅多有争诉,皆由衷私妄写文契,说界至则全无丈尺,昧邻里则不使闻知,欺罔肆行,狱讼增益。请下两京及诸道州府商税院,集庄宅行人众定割移、典卖文契各一本,立为榜样。违者论如法。②

太宗"诏从之"。亦说明其在田土买卖典当方面有管理监督权。而田庄宅地之讼,则是司狱参军之责。

(三) 县级机构

各县设知县或县令,还有丞、主籍、尉等。宋初设判县事,为一县之长。后朝廷选派官吏称知县事,以主持县政者为县令。

县令。"掌总治民政、劝课农桑、平决狱讼,有德泽禁令,则宣布于治境。凡户口、赋役、钱谷、赈济、给纳之事皆掌之,以时造户版及催理二税。"③很明显田土之事自然应在其职责范围之内,如户籍、赋役、田宅的诉讼等。如果案情涉及相邻州县的田土问题,常常用土地所涉地方长官联合办案的方式解决,如据《司马文正公集·吴君墓志铭》记载,宋仁宗时,同州冯翊与华州华阴相邻,以漆水和渭水为分界线。河中间有一洲岛,上有良田沃土,两县乡民为之相争了五十余年,官司始终难以决断。冯翊县令吴元亨发出文约邀请华阴县县令会集于县境之上,共同审查边境两乡的户籍,全面踏勘双方的田土,用木尺计量,查清了田界,从此乡民不敢再争,诉讼日少。

县丞。宋初未设,天圣中因苏耆请,开封两县始设丞一人。熙宁四年(1071年),在事务繁剧及户二万的县增置丞一人。崇宁二年(1103年),宰相蔡京言:

> 熙宁之初,修水土之政,行市易之法,兴山泽之利,皆王政之大。请县并置丞一员,以掌其事。④

大观三年(1109年)诏:

> 昨增置县丞内,除旧额及万户以上县事务繁冗,及虽非万户实有山泽、坑冶之利可以修兴去处,依旧存留外,余皆减罢。⑤

可以看出,县丞设立的目的之一便是处理土地、森林、水利、矿冶之事。

---

① 《宋史》卷一七十三《食货上一》。
② 《续资治通鉴长编》卷二十四《太平兴国八年乙酉》。
③ 《宋史》卷一百六十七《职官七》。
④ 同上。
⑤ 同上。

农师、乡老、里胥。他们是最基层的亲自处理土地事务的土地管理人员。北宋初年,国家下令由"农师"督促地主和农民"明立要契,举借粮种",如太宗太平兴国中,两京、诸路许民共同推举明树艺、通土地者一人,作为县里的农师。其职责是"令相视田亩肥瘠及五种所宜,某家有种,某户有丁男,某人有耕牛"①。即观察田亩的肥瘠程度及所适宜种的农作物,摸清哪家有种子、哪家有丁男、哪家有耕牛,会集乡老、里胥召集众人,分画旷土,按照农师的建议种植,到熟时共取其利。另外,如有民饮酒赌博怠于农者,也由农师谨察,送至官府论罪。

从《名公书判清明集》分析,争业诉讼在户婚门中占了很大比重,特别是当时最主要的生产资料——土地的争夺,尤为激烈。发运使、转运使、提点刑狱司、通判、司录参军、县令、县丞等各级官吏自然都有决断有关田土纠纷的职责。当然他们之间并没有严格的审级化分,县级机构是最基层的机构,大量的田土纠纷都由它作为初审机构,即便是上诉案件也常常发回县级机构重审。如遇疑难案件,还有"联合"办案的制度。据《名公书判清明集》附录二记载,在"郭氏刘拱礼诉刘仁谦等冒占田产"案中,"经本县郑知县、吉州董司法、提刑司金厅、本县韩知县、吉州知录及赵安抚六处定断"②。说明此案由上下等级不等的六家机构不分审级联合审理,这也表明中国古代对法律轻程序、重实体的价值取向。有关田土诉讼的详细问题,我们会在分析田土交易时继续探讨。

三、不常置的土地管理机构

(一) 屯田司、营田司

屯田司,也称屯田务,掌屯田事务,常由安抚使、知州等兼任。其官吏有都大制置屯田使、制置屯田使、管勾屯田司公事、提点制置河北沿边屯田事、措置屯田、屯田副使、提点某司屯田公事等。营田司,也称营田使司,掌营田事务。常由宣抚使、转运使、知府、知州、通判等兼任。有营田大使、招置营田使、营田副使等官名。后由于屯田与营田的混同,其官吏也无区分的必要了。景德二年,令有屯田、营田州军的长吏兼制置诸营田、屯田事,后陕西用兵,令襄、唐二州转运司利用空隙之地置营田,以助军需。熙宁七年,令提点秦凤路刑狱郑民宪兴营田。绍兴元年,诏江东、西宣抚使韩世忠措置建康营田。

(二) 劝农使司

至道二年(996 年)开始设置,掌巡查京西荒田较多的陈、颍、蔡、襄、邓、唐、汝等州县,劝民垦田,不久废罢。景德三年(1006 年),命各路转运使、转运副使、开封府知州及各路知州、知军、通判等兼管内劝农使或劝农事。天禧四年(1020 年),改为劝农使、劝农副使兼提点刑狱公事,后又改名提点刑狱劝农使、副使。天圣四年(1026 年),废各地

---

① 《宋史》卷一百七十三《食货上一》。
② 《名公书判清明集》附录二,中华书局1987年版,第607页。

劝农使司专署,而转运使、提点刑狱、知府、知州、知军、通判等兼辖区内劝农使或劝农事之官衔。有宋一代历届朝廷都不断地颁布劝农诏书,强调农业生产对国计民生的重要性,鼓励农民发展农业,为了劝导、督促农民发展农业,在各级政府设置专职或兼职主管农业的官员,即农官。北宋建国第三年太祖便"令诸州长吏劝课农桑",此后每年岁首皆下此诏。真宗景德年间又令各道州府皆兼劝农使之职,通判皆兼管农之职。40多年后,仁宗皇祐二年(1050年),鉴于许多地方官玩忽职守,有劝农之名,无劝农之实,便严令转运使每年巡历各地时,首先检查农官的政绩。

第二节　宋代土地所有权的法律调整

宋代土地所有制中,土地私有制占绝对支配的地位,但是当时社会诸等级对土地的占有是极为悬殊的,即使是地主阶级各阶层也有明显的区别。宋政府根据常产的有无和是否承担国家赋税将全部民户划分为主户和客户,而且还根据常产的多少将主户划分为五等,虽然各地划分户等的标准不一致,但划分的基础标准,仍然是以土地的多少和好坏。因此要想了解宋代社会各阶级阶层对土地的占有就不得不从其五等户籍制谈起。

一、私人土地所有制

(一) 宋代的户籍

随着社会经济的发展,尤其是租佃制的盛行,唐朝的九等户籍制已经过时,一种城乡区分、有产户无产户区分的新的户籍制度在北宋前期形成。宋代的户籍分为城郭户十等和乡村户五等,对田土制度有影响的是五等乡村户籍制。它分为乡村主户与客户,以及乡村主户的一、二、三、四、五等户。凡是向政府承担赋税、税钱即使只有一文的,就可以划为主户。主户按财产多少划分户等,如何计算与计算何种财产,各地有所不同。北方地区以及南方的大部分平原地区,以家业钱为标准;福建、成都府、浙江山区的南方等地区,北宋时基本以田税划分户等,南宋中期开始,浙东等路逐渐改以家业钱划分;南方部分地区有按所播种子多少或按田亩多少划分户等的。宋代之所以以家业钱即产钱作为户等划分的标准主要有以下几个方面的原因:第一,以田土为标准有诸多不便,田产不仅有多少之分,而且还有肥瘠之别,不如以作为等价物的货币——钱划分户等最简便。第二,以产钱作为标准对国家最为有利,不仅田地、房舍都计算在内,连牲口、农具和其他一些浮财都计算在内,使各户等都有所提高。第三,这也是土地买卖、货币流通和商品经济发展的一个结果。所以到南宋时,产钱就成为划分大部分乡村和城镇地区户等的唯一标准。

(二) 主户

主户中的五等户又分为上户、中户、下户。上户通常指一、二等户,属于地主;但也常将三等户列为上户,称为上三等户。三等户在多数情况下被称为中户,属于中小地主及富裕农民,由于各地划分标准不一,有时也将二等户列为中户。四、五等户称为下户,包括一般农户及地少而需佃种部分土地的农户。按政府的规定,两税的支移、折变及和买、科配等应是先富后贫,差役也是按户等上重下轻,上户承担重役而下户承担轻役,赈灾时也是先赈下户或免税。但在实践中往往是上户与官吏相勾结将各种赋役转嫁给中下户。上户在主户中所占比重极小,却占有耕田总数百分之八十五左右的土地。主户中的下等户大都是自耕农或半自耕农,占有一二亩,三四亩或几十亩左右的土地,有些虽无耕地但有房基一类的土地。自耕农、半自耕农在宋代总户口中占的比重极大。张方平在宋仁宗庆历元年曾经指出:

　　天下州县人户,大抵贫多富少,逐县五等户版籍,中等以上户不及五分之一,第四第五等户常及十分之九。①

刘安世在元祐年间《论役法之弊》的奏章中也有类似的估计,他说:"损九分之贫民,益一分之上户。"

有些佃农只稍有一些农具、农蓄,也被列为下户,更有下户丧失土地成了无产户,但户籍簿上未作更正,仍登记为有税户,实际中还须缴纳赋税。到南宋时,自耕农、半自耕农发生了显著的变化。在第五等户中,有税无产的税户大量增加。所谓有税无产,是指下等户中的自耕农、半自耕农在大户、强户的侵蚀下,失去了自己仅有的一点土地,户籍仍挂在原来相应的户等上,照样承担国家的丁税和田赋,宋代文献中经常提到的"产去税存",指的就是这种情况。这种无产税户普遍存在于各地,吕祖谦在宋孝宗乾道五、六年间代张栻所作的《代张严州作乞免丁钱状》中指出,严州第一至第四等户计有10718户,占严州总丁数的9%;第五户等有产税户计有71479户,占58%;而五等无产税户计有40196户,占33%。② 产去税存的现象加重了下等户的负担,激化了下层农民与地主经济的矛盾,这也是两宋统治300年期间农民起义不断的原因之一。

(三) 形势户

一等户中有些特别富有的,如出等户、官户、形势户。被称为极户、无比户、高强户的出等户在元祐元年(1086年)被定为"出等户";早在宋仁宗庆历年间,尹洙在《奏论户等状》中说:"陕西坊郭第一等人户中,甚有富强数倍于众者",应加"推排",将"同等人户家产一倍以上者,定为富强户,三倍以上者定为高强户,五倍以上者定为极高强户",然后按产业多少科率。③ 享有一定特权的官户,也大都在一等户中。官户包括从正一品高官到从九品的小官,如进武校尉、进义校尉都是官户。另外还有形势户的称谓,它包括官户以及州县的公吏和乡村政权头目中的上户,如 现任文武职官,州县胥吏以及保正和耆长、户长等显要豪族。可见,形势户的范围要比官户大,官户是形势户中

---

① 张方平:《乐全集》卷二十一《论天下州县新添置弓手事宜》。
② 漆侠:《中国经济通史》(宋代经济卷),经济日报出版社1996年版,第56页。
③ 同上书,第287页。

的上层部分。据《续资治通鉴长编》卷十二记载:北宋时,官户、形势户和一般主户的户籍不同,官户有仕籍,官户以外的形势户有形势版籍,由通判负责掌管其租税的征收;到南宋时,各县在制作户籍时,专门用朱笔写形势二字以示与其他户籍相区别。

按照宋律的规定,形势户要比一般民户提前半限即15天缴纳田赋,还要承担里正衙前、乡户衙前等重大职役等。所有这些规定,对他们而言,自是上有政策,下有对策,他们自有办法把赋役转嫁给那些地少或无地的佃农。谢方叔在淳祐六年(1246年)的《论定经制以塞兼并疏》中说:

> 小民百亩之田,频年差充保役,官吏诛求百端,不得已则献其产于巨室,以规免役。小民田日减而保役不休,大官田日增而保役不及,以此弱之肉、强之食,兼并浸盛,民无以遂其生。

官户、形势户、由大商人高利贷者转化而来的封建大地主所有者以及其他的大地主,共同组成大地主阶层,其人数占总户口的千分之五、六①,但他们的活动能量是极大的。从两宋三百年土地兼并发展的趋势看,大约形成了三次土地兼并的高潮,这三次高潮都是由大地主阶层特别是其中的管户带头掀起的。这一问题我们会在后面的土地兼并问题中加以阐述。

(四) 客户

宋代客户的情况较为复杂,各个地区之间也存在不小的差别,但共同的特点是,"佃人之田,居人之地"②,"乃乡墅有不占田之民,借人之牛,受人之土,庸而耕者"③,"佃豪家之田而纳其租"④,都是无地的农民。据《太平寰宇记》等的记载,北宋初年客户占总户数的40%;南宋初年是36.15%,到南宋末年又呈上升趋势,达到了40%左右。⑤ 客户是农民诸户等的最底层,在以夔州路为中心的庄园农奴制地区的客户,是地地道道的农奴,而在流行封建租佃制的广大地区则向半农奴方面转化,情况是极不一致的。客户具有农奴身份地位,不仅仅局限于夔州路,凡是前代划定的一些固定身份的人户,多系农奴。如梓州,"州承旧政(指后蜀之政),有庄宅户、车脚户、皆隶州将;鹰鹞户日献雉兔,田猎户岁入皮革"⑥。这些人户都表现了他们同梓州官府的人身隶属关系,此外国家监牧中的马匹主要由兵牧养,但也有一部分由民户牧养,这部分民户叫做"牧户",他们的地位都具有农奴的性质。

佃客在各个地区的身份地位是不同的,经济情况也是有所差别的。从一些文献记载来看,在北宋年间,有的客户已经富裕起开。魏泰的《东轩笔录》卷八记载,氾县有一

---

① 漆侠:《中国经济通史》(宋代经济卷),第290页。
② 李觏:《直讲李先生文集》卷二十八《寄上孙安抚书》。
③ 石介:《徂徕集》卷下《录微者言》。
④ 《资治通鉴》卷二百九十《后周纪一》。
⑤ 漆侠:《中国经济通史》(宋代经济卷),第54页。
⑥ 《宋史》卷二百七十一《郭廷谓传》。

田庄原是酒务官李诚的,因丢失官物以此庄赔偿,此庄就成为了官庄。这个庄子"方圆十里,河贯其中,尤为膏腴",庄上的上百家佃户,"岁纳租课,亦皆奥族","建大第高廪,更为豪民",他们毫不费力地集齐了5000贯钱,为李诚的后代从官府赎回了这个庄子。这说明在佃农中出现了佃富农阶层。在宋代法律上,封建国家也许可佃客垦辟荒地、占有土地。在宋代的垦田令中,多处提到了这一问题。"凡州县旷土,许民请佃为永业","令召无田产人户请射,充为永业",封建士大夫吕大钧也认为,"保民之要",除"存恤主户"之外,还要"又招诱客户,使之置田以为主户"。①

客户只要有了田产,就可以脱离与田主的契约关系,上升为主户,例如在湖湘一带就有这种情况:"(客户)或丁口蓄多,衣食有余,能稍买宅三五亩,出立户名,便欲脱离主户而去。"②湖湘一代是地多人少的地区,客户也许更容易占有一块土地。可是在两浙地少人多的地方也不是没有占有土地的可能性,袁采在《世范》中告诫家人:"不可见其(佃客)自有田园辄起贪图之意。"③就说明了这一问题。客户通过占有土地上升为主户得到了法律的认可,这是封建租佃制下佃客经济发展的必然结果。在宋真宗大中祥符四年(1011年)的一诏令中写到:"旧制县吏能招增户口者,县即升等,仍加其俸缗。至有析客户为主,虽登于籍,而赋税无所增入。戊寅,下诏禁之。"④这虽然是县吏们为升官加俸才把客户析为主户,但却反映了这样的事实:国家法律并不禁止占有了土地的客户上升为主户。在广大佃客中,有众多常年在饥饿线上挣扎的最贫困户。南宋初年陈规在德安举办屯田时,有一项这样的规定:

> 如遇农忙时,一半守御人并就田作时,亦合增支钱粮,如至秋成,所得物斛,于内依仿锄田客户则例,亦合分给斛斗,以充犒赏。⑤

显然,这类锄田客户没有租种到土地,而仅是靠锄田为生,他们的生活较租种他人土地的佃户更没有保证。

二、土地国有制

包括营田等在内的各种形式的国有土地,或者转化为私有地,或者采用封建租佃制,这是唐中叶以来国有土地所有制关系变化的趋势,宋代的国有土地继续发展了这一趋势。国有土地走向衰退,主要原因在于采用落后过时的经济制度,经营管理不善,加之贪官污吏借机加重佃户负担,侵蚀国有土地,使其不仅激起农民的不满,而且引起统治阶层内部的责难。

---

① 吕大钧:《皇朝文鉴》卷一百零六《民议》。
② 陈耆卿:《嘉定赤城志》卷三十七。
③ 袁采:《袁氏世范》卷三《存恤佃客》。
④ 《续资治通鉴长编》卷七十五《真宗大中祥符四年》。
⑤ 《宋会要辑稿·食货》二之一十。

（一）官田

官田在宋代国有土地中占有重要地位，各地学田、职分田往往是从官田中拨充的，一部分户绝田则拨充常平广惠仓田，王安石变法期间曾经变卖以充青苗本钱。宋代仍以土地为官有主要财产，官有土地即是国有土地。宋代在土地私有制充分发展的同时，还保留着部分官田。宋代官田的名目颇多，主要有"官庄"、"屯田"、"营田"、"户绝没官田"、"逃田"等。宋代的土地国有制不占支配地位，只是土地私有制的一种补充形式而已。宋神宗熙宁七年（1074年），共有各种官田四十四万七千多顷①，同时期的全国总垦田为四百四十五万多顷②，官田占全国垦田数的十分之一强。三年后，由于变法派推行出卖官田的政策，官田数量骤减，仅剩六万多顷。③ 南宋时由于连年战争，国家将许多逃绝户的土地收归国有，官田的数量又有所增加，但是由于国家财政频频告急，只得不断出卖官田以救急，所以两宋期间，官田的数量呈不断减少的趋势。截止到宋孝宗乾道二年（1166年），出卖各路没官田产，共收入五百四十多万贯，到第二年，只余价值一百四十多万贯的没官田产未卖④，从绍兴末到淳熙十四年（1187年），共卖过官田七万顷⑤，于是大部分没官田产转化为私田。余下的官田也往往采取官有民营的方式，因此，南宋人吕祖谦说："今世学者坐而言田制，然今天下无在官之田，而卖易之柄归之于民。"⑥如果仅仅从官田的数量和经营方式而言，像吕祖谦那样认为宋代不存在绝对意义上的官田也不无可，但就整个宋代而言，毕竟还存在一定数量的官田，南宋末年，贾似道在两浙、江东西路强买官户和民户逾限之田，每年收入租米六百万石⑦，曾在地主阶层内部激起轩然大波，如果不是南宋迅速亡国，剩余的"公田"也会逐步向私田转化，而且其土地官有民营的运作方式也值得探讨。

宋制，官田的经营方式是诸法并用，或官府直接管理或募民耕垦，采取租佃形式。宋代官田的佃户只招客户，后来允许招四等以下的税户。官田的来源主要有以下几种：一是继承前朝遗留的官有土地。二是户绝田，即由于无人继承而被国家收回的私田，宋对这类田产很重视，特别制订了户绝条贯，王安石变法期间对这一条订得极为严格，"新法：户主死，本房无子孙，虽生前与他房弟侄，并没官；女户只得五百贯"⑧。三是抛荒田，即民户由于战乱灾荒或其他原因逃亡而抛弃荒芜的土地，宋制规定逃亡愈半年者其土地即没入官。四是无主田，称为涂田，即在靠近江海的地方因冲积而成的沙洲和滩涂，这类土地经过百姓的垦辟之后，也往往被官府检括为官田。如熙宁六年两

---

① 《文献通考》卷七《田赋七》。
② 《文献通考》卷四《田赋四》。
③ 同上。
④ 《宋会要辑稿·食货》六十一之三十。
⑤ 李心传：《建炎以来朝野杂记》乙集卷一十六《绍兴至淳熙东南鬻官产本末》。
⑥ 吕祖谦：《历代制度详说》卷九《田制》。
⑦ 《宋史》卷四百七十四《贾似道传》。
⑧ 漆侠：《中国经济通史》（宋代经济卷），第335页。

浙路"根括到温、台等九县沙涂田千一百余顷"①。五是籍没之田,包括由于原户主犯罪而被籍田产,由于经营商业无力承担税赋或借贷市易司钱物无力偿还而用作抵偿的田产等。籍没之田,包括逃亡五年以上和绝户的荒田,以及私人因获罪被没收的田产;(绝户是指没有男系子孙后代的农户)籍没的没官田,主要来自官吏犯赃、劫盗停赃而拘收籍没的田产,人户违法交易的田产,亦经常籍没入官;大臣处极刑,其田产亦没官。这些土地是已耕的或未耕的熟地或荒地,北宋初期,人口流离死亡者众多,大量的逃田和户绝田被籍没为官田。南宋时期,战争不断,农民不得不经常迁徙,死亡人数很多,尤其是战场的焦点所在,两淮、荆襄地带更是有大量的荒芜土地。所以两宋初期,官府曾掌握过数目较多的公田,其主要经营模式包括:

1. 屯田法。屯田是官田的经营方式之一,是历代相沿的土地制度。北宋初期继续主要实行传统的军兵屯田,为的是"转饷可省,兵食可足"。北宋时,河北、河东、陕西沿边州军及熙河等地,都有军兵屯田。天禧末,全国共有屯田四千二百余顷。河北屯田,岁入无几,熙宁四年(1071年)因考虑到即便是丰收之年,其费用仍大于收入,于是将其地全部募民租佃。江淮、两浙屯田,即唐末五代的内地屯田,多已与民租佃,因此所谓军屯也已名存实亡。南宋初,与金邻近的淮南、京西、湖北、陕西、四川等地屡遭兵火,地多荒废,于是广置屯田,有军屯,亦有民屯。绍兴末至乾道年间,又由于入不敷出,两淮、江东、湖北和西川,关外诸州的军屯,大多改为以其地召民承佃纳租。

2. 营田法。营田也是官田的经营方式之一,是国家以土地所有者的资格大量出租土地的一种制度,其出租方式有和耕、出租、募人耕种等;屯田以兵,营田以民,两者本有不同。"缘营田与屯田不同,屯田系使军兵耕种,营田系招募百姓耕种,逐年将收到子利,依营田司元降指挥,除种子外,官中与佃客作四六分分,官得四分,客得六分。"②分成的比例也有记载说:"收成日将所收课子,除椿出次年种子外,不论多寡厚薄,官中与客户中停均分。"③咸平中,襄州营田,不仅单用民力而且动用各州军兵,这就是一种合耕制。熙宁、元丰年间,屯田边州,当地人口稀少,不限兵民,"唯求给用",不再讲求军屯或民屯的具体形式。可见,北宋以来,营田和屯田已基本混同,名异实同。

宋代的公田除绝大部分以屯田或营田的方式经营外,还有一部分要出卖。国家为了增加收入,对于籍没的土地首先是出卖,所谓"籍没则鬻之"。南宋时由于军费开支日增,国家财政困难,更是经常以出卖公田来解燃眉之急,设专官管理卖田事宜,有时居然强迫农民买田。当官田田租过低,达不到政府的期望时,宋政府往往采取出卖的政策。宋初因"福州官庄与人户私产一例止纳二税",较其他官庄地租低得多,如果"别定租课,增起斗升",又担心"经久输纳不易"④,最后还是在天圣四年(1026年)按2至

---

① 《续资治通鉴长编》卷二百四十八《熙宁六年十二月辛卯诏》。
② 《宋会要辑稿·食货》三之一十三。
③ 《宋会要辑稿·食货》六十三之一百零一。
④ 《宋会要辑稿·食货》一之三十三。

2.5贯的价格出售。① 南宋年间官田也是忽而出卖忽而"住卖",当大批官田被品官形势户占佃,政府官租日减的情况下,出卖官田的论调就充斥朝野,当官田售价太低,不如收租有利时,"住卖"的议论就又受重视。

（二）职田

职田是用作官吏在职补贴的官田,亩数以差遣为别。按宋代官制,差遣为官员所任的实际职务,如知州、知县之类,有时亦简称职。职田本是自古以来历代相沿已久的制度,职田的本意是用以养廉,因取其"圭洁之意",也称作"圭田"。至五代时废,宋真宗咸平二年(999年)始又设职田,但与历代职田相比较在经营方式上所不同,宋以前的职田以徭役的方式来经营,所谓"籍而不税",至宋变为招租承佃,随二税输租,免二税及沿纳,官府与佃户各得收获之半。"籍之言借也,借民力治公田,美恶取于此,不税民之所自治也。此皆历代故事,令文旧制也。今三司建议,但系官水陆庄田,据州县近远,并充职田,召人佃时,所得课利,随二税输送,置仓收贮,依公使钱例,上历公用。"② 宋仁宗时曾废止职田,但二年后又恢复。北宋末年和南宋时,又多次拘籍职田,按统一收租、按职均给田租等分配方式给各级官吏。职田并非官吏的私有土地,但是职田地租是其俸禄的一部分,故贪官污吏常非法多占,以重租、折变等侵渔佃户,各地职田数多不符合规定,甚至有无职田而令民纳租的怪事发生。据建炎(1127年)一诏书记载:"应州县官系职田,访闻多系实无田土,抑令人户输租。"③

到庆历三年(1043年)对职田作了一些调整,有关职田的制度逐步完备。其内容主要如下:第一,各地职田是"以官庄及远年逃田"作为来源的,所有职田"悉免其税",即不需承担国家赋税。第二,职田只允许客户租佃,不允许召佃主户,如天圣元年诏:"天下职田,无令公人及主户租佃,召客人者听。"④职田实行租佃制,佃户"以浮客充,租课均分,如乡原例"⑤,即实行对分制。第三,根据官阶的高低,地方官有数量不等的职田,宋代法律不允许多占职田,同时禁止无田而征收租税,违者以枉法论。宋庆历年间,下诏限制职田,明确了各级官吏占有职田的数目:

> 知三京藩府二十顷;转运使、副总官、总官、知节镇十五顷;知徐州及广济永康等军路十顷;转运判官、监事官、通判等八项;知徐军及监并通判七项;满万户县令六项;满千户县丞三项五十亩;不满五千户县尉拔籍二项。⑥

但在实践中官吏多不守此规定。第四,职田田租是由现任官享用,可是由于官员们到任去职在时间上的不衔接,从而引起他们之间的争议。针对这一问题,胥偃提出

---

① 漆侠:《中国经济通史》(宋代经济卷),第436页。
② 《宋会要辑稿·职官》五十八之一至二。
③ 《宋会要辑稿·职官》五十八之二十三。
④ 《续资治通鉴长编》卷一百《天圣元年七月戊寅诏》。
⑤ 漆侠:《中国经济通史》(宋代经济卷),第340页。
⑥ 同上。

如下建议:"天下圭田初无日月之限,争者稍众,偃请限水田以四月终、陆田以三月终,因著为令"①,即水田以四月的最后一天、陆田以三月的最后一天为交接日期。

宋代全国各地职田存在种种差异。有的地方的小官甚至得不到职田,如北宋时昆山县的监酒官就没有职田,后来从县令主籍主尉职田中均出一份;而且各地的职田田租极不均匀,有的地方高达九百斛,有的不过二三十斛,而两广、福建等路许多州县则没有圭租。② 由于各地圭租的肥瘠不同,地方官争着去圭租优厚的地方,在圭租较少或没有的地方,官吏自会另开生财之道,如在福州,无职田,却强迫百姓缴纳圭租,"圭田古有之,今或无田而责其租"③。针对这种情况,政府在绍兴年间对职田作了补充规定:"职田虽堪耕种,而强抑人户租佃,及佃户无力耕种不令退免,各徒二年;遇灾伤已经检放,或不堪耕种,无人租佃,而抑勒乡保邻人陪纳租课,并计所纳数坐赃论罪,轻者徒二年;非县令而他官辄干预催佃自己职田者杖一百。"④这也反映职田为祸深矣,不得不引起国家的重视。总之,两宋三百年间,职田一直是贫苦佃客的沉重负担,职田的租课往往要重于其他租课,其方法多种多样,以斗折变以加重盘剥就是其中之一,所谓"圭田粟入以大斗,出以公斗,获利三倍"⑤。

(三) 学田

宋代以"崇儒右文"作为其基本国策之一,所以对学校教育是极为重视的,为此专门拨出一部分土地即所谓的学田,以供应学生日常生活之用。所谓"上自太学下至郡县学莫不教且养也"。学田就是随着宋代学校教育的发展而发展起来的一项国有土地。宋仁宗时,始赐国子监学田五十顷,又累诏州郡立学,赐学田五至十顷,熙宁四年(1071年)定以十顷为额,不足的增加。宋徽宗大观三年(1109年),全国学田总数共105990顷。多以常平户绝田拨充,亦以没官田、寺院常住绝产田拨充。召人承佃,收取地租,学中自置仓廪贮藏。南宋初改由提刑司收管,大部分被国家移用,绍兴十三年(1143年)又恢复了学田。

乾兴元年(1022年),兖州知府在孔庙中建造学舍,召纳学生,请求政府给田十顷充作学粮,自此以后,诸州县纷纷建立学校。从《长编》有关记载来看,宋仁宗一代约30余州都建立了州学,得到了赐田。王安石变法时期进一步发展了学校教育,学田也随之扩大,宋神宗熙宁四年(1071年),"诏诸路置学官,州给田十顷为学粮,原有学田不及者益之,多者听如故"⑥。北宋一代垦田数至少在700万至750万顷之间,学田总数在105990万顷左右,因而学田当占垦田总数的116%至1.31%,在国有土地诸形态中

---

① 《隆平集》卷一十四,转引自漆侠:《中国经济通史》(宋代经济卷),第341页。
② 《宋会要辑稿·职官》五十八之一十八。
③ 李弥逊:《筠溪集》卷二十四。
④ 《宋会要辑稿·职官》五十八之二十四。
⑤ 《宋史》卷三百四十《吕大防传》。
⑥ 《续资治通鉴长编》卷二百二十一《神宗熙宁四年庚寅诏》。

是土地最多的一项土地制度。① 南宋地处南方，境域较狭，但学校教育继续发展，学田自然有所增加，特别是在南宋经济发达的一些地区，州县学田往往成倍增加，大大超过了原来的5顷、10顷的规定数额，如福州的学田有田7678亩、园地山林12545亩、田园沙州1750亩②，超过初建时的十余倍。

学田的来源主要是从国有的土地如户绝田、废寺院田产、没官田以及牧马草地拨转过来的，除此之外，也有一小部分学田来自官僚绅士的捐献，另一重要来源是由官府（主要是地方官府）拨款购买，而且购买的数量是惊人的。如宋仁宗年间，湖州学田原有500亩，因"频湖多潦，岁入无几"，不足以养士，又购买了719亩好田充作学田。③ 许多著名的州县之学，除占有学田外，还建筑了大批房舍，租收"房廊钱"充作学校的费用，"房廊钱"的收入也是建立在土地的基础上。宋仁宗时的青州学是由宰相王曾筹建的，在30顷赐田之外，又建筑房屋120间，年收31万钱。④ 因之，房廊钱也是州县之学的一笔重要收入，从学田的来源分析，也可以看出宋代土地也有私有土地转化为国有土地的现象。但是官僚豪族在土地兼并的过程中对各类国有土地垂涎三尺，其中对学田的"侵佃"尤胜。仅在苏州一地，"豪户陈焕陈焯倚势强横"，自嘉定二年（1209年）即冒占苏州学府1000多亩学田，"盗收花利一万三千余石"⑤。为了抵制兼并，确保地租的收入，宋代建立了一套较为完备的土地制度，各州县官府设立专吏管理学田。其主要内容如下：第一，学田建立了砧基籍，把学田的田亩数量以及田段"四至"登录下来；并派甲头分别督促各地段的"学粮"（即学田的田租）。第二，与其他国有土地一样，学田也是让无地的客户租佃耕种，可是从许多学田碑的记载看，学田往往被官僚豪绅及其干仆租佃出去，从而出现了二地主、佃富农阶层。第三，在学田制中，以实物和以货币为形态的定额地租得到了发展。

在两宋三百年间，学田制是值得肯定的一种国有土地形态。宋代科学文化之所以得到了前所未有的发展，之所以居当时世界的最前列，同宋代学校教育的发达有着密切的关系，而学田是学校教育发展的物质基础，宋代学田制度历元明清三代而不衰，中国教育的发展一定程度上得益于学田制。

三、寺院土地所有制

在宋以前的历史上，寺院几度盛衰，后周时下令废除大批的寺院，迫令僧尼还俗，同时还对出家剃度作出严格的限制。所以到宋初时，寺院有极其明显的衰落，尽管这样，宋代的寺院仍然占有众多的土地。在两宋三百年中，寺院到底占有多少土地呢？据漆侠先生的分析："福建路开看，福州寺院占田，为70多万亩，占当地垦田的17%；漳

---

① 漆侠：《中国经济通史》（宋代经济卷），第348页。
② 梁克家：《淳熙三山志》卷一十二。
③ 顾临：《湖学田记》，载吕祖谦《宋文鉴》卷八十三。
④ 石介：《徂徕集》卷下《青州州学公用记》。
⑤ 《江苏金石志》卷一十五《给复学田省札》。

州最多,占当地垦田的 6/7。依此而论,福建路寺院占田约为该路垦田 30% 至 40%,约为三五万顷之间。两浙路寺院占田少于福建路,从庆元府台州寺院占田估计,当不少于两万顷。加上其他各路,北宋寺院占田约在 15 顷上下,南宋当在十一、二万顷左右,占全国垦田(北宋时)的 2.15% 左右。"①所以,宋代寺院土地在社会上占有重要的地位,尤其是在福建、两浙等寺院集中的地方。

宋代的寺院主要由以下几个途径获取土地:

第一,皇室赏赐。宋真宗、宋徽宗都崇尚道教,曾对杭州洞霄宫有赐田,"祥符中赐仁和田十有五顷,除其租,政和中易赐青田千顷"②。宋仁宗、宋神宗、宋理宗时又多有赐田。其中淳祐年间赐临安显慈集庆教寺田 18200 亩有奇,山 17090 亩有奇,缗钱 20 万缗③,数量实属可观。

第二,私家布施。这类布施尤为广泛,从文官武将到一般百姓都曾向寺院施舍田产财物,田亩的数量从一亩到千亩不等。北宋时一般百姓向寺院布施还多少有些限制,所以多托以官司姓名,到南宋时,似乎没有这个限制了,人们可以随意布施。如薛纯一曾将"山阴田一百亩,岁为米一千三百石有奇",舍给绍兴府大能寺。④

第三,寺院通过种种不正当的手段兼并大量的土地。有时他们依附于权贵,强占田地,如宋仁宗时,长沙海印"出入章献太后家","多识权贵人,数挠政违法,夺民园池,更数令莫敢治"⑤。有时他们与世俗豪族互相勾结,伪造田券,占夺田地,如嘉定年间,嘉禾的一些学田多被隐占,"其最甚者六和塔冒据之田,初院僧诱冠顾氏取其田四百六亩,虚立贱买约券","僧与胥为市,乘罅去籍"⑥。

第四,凭借雄厚的货币力量大量购买土地。乾兴元年(1022 年),宋政府下令:"禁寺观不得市田"⑦,对寺院兼并土地形成了很大的限制。但是在从宋徽宗时期开始,情况发生了变化,在整个全国土地兼并的影响下,限制寺院买田的禁令越来越失去效用,有实力的寺观大量地购买田产,如宋宁宗时,临安净慈寺在可宣主持下,"市田千亩"⑧。

为何宋代的寺院也能成为土地兼并中一股重要的势力,寺院经济虽经打击仍在发展? 其中一个重要的原因是宋代国家赋役的沉重,迫使许多农民携带田产向寺院投靠,从而造成寺院经济的膨胀。宋仁宗时的赵州,"避役者或窜名浮图籍,号为出家,赵州至千余人。州以为言,遂诏出家者须落发为僧,乃可免役"⑨。从这道诏令我们可以看出,有些人钻法律的空子,并不真的落发为僧,只是为逃避繁重的赋役而携带家产以

---

① 漆侠:《中国经济通史》(宋代经济卷),第 315 页。
② 洪咨夔:《平斋文集》卷九《洞霄宫赐田记》。
③ 施谔:《淳祐临安志辑逸》卷二。
④ 陆游:《渭南文集》卷一十八《能仁寺舍田记》。
⑤ 范镇:《东斋记事》卷三。
⑥ 钱抚:《复学田记》,载徐硕《至元嘉和志》卷一十六。
⑦ 《文献通考》卷四《田赋四》。
⑧ 喻谦:《新续高僧传四集》卷四十九。
⑨ 漆侠:《中国经济通史》(宋代经济卷),第 316 页。

求寺院庇护。宋代严禁私自剃度,所以要想出家必须购买"度牒",它是有祠部印成,准许落发为僧的合法证明书,由绫纸制成,价格相当昂贵。宋神宗时,一道度牒为130贯,到南宋时,一度涨到512贯,即便是这样,僧道的数量仍在激增。赵瓯北曾对此有过评价:"据此则一得度牒即可免丁钱、庇家产,因而影涉包揽,可知民所以趋之若鹜也。"①宋人之所以出高价购买度牒,福建路一带之所以成为僧道最多的地方,原因之一也在于他们把剃度为僧作为维护其产业的方法之一。

四、对公私土地所有权的法律保护

宋代与隋唐一样,就其土地所有权的主要形态而言,有国家所有权与私人所有权,有所谓的公田(官田)与私田之分。宋代法律同唐律一样,对土地所有权是严加保护的。宋代的基本法典《宋刑统》中有关土地的法规严格禁止盗耕公私田:

> 盗耕种公私田者,一亩以下笞三个,五亩加一等。过杖一百,十亩加一等,罪止徒一年半。

盗罪分窃盗或强盗两类,如果是强行耕种,则罪加一等;耕有荒有熟,如被窃耕的田地,原来已经荒芜则减罪一等。还禁止"窃耕人墓田",或"窃葬他人田"。如果是伤他人坟者,则徒一年,葬他人田者,则令移葬。

（一）强调对公田的管理,防止其私有化

宋初,由于采取"不立田制,不抑兼并"的政策,土地集中的现象非常严重,更有些官吏利用职务之便将公田私有化,影响国家的财政收入及军饷的来源,于是宋代几次下诏限田。

景定四年(1263年),殿中侍御史陈尧道、右正言曹孝庆、监察御史等上书言廪兵、和籴、造楮之弊:

> 乞依祖宗限田议,自两浙、江东西官民户逾限之田,抽三分之一买充公田。得一千万亩之田,则岁有六七百万斛之入可以饷军,可以免籴,可以重楮,可以平物而安富,一举而五利具矣。②

绍兴二年,春正月……丁巳,右司谏方孟卿言:

> 近权户部侍郎刘约请推祖宗限田之制,凡品官占田数过者,科敷一同编户。今郡县之间,官户田居其半,而占田数过者极少。自军兴以来,科需与编户一同,若以格令免科需,则专取于民,必至重困。臣谓艰难之际,士大夫义当体国,岂可厚享占田之利?又况富商大贾之家,多以金帛窜名军中,侥幸补官,及假名冒户,

---

① 赵翼:《廿二史札记》卷一十九《度牒》。
② 《宋史》卷一百七十三《食货上一》。

规免科需者,比比皆是。①

(二) 保护土地私有权

尽管宋代几次颁布限田令,但是宋代土地的私有化却是一股不可逆转的潮流,所以宋代法律对土地私有权还是充分肯定的。

第一,通过"输钱印契"的方式确认私有土地所有权,管理土地交易。《续资治通鉴长编》卷六载太祖开宝二年(969年)九月诏:

> 初令民典卖田土者,输钱印契。

所谓"输钱印契"即类似于现代房屋交易过户的手续,它要求必须到国家专门的机关去办理。只有经官府印押的红契,才是买主取得所有权的合法凭证,也是涉及土地诉讼的主要依据,亦有公证的性能。

由于宋代法律对地主土地私有权的保护,所以那些过去典卖土地而没有经过"输钱印契"的买主,为了取得官府在法律上的认可,纷纷补办手续。如秦州官府在真宗大中祥符九年(1016年)三至四月间,受理州民申请自"开宝以后未税契者",要求"标正户籍"的有一千七百余件,官府发给"印契"后"民悉无讼"。②

第二,允许私人对土地侵权行为提起诉讼。宋代有关田土的诉讼很多,官府对其并未采取压制态度。在《名公书判清明集》和《宋会要辑稿·食货》中多有记载,例如:

> (高宗绍兴)十九年十二月十三日,权尚书户部侍郎言:……如被上户侵夺田土之人,仰赴官陈诉。若干当人系白身或军人,即仰依条重行断遣。如有官人即同形势官户人家,并具情犯姓名申朝廷,依法重作施行。州县观望,不为受理,仰监司按劾。其四川、两浙东西、两广、福建、京西路亦乞依此,从之。

有些个人因为战争或其他原因,弃田离乡,官府在一定时间范围内仍旧保护他们对这些土地的所有权。如果他们在官府规定的期限内归来认领,官府在仔细检查了契状、户钞、文簿等书面证明后,归还其原耕地。

宋代法律禁止官吏依仗权势侵占私人田地,违者治罪,如侵占的是果园或蔬菜地之类,则罪加一等。但结果是这类限田令"未几即废",原因是那些"任者终以限田不便"③。

(三) 禁止重叠典卖土地

宋代严守田土一物一主的原则,视重叠典卖土地为违法行为,重叠出典人及知情担保人都要受到严惩。宋律规定:

> 交易诸盗及重叠之类,钱主知情者,钱没官,自首及不知情者,理还。犯人偿

---

① 《建炎以来系年要录》卷五十一。
② 张晋藩、郭成伟:《中国法制通史》(第五卷),法律出版社2001年版,第351—352页。
③ 赵晓耕:《宋代官商及其法律调整》,中国人民大学出版社1991年版,第45页。

不足,知情牙保均备。①

据《名公书判清明集》卷九记载,南宋理宗淳祐元年,王益之将园屋、地基典卖给徐克俭后,又典卖给舒某,舒某家执有园屋、地基的上手干照,即王益之产业原来的契约凭据,徐克俭家批有关书,关书是标明物业亲邻关系的文书,同时徐克俭家有王益之父王元喜典契一张,官府疑其有假,及传到出产人、牙人(担保人)及见知人时,王安然等人供此契的确为真,王益之将物业典卖给徐克俭之后,因欠王规酒米钱一百贯,辗转起息累积到三百余贯,逼令王益之写下典契,舒某实是王规的假名。王益之为高利贷所迫,不得不将家业重叠出典,但宋律规定:"典卖田地,以有利债负准折价钱者,业还主,钱不追。"王规与王益之的田土交易是违法的,所以判令屋业当还原典主徐克俭。又据宋法:"诸以己田宅重叠典卖者,杖一百,牙保知情与同罪。"王益之重叠典卖,牙人陈思知情,二人均各勘杖一百。《名公书判清明集》卷六记载的另一重叠交易案中,孙斗南将园地重复出卖,落了个从轻发落尚被勘杖八十。民事违法行为要用杖刑这样的刑罚来制裁,可见其惩罚强度之大。

第三节 宋代的田赋管理制度

宋初的二十年间是改朝换代创业时期,尚未形成具有宋代特色的土地赋税制度,基本是沿用唐制,到王安石变法,实行方田法,才逐步形成了代表宋代的田赋制度。

一、宋初两税法

宋初针对官田民田两种不同的耕地,其所课的赋税也分为两种:其一是课于官田者为官租或租;其二是课于民田者为赋或税。官田的税率是十取五至八,民田税率是十取一,因此,官租重于民赋。宋初,地籍混乱,土地兼并,田赋收入锐减。农民多逃亡移居他处或沦为佃农。

宋代两税法征收方法有两种,一是通常的方法,即在本地官府缴纳规定的实物;一是变通的方法,即支移和折变。民户将田赋由应交纳地点改为输往其他地方,实际是服力役;最初只实行于西、北边境,最远不超过300里,称为支移。元祐二年(1087年),改为一、二等户300里,三、四等户200里,五等户100里,不愿支移的交纳"道里脚钱",后又在不承担支移的地区也征收道里脚钱,多的达到正赋的三分之一以上。北宋末年,已规定"道里脚钱"随田赋两税交纳,正式成为田赋的附加税。

折纳是指将田赋的谷帛与钱互相折抵,或将谷粟与布帛相互折换,也可先将甲物折变为钱,又将钱折变为乙物,再将乙物折变为钱,以此类推,也称为折纳。在折变的过程中,朝廷利用抬高或降低物价的手段,千方百计变相加赋,以致实际交纳数是正常

---

① 郭成伟、肖金泉:《中华法案大辞典》,中国国际广播出版社1992年版,第410页。

赋额的二倍以上。所谓"古者赋租出于民之所有,不强其所无,今之为绢者,一倍折而为钱,再倍折而为银"。银愈贵,钱愈难得,谷愈不可售,使民贱粜而贵折,则大熟之岁反为民害。①这反映了南宋绍熙元年(1190年)的折变情况。

二、方田均税法

方田均税法是北宋丈量土地,重定税额的一种措施。宋代受田、限田在实际中根本行不通。针对长期以来地权与赋税地籍混乱,有地无税、地多税少、地少税多以及无地有税的现象,宋仁宗时,始用千步方田法对个人所有的土地进行一次全国性的测量,希望减少赋税不均的现象。关于当时为什么要推行方田均税法,曾有这样的说明:

> 爰自井田一变,阡陌代兴,所谓田者,人使得贸之,贫者冀速售,则薄徙其税,富者欲邀利,则务低其直。税移而簿存,故地虽去,而赋益重;偿直既少,故地愈广,而赋愈轻,此天下之公患也。②

时郭谘和孙琳用千步方田法清查名州肥乡县(今属河北)等处的民田。庆历三年(1043年),政府推广此法,在亳州(今安徽亳县)、寿州(今安徽凤台)、汝州(今河南临汝)、蔡州(今河南汝南)实施,不久废罢。为解决田赋不均现象,宋神宗时熙宁五年,王安石主持变法时颁行的《方田均税条约并式》,基本是以郭谘的千步方田法为蓝本,在北方大部分地区实施。

方田法是以纵横各一千步为一方丈量,设大、小甲头,召集一方人户,令各认本户田亩,官府按田地肥瘠分等定税,并建造方账、庄账、户帖和甲帖作为存案和凭证。

方田制的均税方法有以下几个要点:第一,依田地种类,土色和肥瘠,以确定土地的等级,决定土地税则,肥沃良田税重,贫瘠之地税轻。第二,为鼓励人们开垦极其荒芜之地,从事植树造林等对整个农业发展有益的但短期又很难见收益的产业,如开发山林、陂塘等行为,可以免税。第三,各县税额都以额定数为限,因为以前收税,常有浮收的情况,凡畸零之数,依例"赶进",即用四舍五入的方法,如米不足合而收为一斤,绢不满十分而收为一寸,因此以往的实际征收数都较额定数要多。方田均税法的改革,去掉了"零数赶进"方法,严禁收取超过额度的浮数。

就性质而言,方田均税法是整理田赋的一种法律制度,包括整理田籍和平均赋税两项。其目的是平均农民负担与增加财政收入。因此,它既是新田制又是新税制。从神宗熙宁五年开始的方田均税法,到哲宗初,罢方田均税法;徽宗时,时行时废,崇宁三年,又在京西京北两路继续推行方田制;但到宣和二年就完全取消了方田均税法。据统计,元丰年间天下的垦田数,约计为四百六十一万六千五百五十六顷,约计测量完毕

---

① 《宋史》卷一百七十四《食货上二》。
② 李新:《跨鳌集》卷二十一《上杨提举书》。

的土地为二百四十八万四千三百九十四顷,仅完成了半数。① 这说明即便是在方田均税法较为盛行的神宗时期也未能在全国范围内推行。

就方田均税法失败的原因而言,主要有以下几个方面:第一,宋代始终没有一个统一的固定的土地赋税制度以供遵循。第二,宋代朝廷内一直有新旧两派之争,方田均税法遭到上层保守派的强烈反对。第三,州县地方官吏,举措不当,贪墨成风,在执行方田法的过程中,官吏变相加重百姓负担,降低了人民对此法的支持度,总之,吏治的不良严重地影响了国家法律的贯彻执行。第四,方田均税法对以前有地无税或地多税少的大地主不利,遭到有势力的大地主的阻挠。

三、青苗法

青苗法也是王安石推行新政的举措之一,颁行于熙宁二年(1069年)九月。它主要是对常平仓法进行了改革,故也称常平新法。所谓青苗法,就是现在的农业贷款。在播种季节,国家贷钱于民,解决其农业生产资金紧张的困难,到秋收时还本付利,目的是为了减少农村高利贷,救荒济贫,抑制土地兼并。所谓"使农人有以赴时趋事,而兼并不得乘其急"②。

据三司条例司的呈述及《宋史·韩琦传》所载,其具体作法如下:常平仓将所储备的现款,在秋夏农作物未收获前,根据当地的物价,制定预支每斗的价格,公告农民申请借贷的条件和方法。第一,不论户等高下,凡申请贷款者,十户为一保,由第三等户以上有物力户充当甲头,佃户请贷与户主合保。第二,不愿请求贷款者,政府不强制放贷。第三,量人户物力以定钱数多少,如河北第五等户和客户不超过一贯五百文,第四等户三贯,第三等户六贯,第二等户十贯,第一等户十五贯。第四,借贷粮食的,以当时的粮价折算出钱数,到还贷时,在原数之外加收二分或三分的利息。第五,夏季贷款(即夏料)在正月三十日以前贷放,秋季贷款(即秋料)在五月三十日以前贷放。按照熙宁二年九月的设置,在各路有提举官一员,由朝官充任;管勾一员或二员,由京官充任;开封府专置一员,全国共有四十一人。到熙宁七年,为防止官吏在办理青苗贷款的过程中违法贪墨,在贷款数额较大的县专门设主籍一员,各路共约五百人。青苗法到元祐元年,司马光为相时废除,共施行了十六年。

就立法意图而言,青苗法是很好的农村金融法律,如能贯彻始终,是会对开垦农田、抑制土地兼并起到良好作用的。但是实践中,各地在利率问题上常常与法律规定不符,青苗法规定取息二分,实际上许多地区利率都在三分以上,有的甚至高达六分。因此反对青苗法的韩琦说:"详熙宁二年诏书,务在优民,公家无所利其人。今乃乡村自第一等而下皆立借钱贯百,每借一千,令纳一千三百,则是官放息钱,与初抑兼并、济困乏之意绝相违戾。欲民信服,不可得也。"另外还有折算钱粮的问题,借时按当时粮

---

① 漆侠:《中国经济通史》(宋代经济卷),第466页。
② 《宋会要辑稿·食货》四之十六。

价折钱,粮价高,丰收时粮价低,相同的钱数,归还时粮食数量要比借时增加许多。正如反对青苗法的另一代表人物司马光所言:"今以一斗陈米散于饥民,却令纳小麦一斗八升七合五勺,或纳粟三斗,所取利约近一倍。向去物价转贵,则取利移多,虽兼并之家,乘此饥馑取民利息,亦不致如此之重。"①可见在实行的过程中,青苗法渐失其意,也就被废止不用。

四、南宋经界法

两宋田赋制度,北宋以王安石的方田均税法为代表,南宋以李椿年的经界法为代表。经界是南宋丈量土地,重定税额的方法。南宋时,鉴于兵火之后,户籍散失,征收田赋无从稽考。绍兴十三年(1142年),两浙转运副使李椿年上书言经界不正的十大害处,朝廷命其负责此事,设措置经界所。先在平江府(今江苏州)试行,后在全国大部分地区推行。

经界法的具体作法是:第一,测量制图。召集保正、保长、田主及佃客,逐蚯测量,计算面积,确认苗税。以都保为单位画图,图中山川道路,田宅丘段一定要东西相连,南北相照。第二,制砧基簿,将官户民户各户所有的田产从实登记上报,以此与测绘的田图相对照。砧基簿类似明朝的鱼鳞册。第三,派遣官吏按照图纸核实,不得欺隐。

经界法仅实行了八年,开始于绍兴十三年,终止于二十年,即以失败而告终。究其原因有以下两个方面:

第一,豪族巨室的阻挠。在经界法实施过程中,从台监到地方,不少的官僚士大夫对李椿年大加抨击,称经界法引起"士人上书,百姓投状"。王之望经过实际调查后认为,不愿正经界的,形势大户居多。②

第二,各级官吏畏于巨室大户的势力或其本身广占良田,若严格执行经界法,会影响其自身利益,因此在执行经界法时常常阳奉阴违,上下搪塞。李心传曾这样评价绍兴经界:"今州县砧基簿半不存,黠吏豪民又有走移之患矣。"③

第四节 宋代土地租佃制度

唐朝中叶以后,随着均田制的崩溃,自耕农的小块土地所有制受到严重削弱,拥有大量土地的所有者相应增加;同时,私人对于土地的所有权,对于某一土地的占有权和支配权的自由和灵活程度也逐渐提高。宋代官僚地主普遍三世而后衰微,土地兼并日趋激烈,土地所有转移频繁,以及农民的贫困,促使宋代在地权集中的同时,土地的经营采取零星分散的方式。朱熹在福建漳州推行经界法时,针对民间的各色田土指出:

---

① 司马光:《温国文正司马公文集》卷四十五《应诏言朝政阙失事》。
② 漆侠:《宋代经济史》(上册),上海人民出版社1987年版,第425页。
③ 李心传:《朝野杂记》甲集卷五。

"散漫参错,尤难检计。"①宋理宗时,吏人张洪在平江府有田一百六十五亩,分散为三十八段,佃户二十五家。② 这种地权集中和土地分割成零星片段的经营方式,是宋代土地私有制进一步发展,也是宋代租佃关系发展的重要原因之一。

两宋统治的三百年间,社会经济和文化得到了极大的发展。虽然在边缘山区及少数民族居住的地方,还停留在刀耕火种的原始农业阶段,但在较为广泛的地区,农业劳动生产率都超过了以前的任何历史时期,单位面积的产量稳步提高,一般稳定在两石上下(这是唐代的最高产量),在农业最发达的太湖流域产量高达六、七石,桑、麻、甘蔗棉花等经济作物的面积扩大了③,越来越多的农产品卷入市场。商品经济的发展使佃户对地主的人身依附关系相对松弛,这些因素对于发展封建租佃制是极为有利的。

一、租佃制的种类——官田租佃制与私田租佃制

宋代的广大地区除边远山区外普遍实行租佃制,宋代有约一半的土地是私田,有约三分之一的农户是完全靠租种土地为生的佃农,还有相当的农民不得不部分地租种他人的土地,被称作半自耕农。宋代的租佃关系得到了充分的发展,佃农主要由客户组成。唐朝中后期,客户虽有佃户的含义,但主要指非土著的人户、寄居户。到宋代主户客户的划分标准主要是根据对土地的占有关系,而不再根据乡籍了。前面已经述及客户没有土地,靠租种土地生活,但宋代的客户和主户一样,有官方户籍,是国家的正式编户。《徂徕集下·录微者言》载石介言:"乡野有不占之民,借人之牛,庸而耕者,谓之客户。"有田产的主户在宋代被称为地主或田主。

出租土地的地主与承佃土地的农民之间形成较为稳定的租佃关系。在宋代,土地租佃关系要用确定的契约固定下来。宋太宗太平兴国七年(982年)诏令全国曰:

> 诸路州民户,或有能勤稼穑而乏子种与土田者,或有土田而少男丁与牛力者,……令农师与本乡里正村耆相度,且述土地所宜,及其家见有种子,某户见有缺丁某人见有剩牛,然后分给旷土,召集余夫,明立要契,举借粮种,及时种莳,俟收成,依契约分,无致争讼。④

在租佃契约中,一般要写明所租佃土地的类别、四至、面积、地租的数额和形式以及田主和租户姓名等;契约是维护地主和佃户双方权益的法律依据,这是宋代农村租佃关系的重要特征,也是租佃关系趋向成熟的标志之一。当时公私通用的契约形式如下:

> 某里某都姓某,

---

① 朱熹:《朱文公文集》卷一十九《条奏经界状》。
② 《江苏金石志》卷一十七《平江贡士庄田籍记》。
③ 漆侠著:《中国经济通史》(宋代经济卷),第29页。
④ 《宋会要辑稿·食货》六十三之一百六十二。

右谋，今得某人保委，就某处某人宅当何(可)得田若干段，总计几亩零几步，坐落某都，土名某处，东至、西至、南至、北至前去耕作。候到秋成了毕，备一色干净圆米若干石，送去某处仓交纳。即不敢冒称水旱，以熟作荒，故行坐欠。如有此色，且保人自用知当，甘伏代而不辞。谨约。

年　月　日
佃人姓某号约
保人姓某号

官田的租佃制。宋代租佃制的生产关系不仅反映在地主与佃户之间，也反映在职田、学田、屯田、营田等官田与佃户(或屯田军兵)之间。宋淳祐三年(1243年)常州无锡县学添置"养士田"近一百段，客户共五十多家，佃耕田地每段面积多者七八亩，少者仅一角、二角几十步，有的客户一家竟佃耕十多段土地。① 根据宋代政府的规定，耕种屯田或营田的军兵和民户，一般应当以"自愿请佃"为原则。国家向承佃者提供耕牛、农具、种粮、农舍以至工本钱等的，收获物的分配，通常采用实物分成制的形式。军兵佃耕，在扣除第二年种子后，和国家"中停均分"，有的地区开荒第一年甚至全部收获物都给予耕兵。招募庄客承佃屯田或营田的，除提供耕牛、农具、种子和房舍以及借贷工本钱外，还可以免除差役科配，等等。最优厚者，第一年租课全免，岁收谷麦两熟的地区，麦归佃户。

二、地租的形态

在封建社会中，地租形态总是伴随着社会经济的发展而发展，宋代商品经济较为发达，势必对地租形态的发展变化产生影响。与前代相比，宋代劳役地租显著减少，实物地租成为主要地租形态，此外，还存在一些"折钱租"和"钱租"。从整个社会来看，宋代的劳役地租显著减少，这主要表现在宋代的兵役制上，实行募兵制的进步意义就在于取消了国家强加在农民身上的最繁重的劳役——兵役，这是宋代以前农民梦寐以求的愿望。当然，宋代尤其是南宋，还有一种比较落后的佃仆制度，佃仆必须负担沉重的劳役，但这只不过显示了宋代地租形态以及农民对地主的人身依附关系的变化是一个曲折的过程，同时也表明各地区的发展是不平衡的。但是，无论如何，佃仆也已无须对封建国家承担兵役了。

宋代的地租形态主要有三种，即劳动地租、实物地租和货币地租。

(一) 劳动地租

劳动地租是一种古老的地租形式，即租户以一定的劳动作为地租的一部分或全部。到宋代时劳动地租已逐渐减少，特别是在经济发达的地区，劳动地租只是一种辅助的地租形式，主要是为地主家承担一些杂役，如围田、抬轿、负担等。劳动地租(包括

---

① 《江苏金石志》卷一十七《平江贡士庄田籍记》。

封建国家的杂徭在内)这一古老原始的地租形态,在从奴隶制向封建制过渡时期,对社会生产力和封建制的形成曾起过促进的作用,但是到了宋代它已成为一种过了时的地租形态,所以它只在庄园农奴制占支配地位的夔州路这类生产落后的地区占相当的比重或支配地位,而在租佃制发达的广大地区仅作为残余存在了。但是即便在租佃制最为发达的两浙路、江东路等地区,劳动地租仍然残存,如水乡的围田就是封建主加给佃客的一劳役,有人吟诗到:"主家文榜又围田,田甲科丁各备船。下得桩深笆土稳,更迁垂杨护围边。"①此外地主之家的各种杂役也多由佃户负担,这种劳动地租的残余说明了地租发展过程中的曲折性和复杂性。

(二) 货币地租

货币地租是在宋代发展起来的。宋代商品经济比较发达,一些特殊类型的土地,如渔场、沙田芦场、菜圃、桑地等,由于其产品比粮食容易进入流通领域,收获后多在市场上出售,因此地主多以货币形式收取地租。货币地租早在战国时代就已出现,当时以金作为计算单位,但当时它只是一种偶发的经济现象。直到宋代,不论是在地主土地所有制中,还是在各种形态的国有土地中,它才真正发展起来。学田制中货币地租显得最为发达,贯穿于两宋并延续到元代。货币地租的发展是宋代经济关系或者说分配关系中值得注意的重要变化,虽然它占的比重很小。从时间上说,约 10 世纪末,宋代就有了货币地租,宋太宗太平兴国五年(980 年),诏令福州官庄"与人户私产田一例纳二税,除米之外,中田纳钱四文,下田三文七分"②。就官庄的性质而言,它虽然是国有地,但征收固定数量的货币,为数虽然甚微却是货币地租无疑。此后,学田在全国范围内发展起来,货币地租也随之发展,单是郓州学田的货币地租即达百万钱。南宋以来一直到元代至大年间,苏州、绍兴府等地的学田碑文都记载有数量不等的货币地租。③ 这充分说明从时间上而言,货币地租不再是一种偶发现象,而是作为一种经济关系在社会生产中长时期地出现和发展起来了。从地域上而言,在商品生产、货币流通比较发达的广大地区,如福州、漳州、苏州、绍兴府、明州、台州、华亭、昆山、无锡以及建康府的学田无不征收一部分货币地租。这说明货币地租作为一种经济法律关系在社会实际生活中已经扎下了根。从货币地租的征收量上而言,据徽宗大观三年(1109 年)的统计,全国学田总收入是,粮 640291 斛,钱 3058872 缗。④ 说明其在学田总数量中已经占了相当的比重。从货币地租的征收与市场的联系而言,有以下各种地域征收货币地租:砂岸,即"众共渔业"的近海渔场,凡是能够捕捞鱼虾的"茭荡"、"荡"也都交纳货币地租;生长莲藕、菱、茭草、芦苇的"苕地"、"茭封地"、"茭荡"、"沙田芦场"、菜园桑地等以征收货币地租为主。以上这些地域的产品都能转化为商品,投入到各地市场,对

---

① 毛珝:《吾竹小稿》《吴门田家十咏》。
② 《宋会要辑稿·食货》一之二十三。
③ 尹迁:《郓州州学新田记》,载王昶《金石粹编》卷一百三十九。
④ 葛胜仲:《丹阳集》卷一《乞将学书上御府辟雍札子》。

这些类型的土地征收货币地租更进一步说明以货币为形态的地租是商品发展的产物。在地主土地所有制中也存在货币地租,虽然它的发展是缓慢的。王安石于熙宁九年施舍给蒋山太平兴国寺的田产,其中地租包括了"钞二十四贯一百六十二文省"①。上述几个方面说明,以学田为主的各类国有土地对货币的征收已不是偶发的经济现象,而是作为一种新的产品分配关系在社会生活中形成和发展起来了。

货币地租的发展意义非常重大。马克思指出,货币地租"最初只是偶然的,以后或多或少在全国范围内进行的从产品地租到货币地租的转化,要以商业、城市工业、一般商品生产、从而货币流通有了比较显著的发展为前提"②。在江浙一带商品生产、货币流通有了显著发展的前提下,货币地租已从战国时代的偶发性事物发展成为一种社会经济关系了。货币地租的发展需要更多的农产品投到市场,农民因需支付货币地租而同市场有了更多的联系,这就进一步削弱了农民和封建主之间的人身依附关系,反过来又促进了商品经济的发展。

(三)实物地租

实物地租是宋代占统治地位的地租形式,即租户以一定量的实物(主要是粮食)作为地租交给地主;同劳动地租相比,实物地租更适合当时农民基本摆脱人身依附关系的现实,租户也乐于接受。实物地租的计量方式主要有分成制和定额制。在劳役地租减轻的同时,宋代的实物地租确实加重了。官田分成制的比例一般是对分、四六分或倒四六分制。"绍兴十六年,依百姓体例,官给耕牛及种粮的,其所收之物以十分为率,四分给力耕之人,六分官收。"③所谓倒四六分成制是官府为吸引客户耕种营田而采取的一种措施,即官府得四而佃客得六;但由于在这种情况下官府往往任意扩大劳役,佃户实际得不偿失,这种分成办法应用的范围也就不广。当时,凡是国家不提供耕牛、农具等的,大体多采用定额租的方式,其定额比照民间体例,根据土地的数量、肥瘠及地里远近而有差异。"如浙东路绍兴府地区的学田租额,上田为一石三斗至一石五斗,中田为八九斗至一石,下田为六七斗。浙西地区租额更重,上田为一石五斗至二石,中田为一石至一石一二斗,下田为五六斗。"④

1. 分成制

也称为合种制,是租佃制的一种最重要的形式。佃户的生产资料包括土地、牛、种子等,都来自于地主,收获后,"出种与税而后分之"⑤。宋代时,大多数出租土地都按产量的一半收取地租,即对分制,北宋苏洵说:"地主富豪田之所入,已得其半,耕者得其半。"主佃之间的分租比例会因佃客本身经济条件的差异和时间、地区、传统习惯的不

---

① 漆侠:《中国经济通史》(宋代经济卷),第414页。
② 《马克思恩格斯全集》第25卷,人民出版社1974年版,第898页。
③ 白寿彝总主编:《中国通史》,上海人民出版社1999年版,第514—515页。
④ 赵晓耕、刘杨:《中国古代土地法制述略》,中国和平出版社1996年版,第188页。
⑤ 欧阳修:《欧阳文忠公集》卷五十九《原弊》。

同而不同。① 比较对分制以外,有一些地区还有四六分制和三七分制,即佃户要把收成的百分之六十至百分之七十作为地租交给地主。四六分制一般用于没有耕牛的佃户,即佃户在租佃地主土地的同时,还要租用牛,多出的一分地租实际上是牛租。三七分制一般用于没有耕牛又没有种粮的佃户,即佃户用地主的耕牛和种粮耕作。宋代也有专门出租耕牛的,但牛租沉重,有时甚至高于产量的百分之十,所以对佃农而言,倒还不如三七制方便。南宋时,湖北的佃客自备耕牛、农具和粮种,产品的分配为主六客四;借用地主的耕牛、农具和粮种,则为主七客三。② 另外还有一种分成制,把生产物分成五分,地主得五分之四,佃户得五分之一,所谓"田取其二,牛取其一,稼器者取其一,而仅食其一"③。地主通过分成制,表面上只取得佃客土地产品的一部分,但是地主为了扩大自己所得部分,会极力加强对佃客生产活动的直接指挥和支配,所以分成租佃客户对地主的依附关系要比定额租佃制佃客严格一些。

2. 定额制

定额制的地租是从分成制发展来的,多流行于产量稳定的较发达地区,它规定佃客每年向地主交纳一定数量的土地产品,地主不管收成的丰歉,因此地主与佃客的生产活动较少直接联系,佃客的生产活动有较多的独立性。具有独立生产能力且相对较富裕的佃户大多愿用定额的租佃制,其特点是佃户用自己的耕牛、农具、粮种,在租来的小块土地上单独进行生产,产品分配一般采用定额制。地租根据土地的数量、肥瘠及地里远近而有差别。如绍兴六年对江南东、西路及镇江府(属浙西路)的"不成片段闲田","比民间体例,只立租课,上等立租二斗,中等一斗八升、下等一斗五升"④。可见,当时私人之间的租佃关系,地等不同,租额也不同。由于定额制的租额是固定的,佃客增产部分归己所有,因此定额租制佃客对于土地比较愿意多投入生产工本,这就更有利于佃户增加产量,但地主收取的地租数额当与分成制相差不大。所以南宋人熊禾说:"南北风气虽殊,大抵农户之食,主租已居其力之半。"⑤

产品地租在宋代仍然占主导地位,这就说明宋代商品经济虽然有了比较显著的发展,但从全国范围看,占支配地位的还是自然经济。绝大多数农民在较封闭的环境里生产生活,与市场的联系是很少的。一家一户,春耕秋收,把一部分劳动所得的产品作为地租交给地主。从战国秦汉到两宋,佃客与地主之间的关系,便是这样世世代代重复着。马克思说:"产品地租所达到的程度可以严重威胁劳动条件的再生产,生产资料本身的再生产,使生产的扩大或多或少成为不可能,并且迫使直接生产者只能得到最低限度的维持生存的生活资料。"⑥应当看到,产品地租中的分成制有其适应生产力发

---

① 苏轼:《苏东坡奏议集》卷二《论给田募役状》。
② 王炎:《双溪类稿》卷一十九《上林鄂州》。
③ 陈舜俞:《都官集》卷二《厚生一》。
④ 《宋会要辑稿·食货》六十三之一百零六。
⑤ 熊禾:《熊勿轩先生文集》卷一《农桑辑要序》。
⑥ 《马克思恩格斯全集》第25卷,人民出版社1974年版,第897页。

展性质的一面,在耕地面积较大,农业生产技术较为先进的地方,对分制还是可以或多或少地扩大再生产的,尤其是倒四六分制,佃客在分配中多得一成,全部可以投到生产中,有利于生产的发展。

3. "折钱"租和钱租

定额租的租额因其固定不变,在商品经济发展的影响下,易于向货币地租转化,折钱租是由实物地租向货币地租转化过过渡的一种地租形式,它与钱租一样都属于封建地租的范畴。在郑文融的《郑氏规范》中有比较详尽的有关折变的家规:

> 佃人用钱货折租者,新管当逐项收贮,别附于簿,每日纳家长。至交代时,通结大数,书于总租簿,云:收到佃家钱货若干,总结租谷若干。如以禽畜之类准折者,要付与旧管支钱入账,不可与杂色钱同收。①

"佃人用钱货折租",即后代所谓的"折租",折租是产品地租向货币地租转化的一种过渡形态的地租,虽然表现出不稳定性,但已经属于货币地租的范畴了,既然作为一条家规,让后代子孙遵守,折租也并不是一种偶发现象了。北宋就一度因官员建议,规定"职田租课并折纳见钱,以利佃户"②。南宋孝宗时,也下令职田佃户交纳租米时"折纳价钱"③。但是实践中折钱租往往被地方官员利用来加重对佃客的剥削。宋高宗时,江西、湖广米价每斗数十钱,职田米却令折价到三、四贯④,或者所折价钱高于本色三四倍⑤,从而成为佃客的又一额外负担。钱租在宋代并不普遍,主要在一些经济作物地段,如桑地、沙地、园地等地段实行。王安石在江宁府上元县的荒熟田产,每年除收租米、小麦、柴等实物外,还收钱五十四贯一百六十二文省⑥。宋高宗时,绍兴嵊县学田中桑地一片,每年收"租钱"三贯,"桑叶钱"七百文。⑦ 广州也有一部分学田,按土地质量分为三等,只收取钱租。⑧ 福州的全部学田和职田,包括园林、屋基等,除征收租米外,也征收"租课钱"⑨。宋代的钱租的分布地域主要在两浙、江西、江东、广东、福建等经济较为发达的地区,而且主要是在官田和经济作物地段,由此可见,钱租是这些地区商品经济发展的产物。

三、铲佃与永佃权

铲佃也称夺佃,是一种借以剥夺佃客租佃权的手段,或者迫使旧佃户离开,另与新

---

① 漆侠:《中国经济通史》(宋代经济卷),第415页。
② 《宋会要辑稿·职官》五十八之二十二。
③ 《宋会要辑稿·职官》五十八之三十。
④ 《建炎以来系年要录》卷一百八十七《绍兴三十年十一月庚辰》。
⑤ 《宋会要辑稿·职官》五十八之三十。
⑥ 王安石:《王文公文集》卷一十九《乞将荒熟田割入蒋山常住札子》。
⑦ 杜春生:《越中金石记》卷四《嵊县学田记》。
⑧ (清)陆增祥:《八琼室金石补正》卷一百一十五《广州赡学田记并阴》。
⑨ 梁克家:《淳熙三山志》卷一十二《版籍类三·职田》。

佃户订立租约,或者迫使旧佃户修改租约,由此达到提高租额的目的。宋代以前,国家一般直接把土地交给自耕农使用,征发赋役。到宋代,国家仿效地主出租土地而收取租课的办法来经营官田。为提高官田的租额,在佃户拖欠地租时,便召人添租"铲佃",把田产租佃给通过"实丰投状"愿出租课最高的新佃户。所谓"实封投状"是指私人向官府承买酒坊、河渡或承买、承佃官田时,投状自报愿出课利或买价数额,出价最高者与官府成交,类似于现在的投标竞价。此法始于真宗、盛行于神宗,延续至南宋。新佃户绝大部分是一些富豪、地主。宋宁宗时,池州毕家沙的沙田,原由吕仲富、胡彦文承佃,每年交租钱一千七百贯。后因拖欠较多,官府召人铲佃,为税户乔廷臣所佃,每年租钱增为二千零七十多贯。① 可见,富豪、地主之间对官田租佃权的争夺极为激烈。有时,地主也故意缩短佃客的租佃期限,让佃客互相"铲佃",以便加租。"化佃"的结果,促使租额逐渐提高、租佃权不断流转。在租佃关系发达、劳动力非常充足的地方,无论是国有土地还是地主土地,铲佃现象都极为普遍。苏轼就曾提出以"铲夺"的方式激励佃客更好地治理西湖,免被葑封阻塞。但事情有时却不以人的意志为转移,结果与目的有时正好相悖,如遇奸人从中作梗,常常落得个竹篮打水一场空的结局。所谓"乡曲强梗之徒,初欲铲佃他人田土,遂诣主家约多偿租稻。既如其言。遂去旧客,而其人遽背原约,不肯承担,主家田土未免荒废。"② 铲佃的出现和发展是商品经济发展的产物,一定程度上也能刺激承佃者的生产和经营积极性,从铲佃的形式我们也可以看出它很类似于现在的竞标。

在出现增租"铲佃"的同时,还出现了永佃权。北宋时,屯田官庄的佃户"皆子孙相承,租佃岁久","有如己业"。南宋时,四川资州属县的营田,长期由"人户请佃为业,虽名营田,与民间二税田产一同"③。平江府的大量官田也租佃给百姓,"已成永业"。宋代允许租佃官田的佃户转移让渡永佃权。占佃权、使用权的转让,在北宋时就已存在,宋徽宗政和元年(1111年)的一份奏疏中指出:

> 诸路惟江西乃有屯田非边地,其所立租则比税苗特重,所以祖宗时许民间用为永业。如有移变,虽名立价交佃,其实便如典卖己物。其有得以为业者,于中悉为居室坟墓,既不可例以夺卖,又其交佃岁久,甲乙相传,皆随价得佃。今若令见业者买之,则是一业而两输直,亦为不可。④

从这条材料,我们可以看出官田上占佃权的转移,它表明在北宋初年之时,屯田已经能够"立价交佃""移变"其占佃权,所谓"甲已相传,皆随价得佃",即通过支付对价,买卖占佃权,这种占佃权处于一种流转的状态。南宋宋孝宗时,陆九渊在《与苏宰》之二中说,江西的屯田,从创立之日起,租课就较民田二税要重,官府承认佃户对官田的

---

① 真德秀:《真文忠公文集》卷八《申户部定断池州大户争沙田状》。
② 同上。
③ 《宋会要辑稿·食货》六十一之三十三。
④ 《文献通考》卷七《田赋七》。

永佃权。即"历时既多,展转贸易,佃此田者,不复有当时给佃之人。目今无非资陪入(人)户"。资陪,是新佃户购买租佃权的价款,如果旧佃户在土地上已经有所投入,如改良土壤、建造房舍等,也要给予一定的补偿。官田永佃权的出现使宋代的租佃制更为复杂,这种情况在宋代的私田上也有发现。乾道五年九月十四日户部侍郎言:"江南东路州县有常平转运司圩田,见今人户出纳租税佃种,遇有退佃,往往私放农田,擅立价例,用钱交兑。"①从这一材料我们可以分析出,转运司圩田退佃后,"擅立价例,用钱交兑"的方法是从"私仿民田"而来。所以说,从官田到民田,都可以用"立价交佃"、"随价交佃"、"资陪"的方法,在佃户之间转让土地的占佃权。这一社会现象在宋代东南诸路较为广泛,而且到明清时期更为兴盛。

四、租佃关系的多层次化——"二地主"的出现

(一)"二地主"的出现——佃主、管庄和干仆

在宋代租佃关系的发展中,还出现了一批二地主。这些二地主主要是由包占租佃如学田之类的国有土地而形成的。宋代佃主和管庄、干仆等所谓的"二地主"显著增多。唐律规定,官、私田宅"私家借得,令人佃食"②。窦仪《重祥定刑统》沿袭此条不变,说明宋代在法律上继续允许私人租佃官、私田产以及再转租出去。从宋代文献考察,这种转租已经屡见不鲜,主要出现在官田的租佃上。为避免官吏营私舞弊,宋代禁止当职官吏租佃官田③,但非当职官吏仍可租佃,同时当职官吏也常常假托他人的名义租佃官田以规避法律。

北宋时有人说:官田"自来州县形势、乡村有力、食禄之家假名占佃,量出租课。"④南宋时,官员、地主承佃的更多。如台州临海知县胡某与寄居形势官户徐某结亲,令贴身朱彦假作徐某干仆,"冒请安居益等七十户桑地","冒占官田,本家却行承佃"⑤。

南宋理宗时,方岳说:没官田"悉为强有力者佃之","某官、某邸、某刹、某府,率非能自耕者也,而占田多至千百顷者何也?有利焉耳"⑥。嘉兴府华亭县的学田,有一部分围田是由"郑七秀才"、"朱八七官人"、"卫九县尉"、"朱益能秀才"等人租佃的,少者三十三亩,多者七十四亩⑦。庆元府鄞县广惠院的部分田产,由"钱、王两宅"和"史、厉两宅"分租,"系史通判干人沈、文两名分租"⑧。宋高宗时"兼并之家"往往"计嘱人

---

① 《宋会要辑稿·食货》一之四十四。
② 《唐律疏议》卷二十七《杂律下·地宿藏物问答一》。
③ (明)杨士奇:《历代名臣奏议》卷一百八十五吴昌裔:《论赵汝梓兄弟疏》。
④ 《宋会要辑稿·食货》六十三之一七十七。
⑤ 李弥逊:《筠溪集》卷六《勘当徐公裕状》。
⑥ 方岳:《秋崖小稿》卷五《论时事第二札》。
⑦ 《江苏金石志》卷一十六《华亭学田碑》。
⑧ 梅应发等:《开庆四明续志》卷四《广惠院·田租总数》。

吏","小立租额"租佃户绝没官田。① 平江府官田,每亩仅收租三斗三升六合②,这比一般私田的租额要少得多。在租佃到官田后,再转租给佃客耕种,就可获得较多的地租。这样就形成了业主和佃主、种户的三级租佃关系。③ 其中的佃主类似近代的"二地主"。

为追求更多的地租,官僚豪绅常打国有土地的主意,能兼并则兼并,不能兼并则包种租佃之。与私租相比较,官租是轻得多的。因此,地主豪绅,品官形势,纷纷租占官田,并以二地主的身份转租出去,赚取私租与官租之间的差价。这种现象在学田上尤盛。韩世忠府中的干人郁明,租佃了苏州2400亩学田,一名叫朱仁的,"嫉其花利入己数多",在"豪猾十余辈"暗中支持的情况下,"出令争佃",结果,郁明租佃的这块田土,又增租300石糙米④。由此也可以看出租佃官田的二地主分得的地租是极为可观的。宋代各级官府和官员、地主常常把田产管理之事,全权交给管庄、干仆或管田人,这是地权较集中而经营方式分散的体现。宋神宗时,范仲淹的义庄委托给"勾当人"催租米⑤。

南宋时,管庄、干仆或官田人代为管理田产十分盛行。这些管庄、干仆或官田人常常在应收地租之外征收额外地租归自己所有,因此他们成为直接压在生产者佃客头上的"二地主"。永丰圩被"权臣、大将之家"占佃后,"其管庄多武夫、健卒,侵欺小民"⑥。湖州"乡俗","每租一斗,有百有十二合,田主取百有十,而干仆得其二"⑦。嘉兴府一带,地主规定每亩收一石租米,"庄仆"却向佃户收一石五斗以上⑧。一些干仆既敲诈佃客又欺瞒主人,正如吕午所言:"强悍之干""过取于火佃之家,少入于主人之室"⑨不少管庄、干仆或官田人利用这种方法聚敛财富购置田产,成为新的地主。

（二）宋代租佃制的特征

第一,土地出租者与土地租佃者之间是一种契约关系,产品地租已代替了劳役地租,并成为占支配地位的地租形态。即便是国家将其直接占有的土地出租时,也要按照私田的作法,"明立要契"订立契约,以便明确双方的权利义务,使得双方能共同遵守。随着商品经济一定程度的发展,人们的契约意识有所增强,订立契约的做法在宋代广泛地存在,连牛、犁等农具的租佃都要订立契约,对土地的租佃契约更是有严格的要求。一般而言,应包括以下一些内容:田亩坐落所至、四至、数量;田亩的类别,如水田、陆地、滩涂田、桑田、柴地、芦荡等;田亩的亩租数量,有的地方还写明量租时所用的斗器大小;佃人和出租者的姓名。在土地租佃契约中,佃户的义务要多于权利,契约更

---

① 《宋会要辑稿·食货》五之二十五。
② 《文献通考》卷七《田赋七》。
③ 周密:《齐东野语》卷一十七《景定行公田》。
④ 《江苏金石志》卷一十三《吴学粮籍记》二。
⑤ 范仲淹:《范文正公集·义庄规矩》。
⑥ 《宋会要辑稿·食货》八之三。
⑦ 洪迈:《夷坚志补》卷七《沈六主管》。
⑧ 方回:《续古今考》卷一十八《论班固计井田百亩岁入岁出》。
⑨ 吕午:《左史谏草》《戊戌(嘉熙二年)三月二十五日奏为财赋八事》。

多的是为了保证其缴纳约定的地租,在契约中要约定地租的形态以及分成法,是劳动地租、产品地租或货币地租,是对分制、四六分制或三七分制等。究其实质,它仍然是一种封建租佃契约关系,但是两宋时期封建租佃制代替庄园农奴制居于主导地位更有利于生产力的发展,正如马克思所说:"驱使直接生产者的,已经是各种关系的力量,而不是直接的强制,是法律的规定,而不是鞭子,他已经是自己负责来进行这种剩余劳动了。"①是法律而不是鞭子在起着强制作用,这是生产关系进步的标志。

第二,佃客已经有了迁移的自由,其法律地位有所提高。

> 天圣五年(1027年)十一月诏江淮、两浙、荆湖、福建、广南州军:旧条私下分田客非时不得起移,如主人发遣,给与凭由,方许别住,多被主人抑勒,不放起移。自今后客户起移,更不取主人凭由,须每田收田毕日,商量去住,各取稳便。即不得非时衷私起移,如是主人非理拦占,许经县论祥。②

这是有关宋代客户能够自由"起移"的最早的一道诏书。客户有了迁移的自由,尽管这种自由还很有限,往往在地主高利贷关系的缠绕下实际上脱离不了地主的土地,但是不论怎么样,佃客与主人之间的隶属关系或者说人身支配关系,则因迁移的自由而大大削弱了。在封建租佃制关系下,客户的身份地位与庄园农奴制下的客户有了很大的提高。从整个封建等级制关系以及维护这种关系的礼法而言,佃户的等级当然要低于地主。如在《劝农口号》中,这种等级意识就有明显的体现:

> 三劝农家敬主人,种他田土而辛勤。若图借贷相怜恤礼数须教上下分。③

可见在整个社会等级序列中,客户的地位是低下的。但是宋代的士大夫在谈到客户与主户的关系时与前代有很大的不同,显示了客户地位比前朝的提高,朱熹对这一问题谈论得十分详备:

> 佃户既赖田主给佃生借以养活家口,田主亦薄佃客耕田纳租以供赡家计,二者相须方能生存。今仰人户递相告诫,佃户不可侵犯田主,田主不可挠虐佃户。④

客户在生产中地位的提高必然导致其法律上身份地位的变化。魏晋隋唐时期的部曲可以被当作赏赐品,即便被庄园主迫害至死,庄园主也不会受到惩罚。宋代夔州的客户可以随土地买卖,殴杀佃户不会受到刑罚的制裁。但是,在封建租佃关系占主导地位的广大地区,尤其是在嘉祐二年以前,杀害佃客是要犯死罪的。嘉祐二年随州司理参军李抃之父李阮殴杀了佃客,李抃"请纳出身及所居官以赎父罪,朝廷遂减阮

---

① 《马克思恩格斯全集》第25卷,人民出版社1974年版,第895页。
② 《宋会要辑稿·食货》一之二十四。
③ 许及之:《涉斋集》卷一十五。
④ 朱熹:《晦庵先生朱文公文集》卷一百《劝农文》。

罪,免其决,编管道州"①。即"贷李阮死罪"②。在这之后虽然减轻了对这一罪的处罚,但是终归是要被治罪,而且都在刺配之上。

第三,宋代的租佃关系发展极不平衡,农业生产条件愈好、经济愈发达的地区,租佃关系也愈发达,佃农的法律地位也就愈高些。当时的情况是北方不如南方,西部不如东部。但就总的趋势而言,同唐以前相比,宋代的租佃关系使佃户获得了更大程度的人身自由,更适合当时农业主要依靠个体生产的基本性质,官府也不断发布诏令,保护佃农及其家属的人身自由。

南宋高宗绍兴二十三年(1153年)下诏禁止随田典卖佃客:

> 民户典卖田地,毋得以佃户姓名私为关约,随契分附。得业者,亦毋得勒令耕佃。如违,许越诉。③

但是,这只是一种总的趋势,由于地区经济的差异以及国家统治策略的需要,宋代的不同地区以及不同时期,佃户对地主的人身依附程度都并不相同。如在夔州路(今四川省境内)一带存在着旧式的庄园经济,那里不仅盛行劳动地租,还保留了客户对地主的人身依附,客户的地位形同农奴。南宋佃农的地位低于北宋的佃农,如前所述,南宋初,朝廷颁布了关于禁止随田佃卖佃户的法令。但该法令却遭到了大地主的抵制,他们"或争地客,游说客户,或带领徒众,举家搬徙"④。这种情况下,为限制佃户的逃移,官府又不得不发布有关法令禁止,并强制其回原籍。《朱文公文集·别集》记载,朱熹在福建时曾下令:

> 所诏佃客,将来衷私搬走回乡,即许元赡养税户经所属陈理,官为差人前去追取押回,断罪交还。⑤

对地主打死佃农的处罚,北宋比南宋重。北宋神宗时,地主打死佃户,减罪一等,发配邻州;南宋时,又减罪一等,只发配本州。光宗绍熙元年(1190年),还规定佃户不可控告地主。

第五节　宋代土地交易法律制度

一、灵活复杂的田土交易方式

北宋沿袭唐朝后期以来的土地政策,支持和鼓励土地私有制度的发展,放任土地自由买卖。唐朝以前实行均田制时国家对土地买卖有诸多限制,宋代土地私有制进一

---

① 郑獬:《郧溪集》卷一十二《荐李抃状》。
② 《续资治通鉴长编》卷一百八十五《嘉祐二年夏四月癸丑记事》。
③ 赵晓耕、刘杨:《中国古代法制述略》,中国和平出版社1996年版,第190页。
④ 《宋史》卷一百七十三《食货上一》。
⑤ 转引自张晋藩、郭成伟:《中国法制通史》(第五卷),法律出版社2001年版,第385页。

步发展,土地买卖盛行,宋代人认为本朝"田制不立"①,这正反映了宋代所实行的土地制度不同于前代的各种封建国家授田制,而是实行一种私有程度比较高的地主和自耕农的土地所有制。叶适说:

> 自汉至唐,犹有授田之制,——至于今,授田之制亡矣。民自以私相贸易,而官反为之司契券而取其直(值)。而民又有于法不得占田者,谓之户绝而没官;其出以与民者,谓之官自卖田,其价与私买等,或反贵之。②

宋代国家授田制的消亡,意味着土地私有制业已牢固确立。由此带来的法律变化是:宋代有关田土交易的法律规定的完善以及地权的更细划分。

(一)"典卖"——"永卖"、"绝卖"、"断卖"

土地和房屋是宋代不动产交易的主要对象,土地交易中,凡称"永卖"、"绝卖"、"断卖"的,是将土地的所有权绝对让渡给买主;只转让使用权、收益权而保留土地的所有权和回赎权的"典卖",称之为"活卖"。唐末开始用"典"或"典当"一词取代原来的"贴赁"、"典贴",其债务人称"业主",债权人称"钱主"或"典主"。五代时期开始用"典卖"一词,其含义有时包括买卖、典当两种行为,有时只是单一的典当行为。宋律本身将典当田土与买卖田土不作精细划分,常将其连称为"典卖"作同一规定,无论典、卖都必须符合"先问亲邻"、"输钱印契"、"过割赋税"、"原主离业"等要件,两者的关系十分密切,在民间更常相混淆,引起许多田宅纠纷。典是指业主把土地交给钱主,并领取银钱,但不付息,并保留收赎权;作为典买人的钱主可以使用田产,享有该田产的课利(地租等),以代利息。在典当的过程中,典卖人所保留的土地赎回权,称为"田骨"或"田根"。钱主对田产的用益物权还包括出租和再典当,但不能出卖。如果活卖人以后愿意放弃回赎权(放弃回赎权在民间称为"断骨"),典买人应补足绝卖与典当之间的差价,称为"添贴"或"贴买价钱"。绝卖与活卖的最大区别是有无回赎权,而且由于钱主得到的是一种受限制的物权,所以典价往往要低于卖价,司法实践中也常常以价钱作为判断是绝卖还是活卖的一个标准。

(二)"典"——"抵当"

宋代"典"还易与另一种叫做"抵当"的交易方式相混淆。前者被称做正典,意即正式标准的典当,正式的典当具有以下两个要素:第一,典主必须离业,由钱主管业;第二,钱主必须受税,即经官府将典主出典这部分田土的税额割归钱主户下。凡是典主仍管业、仍纳税的就不是正典而是抵当,其实是以产业作为抵押,向钱主借钱。民间进行田土交易,为了逃避国家契税,常常会发生名为"典",实为"抵挡",最终引起田土纠纷的事情。其具体作法是先定一田宅出典契约,双方不交割赋役,典主不交契税,业主不离业,交割典钱之后,业主与典主另签订一假租约,继续耕作该田,只是每年交一定

---

① 《宋史》卷一百七十三《食货上一·农田》。
② 叶适:《叶适集·水心别集》卷二《进卷·民事上》。

的租金。《名公书判清明集》中,"抵当不交业"这一具体案例很能说明这种情况。杨衍在嘉定八年(1215年)将七亩多田典与徐子政,典钱是会子二百八十钱。从承典之日开始,另立一假租约,由杨衍向徐子政"租种"这块田,每年交租三十钱。事实上,徐子政从来没有承担过这块田的税额,杨衍也一直管业,只是以田地作为借款的抵押,并每年交百分之十一的利息而已。① 这也说明在民间,正典与抵当有时并不作严格区分,而只是笼统地称其为典当。一旦涉及诉讼,官府往往以是否离业作为区分正典与抵当的一个标准。

(三)"典"——"倚当"

另外,在宋代有关田土制度的一些文献中还常常出现倚当这个词,有人认为,倚当这种形式,即业主将土地使用权转让给钱主,收取现金,其手续简便,不需得到官府的确认,类似与现在的土地出租。实际上,从《名公书判清明集》的案例分析,倚当应是抵当的别称,两者含义并无不同。在此案例集中,专门谈到抵当的案例有三个,其一,"抵当不交业";其二,"以卖为抵当而取赎";其三,"倚当"。在倚当篇中,用的相关词都变为"抵当",其含义也为抵当。现将相关判词录于此以为例:

> 照得叶渭叟身故,其家以干人入状,讼宋天锡、李与权脱骗交易钱。所谓脱骗者,非果交易也。李与权之子李正大状称,先父原抵当田亩。所谓抵当者非正典卖也。此邑风俗,假借色物,以田为执,必立二契,一作抵当,一作正典,时移事久,用其一而匿其一。遂执典契以认业。殊不知抵当与典卖不同,岂无文约可据,情节可考耶?且李与权于嘉定十一年,将田土三十三亩典与叶渭叟,计价四百五十贯,有宋天锡为牙保。以契观之,似若正典,其无抵当也。大凡置产,不拘多少,决是移业易佃,况三百余亩,关涉非轻,何不以干人收起田土,却以牙人宋天锡保抱租钱,已涉可疑。何况宋天锡亦将自己田契一纸相添抵当,有叶渭叟亲批领云:宋天锡与李与权为保借钱,将自契为当,候钱足检还。可见原是抵当分明。李与权因入三年租息,恐债负日重,于嘉定十三年冬还前项借项,又有叶渭叟亲批领云:宋天锡与李兄送还钱共三百贯足,执此为照。书押尤分晓。较之原钱,今尤有未尽。李正大称,继有古画梨雀图障一面,高大夫山水四大轴,唐雀内竹鹊四轴,潭帖、绛帖各一部,准还前项未尽之券。虽无叶渭叟批领,据叶之干人供称,系庄干李喜收讫,可见还所借钱、会分明。李与权入还钱、会之后,(叶)经今一十五年,已不管业,不收租矣。抵当之说,偿还之约,委为可信。②

从此案例中我们不仅可以看出抵当与倚当是同一概念,而且也可以看出,在这一田土纠纷中,实际上包含了两层抵当法律关系:其一为李与权和叶渭叟之间的名典实当,田土典卖之后,李与权并未离业,与上一案例相同,而是以租佃的形式继续"管业",

---

① 《名公书判清明集》卷六《户婚门·倚当》。
② 同上。

所不同之处是另有第三人以实物为其租钱担保。其二为宋天锡以自己的土地为李与权的债务作担保的名实相符的抵当,在今天看来这是一种典型的抵押。对于因抵当(既包括名典实当也包括真正的抵当)而产生的债权债务关系随着债务的偿还而随之解除,钱主对相关抵当物的预期取得权也随之丧失。所以该案的承审官叶岩在判词中写到:

> 殊不思抵当之产,昨已还钱,十五年间既无词讼,(叶家)今欲管业责租,不亦妄乎![1]

可见,在实践中宋代土地交易方式具有灵活性、多样性和复杂性。人们可以通过各种方式进行田土交易,进一步加剧了土地的流动性,并造成一田两主乃至多主的复杂情况,这也是宋代土地兼并严重的经济根源。

从宋代土地交易的三种主要方式中,可以看出当时土地用益物权的发达程度。当时取得和占有土地的方式虽然多种多样,但买卖土地仍不失为一种主要的交易活动。不仅百姓买卖土地,国家也经常参与其中,"官庄"、"营田"、"没官田"无不经常投入土地的流通领域,国家与民间进行土地交易,这在前代及宋以后的封建王朝都是罕见的,宋代却习以为常。加之商品经济比较发达,更促使土地比较容易进入流通领域,土地所有权的转移让渡极为频繁。"宋高宗时,四川立限让典卖田宅者纳税印契,一次就征收到契税四百万贯,婺州征收到三十万贯。如果以契税率百分之十计算,四川印契上的田价总额就达四千万贯、婺州三百万贯。这时四川的土地价格每亩为近四贯,官府卖田定价为八贯到十贯。如果以每亩十贯计算,四川这次纳税印契的田土共有四百万亩,婺州有三十万亩。虽然这些田地的买卖可能前后相隔了一二十年,但加上另一部分在交易时就向官府纳税印契的田地,足以说明当时投入流通领域土地的数量之大,也说明土地所有权的转移之迅速。"[2] 与这种活跃的土地交易相适应,自北宋初年开始,国家就不断为土地让渡转移过程中出现的新情况制定出新的条法,宋孝宗时,袁采指出:"官中条令,惟(田产)交易一事最为祥备。"[3] 随着土地买卖的频繁,有关土地交易的法律制度进一步完备。

二、田土交易的法定程序

从宋代的律典及司法判例分析,其土地买卖的法定手续,有如下一些:在典卖土地之前,必须询问亲邻,订有"问亲邻法";然后订立契约,契约按照土地转移让渡的不同方式,订立不同的契约,即"绝卖契"、"典契"、"贴买契"等。契纸都由官府雕版印造,典卖的契约上写明号数、亩步、田色、四邻界至、典卖原因、原业税钱、色役、回赎期限

---

[1] 《名公书判清明集》卷六《户婚门·倚当》。
[2] 朱瑞熙:《宋代社会研究》,中州书画社1983年版,第113页。
[3] 袁采:《袁氏世范》卷三《治家·田产宜早印契割产》。

(宋初始立典卖田宅收赎法)、交易钱数、买卖双方姓名等。交易的双方各执一份,又称"合同契"。订契后,必须携带双方砧基籍、上手干照(老契或旧契)到官府,交契税钱,地方官当面核验,过割物力和税钱,然后盖印,并"批凿"上手干照,交由典主保存。加盖了官府印章的契约称为"红契",否则就是不合法的"白契"。宋代所规定的土地交易过程中较为严格法定程序一方面意味着国家对于田土交易的某种控制和干涉,土地所有者不能绝对自由地去处理土地,但另一方面也体现了宋代物权立法的完备和发达。

(一) 先问亲邻

中国是以家族伦理为基础的农业国家,自北魏始土地买卖就有"先问亲邻"的作法,到唐朝时则以法律的形式确定了亲邻的先买权。《宋刑统》也有明确规定:

> 庆典卖,倚当物业,先问房亲,房亲不要,次问四邻,四邻不要,他人并得交易。

宋代理宗时的通判范西堂分析了"取向亲邻"的立法本意在于"父祖田业,子孙分析,人受其一,势不能全,若有典卖,他姓得之,或水利之相关,或界至之互见,不无杆格"①。根据宋代的亲邻条法,业主典卖产业,他的亲邻(必须是既亲又邻)有优先典买权,甚至典卖与他人之后,亲邻也可从典主或买主手中赎买归己。到宋哲宗时,亲邻的先买权有所限制,哲宗绍圣元年(1094 年)规定:

> 应问亲,止问本宗有服亲,及墓田相去百步内与所断田宅接者。②

这一规定一直沿用到南宋,南宋宁宗年间有吕文定、吕文先兄弟二人,父母双亡后,分户而立。弟文先死无后嗣。其兄文定讼于官府,告堂叔吕宾占据田产,经审理,田产系文先于嘉定十二年典与吕宾的,十三年八月投税印契,证据清楚,吕宾不能拥有该田产。因为依据宋律,在典卖关系中,亲邻有优先权,吕文定"系是连分人,未曾着押"说明吕文先在典田时,没有公开取问亲邻,吕文定因当初不知情而以"亲邻优先权"起诉,官府也根据亲邻的优先取得权,判吕文定"听收赎为业,并给断由为据"③。《庆元重修田令》中进一步规定:

> 诸典卖田宅满三年而诉以应问邻而不问者,不得受理。④

在《名公书判清明集》中有一案例名为:"有亲有邻在三年内者方可执赎",其判词为:

> 埂头之田,既是王子通典业,听其收赎,固合法也。至若南木山陆地,却是王才库受分之业。准令:诸典卖田宅,四邻所至有本宗缌麻以上亲者,以账取问,有别户田隔间者,并其间隔古来沟河及众户往来道路之类者,不为邻。又令:诸典卖

---

① 郭成伟、肖金泉:《中华法案大词典》,中国国际广播出版社 1992 年版,第 469 页。
② 《宋会要辑稿·食货》三十二之十。
③ 《名公书判清明集》卷四《户婚门·争业上》。
④ 《宋会要辑稿·食货》三十一之二十六。

田宅满三年,而诉以应问邻而不问者,不得受理。王才库所受分陆地,使其果与王子通同关,亦必须与之有邻,而无其他间隔,及在三年之内,使可引用亲邻之法。如是有亲而无邻,及有亲有邻而在三年之外,皆不可以执赎。①

这说明在实践中官吏把有亲、有邻、三年之内作为亲邻能够行使优先购买权的三个必要条件,宋代通过这些规定进一步完善了土地实际所有者对土地的物权,提高了原业主的物权地位及对物的支配权。虽然亲邻的先买权仍受法律的保护,但必须是在法定的三年之内,逾期者,亲邻就不可以再主张先买权。尤其是在以典就卖的情况下,典主的优先权又高于亲邻的优先权。这些规定都使亲邻的先买权有所削弱。

(二) 订立田土交易文契

宋代的土地典卖属于要式法律行为,交易方必须订立书面契约,乾兴元年(1022)开封府言:

> 今请晓示人户,应典卖倚当庄宅田土,并立合同契四本,一付钱主,一付业主,一纳商税院,一留本县。②

且只有经官府印押的红契,才是买主取得所有权的合法凭证,也是涉及土地诉讼的主要依据,亦有公证的性能。所谓"交争田地,官凭契书"③。

宋代为使契约制度规范化,同时增加国家的收入,强制推行"官版契纸"、"标准契约"。所谓官版契纸,是由官府统一印制的买卖契约用纸。所谓标准契约一般应包括以下内容:主契人的姓名、典卖顷数、田色、坐落、四邻界至、产业来历、典卖原因、原业税钱、交易钱额、担保、悔契的责任。现举一例:

> 某某某附产户李思聪、弟思忠,同母亲阿汪商议,情愿将父所某某日置受得李舜俞祈(祁)门县归仁都土名大港山源梨字壹某(号)次夏田贰角四拾步,贰号忠田壹角、又四号山壹拾四亩、共某某东至大溪,西至大降,南至胡官人山,随垅分水直下至大溪,北至某某山,随垅分水直上至降,直下至大溪。今将前项四至内某山四水归内,尽行断卖与祈(祁)门县归仁都胡应辰名下。三面评议价钱,官会拾柒界壹百贰拾贯文省。其钱当某(立)契日一并交领足讫。其田山今从卖后,一任受产人闻官某某(受)税。祖舜元户起割税钱,收苗为业。其田山内,如有风水阴地,一任买主胡应辰从便迁葬,本家不在(再)占拦。今从出卖之后,如有内外人占拦并是出产人祇(抵)当,不及受产人之事。所有元典买上手赤契伍纸,随契缴付受产人收执照会。今恐人心无信,立此断卖田山文契为照。淳祐贰年十月十五日。
>
> 李思聪(押)
弟李思忠(押)

---

① 《名公书判清明集》卷九《户婚门·违法交易》。
② 《宋会要辑稿·食货》六十一之五十七。
③ 《名公书判清明集》卷六《户婚门·赎屋》。

母亲阿汪(押)

见交钱人叔李余庆(押)

依口书契人李文质(押)

今于胡应辰名下交领前项契内拾柒(界)官会壹百贰拾贯文省前去足讫。其钱别更不立碎领,只此契后一领为照,合某年月日

李思聪(押)

弟李思忠(押)

母亲阿汪(押)

某某某某①

这是一份土地绝卖的契约,其中并无牙人担保,仅有见钱人签押。见钱人具有作证的作用,证明买主已付款,但对交易行为并不负担保责任。由于典契的复杂性,宋代规定典契必须有牙人担保,此牙人不仅对典契的订立起见证作用而且对交易本身负担保责任,和业主一起承担连带责任,有时为了使这种担保更具有可靠性,甚至在牙人的田土上设立物的担保。如前面分析过的倚当案中,宋田锡为李与权与叶渭叟的典契的牙人,即以自己的田契作担保。

(三)纳税投印

五代后唐时已有"印契抽税"的规定,宋太祖开宝二年(969年),"始收民印契钱,令民典卖田宅,输钱印契,税契制限二月"②。在宋代,田宅交易双方达成协议后,必须由买主缴付田契税钱,官府在买卖契约上钤印。从以上这份标准的田土交易契约,我们也可以看出,在订立契约之后,还需经官府核验无误后交纳典卖田契税钱,再由官府在新立契书上加盖官印。红契的取得要经过"输钱印契"的程序。所谓"凭由"就是田宅交易纳税的凭据,在《名公书判清明集》卷六的"争田业"案中提到了凭由:"据孙绍祖赍到庆元元年赤契,间丘旋亲书出卖石家渡等处水田五十亩及桑园、陆地、常平等田,实有县印、监官印及招税凭由并朱钞可考。"这里的"招税凭由"无疑就是前文说的"以田宅契投税"后官府所给"凭由"③。加盖了官印的红契也称为赤契,没有缴纳契税、加盖官印的契约称为白契,持白契进行的田土买卖,即"私立草契,领钱交业"者的交易,不具有合法性,一经官府发现是要受到严厉制裁的。宋代沉重的交易契税和名目繁多的附加钱,致使"州县人户典卖田宅,其文契多是出限不曾经官投税"④。私立草契,以白契成交者相当普遍。宋真宗时,仅秦州一地就查出"未税契者千七百道"⑤。因

---

① 契藏中国社科院历史研究所,引自《徽州千年契约文书》(宋元明编)卷一,花山文艺出版社1991年版。

② 《文献通考》卷一十九《征榷考六》。

③ 同上。

④ 《宋会要辑稿·食货》七十之一百四十。

⑤ 《宋会要辑稿·食货》六十一之五十七。

此宋官府又制订了限期投契纳税的法令。南宋时,随着契税的加重,民间典卖"私立草契,领钱交业"的情况更为突出,严重地影响了官府的契税收入,也造成了"产去税存"的恶果。因此南宋代廷对违限不投税的行为亦推行自首及告赏之法。绍兴十五年(1145年)四月诏:

> 人户典卖田宅投税请契,已降指挥宽立信限,通计不得过一百八十日。如违限,许人告首,将业没官。①

此后又屡有此类指挥降下。

在宋代,赤契是土地合法交易的凭证,也是理断交易争讼的主要依据。而没有经过投税印契的白契,则没有这种效力。南宋绍兴十三年(1135年)规定:

> 民间典卖田宅,执白契因事到官,不问出限,并不收使,据数授纳入官。②

尤其是"只作空头契书,却以白纸写单账于前,非惟税苗出入可以隐寄,产业多寡皆可更易,显是诈欺"的白契,官府要严刑制裁。从《名公书判清明集》看,大多数官吏不承认白契的效力,翁浩堂在判词中写到:"录白干照,即非经官印押文字,官司何以信凭?"韩似斋也说:"执白契出官,是自违契限,自先反悔,罪罚讵可轻贳乎?"但对宋代的实际案例作进一步的分析后,我们可以发现有些官吏并不绝对不承认白契的效力。例如,据《名公书判清明集》卷九记载,南宋理宗年间,浙江杭州有毛永成以白契为凭告兄毛汝良十余年前典卖自己名下的屋宇、田地与陈自牧、陈潜,要求赎回,"本县援引条限,坐永成以虚妄之罪",永成不服,诉于临安知府吴恕斋。吴恕斋认为"永成白约,固不可凭,如果是汝良分到自己之产,则必自有官印于照可凭,今不赍出,何以证永成白约之伪?"在双方都无证据的情况下,吴知府"参酌法意人情"居然作出如下判决:"将屋两间及大堰有祖坟桑地一亩,照原价仍兑还毛永成为业,其余田地由陈潜等照契管业。"在这一案件中,吴恕斋一定程度上承认了毛永成手中的白契,并没有按照宋律的规定将田土没官;毛永成也居然敢手执白契诉官,可见南宋时白契的泛滥。

宋代法律,不仅规定白契为非法,即使是红契,凡不依格式,不用官板契纸,或未记入砧基籍,也视为违法。南宋初规定:

> 人户典卖田产,若契内不开顷亩间架、四邻所至、税租役钱、立契业主、邻人牙保、写契人书字,并依违法典卖田宅断罪。③

李椿年制订的经界法进一步规定,田不入籍者,虽手执契据也要没入官府。砧基籍是田产底账,绍兴经界法规定,人户砧基籍由各户自造,图画田形地段,标明亩步四至、原系祖产抑或典卖,赴县印押讫,用为凭证。各县亦置砧基籍,以乡为单位,每乡一

---

① 《宋会要辑稿·食货》三十五之八。
② 同上。
③ 《宋会要辑稿·食货》六十一之六十六。

册,共三本,县、州、转运司各藏一本。人户典卖田产,须各赍砧基籍及契书赴县对行批凿,有契书而不上者无效。在司法审判中,如果无田契,砧基籍亦可起到证明田土产权的作用。据《名公书判清明集》卷十三记载:

> 南宋年间,有民黄清仲与陈家因田产归属发生争执,到县衙起诉。经查,绍兴年间,黄清仲的祖父黄文炳将田卖给陈经略家,并于陈家经界砧基籍上载明黄文炳管沙坑田九亩三角,其字迹分明无涂改痕迹,可见此田确为陈家产业。数年后黄文炳之孙黄仲清知陈铁为陈经略家绝继子,未持有当年买田契书,砧基籍又由族长收藏,并因田在黄家门前,于是将砧基籍上原批字扯去,重贴旧纸,写"立契典与"四字,妄称此田原是典与陈家,意欲赎回。赵知县索契书对质,陈铁手无契书,又未从族长处讨得陈家砧基籍,于是赵知县仅凭黄仲清一面之词,将钱二十八贯作为田价付给陈家,将田判给黄家。后陈铁虽上诉于转运司,因无证据而败诉。直到陈铁讨得陈家砧基籍,再向户部申诉,辨明真伪后,才将田判归陈家。

(四)过割赋税,朱批官契

是指在买卖田宅的同时,必须将附在其上的赋税义务转移给新业主。在宋代,典卖田宅不及时过割税收和偷漏税钱的现象十分严重,针对田宅典卖中有大量的产去税存现象,乾道七年有臣僚言:

> 比年以来,富家大室典卖田宅,多不以时税契。有司欲为过割,无由稽察,其弊有四焉:得产者不输常赋,无产者虚籍反存,此则催科不便,其弊一也。富者进产,而物力不加多;贫者去产,而物力不加少,此则差役不均,其弊二也。税契之直,率为乾没,则隐匿官钱,其弊三也。已卖之产或复求售,则重叠交易,其弊四也。乞诏有司,应民间交易,并先次令过割而后税契。①

于是孝宋"诏敕令所参照现行指挥修立成法,申尚书省施行"②。于是从乾道七年开始,就把官府监督田宅租税割移和役钱登录这一程序调整到了纳税投印之前。所谓"凡典卖田宅,准条具账开析顷亩、田色、间架、元(原)业租税、免役钱数,均平取推,收状入案,当日于簿内对注开收讫,方许印契"③。即交易双方必须在契约上写清买卖标的的租税、役钱,并由官府在双方赋税籍账内改换登记后,才有条件加盖官印,使之成为合法的红契。总之,宋代法律强调田土买卖要同时转移赋役,割税离业是典卖契约实现的重要环节。

---

① 戴建国:《宋代的田宅交易投税凭由和官印田宅契书》,载《中国史研究》2001年第3期。
② 《宋会要辑稿·食货》七十之一百五十。
③ 《宋会要辑稿·食货》六十一之六十四。

三、田土交易的实质要件

(一) 原主离业

是指订立田土典卖契约后,必须转移标的的实际占有。仁宗时规定:"凡典卖田宅,听其离业,毋就租以充客户。"① 在下面分析的例二中就有卖主出卖田土之后,不离业而"就租以充客户"的情形。离业是田宅买卖实现的最终体现,只有原业主离业、交业之后,钱主才取得所典买产业的占有权,才能实现对所买产业的管理、使用、收益。所以宋代法律强调田宅典卖在订立契约后,原业主必须"离业",即必须转移田宅的占有。宋仁宗皇祐时规定:"凡典卖田宅,听其离业。"南宋官府在审理田产词讼时也强调:"田产典卖,须凭印券交业,若券不印及未交业,虽有输纳钞,不足据凭。"② 在审断田土交易诉讼时,官吏也往往认为:"既当论契书,亦当论管业。"规定卖方离业,可以避免佃户数量增多,自耕农数量减少,既有利于官府的赋税征收,也有利于减少田宅纠纷。

实践中,宋代对"已卖而不离业"的情况采取不承认其田土典卖合法性的态度,但是对这种不合法的土地买卖,当事人应如何承担相应的民事责任,不同的官吏有不同的裁断。下面选两份宋代判词,并加以分析作为实例。

例一 阿章绍定年内将住房两间并地基作三契,卖与徐麟,计钱一百五贯。当是时,阿章,寡妇也,徐鼎孙,卑幼也,律之条令,阿章固不当卖,徐麟亦不当买。但阿章一贫彻骨,他无产业,夫男俱亡,两孙年幼,有可鬻以糊其口者,急于求售,要亦出于大不得已也。越两年,徐十二援亲邻条法,各赎为业,亦既九年,阿章并无一词。今年正月,忽同鼎孙陈词:当来只典与徐麟,不曾断卖,仍欲取赎。本县已令徐十二交钱退业。今徐十二又有词于府,称是徐麟见其修整圆备,挟囊年各赎之恨,扶合阿章、鼎孙,妄以断卖为典;且缴到赎回徐麟原买赤契三道。切祥此讼,阿章既有卖与徐麟赤契,分明该载出卖二字,谓之不曾卖,不可也。经隔十有余年,若以寡妇、卑幼论之,出违条限,亦在不应受之域。向使外姓辗转得之,在阿章已断无可赎之理。但参酌人情,阿章与徐十二为从嫂叔,其可赎不可赎,尚有二说。据阿章供称:见与其孙居于此屋,初不曾离业。倘果如此,徐十二合念其嫂当来不得已而出卖之意,复幸其孙克自植立,可复旧物,以为盖头之地。……但又据徐十二供,阿章离业已久,只因徐麟挟仇,教唆兴词。若果如是,则又难堕小人奸计,以滋无根之讼。大率官司予决,只有一可一否。不应两开其说。但本府未审阿章果离业与否,难以遽为一定之论。今两词并不到府,署天又不欲牵连追对,宗族有争,所合审处,欲牒昌化佐官,更与从公契勘,限五日结绝,申。③

---

① 《宋史》卷一百七十三《食货上一》。
② 陈襄:《州县提纲》卷二《交易不凭钞》,《丛书集成》本。
③ 《名公书判清明集》卷六《户婚门·赎屋》。

可见，在此案中，承审官没有过多地考虑亲属的优先及寡妇阿章的交易权利能力，而是把阿章离业与否作为其田土可否收赎的关键所在，认为如果阿章果然离业，其与徐麟之间的田土交易便被认定为永卖，绝无收赎之理；如果阿章果然未曾离业，其田土交易便被认定为典当，可由阿章收赎。

例二 游朝将田一亩、住基五十九步出卖与游洪父，价钱十贯，系在嘉定十年，印契亦隔一年有半。今朝已死，其子游成辄以当来抵当为词，契头亡没……且乡人违法抵当，亦诚有之，皆作典契立文。今游朝之契系是永卖，游成供状亦谓元作卖契抵当，安有既立卖契，而谓之抵当之理。只缘当来不曾交业，彼此违法，以至争业。今岁收禾，且随宜均分，当听就勒游成退佃，仰游洪父照契为业，别召人耕作。①

在此案中，审判官也认为不离业的土地买卖是不合法的，但却坚持一旦绝卖契约经官府加盖官印就必须履行，由官府强制出卖人离业，而不把未离业的出卖视为抵当。

（二）寡妇和卑幼的田土交易权受限制

《宋刑统》规定：

寡妇无子孙，若（子孙）年十六以下，并不许典卖田宅。擅自典卖田宅者，杖一百，业还主。钱主牙保知情与同罪。

据《名公书判清明集》卷九记载有"鼓诱寡妇卖业案"。南宋理宗年间，徐二与前妻阿蔡生一女六五娘，再娶阿冯，无子。阿冯带前夫之子陈百四入徐家后，主掌家事，不容徐二立嗣。徐二深谋远虑，惟恐身死之后，家业为异姓所夺，于是立遗嘱，将房屋、园池给付亲妹与女儿，并对阿冯将来的生活作了安排，阿冯本可以衣食无忧。但徐二尸骨未寒，里人陈元七唆使陈小七为牙，诱阿冯立契，盗卖徐二家业。官府审理此案援引了"诸财产无承分人，原遗嘱与内外缌麻以上亲者，听自陈，官给凭由"、"诸寡妇无子孙，擅典卖田宅者杖一百，业还主，钱主、牙保知情与同罪"，判定徐二遗嘱将家业给妹与女儿，且经官投税，为合法遗嘱；陈元七诱阿冯盗卖夫产，当比照擅卖法条加重处罚，陈元七、陈小七、阿冯三人，各勘杖一百。

有时官府也承认寡妇和未成年的孤幼典卖产业的有效性，但要有一定的条件和保证，这些条件和保证法律并不作明确的规定，往往由审案者依据情理与法自由裁量。例如，据《名公书判清明集》卷九记载，发生在南宋理宗年间的"寡妇阿章已卖而不离业案"，临安知府吴恕斋认为阿章身为寡妇，鼎孙为卑幼，典卖产业，是受法律限制的，但又考虑到阿章的具体情况，"阿章一贫彻骨，他无产业，夫男俱亡，两孙年幼，有可粥以糊其口者，急于求售，要亦出于迫不得已也"。故此并没有追究寡妇阿章擅自典卖田宅的责任，而是责成昌化县查清阿章是否离业这一事实而后结绝。有人认为不承认寡妇

---

① 《名公书判清明集》卷四《户婚门·争业上》。

和未成年人典卖田产的有效性是对妇女民事权利能力的限制,但也有人认为在整个社会男尊女卑的氛围下,对寡妇卑幼田土交易权的一定限制一定程度上既防止有人欺凌寡幼,强迫其典卖田宅,又防止有人利用对寡弱的保护而挑起词讼。

(三)在自愿的基础上进行田土交易

宋代的田土交易十分重视是否出于交易人的本意,是否是在自愿的基础上进行的交易,即田土交易是否为交易各方真实意思的表示。用欺诈、胁迫方式进行的田土交易是无效的,尤其对乘人之危假以交易之名夺他人产业者更要给予严厉的惩处。《名公书判清明集》附录《勉斋文集》记载的"宋有诉谢知府宅侵占坟地案"说明在胁迫之下订立的田宅交易契约是无效的。宋有早在庆元元年即状告谢家强占其地,历经多年没有得到公正判决。后上诉至户部,户部将此案发下,委派知县黄干审理。诉讼中,谢家当庭出示买卖文契,声称宋有曾作为见证人在文契上签字画押,其中一项是宋家与曾吏部家交易而不是与谢家。宋有声称,其弟未成年之孙宋代英被谢家关锁抑逼,一家恐惧,只得着押,又称曾吏部宅即是谢知府宅,假作曾吏部宅的名字。经查实,谢家强迫宋辅之孙宋代英与之立契置买宋有、宋辅两兄弟的共有地产,立契之时,宋代英还未成年,按律不能与他人立契典卖主业。据此黄干认定"以宋有共分之物业,乃能使出作见知人着押,则是以形势抑逼可知",宋有是被逼在典卖自己有共有权的土地的契约上,作为见知人画押。宋代英年幼,其所以立契"则其畏惧听从,亦无可疑者",宋代英也是被胁迫立契的。最后判决追回谢家所持典契,予以销毁,谢家将强典之地归还宋有、宋代英。

如果是乘人之危,强买人田,不仅要返还原物,承担民事责任,而且要受到刑罚的制裁。据《名公书判清明集》卷四记载:

> 张光瑞屋与洪百四连至,平日欲吞并而不可得,为见洪百四病且死,又无以为身后送终之资,遂乘其急,下手图谋。——遂自令其子张曾七写成见契。子既写契,难以自出己名,又借女婿詹通十己名作契头,其谋可谓深且巧矣。当时尽已欺见洪千二、洪千五无能为役,又且心欲得钱,殡殓其父,必是俯首听从。又且借洪百四之兄洪百三以长凌之,意谓必无不可,却不拟洪百四出继子周千二者归家,不肯。其张光瑞已视此为囊中之物,冒急至将周千二赶打,周千二既退听,则可以遂其所图矣。殊不思人心不服,必有后患,未几,周千二果与洪千二经官,以惊死乃父陈词,且以所凑还未尽钱后把赝求和之物。

这是一起典型的乘人之危强买屋业案,我们来看一下当时的承审官吏如何决断此案:"此事合两下断治,若诬告死事,若抑勒谋图,皆不可恕。当时入状,系周千二、洪千二,其洪千二因讼而病死,继而周千二死,天已罚之,无身可断。张光瑞子写契,婿出名,乘人将死夺人屋业,子婿均合断罪,然皆张光瑞使之,罪在一身。兼因此事,辗转死者二人,张光瑞岂可漏网,从轻杖一百,并余人放,其钱免监,其业本合给还业主,以其诬告,不及坐罪,业拘入官,以示薄惩。"可见在宋代强人买卖田产屋业者不仅要承担其钱免监的民事责任,而且要承担相应的刑事责任,即便从轻尚且要杖一百,可见其打击力度之大。

宋代土地交易的频繁使社会贫富之间的变化也因而急剧起来。正如谢逸所言："余自识事以来四十年矣,见乡间之间,曩之富者贫,今之富者,曩之贫者也。"①大量的土地交易也使封建等级结构经常发生变动。魏晋隋唐庄园农奴制阶段,世族豪强之家往往相传几十年甚至上百年,封建等级结构是相对凝固的。到宋代,以夔州为中心继续流行庄园农奴制的地区,仍然保持了封建结构的相对稳定性,但在农业经济和商品经济较为发达的地区,新兴的暴发户时常代替老牌的地主,有所谓"十年财东轮流做"的观念。正如袁采言:

> 贫富无定势,田宅无定主,有钱则买,无钱则卖!②

在宋代,地主阶层始终仍占支配地位,但其具体成员来说却是"贫富无定势",在经常变动。特别在封建租佃制占支配地位、商品经济比较发达、土地交易频繁的地区,这种变动尤为显著。到南宋晚期,罗椅在《田蛙歌》中写到:

> 虾蟆,虾蟆,汝本吾田蛙!
> 渴饮吾稻根水,饥食吾禾穗花。
> 池塘雨初霁,篱落月半斜。
> 喞喞又向他人叫,使我惆怅悲无涯!
> 虾蟆对我说,使君休怨嗟,
> 古田千年八百主,如今一年一换家。
> 休怨嗟,休怨嗟,
> 明年此日君见我,不知又是谁家蛙。③

这首民谣形象生动地描述了土地买卖频繁,导致土地所有权急剧变动。从"有钱则买,无钱则卖"来分析,土地交易当中的货币经济具有强大的冲击力量,正是这种力量使地主阶级的升降沉浮线波动频繁起来。而拥有雄厚货币力量的,除官吏显贵和各大地主之外,就是大商人和高利贷者。显然,在宋代土地兼并的过程中,"富者有赀可以买田"一语,深刻地反映了商业资本和高利贷资本对土地交易的促进。

第六节 宋代的土地兼并问题

一、土地兼并兴盛的原因

宋代是中国历史上土地交易最为繁荣的时期,这是与宋代商品经济的相对发达分

---

① 谢逸:《溪堂集》卷九《黄君墓志铭》。
② 《袁氏世范》卷三《富家置产当存仁心》。
③ 罗椅:《涧谷遗集》卷一。

不开的。漆侠先生用马鞍形象描述中国封建社会经济发展的规律,他认为宋代是继汉唐之后社会经济发展的又一个高峰期,尤其是其经济的商品化趋势更是值得研究。(1)宋代的农业生产获得了前所未有的全面发展,先进的农业生产工具,如秧马、耧锄、耧刀等的使用提高了劳动生产率,南北方农作物品种的交流及良种的推广及耕作技术的提高使单位面积的产量大为提高。宋代农业发达地区的单位面积产量,大约是唐代发达地区的两倍。这样就使更多的农产品可能进入市场,进而提高了农产品商品化的比重,尤其是大宗的粮食商品化,有人计算,北宋每年需要一千七百万石商品粮,约占北宋全年粮食产量的百分之一,南宋粮食商品化程度比北宋更高,大约在百分之七至百分之八点三之间。① 在一些经济发达地区由于粮食产量增加,经济作物扩大,人多地少的矛盾和市场需求的刺激,一部分农民从土地上游离出来,成为以当地农业产品为主要原料、专门从事商品生产的手工业者。如贾易"无为人,七岁而孤,母彭以纺绩自给,日与易十钱,使从学"②。贾易的母亲不仅以纺织谋生,而且还以此来供儿子读书,显然已是乡村中的手工业者。(2)宋代农业生产的发达和农产品商品化程度的提高,对农村的专业手工业或家庭手工业都有较大的促进作用,因而也为城市(镇)的发展奠定了基础。大量农产品进入商品市场,集镇的商品交换空前活跃起来,致使直接与广大农村有着密切联系的镇市和墟市因此而勃兴。墟市,北方称为草市,是广大农民和乡村手工业者进行商品交换的最直接的定期场所。镇市和墟市的兴起是农村乃至地区商品流通发展的必然结果,对当时的农村自然经济既是补充又起一定的瓦解作用。(3)宋代高度发达的农业,特别是农产品商品化程度的提高为手工业和商业的发展提供了较多的原料和流通对象,为商品经济的发展提供了物质基础。宋代货币地租的发展同粮食转化为商品是极为一致的,而货币地租又反过来促进了商品经济的发展,货币地租一定程度上使农产品不得不与市场发生关系,以获取交纳地租所需的货币。在这种经济发达的情势下,土地这一最重要的生产资料自然要作为商品卷入市场,这些都为宋代土地兼并的发展奠定了经济物质基础。

宋代一反历代王朝抑制兼并的土地政策,采取了"不抑兼并"的土地政策。这是中国历史上对于兼并的一大观念突破。宋代有士大夫说:"不抑兼并,富室连我阡陌,为国守财尔。缓急盗贼发,边境扰动,兼并之财,乐于输纳,皆我之物。"③宋太祖的指导思想是"藏富于民",不管兼并者如何富有,只要在大宋国土之内,通过赋税,最终会归国家所有。宋代虽然准许自由垦田,对社会各阶层都是开放的。但是实际垦荒要想有成效必须具备一定的条件,他或者有充足的劳动力,或者有相当的财力。属于客户或下等户的农民在人力和财力上都有不足,所以常常不得不依附于豪强大地主进行垦荒:

---

① 孙克勤:《宋代农产品商品化略析》,载《云南财贸学院学报》1996年第1期。
② 《宋史》卷三百五十五《贾易传》。
③ 武建国:《中国古代土地国有制史》,云南人民出版社1997年版,第270页。

"今大率一户之田及百顷者,养客数十家,——其余皆出产租而侨居者曰浮客,而有圩田。"①浮客向大地主缴纳产租而垦辟荒田,由此可以从大地主那里借得衣食种粮。这说明宋代的自由垦荒政策,对地主阶层特别是大地主阶层显然更为有利,为其借机兼并土地提供了便利条件。宋代对土地的占有,户等的变化是放任的。客户占有若干亩土地之后,可以脱离地主庄园、上升为主户,国家是不加以干预的,这有利于独立的个体小生产者的发展。但是它更多的是为官僚豪绅、富商大贾兼并土地打开了方便之门。最重要的是宋初为了削弱文臣武官的势力,对其加以种种优厚待遇,其中最重要的便是土地的放任占有。宋太祖曾对石守信等说:

> 人生如白驹过隙,所以好富贵者,不过多积金银,厚自娱乐,使子孙无贫之耳!汝曹何不释去兵权,择便好田宅市之,为子孙立永久之业。②

其以释去兵权为条件鼓励重臣广占良田的意图溢于言表。正是在这种政策的支持、鼓励下,宋初文武官僚无不广占良田。宋初宰相王溥之父"频领牧守,能殖货,所至有田宅,家累万金"③。宋代对土地交易也持自由放任的政策,土地买卖一旦自由、合法化,土地的兼并活动就更加活跃。宋代的法律其实是禁止口分田土地买卖的。

可是根据宋代以后的土地兼并发展来看,卖口分田的处罚规定并未得到彻底执行。实践中除国有土地外,私人土地的买卖几乎不受任何限制,随着货币流通的发展,土地买卖愈益盛行。即使是国有土地,租种这类土地的佃客也没有土地的所有权,但是田面权即租种这块土地的使用权或佃种权,也能够通过买卖而转移。宋代的这些土地政策在实质上都为官僚、富商巨贾兼并土地提供了方便。两宋三百年土地兼并的不断发展与土地占有、买卖政策的自由及对官吏的优宠有着极大的关系。

二、土地兼并的发展状况

马端临针对"自秦开阡陌之后"土地兼并的情况说:

> 田既为庶人所擅,然亦为富者贵者可得之。富者有赀可以买田,贵者有力可以占田,而耕者之夫率属役富贵者矣。④

"贵者有力可以占田",在宋代土地兼并过程中起了先锋带头作用的是在政治上有权势的达官贵人;"富者有赀可以买田",富者起着经常的并且具有决定性的作用,在土地兼并过程中具有突出的地位。在土地买卖中也有官僚贵族借其政治势力强迫人们出卖自己的土地,如刘安世弹劾官吏章某的奏札说,苏州昆山县朱迎等不愿出卖田产,

---

① 欧阳修:《欧阳文忠公文集》卷九十五《原弊》。
② 司马光:《涑水记闻》卷一《杯酒释兵权》。
③ 《宋史》卷二百四十九《王溥传》。
④ 《文献通考·田赋考二》,转引自漆侠:《中国经济通史》(宋代经济卷),第278页。

章某逼迫其写下文契,并用他儿子的名义以贱价强买入己。① 在宋代,土地兼并形式既有非法的也有合法的。

先来看一下非法手段:

第一,诱骗并制作伪契。多以替田土所有者减免赋役为诱饵。

> 仁寿洪氏尝为里胥,利邻人之田,绐之曰:"我为收若税、免若役"。邻喜,铲其税归之。名于公上逾二十年,且伪为券,茶染纸类远年者,以讼。②

第二,高利贷。尽管宋代的法律禁止高利贷,但是两宋的高利贷活动仍相当猖獗。例如佃客向主家举债,少则倍称之息,多则"不两倍则三倍"③。有的地方甚至采用驴打滚的方式。在借贷时常以田土作抵押,到期不能偿还,田土便归出借人所有。

> 有富人不占地籍,唯以利诱贫民而质其田券,多至万亩,岁责其入。④

这一事实反映了高利贷在土地兼并方面起了多么严重的作用。

第三,乘人之危,压低价格,用胁迫等手段。如前面提到的《名公书判清明集》中记载的张光瑞乘其邻洪百四死后无钱安葬,压低价格强买其田地。尤其严重的是:

> 豪家欲并小民产业,必捏造公事以胁取之。王叔安规图徐云二义男徐辛所买山地为风水,遂平空生出斫木盗谷之讼。⑤

最后徐云二被逼自刎。

当然在土地兼并的过程中也不排除合法的土地交易,土地作为商品处于流动的状态,有买田的官僚豪族,也有卖田的官僚大户。我们来看一下卖为学田的原官僚士大夫的田产出卖情况:"嘉泰四年七月内用钱一千九百八贯五百五文买到闾丘吏部右司媳妇陶妆奁田……买到闾丘吏部下二知丞(田)。"⑥

土地买卖的合法化、自由化加之豪强政治势力的介入,必然导致土地的高度集中,在宋仁宗时便出现"承平寝久,势官富姓,占田无限,兼并冒伪,习以成俗,重禁莫能止焉"⑦的情形。理宗端平元年(1234年)刘克庄在奏札中言:

> 至于吞噬千家之膏腴,连亘数路之阡陌,岁入号百万斛,则自开辟以来,未之有也。⑧

土地的集中使占有大量土地的地主的地位更加提高,顾炎武在《日知录》中曾经指

---

① 刘安世:《尽言集》卷五《论章惇强买朱迎等田产事》。
② 李觏:《直讲李先生文集》卷三十。
③ 欧阳修:《欧阳文忠公文集》卷五十九《原弊》。
④ 程颢:《明道先生文集》卷三《华阴侯先生墓志铭》。
⑤ 刘客庄:《后村先生大全集》卷一百九十三《饶州州院申徐云二自刎身死事》。
⑥ 《江苏金石志》卷一十四《吴学续置田记》。
⑦ 《宋史》卷一百七十三《食货上一》。
⑧ 武建国:《中国古代土地国有制史》,第279页。

出,在汉、唐还被称为"豪民""兼并"者,到宋公然号称"田主"①了。宋代的田主应该包括管户、形势户、由大商人高利贷者转化而来的封建大土地所有者,其人数占总户口的千分之五六②,尽管人数不多,但势力却极强大,两宋期间的三次浪潮都是由他们掀起的。土地兼并的第一次浪潮是在宋真宗宋仁宗时期,这个时期,对辽、夏战争一再失利,土地兼并在章献刘太后亲族的推动下日益加剧。如王蒙正"恃章献刘太后亲,多占田嘉州","侵民田几至百家","更数狱,无敢直其事"③。土地兼并的第二次浪潮是在宋徽宗时期,这次是在权贵蔡京集团的推动下进行的。第三次是在南宋初年刮起的兼并风。权臣秦桧占有的土地自不必说,仅在永丰圩的赐田就达960顷④,连其下属王历都"寓居抚州,恃秦桧之势,凌夺百姓田宅,甚于盗寇,江西人苦之"⑤。

三、"摧抑兼并"的失败

北宋中期之后,在自然经济为主导,封建政治君主体制下,豪强兼并引发了许多社会矛盾,兼并势力的扩展与过度的兼并,不仅损害普通民户,而且侵吞国家利益,使政府在赋税的征收和徭役的摊派上都受到很大的影响,社会财富日益集中在豪强兼并之家,损害地主经济的长期、稳定的发展。此时朝廷又想将豪强之家的"轻重敛散之权"收归国家所有,以解国家财政的不足,因此宋仁宗即位后(1002年)实施限田,其内容为:

> 公卿以下毋过三十顷,牙前将吏应复役者毋过十五顷,止一州境内,过是者论如违制律,以田赏告者。

可是最终的结局却是"任事者终以限田不便,未几即废"⑥。宋神宗年间,摧抑兼并也就成为王安石推行新政的一个重要目的。

在议行新法之初,王安石提到变法的目的在于"摧制兼并,均济贫弱,变通天下之才"⑦。他的各项新法内容也都不同程度地体现了这思想。田制不立、不抑兼并的土地政策纵容了豪强地主的兼并行为,他们所享有的免税免役的特权对自耕农很有诱惑力,为了逃避苛重的赋税和徭役,自耕农常常托庇于豪强兼并之家冒充他们的佃户,向他们交纳租课。结果是国家的赋税收入大幅度下降。方田均税法的意图在于通过对土地重新丈量,查清豪绅隐产漏税的情况。青苗法的目的则是为了使"农人有以赴时趋事,而兼并不得乘其急"。农田水利法规定兴修农田水利工程,工料由当地居民按照

---

① 顾炎武:《日知录·苏松二府租税之重》。
② 漆侠:《中国经济通史》(宋代经济卷),第290页。
③ 王安石:《临川先生文集》卷九十五《郭维墓志铭》。
④ 陆游:《入蜀记》。
⑤ 《建炎以来系年要录》卷一百一十二《绍兴七年六月壬申纪事》。
⑥ 《宋史》卷一百七十三《食货上一》。
⑦ 《杨龟山先生集》卷六,引《神宗目录》。

户等高下分派,豪强兼并之家也须出工料和费用,并不得专擅所修水利。免役法废除原来按户等轮差的作法,改为由官府雇人应役,所需经费,由民户按户等高下分摊,称免役钱;原来不承担差役的人户,要按定额的半数交纳役钱,称助役钱;家产越大,须交纳的免役、助役钱越多。所有的这些举措不能不说一定程度上都是想起到抑兼并的作用。尽管王安石为抑兼并造了很大的声势,也使兼并势力在经济上受了一定的损失,但是他没有意识到在较为宽松的土地政策下,兼并的事实是难以避免的;加之这些举措遭到了兼并之家及其代言的强烈反对,所以最终抑兼并还是以失败而告终。王安石变法对土地兼并的直接"摧抑",偏重于"抑"而稍轻于"摧",比如在无碍"条贯",不干扰农田水利生产的情况下,一般地主兼并之家的土地几乎原封未动。因生产所占用的豪强地主的土地,基本上都"计其顷亩",在其他地方如数"拨还",甚至拨还的大都是上等好田,或者"两倍其值"以货币形式偿还。①

宋代南迁之后,土地兼并愈加强烈。权奸秦桧不仅在建康府"田业甚富",仅记载的就有永宁庄、荆山庄等,还在平江府(今苏州)、秀州(今浙江嘉兴)等地有田产。民间兼并之家,占地也颇广,淮东有个土豪张拐腿,,每年租谷收入达70万斛。淳祐六年(1246年),御史谢方叔对理宗说:"豪强兼并之患,至今而极。弱之肉,强之食,兼并寝盛,民无以遂其生。"②但此时的宋王朝,政权尚且不保,更无暇顾及兼并之事。

第七节 宋代土地管理法制的得失

一、两宋土地管理法制的正面经验

(一)奖励垦荒

宋代承隋唐之余绪,虽然有迈出中世纪的端倪,但依然处于农业社会,土地依然是国家关注的大问题,加之宋代人口出生率相对较高,社会生产力又得到了前所未有的进步。为了充分利用土地,宋人绞尽脑汁,想方设法扩大土地的面积和使用率,因此在农田方面出现了与山争田、与海争田、与江湖争田的现象,在中国农业史上出现了圩田、海田、湖田等新名词。

北宋朝廷制订和颁发的重要农业政策(这些政策在南宋时大多继续施行),大致有如下几种:召流民复业和开辟荒田。北宋初年朝廷频频颁布诏书,以种种优待条件劝诱流民复业归农,规定在限期内复业的,不仅免除以前拖欠的赋税,以后几年内也可以减轻赋税。同时,为了扩大耕地面积,发展农业生产,朝廷积极促进在深度和广度两个方面利用和开发新的土地资源。一方面,鼓励开发各类生、熟荒地,准许农民自己挑选其中最肥沃的地段耕种,以后再在原佃土地旁边接续添佃。此外,对能够指导农民兴

---

① 《宋会要辑稿·食货》七之二十三、二十四。
② 史仲文、胡晓林:《中国全史》(宋辽金夏经济史),人民出版社1994年版,第221页。

修水利,从而有利于垦辟荒田的地方官员,给予嘉奖重赏。另一方面,在已经开发的地区,则提倡开垦过去弃而不顾的次等土地,予以充分利用。特别是在长江流域及其以南地区,开辟了大片围湖而成的湖田,围海而成的涂田,在水面缚木为筏、敷土布种其上而成的漂浮于水面的葑田,以及在山坡逐级筑坝平土而成的梯田。其中葑田和梯田是宋代南方农民的创造。朝廷的政策对北宋前期垦田面积的大幅度增加有重要的推动作用。

(二) 重视水利建设

宋代以来,每年春天要投入大量人力修缮河堤,并诏令沿河两岸居民以户等种植榆柳树。此外,宋代投入大量人力物力修浚黄河,清理漳河、滹沱河、御河等,既免除了数十年的水灾,也使沿两岸几千顷良田获得丰收。为了抵御北方游牧铁骑的南侵,在华北平原构筑了一条河湖防线,西起今满城县北山,经青苑、高阳、涿州、雄县、霸县等地,东到泥沽海口(今天津东南)。在这绵延900里的地区,聚集着大大小小几十处淀泊塘泺,宋政府把大清河、滹沱河、胡卢河等河流注入这些湖淀中,同时在这些地方设立屯田,"兴堰六百里,置斗门,引淀水灌溉",并将南方水稻引种华北,获得成功。利用自然资源,开发良田,使江河湖泊、山川荒野为人类造福,是宋人征服自然、开发自然、综合利用自然资源的典范,在中国古代农业史上写下了光辉的一页。

水利与农业及土地的关系,南宋陈耆卿曾作了很好的比喻:

> 水在地中,犹人之有血脉,夫稼,民之命也;水,稼之命也。①

宋代的有识之士都重视水利的兴修。北宋庆历三年(1043年),范仲淹为进行改革,在《答手诏条陈十事》中要求:

> 诸路转运司令辖下州军吏民,各言农桑之间可兴之利、可去之害,或合开河渠,或筑堤堰陂塘之类。

熙宁二年(1069年)初开始的"王安石变法",作为改革主要措施之一的"农田水利法"(称为"农田利害条约")即于当年十一月颁布,各地"开垦废田,兴修水利,建立堤防",取得了很好的效果。农田水利法的实施,推动了农业生产,有利于对土地资源的保护。

两宋把水利的好坏最为奖惩、考核官吏的一个重要指标。例如,在《庆元条法事类》卷四十九《农桑门·农田水利》中就有相关规定:

> [农田水利]敕、令、格
>
> 敕
>
> 户婚敕
>
> 诸潴水之地,谓众共溉田者。辄许人请佃承买,并请佃承买人,各以违制论,

---

① 黄淮、杨士奇:《历代名臣奏议》卷二百五十三,陈耆卿:《奏请急水利疏》。

许人告。未给未得者,各杖一百。

令

田令

诸田为水所冲,不循旧流,而有新出之地者,以新出地给被冲之家。可辨田主姓名者,自依退复田法。虽在他县,亦如之。两家以上被冲,而地少给不足者,随所冲顷亩多少均给。县两岸异管,从中流为断。

诸雨水过常,而潴积为害及于道路有妨者,令佐监督导决。水大者,州差官计度,仍申监司,若功役稍众,转运司应副并差官同本州相度行讫,具应用财力及导决次第申尚书本部。

诸州雨雪过常或愆亢,提举常平司体量次月,申尚书省户部。

诸江河山野陂泽湖塘池泺之利,与众共者不得禁止,及请佃承买,监司常切觉察。如许人请佃承买,并犯人纠劾以闻。河道不可筑堰或束狭,以利种植。即潴水之地,众共溉田者,事仍明立界至注籍。请佃及买者,追地利入官。

诸陆田兴修为水田者,税依旧额输纳,即经五料提点刑狱司报转运司,依乡例增立水田税额。

河渠令

诸以水溉田,皆从下始,仍先稻后陆。若渠堰应修者,先役用水之家,其碾硙之类壅水,于公私有害者,除之。

诸水渠灌溉,皆置斗门,不得当渠造堰,如地高水下,听于上流为斗门引取,申所属检视置之。其傍支俱地高水下,须暂堰而灌溉者听。

诸小渠灌溉,上有碾硙,即为弃水者,九月一日至十二月终,方许用水。八月以前,其水有余,不妨灌溉者,不用此令。

格

赏格

诸色人,告获请佃承买潴水之地,谓众共溉田者,每取亩钱三贯。①

总之,为了发展农业生产,保护土地资源,宋朝政府非常重视水利工程的兴建,采取中央与地方以及民众共同兴办水利的政策。大的水利工程由国家统筹,一州一县的水利,由地方政府兴办。民间自己兴办水利,政府可给予低息贷款,分期偿还,同时对兴办水利有功的官吏给予奖励,从而调动了兴办水利的积极性。

(三)加强对破坏土地资源的犯罪行为的惩罚

宋代在对自然资源的开发利用上是有成效的,但是无节制的开发,破坏了生态环境,其表现之一就是对关中一带已不多见的森林资源的大肆砍伐。北宋时京城大兴土木,所需巨木都来自关中,一些权贵也参与此事,大发横财。由于过量砍伐,导致关中

---

① 参见蒲坚:《中国古代法制丛钞》(三),光明日报出版社2001年版,第172页。

森林急剧减少,水土流失相当严重,每当雨季来临,雨水夹带大量泥沙汇入黄河,致使下游河床升高。北宋黄河决口无数,数次改道,其中一个原因就是上游植被资源的破坏,导致生态失去平衡。其二,宋代大肆经营南方,为了扩大土地占有数量,采取诸种方法诸如围田、围湖造田等。肆无忌惮地造田,没有考虑到长远利益,破坏了原有的水路,致使水流不畅,因此遇到涝时大雨冲毁良田村舍的现象时有发生,这是人们违背自然规律、破坏生态环境所带来的惩罚。如在江南设立的陂泽本来用于"停蓄水潦",可是一些"豪势人户耕犁高阜处土木,侵叠陂泽之地,为田于其间,——致每年大雨时行之际,陂泽填满,无以容蓄,遂至泛滥,颇为民患"①。再如有些圩田建立在水流要害之处,阻碍了排水系统,结果"横截水势,不容通泄,圩为害非细"②。

宋统治者对土地资源的重要性不是没有认识的,所以在开发利用土地资源的同时也用法律的手段加强对有益土地资源保护行为的褒奖和破坏土地资源行为的惩罚。为了防止水土流失,保护土壤,宋代非常重视鼓励民间的植树造林活动。法律规定百姓植树不得增加赋税,而且宋代官府还十分重视树木的实际成活率,成活率如未达法定要求,要责令其补上。

(熙宁二年(1069年))中书议劝民栽桑。帝曰:

> 农桑,衣食之本。民不敢自力者,正以州县约以为赏,升其户等耳。宜申条禁。
>
> 民种桑柘毋得增赋。安肃广信顺安军、保州,令民即其他种桑榆或所宜木,因可限阕戎马。官计其活茂多寡,得差减在户租数,活不及数者罚,责之补种。③
>
> [种植林木]敕、令、格、申明
>
> 敕
>
> 职制敕
>
> 诸县丞任满,任内种植林木,亏三分降半年名次,五分降一半,八分降一资。承务郎以上,展二年磨勘。
>
> 赏令
>
> 诸县丞任满,任内种植林木滋茂,依格推赏,即事功显著者,所属监司保奏乞优与推恩。
>
> 杂令
>
> 诸军营坊监、马递铺内外,有空地者,课种榆柳之类。马递铺委巡辖使臣及本辖节级,余本辖将校检校。无将校,委节级。岁终具数申所属,按亲本处应修造者,由请采斫。枝梢卖充修造杂用。以时补足,仍委通判点检催促。非通判所至处,即委季点或因便官准此点校,内马递铺点检讫,仍具数申提举官。

---

① 《宋会要辑稿·食货》六十一之六十九。
② 《宋会要辑稿·食货》六十一之一百四十九。
③ 《宋史》卷一百七十三《食货上一》。

河渠令

诸沿道路渠堰官林木,随近官司检校,枯死者,以时栽补,不得斫伐及纵人畜毁损。①

在依法鼓励民间植树的同时,对于破坏林木者要用刑罚严惩。例如,对于盗伐林木者,轻者处以徒刑,重者处死。

建隆三年(962年)九月诏:

桑枣之利,衣食所资,用济公私,岂宜剪伐。如闻百姓所伐桑枣为樵薪者,其令州县禁止之。②

民伐桑枣为薪者罪之:剥桑三工以上,为首者死,从者流三千里;不满三工者减死配役,从者徒三年。③

(四)规范田土诉讼

相对较发达的商品经济氛围,大量频繁的田土交易必然也会有较多的田土纠纷相随。有关田宅交易的诉讼与其他民事诉讼一样由当事人及其家属提起,原则上是自诉,禁止非利害关系人"讼不干己事"。地方上受理田土等民事纠纷的地方机构有县、州府(军府)、提点刑狱司、转运司,中央最高机构是户部。前面提到的"宋有诉谢知府宅侵占坟地案"中,宋有先诉至县衙,后上诉至军府、转运司都未得到公正判决,最后申诉至户部,户部将此案发下,委派知县黄干审理,最终才将被强占的田土追回。县衙是最基层的田土纠纷受理机构,大量的田土纠纷都在这一级机构得到解决。如果当事人不服,可逐级上诉至州府、转运司,直至申诉到户部。上诉和申诉机构既可以自己审理上诉、申诉案件,也可以发回县级机构重审。

宋代刑事诉讼不受时间限制,随时为防止妨碍农务,有务限法的规定,务是指农务,宋大致承袭后周显德四年(957年)之制:

所有论竞田宅、婚姻、债务之类,取十月一日以后,许官司受理,至正月三十日住接词状,三月三十日以前断遣须毕。④

从正月三十日至三月三十日这个期间称为"务开",其余的非受理期间称为"入务"。实践中,豪民地主为了图谋农民田产,常常利用务限之法,开务之日,则拖延时日,及至民户诉与官府,又想方设法通过幕僚属吏,拖延审断,展转数月,已入务限,使典田之人终无赎回之日。

一般民事诉讼时效,凡"分财产满三年而诉不平,又遗嘱满十年而诉者,不得受

---

① 《庆元条法事类》卷四十九《农桑门·种植林木》。
② 《宋大诏令集》卷一百九十八《禁斫伐桑枣诏》。
③ 《宋史》卷一百七十三《食货上一》。
④ 《宋刑统》卷十三《婚田入务》。

理"①,有关不动产诉讼的时效期间要长许多,典卖、倚当庄宅物业,"典当限外经三十年后,并无文契,及虽执文契难辨真伪者,不在论理收赎之限"②。南宋时,典卖田宅各类纠纷的诉讼时效缩短为二十年、十年、三年、一年。《名公书判清明集》卷四记载的"三吴互争田产案",主审官范西堂在判词中写到依宋法"诸理诉田宅,而契要不明,过二十年,钱主或业主死者,官司不得受理"。可见,有关田宅的诉讼,如果钱主或业主已死,且已过二十年官府不应受理。在这份判词中还提到了诉讼时效期间的起始计算方法:

> 诸典卖田宅,已印契而塑亩步不同者,止以契内四至为定;其理年限者,以印契之日始,或交业在印契日后者,以交业日为始。

这说明在宋代有两种田宅交易诉讼时效期间的起算方法,如果标的的交付在契约加盖官印之前,就以契约成为红契之日为起始日;反之,就以田土的交付日为起始点。在王九诉伯王四占去田产案中,承审官吏以"今业主已亡,而印契亦经十五年纵曰交易不明,亦不在受理之数"③为由,驳回了原告的起诉,由此推断出有关田宅的诉讼时效期间少于十五年。绍兴三年(1133年)九月诏:

> 百姓弃业,已诏二年外许人请射,十年内虽已请射及充职田者并听归业。④

可见从此时起,田宅的诉讼时效期间是十年。前面已经论及南宋时亲邻行使田宅优先典买权的诉讼时效是三年。南宋田土诉讼时效期间缩短,主要是基于以下原因:

其一,金灭北宋,又侵南宋,"建炎以来,内外用兵,所在多逃绝之田",所以招抚流亡复业及耕垦荒地是南宋恢复与发展农业生产的首要任务,为鼓励战争中被掳民户归业和其他人户垦荒,势必需要缩短田土诉讼时效期间以尽快稳定农业生产关系;

其二,南宋政府的孱弱,军事的失利并不代表社会经济的衰退,南宋商品经济进一步发展,土地交易活动更为频繁。前面曾举例提到南宋高宗时,仅四川一地立限让典卖田宅者纳税印契,一次就征收到契税四百万贯,"如果以契税率百分之十计算,四川印契上的田价总额就达四千万贯"⑤,这说明当时投入流通领域的土地数量之大。同时土地流转的速度也非常之快,朱熹在谈到必须实行经界法时说:"人家田产,只五六年间,便自不同,富者贫,贫者富。"⑥宋人朱继芳也赋诗曰:

> 曲池毕竟有平时,
> 冷眼看他炙手儿,
> 十数年间三易主,

---

① 《名公书判清明集》卷五《户婚门·争业下》。
② 《宋刑统》卷十三《婚田入务》。
③ 《名公书判清明集》卷四《户婚门·争业上》。
④ 《宋史》卷一百七十三《食货上一》。
⑤ 朱瑞熙:《宋代社会研究》,中州书画社1983年版,第59页。
⑥ 《朱子语类》卷一百零九《朱子六·论取士》。

焉知来者复为谁?

与这种经济生活相适应,在法律制度上的反映必然是尽快确认土地实际占有者的产权,避免不必要的讼累,稳定社会经济关系。

二、两宋土地法制的失败教训

两宋土地法制在积累一些成功经验的同时,并没有解决中国封建社会固有的矛盾在土地关系上的痼疾,而且带来一些负面后果,其中的一些经验教训也值得我们吸取。

(一)沉重的赋役激化了人地矛盾

两宋土地法制最终为人地之间的矛盾埋下了伏笔。两宋之所以采取很大力度对土地关系进行规制,并不是为了根本解决中国封建社会土地关系上的固有矛盾,改善农民的生活环境,而是基于当时的内忧外患,解决宋朝的财政经济困难。在这个前提下的各种改革措施,必然为其最终的失败埋下伏笔。从历史发展的角度而言,历代统治者都把"民以食为天,地乃国之本"奉为"治国方略"。宋神宗熙宁五年(1072年),王安石实行方田均税法,这是中国历史上最早的规范化地籍测量;南宋高宗时又实施"经界法",按砧基簿(地籍图)核实田亩,其目的都在于消除隐匿田税,加强土地管理。到宋徽宗大观四年(1110年),全国人口1.04亿、耕地4.15亿亩,比唐代翻了一番。① 尽管宋代的耕地面积有如此大的扩充,但是,宋代的赋役却大大重于汉唐,这与宋代特定的历史条件有关。宋建立后,高度的中央集权与官僚机构庞大臃肿,军队的招募,对辽、西夏的贡岁,使宋代的财政支出迅速增加,常感入不敷出。在这种情况下,宋代的赋役名目繁多,负担苛重。王应麟在《困学纪闻》中谈到:

> 今赋役几十倍于汉。林勋谓,租增唐七倍,又加夏税,通计无虑十倍。②

繁重的土地赋役引起了一系列问题,其中最突出的是户口逃亡增多,浮户增多;不少人户假冒逃户,或买逃户田土,以逃避赋役。逃户既多,不仅朝廷的收入日减,国用不足,而且赋税负担不均。赋役按规定不论主客户一律负担,但是大多数落到了主户下等户与客户身上;职役按规定上三等户负担,但往往是下户充上户之役,客户充主户之役。根据《太平寰宇记》的记载,在太平兴国年间(公元976—983年),全国户数中的十分之六是主户,十分之四是客户。而十分之六的主户中绝大多数是下户。但上户占有的土地占全国土地总数的百分之八十以上,下户占有的不及百分之二十。沉重的土地赋役使土地的兼并加剧,下户连少量的土地也无法保持,纷纷沦为佃户。据公元1022年的统计,宋代的客户,全国共有三百七十五万多户,约占全国总户数的三分之一。③ 佃户除向地主交租外,有时还要代地主向政府交纳赋税。南宋时曾规定,倘若地

---

① 以上数据参见邹玉川:《当代中国土地管理》(上),当代中国出版社1998年版,第227—228页。
② 《困学纪闻》卷十五《考史》。
③ 杜修昌:《中国农业经济发展史略》,浙江人民出版社1984年版,第122页。

主拖欠赋税,政府可追求佃户补偿,这样佃客成了地主地租和政府赋税的双重负担者。① 如此恶性循环,使阶级矛盾进一步加巨,土地兼并更加激烈,"富者田连阡陌,贫者无立锥之地",人地的矛盾激发了人与社会之间的对抗,农民起义不断,使朝廷的财政更加吃紧。宋末的贾似道试图缓解这一矛盾,实行回买公田之法,按官品规定占田限额,从官户超过限额的土地抽出三分之一,由官府买回,作为公田出租。此法自公元1263年开始实行到公元1264年,南宋共买公田一千万亩,收租米六百多万石。② 但是,此法并没有解决真正的土地耕作者无地的实际状况,反而引起南宋王朝与地主争夺田地的更大矛盾,加速了南宋经济的崩溃。到公元1275年废除此法,蒙古统治者已向杭州进兵,南宋王朝已濒临覆灭的前夕了。

(二) 过度垦荒,破坏了自然资源

两宋的各项措施在具体的实施中带来很多负面效应。宋代在对自然资源的开发利用上是有成效的,但是无节制的开发,破坏了生态环境,因此对土地等自然资源的破坏也相当严重,森林资源遭到大肆砍伐,水土流失相当严重。自然资源的开发利用是件好事,但如考虑不周,违背自然规律,破坏了生态环境,必然要受到自然规律的惩罚。在宋代土地兼并日益激烈的压力下,朝廷和农户都为扩大耕地而努力,除开垦荒地之外,还开山为田,围湖为田,致力于各类田土的开垦,这就导致宋代特别是南宋时期,诸如淤田、山田、沙田、湖田、围田、圩田之类农田,大量垦辟。

在宋代垦田面积扩大的过程中,北方的水系因森林植被遭到破坏,河流中夹带着大量泥沙,尤其是中下游,河床日益增高,常常造成决溢和泛滥,尤以黄河为最,北宋两次大决口,致使黄河流向改变。由于没有一个统一的规划和合理的安排,有些垦荒行为产生了意想不到的恶果。如湖州武康县出现这样的现象:"四围皆山,独东北隅小缺。自绍兴以来,民之匿户避役者",多"于山中垦开岩谷,尽其地力",不料后果却是"每遇霖潦,则洗涤沙石,下注溪港,以致旧图经所载渚溇淤者八九,名存实亡"③。

水土流失破坏了水利灌溉,反而妨碍了当地农业的发展及百姓的生活。宋代一方面"与山争地"、"与水争地"、"与海争地"尽地力开发土地,扩大土地的利用率,确实达到了耕地面积扩大和粮食等农作物产量增加的目的;但另一方面却招来了灾害,诸如某些地方梯田垦辟过多造成了严重的水土流失,壅塞了河流湖泊;不断地围湖造田,削弱了其原来的积贮灌溉的机能,以至旱涝灾情交替出现。"使水无所潴,复无所泄",破坏了自然水系的灌溉系统。不少地方是"圩田未作,岁多丰稔,作圩以来,水旱屡告"④。嘉定十六年(1223年)江南东路转运判官陈宗仁说:

今建康濒江圩田,茫然与江混而为一,不复可见畦町。而太平州圩田,坍损实

---

① 杜修昌:《中国农业经济发展史略》,浙江人民出版社1984年版,第122页。
② 同上。
③ 谈钥:《嘉泰吴兴志》卷五。
④ 转引自樊树志:《中国封建土地关系发展史》,人民出版社1988年版,第275页。

多,荡然几与江湖无异。至于宁国之宣城、广德之建平、池之铜陵,凡曰圩田,大率相似。

历史的经验和教训告诉我们,在土地管理的法律关系中,关键有两种关系要处理得当:一是在分配国家与个人有关土地的利益时,要避免与民争利,尤其要处理好国家与农民的关系;二是调整和控制人与自然的物质变换时,人的主观能动性与自然界容量相适应,按照自然规律和社会经济规律的客观要求来规范人的行为。因此,土地资源管理法律体系的基本点是保护土地资源,这是任何社会形态的土地法律制度所要确立的共同点。

第六章 辽金元土地法制

（公元907—1368年）

辽、金、元是契丹、女真、蒙古三个北方少数民族建立的政权,这三个民族生产力发展水平比中原地区相对低下,与此相适应的土地法制也显然不同。在由北向南扩张的过程中,三个民族都掠夺了大量土地作为官府所有的国有土地,在中国土地法制历史上出现了国有土地的历史回溯。但在中原地区先进生产关系的影响下,这种历史回溯已经是强弩之末,中国再也不可能建立像西周初年那样的土地国有制了。

第一节 辽金土地法制

一、辽代土地法制概况

9世纪末期,契丹的氏族社会已趋瓦解,氏族组织的管理机构转化为国家机器。901年,耶律阿保机任夷离堇(军事首长)后,对四周诸部族与汉族地区屡次发动掠夺战争,大量俘虏人口、牲畜,增强本部实力。907年,阿保机取代遥辇氏成为契丹首领,并于916年建立契丹国。947年,耶律德光改国号为辽。

辽境内存在生产与生活方式截然不同的两大类民族:一类是"耕稼以食,城郭为家"的汉族和原渤海国人;另一类是"渔猎以食,车马为家"的契丹族和其他北方民族。他们自北而南大体形成了游牧经济区、游牧农耕混合经济区、农耕经济区。与此相适应的是胡汉分治的二元化政治体制,即"以国制治契丹,以汉制待汉人"。主"蕃事"的北面官治契丹宫账、部族、属国之政;主"汉事"的南面官治汉人州县、军马、租赋之事。与这种社会形态的复杂性相一致,辽的土地法制呈现一种错综复杂的现象。从总体上来说,辽的土地所有制是国有与私有并存,但在国有与私有内部,又划分为一些具体的形式。

（一）国有土地

辽代的国有土地有多种形式,如国有牧场、国有荒地、括田、屯田等。

契丹诸部的游牧地,本属部落公有。阿保机建国后,在遥辇诸部落的基础上,重新编组部落,并再次确定诸部的游牧范围。这次调整的结果,将上京道中心地区,西起大兴安岭南端的庆州(今内蒙古巴林左旗西北)、仪坤州(今巴林右旗西南),东到鸭子河流域的长春州(今吉林大安西),北自挞鲁河(今洮儿河),南至中京北界广大地区,全部划归辽内四部族。其余诸部,则分别被安置在其四周。诸部落的游牧地是由最高统治集团分配确定的,诸部只有占有权和使用权。这类部落使用的土地,其最高支配权仍属于皇帝代表的国家。它是在部落占有制形式下的国有牧场。部落成员因地位不同，对部落公有的牧场在使用上也存在差异。

辽代国家设有群牧，是为国家提供马匹、牛羊、骆驼的机构。"自太祖及兴宗垂二百年，群牧之盛如一日。"①群牧多在大兴安岭南端西麓，可知者有迪河斡里朵、斡里保（斡里本）、蒲速斡、燕恩、兀者等。群牧的草场、牲畜均属国家所有。群牧官由国家委任，司牧者是诸部族富户或品官家子弟、家丁或奴隶。他们在国有牧场上放牧国有牲畜，供国家需要。这些国有牧场，大部分也是由过去的部落公有土地转化而来的国有土地，另一部分则来源于下面所说的括田。如渔阳西北之上方感化寺，在三河县北乡"有庄一所，辟土三十顷，间艺麦千亩，皆原隰沃壤，可谓上腴"。在道宗大安（1085—1094年）年间的括田中，即因"豪民所首，谓执契不明，遂围以官封，旷为牧地"②。后来几经周折，才发还寺院。

《辽史》卷五十九《食货志上》载："统和十五年（997年），募民耕滦河旷地，十年始租，此在官闲田之制也。"《辽史·圣宗纪》也有类似记载。这里所说的"在官闲田"，当属国有荒地。此外，辽统治者还竭力扩大国有土地，经常进行所谓的括田。如辽圣宗统和十三年，"诏减前岁括田租赋"③。可知统和十一年曾进行过括田，而且括出之田已有农民耕种和纳租。道宗大安中，曾遣括天荒使四处括地。名曰括天荒，实则往往是强行占夺。

为了防御的需要，辽代还在边境设置州城，屯驻军队，进行屯田。据《辽史》卷五十九《食货志上》记载：

> 统和中……沿边各置屯田戍兵，易田积谷以给军饷。故太平七年（1027年）诏，诸屯田在官斛粟不得擅贷，在屯者力耕公田，不输税赋，此公田制也。

屯军一方面从事耕牧，一方面守卫边境。他们耕种的农田和游牧的草场也属国家所有，生产的谷物、牲畜提供边疆所需。这两种土地无论所有权还是使用权均属国家，是名副其实的"公田"，也即国有土地。

（二）私有土地

辽代的私有土地，有皇帝直辖领地、上层贵族领地、寺庙土地及地主和自耕农土地等形式。

皇帝直辖领地，称为"斡鲁朵"，又叫"宫卫"。斡鲁朵包括若干州县，其内有大量庄田、牧场、森林和手工业作坊，各种事业均采取农奴制经营形式，为皇帝提供产品。同时，辽历代皇帝建立斡鲁朵，还有增强军事、经济和政治实力，以巩固皇权，牵制和制约贵族势力膨胀的目的。据《辽史》的《宫卫志》、《兵卫志》和《地理志》等记载，自太祖阿

---

① 《辽史》卷六十《食货志下》。
② 《全辽文》卷十《上方感化寺碑》。
③ 《辽史》卷十三《圣宗纪四》。

保机立国到辽末,辽代先后建立的斡鲁朵有十三个,或称十二宫一府,即弘义宫、长宁宫、永兴宫、积庆宫、延昌宫、彰愍宫、崇德宫、兴圣宫、太和宫、永昌宫、敦睦宫及文忠王府。

斡鲁朵的劳动者,称为"宫户",他们的身份地位是农奴。宫户主要来源于被俘的汉人、渤海人,也有被籍没的人户。宫户有一定独立的经济生活,占有和使用皇帝分配给的少量土地,分散经营,向皇帝交纳赋税,允许保留部分产品。宫户虽然负担赋税,但与州县编户不同。宫户是皇帝私人的领户,没有人身自由,皇帝不仅任意驱使宫户,而且可以转让他们。宫户要为皇帝提供劳役,战时跟随皇帝出征打仗,他们是皇帝占有的农奴。

上层贵族的领地,称为"头下军州"。辽国皇帝将若干州县土地,连同掠夺来的人口,分赐其功臣、贵戚,建立了几十个贵族领地——"头下军州"。从地理位置来看,头下军州多在契丹统治的腹心地区上京、中京和东京诸道,其土地亦多为旧有之"分地"或空旷地区。"分地"本属部族共有之放牧地,契丹贵族以私有的俘户建立头下军州以后,称为"私城",不仅可以世袭占有,作为私有财产传给子孙后代,而且除节度使和有的州刺史由朝廷任命外,其余州县官多由契丹贵族自己任命,甚至派家奴去管辖。耶律阿没里以俘户建城,请为丰州后,"就以家奴阎贵为刺史"①,即是一例。后来,连节度使的任命权也都归于契丹贵族之手,"唯节度使朝廷命之,后往往皆归王府"②。这一方面反映了辽代内部私有化的迅速发展,另一方面也充分说明,头下军州确是契丹贵族所控制的经济实体。但这种私有化又很不彻底,遇到没有后嗣继承或犯了弑逆大罪时,头下军州就要被没为国有或转隶斡鲁朵。

头下军州作为经济实体,基本上可以分为三种生产类型:第一类以畜牧业为主,如遂、丰、闾、松山、豫、宁等州,均是契丹贵族的牧地;第二类以农业为主,如壕、原、双等州,均是以被俘汉民所建的农业军州;第三类以手工业为主,如川州,由被俘汉民所建,地宜桑柘,民知织缝之利,以从事丝织业为主。

"头下军州"的劳动者,称为"二税户",他们的来源主要是被俘的汉人、渤海人和其他少数民族。二税户既给贵族领主纳税,又给国家交租。他们使用领主分配的少量土地,有一定的独立经济,并有自己的家室。他们世代被束缚在领地内,为领主服役,没有迁徙的自由,其身份地位是贵族领主的农奴。

辽建国前就建有寺庙。中期以后,在契丹统治者的积极提倡下,佛教盛行,各地广建寺庙。唐天复元年(902年),阿保机大举攻伐代北,俘获大批人口之后,"城龙化州于潢河之南,始建开教寺"③。这是契丹所建的第一座寺院。神册三年(918年)建上京

---

① 《辽史》卷七十九《耶律阿没里传》。
② 《辽史》卷四十八《百官志四》。
③ 《辽史》卷一《太祖纪上》。

临潢府后,阿保机又与应天后在新城建了天雄、义节、崇孝三寺。① 当时,"城中有佛寺三,僧尼五千人"②。此外,上京还有安国寺、圣尼寺、福先寺和天长观、弘福寺等寺观。③ 契丹贵族也积极建造寺观。辽道宗清宁五年(1059年),"秦越大长公主舍棠阴坊第为寺,土百顷",道宗又施舍五万贯,建成了大昊天寺。④ 耶律昌元之妻兰陵郡夫人萧氏也出资二万缗,在涿州建了静安寺。⑤ 在上京以外的其他各地,也建造了大批寺院。东京辽阳府有金德寺、大悲寺、驸马寺、赵头陀寺⑥;西京大同府有华严寺、天王寺等⑦;经济发达的燕京地区,寺院更多,仅涿郡就有七座有名的寺院。

正是在统治者的积极提倡下,寺院地主与国家、世俗地主一样广占田土,以营佃所入供僧众衣食。一个寺庙往往就是一个封建庄园。如义州静安寺,在创建之初,阿保机同族玄孙耶律昌允及其妻就施地三千顷。蓟州盘山上方感化寺"创始以来,占籍斯广。野有良田百余顷,园有栗万余株,清泉茂林,半在疆域"⑧。燕京大昊天寺有"稻畦百顷,户口百家"⑨;涿州超化寺"地吞百顷"⑩;景州陈公山观鸡寺"广庄土逯三千亩,增山林余百数顷,树果木七千余株,总佛宇僧房泊厨房舍次,兼永济院属寺店舍,共一百七十余间,聚僧徒大小百余众"⑪;涿州静安寺建成之后,"施地三千顷,粟一万石,钱二千贯,人五十户,牛五十头,马四十匹,以为供亿之本"⑫。

辽代的一些普通地主也占有很多土地。如圣宗时的俘臣李知顺,占籍中京,"庄宅田园,奴仆人户,牛驼车马等,卒不能知其数"⑬。冯从顺于统和十七年(999年)望都之役后入辽,"车乘服玩,台馆园林及藏获之徒,皆国家所给"⑭。在中京,汉人地主的庄园也有很大发展。

辽圣宗时,曾让一部分无地农民"占田置业",把国有土地变为自耕农的小私有土地,"诏山前后未纳税户,并于密云、燕乐两县占田置业入税,此私田制也"⑮。统和十三年(995年)六月,"诏许昌平、怀柔等县诸人请业荒地"⑯。这一政策显然是为了扩大自

---

① 《辽史》卷三十七《地理志一》。
② 《旧五代史》卷一百三十七《契丹传》。
③ 《辽史》卷三十七《地理志一》。
④ 《全辽文》卷九《故妙行大师遗行碑铭》。
⑤ 《全辽文》卷八《创建静安寺碑铭》。
⑥ 《辽史》卷三十八《地理志二》。
⑦ 《辽史》卷四十一《地理志五》。
⑧ 《全辽文》卷十《上方感化寺碑》。
⑨ 《全辽文》卷十《妙行大师行状碑》。
⑩ 《全辽文》卷八《涿州超化寺诵法华经沙门沙慈修建实录》。
⑪ 《全辽文》卷九《景州陈公山观鸡寺碑》。
⑫ 《全辽文》卷八《创建静安寺碑铭》。
⑬ 《全辽文》卷六《李知顺墓志铭》。
⑭ 《全辽文》卷六《冯从顺墓志铭》。
⑮ 《辽史》卷五十九《食货志上》。
⑯ 《辽史》卷十三《圣宗纪四》。

耕农队伍,发展生产,增加政府收入。但这一做法本身也使得一部分无地少地农民获得了一部分土地,成为小土地所有者。

二、金代土地法制概况

我国封建社会的土地所有制,自北宋以降,国有土地即官田的比重越来越小,私有土地特别是大土地私有制迅速膨胀,这是符合历史发展规律的一种进步。但女真族建国后,无论在东北地区抑或中原地区,统治者通过多种超经济手段,把大量私田变为官田,使官田大大增加。这种反常现象是女真由部落制向奴隶制发展的产物。从其自身而言,乃是社会的进步。但从我国封建社会历史发展的总趋势而言,则是明显的倒退。这是金代土地制度的一个重要特点。

金代私田的官田化过程,主要是国家强制进行拨地、括地,把辽斡鲁朵、头下军州的土地和汉族自耕农及部分中小地主的土地变为国家所有,然后贴上官田的标签——牛头地,分配给猛安谋克户耕种。这是一种超经济强制的掠夺方式,随之而来的是农民身份、地位的迅速下降。他们或者成为农奴,或者卖身为奴隶,或者沦为流民。这是金代中期以前伴随着奴隶制发展而普遍存在的现象,中原地区尤为严重。但是,由于中原地区高度发展的封建租佃制关系的影响,由于广大人民的强烈反抗,促使猛安谋克奴隶主及其牛头地制度发生两方面的变化:一方面是多数猛安谋克户转化为无地之户,日益贫困和破产;另一方面是部分猛安谋克奴隶主转化成"惟酒是务"、坐食地租的猛安谋克地主。他们不顾国家禁令,出卖原来作为主要劳动力的奴隶,出租原来国家授予其自耕的官田——牛头地,采用了封建租佃制的剥削方式。代表土地国有制的牛头地制度逐步瓦解,代之而起的是"计口授田","拨授之为永业",即把官田转为私田,并使之合法化。至此,又完成了官田私田化的过程。这样,我们可以清楚地看出,金代土地法制的发展历程大致可以分为两个阶段:第一阶段,通过实行拨地与括地,推行牛头地制度,在其统治区域内建立奴隶制的土地国有制;第二个阶段,适应租佃制的发展,实行计口授田,承认土地私有的合法化。

(一) 拨地与括地

所谓拨地,就是金代国家对猛安谋克的赐田,最早开始于天会十一年(1133年)女真人首次大规模迁入中原时。此后,除了每次向中原迁徙必定要拨地之外,在中原各地区之间的相互调迁,对世袭猛安谋克的赐田,以及对贫难无地户的耕地补充等,都使拨地的次数越来越多,需要的耕地数量也不断增加。根据大定二十三年(1183年)的统计,金代猛安谋克共占田一百六十九万三百八十顷有奇,其中在中原地区的占田有多少,因资料缺乏,无从稽考。但如按三牛为一具授田四顷四亩来推算,仅天德元年(1149年)海陵王命曹望之买牛万头,赐给迁到南京(今河南省开封)的按出虎八猛安一次拨地即达一万三千四百六十五顷之多。又据兴定三年(1219年)的统计,河南现耕之军民田总数为九十六万顷,其中猛安谋克占地达二十四万顷。按照金统治者的说法,凡国家拨给猛安谋克之田均系官田,金在中原的全部官田,当是来源于接收北宋的官田和荒闲田。其中在开封府、京东路、京西路、河北路、陕西路、河东路等中原六路，共接收官田三万七千三百八十五顷五十三亩，还不到金之河南一地（南京路）猛安谋克军户占田数的六分之一，数量很少。即使再加上有限的荒闲地，也远远不能满足拨地的需要。

在女真人大举南迁之初，官田不足的问题还不突出。但经过连续多次对大规模南迁的猛安谋克进行拨地，到海陵王正隆（1156—1161年）年间，朝廷已经感到手中的官田不足了。其后的世宗、章宗时期，官田不足的问题更加尖锐，于是"括地"之法便应运而生。金统治者利用括地，一方面是与女真贵族和汉族地主争夺土地和剥削对象，限制他们兼并土地；另一方面，主要是通过括地来掠夺民田，然后再贴上官田的标签，供政府拨地和出租。

金朝从海陵王正隆年间开始，先后进行过三次大规模的括田。第一次大规模括地在正隆元年（1156年），海陵王迁都燕京以后，政治重心南移，大批女真宗室、贵族和猛安谋克人户也随之迁到中原各地，都需要"分地安置"，"授田牛使之耕食"①，而政府手中所控制的官田已经所剩无几。特别是在猛安谋克比较集中的河北、山东地区，这种状况更加严峻。因此，只有依靠括地，才能解决这个问题。于是，海陵王于正隆元年"遣刑部尚书纥石烈娄室等十一人，分行大兴府、山东、真定府，拘括系官或荒闲牧地，及官民占射逃绝户地，戍兵占佃官籍监，外路官本业外增置土田。及大兴府、平州路僧尼道士女冠等地"。括得之地，大部分用于满足猛安谋克的占地要求，"盖以授所迁之猛安谋克户"；小部分则由国家充当最高的地主，直接出租给汉民，"令民请射而官得其租也"②。这是适应猛安谋克户土地需要和发展国家管辖下的牛头地制度的需要而采取的措施。这次括地基本上限于河北、山东地区，范围不是很大，加上当时还有相当多不在籍的荒闲地可括，故其危害不算太重，也未引起重大的社会骚动。

第二次大规模括地在世宗大定十七至二十一年（1177—1181年）。一方面，由于这个时期猛安谋克的迅速封建化，女真军人地主大量兼并、扩张土地，使官田私田化现象十分严重，而一般女真民户则往往"贫难无地"，需要重新拨给官田。另一方面，有些猛安谋克户在迁入中原之初，得到的是薄地，而更多的则由于不事耕稼，懒惰饮酒，所受良田往往听其荒芜而变成薄地。因此，他们纷纷要求把薄地易为良田，得到了金世宗的大力支持。金世宗为此训诫省臣说："女真人户自乡土三四千里移来，尽得薄地，若不拘刷良田给之，久必贫乏。"于是，"遣官察之"③。此外，为了加强猛安谋克的军事防卫能力，改善其经济地位，而进行频繁的调迁，"多易置河北、山东所屯之旧"，而每次调迁都要拨地，官田更感不足。世宗曾惋惜地对他的宠臣、世袭猛安、平章政事徒单克宁说："朕欲尽徙卿族在山东者居之近地（即中都附近），卿族多，官田少，无以尽给之。"结

---

① 《金史》卷四十四《兵志》。
② 《金史》卷四十七《食货志二》。
③ 同上。

果只得"选其最亲者徙之"①。由于上述种种原因,朝廷乃于大定十七年遣同知中都路转运使张九思为括地官,到山东、河北等地主持括地,一直延续到大定二十一年,长达四年之久。其规模之大,涉及面之广,对汉族农民危害之深,都远远超过正隆年间的括地。

这次括地的对象主要有三类:第一类是女真权豪之家,他们人数不多,占田不少,最多者如纳合椿年一户占田达八百顷。对这类占夺的官田,朝廷并不全部没收,而是除原赐之牛头地外,还可以留下十顷,超过此数者才拘括入官,相对优待。经过这次括地之后,按照大定二十三年的统计,在京宗室将军司的女真权贵共仪表七十户,有田三千六百八十三顷七十五亩有奇,平均每户占田仍达二十一顷六十七亩之多,几乎等于猛安谋克户平均占田数二顷七十四亩的八倍。第二类是汉族官僚、地主,即所谓"豪民租佃官田岁久,往往冒为己业"者,对他们的方针是"令拘籍之",毫不留情。第三类是汉族农民。朝廷表面上括的是"亡辽时所拨地",因年代久远而被民"指射为无主地,租佃及新开垦为己业者",以及"民昔尝恣意种之"的梁山泺滩地之类的土地,实际上根本不分青红皂白,乱括一通,只要沾上一点秦汉以来的官田名称,哪怕是持有凭据,已经成为己业,种了不知几百年的土地,也一概被指为官田,遭到拘括。"如皇后庄、太子务之类,止以名称便为官地,百姓所执凭验,一切不问";"凡犯秦汉以来名称,如长城、燕子城之类者,皆以为官田,此田百姓为己业不知几百年矣"!个别臣僚向皇帝报告山东、大名、济州括地情况时,指出"有以民地被刷者",世宗大不以为然地说:"此虽称民地,然皆无明据,括为官地有何不可?"还反复强调:"虽经通检纳税,而无明验者,复当刷问。有公据者,虽付本人,仍须体问。"皇帝既然如此苛刻,括地官张九思之流自然更加蛮横,一切都以功利为务,做事率意任情,不考虑百姓,以致"有执契据指坟垄为验者,亦拘在官"。世宗皇帝说得很动听:"能使军户稍给,民不失业,乃朕之心也。"但实际却完全相反。经过这次括地,大批汉族农民,包括一部分汉族中小地主,因土地被括走而失业破产。即使朝廷又把括来的部分土地贴上官田的标签后招民佃种,百姓们也因为"惧征其租"而纷纷逃亡了。② 朝廷括得的大部分土地,在"分给女真屯田户"之后,又被那些"不亲稼穑"、"惟酒是务"的猛安谋克军人地主租给汉族农民耕种。于是,一转眼间,大批汉族自耕农不是沦为破产流民,就是变成猛安谋克的佃户,受到"预借三二年租课"的残酷剥削。

世宗时期的这次括地,是以国家强制手段把民地括为官地,是以牺牲汉人的利益来满足女真猛安谋克对土地的贪求。但是,当时的猛安谋克贵族已经极为腐败,把括来的土地分给猛安谋克户,势必使良田又变为荒地,因而并不利于农业生产的发展。世宗也没有把括地同普遍地向农民实行均田结合起来,没有把括地同加速女真奴隶主向封建地主转化结合起来,也就是说,并没有进行社会制度的改革。因此,这种为满足

---

① 《金史》卷九十二《徒单克宁传》。
② 《金史》卷四十七《食货志二》。

女真利益所进行的括地具有极大的消极性,对当时北方生产的进一步发展制造了障碍,同时也加深了女真与汉人的矛盾,加速了金政权统治的衰亡。

第三次大规模括地发生在章宗承安五年(1200年)。金自章宗明昌(1190—1196年)以降,内忧外患接踵而来,在国内,政治日益腐败,经济逐渐衰颓,阶级矛盾日趋尖锐化;对外与鞑靼、蒙古连年交兵,屡遭失败。金代君臣们把军事失利的原因归结为"中都、山东、河北屯驻军人地土不赡,官田多为民所冒占"①。一些带兵的将领说:"比岁征伐,军多败衄,盖屯田地寡,无以养赡,至有不免饥寒者,故无斗志。"他们认为,只要"括民田之冒税者分给之,则战士气自倍矣"②。因此,章宗便在承安五年不顾一些大臣的反对,"命枢密使宗浩、礼部尚书贾铉佩金符行省山东等路括地"③。宗浩、贾铉到山东、河北、中都、陕西等"六路括地"的结果,"凡得地三十余万顷"④。这次括地,名义上括的是"为民所冒占"的官田,实际则是对民田的无耻掠夺。这一点连当时的一些朝廷大臣也非常清楚。平章政事张万公曾专门上奏,极谏括地有五不可,其中第五条指出:"夺民而与军,得军心而失天下心,其祸有不胜言者。"⑤在河北保州主持括地的顺天军节度使张行简也上书:"比者括官田给军,既一定矣,有告欲别给者,辄从其告,至今未已,名曰官田,实取之民以与之,夺彼与此,徒启争端。"⑥时人元好问更严厉地指责说:"武夫悍卒倚国威以为重,山东、河朔上腴之田,民有耕之数世者,亦以冒占夺之。"⑦一针见血地指出了括地的严重性与危害性。

这次括地所掠夺的土地数量巨大,几乎等于北宋元丰(1078—1085年)年间淮河以北六路官田总数的八倍;影响地区极广,涉及山东、河北、中都、陕西等六路;造成的危害也最重,除了朝廷专门作出"隐匿者没入官,告者给赏"的规定,使得括地特别苛酷之外,地方官吏还要借此大肆敲剥。莒州刺史完颜百嘉就"教其奴告临沂人冒地,积(赏)钱三百万,先给官锾,乃征于民"⑧,害得百姓叫苦不迭。女真屯田户也乘机多要官田,夺占民田。"六路括地时,其间屯田军户多冒名增口,以请官地,及包取民田,而民有空输税赋,虚抱物力者。"这次括地之苛酷,直到金宣宗贞祐三年(1215年),人们谈起它时还心有余悸。侍御史刘元规在朝廷讨论是否再行括地时说:

> 伏见朝廷有括地之议,闻者无不骇愕。向者河北、山东已为此举,民之茔墓井灶悉为军有,怨嗟争讼至今未绝。若复行之,则将大失人心。

---

① 《金史》卷九十三《宗浩传》。
② 《金史》卷九十五《张万公传》。
③ 《金史》卷十一《章宗纪》。
④ 《金史》卷四十七《食货志二》。
⑤ 《遗山文集》卷十六《平章政事寿国张文贞公神道碑》。
⑥ 《金史》卷一百零六《张行简传》。
⑦ 《遗山文集》卷十六《平章政事寿国张文贞公神道碑》。
⑧ 《金史》卷一百二十八《循吏传》。

实际上，"山东拨地时，腴地尽入富家，瘠者乃付贫户，无益于军，而民有损"①。括地除了使广大汉族农民深受其害之外，对于一般猛安谋克贫户也无甚补益，真正得到好处的只是女真贵族。

（二）牛头地制度

牛头地制度是金代土地国有制的主要形式。金代中期以前，在东北地区普遍推行牛头地制度。随着抗辽战争的节节胜利和契丹统治者的败亡，女真统治者把契丹斡鲁朵和各头下州军的土地划归国有，然后拨给猛安谋克户耕种。《金史》卷四十七《食货志二》记载：

> 牛头税即牛具税，猛安谋克部女直户所输之税也。其制每耒牛三头为一具，限民口二十五受田四顷四亩有奇，岁输粟大约不过一石，官民占田无过四十具。

上述记载表明，土地系国家所有，分配给女真猛安谋克户耕种。其分田的计算单位为具，一具等于一耒、三牛、二十五口（人），受田四顷四亩有奇，也就是根据所占有的牛、耒和人口分给土地，最多不超过四十具即一百六十顷。女真统治者有时连牛也一起赏赐。由于是官田，不能随便买卖。直到章宗泰和元年（1201年）还规定，"鬻地土者有刑"②。值得注意的，是把口与耒、牛一起作为受田计算单位。所谓口，包括正口和奴婢口，即奴隶主及有平民身份的家丁和奴隶。把口作为受田依据，对大奴隶主十分有利。猛安谋克大奴隶主，在战争中掳掠大批契丹、汉人为奴隶，加上皇帝动辄赏赐，每户有奴隶几十、成百上千不等，金世宗当亲王时就有"奴婢万数"，而猛安谋克平民则平均每户不足三个奴隶。奴隶越多，分得的牛头地也就越多。女真统治者担心大奴隶主们无限制地占田，规定"官民占田无过四十具"，实际上根本限制不了。牛头地的耕作方法是"聚族而种"，即一个大家族集体耕作，这是生产力水平低下和氏族制残余存在的标志。这种方法一直延续到金代中期封建租佃制渗入后，才逐渐改变。

牛头地制度作为女真奴隶制的载体，随着反辽侵宋战争的推进，他们打到哪里，就把牛头地制度和猛安谋克组织扩展到哪里。每占领一地，首先将土地分赐给女真猛安谋克户和系辽籍女真人（即熟女真）。如收国元年（1115年），太祖攻占达鲁古城后，"得其（辽）耕具数千以给军。是役也，辽人本欲屯田，且战且守，故并其耕具获之"，连同耕具和土地一起分赐。收国二年（1116年）五月，"东京州县及南路系辽女真皆降。诏除辽法，省税赋，置猛安谋克一如本朝之制"。天辅五年（1121年）攻取泰州后，为巩固边防，保障供给，太祖"遣昱（皇帝）及宗雄分诸路猛安谋克之民万户屯泰州，以婆卢火统之，赐耕牛五十"。事实上，女真统治者不仅在女真族内部发展和加强猛安谋克组织，分配牛头地，而且还把降附的契丹、汉、渤海、奚等族的军民迅速组织到猛安谋克建制中来，分给牛头地，借以达到同化这些民族的作用。如收国二年（1116年）诏曰：

---

① 以上引文俱见《金史》卷四十七《食货志二》。
② 《金史》卷十一《章宗纪三》。

> 自破辽兵,四方来降者众,宜加优恤。自今契丹、奚、汉、渤海、系辽籍女直、室韦、达鲁古、兀惹、铁骊诸部官民,已降或为军所俘获,逃遁而还者,勿以为罪,其首长仍官之,且使从宜居处。①

经过金太祖的这番部署,猛安谋克组织及其牛头地制度,几乎遍布东北地区。这对于发展奴隶制、迅速建立统治新秩序固然有利,但以辽上京为中心的辽旧地,主要是封建农奴制性质的斡鲁朵和头下州军;以辽东京道、西京道为中心的汉人、渤海人居地,则是封建租佃制和自耕农土地私有制。女真统治者在这些地区统统推行牛头地制度,将原来属于契丹、汉人、渤海等族的封建主私人所有土地划归"国有",贴上官田的标签,再分配给他们耕种,从封建土地制度发展趋势来看,是明显的倒退。因此,这种倒行逆施首先受到汉人的强烈反对,他们"不乐为猛安谋克之官",遂于天会二年(1124年)"乃罢是制,诸部降人但置长吏,以下从汉官之号"。熙宗天眷三年(1140年)和皇统五年(1145年),先后两次罢辽东汉人、渤海人猛安谋克之制。② 恢复州县建制,土地制度自然也作相应的改变,即按照原来封建土地私有制的办法,"履亩之税",按亩收税。对于契丹和奚人,女真统治者则将他们同猛安谋克一起迁往中原,以加强对中原汉人的统治。世宗初年,在镇压了契丹移剌斡窝的武装反抗之后,对契丹人采取了严厉的防范措施。除未参与反金者可继续担任猛安谋克官职外,其余一律罢去,既不恢复其原有的社会组织,也不再设州县建制,而是打乱编制,把他们分派到女真猛安谋克组织中,使其成为猛安谋克组织的部民,以便加强监视。

由于战争和牛头地制度的冲击,辽代头下州军的二税户几乎荡然无存,仅寺院的二税户继续存在,但他们的身份已由原先的农奴沦为奴隶。诸如"锦州龙宫寺,辽主拨赐户民俾输税于寺,岁久皆以为奴,有欲诉者害之岛中"③。再如"闾山寺僧,赐户三百,与僧共居,供役而不输租"④,劳动成果全部输给寺院。这些沦为奴隶的二税户,在世宗大定(1161—1189年)初年开始逐步放良。直到章宗大定廿九年,女真奴隶制趋于瓦解,二税户才被解放为平民,而恢复其"税半输官半输主"的分配原则。

在女真势力进入中原之后,金统治者为了巩固其对中原地区的统治,便把向中原移民当作一项重要的国策,不断地将按照猛安谋克编制的女真人口,从松辽平原迁到长城以南、淮河以北的广大地区。猛安谋克的南迁,最早始于金太宗天会十一年(1133年)。当时,以王彦领导的"八字军"为骨干的北方汉族人民的抗金斗争十分活跃,刚刚扶植起来的刘豫傀儡政权对之束手无策。金统治者为了在中原站稳脚跟,便决定将女真人大批南迁。《大金国志》卷八《太宗纪》记载:

> 女真,一部族耳,后既广汉地,恐人见其虚实,遂尽起本国之士人,棋布星列,

---

① 以上引文皆出自《金史》卷二《太祖纪》。
② 《金史》卷四十四《兵志》。
③ 《金史》卷四十六《食货志一》。
④ 《大金国志》卷二十八《李宴传》。

散居四方。令下之日,比屋连村,屯结而起。

绍兴和议之后,宋金对峙局面相对稳定,金熙宗为了在中原长治久安,再次大举移民,乃于皇统五年(1145年)"创屯田军,凡女真、契丹之人,皆自本部徙居中州,与百姓杂处,计其户口,授以官田,使其播种"。这些猛安谋克屯田军分布十分广泛,"自燕山之南,淮陇之北,皆有之,多至六万人,皆筑垒于村落间"①。皇统九年(1149年),又"徙辽阳、渤海之民于燕南"②。

海陵王夺取皇位之后,将京师迁到燕京。随着政治重心的南移,又有更多的女真贵族和猛安谋克户迁到中原各地。据《金史》卷四十四《兵志》载:

> 贞元迁都,遂徙上京路太祖、辽王宗干、秦王宗翰之猛安,并为合扎猛安,及右谏议乌里补猛安,太师勗、宗正宗敏之族,处之中都。斡论、和尚、胡刺三国公,太保昂,詹事乌里野,辅国勃鲁骨,定远许烈,故果国公勃迭八猛安处之山东,阿鲁之族处之北京(今辽宁省宁城县西北大明城)。按达族属处之河间。

海陵王以后,大规模的南迁活动才基本上停止下来。

进入中原以后的猛安谋克,在很长时间内依然实行牛头地制度。从记载看,大定二十年(1180年),对世袭猛安谋克的拨地,是按牛头地为标准拨给的;大定二十一年(1181年)括田限田时,牛头地被视为合法的占地基数,规定"除牛头地外,仍各给十顷,余皆拘入官";大定二十二年(1182年),对新徙猛安谋克仍然按牛头地方式授田,"计其丁壮牛具,合得土地实数,给之"。大定二十三年(1183年),还重新核定了猛安谋克的牛具土地数,并明令"是后限民口二十五,算牛一具"③。总之,直到大定二十三年为止,牛头地制度还是中原主要的占地方式。

(三) 租佃制与计口授田制

尽管南迁的猛安谋克在很长时间内依然实行牛头地制度,但在封建生产关系的影响下,中原地区的牛头地制度在租佃制与计口授田制的冲击下逐渐解体,金代在中原地区推行的土地国有制,逐渐让位于封建制的土地私有制。

首先,是租佃制的发展。绍兴和议之后,特别是世宗大定(1161—1189年)年间,在金统治的北中国,商品货币经济的发展,中原汉族租佃制关系的影响,使猛安谋克内部的封建租佃制有了迅速的发展。它冲击着牛头地制度,使之逐渐趋向瓦解。这一变化主要表现为官田的私田化相当普遍,牛头地作为国有土地的性质越来越削弱。许多猛安谋克户把国家授予其自种的官田当作私有土地,或者出卖,或者出租,采用了封建租佃制的剥削方式。据《金史》卷四十七《食货志二》记载:

> 山东、大名等路猛安谋克户,往往骄纵,不亲稼穑,不令家人(包括奴隶)农作,

---

① 《大金国志》卷十二《熙宗纪》。
② 《金史》卷四《熙宗纪》。
③ 《金史》卷四十七《食货志二》。

尽令汉人佃莳,取租而已。

附都猛安户不自种,悉租与民,有一家百口垄无一苗者。

可见这种转化,从各路到中都,几乎到处都在发生,带有很大的普遍性。而且这一转化直接刺激了女真贵族占夺土地的贪欲,导致了土地兼并的发展。许多猛安谋克贵族、权要,不惜一切手段,竞相占夺官田和民田,其结果是产生了一批土地多得惊人的猛安谋克大地主。如海陵王时的参政纳合椿年就"占地八百顷",他的儿子参谋合、故太师耨盌敦思忠孙长寿等,"亲属计七十余家,所占地三千余顷";"山西田亦多为权要所占,有一家一口至三十顷者,以致小民无田可耕"。许多土地很少的猛安谋克贫户,也把土地租给汉户耕种,以至"所得无几,费用不给"。足见租佃制在猛安谋克内部发展的迅速。金世宗为了保持猛安谋克的稳定,虽然不断进行"劝农","必令自耕",甚至下令对"不种者杖六十,谋克四十",但仍然收效甚微。① 相反,由于他允许"力果不足者方许租赁",就在实际上给租佃制的发展开了后门。租佃制的发展还表现在,随着家族组织的日益解体,牛头地的"聚族而种"的经营方式,让位于小家庭的个体生产:"旧时兄弟虽析,犹相聚种,今则不然"②。而个体生产是与租佃制的土地经营方式相适应的。

其次,是"计口授田"制的产生与发展。根据《大金国志》的记载,最早在皇统五年(1145年)创屯田军时,就实行过"计其户口,给以官田"。这可以说是金代"计口授田"制的开端。不过,当时的计口授田还不同于后来以个体生产为基础的每丁五十亩、三十亩的办法,而仍然是牛头地那种以大家族经营为基础的授田方法。因为在当时尚未分化出大量的个体生产者,家族经营仍是普遍的方式,所谓"兄弟虽析,犹相聚种"即是。直到大定二十三年(1183年)为止,无论是对世袭猛安谋克还是新迁移猛安谋克的授田,都是按牛头地分配方式拨给。只有到了大定(1161—1189年)末年,随着猛安谋克内部的土地私有制和个体生产的发展,"计口授田"才逐渐摆脱旧的分配方式,改变家族奴隶制的本质,成为女真个体农民获得土地的一种方式。按照历史文献记载,到大定二十七年(1187年),已经对猛安谋克的"贫难无地者"实行"每丁授五十亩"③。自此以后,无论是章宗大定二十九年(1189年)在平阳路限田,还是泰和四年(1204年)规定猛安谋克户自种亩数不再以牛头地为准,而以每丁每口为准。而且自大定二十七年以后,也不再见到牛头地的记载。因此可以认为,到大定末年,牛头地制度已经被"计口授田"制所代替。世宗以后,猛安谋克所占土地的国家所有权更加削弱。泰和四年(1204年),章宗"定屯田户自耕及租种法",准许猛安谋克户把每丁自种四十亩以外的土地出租。④ 到宣宗兴定四年(1220年),君臣在研究按"人给三十亩"标准给军户拨

---

① 《金史》卷四十七《食货志二》。
② 《金史》卷四十四《兵志》。
③ 《金史》卷四十七《食货志二》。
④ 《金史》卷十二《章宗纪》。

地时,已经决定"拨授之为永业"①,即把官田当作合法的私有土地。至此,计口授田制显然已从国有制的外壳中蜕变出来,变成封建土地私有制的分配方式了。

但是,不论牛头地制还是计口授田制,也不管租佃关系多么广泛地发展起来,猛安谋克土地的主要来源始终是国家以拨地形式授予的官田。而且租佃关系越是发展,官田越是被大量地变成猛安谋克地主的私田,他们占有土地的胃口也就越大,而国家也就越要千方百计地、不断地把汉族农民和地主的私田括为官田,然后再拨给猛安谋克,这就是猛安谋克土地占有制的变化与拨地制度的不可分割的联系,也是金代官田始终存在的重要原因。尽管如此,由于封建化而变得更加贪婪的女真地主,并不满足于坐等括地所给予他们的好处,他们还要依仗权势千方百计地攫取更多的土地。他们的手段大致有五:一是以合法形式"请占",即"随处官豪之家多请占官地,转与他人种佃,规取课利"。二是非法"冒占"。大定二十二年(1182年),赵王永中等四王府就因为冒占官田,被世宗"罪其各府长史府掾,及安次、新城、宛平、昌平、永清、怀柔等六县官"。三是"冒佃"。由于冒佃严重,朝廷不得不于大定二十九年作出规定进行干预:"豪富及公吏辈有冒佃者",在两个月内自首,可"免罪而全给之",并享受少纳三分之一税额的优待。四是占双份。"前徙宗室户于河间,拨地处之,而不回纳旧地",结果是"两地皆占";五是强行"占夺"。"豪强之家多占夺田者","以致小民无田可耕"②。猛安谋克贵族们依靠超经济强制,而不是通过买卖去占有土地,这是金代土地私有制形成过程中的一个重要特点。

三、辽金土地法制建设的意义

(一)辽代土地法制建设的意义

辽代的土地所有权制度,总体来说是国有与私有并存。国有土地的大量存在,是与中国古代土地私有化的前进方向背道而驰的。但是,在中原地区传统社会制度及其文化的影响下,辽代以皇帝为首的各类土地私有制也是大量存在的,而且越到后来越呈集中的趋势。这已暗合中国土地法制历史的发展潮流,尽管这种趋势因辽代的灭亡而中断。辽代土地法制建设的历史是具有一定的历史意义的。

首先,尽管辽代国有土地的大量存在与中国土地私有化的前进方向背道而驰,但这种状况客观上也促进了辽代畜牧业与农业生产的发展。史载辽代管理国有牧场的群牧,"自太祖及兴宗垂二百年,群牧之盛如一日"③。其中最盛时拥有马匹达百万以上。《辽史》卷五十九《食货志上》载:

> 契丹旧俗,其富以马,其强以兵。纵马于野,弛兵于民。有事而战,骥骑介夫,卯命辰集。马逐水草,人仰湩酪,挽强射生,以给日用,糇粮刍茭,道在是矣。

---

① 《金史》卷四十七《食货志二》。
② 同上。
③ 《辽史》卷六十《食货志下》。

发达的畜牧业经济,是契丹等部落民的生活来源,也是辽代之所以武力强盛、所向披靡的物质条件。同时,由于国有荒地的开垦、屯田的推行以及官私土地上广大农民群众的辛勤劳动,农业生产也得到了一定程度的恢复和发展。辽代的仓廪充足,军民所需粮食一般可以得到保证。辽圣宗时,边城春州斗米才值六钱;唐古屯田镇州积粟数目巨大,足够当地屯田军所需;东京道积粟也达二三十万斛,虽然常有战事,也足以应付,不致短缺。

其次,由于意识到自耕农存在的意义,辽代统治者也曾采取措施扩大自耕农队伍,鼓励发展农业生产,以增加国家收入。如辽圣宗时,就曾下"诏山前后未纳税户,并于密云、燕乐两县占田置业入税,此私田制也"①。统和十三年(995年)六月,又下"诏许昌平、怀柔等县诸人请业荒地"②。这一制度使得一些无地少地农民获得了一部分土地,成为小土地所有者,同时也促进了农业生产的发展,并对后世的土地法制的发展具有一定的借鉴意义。

(二) 金代土地法制建设的意义

如前所述,金代土地法制的发展历程,基本可以分为前后两个阶段。

第一个阶段通过实行拨地与括地,推行牛头地制度,在其统治区域内建立起奴隶制的土地国有制。这虽然是与中国土地法制历史的发展趋势背道而驰的,但具体到契丹部族本身而言,这却是放弃原始氏族部落制的蒙昧状态,向奴隶制文明迈进的重要措施。由于土地的不断国有化,便于国家和各级奴隶主大规模开垦、屯种土地,有利于农业生产的恢复与社会经济的发展。

第二个阶段则适应租佃制的发展,实行计口授田制度,承认土地私有的合法化,推动了国有土地的私有化,这是合乎中国土地法制发展的历史趋势的。正是由于土地的私有化和租佃制的发展,使得劳动者的人身依附关系大大减弱,提高了他们的劳动积极性,从而促进了金代国家各项生产事业、尤其是农业的恢复与发展。从太宗起,经熙宗、海陵王,到世宗、章宗时期,北方各族人民在较为安定的生产环境中,从事正常的生产劳动,使北方逐渐走向恢复、发展和繁荣。史载:"当此之时,群臣守职,上下相安,家给人足,仓廪有余"③,"天下治平,四民安居"④,号称"小康"。

第二节 元朝土地法制

元朝是蒙古族建立的国家。蒙古族最初居住在黑龙江上游。1206年,铁木真统一了蒙古各部落,建立蒙古国。1234年,蒙古国灭金。1271年,定国号为元。1276年,攻

---

① 《辽史》卷五十九《食货志上》。
② 《辽史》卷十三《圣宗纪四》。
③ 《金史》卷八《世宗纪·赞》。
④ 王去非:《金文最》卷六十九《平阴县清凉院碑》。

灭南宋,统一中国。蒙古建国之初,推行奴隶制度。灭金和南宋之后,受先进的中原社会文化的影响,蒙古逐渐走上封建化道路。与这种历史进程相联系,元朝的土地法制呈现十分复杂的状况。在土地所有权方面,官田的扩大与私田的大量存在并存;在土地经营方式方面,既有传统的租佃制,又有租佃制的发展形态,即包佃制和兑佃制。在租佃制下,地租有劳役、实物和货币三种形式,而以实物为主;实物地租中,又以定额制占支配地位。与前代一样,元朝没有专门的土地管理机关,而由中央和地方的一些行政机关兼管土地资源。正如元朝是中国历史上的一个重要朝代一样,元朝的土地法制在中国土地法制历史上也具有十分重要的历史地位。

一、土地所有权的变化

元朝的土地,从所有权上看,分为官田和私田两种。官田是以国家名义占有的土地,主要包括职田、学田、草场、牧场以及屯田等;私田则是蒙古族、汉族及其他各族官僚、地主、自耕农私人占有和使用的土地。

(一)官田的逐步扩大

元朝的官田,当时一般称"系官田"。其名目繁多,数量巨大,分布和覆盖了几乎全国所有的地区。中唐以来"官田益少"[①]的发展趋势,至元朝则为官田急剧增多的事实所改变。

元朝官田的来源,首先得之于战争征服。随着元朝对中原的征服和统一的完成,金、宋遗留下来的大约六七十万顷官田,以及两朝的皇亲、贵戚和部分达官贵人、豪右大户的私人田产,都被没收,成为官府名下的官田。如南宋后妃的田地被没收后,元朝设立了江淮等处财赋总管府,下辖四处官田管理机构,各委派专员管理,岁收楮币三百余万缗,米百余万石。另外,长期战乱以后,民户大量绝灭和逃迁,民疏土旷,遗留下巨额无主荒田。"凡是荒田,俱是在官之数"[②],全被元朝政权括籍为官田。

元朝官田的另一来源,得之于所谓"籍没"和"投献"。籍没是指对"罪犯"田产没收充官。如元世祖时,尚书平章事阿合马因罪被杀,其所有"附廓美田"均被"没充屯田"[③];元仁宗延祐元年(1314年),曾在全国进行大规模的"经理"土地,规定所有公私田产一律向官府登记,"从实自首",不得隐瞒。凡隐瞒不实者,"所隐田没官"[④]。当时,"州县置狱株连,故家破产者十九"[⑤],大量民产被"籍没"转化为官田。"投献"与"籍没"稍有不同。它是各地的奸徒恶棍出于邀赏图利的目的,将有主田产指为荒田,献给官府。如武宗时,河南有人"冒献河汴官民田为无主",官府因"冒献",一次得官田十万余亩。因为元朝政局一直不稳,政治腐败较为严重,所以,"籍没"和"投献"一直是

---

① 王应麟:《困学纪闻》卷十六。
② 《元史》卷九十三《食货志一》。
③ 《元史》卷十二《世祖纪九》。
④ 《元史》卷九十三《食货志一》。
⑤ 欧阳玄:《圭斋文集》卷九《魏国赵文敏公神道碑》。

官田得以扩充的重要途径。元朝末年,苏天爵在奏条中批评说:

> 治平既久,民获奠居,版籍既定,田无余数。……今国家平定,盖已百年,户数土田,悉有定籍。迩者奸人妄行呈献,凡民之田宅坟墓,悉指以为荒闲。朝廷虽差官复实,辄与符同,不复考察。①

足见"投献"之风至元末而未曾稍衰。

有偿购买土地,是元朝增扩官田的又一来源。元世祖时期,曾按照右丞相卢世荣的建议,回买江南民田,以扩充官田。元仁宗时,亦曾在大都购买官田,计亩给值。这种扩大官田的办法,虽然官府要付出一定的代价,但在价格、田地的质量等方面,则要求得比较苛刻,带有很大的强制性。

除上述几条途径外,毫无"名目"地夺民田为官田的情形,在元朝也比较严重。元世祖时期,政治还比较清明,荒田也相应充裕,但"夺民田为屯田"的情形已时有发生。无论是军屯还是民屯,在官田不足时,常以被签民户"己业田"充数。另外,民户自己开垦的河湖退滩田、沿海涨涂田等,也常常被没收为官田。据《续文献通考》卷一《田赋一》载:

> [至大元年(1308年)七月]中书省言:濒河之地,出没无常,遇有退滩,则为之主。近有亦马军者,妄称省委括地,蚕食其民,以有主之田指为荒地……献地皇子。

元仁宗时,竟以二百年前浙西有宋高宗吴后的汤沐田为借口,"夺民十万户之恒产"为官田。②

以上是元朝官田得以扩大的几条主要途径。在元朝的官田中,职田占有很大的比重。自中唐均田制崩溃以后,职田制度已名存实亡,至五代而废。北宋真宗时曾一度恢复,但不久即无法实行,变成折租。南宋时,职田已称"职租"。元朝,随着官田的扩大,职田制度又得以重新恢复。职田,即官员的俸禄田。元朝职田只分拨给路、府、州、县官员及按察司(后改廉访司)、运司、盐司官员,其他官员则只支俸钞和禄米,不给职田。官员职田的多寡,随品秩高下而定。至元三年(1266年),定北方路、府、州、县官员职田。至元十四年(1277年),又定按察司官员职田。其具体数额如下:

路官:达鲁花赤、总管,上路各十六顷,下路各十四顷;同知,上路八顷,下路七顷;治中,上路六顷;府判,上、下路同为一顷。

府官:达鲁花赤、知府,各十二顷;同知,六顷;府判,四顷。

州官:达鲁花赤、州尹,上州各十顷,中州各八顷,下州各六顷;同知,上州五顷,中州四顷;州判,上州四顷,中、下州同为三顷。

---

① 苏天爵:《滋溪文稿》卷二十六《灾异建白二事》。
② 刘基:《诚意伯文集》卷六《前江淮转运使宋公政绩记》。

警巡院官:达鲁花赤、警使,各五顷;警副,四顷;警判,三顷。
录事司官:达鲁花赤、录事,各三顷;录判,二顷。
县官:达鲁花赤、县尹,各四顷;县丞,三顷;县尉、主簿,各二顷。
按察司官:按察使,十六顷;副使,八顷;佥事,六顷。①

至元二十一年(1284年),定江南地方官和诸司官职田,其给付原则是比照北方相同职务官员的职田数减半,并有以下补充规定:

路首领官:经历,二顷;知事、提控案牍,各一顷。

府首领官:提控案牍,一顷。

州首领官:上州提控牍,一顷;中州都目,半顷。

录事司官:巡检、司狱,各一顷。

按察司首领官:经历,二顷;知事,一顷。

运司官及运司首领官:运使,八顷;同知,四顷;运副,三顷;运判,二顷半;经历,二顷;知事,一顷;提控案牍,一顷。

盐司官:盐使、盐副,各二顷;盐判,一顷;正、同管勾,各一顷。②

从以上所列数据可以看出,元朝所定各路府州县官员职田,自十六顷至半顷不等。仅从官府正式规定的常规职田数看,全国数以万计的官吏所拥有的职田总数就是"十分惊人"的,更何况元朝还经常变更常规。如至元二十一年(1284年)至大德七年(1303年),先后规定"每俸钞五贯,给公田一顷",均"先尽系官荒闲无违碍地内标拨。如是不敷,于邻近州郡积荒地内贴补。若无荒地照勘,曾经廉访司体复过无违碍户绝地内拨付"③。这些规定,显然又会使许多民户私田在"贴补"、"拨付"的名堂下转为官田。当然,官府规定的诸官员的职田数,只是一个给付标准,实际上,官员违制多取职田和职田给付不足额、甚至完全未曾给付的情况都是存在的。职田的收入归现任官员所有,官员离任须将职田移交给下任。

国有牧地、草场的大量存在,也是元朝官田扩大的一个主要表现。从游牧生产方式出发,在征服中原之初,部分蒙古贵族有"汉人无补于国,可悉空其人以为牧地"④的要求,企图原封不动地把原来的游牧生产方式强加于华北及中原地区封建经济高度发达的农业定居区。这种企图虽然因耶律楚材等人的反对而未能实行,但毁农田以为牧地的情形却时有发生。大批的无主荒田、有主私田被强行征用,变为官府所属的牧地、草场。元朝官属牧地、草场的分布极广,凡有蒙古军队驻兵的地方,都存在这类土地。如山东临沂,蒙古军"冒占膏腴之地,以牧马供军",面积达二十余万亩⑤;滨州(今山东

---

① 《元史》卷九十六《食货志四》。
② 《通制条格》卷十三《禄令·俸禄职田》。
③ 同上。
④ 《元史》卷一百四十六《耶律楚材传》。
⑤ 《(道光)济南府志》卷三《田寿传》。

滨县)"行营军士多占民田为牧地"①。元朝曾对以民田为牧地的情形作过适当的限制,但收效不大,"蒙古军取民田牧久不归"的情况屡禁不绝。② 事实上,元朝从来就没有下决心对这一问题彻底予以解决。如元世祖中统二年(1261年)七月,"谕河南管军官于近城地量存牧场,余听民耕"③,对侵占耕地的牧场显然是采取维护态度的。元朝甚至在京城附近民田稠密之处,还禁止民户秋收以后翻耕土地,而将其留作秋冬刍牧之所。秋冬季节,将上都草原的大批牲畜驱赶到华北农田放牧,也是常有之事。元英宗称此为"马得刍牧,民得刈获,一举两得"④。

元朝官属牧地、草场,还包括在边疆地区专设的十四个马场道。据《元史》卷一百《兵志》载:

> 其牧地,东越耽罗(今辽东及朝鲜北部),北逾火里秃麻(约今蒙古人民共和国以北),西至甘肃,南暨云南等地,凡一十四处。自上都(今内蒙古自治区多伦县附近)大都以至玉尼伯牙、折连怯呆儿(约今西伯利亚贝加尔湖以东),周回万里,无非牧地。

这十四处官马场,与其他分散在中原、江南各地的官属牧地、草场合在一起,成为元朝"系官田"中的一个极为庞大的部分。

传统的官属学田,在元朝也有进一步扩大。学田,即官办各类学校所占有的土地。学田之设,始于北宋。南宋时,学田数量不断扩大,很多州县学田达数千亩之多。金代学田数量也相当可观。元朝统一前后,学田为寺观、豪强所侵夺的情况比较严重,尤以江南为甚。元朝中期以后,随着对学校的日益重视,各地被侵学田逐渐得到恢复。除沿袭和恢复旧有学田外,元朝学田得到了新的发展。这首先表现在学田数量的增多上。宋金两代,各地儒学学田的数量一般在几百亩左右,最多者数千亩,而元朝则有达到数万亩者。其次表现在学田种类的增多上。宋朝官学主要是儒学,故基本只有儒学学田一种。元朝学校种类增多,中央有汉文国子学、蒙古国子学、回回国子学;路、府、州、县则有儒学、蒙古字学、三皇庙学(医学)、阴阳学等。此外,各地还有大量的书院。不仅地方官府立学,亲军诸卫亦设立学校。学校种类的增多,带动了学田数量的增多。再次是学田分布范围扩大。宋朝官学主要分布在内地,而元朝边疆许多少数民族聚居地区亦立庙建学。与此相应,学田的分布也得以扩大到边疆地区。元人陆文圭论及当时的学田情况说:"名都大邑,学廪以千石计;偏方小县,亦不下数百石焉。"⑤最后是元朝好事之家捐田创设书院之风甚盛,尤以东南为著,且捐田数量不少。

学田的收入,按元朝的规定,只能用于以下各项:(1) 修理学舍;(2) 供春秋二丁朔

---

① 《元史》卷一百七十三《崔彧传》。
② 《元史》卷一百五十一《奥敦世英附侄希恺传》。
③ 《元史》卷四《世祖纪一》。
④ 《元史》卷二十七《英宗纪一》。
⑤ 陆文圭:《墙东类稿》卷三《策问·养士》。

望祭祀;(3)供给师生廪膳;(4)支付学官禄米和"贫寒老病之士"的口粮。①

元朝官田中,数量和规模最大的是屯田,我们将在后面专门论述。除职田、牧场、学田、屯田以外,元朝属于官府名义下的官田还有"赐田"。赐田是赏赐给贵族官僚、寺观使用的土地,其数额亦相当巨大。如至顺元年(1330年),一次赐给大承天护圣寺的官田即高达十六万二千九十顷;至大二年(1309年),赐给鲁国大长公主平江等处官田一千五百顷。② 这些官田在赏赐后,虽然名义上还属国家所有,实际上已转化为私产。大土地私有制通过"国有"的形式得以迅速发展,也是元朝土地占有关系的特点之一。这一点我们将在后面专门论述。

官田的扩大,主要是元朝前期完成的。元朝中期以后,官田则由盛转衰。《元史·武宗纪》记载:至大元年(1308年)十一月,中书省臣言:"天下屯田百二十余所,由所用者多非其人,以致废弛。"所谓"所用非其人",一是指掌管屯田者用野蛮的奴役方式"非理占使"③,导致了屯户破产、死亡、逃离,生产无法维持;二是掌管屯田者侵吞官田,"至有田连阡陌,家赀累巨万"④,官田化为私田;三是指无力遏制豪强权势对屯田的侵占,导致了"隶官之田,多为豪强所据"⑤。总之,落后的农奴制管理方式导致官田的衰落,而过时的土地国有制则经受不住私有制的冲击侵袭,屯田的"废弛"是必然的。其实,这也是整个元朝官田"废弛"的原因所在。需要说明的是,虽然元朝中期以后官田开始"废弛",但却并没有消失,某些废弛的官田还得以"复立"。如大德九年(1305年),"复立洪泽、芍陂屯田"⑥。某些被私人冒占的官田也得以收还。"权豪势要之家"固然可以"影占"官田为己业,但官府也可以将权豪私产籍没为官田。⑦ 总之,官田转化为私田和私田转化为官田的情形都大量存在,但官田在当时的社会经济中始终占据着重要地位。

(二) 私田的大量存在

元朝除官田外,还大量存在私田,主要是贵族、官僚、富豪、寺观以及自耕农占有的土地。其中贵族、官僚、富豪、寺观是元朝土地的主要占有者,他们的土地主要来自于国家的赏赐、对官田的非法侵占、对民户私田的掠夺或购买。包括所有宗室诸王、后妃公主以及贵戚、勋臣、文武官员等在内的蒙古贵族、官僚,是元朝统治集团中享有广泛特权的阶层,他们可以利用种种合法的和非法的手段占有大量土地。

第一种方式为"分地",他们中的许多人可以得到一定数量的"分地"。《元史·食货志》称:"凡诸王及后妃公主,皆有食采分地。"元朝灭亡南宋前,蒙古贵族的"分地"

---

① 《通制条格》卷五《学令·庙学》。
② 《元史》卷一百一十八《特薛禅传》。
③ 《通制条格》卷七《禁治扰害》。
④ 王恽:《秋涧集》卷三十五《上世祖皇帝论政事书》。
⑤ 《元典章》卷十九《户部五·影占系官田土》。
⑥ 《元史》卷二十一《成宗纪四》。
⑦ 《元史》卷九十三《食货志·经理》。

主要分布在蒙古草原和华北诸州县,如木华黎即以东平为分地。灭亡南宋后,江南许多土地被指定作为贵族的分地。如越王秃剌分封于绍兴,北安王那不罕得分地于临安路。这些分地虽然具有"食邑"的性质,贵族并不能完全占有分地所规定的土地,但通过这种方式,蒙古贵族实际上仍可得到相当数量的个人田产。

第二种方式是赐田。如《元史》卷一百七十五《张珪传》称:

> 天下官田岁入,所以赡卫士、给戍卒。自至元三十一年以后,累朝以是田分赐诸王、公主、驸马及百官、宦者、寺观之属,遂令中书酬直海漕,虚耗国储。其受田之家,各任土著奸吏为庄官,催甲斗级,巧名多取。

元朝向诸王公主、功臣百官赏赐的田地,其数量之多,规模之大,为历史所罕见。现据《元史》及有关史籍,将有数可查者简要列表如下:

元朝历朝所赐诸王公主、公臣百官田地数[①]

时代	公元纪年	受赐田者	赐田数(顷)	资料来源
宪宗时	1251—1260	不怜吉带	1073	《元史》卷二十四《仁宗纪一》
世祖中统二年	1261	子聪(刘秉忠)	100	《元史》卷四《世祖纪一》
四年	1263	刘整	20	《元史》卷五《世祖纪二》
至元三年	1266	刘整	50	《元史》卷六《世祖纪三》
十六年	1279	阿尼哥	150	程钜夫:《雪楼集》卷七《凉国敏慧公神道碑》
十八年	1281	郑温	30	《元史》卷一百五十四《郑温传》
二十二年	1285	李昶	10	《元史》卷一百六《李昶传》
		徐世隆	10	《元史》卷一百六《徐世隆传》
二十五年	1288	叶李	4	《元史》卷十五《世祖纪十二》
		王都中	80	《元史》卷一百八十四《王都中传》
二十九年	1292	高兴	10	《元史》卷一百六十二《高兴传》
成宗大德九年	1305	陈益稷	500	《元史》卷二十一《成宗纪四》
十一年	1307	塔剌海	100	《元史》卷二十二《武宗纪一》
		月赤察儿	40	《元史》卷二十二《武宗纪一》
武宗至大元年	1308	乞台普济	200	《元史》卷二十二《武宗纪一》
二年	1309	鲁国大长公主	1500	《元史》卷一百十八《特薛禅传》
		铁哥	50	《元史》卷一百二十五《铁哥传》
		近幸为人奏请	1230	《元史》卷二十三《武宗纪二》
仁宗皇庆元年	1312	李孟	20	《元史》卷二十四《仁宗纪一》
延祐元年	1314	李孟	28	《元史》卷二十五《仁宗纪二》
五年	1318	丑驴	100	《元史》卷二十六《仁宗纪三》
英宗至治二年	1322	拜住	100	《元史》卷二十八《英宗纪二》

---

① 参见梁方仲编著:《中国历代户口、田地、田赋统计》,上海人民出版社1980年版,第318—320页。

(续表)

时代	公元纪年	受赐田者	赐田数（顷）	资料来源
泰定帝泰定二年	1325	观音保、锁咬儿、哈的迷失妻子	30	《元史》卷二十九《泰定帝纪一》
三年	1326	寿宁公主	100	《元史》卷三十《泰定帝纪二》
不详	不详	伯颜	5000	《元史》卷一百三十八《伯颜传》
文宗天历元年	1328	燕铁(帖)木儿	500	《元史》卷三十二《文宗纪一》
		西安王阿剌忒纳失里	300	《元史》卷三十二《文宗纪一》
不详	不详	笃麟帖木儿	100	《元史》卷三十三《文宗纪二》
二年	1329	史惟良	50	《元史》卷三十三《文宗纪二》
至顺元年	1330	鲁国大长公主祥哥剌吉	500	《元史》卷三十四《文宗纪三》
顺帝至元元年	1335	宣让王帖木儿不花	110	《元史》卷三十八《顺帝纪一》
二年	1336	伯颜	5000	《元史》卷三十九《顺帝纪二》
三年	1337	郯王彻彻秃	200	《元史》卷三十九《顺帝纪二》
合计			17557	

从上表所列可以看出，元朝赐田的对象大多数是蒙古贵族。而且该表所列只是有数可计的，无具体数据的还有很多。如世祖至元二十一年（1284年），曾赐同知卫尉院事兼领群牧司土土哈大都近郊田。① 武宗至大三年（1310年），"以诸王只必铁木儿贫，仍以西凉府田赐之"②。至于赐田多少，史籍未予记载。又如顺帝时（1333—1368年），曾赐脱脱松江田，其数量多少，史籍也未记载。另外，元朝灭宋后，曾将宋朝后妃田产拨属皇太后所有，又将籍没朱清、张瑄的八路十五州田产拨属皇太后所有，这一批田产在元朝的贵族受赐田产中占有极大比例，而其具体数字史籍也未记载。由此可见，元朝历代统治者赐给蒙古贵族的土地是无法估量的。

元朝蒙古贵族受赐的田土，前期多在北方，后期则转向江南，尤其是浙西平江一带，赐田数额也有变化。世祖时期赐给贵族的田土，大体一次不过百顷，以后则增至千顷、万顷。对人口稠密的江浙地区来说，这种毫无节制的滥赐不能不引起经济发展的损伤性波动。

赐田在名义上属国家所有，官府有权将其随时收归官有。如英宗时，"晋王也孙铁木儿遣使以地七千归朝廷，请有司征其租，岁给粮钞"③。大德十一年（1307年），朝廷还下诏命令所有赐田全部归还官府。但从实际情况看，却是一面收归，一面又复赐，而

---

① 《元史》卷一百二十八《土土哈传》。
② 《元史》卷二十三《武宗纪二》。
③ 《元史》卷二十七《英宗纪一》。

且外赐者多,收回者少,大批国有土地转变为蒙古贵族的私有田产。

第三种方式是非法占夺官私田产。蒙古贵族依仗权势,非法豪夺民产,侵冒官田的情形一直十分严重。因此,大德六年(1298年)曾下令,"禁诸王、驸马并权豪,毋夺民田"①。但六年之后(1302年),"侵占民田,以致贫者流离转徙"②的情形反而更加严重,朝廷只得又下令禁止,但屡禁不止。当时,蒙古贵族占夺民田是一个极为普遍的社会性问题。蒙古贵族对民田的强占,往往与其游牧的生活方式有关。占夺农田为牧场的情形时有发生。这种占夺虽未形成主流,但发生一次,就要波及很大的范围,方圆几十里、上百里的农田都要遭殃。"王公大人之家,或占民田近于千顷,不耕不稼,谓之草场"③。都元帅察罕牧地跨连河南、河北、山西三省,广达一万四千五百顷。④ 官田也同样是蒙古贵族侵占的目标。如镇南王在镇江就曾倚恃气力,占夺学田。字答、乃秃、忙兀三处屯田,亦为蒙古贵族中所夺。黄河两岸的官属滩涂之地,亦为"塔察大王位下头目人等冒占"⑤。事实上,元朝中后期屯田的废弛,就与包括蒙古贵族在内的"权豪势要之家影占为己业"⑥有着直接的关系。

贫民"投献"也是蒙古贵族官僚变相侵夺他人田产的一种形式。由于赋役繁重,政局动荡,势孤力单的平民百姓不得不依庇豪右,以求生存。这种依庇,有的是诡名豪右的佃户,本欲权避一时,久之不但田产被吞没,而且连自身也被奴役,成为农奴;还有的在托庇于贵族豪右之初,就以低价或无偿将土地划归贵族豪右。由于投献成风,朝廷一再诏令禁止。至元十九年(1282年)下诏规定:"诸人亦不得将州县人户及办课处所系官田、各人己业,于诸投下处呈献。"⑦大德元年(1297年)十二月又下令:"禁诸王、驸马并权豪,毋夺民田。献田者有刑。"⑧蒙古贵族享有最为广泛的免税免役特权,理所当然地成为平民百姓投献的主要对象,进而也就成为元朝三令五申加以禁止的对象。然而,所有这些禁令只是禁止百姓献田,违禁受刑的也只是"献田者",并未触及诸王、驸马及投下主受田,甚至在法律中也明文规定:"诸庶民有妄以漏籍户及土田于诸王、公主、驸马处呈献者,论罪。"⑨这就使各种诏令如一纸空文,起不到任何作用。

"分地"、"赐田"和非法侵夺官私田产,是蒙古贵族占有土地的主要途径。至于通过买卖扩充田产,正如学术界所言,虽然是中国封建社会形成私有土地的一般方式或主要方式,但在元朝蒙古贵族对土地的占有中,却很少有这方面的记载。这说明元朝

---

① 《元史》卷十九《成宗纪二》。
② 《元史》卷二十《成宗纪三》。
③ 《续文献通考》卷一《田赋一》。
④ 《元史》卷一百三十七《察罕传》。
⑤ 王恽:《秋涧集》卷九十一《定夺黄河退滩地》。
⑥ 《元典章》卷十九《户部五·影占系官田土》。
⑦ 《通制条格》卷二《投下收户》。
⑧ 《元史》卷十九《成宗纪二》。
⑨ 《元史》卷一百零三《刑法志二》。

蒙古贵族对土地的占有和兼并,主要走的是贵者以权占田的道路。宋朝虽然也有依仗权势霸占兼并土地者,但总的来说是富者以钱买田,"有钱则买,无钱则卖"的情形更为普遍。宋太祖"杯酒释兵权"时,给勋臣大将的"特权"也不过是"多积钱谷,择便好田宅市之"。可以说,富者以钱买田是宋朝"不抑兼并"的土地政策的主要特色。事实上,这也是土地私有制不断深化和发展的正常道路。相比较而言,元朝的以权占田则不能不是土地占有关系方面一个严重逆转。在强烈的非经济因素的作用下,元朝蒙古贵族的土地占有和兼并呈现出一种明显的畸形状态。

蒙古贵族官僚不但以权占田,而且以权奴役佃户百姓,劳动者的人身地位严重下降。在宋朝,劳动者的身份地位相对较为自由,虽然也存在着某种租佃农奴制,但只限于某些特定地区。在元朝,随着蒙古贵族、官僚大土地所有制的畸形发展,这种落后的农奴制生产关系则有了明显的扩大,几乎遍及全国所有蒙古贵族、官僚的田庄之中。所有这些,无疑都对元朝的社会经济和历史文化的发展产生过消极的影响。但是,就蒙古贵族、官僚本身而言,其依仗民族、政治特权占有和兼并土地,毕竟在一定程度上反映了以游牧生产方式为主的蒙古统治者已经自觉不自觉地为中原地区的农耕文明所吸引。相对于"空汉人以为牧地"的观念而言,大批蒙古贵族庄田的出现,也是一种社会进步的表现。农奴式的庄田管理虽然落后,但毕竟为蒙古贵族及其游牧生活的逐步封建化提供了一个机会。

元朝色目人中的上层人物,是当时贵族官僚阶层中的一个重要组成部分。色目贵族官僚的土地占有,与蒙古贵族大致相同,主要是通过"赏赐"、侵占官田、豪夺民田等方式获得的。例如,至元二十八年(1291年),元世祖即"以甘肃旷土赐宝赤合散等"[①]。色目权臣桑哥及其部下,也恃权侵占大片土地。[②] 另一色目权臣阿合马,亦是"民有附郭美田,辄取为已有"[③]。元朝地方各路,以蒙古人为达鲁花赤,汉人为总管,色目为同知。同蒙、汉官僚一样,色目官僚"抑夺民田,贪污不法之事"[④]屡见不鲜。但与蒙古贵族官僚不同,不少色目贵族官僚还要通过买卖的方式兼并土地、扩大地产,其"以权占田"的色彩相对要淡薄一些。

元朝汉族官僚、富豪对土地的占有,也有进一步的发展。金元易代之际,北方地区出现了一大批拥兵自雄的汉族军阀。他们乘机占有大片土地,"断阡陌占屋宇跨州连郡又各万焉"[⑤],这批人是元朝北方汉人中最大的地主。元朝曾在北方地区陆续签发汉族富户为军户,大量的汉人军户中也有不少中小地主,有些人甚至是"田亩连阡陌,家赀累巨万"[⑥]的大地主。军户地主构成了北方汉族地主阶级中人数颇多的一个阶层。

---

① 《元史》卷六《世祖纪三》。
② 《元史》卷十五《世祖纪十二》。
③ 《元史》卷十二《世祖纪九》。
④ 《元史》卷一百七十三《崔彧传》。
⑤ 郝经:《陵川集》卷二十五《万卷楼记》。
⑥ 王恽:《秋涧集》卷三十五《上世祖皇帝论政事书》。

此外，南方汉族官僚、富豪也占有相当数量的土地。元朝灭宋后，虽然部分汉族官僚地主因南宋的灭亡而丧失了土地，但随着元朝的建立，又出现了一大批拥有大量土地的新汉族军阀、官僚。如南宋降元军阀范文虎所有湖州、南浔、庆元、慈溪等处田土，都是凭借权势掠夺而来。曾出面为元朝开辟海运的朱清、张瑄等人，"田园宅馆遍天下"①。至于那些早期归附元朝的汉族军阀地主，如董炳文、张柔、史天泽等人，更是"取财货，兼土田"②，占有的土地跨州连郡。除这些元勋功臣以外，元朝普通的汉族官僚依仗权势强占和兼并土地的情况也极为严重。如平江路总管王虎臣"多强买人田，纵宾客为奸利"③。湖广转运司判官唐申，"豪横夺民田"④。两浙盐运司官吏范某，凡"民有珍货腴田，必夺为己有。不与，则朋结无赖，妄讼以罗织之"。"兰溪民叶一、王十四有美田宅，范欲夺之，不可，因诬以事，系狱十年不决"⑤。普通的汉族富豪大姓的经济势力亦得到新的发展。其中江南富豪入元以后，不仅保持了原有的土地，而且还通过土地兼并，又有了新的发展。元朝江南比较著名的富豪大姓，有淞江的任仁发家、曹梦炎家、瞿霆发家，昆山的曾家、顾家，常熟的虞家、曹家、徐家；平江富户最多，有张、吴、顾、陆四大姓，又有钟、朱、郭、袁等豪民，元末还有"江南富族之甲"的沈万三。总的说来，江南的很多大地主，"每一年有收三二十万石租子的，占着三二千户佃户"⑥。

元朝官田的扩大，对大土地所有者，尤其是政治特权相对较少的普通汉族富豪来说，其私有田产不能不受到一定的损害。但是从另一方面看，元朝官田的扩大，又为富豪大户迅速扩充私田提供了方便。元朝对官田的侵夺，既有贵族官僚，更有富豪大姓。"官田为权豪寺观欺隐者多"⑦，"系官田土……多被权豪势要之家影占为己业"⑧。诸如此类的记载比比皆是。元朝政治始终比较混乱，吏治不善，官田的管理多用非其人，这就为豪富大姓侵占官田提供了方便。更重要的则是官田为官府所有，不像私田那样各有其主，故在豪强看来，比侵占私人田产更为方便。元朝在平江设置的官田最多，而平江的富豪大户也最多，由此正可以看出官田与私田、国有土地与私有土地之间交互转化的微妙关系。

汉族富豪大姓一般缺少贵族、官僚那种公开的政治特权，但其借用政治权力兼并土地的情形却极为常见。元朝统一江南后，带兵的军官"皆世守不移，故多与富民树党，因夺民宅、居室"⑨。这在当时的江南是一种很普遍的现象。大德六年（1302年），

---

① 陶宗仪：《辍耕录》卷十五《朱张》。
② 《元史》卷一百四十六《耶律楚材传》。
③ 《元史》卷一百七十二《赵孟頫传》。
④ 《元史》卷一百七十三《燕公楠传》。
⑤ 《元史》卷一百三十一《拜降传》。
⑥ 《元典章新集·户部·赋役》。
⑦ 《通制条格》卷二十九《僧道》。
⑧ 《元典章》卷十九《户部五·影占系官田土》。
⑨ 《元史》卷九十九《兵志二》。

成宗曾询问台臣："朕闻江南富户侵占民田,以致贫者流离转徙,卿等尝闻之否?"台臣们的回答是:"富民多乞护持玺书,依倚以欺负民,官府不能诘治。"①大批"富民"以"护持玺书"的方式侵占民田,也是以往罕见的现象。事实上,这同贵族官僚依仗权力横夺民田具有相近的性质,正是一种变相的"以权占田"。在政治权力的作用下,汉族地主的大土地私有制同样呈畸形发展的状况。正如《续文献通考》卷一《田赋一》所叙述的那样:

> 今王公大人之家,或占民田近于千顷,不耕不稼,谓之草场,专放孳畜。又江南豪家,广占农地,驱役佃户,无爵邑而有封君之贵,无印节而有官府之权,恣纵妄为,靡不至。……贫家乐岁终身苦,凶年不免于死亡;荆楚之域,至有雇妻鬻子者……亦衣食不足所致也。衣食不足,由豪富兼并故也。

当然,与蒙古、色目贵族相比,汉族官僚、豪富通过买卖扩充田产的情况则更多一些。

元朝的田产买卖,必须具备"经官给据"、"先问亲邻"、"印契税契"、"过割赋税"四个要件,才能生效。

"经官给据",是指买卖田产前必须先向官府报告,取得官府的书面许可。成宗元贞元年(1295年)规定:"今后典卖田宅,先行经官给据,然后立契,依例投税,随时推收。"这是为了保证官府不至失落赋税和防止出现卖方"产去税存"的弊病。

"先问亲邻",即亲邻享有先买权。世祖至元六年(1269年),采用金代"旧例",确立了"典卖田宅,须问亲邻"的制度,规定:

> 诸典卖田宅及已典就卖,先须立限,取问有服房亲(先亲后疏),次及邻人,次见典主。若不愿者,限三日批退;愿者,限五日批价。若酬价不平,并违限者,任便交易。②

"印契税契",即书面契约必须经官府加盖官印,并缴纳交易税和契约。至元七年(1270年),又依金代"旧例",确立了印契税契的制度:"私相贸易田宅、奴婢、畜产及质压交业者,并合立契收税。"印契税契的对象,包括一切应该订立书面契约的买卖:

> 诸人典卖田宅、人口、头匹、舟舡物业,应立契据者,验立契上实值价钱,依例收办正税外,将本用印关防,每本宝钞一钱。③

但田产的买卖,当属最重要的事项。

"过割赋税",即在买卖田宅的同时,必须将附着其上的赋税义务转移给新业主(占

---

① 《元史》卷二十《成宗纪三》。
② 以上引文俱见《元典章》卷十九《户部五》。
③ 以上引文俱见《元典章》卷二十二《户部八》。

有者）。①

元朝宗教盛行，"自王公戚里百执事之臣，下逮黎庶，靡不稽首响风，奔走附集"②，寺院、道观遍布全国各地。随着社会地位的上升，寺观的土地占有也显著扩张。尤其所谓"佛门子弟"更充当了土地兼并的突出角色，使得寺观占有大量土地，拥有大批佃户、驱口，成为具有很强经济势力的大土地所有者。

元朝寺观土地由两大部分构成，一是直接继承前代的，一是入元以后陆续增置的。元朝建立之前，无论是北方还是江南，都有占田很多的寺院、道观。如北方的大永安寺，一次就由金政权给田二千亩，栗七千株，钱二万贯；太清观在施县一处即有田三百亩；龙宫寺至少有佃户六百余人。南方占地达千亩、万亩以上的寺院更比比皆是。仅以台州为例，南宋嘉定（1208—1224年）年间，寺院所占水田为台州水田总数的二十分之一，寺院所据有的山林则占总数的十分之一。仅台州天台县的寺院中，占地达千亩的就有一半以上。江南有些寺院，如临安（今杭州）的灵隐寺、上天竺寺、径山寺，庆元（今宁波）的育王寺等，占地多达数万亩。这些寺田并没有因南宋的灭亡而受到损失，就连临安的崇恩演福寺、灵隐寺等宋朝皇室功德寺的土地，也未因其与宋廷的特殊关系而被没收。虽然有些寺院土地在战乱中一度被侵夺，但元朝平定江南后，诏令各地归还被夺寺田。例如，常州荐福寺有宋代施舍的土地二千八百余亩，宋末战乱，寺田豪强占据，入元后，其僧侣到官府请求归还，最终达到目的。元廷对寺院的保护和优待，使江南寺田在原有的规模上，又有进一步的发展。例如，位于江州路（今九江市）的太平宫，旧有庄田三千亩，入元后新获土地一万一千亩；杭州慧因寺旧有赐田一千余亩，元朝又增置数百亩；婺州路（今浙江金华）的资圣院"故有免科徭之田八十余亩"，入元后又购进了一百四十余亩。总之，南宋时旧有常住田，再加上入元后诸人舍施或典买，元朝江南寺田的占有达到空前的地步，个别地区则呈高度集中之势。如昌国州（今浙江定海）全境之田，属僧道寺观者几居其半，寺观平均占田二千三百余亩，僧道个人平均占田七十四亩。③

元朝寺观土地主要是通过国家赏赐、私人捐赠、买卖和非法占夺官私田产这样几条途径而扩大和发展起来的，而国家的赐田在寺观田产中占有相当大的比重。现据《元史》简要列表如下：

---

① 参见叶孝信主编：《中国法制史》，北京大学出版社2000年版，第248页。
② 黄溍：《黄金华集》卷十一《衢州大中祥符寺记》。
③ 参见翟国强：《元朝江南寺田的租佃关系》，载《内蒙古大学学报》1989年第1期。

元朝历朝所赐各寺田地数①

时代	公元纪年	寺名	赐田数（顷）	资料来源
世祖中统二年	1261	庆寿寺、海云寺	500	卷四《世祖纪一》
至元二十五年	1288	江南新建五寺	150	卷十五《世祖纪十二》
成宗大德五年	1301	兴教寺	100	卷二十《成宗纪三》
		乾元寺	90	卷二十《成宗纪三》
		万安寺	600	卷二十《成宗纪三》
		南寺	120	卷二十《成宗纪三》
仁宗至大四年	1311	普庆寺	800	卷二十四《仁宗纪一》
皇庆元年	1312	上方寺	100	卷二十四《仁宗纪一》
		崇福寺	100	卷二十四《仁宗纪一》
延祐三年	1316	开元寺	200	卷二十五《仁宗纪二》
		华严寺	100	卷二十五《仁宗纪二》
		普庆寺	170	卷二十五《仁宗纪二》
泰定帝泰定二年	1325	永福寺	100	卷二十九《泰定帝纪一》
三年	1326	殊祥寺	300	卷三十《泰定帝纪二》
		大天源延圣寺	1000	卷三十《泰定帝纪二》
文宗天历二年	1329	大龙翔集庆寺、大崇禧万寿寺	150	卷三十三《文宗纪二》
至顺元年	1330	大承天护圣寺	400	卷三十四《文宗纪三》
		大承天护圣寺	162090	卷三十四《文宗纪三》
顺帝至正七年	1347	大承天护圣寺	162000	卷四十一《顺帝纪四》
合计			167070	

《元史》中还有若干只记载赐给寺院田地而未有具体亩数者。如至顺二年(1331年),籍入速速、班丹等资产,赐大承天护圣寺为永业②,这里的资产当然包括田产。至于《元史》未加记载而散见于其他史料中的寺院赐田,更不在少数。元朝除直接向寺院赐田外,有时还以赐钞买田的方式扩大寺产。如大德十一年(1307年),皇太子建佛寺,赐钞一万零七百锭,以购民田③;至顺元年(1330年),赐海南大兴龙普明寺钞万锭,买永业田。④

贵族、官僚、富豪及一般富裕人家乃至平民百姓的捐赠,是寺观田产土地的另一个重要来源。终元一代,建寺立观之风极盛。至正年间,曾有人指出:"近五十年间,四方人民推崇佛氏,大建佛刹,十倍于昔。"⑤有寺观,必有田土,新建寺观的田土便大都靠施

---

① 参见梁方仲编著:《中国历代户口、田地、田赋统计》,上海人民出版社1980年版,第321页。
② 《元史》卷三十五《文宗纪四》。
③ 《元史》卷二十二《武宗纪一》。
④ 《元史》卷三十四《文宗纪三》。
⑤ 薛元德:《江苏金石志》卷二十三《梅瞿先生作兴学校记》。

舍而来。不少官僚、地主不惜割舍巨额庄田,兴建寺观,以祈冥福。如两浙都转运盐使司副使、松江大地主瞿霆发,为天目山的大觉寺等"割巨庄,先后凡二百顷有奇,及买田若干"①;昆山(今属江苏)胥舜举割田十顷有奇创崇福观;延祐元年(1314 年),江州能仁寺一次得到"郡人李贵和施田百有余亩,山若干亩",建成"福田庄";至正二年(1342年),"郡人黄仁复以茶地若干及南施贤桥"施舍于能仁寺。② 李贵和、黄仁复都是一般富裕人户,这一阶层为求今生或来世的"福报",一般比较热衷于此类活动。除官僚、地主外,也有一部分劳动人民不胜赋役之重,将自己的小块土地"自愿"献给寺观。

买卖也是寺观扩充田产的一个重要方式。如至元二十三年(1286 年),云南太华山佛岩寺以银价三百七十两,买到登安庄人李阿黑、张保、江茂等绝嗣民田三顷;至元二十五年(1288 年),以银价三百一十五两,买到和尚庄张阿四、杨春发、华文英、李美等绝嗣田二顷;至元二十八至二十九年(1291—1292 年),前后共以银四百二十六两,买到新生甸李有钰、李贵、江老七、赵伟、张氏、金氏等绝嗣民田二顷。③

元朝寺观侵夺官私田产的现象非常普遍。至元二十一年(1287 年),中书省臣就曾报告,"江南官田为权豪寺观欺隐者多"④。寺观侵夺官田的手段、方法很多,有的僧人将官田冒为己业或祖产,然后舍施给寺院;有的通过行贿官吏,互相勾结,化官田为寺产;有的则借寺田与官田接壤的机会,暗中蚕食。在各类官田中,寺观对学田的侵夺最为猖獗,"僧犷而儒柔",学田"夺于浮屠老氏者什七八"⑤。寺观掠夺私田的事例更多。如江南释教总领杨琏真伽强夺民田二万三千顷⑥;白云宗总摄沈明仁攫取民田二万顷⑦。连世俗地主的田产也难以幸免,如大地主史懋祖的八千余亩田产即为寺院强夺而去。⑧ 针对这种情况,元朝多次颁布法令,严禁僧寺侵冒民产,但作用甚微。

寺观大肆兼并土地的结果,日益扩大了他们对于土地的占有。"天下之田一入于僧业,遂固不可移,充衍增大,故田益以多"⑨。元人傅与砺说:"大者一寺田至万亿,小者犹数百千。"⑩这些记述都反映了元朝寺观占田的严重状况。大都的大护国仁王寺,即占有土地一千零四十万余亩。江南地区占田千亩以上的寺观更是比比皆是,寺观土地在土地总额中占有相当大的比例。如镇江路(治今江苏镇江)人均土地约六亩,而僧尼占地达人均五十亩。⑪

---

① 赵孟頫:《松雪斋文集》外集《天目山大觉正等禅寺记》。
② 危素:《说学斋集》卷上《江州路能仁禅寺三门记》。
③ 《新纂云南通志》卷九十三。
④ 《续文献通考》卷一《田赋一》。
⑤ 黄溍:《黄金华集》卷八《明正书院田记》。
⑥ 《元史》卷二百零二《释老传》。
⑦ 《元史》卷二十六《仁宗纪三》。
⑧ 陈基:《夷白斋稿》卷三十四《史孝子传》。
⑨ 吴师道:《吴礼部集》卷十二《金华县慈济寺修造舍田记》。
⑩ 傅若金:《傅与砺诗文集·文集》卷三《新淦州建兴寺施田碑》。
⑪ 《至顺镇江志》卷三。

由于以贵族、官僚、富豪、寺观为代表的地主阶级占据了绝大部分土地,元朝自耕农、半自耕农的人数甚少,所占土地亦十分有限。大部分农民没有土地,或只占有极少的土地,因而成了国家和各类地主的佃户。

二、垦荒与屯田制度

(一) 垦荒制度

垦荒是元朝统治者推行重农政策、发展农业生产的重要措施。元世祖即位以后,比较重视召集逃亡百姓积极开荒。中统二年(1261年)曾规定:"逃户复业者",有权收回原有产业;其"合着差税",第一年全免,次年减半,然后"依例验等第"科征①。荒闲之地,则"悉以付民,先给贫者,次及余户"②。至元元年(1264年)、十三年(1276年)、十六年(1279年),朝廷多次下令拨给牛具种子,让南宋"新附民"和贫民垦荒,起科年限从三年展宽到六年,杂役则予免除。此外,还规定了原主认领田产的年限,弃田过期,"不拣什么人,自愿种的教种者"③。二十八年(1291年)七月,招募百姓进一步开垦江南旷土,每户限五顷,官府还发放田券,将其变为开垦者的永业田,三年后征租。④ 而百姓垦辟的熟地,则从栽种桑树和杂果等树之日起算,分别在八年和十五年后才"定夺差科"。对于"勤务农桑,增置家业"的农户,本处官司"不得添加差役"。

为保证农民全力垦荒,元朝曾向江南地区颁布过"永为定例"的减免私租规定⑤,并于至元十三年(1276年)、大德二年(1298年)下令,豪强势要不得强占田产,已占者必须归还或转拨无地百姓。⑥ 蒙元之际,各地诸王军将,或抢占大片农田"专放孳畜",或放纵牲畜"犯桑枣禾稼",或"辄入人家求索酒食",或"围猎扰民"。世祖即位以来,屡屡诏令禁止,清退了大量牧地。同时还下达禁令,颁布《户口条画》,设立阑遗监,限止抑良为奴,并将权豪势要非法占有的奴隶理为民籍,散布各处的奴隶也被政府收编。通过这些措施,又从权豪势要手中夺回了大批劳动人手,促进了垦荒政策的推行。

(二) 屯田制度

元朝初年,由于长期战乱,民众流离,荒地大量增多,急需尽快恢复农业生产。因此,除了一般意义上的垦荒制度外,元朝统治者还大力推行屯田制度。由于蒙古贵族政治、军事上的需要,元朝屯田制度的规模、数量之庞大,组织之严密,成效之显著,超过了以往任何一个时代。即使在元朝灭亡之后,它的屯田制度仍为后世所承袭,直至明朝中叶才完全解体。

元朝大规模地推行屯田制度,开始于元世祖忽必烈时期。《元史》卷一百《兵志

---

① 《元典章》卷十九《户部五·田宅·荒田·荒闲田地给还招收逃户》。
② 《元史》卷九十三《食货志一》。
③ 《元典章》卷十九《户部五·荒田》。
④ 《元史》卷十六《世祖纪十三》。
⑤ 《元史》卷二十一《成宗纪四》。
⑥ 《元典章》卷十九《户部五·田宅·民田·强占民田回付本主》;卷二《圣政一·重民籍》。

三》云：

> 国初，用兵征讨，遇坚城大敌，则必屯田以守之。海内既一，于是内而各卫，外而行省，皆立屯田，以资军饷。

由于最初的屯田是为了增强军队持久作战能力而设立的，有明确的军事征服的目的和指令性的屯田区域，即设立于"坚城大敌"的周围，所以，屯田不仅限于对荒田的开发，而且"夺民田为屯田"的状况也十分严重。

元朝统一全国以后，"以资军饷"仍是设立屯田的主要目的。但从稳定政局、安抚民心、医治战争创伤、恢复农业生产的角度考虑，此后的屯田则不能不转向主要对荒田的开发和利用。由于多年的战争创伤，元初疮痍满目，荒田遍布。在这种经济极端残破，民力又极为分散和不足的情况下，由官府直接出面，以屯田的方式，调配军队和民间劳力开垦荒田，具有十分显著的作用。同时还应该看到，屯田的扩大和发展，也是蒙古贵族放弃游牧生产方式，顺应农耕地区生产发展的客观要求的第一步。事实上，这也是元初屯田迅速扩大的一个较为深层的社会动因。

元初的屯田规模很大。据《元史》卷一百《兵志三》记载：

> 或因古之制，或以地之宜，其为虑盖甚详密矣。大抵芍陂、洪泽、甘肃、瓜、沙，因昔人之制，其他利盖不减于旧；和林、陕西、四川等地，则因地之宜而肇为之，亦未尝遗其利焉。至于云南八番、海南、海北，虽非屯田之所，而以蛮夷腹心之地，则又因制兵屯旅以控扼之。由是天下无不可屯之兵，无不可耕之地矣。

可见，元朝的屯田已遍及全国几乎所有地区，可谓盛况空前。有学者估计，元朝的屯田总数当在六十万顷以上。① 现据《元史》卷一百《兵志三》，将世祖中统三年三月至文宗至顺元年（1262—1331 年）十二月的屯田情况简要列表如下：

元朝屯田②

屯田机构及其隶属关系	田数（亩）	建置年月	地点
总计	17485573		
枢密院所辖			
左卫屯田	131065	世祖中统三年	东安州南永县东
右卫屯田	131065	中统三年	永清、益津等处
中卫屯田	103782	世祖至元四年	武清、香河等处，后迁于河西务荒庄、杨家口等处
前卫屯田	100000	至元十五年	霸州、保定、涿州
后卫屯田	142814	至元十五年	永清，后迁于昌平县太平庄，泰定三年又迁回原地
武卫屯田	180445	至元十八年	涿州、霸州、保定、定兴等处
左翼屯田万户府	139952	至元二十六年	霸州、河间等处

---

① 韩国磐：《论辽金元官田的增多》，载《中国史研究》1979 年第 3 期。
② 参见梁方仲编著：《中国历代户口、田地、田赋统计》，上海人民出版社 1980 年版，第 322—326 页。

（续表）

屯田机构及其隶属关系	田数（亩）	建置年月	地点
右翼屯田万户府	69950	至元二十六年	霸州、河间等处。成宗大德元年于武清县增置屯田
中翊侍卫屯田	200000	至元二十九年	燕只哥赤斤地面及红城
左右钦察卫屯田	65600	至元二十四年	清州等处
左卫率府屯田	150000	武宗至大元年	大都路漷州武清县及保定路新城县
宗仁卫屯田	200000	英宗至治二年	大宁等处
司农司所辖			
广济署屯田	1260038	世祖至元二十二年	清州、沧州等地
永平屯田总管府	1161449	至元二十四年	滦州
营田提举司	350293		大都路漷州武清县
宣徽院所辖			
淮东淮西屯田打捕总管府	1519339	世祖至元十六年	涟海州
宝坻屯田	45000	世祖至元十六年	大都路宝坻县
丰润署屯田	34900	二十二年	大都路蓟州丰润县
尚珍署屯田	971972	二十三年	济宁路兖州
腹里所辖			
大同等处屯储总管府屯田	500000	成宗大德四年	西京黄华岭等地
虎贲亲军都指挥使司屯田	420279	世祖至元二十八年	灭捏怯土赤纳赤高州忽兰若班等处
岭北行省屯田	640000	二十一年	五条河称海
辽阳行省所辖			
大宁路海阳等处打捕屯田所	23050	世祖至元二十三年	瑞州
浦峪路屯田万户府	40000	二十九年	威平府
金复州屯田万户府	252300	二十一年	忻都察、哈思罕
肇州蒙古屯田万户府		成宗元贞元年七月	肇州附近
河南行省所辖			
南阳府民屯	1066207	世祖至元二年	孟州之东，黄河之北，南至八柳树、枯河、徐州等处。后复于唐、邓、申、裕等州立屯
洪泽屯田万户府	3531221	至元二十三年	淮安路之白水塘、黄家随等处
芍陂屯田万户府	1000000	二十一年	安丰县芍陂
德安等处军民屯田总管府	887996	十八年	德安路
陕西行省所辖			
陕西屯田总管府	585368	世祖至元十一年	凤翔、镇原、栎阳、泾阳、彭原、安西、平凉、终南、渭南
陕西等处万户府屯田	80808	十九年	盩厔之杏园庄、宁州之大昌原、文州之亚柏镇、德顺州之威戎
贵赤延安总管府屯田	48600	十九年	延安之探马赤草地
甘肃行省所辖			
宁夏等处新附军万户府屯田	149833	世祖至元十九年	宁夏等处
管军万户府屯田	116664	十八年	甘州之黑山子、满峪、泉水渠、鸭子翅等处

(续表)

屯田机构及其隶属关系	田数（亩）	建置年月	地点
宁夏营田司屯田	180000	八年	中兴
宁夏路放粮官屯田	44650	十一年	本路
亦集乃屯田	9150	二十二年	本路
江西行省所辖			
赣州路南安寨兵万户府屯田	52468	成宗大德二年	信丰、会昌、龙南、安远等处
江浙行省所辖			
汀漳屯田	47500	世祖至元十八年	汀州、漳州
四川行省所辖			
广元路民屯	960	世祖至元十三年	本路
叙州宣抚司民屯		十一年	本州
绍庆路民屯		十九年	本路
嘉定路民屯		十九年	本路
顺庆路民屯		十二年	本路
潼川府民屯		十一年	本府
夔路总管府民屯		十一年	本路
重庆路民屯		十一年	本路
成都路民屯		十一年	本路
保宁万户府军屯	11827	二十六年	本府
叙州等处万户府军屯	4183	成宗元贞二年	叙州宣化县喎口上下
重庆五路守镇万户府军屯	42000	仁宗延祐七年	本路三堆、中嶂、赵市等处
夔路万户府军屯	5670	世祖至元二十一年	
成都等处万户府军屯	4270	二十一年	本路崇庆州义兴乡楠木园
河东陕西等万户府军屯	20807	二十一年	灌州之青城、陶坝及崇庆州之大栅头
广安等处万户府军屯	2625	二十一年	成都路重庆路之七宝坝
保宁万户府军屯	7595	十六年	重庆州晋原县之金马
叙州万户府军屯	3867	二十一年	灌州青城县
五路万户府军屯	20317	二十一年	崇庆州之大栅镇、孝感乡及灌州青城县之怀仁乡
兴元金州等处万户府军屯	5600	二十一年	崇庆州晋源县孝感乡
随路八都万户府军屯	16257	二十一年	灌州青城县、温江县
旧附等军万户府军屯	12950	二十一年	青城县及崇庆州
炮手万户府军屯	1680	二十一年	青城县龙池乡
顺庆军屯	9887	二十一年	晋源县义兴乡、江源县将军桥
平阳军屯	6965	二十一年	青城县及崇庆州之大栅头
遂宁州军屯	35000	二十一年	
嘉定万户府军屯	227	二十一年	崇庆州、青城等处
顺庆等处万户府军屯	11480	二十六年	沿江下流汉初等处
广安等处万户府军屯	2065	二十七年	新州、明州等处

（续表）

屯田机构及其隶属关系	田数（亩）	建置年月	地点
云南行省所辖			
威楚提举司屯田	825	世祖至元十五年	
大理金齿等处宣慰司都元帅府军屯	110525	十二年	
鹤庆路军民屯田	5040	十二年	
武定路总管府军屯	3740	二十七年	
威楚路军民屯田	35505	十五年	
中庆路军民屯田	112295	十二年	
曲靖等宣慰司兼管军万户府军民屯田	25200	十二年	曲靖、澂江、仁德府
乌撒宣慰司军民屯田	25760	世祖至元二十七年	
临安宣慰司兼管军万户府军民屯田	18945	十二年	
梁千户翼军屯	12500	三十年	乌蒙、后迁新兴州
罗罗斯兼管军万户府军民屯田		二十七年	
乌蒙等处屯田总管府军屯		仁宗延祐二年	
湖广行省所辖			
海北海南道宣慰司都元帅府民屯	56361	世祖至元三十年	琼州、雷州、高州、化州、廉州等路
广西两江道宣慰司都元帅府屯田	75326	成宗大德二年	上浪、忠州、那扶、雷留、水口、籚州等处
湖南道宣慰司衡州等处屯田		世祖至元二十五年	衡州、永州、武冈等处

从上表可以看出，元朝的屯田可分为军屯、民屯、军民屯掺杂三类。

军屯是元朝最重要的屯田方式，占元朝屯田总数的百分之四十七，其类型有二：一是镇戍边疆和内地的军队屯种自给。元人记载说："世祖皇帝既定海内，以蒙古军留镇河上，与民杂耕，横亘中原。"①所谓"与民杂耕"，即屯种自给。二是设置专业的屯田军从事屯种，这是元朝军屯不同于以往历代军屯的显著特点。屯田军户主要来源于汉军和新附军，他们专事屯种，以供兵食，一般情况下不任征戍。元朝统一之前，专业的屯田军便已出现。元世祖中统二年（1261年），"诏凤翔府种田户隶平阳军籍，毋令出征，务耕屯以给军饷"②。元朝统一后，大量抽调汉军和新附军为屯田军，屯田军遂遍布各地。由枢密院直辖的驻守在京畿内外的侍卫亲军，在京郊、腹里设置左卫屯田、右卫屯田、中卫屯田、前卫屯田、左右钦察屯田等，"屯河、洛、山东、据天下腹心"③。各卫的屯

---

① 虞集：《道园学古录》卷二十四《曹南王世勋碑》。
② 《元史》卷四《世祖纪一》。
③ 苏天爵：《元文类》卷四十一《以世大典序录》。

田,对明朝卫所军屯制度产生了直接的影响。除枢密院以外,各行省也进行军屯。至元(1264—1294年)年间,各行省在"以便利置屯"的原则下,设立各类军屯,均由万户府掌管,与枢密院直辖的军屯一起,构成了一个遍布全国的军屯网。

民屯,即组织民户进行屯种,其组织形式带有浓厚的军事性质,占元朝屯田总数的百分之四十四。从事民屯的人户另立户籍,称"屯田户"。内地屯田户,或来源于强制签充,或来源于招募。边疆屯田户,则主要通过迁徙内地无田农民而来。屯田户的生产资料,如土地、牛种、农具等,或由官府供给,或自备。民屯的分布范围也很广泛,规模也很大。

此外,还有些军民屯掺杂的地方,如上表所列的鹤庆路军民屯田、威楚路军民屯田、中庆路军民屯田、曲靖等宣慰司兼管军万户府军民屯田、乌撒宣慰司军民屯田、临安宣慰司兼管军万户府军民屯田、罗罗斯兼管军万户府军民屯田,约占元朝屯田总数的百分之九。

屯田土地的来源有四类。其一是利用荒闲土地,如两淮地区的屯田。这是最主要的一个来源。其二是利用前代的屯田,如洪泽、芍陂的屯田。其三是以一般官田拨充,如至元十三年(1276年),以"系官田亩"拨充广元路(治今四川广元)民屯[①];至元十九年(1282年),以阿合马的没官田充屯田。[②] 其四是屯户自备土地,如鹤庆路(治今云南鹤庆)军民屯田的土地,便都是屯种军民的"己业"[③]。

元朝大规模实行屯田,促进了荒地的垦辟,扩大了可耕地面积,对边疆地区农业生产的发展尤为有利。然而,由于屯田生产带有明显的强制性,加上吏治腐败、经营和管理不善等原因,屯田的经济效果却十分有限,甚至入不敷出。这样,元朝中期以后,屯田制就开始走向衰落。

三、土地经营方式

元朝的土地经营方式以租佃制为主,也间杂一些其他经营方式,且官田与私田的具体情况也不同。

元朝的各类官田基本都采用租佃制的经营形式,大多数情况是出租给贫苦农民耕种。但在江南地区的一般官田和学田中,包佃制也颇为流行。包佃制源于宋朝,是封建租佃关系高度发展的表现,即承佃者充当"二地主",将租佃来的土地转手出租。元朝的包佃者多为权贵、官僚和豪户。在一般官田中,元朝公开允许包佃,故包佃的规模很大。如两浙转运使瞿霆发一家,包佃官田达七十余万亩。学田租额相对较轻,因而官僚、豪户趋之若鹜,或巧取,或豪夺,包佃以渔利。如嘉兴路(治今浙江嘉庆)儒学、镇江路(治今江苏镇江)儒学、铅山州(治今江西铅山)儒学等,都有一部分学田落入了包

---

① 《元史》卷一百《兵志三》。
② 《元史》卷十二《世祖纪九》。
③ 《元史》卷一百《兵志三》。

佃者的手中。江南地区的一些学官也加入了包佃学田的行列。元朝姚燧曾经指出："又有身为学官而自诡佃民,一庄之田连亘阡陌,名(各)岁入租,学得其一,已取其九。"①由于包佃学田的情况广泛存在,影响了学校收入,大德十年(1306年),元朝曾下令予以禁止,但并未取得多大效果。元朝一般官田和学田中包佃制依然兴盛,是这些土地上封建租佃关系继续保持其发展趋势的一种反映。

对于官田,元朝还允许佃户兑佃,因而兑佃在元朝官田中比较流行。所谓"兑佃",又名"转佃",即转让租佃权。这也是封建租佃关系复杂化的产物。在宋朝官田中,兑佃现象已不少见,但未得到朝廷在法律上的许可。元朝规定:

> 佃种官田人户欲行转兑与人,须要具兑佃情由,赴本处官司陈告勘当,别无违碍,并写是何名色、官田顷亩、合纳官租明白附簿,许立私约兑佃。②

从而使得官田的兑佃完全合法化。

元朝各类地主土地上的经营方式,北方与南方有所差别。北方地区,蒙古贵族、汉族军阀和军户地主在战争时期俘掠了大量驱口(奴隶),一户占有驱口甚至多达数百乃至数千,不少驱口被用来从事农业生产。因此,北方地区有相当数量的地主土地是由驱口耕种的。金代后期逐渐发展起来的租佃制,在金元易代之际遭到了一定程度的破坏。但是,租佃制经营方式在元朝北方地主土地上仍占有一定的地位。在南方地区,租佃关系则是占有绝对支配地位的经营方式,佃农是南方地主的基本剥削对象。至元三十一年(1294年),江浙省臣奏称:"然江南与江北异,贫者佃富人之田,岁输其租。"③大德六年(1302年),山南廉访司的一件呈文中也说道:"今江浙之弊,贫民甚多,皆是依托主户售顾,或佃地作客过日。"④这些材料反映了元朝江南地区租佃关系的普遍性。江南大地主占有佃户的数量很大,"动辄百千家,有多至万家者"⑤。地主除对佃户进行残酷的经济剥削外,还对佃户实行严重的人身压迫,主佃之间有着较强的人身依附关系。南方地主土地上的封建租佃关系也有进一步复杂化的趋势,其主要表现就是兑佃制在一些地区如扬州和江阴等地的流行。

与租佃制的广泛推行相一致,元朝的各种官私田都要向承佃者收取地租。元朝的地租依然有劳役地租、实物地租和货币地租三种形态,而以实物地租为主。元朝地租较为突出的现象,是实物地租中定额租制进一步发展,相对于分成租制而言,它已取得了支配地位。

劳役地租是一种原始的地租形态,在租佃关系充分发展的条件下,它已经十分落后。元朝劳役地租虽仍然存在,但属于一种相当次要的地租形态,主要存在于少数落

---

① 姚燧:《牧庵集》卷五《崇阳学记》。
② 《元典章》卷十九《户部五·转佃官田》。
③ 《元史》卷十八《成宗纪一》。
④ 《元典章》卷四十二《刑部四·主户打死佃客》。
⑤ 《元史》卷二十三《武宗纪二》。

后地区和官员的职田之中。劳役地租一般与实物地租并存,即佃客按契约缴纳实物地租外,还要为地主服各种劳役。元朝的山南江北道所辖区域(今湖北西部),在宋朝时佃客的人身依附关系便十分强烈,入元后这种情况没有改变,因而佃客承担的劳役地租极为沉重,"主户将佃户看同奴隶役使、典卖,一切差役皆出佃户之家"①,甚至出现了地主因为佃客"不伏使唤"而将佃客殴打致死的事例。② 其他地区也有一些地主役及佃客人身的现象,如江西一些地主还让佃客代为进行法律诉讼。官员职田的佃户,一般都要为之提供劳役。至大三年(1310年),监察御史申某在呈文中说:

> 诸职官三品,职田佃户有至五七百户;下至九品,亦不下三五十户。出给执照,不令当杂泛差役,却令供给一家所用之费,谓如倩借人畜,寄养猪羊,马草柴薪,不胜烦扰。③

职田佃户不仅自己要供官员驱使,还要为官员家养猪、养羊,供应"马草柴薪",这些无疑都是实物地租以外的无偿劳役。

实物地租是元朝最主要的地租形态,国有土地和私有土地均主要征收实物地租。实物地租有分成租制和定额租制两种形式。分成租制是实物地租的原始形态,在我国古代早已出现。唐朝中期以后,随着封建租佃关系的发展,定额租制也逐渐发展起来。到南宋时期,定额租制在租佃关系最为发达的两浙路、江南东路等地区已颇为流行。元朝的实物地租仍为分成租制和定额租制两种形式,而定额租制获得了进一步发展,占有了支配地位。

在元朝各类官田上,定额租制占有绝对支配地位,分成租制十分少见。宋末贾似道所买浙西六郡公田三百五十余万亩,为元朝所承袭,其地租形式也和宋朝一样,全部采用定额租制。④ 承宋而来的其他官田,以及通过籍没而得的大量官田,也基本上采用定额租制。如江浙财赋都总管府所辖朱清、张瑄籍没田土,税粮皆有定额⑤;江西贵溪县"旧有没官田租七百余石……田则荒而租自若"⑥。至于大规模包佃出去的官田,自然都是定额租。官员职田,分布最广,数量亦大,也普遍采用定额租制。江南行台的一位监察御史在呈文中说:

> 切照各处廉访、有司官员职田虽有定例,地土肥瘠有无不同,主佃分收多寡不等……人有贫乏,时有旱涝,官税、私租俱有减免之则例,独有职田子粒,不论丰歉,多是全征。⑦

---

① 《元典章》卷五十七《刑部十九·禁主户典卖佃户老小》。
② 《元典章》卷四十二《刑部四·主户打死佃客》。
③ 《元典章》卷二十五《户部十一·禁职田佃户规避差役》。
④ 俞希鲁:《至顺镇江志》卷六《赋税》;徐硕:《至元嘉禾志》卷六《户口》。
⑤ 宋如林:《嘉庆松江府志》卷二十《田赋志》;张铉:《至正金陵新志》卷七《田赋志》。
⑥ 李存:《俟庵集》卷二十三《题余姚州海堤记后》。
⑦ 《元典章》卷十五《户部一·职田佃户子粒》。

显然,各地职田主要征收定额租,因为只有定额租才可能"不论丰歉,多是全征"。元朝官田普遍采用定额租制的事实,在有关减免租税的诏令中也有全面的反映。如大德九年(1305年)诏令规定:"江淮以南租税及佃种官田者,均免十分之二。"①将民田赋税与官田地租相提并论,说明江淮以南租税合一的官田租与民田赋税一样,是按定额征收的,否则便无法按同一比率递减。元朝学田,也基本采用定额租制。②

元朝民田和寺观田中,定额租制亦普遍流行,占有支配地位。元朝资料中记载了很多私有土地征收定额租的具体事例,江南各地均有,而征收分成租的具体事例却很少见于记载。元人讲到田土往往以租计田,不言亩数。如休宁(今属安徽)汪士龙抚妻佥至于成立,"畀之田以租计百有五十"③;泰和(今属江西)萧如愚"尝捐田三百石助里人役费"④。甚至元朝一些地主所立的田租碑,也只刻租额而不刻田亩。⑤ 这种现象正是定额租制充分发展的反映。

尽管如此,分成租制在元朝民田中仍占有一定的地位,分租比例一般为对分。属婺州路(治今浙江金华)的浦江、东阳都有征收分成租的事例,如浦江"婺人无田,艺富民之田而中分其粟"⑥;"东阳多宋贵臣,族民艺其田者,既入粟半,复亩征其丝"⑦。婺州路一带是封建租佃关系相当发达的地区,其民田中分成租制仍占有一定比重,其他地区的情况可以推知。徽州黟县(今属安徽),元末兵乱后"里无居人,田皆荒秽不治",县尹周某"乃下令远近之民,有能耕吾废田者,比秋成十分其入,耕者取其六,田主收其四"⑧。这说明黟县一带在元朝实行的是分成租制,而且分租比例大概是六四分。元朝学田中也存在少量的分成租,如昌国州翁洲书院"涂田租谷,每岁与佃户两平抽分"⑨;福州路儒学"兔壕庄田若干亩,时升里田一百亩奇,岁皆分其收之半"⑩。其分租比例也都是对分。

货币地租是由实物定额租转化而来的一种地租形态,宋朝逐渐发展起来,入元后仍然保持着发展的趋势。元朝官田中,货币地租颇为流行。江淮财赋都总府所辖田土,"岁集楮泉三百余万缗,米百余万石"⑪,货币地租的数量和比重都极为可观。昌国州(今浙江定海)"系官田、地、山、荡计二顷六十七亩",全部征收中统钞⑫;惠安县(今

---

① 《元史》卷二十一《成宗纪四》。
② 参见孟繁清:《元朝的学田》,载《北京大学学报》1981年第6期。
③ 陈栎:《定宇集》卷九《汪士龙墓志铭》。
④ 刘岳申:《申斋集》卷十一《萧明熙墓志铭》。
⑤ 如李遇孙编:《续括苍金石志》卷四《汤氏义田碑》;卷十《东山清修院耆旧僧舍田碑》。
⑥ 宋濂:《宋文宪公全集》卷三十一《王澄墓志铭》。
⑦ 宋濂:《宋文宪公全集》卷三十四《蒋元墓志铭》。
⑧ 赵汸:《东山存稿》卷三《黟令周侯政绩记》。
⑨ 冯福京:《大德昌国州志》卷二《叙州》。
⑩ 贡师泰:《玩斋集》卷七《福州路儒学核田记》。
⑪ 陈旅:《安雅堂集》卷九《江淮财赋都总管府题名记》。
⑫ 冯福京:《大德昌国州志》卷二《叙赋》。

属福建)"公田之入,每斛收钱百缗"①,也都是官田征收货币地租的例子。有些官员职田的地租也以货币折纳,如福建廉访司职田地租,"以地左不能致者,以秋成米价输其值"②。学田中征收货币地租的情况尤为普遍。庆元、镇江、建康诸路境内绝大部分儒学、书院的租入中,都有一定数量的货币地租。此外,余姚州儒学、江阴州儒学、福州路儒学、邵武路儒学、太平路天门书院、弋阳县蓝山书院等学校,也都征收数量不等的货币地租。一般说来,在各种类型的国有土地中,地、山、荡、砂岸、芦场等土地多征收货币地租,水田则主要征收实物地租。

元朝民田中也有征收货币地租的情况。浦江(今属浙江)大地主郑氏有家规云:"佃人用钱货折租者,新管当逐项收贮,别附于簿,每日纳家长。"③地主在家规中对"佃人用钱货折租"一事的管理特别作出规定,可知佃户用货币折纳地租在当时绝非罕见之事。货币折租虽然还是一种由实物地租到货币地租的转化形态,但已属于货币地租的范畴。除货币折租外,元朝地主土地上还有典型的货币地租。奉化(今属浙江)小方门戴氏墓山"有山租若干缗"④,即为一例。虽然是山租,但已不是实物的折价,而是以货币定租额的、稳定的货币地租。

元朝官田的地租剥削虽轻重悬殊,但从总体上来说是相当重的。一部分采取包佃制经营的官田,元朝规定的租额很低。如淀山湖围田五百顷,先以租粮七千七百余石包佃于人,每亩租额仅一斗四升五合。后燕铁木儿包佃时,增至租粮万石,每亩也不过二斗。⑤但是,这种低额地租主要是优惠包佃的官僚、地主,而由贫苦农民承佃的江南大部分官田则重得多。官田起征多以私租为额,"以民间之私征输于州之公庾"⑥。官田的具体租额,虽因土地肥瘠不同而有差别,但其租率一般都高达百分之五十以上。吴澄指出:"惟豪民私占田取其十五以上,甚矣其不仁也,而近世公田因之,亦十五以上。"⑦概括地说明了元朝官田的剥削程度。除正租外,官田佃客还要受到沉重的附加剥削。元朝规定,官田租税每正米一石,加收"鼠耗粮"三升五合。⑧ 这是法定的额外剥削,其他附加剥削还有不少。如浙西公田的佃户,每亩纳米五升,但"及至秋成,催纳勾扰,赴仓送纳,又有船脚、加耗、仓用,得米一石上下,方可输正米五斗"⑨。各种附加剥削竟使地租额在实际上增加了一倍。

在各类官田中,职田的地租剥削尤为沉重。例如,江西地区的职田,"系亡宋不堪

---

① 宋濂:《宋文宪公全集》卷五《雷机墓志铭》。
② 苏天爵:《滋溪文稿》卷九《齐履谦神道碑》。
③ 郑涛:《旌义编》卷一。
④ 戴表元:《剡源戴先生文集》卷五《小方门戴氏居葬记》。
⑤ 《元史》卷三十六《文宗纪五》。
⑥ 李存:《俟庵集》卷二十六《题余姚州海堤记后》。
⑦ 吴澄:《吴文正集》卷五十六《题进贤县学增进田租碑》。
⑧ 《元典章》卷二十一《户部七·收鼠耗分例》。
⑨ 俞希鲁:《至顺镇江志》卷六《赋税》。

耕种田土"，而职田官员仅正租就"每一亩勒要送纳上等白米六斗"①；福建廉访司的职田，更至"每亩岁输米三石"②。附加剥削在职田中更是名目繁多，如江西职田，除正租每亩白米六斗外，又附加"斗面米"、"鼠耗米"，以致"每一亩纳一石之上"，还要征收"水脚、稻稿等钱"；官府所差"祗候人等"，更向佃户"勒要鸡酒"，"勾追钞两"③。

学田的地租剥削，大致说来，略低于民田和官田。但具体情况也相当复杂。如庆元路儒学田，每亩收米一斗八升，租额很低；定海县儒学田，每亩收米三斗三升五合；慈湖书院田，每亩收谷一石三斗三升，租额也不算太高；贸山书院田和甬东书院田，每亩收谷均达两石六斗以上，租额就相当高了。除正租外，学田中也有附加剥削。如元末徽州路（治今安徽歙县）的学院田，"每亩正米四斗五升；每正米一石，带耗七升；正耗一石，带脚一斗"，有"耗"有"脚"，且分量不轻。

元朝私田的租额一般都不低。泰定二年（1325 年），绍兴（今属浙江）南镇庙买田一百余亩，立碑刻租，列有田亩等级和每亩租额，其大致情况是：一等田，每亩纳米七八斗；二等田，每亩纳米六七斗；三等田，每亩纳米五六斗。④ 这样的租额，即每亩纳米五至八斗，大致说来，也是元朝江南私田通行的一般性租额。当然，有些地主土地上的租额远远超出了这一水准。例如，庆元路医学购买民田六点七五亩，岁收米六石五斗，每亩租米约一石⑤；余姚（今属浙江）善济寺的一块田土，面积一点二五亩，竟收租四石，每亩租额为三石二斗。⑥ 除正租外，地主还给佃户加以各种额外的盘剥。如浦江地主向佃户勒取"佃鸡、佃麦"⑦；宁海（今属浙江）地主"田之租税俾佃者小民代输"⑧，都是额外盘剥的典型例子。正因为地主对佃户的剥削相当沉重，且带有普遍性，对稳定政治不利，以致元朝不得不作出干预。大德八年（1304 年），元朝颁诏规定："江南佃户承种诸人田土，私租太重，以致小民穷困，自大德八年以十分率，普减二分。"⑨类似的诏书元朝曾颁布过多次，但实际意义不大。

四、土地管理机构

与以往封建王朝一样，元朝也没有专门的土地管理机构。但出于对土地资源管理及其法制建设的重视，元朝统治者规定，管理土地资源是从中央到地方的一些机构的重要职能。

---

① 《元典章新集·户部·官员职田依乡原例分收》。
② 苏天爵：《滋溪文稿》卷九《齐履谦神道碑铭》。
③ 《元典章新集·户部·官员职田依乡原例分收》。
④ 杜春生：《越中金石记》卷八《南镇庙置田记碑阴》。
⑤ 王元恭：《至正四明续志》卷八《学校》。
⑥ 杜春生：《越中金石记》卷九《余姚普济寺舍产净发记》。
⑦ 郑涛：《旌义编》卷一。
⑧ 方孝孺：《逊志斋集》卷二十一《童贤母传》。
⑨ 《元典章》卷三《圣政二·减私租》。

(一) 中央管理机构

元朝中央进行土地管理的机构是户部、兵部、枢密院、司农司和宣徽院。户部系中书省所辖下属机构,据《元史》卷八十五《百官志一》的记载,其主要职能是:

> 掌天下户口、钱粮、田土之政令。凡贡赋出纳之经,金币转通之法,府藏委积之实,物货贵贱之值,敛散准驳之宜,悉以任之。

其中"掌天下……田土之政令",主要是登记管理土地田产簿籍,调配全国的土地资源,包括管理全国的民屯事务,组织安排农业生产,依法保护各类土地所有者的权益,等等。但是,由于元朝官田的扩大与贵族、官僚、地主、寺观的土地兼并,实际上剥夺了户部对全国土地的调配权,因而依法保护各类土地所有者的权益也就成了无本之木。

兵部是中书省的另一下属机构,据《元史》卷八十五《百官志一》,其主要职能是:

> 掌天下郡邑邮驿屯牧之政令。凡城池废置之故,山川险易之图,兵站屯田之籍,远方归化之人……悉以任之。

这里的屯田是军屯,而管理屯田也是在行使土地管理职能。因此可以说,兵部也是当时中央的一个土地资源管理机构。

枢密院是元朝最高军事机关,其主要职责包括:

> 掌天下兵甲机密之务。凡宫禁宿卫,边庭军翼,征讨戍守,简阅差遣,举功转官,节制调度,无不由之。①

但是,行军、打仗、驻守都需要粮草,元朝又盛行屯田,而枢密院所属的一些卫和总管府都参与了屯田,所以,枢密院也是元朝管理军屯的中央机关之一。

司农司"掌农桑、水利、学校、饥荒之事"②,它在土地资源管理方面的职能主要是兴修水利,合理开发利用土地资源。宣徽院的主要职能有:

> 掌供玉食。凡稻粱牲牢酒醴蔬果庶品之物,燕享宗戚宾客之事,及诸王宿卫、怯怜口粮、蒙古万户、千户合纳差发,系官抽分,牧养孳畜,岁支刍草粟菽,羊马价值,收受阑遗等事。③

其在土地资源管理方面的职能主要管理牧场。司农司和宣徽院也兼管屯田。

综上所述,元朝中央的土地资源管理机构主要是户部、兵部、枢密院、司农司和宣徽院,其中户部负总责,而兵部和枢密院主要是负责军屯事务,司农司和宣徽院负责兴修水利,合理开发利用土地资源,管理牧场,并兼管屯田。

(二) 地方管理机构

元朝地方最高行政机构是行中书省,简称行省,其主要职责是:

---

① 《元史》卷八十六《百官志二》。
② 《元史》卷八十七《百官志三》。
③ 同上。

掌国庶务,统郡县,与都省为表里……凡钱粮、兵甲、屯种、漕运、军国重事,无不领之。①

它在土地资源管理方面的职能,主要是合理调配一省的土地资源,管理屯田事宜,可算是地方土地资源管理方面的最高机构。前列表格中就有各行省所辖屯田的记录。

行省以下,依次设立路、府、州、县。路设总管府,主一路之军政事务。在远离行省中心的地区,分道设立宣慰司,就便处理军民之务,兼有行省派出机构和各省路一级行政机构的职能。总管府和宣慰司在其辖区内,也都有土地资源管理方面的职能。如总管府和宣慰司的直属机构都元帅府和兼管的军万户府,都进行屯田事务的管理活动。而各府、州、县也有类似的情况。

五、元朝土地法制建设的意义

元朝土地法制建设,在所有权、经营方式、管理机构等方面都有一定的理论创制和实践,在中国土地法制发展的历史上具有十分重要的意义。

首先,官田的急剧扩大,是元朝土地法制的一个显著特点,具有明显的两重性。在元朝统治的近百年中,一些在唐宋时期已经基本消失了的国有土地形式又得以复现,官田在当时的社会经济中始终占据着重要地位。元朝官田的扩大,已经不适应当时社会生产力发展的要求了,是土地私有制深化过程中的一次逆转。依靠国家政治权力建立起来的官田,在其管理、经营方面必然带有很大的超经济强制性,具有某种农奴制色彩。军屯自然是军事编制,民屯往往也是半军事化管理,"如军官之法"②,同样带有很大的强制性。按照当时的法律规定,屯户是世袭的,不能随意离开土地,具有明显的国家农奴制性质。职田、牧场的经营也有类似情况。这些都曾对历史发展产生过一定的消极作用。然而就蒙古统治者本身而言,其积极扩充官田,又是其放弃落后的游牧生产方式,向农耕文明迈进的一个重要步骤,是"居中国地而行中国法"的一个具体表现,也是"园以农桑为本"的观念得以确立的一个重要标志,因而又有其适应历史发展的一面。众多蒙古贵族参与官田的经营管理,大批蒙古军民转化为官田上的农业劳动者,加速了其汉化的进程。

元朝统治者还采取各种措施,积极推进这一历史进程。如元世祖中统二年(1261年),设置劝农司,以姚燧为大司农,以陈邃、崔斌等八名精于农事的官员为使,命他们分道考察农业生产情况,并发布诏书规定:

今后有能安集百姓,招诱逃户,比之上年增添户口,差发办集,各道宣抚司关部申省,别加迁赏;如不能安集百姓,招诱逃户,比之上年户口减损,差发不办,定加罪黜。③

---

① 《元史》卷九十一《百官志七》。
② 《元史》卷一百八十一《虞集传》。
③ 《元典章》卷十九《户部五·荒闲田地给还招收佃户》。

至元元年(1264年),制定迁转法,进一步把"户口增、田野辟"作为考课官吏五事中为首的两项标准。至元七年(1270年)二月,设立司农司,以左丞张文谦为大司农卿,分设四道巡行劝农司。十二月,改为大司农司,以孛罗领之。各道提刑按察司兼管农事,县达鲁花赤或县令兼劝农事。据《元史》卷九十三《食货志一》载:

> 司农司之设,专掌农桑水利。仍分布农官及知水利者,巡行郡邑,察举勤惰。所在牧民长官提点农事,岁终第其成否,转申司农司及户部。秋满之日,注于解由,户都照之,以为殿最。又令提刑按察司加体察焉。

司农司还奉命遍求古今农家之书,删繁撮要,结合实际,编成《农桑辑要》一书,颁行全国,指导农业生产。

另一方面,官田的扩大,在一定条件下,又能使私有土地尤其是贵族、官僚、豪富的私有土地,在各种"国有"的形式下得以更方便、更集中地发展。元朝国有土地和私有土地间的交互转化是较为明显的。此外,屯田的大规模推行,在集中人力、物力,迅速医治战争创伤,恢复农业生产方面,也发挥了一定作用。边疆地区的屯田,则有力地改变了当地的经济落后状况,成效更为显著。学田的设置和扩大,也在一定程度上促进了文化教育的发展。这些都是应该肯定的。

其次,私田的大量存在,是元朝土地占有关系中的又一个显著特点,也具有明显的两重性。一方面,私田的大量存在,使广大劳动人民少地或无地可耕,只能到各种官田或私田上去做佃农,忍受各类地主的超经济剥削,过着极度悲惨的生活,最终导致社会生产停滞,社会秩序不稳定,阶级矛盾激化和元朝统治的迅速败亡。另一方面,私田的大量存在,也体现了土地法制由奴隶制的土地国有制向封建制的土地私有制的转化。这在元朝的土地法制发展史上,又是一个巨大的历史进步,反映了元朝的各级贵族、官僚、地主,有意无意间开始放弃奴隶制的生产方式,向封建租佃制的生产方式转化。

再次,元朝土地租佃制的推行及其发展,在中国土地经营方式的发展史上,也是一个承前启后的重要阶段。元朝除了一部分地主的土地由驱口(奴隶)耕种外,大部分都采用租佃制的经营形式,大多数情况是出租给贫苦农民耕种,但在江南地区的官田,包佃制也颇为流行。如元朝姚燧曾经指出:"又有身为学官而自诡佃民,一庄之田连亘阡陌,名(各)岁入租,学得其一,已取其九。"[①]对于官田,元朝还允许佃户兑佃。按照当时的规定:

> 佃种官田人户欲行转兑与人,须要具兑佃情由,赴本处官司陈告勘当,别无违碍,并写是何名色、官田顷亩、合纳官租明白附簿,许立私约兑佃。[②]

从而使得官田的兑佃完全合法化。包佃制和兑佃制都是封建租佃关系高度发展的表

---

① 姚燧:《牧庵集》卷五《崇阳学记》。
② 《元典章》卷十九《户部五·转佃官田》。

现,它的积极推行,使得中国封建土地租佃关系更趋成熟,对明清时期土地租佃制度的发展具有直接的影响。

与租佃制的经营方式相适应,元朝的地租为劳役、实物、货币三种形式并存,以实物为主。而在实物地租中,又以定额租制为主,分成租制为辅。各类官田,绝大部分实行定额租。江南行台的一位监察御史在呈文中说:

> 切照各处廉访司、有司官员职田虽有定例,地土肥瘠有无不同,主佃分收多寡不等……人有贫乏,时有旱涝,官税、私租俱有减免之则例,独有职田子粒,不论丰歉,多是全征。①

"不论丰歉,多是全征",正是实行定额制的显著标志。各种私有土地中,定额租制亦普遍流行,占有支配地位。元人讲到田土时,往往以租计田,不言亩数。如休宁(今属安徽)汪士龙抚妻侄至于成立,"畀之田以租计百有五十"②;泰和(今属江西)萧如愚"尝捐田三百石助里人役费"③。甚至一些地主所立的田租碑,也只刻租额而不刻田亩。④这种现象正是定额租制充分发展的反映。元朝的货币地租得到了更大的发展。昌国州(今浙江定海)"系官田、地、山、荡计二顷六十七亩",全部征收中统钞⑤;惠安县(今属福建)"公田之入,每斛收钱百缗"⑥,也都是官田征收货币地租的例子。至于私田,浦江(今属浙江)大地主郑氏家规云:"佃人用钱货折租者,新管当逐项收贮,别附于簿,每日纳家长。"⑦"用钱货折租",实际是一种由实物地租到货币地租的转化形态。奉化(今属浙江)小方门戴氏墓山"有山租若干缗"⑧,则已是典型的货币地租。这些制度有利于商品经济的发展,对明清社会也有一定的影响。

最后,元朝虽然和前代一样,没有设立专门的土地管理机构,但在中央到地方的一些机构中,都规定了一些土地资源管理的职能,这些机构也确实发挥了一定的作用。如户部"掌天下……田土之政令"⑨的职能,就是调配、利用全国的土地资源,包括管理全国民屯事务,登记管理土地田产簿籍,依法保护各类土地所有者的权益,组织安排农业生产,等等。兵部掌"兵站屯田之籍"⑩的职能,也包括推行屯田的职能。此外,在枢密院、司农司、宣徽院以及地方各级行政机构的职能中,也都有类似的规定。这些机构参与土地资源的管理与使用,对于合理开发利用各类土地资源,发展农牧业生产等各类事业,都发挥了一定的积极作用。

---

① 《元典章》卷十五《户部一·职田佃户子粒》。
② 陈栎:《定宇集》卷九《汪士龙墓志铭》。
③ 刘岳申:《申斋集》卷十一《萧明熙墓志铭》。
④ 参见李遇孙编:《续括苍金石志》卷四《汤氏义碑》;卷十《东山清修院耆旧僧舍田碑》。
⑤ 冯福京:《大德昌国州志》卷二《叙赋》。
⑥ 宋濂:《宋文宪公全集》卷五《雷机墓志铭》。
⑦ 郑涛:《旌义编》卷一。
⑧ 戴表元:《剡源戴先生文集》卷五《小方门戴氏居葬记》。
⑨ 《元史》卷八十五《百官志一》。
⑩ 同上。

第七章　明朝土地法制

（公元1368—1644年）

明朝政权是在元末大规模农民战争彻底推翻元朝腐朽统治的基础上建立起来的，其立国初期因战乱动荡而导致原有土地法律关系与土地法律制度遭到巨大破坏，许多国有和私有耕地被大面积地人为抛荒，土地归属及土地产权发生极大混乱。为了及时解决这一严重问题，明朝政权建立以后，逐步进行一系列关于鼓励垦荒生产、清丈核查田亩、重新确认土地产权等方面的土地立法，系统调整土地占有关系与土地法律制度。《明会典》卷十七《户部四·田土》即明确指出：

> 凡田土，国初至今，多寡不一，载在册籍可考。其间科则、升降、收除、开垦、召佃、拨给有定例，诡射、侵献有严禁，各宫、勋戚、寺观田地及草场苑牧有额数。

所谓"科则"，就是关于调整土地法律关系、加强土地管理制度的律令法规。可见，明朝政权统治期间，在土地法制建设方面，分别制定有关于征收、蠲免或增减土地税收的"定例"，关于拨付、开垦或租佃、经营土地的"定例"，关于严禁侵占、诈欺田产的"科则"，关于各类土地占有、使用定额的"科则"，等等。这段记述说明，明朝政权对土地资源的管理、土地法律关系的调整及土地法律制度的建设是相当重视的。

第一节　土地所有权形式与法律保护

土地所有权是土地所有制在法权意义上的表现形式，是中国古代社会生产关系领域中最基本的法律关系，也是古代自然经济社会的经济基础中最基本的法权制度。因此，中国历史上的历代统治者都非常重视进行土地所有权制度方面的立法，以加强对土地所有权关系的法律调整与法律保护。明朝政权也不例外。在它实施有效统治的二百七十多年间，土地所有权制度始终是其土地法制建设的一项基本制度。

一、土地所有权形式及其变化

作为物权法中最基本也是最重要的法律内容，明朝土地所有权的表现形式，仍是国有与私有二者并存。在传世的律令法规内容与历史文献记述中，它们被分别称之为"官田"与"民田"。《明史》卷七十七《食货志一·田制》详细列举了这两类土地的具体名目：

> 明土田之制，凡二等：曰官田，曰民田。初，官田皆宋、元时入官田地。厥后有还官田，没官田，断入官田，学田，皇庄，牧马草场，城壖苜蓿地，牲地，园陵坟地，公

占隙地,诸王、公主、勋戚、大臣、内监、寺观赐乞庄田,百官职田,边臣养廉田,军、民、商屯田,通谓之官田。其余为民田。

所谓"官田",即"官之田也,国家之所有,而耕者犹人家之佃户也"①。其所有权性质,显然属于国有亦即官府所有;未经官府决定或许可,任何占有、使用、耕种、经营者都无权对其随意进行买卖或处置。而所谓"民田",则系"民自有之田也"②,亦即"民所自占得买卖之田"③。其占有、支配、处分、收益的私有权性质也十分清楚。

但是,就上述引文中所列举的各项"官田"的具体名目而言,却并非全都属于国有性质。其中大体应分为两类土地。

一类土地是所有权完全属于国家(官府)的国有"官田",主要包括以下十三种土地:(1)"宋、元时入官田地",即宋元时期已收归国有,其所有权属于国家(官府)的土地;(2)"还官田",即原属官民百姓占有使用,后被国家收回的土地;(3)"没官田",即因违法犯罪或株连缘坐等故,被国家籍没充公的土地;(4)"断入官田",即经官府裁断或依法判决而变更为国家所有的土地;(5)"学田",即地方府、州、县各级官府将其收入用"以供祭祀及师生俸廪"④,兴办当地学校教育事业,或维持学校教育经费的土地;(6)"牧马草场",即国家或某些官府用以牧养官马的土地;(7)"城壖苴蓿地",即邻近城池的周边地带禁止随意耕种的土地;(8)"牲地",即用于光禄寺、太常寺等种植饲料或牧养牲畜,以备朝廷举行宴筵、祭祀活动的土地;(9)"园陵坟地",即皇室陵墓或公用坟墓占用的土地;(10)"公占隙地",即所有权属于国家的空闲土地;(11)"百官职田",即按规定将其收入用于支付各级官吏职务报酬或办公费用的土地;(12)"边臣养廉田",即将其收入用于为边镇文武将吏增发津贴费用的国有土地;(13)"军、民、商屯田",即各地用于投入军屯、民屯、商屯生产的土地。这十三种土地的归属无疑为国有性质,其所有权属于国家(官府),故其自然可以称为国有"官田"。正像当时人所阐述的那样:

> 官田者,朝廷之有,而非细民主产;耕之者乃佃种之人,而非得业之主;所费乃兑佃之需,而非转鬻之价;所输乃完官之租,而非民田之赋。⑤

"官田"作为国有土地,其耕种者相当于国家的佃农而非业主,他们向官府承担的相应法定义务主要是缴纳地租。

另一类土地,虽然在上引《明史·食货志一·田制》中也被统称为"官田",但是究其性质,实际属于私有土地。也就是说,它们应当属于"民田"之列,其所有权分别属于皇室、贵族、官僚或一般地主及普通小农。例如,"皇庄"系皇室亦即皇帝私家所有;"诸

---

① 《续文献通考》卷二《田赋考二·历代田赋之制》引顾炎武《日知录》。
② 同上。
③ 王原:《明食货志》卷二《田制》,转引自李洵:《明史食货志校注》,中华书局1982年版,第18页。
④ 《续文献通考》卷六《田赋考六·官田》。
⑤ 顾炎武:《天下郡国利病书》原编第七册《常镇》。

王、公主、勋戚、大臣、内监、寺观赐乞庄田"属于各类贵族、官僚、太监或寺院地主所有，是他们接受或请求皇帝赏赐的土地。

明朝的"官田"与"民田"，时常处于相互转化的变动过程中。但从总的发展趋势来看，国有土地的逐步私有化，是土地所有权制度发展变化的主要趋势。明朝政权建立初期，由于元末土地法律关系的长期混乱和连年战乱的持续影响，大片耕地被人为抛荒，许多无主荒地变为国有"官田"，国家直接掌握的国有土地数量骤然增多。随着明朝前期垦田法令的不断颁布，大量荒地得到开垦认领，相当一部分土地的产权归属重新加以确定，国家直接掌握的"官田"数量开始减少。尤其明朝中期以后，土地兼并恶潮迅速膨胀，大量国有"官田"及许多私有"民田"被蚕食的现象也日益加剧。正如《明史》卷七十七《食货志一·田制》所称：

> 明时，草场颇多，占夺民业。而为民厉者，莫如皇庄及诸王、勋戚、中官庄田为甚。太祖赐勋臣、公侯、丞相以下庄田多者百顷，亲王庄田千顷。又赐公侯暨武臣公田，又赐百官公田，以其租入充禄。指挥没于阵者，皆赐公田。

由此可见，自明朝初年太祖统治时期起，就开始将大量国有"官田"赏赐给诸王、公侯、勋戚、宦官等作为"庄田"，多者达"百顷"甚至"千顷"。与此同时，还将大量国有"官田"赏赐给公侯及丞相以下的文武百官作为"公田"，以其租税充作俸禄；而卫所"指挥"等军队将领殉职，也可获赐"公田"以为抚恤。在这些所谓"庄田"或"公田"中，其实也不乏以各种名义巧取豪夺的私田"民业"。

以皇室所拥有的"皇庄"为例。自明朝初年成祖即位，"永乐（1403—1424 年）改元，有司请庄所属改称皇庄"①时起，作为皇帝直接占有的私家田产，"皇庄"面积便不断发展扩大。孝宗弘治二年（1489 年），京城畿内地区有"皇庄"五处，共计占地一万二千八百余顷。弘治十八年（1505 年），武宗即位后，仅一个月内就新建"皇庄"七处。不久，又增至三十余处。② 到正德九年（1514 年），"皇庄"面积已多达三万七千五百九十五顷四十六亩。正德十六年（1521 年），世宗即位时，各地"皇庄"面积又高达二十万九百一十九顷二十八亩。③ 而"诸王"或受赐"官田"，或恣意占夺"民田"，其"庄田"占地面积更是急剧激增。据明初太祖朱元璋制定的"庄田"制度规定，朝廷"赐勋臣、公侯、丞相以下庄田，多者百顷；亲王庄田，千顷"④。然而，从有关文献所记载的实际情况来看，"诸王"拥有的"庄田"面积，多者以"亿万计"⑤，或至方圆"数千里"⑥之多。其他

---

① 沈榜：《宛署杂记》第七卷《河字·黄垡仓》。
② 《明史》卷七十七《食货志一·田制》。
③ 《续文献通考》卷六《田赋考六·官田》。
④ 《明史》卷七十七《食货志一·田制》。
⑤ 《明史》卷二百零三《郑岳传》。
⑥ 《明史》卷一百十七《辽简王传》。

"勋戚"权贵所占"庄田",亦多达"六七十里"①。通观明朝王公贵族每户霸占的"庄田"数量,随着时代的不断发展,呈现愈演愈烈之势。太祖洪武(1368—1398年)至英宗正统(1436—1449年)前期,一般以百顷为限,个别达到千顷;正统后期至世宗嘉靖(1522—1566年)前期,一般以千顷为限,个别达到数千顷以至万顷;从嘉靖后期,特别是神宗万历(1573—1619年)以后,一般以数千顷或万顷为限,个别达到数万顷。②

自明朝初年以来,国有土地的不断私有化,始终是明朝土地所有权关系与土地产权制度发展变化的主要趋势。从总的土地归属来看,在明朝"官田"与"民田"即国有土地与私有土地中,前者数量一般少于后者。据《明史》卷七十七《食货志一·田制》记载,明朝中期的孝宗弘治十五年(1502年),"天下土田"总额为四百二十二万八千零五十八顷,其中"官田"数量仅占"民田"的七分之一。

二、土地所有权的法律保护

为了保障土地法律关系的相对稳定,维护社会经济秩序的正常运行,巩固君主专制集权制度的有效统治,明朝政权通过各种立法手段,先后制定颁布了一系列关于保护国有"官田"和私有"民田"等土地所有权制度方面的法律规范。

明朝初年,为了避免出现新的土地产权纠纷,曾经颁布了一些律令法规,禁止官僚、贵族、地主、豪强兼并掠夺官私土地田产。如太祖洪武四年(1373年),曾经下令规定:"富者不得兼并"官私土地,"若兼并之徒多占田以为己业,而转令贫民佃种者,罪之"③。洪武五年(1372年),又颁布申诫公侯与功臣的《铁榜》九条,其中四条均为严禁公侯与功臣之家以强占手段或接受"投献"等方式非法侵夺公私土地田产及自然资源等违法侵权行为的法律内容:

> 其三,凡公侯之家,强占官民山场、湖泊、茶园、芦荡及金银铜场、铁冶者,初犯、再犯,免罪附过;三次,准免死一次。
>
> 其六,凡功臣之家,屯田佃户、管庄干办、火者、奴仆及其他亲属人等倚势凌民,侵夺田产财物者,并依倚势欺殴人民律处断。
>
> 其八,凡公侯之家,倚恃权豪欺压良善,虚钱实契侵夺人田地、房屋、孳畜者,初犯,免罪附过;再犯,住支俸给一半;三犯,停其禄;四犯,与庶民同罪。
>
> 其九,凡功臣之家,不得受诸人田土及朦胧投献物业。违者,初犯,免罪附过;再犯,住支俸给一半;三犯,停其禄;四犯,与庶人同罪。④

以上规定所涉及的违法犯罪主体,是社会地位较高的"公侯之家"与"功臣之家"。其主要法律内容包括四个方面:

---

① 《明史》卷一百六十四《刘炜传》。
② 黄冕堂:《明史管见》,齐鲁书社1985年版,第178页。
③ 《明太祖实录》卷六十二。
④ 《明太祖实录》卷七十四。

一是严禁"公侯之家"倚仗权势强占国有或民间私有的"山场、湖泊、茶园、芦荡及金银铜场、铁冶"等各种土地、矿产资源;违者,初犯、再犯,给予记过处分;三犯,按"免死一次"处置。

二是严禁"公侯之家倚恃权豪欺压良善"百姓,巧取豪夺他人土地、房产、牲畜;违者,初犯,给予记过处分;再犯,扣发一半俸禄待遇;三犯,停发全部俸禄;第四次,即与普通百姓同等处罚。

三是严禁"功臣之家"及其下属人员或"其他亲属人等倚势凌民,侵夺田产财物";违者,"依倚势欺殴人民律处断"。

四是严禁"功臣之家"非法接受他人的"田土"或他人"投献"的"物业";违者,初犯,记过;再犯,扣发一半俸禄待遇;三犯,停发全部俸禄;第四次,与普通百姓同罪。

值得注意的是,为了控制土地田产的非法转移和兼并集中,防止国家赋税收入的流失,维护社会秩序的稳定,明初洪武(1368—1398年)年间的法令不仅严格禁止和严厉处罚非法接受他人"投献"田土物业的行为,而且也对擅自"投献"土地以规避赋税义务的行为规定了严厉的处罚条款。如《大明令·户令》明确规定:

> 凡民间赋税,自有常额。诸人不得于诸王、驸马、功勋、大臣及各衙门妄献田土、山场、窑冶,遗害于民;违者治罪。

由此可见,明朝初年颁布的法令,对各种侵犯官私土地、矿产资源等所有权的违法侵权行为的处罚是相当严厉的。

洪武三十年(1397年),明朝政权正式颁行《大明律》,首次专门设立《户律二·田宅》一门,系统规定了调整土地法律关系的各项刑律内容。神宗万历十三年(1585年)正式编定的《问刑条例》,也设立有《户律二·田宅》门,同样收录了调整土地法律关系的条例规范。这些法典条例的一项最基本、最重要的法律内容,就是规定了关于调整土地所有权关系方面的条款。这部分内容主要包括五个方面:

第一,严禁非法买卖、侵占国家或他人土地所有权的违法侵权行为。如《大明律·户律二·田宅》之《盗卖田宅》条明确规定:

> 凡盗卖、换易及冒认,若虚钱实契典买及侵占他人田宅者,田一亩、屋一间以下笞五十,每田五亩、屋三间加一等,罪止杖八十,徒二年。系官者,各加二等。……若将互争及他人田产妄作己业,朦胧投献官豪势要之人,与者、受者各杖一百,徒三年。田产及盗卖过田价,并递年所得花利,各还官、给主。若功臣,初犯,免罪附过;再犯,住支俸给一半;三犯,全不支给;四犯,与庶人同罪。

根据这一刑律规定,以私自买卖、交换或冒名虚认、勒索典买等非法手段侵占他人土地者,一亩以下,笞五十;每递增五亩,罪加一等,最高至杖八十、徒二年。侵占国有土地者,罪加二等,从重处罚。若将有争议的土地或他人田产非法"投献"给官僚、豪强、权贵,"投献"者与接受者各杖一百、徒三年。其中被侵权的官私田产以及由此孳生的非法利润,也要分别返还官府或原业主。如"功臣"之家犯有以上违法侵权行为,吸收了上述《铁榜》第九条的规定:初犯,给予记过处分;再犯,扣发一半俸禄;三犯,停发全部俸禄;第四次,即与普通百姓同等处罚。

神宗万历十三年(1585年)奏定的《真犯死罪充军为民例》,则将某些违法侵权行为改为充军刑,明显加重了处罚力度。这些行为包括:

> 假充大臣及近侍官员家人名目,豪横乡村,生事害民,强占田土、房屋,招集流移住种,犯徒以上者。

根据这一条例规定,假冒大臣及皇帝近侍官员的家人之名,非法强占他人土地、房产进行耕种使用,依法应处徒刑以上者,改处发配边卫充军。

神宗万历十三年(1585年)颁行的《问刑条例·户律二·田宅》之《盗卖田宅条例》,也加重了对非法"投献"土地行为的处罚,严厉规定:

> 军民人等将争兢不明并卖过及民间起科、僧道将寺观各田地,若子孙将公共祖坟山地,朦胧投献王府及内外官豪势要之家,私捏文契典卖者,投献之人问发边卫永远充军,田地给还应得之人及各寺观,坟山地归同宗亲属,各管业。其受投献家长并管庄人,参究治罪。山东、河南、北直隶各处空闲地土,祖宗朝俱听民尽力开种,永不起科。若有占夺投献者,悉照前例同发。

根据这一条例规定,普通军民将产权不明或有争议纠纷的土地以及应当依法纳税的耕地,僧道等宗教人员将"寺观各田地",子孙将本宗族"公共祖坟山地",非法"投献"王公贵族或官僚豪势之家,或伪造契约文书非法典卖者,发配"边卫"地区"永远充军",并将该土地田产返还"应得之人及各寺观","坟山地"归还"同宗亲属";接受"投献"者,也要依法进行处罚。《真犯死罪充军为民例》也有类似规定:

> 军民人等将争兢不明并卖过及民间起科、僧道将寺观各田地,若子孙将公共祖坟山地,朦胧投献王府及内外官豪势要,捏契典卖者,投献之人。山东、河南、北直隶各空闲地土,祖宗朝听民尽力开耕,永不起科;若有占夺投献者。

按照该项规定,以上所列举的各项违法犯罪行为,均以永远充军刑论处。

第二,严禁以欺骗或强占手段非法耕种使用国家或他人土地田产之类侵犯官私土地使用权的违法侵权行为。如《大明律·户律二·田宅》之《盗耕种官民田》条规定:

> 凡盗耕种他人田者,一亩以下笞三十,每五亩加一等,罪止杖八十;荒田,减一等。强者,各加一等;系官者,各又加二等。花利归官、主。

按照这一刑律规定,非法耕种他人土地田产者,一亩以下,笞三十;每递增五亩,罪加一等;最高至二十六亩以上,杖八十。如系荒芜土地,可减刑一等,即一亩以下,笞二十;最高至二十六亩以上,杖七十。如采用强制手段,则加刑一等。如系国有土地,分别加刑二等。该侵权行为所生孳息利润,一并归还原业主。

《问刑条例·户律二·田宅》之《盗耕种官民田条例》节选宪宗成化十年(1474年)七月十一日"圣旨"进一步规定:

> 陕西榆林等处近边地土,各营堡草场界限明白,敢有那移条款、盗耕草场及越出边墙界石种田者,依律问拟,追征花利。完日,军职降调甘肃卫分差操。军民系外处者,发榆林卫充军;系本处者,发甘肃卫充军。有毁坏边墙私出境外者,枷号三个月发落。

《真犯死罪充军为民例》之《边卫充军》条也有同样的规定:

> 陕西榆林等处近边地土,各营堡草场界限明白,敢有那移条款、盗耕草场及越出边墙界石种田者,军民系外处,发榆林;本处,发甘肃。

根据上述源于"圣旨"的条例规定,在陕西榆林等边界地区,非法越界耕种其他"营堡草场"土地者,除按《大明律》的有关规定"问拟"刑事责任,并依法追缴非法所得孳息利润外,有关军事官员还要降级调发甘肃卫所服役;而有关军民,系榆林以外者,发配榆林卫所充军;系榆林本处者,发配甘肃卫所充军。

第三,对于以各种非法手段侵占耕地以外的自然资源尤其是具有特殊经济价值的矿冶、山林、湖泊、川泽等违法犯罪行为,明朝法律也规定了严厉的处罚内容。如《大明律·户律二·田宅》之《盗卖田宅》条明确规定:

> 若强占官民山场、湖泊、茶园、芦荡及金银铜场、铁冶者,杖一百,流三千里。

强占国有或私有"山场、湖泊、茶园、芦荡及金银铜场、铁冶"等自然资源,要杖一百、流三千里,其处罚是比较重的。

《真犯死罪充军为民例》也规定:"西山一带,密迩京师地方,内外官豪势要之家,私自开窑卖煤、凿山卖石、立厂烧灰者",发往边卫充军;"大同、山西、宣府、延、宁、辽、蓟、紫荆、密云等边官旗军民人等,擅将应禁林木砍伐贩卖者,烟瘴"充军。这条内容在《问刑条例·户律二·田宅》之《盗卖田宅条例》中规定得更为详尽:

> 西山一带,密迩京师地方,内外官豪势要之家,私自开窑卖煤、凿山卖石、立厂烧灰者,问罪,枷号一个月,发边卫充军。干碍内外官员,参奏提问。
>
> 大同、山西、宣府、延绥、宁夏、辽东、蓟州、紫荆、密云等边分守、守备、备御,并府、州、县官员,禁约该管官旗军民人等,不许擅自入山将应禁林木砍伐贩卖。违者,问发南方烟瘴卫所充军。若前项官员有犯,文官革职为民,武官革职差操。镇守并副参等官有犯,指实参奏。其经过关隘、河道,守把官军容情纵放者,究问治罪。

根据上述条例规定,非法开窑卖煤、凿山卖石、烧制石灰者,枷号一个月,发配边卫地区充军;擅自进入违禁山林,非法砍伐木材贩卖者,发配南方烟瘴地区充军。官员违反上述规定,文官撤职为民,武官免职为兵。关隘、河道防守人员纵容放行者,也要依法查办治罪。

第四，为了加强土地资源的管理控制，依法保护官私土地所有权，明朝继承发展宋朝以来的土地立法传统及其契约关系，进一步建立了土地典卖交易方面的法律制度。早在明朝初年制定颁布的《大明令·户令》，即规定了土地买卖与典卖方面的契约制度：

> 凡买卖田宅、头匹，务赴投税，除正课外，每契本一纸，纳工本铜钱四十文，余外不许多取。

> 凡典卖田土、过割税粮，各州县置簿附写，正官提调收掌，随即推收，年终通行造册解府，毋令产去税存，与民为害。

《明史》卷七十五《职官志四·税课司》也有类似记载：

> 凡民间贸田宅，必操契券请印，乃得收户，则征其直百之三。

根据这些规定，凡进行土地田产的买卖、典当等交易活动，必须依法订立有关契约，除向官府缴纳百分之三的契税外，每份契约还要缴纳四十文铜钱作为工本费，不许偷逃法定契税，也不得违反规定收取额外税费。在交割土地田产时，必须按规定转移"过割"该土地田产的税粮义务，并由各州县官府登记变更，有关官员及时催征，年终统一造册备案，防止出现原业主"产去税存"等问题。

洪武三十年(1397年)颁行的《大明律·户律二·田宅》，制定有《典买田宅》专条，对违反土地田产买卖、典当制度的违法行为规定了相应的处罚内容：

> 凡典买田宅不税契者，笞五十，仍追田宅价钱一半入官；不过割者，一亩至五亩笞四十，每五亩加一等，罪止杖一百，其田入官。若将已典卖与人田宅朦胧重复典卖者，以所得价钱计赃，准窃盗论，免刺，追价还主，田宅从原典卖主为业。若重复典卖之人及牙保知情者，与犯人同罪，追价入官。不知者不坐。其所典田宅、园林、碾磨等物，年限已满，业主备价取赎。若典主托故不肯放赎者，笞四十，限外递年所得花利，追征给主，依价取赎。其年限虽满，业主无力取赎者，不拘此律。

这一刑律规定，主要包括三方面内容：(1) 典买土地房产，不按规定缴纳契税者，笞五十，并没收该田产交易额的一半充公；不按规定及时"过割"税粮义务者，按违法标的额追究刑事责任：一至五亩，笞四十；每递增五亩，罪加一等；至三十五亩以上，杖一百；并没收该土地田产充公。(2) 严禁将一田重复典卖两家以上，违者按欺诈所得折计赃值，参照窃盗罪论处(可免予刺字)，并撤销该非法典卖行为，追夺违法所得钱财归还原买主，其典卖标的物仍归原典买者所有；典买者及牙保等人知情，与典卖者同罪，没收违法交易钱财充公。(3) 典当期满，业主可按契约规定赎回；典主借故拖延或阻挠回赎者，笞四十，并追夺其延期所获利益归还原业主，依法回赎；但典当年限已满，原业主无力回赎者，不在本条规定之列。

第五，为了防止各级官员打着买田置业的旗号，强制、胁迫或威逼利诱等手段非法侵占他人土地田产，《大明律·户律二·田宅》还设立《任所置买田宅》条，严格规定：

  凡有司官吏，不得于现任处所置买田宅。违者，笞五十，解任，田宅入官。

  这条刑律严禁现任官员在辖区内购置田产庄宅，目的是防止在任官吏倚仗职权地位巧取豪夺或欺压百姓，以避免发生不公平的土地田产交易等侵权行为。

  综上所述，明朝制定颁行的法律、法令、条例等立法，从禁止和严惩非法强占侵吞、耕种盗用、典卖交易土地田产等违法行为方面，为土地资源的所有权提供了法律保护。当然，由于制度等方面的各种历史原因，这些法律、法规并没有也不可能彻底消灭或杜绝各级官僚、贵族、豪强利用各种手段疯狂兼并侵占官私土地的现象。特别是自明朝中期起，非法的土地兼并侵占已逐渐形成一股恶潮。如宪宗成化十年（1474 年），定西侯蒋琬就曾上书指出：

  大同、宣府诸塞下腴田，无虑数十万，悉为豪右所占。畿内八府良田，半属势家，细民失业。脱边关有警，内郡何资？运道或梗，京师安给？请遣给事御史按核塞下田，定其科额。畿内民田，严戢豪右，毋得侵夺。庶兵民足食，而内外有备。①

  尽管朝廷一再下令，"禁势家侵占民田"②，但土地兼并问题仍不断加剧。至孝宗弘治十五年（1502 年），全国登记在册的土地数量，已比明初太祖洪武二十二年（1389 年）减少一半之多。其中"湖广、河南、广东失额尤多，非拨给于藩府，则欺隐于猾民，委弃于寇贼矣"③。这也是中国古代土地资源管理制度方面的一个无法自身克服的痼疾。

第二节　土地耕垦管理与法律调整

  明朝初年，承继元末连年战争之后，在全国各地的许多地区，特别是中原地区及北方黄河流域一带，出现大量无主荒田。其中既有元朝原来的国有"官田"、蒙古贵族的"庄田"、寺院宫观的"废寺田"和其他少数民族的"畏吾儿田"等各类田产，也有大片破产流亡或避难逃亡的自耕农或普通地主私有的荒芜土地。因此，当时的土地所有权关系以及土地的占有、使用、生产、经营等方面的制度都发生了巨大变化。按照中国古代土地所有权关系与土地产权制度转移变动的法律规定及一般常规，这些人为抛荒的无主土地，除根据当时法律规定仍被原产权人合法认领者外，绝大多数收归国有。为了发展农业生产，恢复社会经济，稳定统治秩序，明朝政权建立以后，陆续颁布了一些加强土地耕垦管理及其法律调整的律令法规，取得了土地资源立法方面的较大成就。

---

① 《续文献通考》卷二《田赋考二·历代田赋之制》。
② 同上。
③ 同上。

一、垦田法令的颁布实施

鉴于元朝末年出现的大量耕地相继荒芜,大批流民不断涌现,农业生产遭到严重破坏,社会经济一派凋敝等社会问题,明朝政权从一建立时起,就多次颁布垦田法令,要求农民积极开荒耕种,努力恢复发展农业生产,并相应规定了一些重新调整土地产权关系、适当减免税收课役负担等带有优惠性质的法律内容。

首先,明初政权颁布垦田法令,要求流民尽快返回故地,鼓励他们积极进行开荒生产,重新确认他们的土地所有权,并给予减免租税课役义务等优惠政策。早在太祖洪武元年(1368年)八月,明朝政权一建立起,即颁布法令规定:

> 州郡人民,先因兵燹遗下田土,他人垦成熟者,听为己业;业主已还,有司于辅近荒田如数给与。其余荒田,亦许民垦辟为己业,免徭役三年。①

根据这一法令规定,各地土地田产,因原"业主"躲避战乱离乡逃亡而人为抛荒者,一经被他人垦辟种植,即按先占原则,其产权归属现耕种者所有;倘若原"业主"返回,官府可从附近其他无主荒田中,另行划拨同等数量的土地作为补偿。其他无主荒地,更鼓励百姓自行占有耕种,他们也由此取得所开垦荒田的所有权,并可依法免除三年的徭役义务。这一规定以重新确定土地产权归属及免除赋税及徭役负担等法律手段,使相当一部分无地或少地农民依法获得土地田产,激发了流民自觉返乡进行垦荒的生产积极性,有利于土地法律关系的重新调整和相对稳定,促进了农业生产的发展和社会经济的恢复。

其次,垦田法令进一步规定,由官府将一部分国有荒田直接分配给无地或少地农民进行耕种,或组织人多地少地区的民户迁至土广人稀地区予以安置,并给予必要的生产资料与生活资料,减免一定的赋税负担,以加速各地荒芜土地的开垦种植。洪武三年(1370年)三月,郑州知州苏琦提出建议:

> 自辛卯河南起兵,天下骚然,兼以元政衰微,将帅凌暴,十年之间,耕桑变为草莽。若不设法招徕耕种,以实中原,恐日久国用虚竭。为今之计,莫若计复业之民垦田外,其余荒芜土田,宜责之守令,召诱流移未入籍之民,官给牛种,及时播种。除官种外,与之置仓,中分收受。守令正官召诱户口有增、开田有成者,从巡历御史申举。若田不加辟,民不加多,则核其罪。②

明初政权立即采纳这一建议,"以中原多芜",率先在黄河流域中游地区实行"计民授田"的新举措,由官府将一部分国有荒田分配给无地或少地农民,鼓励他们积极从事垦荒生产。同时,还增设掌管农耕生产的司农司,专门负责河南地区的垦荒生产。③ 接

---

① 《续文献通考》卷二《田赋考二·历代田赋之制》。
② 同上。
③ 《明史》卷七十七《食货志一·田制》。

着,又将"计民授田"政策加以改造创新,扩大推广到东南地区的江浙一带。当年六月,太祖朱元璋即下令规定:

> 苏、松、嘉、湖、杭五郡,地狭民众,无田以耕,往往逐末利而食不给。临濠,朕故乡也,田多未辟,土有遗利,宜令五郡民无田者往开种就,以所种田为己业。给资、粮、牛、种,复三年,验其丁力,设田给之,毋许兼并。又北方近城地多不治,召民耕,人给十五亩,蔬地二亩,免租三年。有余力者,不限顷亩。①

根据这一法令规定,当年"尝徙苏、松、嘉、湖、杭民之无田者四千余户往耕临濠,给牛、种、车、粮,以资遣之,三年不征其税"。此后,明朝统治者曾多次将各地流民或有关民户迁徙于土广人稀地区,并分配给一定的土地、耕牛、种子、口粮等生产资料与生活资料,减免三年赋役税收负担,以鼓励他们积极从事农耕生产。如洪武四年(1371年)以后,"复徙江南民十四万于凤阳"②。二十一年(1388年),"迁山西泽、潞民无田者"耕垦河北荒田,"免其赋役三年,仍户给钞二十锭,以备农具"。二十二年(1389年),"又命湖、杭、温、台、苏、松诸郡无田之民,往耕淮河迤南滁、和等处闲田,仍蠲赋三年,给钞备农具"③。其后,还曾"屡徙浙西及山西民于滁、和、北平、山东、河南。又徙登、莱、青民于东昌、兖州"④。成祖即位后,亦于永乐元年(1403年)八月下令,"发流罪以下垦北京田";九月,又"命宝源局铸农器给山东被兵穷民"⑤。永乐二年(1404年),"核太原、平阳、泽、潞、辽、沁、汾丁多田少及无田之家,分其丁口,以实北平"⑥。这种移民耕垦的管理制度,与荒田分配制度相结合,按照民户实际拥有的"丁力"状况,由官府直接"计民授田",并正式确认其所受田产的私有权,或提供其所需口粮、资金、耕牛、种子等,且免除其三年租税义务,进一步扩大了国家垦田的有效面积,推动了农业生产的发展与社会经济的恢复,也促进了土地产权关系的法律调整。

特别是洪武十三年(1380年)以后,在多次颁布的垦田法令中,还进一步延长垦荒者税收课役的减免年限,甚至开始推行新垦辟荒田"永不起科"亦即永远免除赋税义务的政策。如洪武十三年(1380年)下令规定:

> 陕西、河南、山东、北平及凤阳、淮安、扬州、庐州田,许民尽力开垦,有司毋得起科。
>
> 山东、河南开荒田者,永不起科。⑦

洪武二十七年(1394年),为了鼓励农民积极垦荒生产,又颁布法令规定:

---

① 《续文献通考》卷二《田赋考二·历代田赋之制》。
② 《明史》卷七十七《食货志一·户口》。
③ 《续文献通考》卷二《田赋考二·历代田赋之制》。
④ 《明史》卷七十七《食货志一·户口》。
⑤ 《续文献通考》卷二《田赋考二·历代田赋之制》。
⑥ 《明史》卷七十七《食货志一·户口》。
⑦ 《续文献通考》卷二《田赋考二·历代田赋之制》。

官给牛及农具者,乃收其税;额外垦荒者,永不起科。①

次年下令,河南、山东"二十七年后新垦田,毋征税"②。成祖即位以后,也曾于永乐元年(1403年)五月下令,"除天下荒田未垦者额税"③。这些垦田法令,将鼓励垦荒与减免租税等优惠政策紧密结合起来,使之进一步法律化、制度化、长期化。根据这些法律规定,除官府提供耕牛与农具者外,新垦荒地可享受长期免征租税的特殊待遇。

明朝初年的垦田法令实施了半个多世纪,迅速取得了超乎寻常的立法成效,全国各地开垦的荒田及耕地面积逐年增加。仅以洪武(1368—1398年)年间每年登记上报的全国垦田数额为例:洪武元年(1368年),"天下州县垦田"七百七十余顷;洪武二年(1369年),"天下郡县垦田"八百九十八顷;洪武四年(1371年),"天下郡县垦田"十万六千六百二十二顷四十二亩,洪武六年(1373年),"天下垦田"三十五万三千九百八十多顷;洪武七年(1374年),"天下郡县垦荒田"九十二万一千一百二十四顷;洪武九年(1376年),"天下垦田地"二万七千五百六十四顷二十七亩;洪武十二年(1379年),又"开垦田土"二十七万三千一百零四顷三十三亩;洪武十三年(1380年),"天下开垦荒闲田地"五万三千九百三十一顷。④ 至洪武十四年(1381年),"天下土田"总额增至八百四十九万六千顷。⑤ 到洪武二十六年(1393年),全国耕地面积已达八百五十万七千六百二十三顷之多。⑥ 大量荒田的开垦利用,耕地面积的不断增多,使农业生产得到恢复发展,自耕农队伍逐步趋于稳定并且迅速扩大。

进入明朝中期以后,根据各地荒田的分布情况,朝廷仍在一些地区推行垦田法令,鼓励流民积极开荒生产,给予一定的生产资料与生活资料,并酌予减免部分赋役税收义务。仅以《续文献通考》卷二《田赋考二·历代田赋之制》的不完全记载为例,即有以下数次之多。

例如,景帝景泰二年(1451年)下诏规定:

> 畿内及山东巡抚官,举廉能吏专司劝农,授民荒田,贷牛种。

这道诏令要求京畿及山东地区巡抚,在境内推行"授民荒田"制度,并向垦荒者贷给耕牛与粮种。

宣宗宣德十年(1435年),英宗即位诏规定:

> 民间有事故人户抛荒田土,从实开报,除豁税粮,另召承佃。如系官田,即照民田例起科。

---

① 《明史》卷七十七《食货志一·田制》。
② 《续通典》卷三《食货三·田制下》。
③ 《续文献通考》卷二《田赋考二·历代田赋之制》。
④ 以上垦田数字,分见《明太祖实录》卷三十七、四十七、七十、八十六、九十五、一百一十、一百二十八、一百三十四。
⑤ 《续文献通考》卷二《田赋考二·历代田赋之制》。
⑥ 《明史》卷七十七《食货志一·田制》。

这道诏令规定,因故"抛荒田土",一律据实申报;凡属私人土地,可以豁免田税,另行招募耕种者"承佃";如属国有土地,也按私有土地减收赋税。

英宗天顺三年(1459年)下令规定:

> 军民新开田及佃种荒地者,照减轻则例起科。

根据这项规定,新垦荒田或租种荒地,按减免税收则例起征赋税。

武宗正德十四年(1519年)规定:

> 山东、山西、陕西、湖南、湖广流民归业者,官给廪食、庐舍、牛种,复五年。

这项法令鼓励以上五省流民恢复生产,由官府提供口粮、住宅、耕牛、种子等生产资料及生活资料,并免除五年赋役负担。

世宗嘉靖六年(1527年)规定:

> 各板荒、积荒、抛荒田所遗税粮派民赔纳者,有司招募垦种,给帖为永业。三年后亩征官租,瘠田二斗,肥田三斗,永免加耗差役。

所谓"给帖",即给予户帖登记。据《明史》卷七十七《食货志一·户口》载,"太祖籍天下户口,置户帖、户籍"两种户口簿,分别登记姓名、年龄、住所、财产等内容,其中"户籍"由户部存档,"户帖"则发给居民自己保存,官府每年都要进行变更登记。上述法令就是要求各地官府募民耕种各类荒田,并将该田产划归耕种者所有,将其产权登记于"户帖",免除三年租税。三年后,按亩征收租税,但永远免除"加耗差役"。

嘉靖八年(1529年)又下令规定:

> 分陕西抛荒田为三等:第一等,招募垦种,免税三年;第二等,三年后纳轻粮;第三等,召民自种,不征税粮。若水崩沙压,不堪耕种者,即与除豁。

这条诏令将陕西的抛荒土地分为三等,分别给予不同的税收减免政策。

嘉靖十三年(1534年)则规定:

> 各召垦荒地,免税三年,官给牛种,毋许科扰。如地主见其成熟,复业争种者,许鸣之官量拨,还三分之一,各照亩纳粮。

这条规定重申,各地募民开垦荒田,可"免税三年",由官府提供耕牛及粮种,严禁任何违法征课或侵权骚扰。原"地主"如要求归还已被他人垦种的土地,必须诉之官府,由官府酌情划拨,最多可"归还三分之一",并且要依法按亩缴纳税粮。

神宗万历六年(1578年)又分别规定:

> 江北诸府,民年十五以上无田者,官给牛一头、田五十亩,开垦三年后起科。
> 苏州诸府,开垦荒田,六年后起科。

这条规定区分"江北诸府"与江南的"苏州诸府",对前一地区年满十五以上的无田农民,仍采取"计民授田"政策,每人给予五十亩土地,并提供耕牛一头,三年后开始征税;

后一地区不实行"计民授田",对"开垦荒田"者,六年后开始征税。

综上可见,垦田法令作为明朝政权土地立法制度的一项重要内容,始终受到明朝统治者的高度重视,并在许多地区得到了较好的贯彻实施,成为专制国家加强土地资源管理建设和调整控制的有效手段。

不过,自明朝初期太祖洪武(1368—1398年)年间开始推行的垦田法令,虽然取得了巨大成效,大片荒田迅速得到开发利用,许多流民也逐步得到安置,并且获得了赖以生存和扩大再生产的物质资料,享受到暂时蠲免赋役的优惠待遇,但它同时也带来一些不容忽视的社会问题。其中最突出的就是在垦田法令的实施过程中,一部分人也往往利用蠲免赋役政策的漏洞,开始逃避或规避国家的赋税课役义务。顾炎武《日知录》就明确指出:

> 明初承元末大乱之后,山东、河南多是无人之地。洪武中,诏有能开垦者即为己业,永不起科。至正统中,流民聚居,诏令占籍。景泰六年,户部尚书张凤等奏:"山东、河南、北直隶并顺天府无额田地,甲方开荒耕种,乙即告其不纳税粮。若不起科,争竞之途终难杜塞。今后但告争者,宜依本部所奏,减轻起科则例,每亩科米三升三合;每粮一石,料草二束。不惟永绝争竞之端,抑且少助仓廪之积。"从之。户科都给事中成章等劾凤等不守祖制,不恤民怨,帝不听。然自古无永不起科之地,国初但以招徕垦民。立法之过,反以起后日之争端,而彼此告讦,投献王府、勋戚及西天佛子。无怪乎经界之不正,赋税之不均也。①

根据顾炎武所述,自太祖洪武十三年(1380年)实行额外垦荒"永不起科"以来,最晚到代宗景泰年间(1450—1456年),"不纳税粮"的政策已引起许多人的"争竞"纠纷,不仅出现了"彼此告讦"的现象,而且还有人将土地"投献王府、勋戚"或诡寄佛教寺院,以逃避应向国家承担的赋税义务。所以,当时的户部尚书张凤曾经建议,将"永不起科"改为"减轻起科",以杜绝"争端",同时增加国家的赋税收入。因此,在制定垦田法令、招抚各地流民、鼓励开荒生产的同时,也必须加强土地资源的统一管理控制,以防止出现"经界之不正,赋税之不均"等问题。

二、土地耕垦管理的法律调整

在颁布实施垦田法令的过程中,明朝政权还制定了一些律令法规,加强土地耕垦管理的法律调整,保障土地资源的开发利用与合理调配,以维护土地法律关系和社会统治秩序的相对稳定,巩固君主专制集权国家的经济基础。

明初洪武四年(1371年),"以兵革之后,中原民多流亡,临濠地多闲弃,有力者遂得兼并",明太祖朱元璋曾经向中书省下令规定:

> 古者井田之法,计口而授,故民无不授田之家。今临濠之田,连疆接壤,耕者

---

① 《续文献通考》卷二《田赋考二·历代田赋之制》引。

亦宜验其丁力，计亩给之，使贫者有所资，富者不得兼并。若兼并之徒多占田为己业，而转令贫民佃种者，罪之。①

洪武五年(1372年)五月，又颁布法令明确规定：

> 四方流民，各归田里。其间有丁少田多者，不许依前占据他人之业。若有丁多田少者，有司于辅近荒田验丁拨付。②

根据这一法令规定，要求重返故地或从事垦荒生产者，必须按照人口多少量力而行，不得恣意霸占或掠夺官私土地。如果劳动力少而私有土地多者，不得再耕占国有或他人荒田；反之，如人口多而土地田产少者，则由官府分配给部分荒田予以补足。

洪武三十年(1397年)，正式颁布施行《大明律》。其《户律二·田宅》之《欺隐田粮》条，吸收上述法令内容，进一步作出具体规定：

> 其还乡复业人民，丁力少而旧田多者，听从尽力耕种，报官入籍，计田纳粮当差。若多余占田而荒芜者，三亩至十亩笞三十，每十亩加一等，罪止杖八十，其田入官。若丁力多而旧田少者，告官，于附近荒田内验力拨付耕种。

凡属流亡百姓重返故地或从事垦荒生产及农耕活动者，如果劳动力少而原有土地多，允许"尽力耕种"，但须如实报告并登记土地田产面积，依法履行纳税服役义务。倘若占田过多致使土地荒芜，将视其荒芜土地的数量多少，追究有关人员的刑事责任：荒芜三亩至十亩，处刑笞三十；每递增十亩罪加一等，至六十以上杖八十；其荒芜土地由官府没收。如系人力多而原有土地少者，可向官府申请，按其劳动力情况，在附近划拨一部分荒田供其耕种。这一法律法令的规定，对于促进荒田的合理开发与有效利用，防止官僚、贵族、豪强、地主借垦荒之名霸占官私土地田产，具有某种程度的保障作用。

根据明朝法律制度规定，民户所占有的土地田产，必须向官府如实登记，及时载入国家统一簿籍。对于已经登记入籍的土地田产，必须不误农时，积极耕种，不得无故撂荒。如洪武二十八年(1395年)下令规定：

> 天下乡置一鼓，遇农月，晨鸣鼓，众皆会，及时服田。其惰者，里老督劝之。不率者，罚。里老惰不督劝，亦罚。③

《大明律·户律二·田宅》的《荒芜田地》条吸收上述法令内容，明确规定了更为具体的处罚条款：

> 凡里长，部内已入籍纳粮当役田地无故荒芜及应课种桑麻之类而不种者，俱以十分为率，一分笞二十，每一分加一等，罪止杖八十。县官各减二等，长官为首，

---

① 《明太祖实录》卷六十二。
② 《续文献通考》卷二《田赋考二·历代田赋之制》。
③ 同上。

佐职为从。人户亦计荒芜田地及不种桑麻之类,以五分为率,一分笞二十,每一分加一等,追征合纳税粮还官。

按照这一法律规定,凡是无故致使土地荒芜者,要依法追究有关人员的刑事责任:荒田满五分之一,当事人处刑笞二十;荒田每递增一成,当事人罪加一等;同时追缴荒芜土地应纳税粮。辖区内已登记入籍的纳税土地有荒芜者,有关官员也要依法追究法律责任:辖区内有十分之一土地荒芜,里长处刑笞二十;荒田每递增一成,里长罪加一等;至七成以上杖八十。本县长官也要区分首从,分别减二等量刑处罚。这一法律规定,对于督课百姓积极垦荒生产,强化各地基层官员的监督管理职能,加强土地资源的有效控制和合理利用,具有一定的保障作用。

第三节　土地清丈核查与管理控制

自元末明初直至整个明代,由于大量荒田的逐步开发与广为利用,加之土地买卖兼并的日渐盛行,各类土地田产的所有权关系不断转移变动,其占有、使用及生产、经营制度也不断发生变化。为了加强土地资源的管理控制,保证国家的赋税来源和财政收入,巩固君主专制中央集权统治的经济社会基础,明朝政权先后多次对全国或部分地区的土地田产进行清丈核查,并为此制定了一系列律令法规和政策措施,以便及时调整土地法律关系,解决土地田产问题。

一、核田法的实施与户口田产簿籍的编制

元朝末年,广大民众纷纷破产流亡或避乱逃亡,国家直接掌握控制的户籍人口迅速减少,大片良田变为荒芜土地,田产归属十分混乱,既造成农业生产的急剧下降和社会经济的大幅度倒退,也直接影响到专制国家的赋税财政收入。为了解决这些严峻问题,明朝政权建立以后,在鼓励流民积极开荒生产的同时,开展了土地田产的清丈核查工作。据《明史》卷七十七《食货志一·田制》载:

> 元季丧乱,版籍多亡,田赋无准。明太祖即帝位,遣周铸等百六十四人,核浙西田亩,定其赋税。复命户部核实天下土田。

查《续文献通考》卷二《田赋考二·历代田赋之制》所载,明初土地田产的清丈核查制度最初始于太祖洪武元年(1368年)正月,由周铸等一百六十四人奉命实施,首先从浙西地区开始入手。至洪武四年(1371年),"帝以郡县吏征收赋税辄侵渔百姓,乃命户部令有司料民土田",逐步将这项"核实天下土田"的制度推行于全国其他地区。

在清丈核查土地田产活动的同时,明朝政权还着手调查统计各地户口,大力整顿并重新建立全国的户籍管理制度。《明史》卷七十七《食货志一·户口》明确记载:

> 太祖籍天下户口,置户帖、户籍,具书名、岁、居地。籍上户部,帖给之民。有

司岁计其登耗以闻。

明朝初年户籍管理制度的建立,首先是从调查整顿元末原有户籍现状开始的。洪武元年(1368年)十月,首先下令各地收集原有的元朝户籍。该法令明确规定:"户口版籍应用典故文字,已令总兵官收拾。其或迷失散在军民之间,许令官司送纳。"[①]以此作为调查核验各地户口、登记编制全国户籍的原始凭据。洪武三年(1370年)七月,再度"命户部榜谕天下军民,凡有未占籍而不应役者,定期许自首"[②]。当年十一月,开始在全国实施户帖登记制度,要求民户先自行详细填写本户的乡贯、人丁及土地、财产等基本情况,由官府统一进行普查核实后,再重新发放给各户居民分别保管,以备官府随时查验。至洪武十四年(1381年),正式下令编制全国的户籍黄册。《明史》卷七十七《食货志一·户口》详细记载了这一法令的具体内容:

> 洪武十四年,诏天下编赋役黄册,以一百十户为一里,推丁粮多者十户为长,余百户为十甲,甲凡十人。岁役里长一人,甲首一人,董一里一甲之事。先后以丁粮多寡为序,凡十年一周,曰排年。在城曰坊,近城曰厢,乡都曰里。里编为册,册首总为一图。鳏寡孤独不任役者,附十甲后为畸零。僧道给度牒,有田者编册如民科,无田者亦为畸零。每十年有司更定其册,以丁粮增减而升降之。册凡四:一上户部,其三则布政司、府、县各存一焉。上户部者,册面黄纸,故谓之黄册。年终进呈,送后湖东西二库庋藏之。岁命户科给事中一人、御史二人、户部主事四人厘校讹舛。其后黄册只具文,有司征税、编徭,则自为一册,曰白册云。

户籍黄册一式四份,按各地里甲等基层编制,将每户居民的人口、土地、财产状况、赋役税收等登记在案,分别保存在中央户部和省、府、县等地方各级官府,作为国家统一控制掌握各地民户人丁增减、土地财产及赋役征课的法律依据。按照该项规定,户籍黄册要根据各地民户人丁、土地田产的变化,每年由户科给事中、御史、户部主事等行政、监察官员及时进行检验校正,每十年还要重新修订一次。它必须建立在统一、广泛的登记核实户口与清丈核查田产的基础工作之上。因此,户籍黄册以及户帖的编制制度,并不仅仅是一项单纯的户籍整顿制度,同时也是一项土地田产及民户财产的登记管理制度。

洪武二十年(1387年),在先后清丈核查各地土地田产和普遍整顿登记全国户籍的基础上,第一次完成系统编制民户土地田产簿籍亦即鱼鳞图册的任务,初步建立起君主专制集权国家依法管理控制全国土地田产及赋役税收的文书档案。据《明史》卷七十七《食货志一·田制》载:

> 洪武二十年,命国子生武淳等分行州县,随粮定区。区设粮长四人,量度田亩

---

① 《皇明诏令》卷一《克燕京诏》。
② 《明太祖实录》卷五十四。

方圆,次以字号,悉书主名及田之丈尺,编类为册,状如鱼鳞,号曰鱼鳞图册。

鱼鳞图册详细登记每户土地的业主姓名、顷亩面积、田土形状、方圆四至、土质好坏等,依次编成序列字号,逐片绘成鱼鳞状的田产地形图,故名鱼鳞图册。正如顾炎武所说:

> 或系方田,或凹田,或斗田,或凸田,或靴田,或蛇田,或月牙田,或豸角田,或牛角田,或长湾,或一字,形状不一,务须明白书写。①

> 田地以丘相挨,如鱼鳞之相比。或官或民,或高或圩,或肥或瘠,或山或荡,逐图细注,而业主之姓名随之。年月卖买,则年有开注。②

户籍黄册与鱼鳞图册的先后编制,以国家法定的法律文书形式,正式确认和巩固了核田法的实施成果,成为明朝政权管理控制全国户口、土地、赋役制度的法律依据。《明史》卷七十七《食货志一·田制》即清楚地阐述了这一点:

> 先是,诏天下编黄册,以户为主,详具旧管、新收、开除、实在之数为四柱式。而鱼鳞图册以土田为主,诸原坂、坟衍、下隰、沃瘠、沙卤之别毕具。鱼鳞册为经,土田之讼质焉。黄册为纬,赋役之法定焉。凡质卖田土,备书税粮科则,官为籍记之,毋令产去税存以为民害。

户籍黄册作为国家统一编制的人口赋役账籍,是明朝政权控制掌握财政税收制度的重要工具。而鱼鳞图册作为国家统一编制的土地田产簿籍,既是国家确认土地产权关系与征收赋税课役义务的文书凭证,也是官府处理"土田之讼"亦即土地田产纠纷的法律依据。二者互相参照,经纬配合,共同发挥着管理、控制、调处土地田产制度与赋税财政制度的法律作用。

明初洪武(1368—1398年)年间核田法的贯彻实施,户籍黄册与鱼鳞图册的统一编制,在明朝前期取得了显著成效。到洪武二十六年(1393年),经过官府核查登记的全国土地面积已达八百五十万七千六百二十三顷。但是,在此后的一个多世纪中,由于土地兼并现象日益加剧,土地产权关系或其占有使用状况发生巨大变化,各地原有的鱼鳞图册也已毁损不堪。至孝宗弘治十五年(1502年),全国登记在册的土地数量只有四百二十二万八千零五十八顷。③ 这就是说,仅仅一百余年,官府直接控制掌握的土地竟减少一半之多。"而湖广、河南、广东失额尤多,非拨给于藩府,则欺隐于猾民,委弃于寇贼矣。"④因此,在当时的统治集团内部,有很多人不断提出重新清丈核查土地田产的建议。如世宗嘉靖六年(1527年),顾鼎臣就曾上疏朝廷,要求认真清丈核查土地田产,"仿照洪武(1368—1398年)、正统(1436—1449年)间鱼鳞风旗式样"⑤,重新攒造

---

① 顾炎武:《天下郡国利病书》原编第八册《江宁庐安》。
② 顾炎武:《天下郡国利病书》原编第七册《常镇》。
③ 《明史》卷七十七《食货志一·田制》。
④ 《续文献通考》卷二《田赋考二·历代田赋之制》。
⑤ 顾鼎臣:《顾文康公疏草》卷一《陈愚见剔积弊以裨新政疏》。

鱼鳞图册。嘉靖九年(1530年),顾鼎臣再次上疏,奏请"履亩丈量"土地田产。桂萼、郭弘化、唐龙、简霄等其他朝廷大臣,也曾"先后疏请核实田亩"。此项建议得到世宗批准,先在江西安福和河南裕州进行试点。但是,由于"法未详具,人多疑惮",故收效甚微。直至神宗万历六年(1578年)以后,才采纳大学士张居正提出的方案,正式对"天下田亩通行丈量,限三载竣事"。这次清丈核查土地田产,"用开方法,以径围乘除,畸零截补",就是把各户不规则的耕地形状转换成方形田进行计算登记,并要求三年之内全部完成。其具体程序是由业主先自行丈量申报,再由官府清查核实。经过许多地区的努力贯彻实施,基本完成了土地的重新清丈核查和登记造册,重新绘制出新的鱼鳞图册。由于各地不断清丈核查出大量曾被侵欺隐瞒的土地田产,使官府登记入册并由国家直接控制管理的土地数额迅速增加。以万历六年(1578年)的记载为例,全国"总计田数"已恢复到七百零一万三千九百七十六顷,比弘治(1488—1505年)年间增加三百万顷。① 而万历九年(1581年)至十年(1582年)的不足两年时间,仅南北直隶十七府州和山东等十一行省清丈核查出的隐田就多达一百四十四万七千六百一十八顷有余,约占万历六年(1578年)全国田数总额的五分之一。②

二、土地清丈核查的管理控制

为了搞好土地田亩的清丈核查与鱼鳞图册的统一编制,有效地管理、控制和利用土地资源,及时调整土地法律关系,保证国家的赋役财政税收,维护封建君主专制集权统治,明朝政权制定颁布了加强土地清丈核查与管理控制方面的法律法规。

首先,太祖洪武(1368—1398年)年间,制定颁行了以国家刑法典为代表的明朝基本大法《大明律》。其《户律二·田宅》的《欺隐田粮》条明确规定:

> 凡欺隐田粮脱漏版籍者,一亩至五亩笞四十,每五亩加一等,罪止杖一百;其田入官,所隐税粮依数征纳。若将田土移丘换段,那移等则,以高作下,减瞒粮额,及诡寄田粮,影射差役,并受寄者,罪亦如之;其田改正,收科当差。里长知而不举,与犯人同罪。

根据这条刑事法律内容,凡违反土地田产清丈核查规定,隐瞒欺诈土地田产状况,不如实登记土地田产簿籍,隐漏偷逃赋役税粮者,按违法数额依法惩处,即一至五亩笞四十,每递增五亩罪加一等,至三十五亩以上杖一百;所隐瞒欺诈的土地田产,由官府予以没收或改正;所隐漏偷逃的赋役税粮,亦须按规定如数征缴。其辖区里长知情不报者,也与犯人同罪。《大明律·户律二·田宅》的《功臣田土》条规定:

> 凡功臣之家,除拨赐公田外,但有田土,从管庄人尽数报官,入籍纳粮当差。违者,一亩至三亩杖六十,每三亩加一等,罪止杖一百,徒三年;罪坐管庄之人,其

---

① 《明史》卷七十七《食货志一·田制》。
② 唐文基:《明代赋役制度史》,中国社会科学出版社1991年版,第322页。

田入官,所隐税粮依数征纳。若里长及有司官吏踏勘不实及知而不举者,与同罪;不知者,不坐。

这就是说,即使对国家、政权或朝廷有过贡献的功臣之家,除分配或赏赐的公田之外,他们所拥有的其他土地田产,也要按规定由田庄管理人员如数申报,并由官府如实登记入籍,依法征缴赋役税收义务。倘若有隐瞒欺诈行为,或违反土地田产与赋役税收规定,按违法数额追究田庄管理人员的法律责任,即一至三亩杖六十,每递增三亩罪加一等,至三十亩杖一百、徒三年;同时没收其违法土地,如数追缴其隐漏的税粮。该辖区里长及有关机构官员,有清丈核查不实或知情不举者,与违法当事人同罪。

其次,明朝不仅以刑法典这种国家基本大法的形式,严厉禁止和制裁那些违反土地田产清丈核查规定的不法行为,而且还常常因地制宜地颁布一些法令条例作为补充。早在太祖洪武二十六年(1393年),就曾颁布法令规定:

> 凡各州县田土,必须开豁各户若干及条段四至。系官田者,照依官田则例起科;系民田者,照依民田则例征敛。务要编入黄册,以凭征收税粮。如有出卖,其买者所令增收,卖者即当过割,不许洒派诡寄。犯者,律有常宪。①

根据这一法律规定,各州县官私土地,必须如实登记各户面积、位置、地段、四至等,按国有官田或私有民田性质编入户籍黄册,并以此为法定文书依据,遵照有关律令则例征收税粮。倘若出卖土地田产,也应同时过割赋税,严禁偷逃诡避行为。凡违反法律规定者,一律依法予以追究。另据《问刑条例·户律二·田宅》的《欺隐田粮条例》规定:

> 凡宗室置买田产,恃强不纳差粮者,有司查实,将管庄人等问罪,仍计算应纳差粮多寡,抵扣禄米。若有司阿纵不举者,听抚按官参奏重治。

按照这一条例规定,即使宗室贵族购置土地田产,也必须如实登记入籍,依法缴纳差粮赋税。倘若倚仗权势隐瞒土地田产,拒不履行纳税义务,其田庄管理人员等将受到严厉处罚;同时,还要根据其隐瞒田产、脱逃税收的多少,从其俸禄中予以扣除。该辖区主管机关及有关官员不积极纠举处理而故意纵容者,上级行政与监察机关必须从严查处,从重治罪。

此外,明朝还通过《明会典》、《大诰》制定了一系列关于清丈核查土地田亩的法律规范,以保障鱼鳞图册和黄册记载数据的准确性。如《明会典》卷二十《黄册》做出严厉规定:

> 所在有司官吏里甲,敢有团局造册,科敛害民,或将各处写到如式无差文册,故行改抹,刁蹬不收者,许老人指实,连册绑缚害民吏典,赴京具奏,犯人处斩。若顽民妆诬排陷者,抵罪。

---

① 《明会典》卷十七《户部四·田土》。

对于私自篡改黄册,隐瞒土地,以逃避钱粮赋税的行为,《黄册》进一步严厉规定:

> 若官吏里甲通同人户,隐瞒作弊,及将原报在官田地,不行明白推收过割,一概影射,减除粮额者,一体处死。隐瞒人户,家长处死,人口迁发化外。

从上述所引《黄册》的相关规定可以看出,为了防止负责编造黄册的官吏、里长、甲长等借机科敛钱财,盘剥百姓,或与部分人户相互勾结,隐瞒作弊,逃避赋役义务,明朝政权制定了极其严厉的法令,以此防范和治理编制黄册过程中出现的各种问题。洪武十八年制定的《大诰》也有"将自己田地移丘换段,诡寄他人及洒派等项,事发到官,全家抄没"的规定。

由此可见,对于破坏土地产权登记制度、妨碍土地田产核查清丈的违法行为,明初法律法令的打击力度是很大的。统治者力图借助国家的严刑峻法,赋予土地产权登记核查制度一定的权威性,以保证土地制度和赋役制度的正常运转,维护明朝政权的统治利益。

进入明朝中后期,土地兼并现象日趋严重,土地转移速度不断加快,土地产权关系日益混乱,国家掌握的户籍黄册和鱼鳞图册已面目全非,造成了田产税收的大量流失。神宗万历八年(1580年),在张居正建议重新清丈核查土地田产的过程中,明朝政权正式颁布了关于土地田产及赋役税收方面的《清丈田粮条例》。该条例共有八款,其具体内容规定:

> 一、明清丈之例。谓额失者丈,全者免。
> 二、议应委之官。以各布政使总之,分守兵备分领之,府、州、县官则专管本境。
> 三、复坐派之额。谓田有官、民、屯数等,粮有上、中、下数则,宜逐一查勘,使不得诡混。
> 四、复本征之粮。如民种屯地者,即纳屯粮;军种民地者,即纳民粮。
> 五、严欺隐之律。有自首历年诡占及开垦未报者,免罪;首报不实者,连坐;豪右隐占者,发遣重处。
> 六、定清丈之期。
> 七、行丈量磨算之法。
> 八、处纸札供应之费。①

以上八款条例,详细规定了清丈核查土地田产的制度内容和对违法者进行处罚的具体内容:(1)清丈对象为欺隐田粮、偷逃税收的土地田产,否则可免予清丈核查。(2)清丈职责由各省布政使总领统管,各府、州、县由本辖区长官分别负责。(3)清丈方法为区别官田、民田与屯田,划分各类田粮税收的不同等第,按照清丈结果,恢复应纳法定

---

① 《明神宗实录》卷一百零六。

数额。(4)从严惩处欺隐土地田产行为:凡故意侵占、欺骗、隐瞒土地田产,或私自开垦土地,不向官府申报纳税者,主动自首免罪,首报不实连坐;但强宗豪右隐瞒侵占者,从重处罚,发遣边疆为奴。此外,该条例还规定了清丈核查土地田产的期限、清丈土地田亩的计算方法以及清丈核查土地田产的经费开支等内容。

为了有效地贯彻实施《清丈田粮条例》,神宗曾在批示中下令"各抚按官悉心查核,着实举行,毋得苟且了事,反滋劳扰"①。不过,大规模清丈核查土地田产的活动,也遭到一些官僚、贵族、豪绅、地主的强烈反对。有些掌管清丈核查土地田产的官员,也往往倚仗职权徇私舞弊。据邹元标《敷治吏治民瘼恳乞及时修举疏》称:"豪家势多出有司上,有司惧挠成议,不但不尽丈,且以余粮送入其家。"②针对土地田产清丈核查过程中出现的种种弊端,万历十年(1582年)九月,明朝中央曾经下令予以禁止和纠正。该法令规定:

> 各省直清丈田粮,除支派均平、军民称便者,照今次造报文册照派征收外,如有短缩步弓、虚增地亩及将山陂、湖荡、屋基、坟墓并积荒地土升则派粮、贻累军民者,抚按官摘查明白,准与更正。但不得概行覆丈,反增劳扰。③

各地在清丈土地田粮的过程中,如有弄虚作假,徇私舞弊,致使军队或百姓遭受侵害者,必须重新查证核实,及时加以更正。

第四节 屯田法的颁布实施与管理控制

元末明初,"自兵兴以来,民无宁居,连年饥馑,田地荒芜"④。大批流民的避难逃亡,导致大片耕地变为荒田,各级官府控制的国有土地大量增多。为了尽快恢复农耕生产,迅速发展社会经济,明朝政权除颁布法令鼓励流民积极从事垦荒生产外,也在全国各地特别是北京、淮西和北方沿边地区大力推行屯田法,持续开展大规模的屯田制度。据《明史》卷七十七《食货志一·田制》载:

> 于时,东自辽左,北抵宣、大,西至甘肃,南尽滇、蜀,极于交趾,中原则大河南北,在兴屯矣。

可见,在全国各地辽阔的沿边地区与中原一带的黄河南北,东北起辽东,西北迄甘肃,西南至云南、四川,北方抵宣府、大同,南疆达交趾,屯田制度得到了广泛的实施。屯田法成为明朝开发利用国有土地的一项重要法律制度。根据不完全统计,明朝初期洪武(1368—1398年)年间,全国登记注册的官私土地总额,最高为洪武二十六年(1393年)

---

① 《明神宗实录》卷一百零六。
② 《明经世文编》卷四百四十六。
③ 张居正:《张太岳文集》卷三十三《答山东巡抚何来山》。
④ 《续文献通考》卷五《田赋考五·屯田》。

的八百五十万七千六百二十三顷,而实施屯田的土地面积即高达八十九万三千多顷,约占全国土地总面积的十分之一还要多。到明朝中期万历(1573—1619年)年间,屯田制度遭到一定程度的破坏,全国屯田数额出现大幅度下降,但仍然维持在六十四万四千余顷以上。按当时统计的全国土地总额为七百零一万三千九百七十六顷,故屯田面积仍接近全国土地总面积的十分之一。①

根据屯田参加者的主体身份和屯田制度的组织形式,明朝的屯田法分为民屯、军屯与商屯三种制度。《明史》卷七十七《食货志一·田制》的有关记载规定:

> 其制,移民就宽乡,或招募或罪徙者为民屯,皆领之有司。而军屯则领之卫所。……
>
> 明初,募盐商于各边开中,谓之商屯。

民屯制度系有计划地安置没有土地的流民,或组织调拨土地不足的百姓,有时也强制一些罪犯,在指定的国有土地上进行屯垦生产,而由地方官府统一组织管理。军屯制度为征调部分军队或军户人口,在军事驻扎地区从事国有土地的屯田耕垦,而由卫所等军事管理机关集中组织领导。商屯制度则是招募盐商或由盐商另行招募农耕人员,在边境一带等军事要地屯田生产,就地交纳所产粮食谷物,向官府换取所需盐引,以便盐商领取食盐贩卖。在这三种屯田制度中,以军屯制度最为盛行,民屯制度紧居其次,而商屯制度则主要实施于明朝前期的部分地域。因此,无论从推广地域、参加人数及生产规模等方面来看,军屯制度占有主要地位,民屯制度略逊于军屯制度,而商屯制度只实施于部分时期及特定地域。

一、军屯法的实施

军屯是由军队驻扎地区的卫所军士或军户人口进行的屯垦生产,是明朝实施时间最长、推行地域最广、取得收效最大的一种屯田制度。明朝的军屯法,最初可追溯到元末至正十八年(1358年)。这一年,朱元璋在领导起义、指挥战争的过程中,仿照元朝军事制度,首次设"立民兵万户府,寓兵于农"②,专门管理军队耕垦农务,并且下"令诸将分军于龙江诸处屯田"③。这项制度可视为明朝实施军屯法的开端。

经过几年的逐步推广,军屯法的实施在部分地区取得一定成效。但是,由于各地军屯制度的发展并不均衡,朱元璋遂于至正二十三年(1363年)再次下令重申:

> 兴国之本,在于强兵足食。自兵兴以来,民无宁居,连年饥馑,田地荒芜。若兵食尽资于民,则民力重困。故令将士屯田,且耕且战。今各将帅,已有分定城镇,然随处地利,未能尽垦,数年未见功绪。惟康茂才所屯,得谷一万五千余石,以

---

① 《明史》卷七十七《食货志一·田制》。
② 同上。
③ 以下本节内未注明出处的引文,均援自《续文献通考》卷五《田赋考五·屯田》。

给军饷,尚余七千石。以此较彼,地力均而入有多寡,盖人力有勤惰故耳。自今诸将,宜督军士,及时开垦,以收地利。

这道法令的颁布施行,使军屯法在各地军队中得到进一步推广,为明朝政权的最终建立奠定了军事、经济基础。

太祖洪武元年(1368年),明朝政权诞生以后,正式撤销万户府,"于两京、各省直建设卫所,置屯田,以都司统摄之"。随着军队卫所制度的建立,军屯法逐步在全国各级军队中普遍推广开来,地方各省都指挥使司及各地卫所成为直接组织领导军屯生产的管理机构。

明初洪武(1368—1398年)年间,先后多次颁布军屯法令,在全国许多地区相继推行了军屯制度。如洪武六年(1373年)四月,太仆丞梁野仙特穆尔建议:

> 黄河迤北,宁夏境内及四川,西南至船城,东北至塔滩,相去八百里,土田膏沃,舟楫通行,宜招集流亡屯田,兼行中盐之法。

明太祖朱元璋采纳该建议,开始在宁夏、四川、陕西、甘肃、青海等广大地区普遍实施军屯法。该法规定:

> 四川建昌卫附近田土,先尽军人,次与小旗、总旗、百户、千户、指挥屯种自给。陕西、临洮、岷州、宁夏、洮州、西宁、甘州、庄浪、河州、甘肃、山丹、永昌、凉州等卫屯田,岁谷种外余粮,以十分之二上仓,给守城军士。

洪武十五年(1382年)五月,"时士卒馈运渡海有溺死者,因议辽左屯田之法"。洪武十九年(1386年)九月,西平侯沐英建议"云南土地甚广,而荒芜居多,宜置屯田,令军士开耕,以备储蓄",得到采纳,又在云南诸卫推行军屯法。"自永宁至大理,六十里设一堡,留军屯田"。洪武二十一年(1388年)九月,正式下令五军都督府:

> 养兵而不病于农者,莫若屯田。今海宇宁谧,边境无虞。若使兵坐食于农,农必受敝,非长治久安之术。其令天下卫所督兵屯种,庶几兵农兼务,国用以舒。

于是,"天下卫所屯田"成为当时军队的一项重要任务。洪武二十四年(1391年)四月,再度下令强调:

> 今塞外清宁,已置大宁都司及广宁诸卫,足以守边。其守关士卒已命撤之,而山海关犹循故事。其七站军士,虽名守关,实废屯田养马。自今一片石等关,每处止存军士十余人讥察逋逃,余悉令屯田。

军屯法在塞外边关也得到广泛推行。至洪武二十五年(1392年)二月,又下"诏天下卫所军,以十之七屯田"。洪武(1368—1398年)以后,军屯法仍在不断实施和持续发展。

明朝的军屯法,基本按照各地驻军或军户的实际情况以及当地的社会形势,采取因地制宜、灵活多样的实施办法。如《明史》卷七十七《食货志一·田制》载:

> 军屯则领之卫所。边地,三分守城,七分屯种。内地,二分守城,八分屯种。每军受田五十亩为一分,给耕牛、农具,教树植,复租赋,遣官劝谕,诛侵暴之吏。

按照这一规定,在各地卫所的统一管辖与指挥下,边境交战地区或战略要地驻军,一般是以百分之三十的军事作战人员守护城池,抽出百分之七十的军队或军户进行屯垦耕种;内地或非战略要地驻军,则通常以百分之二十的军事人员守备城垣,而安排百分之八十的军队或军户从事军屯生产。军屯官兵照例由国家提供耕牛、农具等生产资料,一般以五十亩为一个分配屯垦的土地计算单位。不过,因军屯土地有肥瘠程度的不同,也有以受田百亩、七十亩、三十亩、二十亩为一分配屯垦计算单位者。① 另据《明会典》卷十八《户部五·屯田》所载军屯法规定:

> 军士三分守城,七分屯种,又有二八、四六、一九、中半等例,皆以田土肥瘠、地方缓冲为差。又令少壮守城,老弱者屯种。

根据这一规定,军事守备兵员与军屯参加人员的配置比例,主要是按当地土地肥瘠程度和军事战略地位灵活确定的。除三七分与二八分之外,分别还有四六分、一九分和五五分等各种情况。总的看来,大致是以年轻力壮、战斗力强的军士担当警戒守卫任务,而以年老体弱的兵卒或军户成员承担军屯耕垦劳务。成祖永乐二年(1404 年),"又更定屯、守之数",对从事军屯生产和担当军事守备任务的人员分工进行调整,作出以下具体规定:

> 临边险要,守多于屯;地僻处及输粮艰者,屯多于守。屯兵百名委百户,三百名委千户,五百名以上指挥提督之。屯设红牌,列则例于上。年六十与残疾及幼者,耕以自食,不限于例。②

经过这次调整,在沿边险要地区,一般是军事守备人员多于军屯耕垦人员;地处偏僻或运粮不便地区,往往是军屯耕垦人员多于军事守备人员。凡军屯耕垦人员,一律编入所在屯,依次受百户所、千户所直至本省都指挥使司统辖,并要遵守军屯方面的有关则例法规。至景帝景泰(1450—1456 年)年间,因北部"边方多事",又下令军屯官兵"分为两番,六日操守,六日耕种"③。

据文献记载,明初洪武(1368—1398 年)、永乐(1403—1424 年)年间,各地军屯官兵所需耕牛,照例由官府提供,但须每年上报繁殖"孳生之数"。宣宗宣德(1426—1435 年)以后开始定制,耕牛死亡者,责令有关军队购置补充。于是,各地军屯往往隐瞒虚报耕牛数目。到明朝中期的孝宗弘治(1488—1505 年)年间,各地虚报登记在册的屯田耕牛总数,已由宣宗宣德(1426—1435 年)年间的二十五万五千六百六十四头降至七万

---

① 李洵:《明史食货志校注》,中华书局 1982 年版,第 29 页。
② 《明史》卷七十七《食货志一·田制》。
③ 同上。

九千八百二十六头。为了顺利推行军屯法,切实保证军屯官兵所需生产资料的供应,明朝政权常常统一调拨或专门购置一些耕牛、农具发放给军屯官兵。如成祖永乐元年(1403年)十二月,"陕西行都司所属屯田多缺耕牛、耕具",遂下令"合准北京例,官市牛给之,耕具于陕西布政司所属铸造之"。永乐二十二年(1424年),为了扩大辽东屯田,从朝鲜购置上万头耕牛,分给辽东都指挥使司所辖军屯将士使用。景帝景泰(1450—1456年)年间,"边城多空地,而守臣诸役外复有闲旷"。宣府总督李秉"请量支宣府官银一万两,买牛给军耕种"①。宪宗成化元年(1465年),宣府巡抚叶盛也曾"买官牛千八百,并置农具,遣军屯田"②。

军屯法实施初期,主要是为了解决各地尤其是边地驻军的军粮与军需供给问题,故军屯所获收益免征租赋税收,其所产粮食并不需要上缴,全部用于军队自给。洪武三年(1370年),中书省建议开征太原、朔州等卫军屯士卒的税粮,"官给牛种者十税五,自备者税其四"③。朱元璋以"边军劳苦,能自给足矣,犹欲取其税乎"为由未予批准。次年,中书省又参照"河南、山东、北平、陕西、山西及直隶淮安诸府屯田,凡官给牛种者十税五,自备者十税三"的民屯税收制度,再次要求征收军屯士卒的税粮。朱元璋在"诏且勿征"的同时,下令"三年后亩收租一斗"④。

惠帝建文四年(1402年),正式颁布关于军屯收益分配的《军士屯田则例》,对军屯土地所产粮食的处置做出具体规定:"军田一分,正粮十二石,贮屯仓,听本军自支,余粮为本卫所官军俸粮。"⑤"军田一分",亦即以五十亩、或百亩、或七十亩、或三十亩、或二十亩军屯土地为一个分配屯垦的土地计算单位。每一单位面积的军屯土地所产粮食,必须提取"正粮十二石"存贮于屯仓,作为本军队使用消费的军粮储备;其余部分则充作支付本卫所军官的军饷俸禄所需。这实际是把十二石以外的余粮部分,作为一种用于支付军官工资待遇的税收标的。正如《明史》卷八十二《食货志六·俸饷》所称:"明初各镇,皆有屯田。一军之田,足赡一军之用。卫所官吏俸粮,皆取给焉。"

为了鼓励和督促军屯将士积极垦荒生产,满足军队的军粮供应与军费开支,明成祖永乐三年(1405年),制定颁布了《屯田官军赏罚则例》。该法在《军士屯田则例》的基础上加以修订,进一步明确规定了军屯法的赏罚内容:

> 更定屯田则例,令各屯置红牌一面,写刊于上。每百户所管旗军一百一十二名,或一百名、七八十名;千户所管十百户,或七百户、五百户、三四百户;指挥所管五千户,或三千户、二千户;总以提调屯田都指挥。所收子粒,多寡不等,除下年种子外,俱照每军岁用十二石正粮为法比较,将剩余并不敷子粒数目通行计算,定为赏罚。⑥

---

① 《续文献通考》卷五《田赋考五·屯田》。
② 《明史》卷七十七《食货志一·田制》。
③ 《续文献通考》卷五《田赋考五·屯田》。
④ 《明史》卷七十七《食货志一·田制》。
⑤ 同上。
⑥ 《明会典》卷十八《户部五·屯田》。

在各地军屯组织中,每屯分别设立一面红色告示牌,详细刊录经过修订颁行的《屯田官军赏罚则例》,以便军屯官兵依法遵行。各级军屯组织,分别由基层的百户所、千户所直至卫指挥使、省都指挥使司负责,对所辖军屯官兵的耕垦生产进行考查赏罚。据《明史》卷七十七《食货志一·田制》载,其赏罚的具体规定是:

> 岁食米十二石外,余六石为率,多者赏钞,缺者罚俸。又以田肥瘠不同,法宜有别,命官军各种样田,以其岁收之数相考较。

依据这一法律规定,"军田一分",即按土地肥瘠程度,在以五十亩、或百亩、或七十亩、或三十亩、或二十亩为分配屯垦的土地计算单位中,每年除应存贮于屯仓的十二石粮食之外,以六石为基本考核标准,超出者赏给钱钞,不足者扣发俸饷。为了避免出现因土地肥瘠不同而造成考核赏罚不平等问题,当时还要求各地军屯官兵分别耕种各种示范田,以其年产量作为考核赏罚的基本标准。这项法律得到了较好的实施。例如,"太原左卫千户陈淮所种样田,每军余粮二十三石",就曾受到朝廷"重赏";宁夏因积累起大量军屯余粮,总兵官何福也获得成祖"赐敕褒美"①。

自明成祖永乐二十年(1422年)起,针对军屯制度发生的变化,开始做出税收方面的相应调整,"诏各都司卫所:屯军艰苦,子粒不敷,除自用十二石外,余粮免半,止征六石"上缴国家仓库。仁宗洪熙元年(1445年),又下令改为"正粮十八石上仓"②。英宗正统(1436—1449年)以后,"屯政稍弛,而屯粮犹存三之二"③。正统二年(1437年),制定有关屯粮征收方面的法令"科则",规定"每军正粮免上仓,止征余粮六石","正粮"不再上仓。④ 正统四年(1439年),曾经下令宣府、大同、辽东、陕西等"沿边空地,许官军麾下人丁耕种,免纳子粒"。正统七年(1442年),又下令"减延绥等处屯田子粒,每百亩岁纳六石者,止纳四石。陕西行都司屯田子粒,每百亩岁纳十石"者,"岁纳八石";"屯田自垦荒地,每亩岁纳粮五升三合五勺"⑤。孝宗弘治(1488—1505年)以后,"屯粮愈轻",有每亩止纳三升者。以武宗正德(1506—1521年)年间的辽东为例,其屯田面积较明初永乐(1403—1424年)年间多一万八千余顷,而所纳屯粮却减少四万六千余石。自世宗嘉靖(1522—1566年)年间起,屯粮略有增多。直至穆宗隆庆(1567—1572年)年间,才又恢复明初"亩收一斗"之制。总之,明朝中后期,随着国有土地包括军屯土地日益私有化趋势的急剧发展,"屯田多为内监、军官占夺,法尽坏","屯军多逃死","屯丁逃亡者益多"⑥,军屯制度逐渐走向瓦解。

---

① 《明史》卷七十七《食货志一·田制》。
② 《续文献通考》卷五《田赋考五·屯田》。
③ 《明史》卷七十七《食货志一·田制》。
④ 《明会典》卷十八《户部五·屯田》。
⑤ 《续文献通考》卷五《田赋考五·屯田》。
⑥ 《明史》卷七十七《食货志一·田制》。

二、民屯法的推行

民屯法是组织调拨无田或少田农民有计划地耕种国有官田的一项土地立法制度。"其制,移民就宽乡,或招募或罪徙者为民屯,皆领之有司"。① 明初太祖洪武(1368—1398年)年间,曾经多次将各地无业流民、少田农民以及部分降民、罪犯等,由地少人多的狭乡迁往田多人少的宽乡开展屯田生产。如洪武四年(1371年)三月,"徙北平山后民三万五千八百余户,散处诸府卫,籍为军者给衣粮,民给田",分别从事军屯与民屯生产;当年六月,"又以沙漠遗民三万二千八百余户屯田北平,置屯二百五十四,开地千三百四十三顷"②。洪武五年(1372年)正月,"诏罪当戍两广者,悉发临濠屯田"。洪武八年(1375年)二月,"宥杂犯以下及官犯私罪者,谪凤阳输作屯种赎罪"。洪武九年(1376年)十一月,"徙山西及真定民无产者田凤阳"③。洪武十五年(1382年),又将广东增城等地降民二万四千余人迁往泗州屯种。④ 此后,民屯法遂在明朝各地得到持续发展。

进入明朝中期以后,宣宗宣德四年(1429年)五月,也曾经"遣官经理各省屯田"。宣德六年(1431年)二月,"又遣侍郎罗汝敬督陕西屯田"。四月,"侍郎柴车经理山西屯田"。十二月,"遣御史巡视宁夏甘州屯田水利"。世宗嘉靖六年(1527年),"辽东巡抚李承勋招逋逃三千二百人,开屯田千五百顷。佥都御史刘天和督甘肃屯政,请以肃州丁壮及山陕流民于近边耕牧,且推行于诸边"⑤。

民屯制度与一般百姓的垦荒不同,其屯垦土地属于国有性质,耕种者对所屯垦的土地只有使用权,而无田产所有权。因此,民屯者实际是国家役使的佃农,他们必须按有关规定从事屯田生产,并依法向官府缴纳一定的收获物作为地租。根据明初洪武四年(1371年)的规定,"河南、山东、北平、陕西、山西及直隶淮安诸府屯田,凡官给牛种者十税五,自备者十税三",但可以享受三年的免税待遇,"三年后亩收租一斗"⑥。

三、商屯法的创立

商屯法是由明朝初年的"开中法"发展演变而来的,而"开中法"又源于宋元时期创立的旨在推行榷盐专卖制度的"折中法"。明朝初年的"开中法",原本是为了解决沿边地区军粮运输问题,缓解戍边军队军粮供应及军需物资保障方面的危机,同时又规范或限制商人从事盐业经销而制定的一项盐法制度。该法规定,有关商人须将边地所需粮食物资按时运往指定地区,上缴当地官府或军用粮仓,换取盐引作为盐业经营许可

---

① 《明史》卷七十七《食货志一·田制》。
② 《明史》卷七十七《食货志一·户口》。
③ 《续文献通考》卷五《田赋考五·屯田》。
④ 《明太祖实录》卷一百四十八。
⑤ 《续文献通考》卷五《田赋考五·屯田》。
⑥ 《明史》卷七十七《食货志一·田制》。

证,再到指定盐场兑取食盐,在规定地区进行销售。据《明史》卷八十《食货志四·盐法》所载:

> 有明盐法,莫善于开中。洪武三年,山西行省言:"大同粮储,自陵县运至太和岭,路远费烦。请令商人于大同仓入米一石,太原仓入米一石三斗,给淮盐一小引。商人鬻毕,即以原给引目赴所在官司缴之。如此则转运费省而边储充。"帝从之。召商输粮而与之盐,谓之开中。其后各行省边境,多召商中盐,以为军储。盐法边计,相辅而行。
>
> 四年,定中盐例,输米临濠、开封、陈桥、襄阳、安陆、荆州、归州、大同、太原、孟津、北平、河南府、陈州、北通州诸仓,计道里近远,自五石至一石有差。先后增减,则例不一,率视时缓急,米直高下,中纳者利否。道远地险,则减而轻之。编置勘合及底簿,发各布政司及都司、卫所。商纳粮毕,书所纳粮及应支盐数,贵赴各转运提举司照数支盐。转运诸司亦有底簿比照,勘合相符,则如数给予。

根据这一记述,"开中法"首先实施于明朝初年的山西行省。为了避免远道运粮的诸多不便,官府要求商人向大同、太原等地粮仓运送军粮,按规定比例换取淮盐盐引。随后,其他各行省的边境地区也相继采用了这一制度,并于洪武四年(1371年)制定了《中盐则例》。

"开中法"虽然暂时达到了缓解沿边地区军粮供给及军需物资保障危机的目的,但却给盐业经销商人增添了沉重的额外负担。为了减轻远道长途运输军粮的诸多不便,很多盐商转而招募垦荒百姓,直接在沿边军粮输纳地区就地进行屯田生产,最后将收获的粮食上缴边地指定仓库,以完成"开中法"所规定的军粮运输任务。商屯法即由此而产生。《续文献通考》卷五《田赋考五·屯田》即称:"募盐商于各边开中,谓之商屯。"《明史》卷八十《食货志四·盐法》亦称:"明初,各边开中商人招民垦种,筑台堡自相保聚,边方菽粟无甚贵之时。"《明史》卷八十二《食货志六·俸饷》也谈到:"召商入粟开中,商屯出粮,与军屯相表里。"因此,商屯法是由官府招募盐商,或由盐商另行募人,在指定的沿边地区实施屯田,就地交纳所产粮食,向官府换取盐引,然后领取食盐,到规定地区进行贩卖的一项法律制度。

明朝前期,商屯法作为军屯法与民屯法的一种补充,在特定时期的特定范围内得到了较好的贯彻实施,取得了一定的成绩。但是,明朝中期以后,随着政治、经济、军事形势的变化,商屯法逐渐难以为继。正像时人王圻所评价的那样:

> 屯田乃足食足兵之要道,而通商中盐,则又所以维持屯田于不坏者也。洪(武)、永(乐)间纯任此法,所以边圉富强,不烦转运,而蠲租之诏,无岁无之。后来屯田盐法,渐非其旧,而边饷不足,军民俱困矣。[①]

---

① 《续文献通考》卷五《田赋考五·屯田》。

明朝前期,特别是太祖洪武(1368—1398年)至成祖永乐(1403—1424年)年间,是商屯法发展的鼎盛时代。自明朝中期宪宗成化(1465—1487年)年间起,开始将商人所纳粮食折纳为银两予以征收,"然未尝著为令也"。至孝宗弘治五年(1492年)以后,将"开中盐法"的召商纳粮换取盐引,改为召商纳银换取盐引,因而"赴边开中之法废,商屯撤业"①,商屯法的实施被迫废止。正如当时人王圻所说:

> 按盐法,旧令商人上纳本色,则商人佃种,边地不致荒芜,盐课有资屯粮自办。苟不复盐法,止清屯田,则边人无力耕种,子粒仍无从出,适扰贫军以酿乱耳。②

可见,商屯法是随着明朝前期"开中盐法"的创立而产生,又由于明朝中期盐法的变化而结束。

四、屯田法的管理控制

明朝前期,由于统治者的高度重视和积极推进,屯田法得到了较好的贯彻实施,明朝的屯垦生产取得了巨大成就,超过了以往任何一个时代。王圻曾对此做过详细的比较与评论:

> 按汉之屯田,止于数郡;宋之屯田,止于数路;唐虽有九百九十二所,亦无实效;惟我太祖,加意于此,视古最详。考其迹,则卫所有闲地,即分军以立屯,非若历代于军伍之外分兵置司者也。考其制,则三分守城,七分屯种。以言其数,则外而辽东,一万二千二百七十四顷一十九亩;零推之于南北二京卫所、陕西、山西诸省,尤极备焉。则其于所谓数郡数路九百九十二所者,又岂足以比之哉? 永乐(1403—1424年)中,令各处卫所,凡屯军一百以上,委百户一员提督之。其有余人自愿耕种者,不拘顷亩,任其开垦三四五年之间。又有红牌一面等例。牛具农器,则总于屯。漕细粮子粒,则司于户部。至于宣德(1426—1435年)、正统(1436—1449年),每有添设屯田副使、佥事之诏。景泰(1450—1456年)、天顺(1457—1464年),亦有监督监理之令。成化十一年(1475年)、十三年(1477年)、二十一年(1485年)、弘治十三年(1500年),又令管屯等官用心清查,莫非拳拳于此。③

就明朝前期屯田制度的发展状况而言,这一评述是基本符合历史事实的。但是,自明朝中期开始,由于土地兼并集中现象的恶性泛滥,国有土地私有化趋势不断发展扩大,各类屯田土地也遭到各级官僚、贵族、地主的疯狂蚕食。针对这种严重的违法行为,自孝宗弘治十三年(1500年)起,专门制定了禁止强占屯田的法令,明确规定:

---

① 《明史》卷八十《食货志四·盐法》。
② 《续文献通考》卷五《田赋考五·屯田》。
③ 以下本节内未注明出处的引文,均见《续文献通考》卷五《田赋考五·屯田》。

> 凡用强占种屯田者,官调边卫带俸差操,旗军军丁戍边,民发口外。管屯官不清查者,治罪如侵种。非系用强或不及五十亩者,依侵占官田例发落。

按照这一法令规定,凡以强制手段违法占有或耕种屯田土地者,军官调往边地卫所进行操练,士兵戍边,百姓发配口外落户。屯田主管官员不予清查者,与违法耕种者同罪。未使用强制手段占有、耕种屯田土地或强行占有、耕种不足五十亩者,按违法侵占国有官田罪处置。武宗正德四年(1509年),还曾"分遣御史往各边丈量屯田,以清出地亩数多及追完积逋者为能,否则罪之。其增数悉令出租"。在神宗万历十三年(1585年)奏定并新续题《真犯死罪充军为民例》的《极边烟瘴边远沿海口外充军》条中,也规定了"强种屯田五十亩以上,不纳子粒,民发口外"充军的内容;而《边卫充军》条也规定,对下列违法行为的当事人,依法处以边卫充军的刑罚,即:

> 用强占种屯田五十亩以上,不纳子粒,旗军军丁人等。其屯田人等,将屯田典卖与人至五十亩以上,与典主、买主各不纳子粒者。

而当时编定的《问刑条例·户律二·田宅》之《盗卖田宅条例》,在吸收上述禁令与条例内容的基础上,进一步作出更加明确、具体而严厉的规定:

> 凡用强占种屯田五十亩以上,不纳子粒者问罪,照数追纳;完日,官调边卫带俸差操,旗军军丁人等发边卫充军,民发口外为民。其屯田人等,将屯田典卖与人至五十亩以上,与典主、买主,各不纳子粒者,俱照前问发。若不满数及上纳子粒不缺,或因无人承种而侵占者,照常发落。管屯等官,不行用心清查者,纠奏治罪。

凡违法强行占有或耕种屯田土地五十亩以上,且不按规定缴纳租税者,依法问罪,并按规定如数追缴应纳税负;军官调往边地卫所操练,士兵等发往边地卫所充军,百姓发配口外落户。屯田者违法典卖屯田土地五十亩以上,当事人与典主、买主不按规定缴纳租税者,与前项行为同等处罚。如不足五十亩土地及未拖欠应纳租税,或因无人承种而侵占该土地者,仍照常发落处置。屯田主管官员不认真清查者,依法纠举治罪。但是,由于各方面的主客观原因,这些法律规定最终不过是成为一纸空文,根本无法彻底阻止屯田土地遭受非法侵占的恶潮。

在各级官僚、贵族、地主大肆兼并、蚕食屯田土地的同时,各地军屯管理机构也不断擅自役使所辖士卒,给军屯生产的正常发展带来了严重危机。为此,早在永乐二十二年(1424年)十一月仁宗刚一即位,就曾下令严厉规定:

> 先帝立屯种,用心甚至。迨后所司多征徭之,既违农时,遂鲜收获,以致储蓄不充,未免转运。其令天下卫所,自今有擅差军士妨农务者,处以重法。

可见,明朝政权刚刚建立半个世纪,军屯法的实施就出现了问题。而屯田士卒为主管机构或上司军官所私自役使,必然影响屯垦生产的正常发展。因此,仁宗下令予以严厉禁止,凡有违反禁令规定者,一律"处以重法"。

英宗正统(1436—1449年)以后,"屯政稍弛","屯粮愈轻"①。为了纠正屯粮流失的现象,孝宗弘治六年(1493年),率先颁定"屯官征粮违限之罚"。该法明确规定:

> 年终不完者,都司及卫所管屯并有屯粮官员家截日住俸。一年之上不完者,都司、卫所掌印并按察司管屯官一体住俸。

凡是年底不能按时完纳屯田税粮者,都指挥使司及卫所屯田主管人员,或拖欠税粮官员之家,计日停发俸禄;一年以上不按时完纳者,都指挥使司、卫所掌印官及按察使司屯田主管官员,一律停发俸禄。世宗嘉靖三十一年(1552年),又下令规定:

> 比较屯田官现征子粒,不完三分者住俸,五分以上者参问,一年之上不完者革任;侵欺者,五分以上降二级,以下降一级。

根据屯田官所纳税粮,拖欠十分之三者停发俸禄,拖欠一半者依法纠问责任,拖欠一年以上者撤职查办;如有欺诈行为,拖欠一半以上降两级,一半以下降一级。神宗万历元年(1573年),再度下令规定:

> 各卫所屯粮,通限当年完足。如未完,二分以上,管屯官住俸;四分以上,管屯官降俸二级,掌印官住俸督催;六分以上,管屯官降二级革任差操,掌印官降俸二级戴罪管事;八分以上,屯官降二级调边卫,系边卫者调极边带俸差操,掌印官降二级革任差操。都司、掌印、管屯官总计所属卫所完欠分数,一体查参。

各地卫所屯田税粮,一律当年如数完纳;若拖欠十分之二以上,屯田主管官员停发俸禄;十分之四以上,屯田主管官员降俸两级,掌印官停发俸禄并督催欠税;十分之六以上,屯田主管官员降两级革职操练,掌印官降俸两级戴罪督办;十分之八以上,屯田主管官员降两级调发边地卫所,原任职边地卫所者远调极边操练,掌印官降两级革职操练。都指挥使司、掌印官、管屯官累计下属卫所拖欠比例,统一追究法律责任。万历九年(1581年),又下令规定:

> 各地巡抚、总督:以后卫所掌印、管屯各官,查果屯军消乏,屯地荒芜,不能完粮者,始准递减降罚。

根据这一法律规定,在处罚卫所掌印、管屯等拖欠税粮官员时,必须严格核查属实,以"屯地荒芜,不能完粮者"为处罚对象。

为了加强军屯的管理控制,自英宗正统十一年(1446年)起,明朝政权还曾下令军队"各卫所,类造屯田坐落地方、四至、顷亩、子粒数目文册二本,一缴上司,一发州县"。至孝宗弘治十五年(1502年),"因后湖并南京户部及各卫所俱无屯册可稽",再次"下令管屯官造屯田册送后湖,以顷亩之数刻记碑阴"。这些屯田文册是管理屯田制度的重要法律文件,也是处理屯田纠纷的主要法律依据。

---

① 《明史》卷七十七《食货志一·田制》。

第五节　土地管理机关与管理体制

明朝政权与中国古代其他时期的政权一样,并未设立专门的土地管理机关。但是,由于土地资源是人类社会最基本的自然资源,也是古代社会最重要的物质基础与生产资料,因此,在明朝中央和地方有关行政机构及监察机构中,都设置有分掌土地管理职能的主管官员,以便有效地管理、控制、调整、利用国家的土地资源。

一、中央土地管理机关

明朝中央仍然设置吏、户、礼、兵、刑、工六部,作为全国最高行政管理机关,分别负责各方面的行政管理事务。户部为中央六部之一,主要"掌天下户口、田赋之政令"[①],是全国最高的户籍、财政管理机关。据《明史》卷七十二《职官志一·户部》载,户部所掌管理职能主要包括:

> 凡田土之侵占、投献、诡寄、影射有禁,人户之隐漏、逃亡、朋充、花分有禁,继嗣、婚姻不如令有禁,皆综核而纠正之。……以垦荒业贫民,以占籍附流民,以限田裁异端之民,以图账抑兼并之民,以树艺课农官,以刍地给马牧,以召佃尽地利,以销豁清赔累,以拨给广恩泽,以给除差优复,以钞锭节赏赉,以读法训吏民,以权量和市籴,以时估平物价,以积贮之政恤民困,以山泽、陂池、关市、坑冶之政佐邦国、赡军输,以支兑、改兑之规利漕运,以蠲减、振贷、均籴、捕蝗之令悯灾荒,以输转、屯种、籴买、召纳之法实边储,以禄廪之制驭贵贱。

其中关于土地资源管理方面的行政职能大体包括:土地资源的宏观调配与合理利用,各类土地的产权确认与依法保护,各种耕地的开垦种植与农业生产的组织安排,全国土地田产簿籍的登记管理,等等。

户部下辖十三清吏司,"各掌其分省之事,兼领所分两京、直隶贡赋及诸司、卫所禄俸、边镇粮饷,并各仓场盐课、钞关"。每一清吏司设有民科、度支、金科、仓科共计四科,民科即"主所属省、府、州、县地理、人物、图志、古今沿革、山川险易、土地肥瘠宽狭、户口物产多寡登耗之数"[②]。

除户部之外,中央六部之一的工部,下设营缮、虞衡、都水、屯田四清吏司。其中屯田清吏司为中央屯田管理的最高机构,"典屯种、抽分、薪炭、夫役、坟茔之事。凡军马守镇之处,其有转运不给,则设屯以益军储"[③]。

综上所述,户部是全国土地资源的最高管理机关,其所属各清吏司的民科直接负

---

① 《明史》卷七十二《职官志一·户部》。
② 同上。
③ 《明史》卷七十二《职官志一·工部》。

责所辖省区的土地资源管理职能,而工部的屯田清吏司又是全国屯田事务的最高管理机构。都察院作为中央最高监察机关,下设十三道监察御史,他们奉命派出在外时,也往往以巡按御史名义提督屯田事务。①

二、地方土地管理机关

地方各省的承宣布政使司,"掌一省之政",为全省土地资源的最高管理机关。布政使作为一省长官,下设左右参政与左右参议,"分守各道及派管粮储、屯田、清军、驿传、水利、抚民等事"②,是管理本省土地及屯田事务的主管官员。各省之下,各府置知府,"掌一府之政";下设同知、通判,"分掌清军、巡捕、管粮、治农、水利、屯田、牧马等事"。各州置知州,"掌一州之政"。各县置知县,"掌一县之政"③。他们分别是管理本府、本州、本县土地资源及屯田事务的主管官员。

除承宣布政使司,各省还设置都指挥使司,"掌一方之军政",主要负责统领本省卫所军队。都指挥使下设佥书一人,专门负责掌管军屯事务。④ 其下各卫指挥使司亦设佥书,分理本卫军队的军屯事务。⑤

此外,各省的提刑按察使司,作为地方司法监察机关,主要"掌一省刑名按劾之事"。其下设有副使、佥事,"分道巡察,其兵备、提学、抚民、巡海、清军、驿传、水利、屯田、招练、监军,各专事置"⑥,为一省土地及屯田事务的行政监察官员。

值得注意的是,自惠帝建文四年(1402年)起,明朝政权不断加强各地屯田的监察、监督职能,要求"直隶屯田,差御史比较;各都司屯田,巡按御史比较"⑦。成祖永乐五年(1407年),"因督军卫屯粮"的需要,开始在各省"增设各按察司佥事",浙江、江西、广东、广西、湖广、河南、云南、四川各一人,陕西、福建、山东、山西各二人⑧,专门负责"盘查屯田"。从此,各省的按察司佥事一职,成为管理、检查、监督本省屯田的主要官员。至宣宗宣德五年(1430年),再度规定:"各处屯田",令都指挥使、布政使、按察使"三司提督;在京并直隶卫所,从巡按御史提督;若有总兵官镇守处,亦令提督"。宣德十年(1435年),"令巡按陕西御史兼理屯田"。英宗正统六年(1441年)以后,先后添设贵州、湖广、陕西、山西等按察司副使,并添设湖广布政司参政,"皆提督屯田"。正统八年(1443年),"令各处按察司原无提督屯田官者,各添设佥事一员"。正统十一年(1446年),"添设山东按察司佥事一员,提督北直隶屯田"。景帝景泰四年(1453年),"添设

---

① 《明史》卷七十三《职官志二·都察院》。
② 《明史》卷七十五《职官志四·布政司》。
③ 《明史》卷七十五《职官志四·府州司》。
④ 《明史》卷七十六《职官志五·都司》。
⑤ 《明史》卷七十六《职官志五·各卫》。
⑥ 《明史》卷七十五《职官志四·按察司》。
⑦ 《续文献通考》卷五《田赋考五·屯田》。
⑧ 《明史》卷七十五《职官志四·按察司》。

山东按察司副使一员,兼理永平等处屯田"。英宗天顺元年(1457年),"差户部郎中四员,兼理宣府、大同、蓟州、永平、山海等处屯田"。宪宗成化九年(1473年),"令都察院差御史一员,巡视南京卫所屯田"。成化十九年(1483年),"令云南按察司银场佥事兼理屯田"。成化二十三年(1487年),"革山东佥事,以巡察海道副使兼理"。武宗正德三年(1508年),"定岁差御史一员,督理北京直隶屯种"。世宗嘉靖八年(1529年),"定巡屯御史三年为满",而撤销屯田佥事。嘉靖九年(1530年),"令清军御史带管各省屯田事宜,该管屯田等官悉听节制"。嘉靖三十八年(1559年),"设宣大同知一员,专管屯政"①。由此可以看出,明朝中期以前,统治者对屯田机构的设置与调整,对屯田法的贯彻与实施,对加强屯田制度的管理、监察与监督等,都是非常重视的。这也是明朝前期屯田法得以取得较大成就的重要保证。

第六节 明朝土地资源管理及其法制建设的意义

土地资源是人类赖以生存和繁衍的最基本的生产资料与生活资料,也是人类社会得以建立和发展的最重要的物质基础或经济支柱。马克思《〈政治经济学批判〉导言》曾经指出:"土地,即同一切生产和一切存在的源泉"②。尤其是在以劳动力密集型农业为国民经济主要部门或主体产业的农耕社会,土地资源更是农业国家及其广大民众充分依赖和不得不有效利用的资本。所以,土地资源也就成为人们竞相争夺的对象,并往往由此上升为古代国家或专制政权的社会矛盾乃至冲突对抗的焦点。为了避免和解决土地资源方面的社会问题,有效规范和调整土地资源法律关系,就要求有关国家或政权致力于建立一套相应的法律制度与调控机制。这种土地资源管理及其法制建设,既要协调人类社会与土地资源亦即人与自然之间的关系,也要调整因土地资源问题引发的人与人之间的社会关系;既要符合土地资源自身发展的内在规律和客观要求,又要反映人类历史不断变迁的时代特征和社会需求。明朝土地资源管理及其法制建设的历史实践,基本反映了这一时代特点和立法要求。

自唐宋以来,随着广大农民对地主阶级人身依附关系的逐步削弱,商品经济的发展达到一个较高水平。这不仅加快了土地田产的转移速度,使其产权归属关系的变动空前活跃,而且也使土地经营方式发生很大变化,从而导致土地资源法律关系日渐复杂。特别是进入明朝以后,君主专制中央集权制度已发展到后期阶段,政治经济结构及其社会关系都已经或正在发生着悄然的变化。为了适应这一社会变化,及时有效地调整土地资源法律关系,维护和巩固统治阶级的整体利益,明朝政权从一建立时起,就非常重视土地资源管理及其法制建设,先后制定并颁布了一系列法律政令,形成了一套比较系统的土地资源管理体制,在一定范围内或某种程度上发挥了土地资源立法的

---

① 《续文献通考》卷五《田赋考五·屯田》。
② 《马克思恩格斯选集》第2卷,人民出版社1995年版,第24页。

重要作用,同时也对后来的清朝土地资源管理及其法制建设产生了深远的影响。因此,明朝的土地资源管理及其法制建设,积累了一定的经验教训。认真总结借鉴这些经验教训,不仅具有历史意义,而且也有一定的现实价值。

一、积极开发利用和合理配置土地资源,打击非法侵占土地资源的违法犯罪行为

从明朝土地资源管理及其法制建设的立法实践来看,积极开发、合理配置、有效利用土地资源,最大限度地发挥其自然效用与社会效益,是土地资源管理及其法制建设的首要目的。由于元朝后期的土地兼并和社会动荡,特别是元末长期的战争冲击,明朝政权建立初期,全国各地尤其是中原一带及北方黄河流域地区,出现大量因战乱、天灾、人祸而人为抛荒的无主荒田和大批丧失土地、破产逃亡的无业流民。这不但干扰破坏了土地资源的合理配置与有效利用,直接影响到农业生产的迅速恢复和社会经济的正常发展,严重威胁着明朝政权的经济基础,也给社会秩序的稳定带来巨大冲击,时刻动摇着专制国家的政治基础。所以,明朝政权建立之后,亟待解决的一个首要问题,就是尽快完成无业流民与无主荒田亦即农业劳动力资源与土地资源的有机结合,迅速恢复农业生产,积极发展社会经济,实现国家的安定与社会的稳定。明朝前期基本顺应了这一社会发展要求,他们先后颁布一系列垦田法令,广泛推行屯田法,并严惩相应的违法犯罪或失职渎职行为,在一定程度上和一定范围内实现了无业流民与无主荒地的迅速结合,为土地资源管理及法制建设提供了一定的成功经验。主要有:

(一)招抚流民开垦荒田,迅速扩大耕地面积

明朝政权建立以后,为了尽快恢复农业生产和发展社会经济,先后颁布大量垦田法令,招抚各地流民积极开垦荒田,迅速扩大全国耕地面积。这些垦田法令在当时的历史条件下,发挥了非常重要的作用,是值得我们加以总结的。

第一,大力招抚全国各地流民主动返乡,鼓励他们积极开荒生产,承认他们对所垦荒田拥有合法的所有权,并给予他们蠲免徭役义务等优惠条件。例如,自太祖洪武元年(1368年)明朝政权一建立起,就颁布垦田法令规定:因战乱逃亡而导致人为抛荒的土地,只要被人开垦耕种出来,就按先占所有的原则,归现耕种者所有;即使原"业主"返回,也不再拥有对原有土地的产权,而由官府在附近无主荒田中,另行划拨同等数量的土地作为补偿。至于其他无主荒田,更鼓励百姓积极耕垦,他们也可由此取得该荒田的所有权,并免除三年的徭役负担。[①] 洪武十三年(1380年)以后,又多次颁布垦田法令,进一步延长垦荒者赋役税收的减免年限,甚至开始推行"额外垦荒者,永不起科"[②]的长期优惠政策,即对国家规定的纳税额外开垦荒地者,永远免除赋税义务。这些垦田法令,以重新确定土地产权归属及免除赋税徭役负担等法律手段,使相当一部分无地或少地农民依法获得土地田产,调动了流民自觉返乡进行垦荒的生产积极性,

---

[①]《续文献通考》卷二《田赋考二·历代田赋之制》。
[②]《明史》卷七十七《食货志一·田制》。

有利于土地资源法律关系的重新调整和相对稳定,促进了农业生产的发展和社会经济的恢复。

第二,有计划、有组织地将一些没有土地或土地较少的农民,迁徙到荒田较多而居民稀少的地区进行垦荒,并由官府提供住房、口粮、种子、耕牛、农具、资金等各种生产资料与生活资料,减免若干年限的租税课役负担,给予一定的优惠政策。例如,太祖洪武三年(1370年)三月,采纳郑州知州苏琦的建议,首先在黄河流域中游地区实行"计民授田",由官府将一部分国有荒田或无主私田分配给无地或少地农民,鼓励他们积极从事垦荒生产。同时,还增设了掌管农耕生产的司农司,专门负责河南地区的垦荒生产。接着,又将"计民授田"政策加以改造创新,逐步推广到全国其他地区。如当年六月,迁徙"地狭民众,无田以耕"的苏、松、嘉、湖、杭五郡"无田者四千余户往耕临濠",发给耕牛、种子、车辆、口粮及所需资金,"三年不征其税"。洪武四年(1371年)以后,"复徙江南民十四万于凤阳"①。二十一年(1388年),迁徙"山西泽、潞民无田者"耕垦河北荒田,"免其赋役三年",每户"给钞二十锭,以备农具"。二十二年(1389年),"又命湖、杭、温、台、苏、松诸郡无田之民,往耕淮河迤南滁、和等处闲田,仍蠲赋三年,给钞备农具"②。此后,"屡徙浙西及山西民于滁、和、北平、山东、河南,又徙登、莱、青民于东昌、兖州"。成祖即位后,也曾于永乐二年(1404年)"核太原、平阳、泽、潞、辽、沁、汾丁多田少及无田之家,分其丁口,以实北平"③。这种移民垦荒制度,与国有荒田或无主荒田的分配制度相结合,按照民户实际拥有的劳动力状况,由官府直接"计民授田",重新确认其土地所有权,并向他们提供所需口粮、资金、耕牛、种子等,免除三年的租税负担,解决了广大流民恢复生产生活的一些实际困难,调动了他们开垦荒田的积极性,从而进一步扩大了国家的垦田面积,进一步推动了农业生产的发展与社会经济的恢复,也促进了土地产权关系的法律调整。

这些垦田法令的制定、颁布与实施,在全国许多地区取得了显著成效。根据文献记载的不完全统计,仅在明初太祖洪武(1368—1398年)年间的短短二十多年中,全国上报登记注册的垦田面积,就从洪武元年(1368年)的七百七十余顷④,迅速扩大为洪武二十六年(1393年)的八百五十万七千六百二十三顷之多。⑤ 值得注意的是,这类垦田法令与垦荒政策,也是整个明朝政权贯彻始终的一项基本国策,它不但在明朝初年广泛推行,而且也得到明朝中期统治者的重视和实施。仅从前引有文献记载的情况来看,景帝、英宗、武宗、世宗、神宗等在位期间,就曾不止一次地颁布或重申这些垦田法令与垦荒政策。

---

① 《明史》卷七十七《食货志一·户口》。
② 《续文献通考》卷二《田赋考二·历代田赋之制》。
③ 《明史》卷七十七《食货志一·户口》。
④ 《明太祖实录》卷三十七。
⑤ 《明史》卷七十七《食货志一·田制》。

(二) 禁止违法耕占土地，严惩人为撂荒行为

为了保证垦田法令和屯田制度的顺利推行，明朝政权通过制定《大明律》、《问刑条例》等律令法规，或颁行刑事及行政方面的诏令朝旨等各种立法形式，明令禁止和严厉打击违反垦田法规定的违法犯罪行为。这些法律内容主要包括：

第一，在垦荒生产方面，明令禁止非法强占官私田土或人为撂荒耕地等行为，依法追究其刑事责任。例如，明初太祖洪武四年(1371年)规定：开垦耕种荒田，要按"丁力"多少，"计亩给之"，严禁"富者"违法耕占土地；"若兼并之徒多占田为己业，而转令贫民佃种者，罪之"①。洪武五年(1372年)五月，再度颁布法令规定："四方流民，各归田里"，须按人口及劳力多少占田垦荒；"有丁少田多者，不许依前占据他人之业"②。这一立法内容，亦为洪武三十年(1397年)正式颁布施行的《大明律·户律二·田宅》所吸收，其《欺隐田粮》条即具体规定了违法人员的刑事责任。按该条刑律规定，各地流民返乡垦荒生产，若占田过多致使土地荒芜者，三至十亩笞三十，每十亩罪加一等，六十亩以上杖八十，并且没收荒芜土地。这一法律规定，对于官僚、贵族、豪强、地主借垦荒之名霸占官私土地田产具有一定的遏制作用，在一定程度上保障了荒田的合理开发及有效利用。

第二，在土地田产的使用管理方面，民户必须向官府如实登记占田垦荒面积，由官府及时纳入国家簿籍的统一管理体系。各地基层官员也必须积极督课百姓努力耕垦，不得再次出现人为撂荒的现象，否则也要追究当事人及其管理者的直接责任或连带责任。例如，太祖洪武二十八年(1395年)曾规定：各乡"里老"须按规定及时"督劝"辖区百姓积极耕垦，如对怠惰者不积极"督劝"，或督率不力，则追究其失职责任。③ 这一立法内容，也为后来的《大明律·户律二·田宅》所吸收，其《荒芜田地》条明确规定了更为详尽的处罚条款。按照该条刑律的规定，辖区内土地荒芜十分之一者，里长笞二十；荒田递增一成，里长罪加一等；至七成以上，杖八十。本县长官也要区分主管官员或从属官员，分别减二等量刑。而直接撂荒者，更要从重处罚，即荒田满五分之一，当事人笞二十；荒田递增一成，当事人罪加一等；并且追缴其荒田应纳税粮。这一法律规定，对于督课百姓积极垦荒生产，强化地方基层官员的监督管理职能，加强土地资源的有效控制和合理利用，具有一定的保障作用。

(三) 大力推行屯田制度，集中开发国有荒地

在推行以上垦田法令的基础上，针对国有荒田比较集中且面积较大的地区，明朝政权多次颁布屯田法令或单行的条例法规，如惠帝建文四年(1402年)的《军士屯田条例》、成祖永乐三年(1405年)的《屯田官军赏罚则例》等，大力推行军屯、民屯或商屯等各种集体屯垦形式，由国家、军队或各级地方官府有计划、有组织地进行大规模的垦荒

---

① 《明太祖实录》卷六十二。
② 《续文献通考》卷二《田赋考二·历代田赋之制》。
③ 同上。

生产,以集中开发国有荒地。根据有关文献记载统计,明朝投入屯田生产的国有土地,已占到全国垦田的十分之一左右。这些屯田法令的颁布实施,促进了土地资源的开发利用和有效配置,发挥了土地资源的自然效用与社会效益,为土地资源管理及其法制建设创造了成功的经验。为了保证屯田法的贯彻执行,明朝政权也制定了一些法律法令,禁止和处罚那些违法犯罪行为。例如:

第一,严禁侵占蚕食或非法耕种屯垦土地。自明朝中期起,土地兼并集中的现象就开始恶性泛滥,国有土地的私有化趋势不断发展扩大,各类屯田土地也未能逃脱各级官僚、贵族、地主的疯狂蚕食。针对这种情况,自孝宗弘治十三年(1500年)起,专门制定了禁止强占屯田的法令,明确规定:凡强行占有或耕种屯田土地者,军官调往边地卫所操练,士兵戍边,百姓发配口外;屯田主管官员不认真清查,也与违法耕种者同罪;对于未使用强制手段占有、耕种屯田土地者,或强行占有、耕种屯田土地不足五十亩者,则按非法侵占国有官田罪处置。神宗万历十三年(1585年)奏定并新续题的《真犯死罪充军为民例》之《极边烟瘴边远沿海口外充军》条也规定:强行耕种屯田五十亩以上,发配口外充军;其《边卫充军》条则规定:强行占有、耕种屯田五十亩以上,或"将屯田典卖与人至五十亩以上",当事人连同"典主"、"买主"一律发往边卫充军。① 这一立法内容,也被《问刑条例·户律二·田宅》所吸收,其中的《盗卖田宅条例》进一步明确规定了更加具体而严厉的内容。根据该条例规定,凡强行占有或耕种屯田土地五十亩以上者,军官调往边地卫所操练,士兵等发往边地卫所充军,百姓发配口外;非法典卖屯田土地五十亩以上,当事人连同典主、买主按非法侵占国有官田罪处罚;即使不足五十亩土地,或因无人承种而侵占该土地者,也照常发配处置;屯田主管官员不认真清查,也要依法纠举治罪。不过,由于某些原因,这些法律规定并未能完全阻止屯田土地遭受非法侵占的恶潮。

第二,严惩私自役使屯垦士卒及拖欠屯田税粮等行为。例如,针对各地军屯管理机构擅自役使所辖士卒的问题,永乐二十二年(1424年)十一月,仁宗刚一即位就下令规定:"天下卫所,自今有擅差军士妨农务者,处以重法。"②针对英宗正统(1436—1449年)以后"屯政稍弛"、"屯粮愈轻"③亦即屯田税粮不断流失的现象,孝宗弘治六年(1493年)颁定"屯官征粮违限之罚":凡年底不能按时完纳屯田税粮者,都指挥使司及卫所屯田主管人员等按拖欠天数停发俸禄;拖欠一年以上者,都指挥使司、卫所掌印官及按察使司的屯田主管官员均停发俸禄。世宗嘉靖三十一年(1552年),又下令规定:拖欠屯田税粮十分之三,停发俸禄;拖欠一半,纠弹问责;至一年以上,撤职查办;如有欺诈行为,拖欠一半以上降两级,一半以下降一级。神宗万历元年(1573年),进一步下令规定:各地卫所屯田税粮,一律当年如数完纳;若拖欠十分之二以上,主管官员停发

---

① 《续文献通考》卷五《田赋考五·屯田》。
② 同上。
③ 《明史》卷七十七《食货志一·田制》。

俸禄;十分之四以上,主管官员降俸两级,掌印官停发俸禄;十分之六以上,主管官员降两级革职操练,掌印官降俸两级戴罪督办;十分之八以上,主管官员降两级调发边地卫所,原本任职边地卫所者,远调极边操练,掌印官降两级革职操练;都指挥使司、掌印官、管屯官也要累计下属卫所拖欠税粮的比例,分别追究法律责任。①

以上垦田法与屯田法的贯彻施行,有利于加强土地资源的管理控制,调整土地资源法律关系,推动土地资源的开发利用及合理配置,是值得我们认真吸收借鉴的。

二、重新确认和依法保护土地产权关系,严惩侵犯土地所有权的违法犯罪行为

从明朝土地资源管理及其法制建设的立法实践来看,依法确认土地资源的产权归属,合法保护官私土地所有权,严厉打击各种违法侵权行为,是土地资源管理及其法制建设的重要任务。自元末明初以来,随着大量荒田的开发利用,加之土地买卖兼并的日渐盛行,土地所有权关系及土地的占有、使用、生产、经营、处分等各项权能制度发生了很大变化。这就需要及时调整土地资源立法,以保证土地资源法律关系的健康发展,从而维护明朝政权的专制统治。为此,明初政权在颁布垦田法令、鼓励垦荒生产的同时,也规定了重新确认新垦荒田的产权归属及依法保护官私土地所有权的法律内容,为土地资源管理及其法制建设提供了一些借鉴经验。

(一) 依法确认产权归属,努力防范土地纠纷

明朝前期,在招抚流民垦荒生产的过程中,开始对重新开发耕种的土地田产进行登记注册,从法律上正式确认这些耕地的产权归属,以防范土地田产纠纷的发生。如前引太祖洪武元年(1368年)八月令即规定:因战乱抛荒的"田土",实行先占所有的原则,归属现耕垦者私有;原来的"业主"返回后,不再拥有其抛荒"田土"的所有权,而由官府在附近地区另行拨付"荒田"进行补偿;"其余荒田,亦许民垦辟为己业",国家承认其所有权。洪武三年(1370年)以后,又对按规定移民垦荒者实施"计民授田"政策,"以所种田为己业",将部分国有荒田转为私有。进入明朝中期的世宗嘉靖六年(1527年),又明令规定:"各板荒、积荒、抛荒田","有司招募垦种,给帖为永业"。所谓"永业",即永远作为私有产业;"给帖",是将新垦种的荒田作为私有土地,注册登记于耕种者所持"户帖",重新确认其产权归属。嘉靖十三年则明确规定:各地募民"召垦荒地","毋许科扰",严禁任何违法征课或侵权骚扰;原"地主"要求归还该土地者,必须诉之官府,由官府酌情处理,最多仅可拨"还三分之一"。直到明朝后期的神宗万历六年(1578年),仍在"江北诸府"地区,对"民年十五以上无田者",由官府授给"田五十亩"②,重新登记确认其所有权。这仍是自明初洪武三年(1370年)以来实行的"计民授田"政策。这些法律制度的推行,重新调整了土地资源法律关系,依法确立了新的财产所有权制度,调动了广大农民的劳动积极性,推动了农业生产的发展和社会经济的恢复,促进了

---

① 《续文献通考》卷五《田赋考五·屯田》。
② 本段引文见《续文献通考》卷二《田赋考二·历代田赋之制》。

社会政治经济秩序的稳定。

(二) 打击违法侵权行为，保护合法土地权利

为了依法保护官私土地田产的所有权，打击违法侵权行为，早在明初太祖洪武五年(1372年)，就曾颁布专门申诫公侯与功臣之家的《铁榜》九条，严禁这些社会地位较高的特权阶层倚仗权势，以强占手段或接受"投献"等方式，非法侵夺官私土地田产及自然资源。其中第三条严禁"公侯之家"强占国有或民间私有的"山场、湖泊、茶园、芦荡及金银铜场、铁冶"等各种土地矿产资源；第八条严禁"公侯之家倚恃权豪欺压良善"百姓，巧取豪夺他人土地、房产；第六条严禁"功臣之家"及其下属人员或"其他亲属人等倚势凌民，侵夺田产财物"；第九条严禁"功臣之家"非法接受他人的"田土"或"投献"的"物业"。对于违犯这些法律规定者，要视其初犯、再犯及具体情节性质，分别给予记过、扣发俸禄或追究刑事责任等处置。① 当时颁布的《大明令·户令》也规定，禁止百姓非法向"诸王、驸马、功勋、大臣及各衙门妄献田土、山场、窑冶，遗害于民；违者治罪"。

洪武三十年(1397年)，正式颁行《大明律》。它作为明朝最重要的国家基本法典，首次专门设立《户律二·田宅》门，集中规定了调整土地资源法律关系的内容。至神宗万历十三年(1585年)，又正式编定《问刑条例》，也专门设立了《户律二·田宅》门。这些法典条例的一项最基本、最重要的法律内容，就是打击违法侵权行为，依法保护土地所有权关系。例如：

首先，《大明律·户律二·田宅》之《盗卖田宅》条规定，以非法手段侵占他人土地，就要处以最低笞五十、最高杖八十并徒二年的刑罚；如侵占国有土地，则罪加二等处治；若将存在争议或者他人的土地"投献官豪势要之人"，双方都要处刑杖八十、徒三年；而且还要连同由此所产生的孳息利润一并予以追还。至于对犯罪主体为"功臣"的处罚规定，仍然吸收了上述《铁榜》第九条的内容。神宗万历十三年奏定的《真犯死罪充军为民例》，则对假冒大臣及皇帝近侍官员的家人之名，非法强占他人土地、房产进行耕种使用，依法应处徒刑以上的行为，改处发配边卫充军。《问刑条例·户律二·田宅》之《盗卖田宅条例》也进一步加重了对各种非法"投献"行为的处罚，由《大明律》规定的杖八十并徒三年，改为"问发边卫永远充军"。

其次，《大明律·户律二·田宅》之《盗耕种官民田》条规定，非法耕种他人土地而侵占其使用权者，也要分别处刑笞三十至杖八十；如采用强制手段，则加刑一等；如系国有土地，也加刑二等；并追夺由此所生孳息利润归还原业主。《问刑条例·户律二·田宅》之《盗耕种官民田条例》及《真犯死罪充军为民例》之《边卫充军》条则对陕西榆林等地的非法"盗耕"或越界耕种者，直接发配榆林或甘肃卫所充军。

再次，对于非法侵占耕地以外的自然资源尤其是具有特殊经济价值的矿冶、山林、湖泊、川泽等违法犯罪行为，《大明律·户律二·田宅》之《盗卖田宅》条规定了更为严

---

① 《明太祖实录》卷七十四。

厉的处罚内容:"若强占官民山场、湖泊、茶园、芦荡及金银铜场、铁冶者",不论数量多少或面积大小,一律杖一百、流三千里。其处罚显然比"强占"普通耕地要重得多。《问刑条例·户律二·田宅》之《盗卖田宅条例》和《真犯死罪充军为民例》则对"内外官豪势要之家,私自开窑卖煤、凿山卖石、立厂烧灰者",枷号一个月,发往边卫充军;对北部"边官旗军民人等,擅将应禁林木砍伐贩卖者",发往烟瘴充军;并追究关隘、河道防守人员纵容放行违法者的刑事责任。

复次,《大明律·户律二·田宅》还专门规定有《典买田宅》条,严惩土地典卖过程中的违法行为,维护国家或私人的合法土地权利。按其规定,凡典买土地,不按规定缴纳契税者,笞五十,并没收交易额的一半充公;不按规定及时"过割"税粮义务者,按数额多少分别处刑笞四十至杖一百,并没收该土地充公;将同一土地标的重复典卖两家以上,按欺诈所得折计赃值,参照窃盗罪论处,并撤销非法典卖行为,追夺违法所得钱财归还原买主;买主及牙保等人知情者同罪,并没收违法交易钱财充公;典当期满,典主借故拖延或阻挠业主回赎者,笞四十,并追夺延期所获利益归还原业主。《大明令·户令》也规定有"典卖田土,过割税粮"及订立契约,依法纳税,防止"产去税存,与民为害"等维护土地所有权方面的法律内容。

最后,为了防止各级官员利用权势地位,打着买田置业的名义,非法侵占下属或百姓的土地田产,《大明律·户律二·田宅》还设立《任所置买田宅》条,严禁现任官员在辖区内购置田宅;违者除罢免官职外,还要处刑笞五十,并没收其违法购置的田宅充公。其目的也是为了避免发生不公平的土地交易之类的变相侵权行为,保护合法的土地权利。

这些加强土地资源管理、维护土地权利的法律制度,对于及时调整土地资源的产权归属,依法保护土地资源的所有权关系,有力打击违法侵权行为,相对减少或解决土地产权纠纷,具有一定的保障作用。

三、认真开展土地资源的清丈核查,加强土地资源的管理控制

从明朝土地资源管理及其法制建设的立法实践来看,认真开展土地资源的调查清理,大力加强土地资源的管理控制,及时调整土地资源方面的法律制度,严格掌握土地资源关系的变更异动,随时解决土地资源领域出现的问题,是土地资源管理及其法制建设的基本保证。元朝末年的长期战乱和社会动荡,使广大民众纷纷破产流亡或避乱逃亡,国家直接控制的户籍人口急剧减少,许多良田沃土变成人为抛荒的无主土地,田产归属出现了极大的混乱。这不但破坏了农业生产的正常进行和社会经济的稳定发展,而且也影响到国家的赋税财政收入。为了解决这些严峻的社会问题,明朝政权建立以后,在颁布垦田法令鼓励流民积极开荒生产的同时,相继开展了各地土地田产的清丈核查及全国人丁户籍的普查检校,并按调查登记结果统一编制了土地与户籍账簿,作为国家管理控制土地资源、征调租税赋役义务的法律依据。这项活动取得了显著的成效,为土地资源管理及其法制建设积累了一定的经验。

（一）认真清丈核查土地人口，统一编制黄册与鱼鳞图册

针对"元季丧乱，版籍多亡，田赋无准"的社会问题，明朝政权从一建立时起，就开始着手清丈核查土地田产和人丁户籍。太祖洪武元年（1368年）正月，首先派"遣周铸等百六十四人，核浙西田亩，定其赋税"①。当年十月，下令各地收集"迷失散在军民之间"的元朝"户口版籍"②，以此作为调查核验各地户口、登记编制全国户籍的原始凭据。洪武三年七月，"命户部榜谕天下军民"，要求"未占籍而不应役者"，定期自首。③当年十一月，开始在全国实施户帖登记制度，要求民户先自行填写本户的乡贯、人丁及土地、财产等基本情况，再由官府统一进行普查核实，最后发放各户居民分别保管，以备官府随时查验。至洪武四年，"帝以郡县吏征收赋税辄侵渔百姓，乃命户部令有司料民土田"④，正式将"核实天下土田"⑤的制度交由户部统一组织管理，并从浙西试点地区推行于全国各地。

在清丈核查土地田产与人丁户口的基础上，洪武十四年，正式下令编制全国的户籍黄册。它一式四份，以各地基层里甲为单位，将每户居民的人口、土地、财产、赋役等登记在案，分别保存在中央户部和省、府、县等地方各级官府，作为国家统一掌握控制各地人丁户口、土地财产及赋役征课的法律依据。根据各地民户人丁、土地田产的变化，户籍黄册每年要由户科给事中、御史、户部主事等行政、监察官员进行检验校正，每十年还要重新修订一次。⑥ 因此，户籍黄册制度同时也是一项土地财产的登记管理制度。

继户籍黄册制度的建立之后，到洪武二十年，首次编制出各地土地田产登记管理及据以确定赋役税收的鱼鳞图册。它依次编序，详细载明每户土地的业主姓名、顷亩面积、田土形状、方圆四至、土质好坏等，并逐片绘成鱼鳞状的田产地形图，成为管理全国土地资源的文书档案。⑦

明初土地田产及人丁户口的清丈核查，户籍黄册与鱼鳞图册的统一编制，取得了显著成效。到洪武二十六年，官府核查登记的全国土地面积已增至八百五十万七千六百二十三顷。但是，在此后的一个多世纪中，随着土地兼并现象的日益加剧，土地产权关系及其占有使用状况发生巨大变化，各地的鱼鳞图册也遭到一定程度的破坏。至孝宗弘治十五年（1502年），全国登记在册的土地数量骤然降至四百二十二万八千零五十八顷。因此，在顾鼎臣、桂萼、郭弘化、唐龙、简宵等人的反复建议下，世宗嘉靖（1522—1566年）、神宗万历（1573—1620年）年间，又多次清丈核查土地田产，并重新登记绘制

---

① 《明史》卷七十七《食货志一·田制》。
② 《皇明诏令》卷一《克燕京诏》。
③ 《明太祖实录》卷五十四。
④ 《续文献通考》卷二《田赋考二·历代田赋之制》。
⑤ 《明史》卷七十七《食货志一·田制》。
⑥ 《明史》卷七十七《食货志一·户口》。
⑦ 《明史》卷七十七《食货志一·田制》。

鱼鳞图册,使官府登记入册的土地数额迅速增加。至万历六年,全国"总计田数"已恢复到七百零一万三千九百七十六顷,比孝宗弘治(1488—1505年)年间增加了三百万顷。①

(二) 打击欺隐脱漏行为,加强土地资源管理

为了搞好土地田产的清丈核查与鱼鳞图册的统一编制,有效地管理控制和合理利用土地资源,及时调整土地资源法律关系,保证国家的赋税财政收入,保障社会秩序的稳定,明朝政权制定颁布了关于打击欺隐脱漏行为、加强土地清丈核查与管理控制的法律法规。其主要内容包括:

首先,太祖洪武二十六年颁布法令明确规定:各州县官私土地,必须如实登记各户面积、位置、地段、四至等,按国有官田或私有民田性质编入户籍黄册,作为国家管理土地、征收税粮的法律依据。如有出卖土地田产者,应同时"过割"赋税,严禁偷逃诡避,违者依律予以处罚。②

其次,《大明律·户律二·田宅》之《欺隐田粮》条明确规定:违反土地田产清丈核查规定,"欺隐田粮脱漏版籍者",按面积大小依法惩处,即一至五亩笞四十,每递增五亩罪加一等,至三十五亩以上杖一百,并没收其"脱漏"的土地,追缴其"欺隐"的赋税;其辖区里长知情不报者,与犯人同罪。

再次,《大明律·户律二·田宅》之《功臣田土》条进一步规定:身份地位较高的"功臣之家"欺隐田粮脱漏版籍者,按违法数额依法追究其"管庄之人"的刑事责任,即一至三亩杖六十,每递增三亩罪加一等,至三十亩杖一百、徒三年,没收其违法土地,如数追缴其隐漏的税粮;该辖区里长及有关官员清丈核查不实或知情不举者,与违者同罪。《问刑条例·户律二·田宅》的《欺隐田粮条例》也规定:宗室贵族倚仗权势隐隐土地田粮者,"管庄人等问罪",并根据所隐漏的田产税收数额,扣除其俸禄予以抵偿;有关官员纵容不举者,从严查处。

进入明朝中后期,随着土地兼并的日趋严重,土地转移速度日渐加快,土地产权关系及土地资源管理发生混乱,国家掌握的户籍黄册和鱼鳞图册已面目全非。为了解决这一社会问题,神宗万历八年(1580年),又颁布了《清丈田粮条例》。该条例共有八款,再度重申了清丈核查土地田产、打击欺隐脱漏行为等法律内容。根据该条例的规定,本次清丈核查的对象,是欺隐土地田产和偷逃田粮税收者;清丈核查工作由各省布政使统一掌管,各府、州、县长官具体负责;清丈核查的方式,是区别官田、民田与屯田,划分各类田粮税收的不同等第,按清丈核查的结果确定应纳数额。凡非法侵占、欺隐或私自开垦土地,不向官府申报纳税者,将受到法律的严惩。其中主动自首者,可以免罪;申报不实者,实行连坐;而对强宗豪右欺隐侵占者,则要从重处罚,发遣边疆为奴。

---

① 《明史》卷七十七《食货志一·田制》。
② 《明会典》卷十七《户部四·田土》。

此外,该条例还规定了本次清丈核查的期限、土地丈量计算的方法及经费开支等内容。① 针对土地清丈核查中出现的种种弊端,万历十年九月,再次下令予以禁止和纠正。该法令规定:各省在清丈土地田粮的过程中,如有"短缩步弓、虚增地亩及将山陂、湖荡、屋基、坟墓并积荒地土升则派粮、贻累军民"等弄虚作假、徇私舞弊行为,必须由"抚按官摘查明白",重新核实更正,不得"劳扰"百姓。②

总之,从明朝土地资源管理及其法制建设的立法实践来看,只有通过有效的法律手段,积极开发、合理配置、有效利用土地资源,最大限度地发挥土地资源的自然效用与社会效益,不断加强土地资源的管理控制,及时调整土地资源方面的法律制度,依法确定土地资源的产权归属,合法保护土地所有权关系,严厉打击各种违法侵权行为,才能保证社会经济的持续发展和社会秩序的相对稳定,从而实现土地资源管理及其法制建设的立法目的。

---

① 《明神宗实录》卷一百零六。
② 张居正:《张太岳文集》卷三十三《答山东巡抚何来山》。

第八章 清朝土地法制

（公元 1644—1911 年）

　　清朝是中国历史上最后一个君主专制王朝,存续二百六十余年。自 1644 年清军入关后,恢复社会经济,增加赋税收入,就成为清廷的当务之急。土地资源作为古代封建社会最主要的物质基础、生产资料和赋税财政的基本来源,其重要性不言而喻。"土地制度问题在中国封建社会中,是一个广泛涉及地主和农民、大地主和中小地主以及地主和封建国家之间的关系和矛盾的大问题。"[①]土地法律制度的建立,正是为了协调地主和农民、地主和地主以及地主、农民与封建国家之间的关系和矛盾。为此,清初统治者制订《大清律例》、《大清会典》和《户部则例》等法典律例,先后推行圈地法、更名田法、垦田法等各项法令,调整土地法律关系。同时,还建立各级土地管理机关,完善户籍黄册和鱼鳞图册制度,加强对土地资源的管理控制。

　　鸦片战争后,中国社会开始向半殖民地半封建性质转化。清廷在帝国主义列强和国内各派政治力量的内外压力下,被迫宣布实行"新政",修订法律也作为新政的重要内容被提上日程。带有调整土地法律关系内容的《大清民律草案》,就是在这样的背景下产生的。《大清民律草案》虽仿照德、日等国民法典制定,但其保留的封建传统色彩十分浓厚。在过渡性法律《大清现行刑律》中,关于土地方面的条款,已不再以刑科罪,而改为罚金之类的经济性处罚。

　　清朝前期,延续以往的君主专制制度,其土地法律制度也不可避免地带有传统的封建性质。清末社会进入中国历史发展的交叉路口,中华民族进行着救国图强的顽强探索。但由于清末政权及其统治者的本质并未彻底改变,其土地法律制度的性质也不可能发生根本变化,故其先进的法律形式并没有改变落后的社会经济关系。

第一节 土地所有权形式与法律保护

　　"封建主义生产是一种以生产使用价值为目的、自然经济占主要地位的制度,封建的土地财产和封建农业构成经济制度的基础。封建社会中的一切经济问题,无不同土地财产和农业联系着。研究资本主义生产必须从分析商品开始;研究封建主义生产显然必须从分析封建地产即封建土地所有制开始。"[②]在封建社会的地主制经济结构中,土地资源是最主要的生产资料,也是最重要的财富来源。因此,土地资源成为封建社

[①] 赵靖:《中国经济思想史的对象和方法》,载《经济学集刊》第 2 辑,第 130 页。
[②] 赵靖:《中国古代经济思想史讲话》,人民出版社 1986 年版,第 17 页。

会中各种财富的最后归宿和各个阶层的争夺对象。在生产资料私有制为主要形态的封建社会中,土地私有制始终占有主导地位,国有土地仅居次要地位。清朝亦不例外。在其私有土地中,大部分属于以皇帝为代表的各类地主、官僚、贵族所有,自耕农阶层只有一小部分土地。清朝政权正是通过一整套土地法律制度,不断调整、管理和控制各类土地资源的。

一、土地所有权形式

清朝土地分为国有"官田"和私有"民田"两大类。"官田"的所有权,在法律上属于国家。其占有者只能使用、租佃或典当,不能擅自买卖转让。"官田"范围广泛,包括皇室庄田、宗室庄田、礼部和光禄寺官庄、盛京官庄、籍田、祭田、学田、牧地、屯田等。依其性质,"官田"又分为两类:

一种是所有权完全属于国家的"官田"。这类"官田"主要有:(1)籍田:专供皇帝和各地方行籍礼之土地。清朝籍礼初行于北京先农坛,共占地一千七百亩。雍正四年(1726年)规定:"奉天、直隶各省,于该地方择地为籍田,每岁仲春行九推之礼。"①自此,京师至直省都设立了籍田。(2)祭田:主要包括盛京三陵祭田、至贤裔祭田、孔林地等。祭田免征田赋税收,其招佃出租收入作为祭祀社稷、山川、先圣等之用。(3)学田:省府州县各级学校所有。学田或由地方划拨土地,或由私人捐献,其地租收入专供学校经费、教官津贴、赡恤贫士、修建学舍及春秋祭祀之用。(4)牧地:附属于官办牧场的土地,主要供放牧牲畜或养殖牧草粮料之用,包括直隶、山西、边外牧场余地和各地驻防马厂。(5)屯田:官府组织劳动力开垦耕种的土地,分为卫所屯田和民屯两类。顺治元年(1644年),始定垦荒兴屯之令,凡州县、卫所无主荒地,分给流民及军队官兵屯种。其后,各直省又设兴屯道厅推广屯田。

另一种虽名为"官田",在法律上属于国有,按规定亦不准随意买卖转让,但随着时间的发展,它们已逐渐变为私有性质,这类"官田"实际已转化为"民田"。它包括皇室庄田、宗室庄田、八旗官兵土地等,主要来自清初圈占与带地投充的土地以及入关前在辽东等地的土地。皇室庄田通称皇庄,属于皇帝所有。因其由内务府管理,又称内务府庄田。据光绪《大清会典》载:

> 畿辅之庄,三百七十有三。盛京之庄,六十有四。锦州之庄,二百八十有四。热河之庄,百三十有二。归化城之庄十有三,打牲乌拉之庄有五。

皇庄内采用庄头制度进行耕作。按其所纳物产及所应差务,皇庄又划分为庄、园、户。宗室庄田是皇族宗亲占有的土地。据《清朝文献通考》卷五《田赋考五·八旗田制》记载,顺治元年曾颁布圈地令,"将近京各州县无主荒田及前明皇亲、驸马、公、候、伯、内监殁于寇乱者无主庄田"查明有无本主,无主之地"分给东来诸王、勋臣、兵丁人等"。

---

① 《清朝文献通考》卷十二《田赋考十二·官田》。

顺治二年，正式制定"诸王贝勒、贝子、公等"庄田数额。顺治五年和顺治七年，又制定了亲王、郡主等园地数目。从此，凡初封王、贝勒、贝子、公等，均可拨给一定数额的土地作为庄田。至于八旗官兵土地，则属于皇室、诸王、贵族等以下的普通八旗官兵所占有的土地田产。

"民田"是各类地主及民间百姓拥有的各种私人土地田产，其中既有勋臣、官僚、举监生员等通过占夺、诡寄或接受投献等方式占有的大片土地田产，也有各地寺院通过皇帝赏赐、官府拨给或各级官僚、贵族、太监等赠予、施舍、捐纳以及自置、典买、垦辟等方式占有的寺观田产，还有普通地主和自耕农占有的私人田产。根据各地的不同情况，"民田"的种类繁多，可以分有民赋田、更名田、农桑地、马厂放垦地、问淤地、滨海沙降地、蒿草籽粒地、归并卫所地、退圈地、土司田、藩地等多种形式。其中最主要的有：（1）更名田：变更明朝遗留下来的宗室藩王土地所有权而成的"民田"，主要分布在直隶、山西、山东、河南、湖北、湖南、陕西、甘肃八省。（2）归并卫所地：卫所被裁汰后，原卫所屯田归并于州县管理，照民田起科。（3）恩赏地：乾隆（1736—1795年）年间，将历次清丈出的直隶马厂田地给予贫民垦种，永为世业，并照民田开科。（4）退圈地：顺治（1644—1661年）、康熙（1662—1722年）年间，清廷几次下令停止圈地并退出的被圈占土地。从总的情况看，"民田"主要集中在官僚贵族和豪强地主手中，自耕农只占有很少一部分。由于自耕农阶层的经济力量十分弱小，很难抵抗天灾人祸，因而自耕农所构成的小农阶层与小农经济很不稳定，自耕农土地是地主阶级兼并扩充土地的主要对象。在日益加剧的商业资本和高利贷的不断冲击下，土地兼并急速加重，自耕小农往往将土地"贫而后卖，既卖无力复买"。地主则"富而后买，已买不可复卖"。于是，"田之归于富户者，大约十之五六。旧时有田之人，今俱为佃耕之户"①。

清朝的"官田"与"民田"处于不断转化之中，其转化的基本趋势是"官田"逐步"民田"化，亦即国有土地逐步私有化。由"旗民交产"带来的大量"官田"的"民田"化，就是其中的突出事例。清朝建国之初，曾将圈占土地分给"东来诸王、勋臣、兵丁"。但是，旗人长期征战，不善农耕，且生活奢侈。据王庆云《熙朝纪政》卷四载：

> 康熙四十九年正月谕：八旗治生苟且，糜费极多。官兵所给之米，辄行变卖。而银两耗去，米价又增，于是众悔无及。朕每日进膳二次，此外不食别物。烟酒槟榔等物，皆属无用，众人于此，辄日费几文。甚者贫而效富，用必求盈，中人之产，不久即罄矣。②

至康熙二三十年间，即开始出现旗人典卖旗地的现象。但是，"旗民交产"是被明令禁止的。根据《大清会典》卷十所载法令规定：

> 八旗官兵所受之田，毋许越旗买卖及私售与民。违者，以隐匿官田论。

---

① 杨锡绂：《陈明米贵之由说》，见《皇朝经世文编》卷三十九。
② 转引自中国人民大学清史研究所编：《清代的旗地》，中华书局1989年版，第1334页。

据《大清律例·户律·田宅》的《欺隐田粮》条规定：

> 凡欺隐田粮(全不报户入册)，脱漏版籍者(一应钱粮，俱被埋没，故计所隐之田)，一亩至五亩笞四十，每五亩加一等，罪止杖一百；其(脱漏之)田入官，所隐税粮，依(亩数、额数、年数、总约其)数征纳。①

根据这一法律规定，旗人进行"旗民交产"，将面临经济和刑事的双重惩罚。但是，旗地原本属于"官田"，不必向国家纳税课役。因此，民人宁愿出高价购买旗地，以"长租"和"老典"为名的"旗民交产"从未停止过。在乾隆二年(1737年)的舒赫德《敬筹八旗生计疏》中，有"而地亩，则昔时所谓近京五百里者，已半属于民人"②的说法，这已被转移为"民田"的"近京五百里"的"地亩"，正是圈地而成的旗地。为了维持国家财政收入和旗人生计，雍正(1723—1735年)、乾隆(1736—1795年)各朝曾多次进行旗地回赎。但由于旗地流失严重和回赎所需金额巨大，回赎并不能实现最初目的。在赫泰《复原产筹新垦疏》中，揭示了回赎不成的深层原因：

> 各州县畏事，惟恐赎地一事纷繁拖累，故奉行不无草率，而民间又未有不欲隐瞒旗地为己恒业者。③

由于以上种种原因，清朝统治者不得不面对现实，逐步放宽政策。光绪(1875—1908年)年间，"旗民交产"正式合法化。旗地失去其"官田"及免税特点，或变成普通"民田"，或转为收租的"官田"。

在"官田"私有化的大趋势下，官府也通过没收"逆产"和"绝产"，将部分农民的土地私有制转化为国家所有制。"逆产"是清朝对于参加反清的太平天国和黄淮流域捻军等起义者土地的称呼；"绝产"是无人继承的户绝无主土地。清廷清理没收的"逆产"与"绝产"，或分给清军及其眷属，或招佃开垦，或设立屯田。

二、土地所有权的法律保护

清朝入关之初，遭到战争严重破坏的社会经济需要恢复，清朝的统一战争和国家建设也需要极大的物力支持。于是，稳定社会秩序，发展社会经济，增加赋税收入，迅速充实国库，就成为清朝统治者最关心的问题。清朝重视并维护小农经济和小土地所有制，注意以法律手段调整、保护土地所有权。在《清实录》中，可以见到朝廷蠲免田赋、劝谕地主富户酌减地租的谕旨，也有禁止商人灾荒年"放债贱准地亩"等记载。这些政策的颁布，固然是为了维护其统治，但却起到了保护土地所有权，稳定小生产者和小农经济，抑制土地兼并的作用。正是由于加强中央集权，重建封建统治秩序的需要，清朝政权逐步建立起一套土地法律制度。

---

① 田涛、郑秦点校：《大清律例》，法律出版社1999年版，下同。
② 中国人民大学清史研究所编：《清代的旗地》，中华书局1989年版，第1337页。
③ 同上书，第1562页。

清朝关于调整土地法律关系的法律规范,大多集中于《大清律例》、《户部则例》和《大清会典》,此外还有一些宗法族规等内容。首先,《大清律例》继承发展《大明律》的土地立法传统,在《户律》之下专设《田宅》一门,集中收录了关于土地资源管理方面的法律规定。其中有关保护土地所有权方面的法律内容,主要有《功臣田土》、《盗卖田宅》、《任所置买田宅》、《典买田宅》、《盗耕种官民田》等数条,大致上可分为五类。

一是对于逃脱国家地籍管理行为的制裁。这部分内容有《欺隐田粮》和《功臣田土》两条。据《欺隐田粮》条规定:

> 凡欺隐田粮(全不报户入册),脱漏版籍者(一应钱粮,俱被埋没,故计所隐之田),一亩至五亩笞四十,每五亩加一等,罪止杖一百;其(脱漏之)田入官,所隐税粮,依(亩数、额数、年数、总约其)数征纳。
>
> 若将(版籍上自己)田土移丘(方圆成丘)换段(丘中所分区段),那移(起科)等则,以高作下,减瞒粮额,及诡寄田粮(诡寄,谓诡寄于役过年分,并应免入户册籍。),影射(脱免自己之)差役,并受寄者,罪亦如之(如欺隐田粮之类)。其(减额诡寄之)田改正,(丘段)收(归本户)(起)科当差。里长知而不举,与犯人同罪。
>
> 其还乡复业人民,人丁少而旧田多者,听从尽力耕种,报官入籍,计田纳粮当差。若多余占田而荒芜者,三亩至十亩笞三十,每十亩加一等,罪止杖八十,其田入官。若丁力多而旧田少者,告官于附近荒田内,验力拨付耕种。

根据这一规定,凡隐瞒土地、税粮不上报记录者,依法处以四十至一百的笞杖刑罚,并补交所欠税粮。私自移动田土分界,以隐匿、诡寄田粮者,依欺隐田粮罪处刑,并更正田界,补交税粮。里长知情者,与犯人一同治罪。凡还乡复业农户多占田地而荒芜者,依法处以三十至八十的笞杖刑罚,所占土地收归官府。《功臣田土》条规定:

> 凡功臣之家,除(朝廷)拨赐公田(免纳粮当差)外,但有(自置)田土,从管庄人尽数报官入籍,(照额一体)纳粮当差。违者,(计所隐之田)一亩至三亩杖六十,每三亩加一等,罪止杖一百、徒三年,罪坐管庄之人;其田入官,(仍计递年)所隐粮税,依(亩数、年数、额)数征纳。若里长及有司官吏(阿附)踏勘不实及知而不举者,与(管庄)人同罪;不知者,不坐。

按照这一规定,功臣官僚自置田土隐瞒不报者,其庄田管理人员处刑杖六十至杖一百、徒三年,违法土地依法没收,并依亩数、年数、额数补交所隐田粮税额。里长与有关官员知情不报者,与管庄人员同罪。由此可见,逃脱国家地籍管理的行为,将受到严厉的经济和刑事的双重制裁。在经济上,既要补交历年所欠税粮,又要没收欺隐土地。在刑事上,则依违法行为的轻重,处以数目不等的笞杖刑和徒刑。即使功臣之家,也要依法予以追究。而里长及有关官员知情不报者,也与违法当事人同等处罚。

二是对于侵占官府或他人土地所有权的违法侵权行为的制裁。《盗卖田宅》条规定:

> 凡盗(他人田宅)卖、(将己不堪田宅)换易及冒认(他人田宅作自己者),若虚(写价)钱实(立文)契典买及侵占他人田宅者,田一亩、屋一间以下笞五十,每田五亩、屋三间加一等,罪止杖八十、徒二年。系官(田宅)者,各加二等。
>
> 若强占官民山场、湖泊、茶园、芦荡及金、银、铜、锡、铁冶者,(不计其数)杖一百、流三千里。
>
> 若将互争(不明)及他人田产妄作己业,朦胧投献官豪势要之人,与者、受者各杖一百、徒三年。(盗卖与投献等项)田产及盗卖过田价,并(各项田产中)递年所得花利,各(应还官者)还官,(应给主者)给主。
>
> 若功臣有犯,照律拟罪,奏请定夺。

土地是重要的生活资料,并且具有不可再生性。违法人对于国家或民户土地所有权的侵害,会危害到人民的生计和社会的稳定。因此,本条第一款规定:凡盗卖、换易、冒认、诈骗、侵占他人土地的违法者,处以笞五十至杖八十、徒二年的刑罚。若危害标的是国有土地,各加重二等量刑。第二款对于耕地以外的自然资源或其他非耕地,尤其是具有特殊经济价值的矿冶、山林、湖泊、川泽等,规定了更为严厉的保护内容。无论违法侵占多少,一律处以杖一百、流三千里的重刑。第三款规定:将有产权争议的或他人的田产投献官僚权势谋求规避,投献者与接受者各杖一百、徒三年,并追缴历年所获利益,归还该田产原所有权人。

三是对于以欺骗或强占手段私自耕种使用官府或他人土地田产的违法行为的制裁。《盗耕种官民田》条规定:

> 凡盗耕种他人田(园地土)者(不告田主),一亩以下笞三十,每五亩加一等,罪止杖八十。荒田,减一等。强者(不由田主),各(指熟田、荒田言)加一等;系官者,各(通盗耕、强耕荒熟言)又加二等。(仍追所得)花利,(官田)归官、(民田给)主。

盗耕种"官田"或"民田"的行为,主要侵害了公私土地使用权。因此,略低于对盗卖田宅行为的惩罚。根据其规定,私自耕种他人田园土地者,依亩数处三十至八十的笞杖刑罚。若所耕种的是荒田,减刑一等处置。若属强行耕种他人田园土地,罪加一等处刑。若所耕种的属官府所有,则罪加二等量刑。另对所获花利,分别归还官府或原主所有。

四是对于官员在任职地购买土地的限制。《任所置买田宅》规定:

> 凡有司官吏,不得于见任处所置买田宅。违者,笞五十,解任,田宅入官。

按照这一规定,官吏不得在任职地购置土地田产,违反者处刑笞五十,并解除官职,没收土地田产。这有利于防止官员利用权势加入当地经济争夺,维护了官僚队伍的清廉,具有一定的进步意义。

五是对于典买土地过程中出现的违法行为的制裁。雍正(1723—1735年)、乾隆(1736—1795年)年间,商品经济日益发展,契约作为民事法律关系发生的凭证,广泛进入日常经济生活。土地买卖契约也作为契约的一种形式而出现。它或由官府统一印制,立约人填写;或由立约人仿照官府格式自行订立。其内容大致分为三部分:(1)土地买卖人姓名、土地买卖原因和标的。这部分通常采用以下格式:"立卖契人某某,今因管业不便等缘由,愿将某某号土地,凭中立契出卖与某某为业,三面议定时价值多少。"(2)当事人权利和义务。契约订立后,买田人依契约享有将土地过户的权利和交纳田税的义务;卖田人则须保证土地未重复买卖,否则责任自负。(3)结尾。写明当事人、凭中人及代笔人的姓名和定约日期。有些契约还注明"契内价银一并收足,再不另立收领"等字样,以免出现纠纷。① 与一般契约不同,土地契约必须经官府同意,履行税契的法律程序,才具有法律效力。因此,《大清律例》规定了《典买田宅》的法律条文,对于违反契约等违法行为加以规范:

> 凡典买田宅,不税契者,笞五十,(仍追)契内田宅价钱一半入官;不过割者,一亩至五亩笞四十,每五亩加一等,罪止杖一百,其(不过割之)田入官。
>
> 若将已典卖与人田宅朦胧重复典卖者,以所得(重典卖之)价钱计赃,准窃盗论,免刺,追价还(后典买之)主,田宅从原典买主为业。若重复典买之人及牙保知(其重典卖之)情者,与犯人同罪,追价入官;不知者,不坐。
>
> 其所典田宅、园林、碾磨等物,年限已满,业主备价取赎。若典主托故不肯放赎者,笞四十,限外递年所得(多余)花利追征给主,(仍听)依(原)价取赎。其年限虽满,业主无力取赎者,不拘此律。

本条是针对违反契约规定的行为设立的。凡不按规定缴纳契税者,将同一土地田产标的重复典卖于两家以上者,托故不肯放赎典期已满的土地、园林者,都应受到严厉制裁。《典买田宅》律条的设立,维护了官府的经济利益和买卖双方的权利。

在《户律·田宅》的实体法规定之外,《大清律例》的《刑律·诉讼》部分规定了土地田产"争讼"方面的程序法内容。这些内容集中于《越诉》、《告状不受理》等条的律例中。如《越诉》条所附条例规定:

> 户婚、田土、钱债、斗殴、赌博等细事,即于事犯地方告理,不得于原告所在住之州、县呈告。原籍之官,亦不得滥准行关;彼处之官,亦不得据关拘发;违者,分别议处。其于事犯之地方官处告准,关提质审,而彼处地方官匿犯不解者,照例参处。

田土等民事诉讼案件,由事发之地受理,其他各处官吏应配合解送犯人,不得越权受理。《告状不受理》条所附条例规定有农忙时不受理田土诉讼案件的法律内容:

> 每年自四月初一日至七月三十日,时正农忙……其一应户婚、田土等细事,一概不准受理;自八月初一日以后,方许听断。若农忙期内受理细事者,该督抚指名

---

① 参见杨国桢:《明清土地契约文书研究》,人民出版社1988年版。

题参。

这一关于诉讼地点和诉讼时间的规定,有利于降低诉讼成本,节省诉讼费用,方便诉讼活动,保证不误农时。

由于《大清律例》的刑法典性质,它仍是以刑罚手段调整土地法律关系、保护土地所有权。这种调整保护方式,既缩小了对土地权利的保护范围,又不符合土地法律关系中民事主体应有的自由平等原则。因此,在清末的立法体系中,民事法律内容从刑事立法中分离出来,成为独立的法律部门,并且改变了调整处罚方式。

除《大清律例》之外,在《大清会典》、《户部则例》等其他法律法规中,也规定有调整土地法律关系的立法内容。《大清会典》制订于康熙二十三年(1683年),颁行于康熙二十九年(1689年)。其调整土地法律关系的法律规范,主要集中于《户部》下的《田土》及《现审》之中。康熙(1662—1722年)以后,雍正(1723—1735年)、乾隆(1736—1795年)、嘉庆(1796—1820年)、光绪(1875—1908年)各朝均有续订,前后沿用二百余年。《户部则例》是中国历史上第一部专门系统的具有经济立法性质的法律。它由当时的经济管理部门——户部负责,经过多次编纂,内容较《大清律例》更为详尽,反映出法律随时势变化而发生变化的特点。其中的《田赋》和《通例》两部分,集中规定了有关"田土"的土地立法内容。特别是在卷五至卷十的《田赋》中,分别规定了分赏田地、免赋田地、开垦事宜、清查旗地章程、盛京等处屯田章程、勘丈事宜、劝课农田、寺院庄田、存留坟地、族民交产、盗卖盗耕、直省田额等多项法律内容。

以上是国家制定法中关于土地立法内容的主要规定。清朝除国家制定法外,在调整土地法律关系方面,习惯法也发挥着不容忽视的作用,而且其调整方式更为灵活。尤其家法族规发挥作用时,体现出浓厚的宗法伦理特点。其中的一项重要内容,就是维护宗族共同体的利益,限制族人对私产的处分权。如田产典当、买卖的限制与规定,族产、祭田和义庄的有关规定,等等。在光绪(1875—1908年)年间福州《通贡龚氏支谱·祠堂条例》中,就有设置祭田和书田的内容。其中详尽地记录了祭田的购置和轮值制度。① 可见,家法族规将中国素有的宗法纲常思想,也植根于土地田产的管理之中。此外,家法族规还常常规定有禁止田土、户婚诉讼的内容。

第二节 圈地法的颁行与法律调整

顺治元年(1644年),清军入关后,为安置南下诸王、勋臣、八旗兵丁人等,开始把近畿一带明朝原属皇亲、驸马、王公、侯伯、太监等的庄田分赏给他们。由于这些土地不能满足他们的贪欲,遂又开始圈占民间土地,并实行拨补及投充之制。圈地、拨补与投充等法令的推行,成为清朝入关后旗地形成的主要来源。相比之下,圈地法更为残酷,

---

① 参见李文治、江太新:《中国宗法宗族制和族田义庄》,社会科学文献出版社2000年版。

它迫使大批失去家园的农民流离失所。

一、入关前的"计丁授田"法

土地资源是关外时期满洲社会最基本的生产资料。因此,土地所有权是其物权的核心,也是民事法律制度中最主要的立法内容。清朝入关前,由于满族社会内部的奴隶制因素尚未得到充分发展便急剧向早期封建制过渡,其原始氏族公有制残余还大量存在,故其土地田产在法律上仍属于国有,还没有形成地主土地私有制。所谓土地国有,实际上是八旗私有。这种以八旗私有为特征的土地国有制的形成,首先是依靠战争掠夺而来,然后再按八旗统一分配。所谓旗地,就是名义上所有权属于国家、实际上所有权属于八旗的那些土地田产的通称。这部分土地,是满族统治者使用暴力手段,从原来的土地所有者手中强夺的,主要分布在关外和直隶地区。在清朝入关之前,八旗既是军事组织,又是生产生活组织,所有满族社会成员人人在旗。所以,旗地是当时土地田产的主要形式。

清朝入关以前,旗地的扩张与军事征伐有密切关系。天命六年(1621年)三月,清太祖努尔哈赤攻陷辽阳、海州一带,获得辽河以东的广大土地和众多的汉人俘虏。同年七月,为重新组织生产,首次颁布了"计丁授田谕"。该法规定:"海州地方取田十万日(晌),在辽东地方取田二十万日(晌),给我驻扎此地之兵马";其余土地"平均分给,每一男丁五日(晌)种粮之田,一日(晌)种棉之田";要求受田人丁"毋得隐匿丁口,倘若隐丁,不得其田"①。分田之后,"三男丁耕种公田一日(晌);二十男丁内,一人当兵;此二十丁内,一人应役"②。太宗天聪(1627—1636年)年间,文馆秀才高士俊奏疏也说:"我皇上立法,每丁给田五日(晌)。"③由此可见,"计丁授田谕"就是当时规定土地田产分配使用办法的一项土地立法,其适用范围包括旗人与汉民,其立法意义主要在于:一方面,确立了八旗公有的土地所有权,否定原明朝汉族地主、官绅及农民的土地所有权。这种土地分配方法后来又被用于入关之后,将京畿附近地区以圈占土地分配给入关的八旗军民。另一方面,这三十万日(晌)土地起到了以农养兵的作用,这也是"计丁授田"法与入关后的圈地法在性质上的不同之处。"计丁授田"法颁布的目的,在于以农养兵,而圈地的目的在于酬庸勋戚,豢养旗人。

二、入关后的圈地法

圈地法从清初顺治元年十二月开始,直到康熙二十四年下令"嗣后永不许圈"时止,前后历经四十余年,对清朝前期土地法律制度的发展产生了深远的影响。

---

① 《满文老档·太祖》卷二十四。
② 同上。
③ 《天聪朝臣工奏议》卷上。

(一) 圈地法的颁行

顺治元年(1644年)十二月,清世祖福临谕令户部:

> 我朝定都燕京,期于久远。凡近京各州县民人无主荒田及明国皇亲、驸马、公、侯、伯、太监等死于寇乱者,无主田地甚多。尔等可概行清查,若本主尚存,或本主已死而子弟存者,量口给与。其余土地,尽行分给东来诸王勋臣、兵丁人等。此非利其地土,良以东来诸王勋臣、兵丁等无处安置,故不得不如此区划。然此等地土,若满汉错处,必争夺不止。可令各府州县乡村,满汉分居,各里疆界,以杜异日争端。今年从东先来诸王各官兵丁及现在京各部院衙门官员,俱著先拨给田园。其后到者,再酌量照前与之。至各府州县无主荒田及征收缺额者,著该地方官查明,造册送部。其地留给东来官兵,其钱粮应征与否,亦著酌议。①

这是第一次正式颁行圈地法。根据《八旗通志》的记载统计,这次大规模的圈地,共分给八旗土地九十八万四百五十四晌,约五万八千八百二十七顷。

第二次颁行圈地法,是在顺治二年(1645年)。根据顺治帝谕令规定:

> 河间、滦州、遵化等府州县,凡无主之地,查明,给与八旗下耕种。其故明公、侯、伯、驸马、皇亲、太监地酌照家口给发外,余给八旗。②

第三次圈地是顺治三、四年间。由于入关的清朝贵族、官员和八旗兵丁不断增加,顺治三年曾经颁布谕令,规定"京城内外无主园地,酌量拨给诸王府"③。顺治四年,又采纳户部以下奏请:

> 去年八旗圈地,止圈一面,内薄地甚多,以致秋成歉收。今年东来满洲,又无地耕种。……应于近京府州县内,不论有主、无主地土,拨换去年所圈薄地,并给今后东来满洲。其被圈之民,于满洲未圈州县内,查屯田卫等地拨补,仍照迁移远近豁免钱粮;四百里者准免二年,三百里者准免一年。以后无复再圈民地,庶满汉两便。④

第三次圈地活动,遂在这一建议下得到推行。

在以上三次圈地行动之中,满、蒙、汉军八旗在京畿附近共圈占土地十四万一百二十八顷八十一亩。其中满洲八旗圈地九万六千三百九十六顷十七亩,约占圈地总数的百分之六十八点七九;蒙、汉八旗合计圈地四万三千七百三十二顷六十四亩,约占圈地面积的百分之三十一点二一。在满洲八旗中,正黄、镶黄两旗占地面积最多,其次为正

---

① 《清世祖实录》卷十二。
② 《清世祖实录》卷二十。
③ 光绪《畿辅通志》卷九十五《略五十·政经二·旗租》,转引自中国人民大学清史研究所编:《清代的旗地》,中华书局1989年版。
④ 《清世祖实录》卷三十。

白、镶白两旗,再次为正蓝、镶蓝两旗,最后是正红、镶红两旗。①

八旗之所以在近畿圈地,分析起来,原因有三。其一是"以田代饷",酬庸勋戚,豢养旗人。据《畿辅通志》卷九十五载:

> 本朝八旗禁旅,带甲数百万,制于近畿四百里内,圈地以代饷,雄县为镶黄旗所分属焉。惟此项旗地,朝廷用以豢养旗仆,永远不纳官租。

其二是便于安置战争中所俘获的大量汉民。这些俘虏可供皇庄、王庄、旗兵家业作为农奴和奴隶来役使。其三是出于军事目的。清朝统治者以少数民族入主中原,为防汉人叛乱,采用这种形式,在以北京为中心、方圆五百里的京畿之地布下了八旗势力。顺治十二年八月,关于"畿辅之地,乃天下根本,必加意安养,使民生乐业,方能自近及远,渐至太平"②的诏谕,即清楚地表明了清朝统治者的这一目的。

(二) 圈地的丈量与分配

1. 圈地的丈量

圈地的丈量之法,与以往的步弓丈量法不同。丈量州县地用步弓,各旗庄屯地用绳。用步弓曰丈,用绳曰圈。满人入关之初,急于安置南下勋戚、功臣、士兵,其绳之长短并无统一标准。姚文燮的《圈占记》即载:

> 圈占非古也。本朝八旗禁旅,带甲数百万,制于近畿四百里内,圈地以给饷,雄县为镶黄旗所分属焉。凡圈民地,请旨户部,遣满官同有司率笔帖式,拨什库甲丁等员役,所至村庄,相度亩数,两骑前后牵部颁绳索,以记四周,而总积之。每圈共得几百十晌,每壮丁分给五晌,晌六亩,晌者折一绳方广。其法捷于弓丈,圈一定,则庐舍场圃皆屯有,而粮籍以除。③

两骑携绳奔驰,不管有主、无主,绳索之内的房舍土地都归八旗所有了。

2. 圈地的分配

经过圈占的土地,一部分被分配给八旗官员与兵丁。其具体的土地分配办法,顺治二年(1645年)规定:

> 定给诸王、贝勒、贝子、公等大庄,每所地四百二十亩至七百二十亩不等;半庄,每所地二百四十亩至三百六十亩不等;园,每所地六十亩至百二十亩不等。又内府总管,给园地四十八亩;亲王府管,领三十亩;各府给事人员,俱给地有差。又定王以下各官所属壮丁,计口给地三十六亩,停支口粮。④

顺治四年规定:参领以下官员给地六十亩,官职升迁者不予增加,已故降格者亦不退

---

① 陈锋:《清代军费研究》,武汉大学出版社1992年版,第27页。
② 《畿辅通志》卷一,《皇清奏议》卷十一、卷三十七。
③ 《皇朝经世文编》卷三十一。
④ 《清朝文献通考》卷五《田赋考五·八旗田制》。

还。顺治六年(1649年)又规定：

> 公、侯、伯各给圈地三百亩,子二百四十亩,男一百八十亩,都统、尚书、轻车骑都尉一百二十亩,副都统、侍郎、骑都尉六十亩,一等侍卫、护卫、参领四十二亩,二等侍卫、护卫三十亩,三等侍卫、护卫二十四亩。①

同时,还改变官职升迁不予增加的规定,改为督抚、布按、总兵给园地三十六亩,道、副将、参领给园地二十四亩,府、州、县等官给园地十八亩。此外,也对"新来壮丁给地三十亩"。顺治七年,又对公主、郡主、县主等所分田亩进行了规定。总之,八旗圈地的分配,基本是"官属兵丁,俱计丁授田";八旗官员,则按官职授田。

(三)圈地的兑换拨补

圈地的兑换拨补,始于顺治二年。在第一次圈地过程中,旗地与民田相互交错。柳寅东建议满汉分居,重新兑换拨补土地,得到世祖同意,乃"传谕各州、县有司",实行以下兑换拨补之制：

> 凡民间房屋,有为满洲圈占,兑换他处者,但视其田产美恶,速行补给,务令均平。倘赡顾徇庇,不从公速拨,耽延时日,尔部察出,从重处分。②

由于这次圈占民田较少,兑换拨补十分及时。

在第二次圈地过程中,圈占了许多民间田土房屋。顺治二年十二月,户部尚书英俄尔岱等奏言：

> 臣等奉命圈给旗下地亩,查得易州、安肃等州县、军卫共三十六处无主田地,尽数拨给旗下,犹若不足。……议将易州等县有主田地酌量给兵,而以满洲等处无主田地就近给民,庶几两利。③

顺治帝接受此议,进行圈地的兑换拨补。但是,这次拨补的土地十分遥远,"庐舍田园顿非其故",而且还有虚报拨补而并无拨补的情况出现。

第三次圈地时,"于近京府州县内,不论有主、无主地土,拨换去年所圈薄地,并给今年东来满洲。其被圈之民,于满洲未圈州县内,查屯卫等地拨补"。这是清初第一次大规模的土地兑换拨补,波及九十多个州县卫。其中以五十二个州县卫的瘠地,拨换了三十八个州县卫的良田,共计九十九万三千七百零七晌。④

圈地曾于顺治四年下令停止,但私自圈占始终不断。顺治八年二月,在上谕户部"将前圈地土尽数退还原主"的诏旨中,同时就有"各处圈占民地,以备猎放鹰往来下营之所"⑤的规定。由于旗人不善经营土地,加之自然灾害,肥沃的良田变为荒地,旗人生

---

① 《清朝文献通考》卷五《田赋考五·八旗田制》。
② 《八旗通志》卷六十二。
③ 《清世祖实录》卷二十二。
④ 《清世祖实录》卷三十。
⑤ 《清世祖实录》卷五十三。

计无着,只得再行圈占。这成为圈地屡禁不止的重要原因。

顺治十年曾经规定:"取每壮丁退出一晌之地及内务府退出地亩发给,如地不敷,将与满洲地界相连民地取拨。"①并且强调:"圈拨民间房地,永行停止。"②但是,实际情况却是"比年以来,复将民间房地圈给旗下,以致民生失业,衣食无资,流离困苦,深为可悯"③。不仅民人深受圈地拨补之苦,而且旗人也在康熙五年(1666年)镶黄旗鳌拜与正白旗苏克萨哈的内讧中深受其害。当时,执政的鳌拜倚仗权势,将多尔衮当政时圈给正白旗的土地拨换给镶黄旗,引发了清初第二次大规模的拨补兑换。据《清世祖实录》卷十八载:

> 于是,涿州镶黄旗壮丁移入顺义、密云、怀柔、平谷四县,并圈给民地。河间、雄县、大城、新安、任邱、肃宁、容城等七县内镶黄旗壮丁,以通州、三河迤东大路北边至丰润县地、永平县周围留剩地及遵化至永平路北夹空地圈给。俟镶黄旗迁徙事峻,再差员将正白旗满洲地、投充人地、皇庄地丈量明白,取得实数,酌议分拨。

在这次拨补兑换过程中,其他各旗也乘机圈占民间土地,导致民人以及旗人的又一次劫难。

康熙六年(1667年),清廷严格限定了换地标准。八年再次下令:"圈占民间房地,永行停止。"④同时,鼓励"宗室官员及甲兵"去关外开垦,使八旗圈地开始转向关外发展。康熙九年,又采纳户部奏议,正式规定:

> 今以古北口外地拨与镶黄、正黄旗,罗文峪外地拨与正白旗,冷口外地拨与镶白、正蓝旗,张家口外地拨与镶红、镶蓝旗。⑤

康熙中期以后,盛京三部在兴京、辽阳、牛庄、岫岩、吉林、宁古塔、齐齐哈尔等各处圈占良田,继续建立庄屯,圈地并未真正停止。在关内地区,由于旗人不事生产,有典卖旗地,"无房可住,无田可耕"者;有"不肖人员借端扰害百姓,圈占民人良田,以不堪地亩抵换"者;有"地方豪强隐占存部良田,妄指民人地亩拨给"者。⑥ 直到康熙二十四年(1685年),圈地法才在关内地区最终停止。

三、投充制度

在圈地法的威势之下,许多农民为躲避土地兼并和赋税徭役,被迫携带土地投充旗下为奴,形成了带地投充制度,从而成为旗地的又一来源。在康熙《大清会典》中,有

---

① 《武清县志》卷十。
② 《清朝文献通考》卷五《田赋考五·八旗田制》。
③ 《清圣祖实录》卷三十。
④ 同上。
⑤ 《八旗通志》卷十八。
⑥ 《清圣祖实录》卷一百十五。

关于清初投充制度的规定：

> 顺治元年定,凡旗下汉人,有父母、兄弟、妻子情愿入旗同居者,地方官给文,赴部入册,不许带田地投献。二年题准,畿辅管庄人等强压愚民及工匠,令投充者,在内许赴户部、五城御史、顺天府,在外赴道府州县告理,审实释放。……三年题准,自次年为始,汉人投充旗下,永行停止。……顺治五年覆准,投充人即系奴仆,本主愿卖者听。①

投充者大体分为两类。一类是受到某种勒逼,为保全性命和财产的百姓。如清朝档案史料所载：

> 生离死别,异体同酸;背井违乡,千家一哭。谁无父祖,因饥寒为异姓之奴;各有家室,使妻子作他人之妾。斯人间之极惨,数命遭逢;抑凤世之不仁,宽仁之致。设身处地,触目惊心！嗟我秦邮陳地,有限人民,勾兹洪水滔天,几多岁月,一派汪洋,竟难觅鸠形鹄面;千歧奔鼠,那复顾剑树刀山。投旗者动盈百口,何异绝流而渔！②

另一类则系游手好闲的刁顽之徒,他们投充旗下以求庇护,反而可借旗人势力横行乡里。这类人的行为,据清朝档案史料记载：

> 或恐田地被征而带地投充,或无地诈取他人之地投充,况且投充之地有额。如是倚势强占,弊端百出。自称旗人,为非作歹,肆行害人。收纳投充之主全不得知,惟信投充人言,纵其妄为。故告御状者,或往都察院、通政司词讼者,蜂拥而至,争相不息,刑审殊兴。③

投充制度带来很多社会问题,从顺治四年起,就曾颁布"投充一事,著永行停止"④的谕令。但是,由于皇室庄田、宗室庄田等旗地不断扩大,贫苦百姓和刁顽之徒又层出不穷,故投充制度一直延续到嘉庆(1796—1820年)年间。

四、圈地法的社会弊端

圈地法的长期推行,给清朝政权带来了严重的社会弊端。首先,圈地法造成了整个社会的动荡不安。圈地法历时四十余年,虽有兑换拨补之制,但广大农民破产失业,饱受颠沛流离之苦,严重影响了经济的发展和社会的稳定。在顺治四年颁布的谕令中,曾经明确指出：

---

① 康熙《大清会典》卷二十三《户部七·户口》。
② 《清代档案史料丛编》第四辑,中华书局1979年版。
③ 同上。
④ 《清世祖实录》卷三十一。

今闻被圈之民流离失所,煽惑讹言,相从为盗,以致陷罪者多,深为可怜。①

顺治十一年(1654年),魏裔介在上奏条陈中亦尖锐地指出:

直隶顺、永、保、河等府之民,自圈地、圈房之后,饥寒迫身,遂致起而为盗。②

经过圈地及兑换拨补之后,国家丧失了许多劳动力。这些离家失所的农民,自然成为社会中的一部分不稳定因素。而投充制度也带来很大弊端。据《良乡县志》卷三记载:

(良乡县)原额民地二千九百一十八顷二十四亩二分五厘九毫,共征银一万三千四百八十两三钱二分三厘。顺治二、三、四年,历奉部差,圈给正黄旗屯地暨县民肖三魁、毕仁贵、李其祚等投充正黄旗带去民地,通共去地二千九百一十八顷二十四亩二分五厘九毫,额地无存。

在投充过程中,多有"将他人之地,无论同姓、异姓,其地尽附于己以献主"的现象。③ 故圈地法及其投充制度给广大农民带来巨大灾难,将许多农民逼得走投无路。

其次,圈地法严重影响了国家的赋税收入。圈地本身就是为了豢养酬庸,被圈占的土地虽多是膏腴之田,但却赋役全免,加之旗人不善生产,膏腴之地大都荒芜,而从事农业生产的农民,又失去了最重要的生产资料,故国家的赋税收入大量减少。《良乡县志》卷三即一针见血地指出了这一点:

由前清入关之初,膏腴之田尽被圈入,竟将阖县民粮全行撤销,而民间每年交纳之旗租,至数十万缗之多,至今民困未苏,职是故也。虽由定州拨补,代征余租,每年仅得银一千余两,杯水车薪,于事奚济?

不仅如此,各地官吏还往往徇私舞弊,故意隐匿田亩面积,隐瞒田粮赋役,也给国家造成了不应有的损失。《八旗通志》卷六十三也有这方面的详细记述:

八旗地亩,坐落于直属州县,为数浩繁,片段错落,非逐细勘丈,无由知其确数。而该佐领下领催人等,贪图私取租银,勾连地户,将余出地及绝户地隐匿不报。亦有佃户,因无业户取租,乘机隐漏,认为己业者;更有隐匿年久,竟认为垦荒者报纳粮者。

圈地法以及拨充兑换、带地投充之制,正是清初顺治(1644—1661年)年间农业生产止步不前、社会经济迟迟不能恢复、国库长期出现严重亏空的重要原因之一。

第三节 土地耕垦管理与法律调整

清朝建国之初,经受了长期的战争影响,社会经济遭到严重破坏,流亡人丁与荒芜

---

① 《清世祖实录》卷三十一。
② 《清世祖实录》卷一百二十五。
③ 《雄县志》卷三。

土地大量涌现,统治者面临着严峻的社会危机。为了及时解决这一社会问题,从顺治(1644—1661年)、康熙(1662—1722年)到雍正(1723—1735年)、乾隆(1636—1795年)年间,连续推行垦田法,旨在尽快将流亡人丁与荒芜土地结合起来,实现稳定社会秩序、增加财政收入的目的。综观清朝前期的垦田法,主要是恢复封建统治秩序,重建封建社会经济。进入清朝中期,垦田法成为缓和调解地主阶级和农民阶级之间社会矛盾的法律手段。为了更好地贯彻实施垦田法,鼓励农民积极开荒生产,清朝政权颁布各种律令法规,由官府提供耕牛、粮种、农具等生产资料,放宽垦荒起科年限,奖励地主乡绅开荒生产,加强官吏垦荒政绩的考核,重新确认垦田的产权归属。

一、顺治、康熙时期的垦田法

清初顺治(1644—1661年)时期,基本处于战乱状态,广大农民流离失所,大量土地人为抛荒。如文献记载:"山东地土荒芜,有一户之中止存一二人,十亩之田止种一二亩者"①;陕西、甘肃一带,"民间所种熟田,不过近载城衍之处,其余则荒芜弥望,久无耕耨之迹"②。据学者统计,明末崇祯(1628—1644年)年间,全国土地总数尚有七亿八千万亩;而顺治十二年,全国登记的垦田总数仅为三亿八千万亩。③ 大批丧失土地的农民成为流民,纷纷逃往深山穷谷之中,有些人甚至迫于饥寒,拿起刀枪与清廷抗争,社会出现剧烈动荡。为稳定社会秩序,加强地主阶级专政,清朝政权颁布了一系列鼓励垦荒生产方面的律令法规。但是,这些律令法规并未得到顺利贯彻执行。究其原因,正如康熙七年(1668年)四月御史徐旭龄所指出的那样:顺治(1644—1661年)以来,垦田法"行之二十余年而无成效","一则科差太急,而富民以有田为累;一则招徕无资,而贫民以受田为苦;一则考成太宽,而有司不以垦田为职"④。进入康熙(1662—1722年)年间,政治经济形势趋于稳定,朝廷及时总结经验教训,重新修订颁行了垦田法。综观顺治、康熙时期的垦田法,主要包括以下诸方面内容。

第一,放宽新开垦荒田的起科年限,给予减免一定赋税负担的优待,以鼓励广大民众积极垦荒生产。顺治元年颁布的垦田法规定:原属长期荒芜的土地,"三年起科"⑤。次年补充规定:原属已垦耕地而人为抛荒的"新荒"田,"一年后供赋"⑥。顺治六年颁布的劝民垦田令中,起科年限延长为六年。但是,顺治十一年,清廷以"国赋告匮",宣布顺治"九、十两年开垦者,似难遵三年起科之令,俱责令于十一年起科征解";同时,"再限三年全垦"的未垦田土,也要"通限于十二年全垦",而且不管能否垦种,一律"于

---

① 《清世祖实录》卷十三。
② 《明清史料》第三本《陕西三边总督孟乔芳揭贴》。
③ 参见梁方仲:《中国历代户口、田地、田赋统计》,上海人民出版社1980年版。
④ 王先谦:《东华录》康熙七年四月辛卯。
⑤ 康熙《大清会典》卷二十《户部四·田土一·开垦》。
⑥ 《清朝文献通考》卷一《田赋考一》。

十二年征粮"①。由于顺治年间的垦荒成效不大,康熙元年(1662年)下令:各省荒地,"限自康熙二年为始,五年垦完。六年秋,请旨遣官严查各省垦过地亩,如荒芜尚多,督抚以下分别议处"②。这次垦荒的重点,主要集中于刚刚结束战争的云贵地区及地广人稀的湖广、四川。至康熙十年,接受大臣的条奏建议,在全国范围内放宽起科年限,规定新垦荒地,"三年后再宽一年"③,即改为四年起科。次年,又定为六年起科。康熙十二年,再度宽限为十年起科,规定"嗣后各省开垦荒地,俱再加宽限,通计十年,方行起科"④。直至发生三藩之乱,才于康熙十五年恢复三年起科。平定三藩之乱后,又于康熙十八年决定:"开垦荒田,仍准六年后起科。"⑤上述放宽起科年限的立法内容,有利于推动垦荒生产,恢复社会经济,稳定社会秩序。

第二,由官府提供耕牛、种子、农具等生产资料,以解决垦荒者生产、生活中的实际困难。顺治元年(1664年)规定,凡招徕垦荒流民及缺乏生产资料者,由官府提供耕牛、种籽、农具等。⑥ 顺治十年规定:"四川荒地,官给牛种,听兵民开垦,酌量补还价值。"⑦ 康熙四年,为安顿湖广的归州、巴东、长阳等州县流民,也对"苦无农器"者"酌给牛、种、银两"⑧。这些耕牛、种粮及农具等生产资料,或由官府直接置办发放,或向官府借贷银两自行筹办,并在二至三年内归还领取的钱物。

第三,对新开垦的无主荒地"永准为业",从法律上承认其土地田产的所有权。顺治六年(1649年)颁布的鼓励流民垦荒的法令规定:

> 著户部、都察院传谕各抚按,转行道府州县有司,凡各处逃亡民人,不论原籍、别籍,必广加招徕,编入保军,俾之安居乐业。察本地无主荒田,州县官给以印信执照,开垦耕种,永准为业。俟耕至六年后,有司官亲察成熟亩数,抚按勘实,奏诣奉旨,方议征收钱粮。其六年以前,不许开征,不许分毫佥派差徭。如纵容衙官、衙役、乡约、甲长借端科害,州县印官无所辞罪。务使逃民复业,田地垦辟渐多,各州县以招民设法劝耕之多寡为优劣,道府以责成催督之勤惰为殿最。每岁终,抚按分别具奏,载入考成,该部院速颁示遵行。⑨

从这一法令规定可以看出:(1)清朝政权将流民编入保甲,以阻止其随便流动;(2)农民开垦的荒田,可以获得印信执照,取得该土地田产的所有权,永准为业;(3)荒田开垦必须经过六年后,才允许征收赋税,差派徭役;(4)招徕流民和开垦荒地的数量多

---

① 蔡士英:《抚江集》卷八《江省钱粮压久甚多疏》。
② 康熙《大清会典》卷二十《户部四·田土一·开垦》。
③ 康熙《大清会典》卷二十四《户部八·赋役一》。
④ 《清圣祖实录》卷四十四。
⑤ 康熙《大清会典》卷二十四《户部八·赋役一》。
⑥ 《清世祖实录》卷七。
⑦ 嘉庆《四川通志》卷六十三《食货·田赋下》。
⑧ 《清世祖实录》卷十四。
⑨ 《清世祖实录》卷四十三。

少,是评定有关官吏政绩的重要标准。这些措施对促使流亡农民重新附着于土地从事耕作,尽快恢复社会经济,具有积极的推动作用。

第四,在部分国有土地上,集中开展屯田垦荒生产。自顺治元年清朝入关时起,即颁布屯田垦荒法令,将部分州县卫无主荒地分给一些流民和军队官兵集中垦种,并由官府借给屯资或提供耕牛、种子、农具等生产资料,在部分国有官田分别推行民屯与军屯制度。屯田法首先实施于直隶一带,后又推行于新疆、东北、蒙古、青海、热河等边疆地区。特别是康熙(1662—1722年)、雍正(1723—1735年)以后新疆地区的屯田,可以说是清朝的一大贡献。新疆地区的屯田分为军屯、民屯、遣犯屯田三种,民屯又分为汉民屯田和回民屯田。它加速了这一地区的经济发展,促进了民族融合,改善了驻防军士的生活与作战条件。

顺治十一年,为了解决军需供给问题,曾于湖广、江西、河南、山东、陕西五省施行民屯法,并专设兴屯道厅进行管理。但是,当时不仅官府提供的生产资料十分有限,而且还要强制征收高额地租。如顺治十二年(1655年)就曾规定:

> 直省兴屯,官助牛种者,所收籽粒三分取一;民自备牛种者,十分取一,二年、三年三分取一,三年后永准为业。①

生产资料的严重不足,屯田地租的沉重负担,加之屯田主管官员的徇私舞弊,直接影响到屯田法的顺利实施。顺治十二年,清廷被迫撤销兴屯道厅。十三年(1656年),又将民屯土地改为民田,"课额租赋,照民地例起科"②。于是,民屯法逐渐名存实亡。

军屯法最初只是试行,曾采用滇省"驻军屯田,计亩抵饷"的办法。但是,这些驻军或将屯田予以出租,"收租准俸";或将屯田变相出卖,由买者"输粮卫所",以供兵饷。陕西固镇一千名士兵曾被拨赴环县、平凤、监巩等处屯种,结果"一年所获杂粮,不及月饷之半"。自康熙时起,开始在边疆地区正式推行军屯法,主要集中于黑龙江、新疆、蒙古等地,尤以新疆地区最为重要。黑龙江设置旗兵,是在康熙二十年签订《尼布楚条约》后。雍正十三年与乾隆十年又两次充实旗兵,在北方形成了一道可耕可守的旗屯防线。新疆军屯是在乾隆二十二年(1757年)镇压准噶尔部叛乱后,为稳定西部边陲而设立的。在军屯法的实施过程中,实行兵农结合、汉回结合,而且兵屯逐渐让位于户屯,起到了稳定军队和巩固边疆的作用。

第五,顺治十三年,在实施垦田法的过程中,还规定了奖励地主乡绅垦荒生产的法律内容。这项立法内容,可以充分发挥和利用地主乡绅所拥有的政治、经济实力进行垦荒生产,使国家"不烦帑金之费,而坐收额课之盈"③,弥补国库赋税财政收入的不足。

---

① 康熙《大清会典》卷二十《户部四·田土一·开垦》。
② 康熙《大清会典》卷二十四《户部八·赋役一》。
③ 《清世祖实录》卷一百二十一。

该法明确规定：

> 各省屯田荒地，已行归并有司，即照三年起科事例广行招垦。如有殷实人户，能开至二千亩以上者，照辽阳招民事例量为录用。①

所谓"辽阳招民事例"，即指下列鼓励垦荒的法律规定：

> 招民一百名者，文授知县，武授守备；百名以下、十名以上者，文授州同、州判，武授千总；五十名以下者，文授县丞、主簿，武授把总。若数外多招，每百名加一级。②

该法推行于全国后，具体内容发生了一些变化。如顺治十四年，户部规定：

> 文武乡绅垦五十顷以上者，现任者纪录，致仕者给匾旌奖。其贡监生、民人有主荒地，仍听本主开垦。如本主不能开垦者，该地方招民，给与印照开垦，永为己业。③

十七年（1660年），又提高对地主乡绅的奖励，进一步规定：

> 垦地百顷以上，考试文义优通者，以知县用；疏浅者，以守备用。垦地二十顷以上，文义优通者，以县丞用；疏浅者，以百总用。④

康熙（1662—1722年）年间，清廷颁令重申了这项规定。

第六，对各级官员的垦田政绩进行严格考核。垦田法的有效实行，有赖于各级官员。顺治二年二月，贵州道监察御史刘明英就曾在奏疏中讲道："比年以来，烽烟不清，赤地千里"，要使"农事兴而贡赋裕"，除"率民力作"之外，还必须"令抚按察核，以所属境内无荒土者注上考"⑤。顺治六年的劝民垦田令，即有对于官员垦田政绩进行考核的内容，但这只是一个概括性的规定。顺治十五年，清廷较为系统完整地规定了垦荒考核方面的法律制度：

> 督抚按一年内垦至二千顷以上者纪录，六千顷以上者加陞一级；道府垦至一千顷以上者纪录，二千顷以上者加陞一级；州县垦至一百顷以上者纪录，三百顷以上者加陞一级；卫所官员垦至五十顷以上者纪录，一百顷以上者加陞一级。……若开垦不实及开过复荒，新旧官俱分别治罪。⑥

这项法令严格规定了各级官员推行垦田法的考核奖惩内容。进入康熙（1662—1722年）初年，针对以往官吏虚报垦荒数目和垦田重新荒芜的情况，再度颁布官员考核

---

① 《清世祖实录》卷一百二。
② 文献廷：《广阳杂记》卷三。
③ 《清世祖实录》卷一百零二。
④ 康熙《大清会典》卷八《史部六·汉缺选法》。
⑤ 《清世祖实录》卷十四。
⑥ 《清朝文献通考》卷一百零九。

条例:

> 垦地后复荒者,削去督抚等官开垦时纪录;如加俸,督抚罚俸一年,道府降一级住俸,州县、卫所官降三级住俸,勒限一年令开垦。如限内垦完者,开复;不完者,督抚降一级、罚俸一年,道府降二级调用,州县、卫所官降三级调用。其前官垦成熟地,后任官复荒者,亦照经管开垦各官复荒例治罪。
>
> 荒地捏报垦熟者,原报督抚降二级、罚俸一年,道府降四级调用,州县、卫所官革职。①

至于省一级的布政使及府级同知、通判,也与抚按、府县等正印官一样,负有督劝垦荒的法律责任,故依法"一例"议叙。② 顺治(1644—1661 年)、康熙(1662—1722 年)年间的官员垦田考核制度,虽要求官员据实上报垦田数目,并将垦田政绩与官吏奖惩紧密结合,但其结果却是捏报垦田数目现象屡禁不绝。

二、雍正、乾隆时期的垦田法

雍正(1723—1735 年)、乾隆(1736—1795 年)时期,农业生产与社会经济得到持续发展,土地法律关系开始趋于稳定,土地法律制度也逐步定型。为了进一步鼓励垦荒生产,清朝政权继续颁布垦田法令,规定了一些新的法律内容。

第一,重新确定垦荒生产的起科年限及相关科则。雍正元年规定:"开垦水田,以六年起科;旱田,以十年起科。永著为令。"③雍正七年规定:由国家供给耕牛、种子、口粮的新垦荒地,成熟"五六年后,按则起科"④。对于边远地区,还采取了特殊的优惠政策。凡是前往宁夏垦荒的陕西无业农民,由官府给予路费,每户按百亩标准,以所垦荒田永为世业;凡是入川垦荒百姓,发给水田三十亩或旱田五十亩;若有子弟等成丁者,每丁另给水田十五亩或旱田二十五亩。乾隆二年(1737 年),颁布《承垦荒地令》,进一步规定:凡是开垦荒地者,必须提前呈报。无论土著居民或是流寓者,都以事先呈报为准,承认其土地所有权。⑤

经过顺治(1644—1661 年)、康熙(1662—1722 年)、雍正(1723—1735 年)三朝的垦荒生产,比较容易开垦的荒地基本已经得到耕垦种植。于是,清朝政权转而鼓励农民向边远省份及山间川泽地区发展。乾隆五年,曾下令规定:

> 凡边省内地零星地土可以开垦者,嗣后悉听该地民夷垦种,免其开科,并严禁豪强首告争夺。⑥

---

① 康熙《大清会典》卷二十《户部四·田土一·开垦》。
② 同上。
③ 《大清会典事例》卷一百六十六《户部·田赋·开垦一》。
④ 《清世宗实录》卷八十。
⑤ 《清朝文献通考》卷四《田赋考四·田赋之制》。
⑥ 同上。

乾隆三十一年(1766年)规定:山头地角在三亩以上者,开垦后比照旱田,十年起科;水滨河尾在二亩以上者,开垦后比照水田,六年起科。其起科标准,按照最低规定征收。而山地三亩以下,水地二亩以下,永免升科。这些规定调动了农民开垦荒地的积极性,使一些零星土地也得到了开发。

第二,严禁隐瞒欺占垦荒土地。在开垦荒田过程中,经常出现隐瞒欺占垦荒土地的违法行为,影响了国家的赋税收入。雍正五年,曾发布上谕规定:凡是农民自行开垦荒地"隐匿未报"或"垦多报少"者,"准各省官民自行出首,将从前侵隐之罪悉从宽免,其未纳之钱粮不复追问。定期一年,令其首报,于雍正七年入额征解"。其后,又"展限六个月"①。至乾隆六年(1741年),颁布处罚隐占垦田条例,严厉规定:

> 凡文武官及绅士,将新垦地及熟地隐匿一亩以上至一顷以上者,分别议处;军民隐地一亩以上至一顷以上者,分别责惩;所隐地入官,所隐钱粮按年行追。②

第三,严禁官吏借垦荒生产索求个人所需。据《世宗宪皇帝圣训》卷二十五《重边桑》载:

> 向来开垦之弊,自州县以至督抚,俱需索陋规,致垦荒之费浮于买价,百姓畏缩不前,往往膏腴荒弃。

为了扭转这种现象,雍正七年(1729年)颁令规定:

> 各省凡有可垦之外,听民相度地宜,自垦自报;地方官不得勒索,胥吏亦不得阻挠。③

第四,保护垦荒者的私有土地所有权,禁止违法夺佃换田。顺治(1644—1661年)、康熙(1662—1722年)年间,曾多次颁布垦田法,承认农民对新垦荒地的所有权,限制原来的田主擅自"认业",保护垦荒者的利益。如康熙二十二年制定的河南《垦荒事宜》即规定:

> 凡地土有数年无人耕种完粮者,即系抛荒;以后如已垦熟,不许原主复问。④

其他各省也有此类规定,有的省还向开垦荒田者颁发"印信执照",从法律上承认并保护其所垦荒田的所有权。至雍正二十年略做调整,重新规定:

> 嗣后各州县,凡遇开垦,先将土地界址出示晓谕;定期五月内,许业主自行呈明。如逾期不报,即将执照给原垦人承种管业。⑤

---

① 《清朝文献通考》卷三《田赋考三·田赋之制》。
② 《清朝文朝通考》卷四《田赋考四·田赋之制》。
③ 《清世宗实录》卷七、卷八。
④ 《清圣祖实录》卷一百零八。
⑤ 光绪《大清会典事例》卷一百六十六。

次年又规定:"五年之内,逃户来归,对半平分;五年之后,悉归垦良,不许争执。"① 在乾隆二年(1737年)的《承垦荒地令》中,以纳税为前提,肯定了垦荒者的土地所有权。乾隆五年(1740年)又规定:

> 民地先令业主垦种,如业主无力,始许他人承垦;成熟之后,业主亦不得追夺。②

此外,清朝垦田法还肯定垦荒土地上的主佃关系。如乾隆七年规定:"准原佃子孙永远承耕,业主不得换佃";"业主或欲自耕,应合计原地肥瘠,业佃均分,报官执业"③。土地私有权和主佃关系的法律保护,调动了农民垦荒生产的热情,相对减少了农民与地主的摩擦,有利于社会秩序的稳定和国家收入的增加。

第四节　更名田法的颁布实施

更名田法始于康熙八年,主要施行于直隶、山西、山东、河南、湖北、湖南、陕西、甘肃八省。其中直隶、河南、湖北及湖南更名田最多,山东与陕西次之,而山西较少。④ 所谓更名田,据《皇朝政典类纂》卷一的解释,就是"将未变价地亩给与原种之人,改为民户,号为更名地,永为业主"。因此,更名田法实际是重新调整变更明朝原有部分土地所有权的一项土地法律制度。

一、更名田的来源

更名田主要来源于明朝皇室、宗亲、藩王、勋贵等占有的大片庄田,其具体形式为"王庄、畿辅皇庄、官庄、勋戚赐田"⑤及明朝朱氏皇陵的祀田与香火地等。所谓皇庄,是皇帝及其后妃的庄田,主要分布在京畿附近,其总额约有数万顷之多。王庄是皇族中的宗室亲王所拥有的土地,王府主要通过钦赐、奏讨、夺买、强占、投献等途径占有大量肥田沃土,总数至少在二三十万顷以上。勋戚庄田是外戚、宦官及官僚、贵族等占有的土地,其来源除朝廷钦赐外,也有对农民土地的强夺。如《明史》卷三百《外戚·王镇传》载:

> 外戚王源赐田,初止二十七顷,乃令其家奴别立四至,占夺民产至二千二百余顷。及贫民赴告,御史刘乔徇情曲奏,致源无忌惮,家奴益横。

---

① 《清代内阁钞档》地丁题本(九)《山东四》,转引自马伯煌:《中国经济政策思想史》,云南人民出版社1993年版。
② 《清朝通志》卷八十一《食货略》。
③ 《清高宗实录》卷一百七十五。
④ 参见商鸿逵:《略论清初经济恢复和巩固的过程及成就》,载《明清史论著合集》,北京大学出版社1988年版。
⑤ 《福惠全书》卷八《杂课部·更名地》。

嘉靖八年(1529年),奉命修纂《大明会典》的霍韬也曾指出:

> 自洪武迄弘治百四十年,天下额田已减强半,而湖广、河南、广东失额尤多,非拨给于王府,则欺隐于猾民。①

此处的"猾民",即指各类官僚权贵、地主豪右而言。随着明朝政权的土崩瓦解,这些皇庄、王庄、官庄等各类庄田受到剧烈冲击,纷纷落入满族贵族、八旗官兵、豪强地主及部分农民手中,也有一些无人耕种的土地成为无主弃田。因此,到清朝初年时,原有土地占有关系已发生巨大变化:

第一,一部分原来的皇庄、王庄、官庄等土地田产,被纳入清朝初年的圈地范围之中。清朝入关以后,为了安排满洲贵族和八旗官兵,在畿辅一带的各州县进行了圈地。由于明朝皇庄、官庄及养赡田、香火地等大多集中于此,故除茅碱砂砾地外,明朝皇室藩王庄田几乎全被圈占。

第二,相当一批原来的皇庄、王庄、官庄等土地田产,则被各地的豪强势力抢夺侵占。明朝的皇庄、王庄、官庄等土地田产,一般都是肥田沃土。清朝入关前后,这些土地很快被各地豪强势力抢夺侵占。顺治十年,户部尚书噶洪达就曾谈到:

> 臣计五省(河南、湖广、山东、山西、陕西)中,明宗王府不下数十处。其原封之田及私置庄田,俱散在各州县。又有叛贼逃宦遗下田宅产业,俱有册籍可查。数年来,半为土豪武弁侵占。②

曲阜孔府也加入了侵占明朝藩王田产的行列之中。根据《孔府档案》的记录,当时它们所拥有的这部分土地田产,主要有东平州德藩籽粒地九十三顷、滋阳县鲁王庄地三十余顷、阳谷县废藩籽粒地二顷四十三亩九分等等。康熙七年,官府还曾要求孔府统计曲阜及其周围各邑族人占有明朝藩王庄田的状况。此外,在清朝初年清查明朝藩王庄田的过程中,以往管理藩田的承应、庄头、校尉、中军等,也往往借机抢夺侵占。所以,在清查过程中,官府经常提到"有无中军旗鼓等官及势豪隐占"的问题,要求"严加确查"③。

第三,这部分土地田产,有的也被军队官兵、起义农民或原有佃户占有耕种。在明末农民战争中,明朝各地建藩的二十八个王府中,直接被农民起义军摧毁的就有秦、韩、瑞、肃、福、崇、代、晋、楚、岷、襄、柱、蜀等十几个,其余的也受到不同程度的打击。于是,一些军队官兵、起义农民或原有佃户等,也直接占有耕种这些土地。如山西大同府的明朝朱姓宗室被农民军镇压后,其原有的一部分田宅即被清朝大同总兵官姜瓖"厚赏"给"从军效力有功将佐",另有"故宗空房共一千六十所,地一千三百七十余顷,

---

① 《明史》卷七十七《食货志一·田制》。
② 《清代档案史料丛编》第四辑。
③ 同上。

大小窝庄五十八处",则等待"召人住种"①。山东青州府原为宗室衡王封地,在农民起义军的鼓舞下,当地农民纷纷起来反抗,其原有田宅也被一些"仆佃悉行侵欺"②。

第四,还有一些皇庄、王庄、官庄等土地田产,则因无人耕种而成为无主弃田。在明末清初几十年的长期战乱中,许多农民流离失所,大量耕地人为抛荒,一部分明朝藩王庄田也被荒弃。如山西汾州,"旧有明封庆成、永和二王额赐王田,召佃输租,以赡禄养"。自明朝末年,"遭流贼蹂躏。王师恢复之后,白骨如山,青磷遍野;城中房舍,焚毁殆尽。即求当田原契,亦多失落无存。承业原人,十死八九。乡田荒芜,无人承种。原日佃丁,或杀或逃。即多方招徕,百无一二"③。"湖南叠遭兵火,田地尽荒";"即以田让人,听其认垦纳粮,犹有称艰不为者"④。

二、清初对明朝藩田的政策

自顺治元年清朝入关,到康熙八年颁行更名田法,先后历经二十五年时间。随着清朝政权的逐步稳固,他们对于明朝藩王田土的政策,也从最初的"俱准照旧","仍加恩养";到有主田地"量口给与","无主荒田悉令输官,酌行分拨",纳入圈地;再到"变价"入册,"与民一体起科"等;其间经历了多次重大变化。

清朝初年,为了减少其入主中原统治全国的阻力,曾采取拉拢汉族地主及原明朝官员的态度。对于明朝原来的藩王土地,也采取准其保有的政策。顺治元年五月,摄政王多尔衮进抵北京,便立即宣布:"朱姓各王归顺者,亦不夺其王爵,仍加恩养。"⑤七月,又下令规定:

> 故明勋戚赡田己业俱准照旧,乃朝廷特恩,不许官吏侵渔,土豪占种。各勋卫官亦须仰体,毋得滋事扰民。⑥

但是,这些政策并未真正付诸实施。到顺治元年底,为了安置入关的满洲贵族和八旗官兵,便开始在京畿地区进行大规模圈地。这次颁布的诏令明确规定:

> 凡近京各州县民人无主荒田及明国皇亲、驸马、公、侯、伯、太监等死于寇乱者无主田地甚多,尔部可概行清查。若本主尚存,或本主已死而子弟存者,量口给与。其余田地,尽行分给东来诸王、勋臣、兵丁人等。⑦

顺治二年正月又规定:"故明赏赉勋戚庄地及民间无主荒田,悉令输官,酌行分拨。"⑧此

---

① 《清代档案史料丛编》第四辑。
② 《明清史料》丙编第五本《登莱巡抚陈锦残题本》。
③ 《清代档案史料丛编》第四辑。
④ 同上。
⑤ 《清世祖实录》卷五。
⑥ 《清世祖实录》卷六。
⑦ 《清世祖实录》卷十二。
⑧ 《清世祖实录》卷十三。

后,京畿地区的明朝藩王田土大多被圈占或拨补。

明末农民起义军被彻底镇压下去后,以反清复明为旗帜的南明政权成为清朝政权集中打击的重要目标。于是,对于明朝宗室藩王田土的政策发生改变。顺治二年闰六月,下令规定:凡明朝宗室入仕者,"俱著解任;其考取举贡生员,永行停止;使为太平之民"。"明朝宗室故绝者,产业入官;见在者,分别等次,酌给赡田,入民册内"①。顺治三年,决定征收明朝藩王土地的田租赋税,以增加国库的财政收入。凡属其自置田土,"给本人赡养,与民一体纳赋"。

顺治四年以后,由于统一战争的不断继续,国家财政发生一定困难,甚至出现"一岁所入,不足一岁之出"的局面。② 为了解决这些问题,清朝政权又对明朝藩王田土实行变价之法。所谓变价之法,就是先将明朝藩王土地登记入册,再通过变价估算的处理方式,将其交还原管业者和承种人使用,并按当地百姓民田征收赋税。该法施行之初,为了鼓励百姓开垦土地,变价估算的银两都比较低平。如"河南省王府甚多",其田土"每亩估价止一钱或五六分不等";江西省王府"上等熟田,估价仅止一两"③。但是,在随后的变价估算过程中,清朝政权一再要求"驳增"变价,官府所获变价银两不断增多,对百姓的榨取和掠夺也不断加剧,由此产生了许多社会弊端,欺隐土地、低估地价的问题层出不穷。有鉴于此,在施行变价之法的过程中,清朝政权开展了调查清理活动。据当时的档案史料记载,调查清理内容主要包括:

> 见某藩、某产坐落某州县地土若干、房屋园地等若干,某勋、某叛逆坐落某州县地土若干;以前估变数目曾经何官确估,变过价银见今存贮何处,见在承种建何姓名。④

这项调查清理活动,前后进行二十年之久。由于明朝藩王田土来源十分混乱,后又历经明末清初的长期战乱,调查清理工作非常困难,而且始终未能完全杜绝地方官员豪势的欺隐行为。顺治十三年,胡全才在清查郧襄等处明朝藩王遗产揭帖中就曾谈到:

> (明朝)亲、郡王、将军、中尉等及藩府官员人等田土、房屋等项,有钦赐者,有自买者。自我朝以来,有变价者,有租佃者。但此等产业,赋役全书原不开载,藩府册经战乱无存,必有官吏侵肥,豪强隐占之弊。⑤

至康熙七年(1668年)十月,再次下令各地"悉行变价,照民地征粮"⑥。这次变价不仅将原已认纳租粮的土地也包括在内,同时向直隶、山东、河南、湖广、陕西五省各派满洲

---

① 《清世祖实录》卷十八。
② 《清世祖实录》卷四十四。
③ 《清代档案史料丛编》第四辑。
④ 同上。
⑤ 同上。
⑥ 《清圣祖实录》卷二十七。

钦差大臣二员,随带笔帖式,与当地督抚共同进行调查清理活动。然而,在调查清理过程中,再次出现官员为邀功请赏,逼迫民人"出不易之金钱,置不欲置之田产"①的问题。变价之法虽然加速了明朝原有藩王土地的民田化,但这些田土大多流入强宗豪富之家。变价之法并未真正缓解财政困难,"军需匮缺"②的问题仍是当时的严重问题。从顺治四年至康熙七年,变价田土约占全部明朝藩王庄田的三分之一。

在明朝宗室藩王的土地庄田中,有相当一部分属于投献田土。它们原本是各地百姓私有的民田,其中一部分是农民为躲避赋税课役而投靠明朝宗室藩王,另一部分则是地方豪强为求藩王庇护而强占他人土地进行投献。李东阳《应诏陈言奏》就曾指出:

> 窃见畿甸等处,奸民恶党竟指空闲田地,以投献为名。藩土世家辄行陈乞,每有赐予,动数百顷。得请之后,标之界至,包罗村落,发掘坟墓。③

这些被投献的土地,或被归入钦赐田土,或者成为自置庄田。明朝政权被推翻后,这些投献土地大都被原主收回。据顺治八年户科给事中陈协题奏称:

> 明朝王府俱有赡田,皆取之州县中极膏腴田地,兼以奸民躲重投轻,往往投献。其粮丁差徭,轻于民地百倍。自我朝定鼎以来,革除王府,乃奉有前朝宗室一应禄赡钱粮,该地方官察明,与民田一体起科之首。熟知弊窦多端,欺隐最大。④

三、更名田法的颁行

针对明末清初土地占有关系发生的变化,在对明朝宗室藩王田土采取一系列调整政策之后,清朝政权开始实施更名田法。康熙八年,首次谕令户部:

> 前以尔部题请,直隶等省废藩田产,差部员会同各该督抚,将荒熟田地酌量变价。今思既以地易价,复征赋额,重为民累。著免其变价,撤回所差部员,将见在未变田地交与该督抚,给与原种之人,令其耕种,照常征粮,以副朕爱养民生之意。⑤

这些"给与原种之人,令其耕种,照常征粮"的"未变田地",就是所谓更名田。正如前引《皇朝政典类纂》卷一所说:"将未变价地亩给与原种之人,改为民户,号为更名地,永为业主。"据康熙(1662—1723年)年间编定的《六部题定新例》所载《户部题定新例》规定:

> 该臣等查得直隶、山东、河南、湖广、陕西五省废藩田产,经臣部差官会同该督抚,将荒熟田地酌量变价去后。今奉上谕,停止变价。其各省废藩变价田地及给

---

① 《清圣祖实录》卷二十七。
② 《清代档案史料丛编》第四辑。
③ 《明经世文编》卷五十四。
④ 《清代档案史料丛编》第四辑。
⑤ 《清朝文献通考》卷二《田赋考二·田赋之制》。

民征粮田地,俱开写各民名下某人田地。其无人承种荒田,停写废藩田地。如有承种,民间开于某民名下。如无民人承种,开写某州县荒田若干。俟命下之日,通行各省可也。

康熙九年(1670年),再次颁布谕令,进一步明确规定:

> 更名地重征租银。初,直隶各省废藩田产,改入民产,免其易价,号为更名地。内有废藩自置之地给民佃种者,输粮之外,又纳租银。户部议以久载全文,不当蠲免,得旨:更名地内自置田土,百姓既纳正赋,又征租银,实为重累。令与民田一例输粮,免其纳租。至易价银两有征收在库者,许抵次年正赋。①

根据这些规定,原来依附于明朝权贵的佃农,现在依法取得了对其原耕种土地的所有权和占有使用权,并在法律上得到了承认和保护,从而转化为直接隶属于国家编户的自耕农;他们依法拥有、耕种的这部分土地田产,也因其所有权的变更成为更名田。

自康熙八年更名田法颁行之后,停止了顺治年间与康熙初年推行的变价之法,确认了原佃耕者对该土地田产的所有权和占有使用权,调动了广大农民的生产积极性与劳动热情,加速了各地荒田的耕垦开发,促进了清朝前期农业生产的发展和社会经济的恢复。在当时有关垦荒生产及田赋状况的文献记载中,往往可以看到"更名成熟"、"更名新垦"等字样,正是更名田法的颁行促使大量废藩荒田得以垦辟开发的有力证明。不过,在更名田法颁行之后,由于地租田赋相当沉重,一些地区也常常出现田土失额、田赋流失等情况。即使按规定"给与原种之人,令其耕种",亦并非全部给予原佃耕农户,其中也包括不少霸占该土地的官僚权势及地主豪强。

第五节 清末土地法律制度的变化

道光二十年(1840年)的鸦片战争,是中国历史上的重要转折点。从此以后,中国社会发生了一系列的重大变化。几千年来形成的以农为本的社会经济基础,以宗法伦理主义为特色的儒家意识形态,以专制主义中央集权制度为核心的国家政治结构和法律体系等,都在不断受到剧烈撞击。在帝国主义列强的入侵面前,不甘沉沦为亡国奴的中华民族及其社会各阶级,都在致力于探索自强救国的道路。清朝统治者为了挽救自己终将覆亡的垂死命运,继续延缓其君主专制主义集权统治,也被迫调整治国政策,尝试推行新政。在20世纪初清朝统治的最后几年,他们终于被迫开始全面的法制改革。《大清民律草案》以及其他有关法律制度,就是在这种社会形势下诞生的。

鸦片战争后的半个世纪中,清朝政权在土地法律制度方面并无建树。直到跨入20世纪,其土地法律制度才开始发生一些变化。这一变化是在复杂的社会形势下出现的。清末虽然并未制定专门的土地立法,它所制订的《大清民律草案》也未及颁行,只

---

① 《清朝文献通考》卷二《田赋考二·田赋之制》。

是将其过渡性法律《大清现行刑律》中有关土地立法的条款加以改变。但是，它已逐步摆脱自《法经》以来民事经济立法等各种法律内容附属于刑律之中、民事经济法律行为同样定罪科刑的状况，而将原有的笞、杖刑罚改为罚金等经济处罚。在清末修律活动中，土地、森林、河流、矿产等自然资源，已被从西方引进的法律界定为"物"，成为民事法律关系的客体，受到民事经济法律规范的调整。深受日本、德国民法典影响的《大清民律草案》关于物权法的重要内容之一，就是确定土地所有权范围，调整保护土地所有权关系。尽管由于当时的社会条件制约，《大清民律草案》中的土地立法内容，实质上仍是维护封建土地法律关系。但是，它放弃原有的以刑科罪，引进西方先进的法理内容、法学观念调整土地法律关系，不失为一种历史的重大进步，从而为中国法律近代化创造了契机。

一、《大清民律草案》的制订

光绪二十六年（1900年），义和团运动失败，八国联军侵入北京，慈禧太后携光绪帝仓皇逃至西安。次年一月，流亡西安的慈禧太后，迫于严峻的社会危机的强大压力，颁布了《饬内外臣工条陈变法》的诏令，一反其顽固抵制并血腥镇压变法改良的常态，正式宣布实行"新政"改革。该变法令规定：

> 世有万古不易之常经，无一成罔变之治法。……大抵法久则弊，法弊则更。……法令不更，锢习不破；欲求振作，须议更张。着军机大臣、大学士、六部、九卿、出使各国大臣、各省督抚，各就现在情形，参酌中西政要；举凡朝章国故，吏治民生，学校科举，军政财政，当因当革，当省当并；或取诸人，或求诸己；如何而国势始兴，如何而人才始出，如何而度支始裕，如何而武备始修；各举所知，各抒所见，通限两个月内，详悉条议以闻。①

慈禧此次实行变法的目的非常清楚，用她自己的话说，就在于"量中华之物力，结与国之欢心"，以挽救清朝王朝的腐败统治。

在推行变法新政后不久，光绪二十八年二月，清朝政权又颁布《慎选人才编纂大清律例》的上谕，决定开始修订法律制度：

> 中华律例，自汉唐以来，代有增改。我朝《大清律例》一书，折衷至当，备极精详。惟是为治之道，尤贵因时制宜。今昔情势不同，非参酌适中，不能推行尽善。况近来地利日兴，商务日广，如矿律、路律、商律等类，皆应妥议专条。著各出使大臣，查取各国通行律例，咨送外务部。并著责成袁世凯、刘坤一、张之洞，慎选熟悉中西律例者，保送数员来京，听候简派，开馆编纂，请旨审定颁发。总期切实平允，中外通行，用示通变宜民之至意。②

---

① 《光绪政要》第二十六卷。
② 《清德宗实录》卷四百九十五。

同年，又发布修订现行律例上谕，明确规定了这次修律活动的指导原则：

> 著派沈家本、伍廷芳，将一切现行律例，按照交涉情形，参酌各国法律，悉心考订，妥为拟议，务期中外通行，有裨治理。①

在全面展开修律活动的过程中，光绪三十三年四月，民政部正式奏请朝廷，要求着手制定民律。该奏折提出：

> 中国律例，民刑不分，而民法之称，见于《尚书》孔传。历代律文，户婚诸条实近民法，然皆缺焉不完。……窃以为推行民政，溯究本原，尤必速定民律，而后良法美意，乃得以挈领提纲，不至无所措手。拟请饬下修律大臣，斟酌中土人情政俗，参照各国政法，厘定民律，会同臣部奏准颁行，实为图治之要。②

同年九月，庆亲王奕劻等在《奏议覆修订法律办法折》中，提出了民法等各种法律草案的制颁时间：

> 拟请仿照各国办法，除刑法一门，业由现在修订法律大臣沈家本奏明，草案不日告成，应以编纂民法、商法、民事诉讼法、刑事诉讼法诸法典及附属法为主，以三年为限，所有上列各项草案一律告成。③

从这道奏折内容可以看出，清末修律活动的目标，是仿照西方大陆法系来构建中国近代部门法的体系框架。同年十月，在《奏拟修订法律大概办法折》中，修订法律大臣又对民法、商法等各种部门法的起草制订工作，提出了具体的建议和安排：

> 一面广购各国最新法典及参考各书，多致译材，分任翻译；一面派员确查各国现行法制，并不惜重资，延订外国法律专家，随时咨询，调查明澈；再体察中国情形，斟酌编辑，方能融会贯通，一无扞格。④

在光绪三十三年十一月的《奏开馆日期并拟办事章程折》中，修订法律大臣还对民商法的性质进行了阐述：

> 民商各法，意在区别凡人之权利义务，而尽纳于轨物之中；本末洪纤，条理至密，非如昔之言立法者，仅设禁以防民，其事尚简也。⑤

并于修订法律馆"拟设二科，分任民律、商律、刑事诉讼律、民事诉讼律之调查起草"⑥。而在《奏馆事繁重恳照原请经费数目拨给折》中，修订法律大臣再次强调，制订民商法等各部门法，需要聘请"外国法律专家随时咨询"，"非多得通晓中外法政之人，不足以

---

① 《清德宗实录》卷四百九十八。
② 《光绪朝东华录》五。
③ 同上。
④ 同上。
⑤ 《光绪朝东华录》五。
⑥ 同上。

资商权"①。这说明,修律大臣们已经发现中西法律之间的本质差异,从而促使清末修律活动进入实质性阶段。

光绪三十四年,在编定《大清现行刑律》的过程中,修订法律大臣对刑事和民事法律内容加以区分,开始把清律中有关继承、分产、婚姻、典卖、田宅、钱债等纯属民事法律关系与法律行为的立法内容分离出来,不再像以往那样定罪科刑,而改处经济制裁性质的罚金。但是,其中关于土地立法方面的主旨,仍在于维护地主阶级的土地所有权。从法典编纂体例与立法内容的实质精神看,《大清现行刑律》与《大清律例》并无根本差别,仍然没有摆脱传统性质。直至宣统二年(1910年)《大清新刑律》的制定颁布,才以一种全新的刑法体例结构和刑法原则内容,最终打破了中国传统的封建刑法体系,完全剔除了民法、商法、诉讼法等其他部门法内容。

光绪三十四年十月,沈家本奏请"聘用日本法学博士志田钾太郎、冈田朝太郎、小河滋次郎、法学士松冈义正,分纂刑法、民法、刑民诉讼法草案",获得批准。② 其中《大清民律草案》的制订历时四年,于宣统三年完成起草工作,成为中国历史上第一部近代意义的民法草案。不过,由于辛亥革命爆发,清朝王朝灭亡,这部《大清民律草案》未及颁行实施。

二、《大清民律草案》的土地立法内容

在《大清民律草案》中,调整土地法律关系的土地立法内容,主要集中于第一编《总则》的第四章《物》和第三编《物权》。其法典的内容结构,分为正文和理由两部分。所谓理由,是对正文的法理学解释,包括有法典制订者的立法意图等内容。

第一编《总则》共分八章,三百二十三条。其中第四章《物》有九条(第一百六十六至一百七十四条),第一百六十六至一百六十九条是物及物之成分,第一百七十至一百七十四条是物的区别。第一百六十六条明确了物的概念,即"称物者为有体物",指占有一定空间的物体。第一百六十八条和一百六十九条对于土地这一物的成分加以限定:

> 土地之定着物与土地未分离之出产物为土地之重要成分,但房屋不在此限……
>
> 以暂时目的附著于土地之物不为土地之成分,有使用他人土地之权利者因行使权利而设置于其土地之工作物亦同……

这两条律文对土地这一概念的内涵和外延进行了明确的界定。第一百七十条引入物的种类的概念,把物分为动产和不动产,其中"称不动产者谓土地及房屋"。"理由"则进一步解释道:"动产、不动产之区别于权利之得失颇有关系。"

---

① 《政治官报·折奏类》第六十一号。
② 《光绪朝东华录》五。

第三编《物权》分为七章九节,共三百三十九条。第一章《通则》(第九百七十八至九百八十二条);第二章是自物权,亦即《所有权》(第九百八十三至一千零六十八条),分为《通则》、《不动产所有权》、《动产所有权》等四节;第三至六章是他物权的规定,其中第三章是《地上权》(第一千零六十九至一千零八十五条);第四章《永佃权》(第一千零八十六至一千一百零一条);第五章《地役权》(第一千一百零二至一千一百二十四条);它们属于用益物权;第六章是《担保物权》(第一千一百二十五至一千二百六十条),包括《通则》、《抵押权》、《土地债务》、《不动产质权》、《动产质权》五节;第七章《占有》(第一千二百六十一至一千三百一十六条),它不应归属于权利,而是一种事实,适法占有才能享有占有权。以上这些物权概念,均产生于罗马法。1900年的《德国民法典》,在罗马法物权制度和日耳曼法基础上有所突破。该法系统地规定了物权种类,且首次在法典中专设《物权编》。其后的《日本民法典》也予以效法,吸收了《德国民法典》的体例和内容。清末民法草案的编订,正是以这两部法典为基础,即"原本后出最精确之法理"。

在《物权》编的序言部分,简明扼要地规定了物权的效力、对标的物的支配权、对妨害的排除力、对债权的优先力等内容:

> 谨按物权者,直接管领特定物之权利也。此权有对抗一般人之效力,故有物权之人实行其权利时,较通常债权及其后成立之物权占优先之效力。

在第一章《通则》中,第九百七十八条首先规定了《大清民律草案》对于包括土地在内的"物"的唯一规范作用,即"物权于本律及其他法有特别规定外不得创设"①。所以,对于有关土地法律关系的调整处理,只能依照该法才具有法律效力。第九百七十九条明确规定了不动产物权行为的产生要件:"依法律行为而有不动产物权之得丧及变更者非经登记不产生效力。"表明国家对于土地、房屋等不动产转移的严格控制。

在第二章《所有权》中,第一节论述了所有权的基本内容和各项权能。这部分内容完全移植于日、德民法典。第九百八十三条规定了所有权人的权利,即所有权的内容:"所有人于法令之限制内得自由使用、收益、处分其所有物。"第九百八十四条规定,所有权具有自权性,所有人行使"自由使用、收益、处分"等权利时,"于其所有物得排除他人之干涉"。第九百八十六条规定,所有权具有恒久性:"所有人对于以不法保留所有物之占有者或侵夺所有物者,得回复之,不以时间为条件。"这两条律文阐明了所有权的两个特征,即所有权的自权性和恒久性,土地所有权人自然享有所有权所带来的权利。

第二节《不动产所有权》具体规定了土地所有权的内容,集中于第九百八十八至一千零二十二条,共二十四条。第九百八十八至九百九十条规定了"取得不动产所有权之特则";第九百九十一至一千零二十二条规定了"土地所有权之内容及其限制"。在

---

① 该部分法条均引自宣统三年(1911年)俞廉三等《大清民律草案》,修订法律馆印刷。

第九百九十一至一千零二十二条中,对于明确土地疆界、"设标示疆界之物"的费用分担及用水、通公路、建土堰等与土地所有权相关的具体问题做出了规定。如第九百九十四条规定：

> 土地所有人于自他土地有煤气、蒸气、臭气、烟气、音响振动及与此相关者侵入时得禁止之。但其侵入实在轻微或土地形状、地方习惯认为相当者不在此限。

该条的"理由"对本条规定做出如下说明：

> 谨按土地所有人于自己之土地内设工场,其煤气、蒸气、臭气等发散累及邻地之所有人,致使其不得完全利用其土地者,邻地之所有人自应有禁止之权。然其侵入实系轻微或依其土地之形状、地位及地方习惯认为相当者,应邻地所有人忍受,不得有禁止之权。此本条所由设也。

第三章至第六章是他物权的规定。由于他物权的内容有限定性,他物权的行使要受到物上所有权的限制,所以,他物权又叫"不完全物权"。

第三章《地上权》共十七条。其中第一千零七十九条关于"地上权人对于其权利消灭时得回复其土地原状而收回其工作物及植物"的规定,以保护地上权的形式,也对土地所有权给予法律保护。第一千零八十条、一千零八十二条和一千零八十三条是关于地租的规定,其第一千零八十条和一千零八十二条分别规定：

> 地上权人应向土地所有人支付定期地租。
> 地上权人虽因不可抗力于使用土地有妨碍,不得请求免除地租或减少地租。

而按第一千零八十三条的规定,地上权人连续三年怠于支付地租或受破产之宣告者,"土地所有人得表示消灭其地上权之意思并得请求涂销其设定之登记"。

第四章《永佃权》共有十五条。永佃权的支配是以向土地所有权人支付佃租为前提的,故第一千零八十六条规定："永佃权人得支付佃租而于他人土地为耕作或牧畜。"第一千零九十五条则规定了一条禁止性条款："永佃权人不得于土地上为足生永久损害之变更,但有特别习惯者不在此限。"永佃权的这些规定,保证了土地所有权人的权利。

第五章《地役权》有二十二条。其中"地役权人设置工作物"一条规定："地役权人因行使其权利在供役地上设置工作物者须保持其通常之状态。"

以上三章为他物权中的用益物权内容。用益物权的目的,在于使他物权对标的物进行使用和收益,实现物的使用价值。而第六章《担保物权》的目的,则在于债务人以提供的担保物价值,担保债权的履行和实现。由于作为债务人的土地所有权人和接受土地担保的债权人具有相对共同的利益,土地具有更高的价值,因此,担保物权人会更关心土地价值的贬损。

第六章《担保物权》共三十五条。其中抵押权的有关规定为"抵押权非不动产所有人不得设定",不动产质权的规定为"不动产质权人须以善良管理人之注意保存物质"。

前者维护了土地所有人的所有权;后者确保不动产不在所有权人手中时,不动产的价值不被贬损。第七章《占有》的内容不涉及诸项权利。至于《大清民律草案》对于土地所有人权利受损时的救济,则规定有给予赔偿、回复土地原状等方式。

《大清民律草案》的土地立法内容,吸收了西方民法的形式、原理和原则,满足了当时中国发展资本主义经济的要求。例如:物权的一般规定,土地所有权、用益物权和担保物权等土地权利制度的具体规定,补充和完善了原有封建土地法律制度的不足。因此,《大清民律草案》的进步性是应该肯定的。但是,也有一些内容脱离了中国的国情。如忽略了民间广为流行的"老佃"、"典"等民事法律关系,更有以形式上的平等掩饰事实上的不平等之嫌。例如"地上权因不可抗力于使用土地有妨碍,不得请求免除地租或减少地租"的规定。当时,中国的许多劳动者家无恒产,成为富有之产的佃农(即此处地上权人)。该法条保护作为土地所有权人的地主时,丝毫没有考虑到贫苦佃户的利益。所以,《大清民律草案》终究跳不出时代与阶级的局限性。

三、其他土地立法内容

《大清民律草案》始终没有颁布实施,清末调整土地法律关系的土地立法内容,主要依据《大清现行刑律》和《户部则例》的民事经济法律规范部分。《大清现行刑律》的《田宅》门,包括《欺隐田粮》并附条例一条、《检踏灾伤田粮》条例一条、《盗卖田粮》并附条例四条、《典卖田宅》并附条例三条等若干条款的规定。《户部则例》的《田赋》门,也包括《开垦事宜》二十四条、《坍涨拨补》五条、《牧场征租》二十条、《寺院庄田》四条、《撤佃条款》八条、《滩地征租》十一条等若干条款的规定。

宣统二年公布的《大清现行刑律》,对于《大清律例》有关《田宅》门条文的修改并不大。其主要变动有两个方面。第一个变动是将《欺隐田粮》、《盗卖田宅》、《典买田宅》各条的笞杖刑,用罚金予以代替。在《大清现行刑律案语》的书前所附奏折中,叙述了改笞杖刑为罚金的内容:

> 《修订法律馆核议原任两江总督刘坤一、升任湖广总督张之洞会奏恤刑狱折》内,拟请笞杖等罪依照外国罚金之法。凡律例内笞五十以下,改为罚银五钱以上、二两五钱以下;杖六十者,改为罚银五两;每一等加二两五钱,以次递加至杖一百,改为罚银十五两而止。

在修改《名例·五刑》时,考虑到"笞杖本为二项,既改罚金,势难强为区判;拟即改为十等罚,列为一项"。据《名例·五刑》规定,罚金分为十等,从一等银五钱到十等银十五两,正式代替以往的笞杖刑。《核订现行刑律》前所附奏折进一步说明了这一修改的意图:"罚金之刑施之于轻罪人犯,全其廉耻,即以启其羞恶。"第二个变动是删除了《任所置买田宅》等条款。宣统元年(1909年)十二月,沈家本等编撰的《核订现行刑律》一书,也叙述了删除该条文的奏议:

> 谨按以上律文一条,例文一条,均为限制在任所置买田宅产业而设。揆诸今

日情形,多不相符。拟请一并删除。

纵观《大清现行刑律》和《户部则例》有关土地立法的内容,大体有三个特点:第一是条文比较简短,难以概括土地法律规范的全部内容;第二是律例条文多为消极的禁止性规范;第三是内容上较清末以前的土地立法并无新的突破。可见,清末土地立法是清朝前期土地立法的延续,并未因效法德、日民事立法编纂的《大清民律草案》而发生法律主旨和法制原则方面的根本变化。

第六节 土地管理机关与管理体制

清朝也同明朝一样,没有设立专门的土地管理机关。但是,在自给自足的自然经济占主导地位的古代农耕社会中,土地作为最重要的生产资料,始终受到统治者的高度重视,而以土地为课征对象的赋税,也是国家财政收入的重要来源。因此,历朝历代对于土地的管理是十分重视的。清朝也是如此。在中央到地方的各级政权中,分别设有负责土地管理职能的有关部门或有关官员,形成了一套土地管理体制。

一、中央土地管理机关

(一) 清末改制前的管理机构

清末改制前,清朝中央仍然沿用明朝的六部制。后金天聪五年(1631年)七月,皇太极"爰定官制,设立六部"[1],决定以吏、户、礼、兵、刑、工六部综理全国事务。天聪六年八月,六部衙门竣工时,皇太极命将"其执掌条约备录之,榜于门外"。六部之一的户部,是当时管理全国疆土、田亩、财务、户役等政令的行政机关。而户部对于土地田亩和财产争讼的管理职能,始见于清朝入关以前。在崇德二年(1637年)五月刑部审理赛木哈一案中,即有"初,户部取赛木哈牛录下地三十晌,给与本旗安肫牛录下猎户济赖"[2]的记述,说明户部拥有分配管理土地与处理财产争讼的权力。当涉及财产争讼的原告前往户部呈控,户部有时可不将案件移交刑部,而由本部审理处置。如《清太宗实录》卷四十三载:"宗室塔拜以其果园为巴布赖所夺,控与户部。"

清朝入关以后,户部仍然执掌原有职责。据《大清会典》卷十三规定:

> 掌天下之地政与其版籍,以赞上养万民。凡赋税征课之则,俸饷颁给之制,仓库出纳之数,川陆转运之宜,百司以达于部,尚书、侍郎率其属以定议,大事上之,小事则行,以足邦用。

户部所掌行政事务,由所属十四清吏司及井田科、八旗俸饷处、现审处、饭银处、捐纳房、内仓等分别管理。其中负责土地管理事务的部门是现审处和井田科。现审处为乾

---

[1] 《清太宗实录》卷十二。
[2] 《清太宗实录》卷四十三。

隆十三年(1748年)设立,由户部堂官委派郎中、员外郎、主事任职,主要掌管审办八旗户口、田房等纠纷争讼。其中须起诉刑讯者,会同刑部共同审理。井田科于雍正十二年(1734年)设置,由尚书酌派郎中、员外郎、主事等任职,主要掌管查核八旗土田、内府庄户。凡入官土地、房屋及岁租征收等,都由井田科管理。① 清朝全国的民田、更名田、屯田、灶地、旗地、庄田、恩赏地、牧地、盐地、公田、学田、赈田、芦田等各种土地田产,都必须上报户部登记注册。

关外东北地区,是清朝政权的发祥地。顺治元年,清朝入关并迁都北京以后,它们也仿照明朝将南京作为陪都的先例,将沈阳的盛京作为陪都。顺治十五年,始于盛京设置礼部。次年,又设户部与工部。康熙元年(1662年),增设刑部。三十年,复设兵部。至此,建成盛京五部之制②,以内大臣官镇守,总理各部政务,并设侍郎以下各官。盛京五部存续期间,管辖机构曾多次变动,但管辖范围仅限于故宫、祖陵和旗民庄田。盛京五部的职权,与盛京将军、盛京内务府和奉天府尹多有重复交叉。光绪二年(1876年),命盛京将军兼管兵、刑二部。三十一年,其他三部也由其统摄。同年六月,盛京将军赵尔巽"以政令分歧",奏请简省,五部侍郎同时废置,其所管事务分别划归盛京地方官管理。③

盛京户部下设经会司、粮储司、农田司、银库、内仓等机构,主要掌管盛京土地财赋等诸项事务,包括征收粮庄钱粮、盐庄食盐、棉花庄棉花及旗地田租、杂税(牧畜税)、当税(当铺税)等。其中土地管理机构为农田司,设有员外郎二人、主事一人、笔帖式若干人,掌农田开垦、牧地税务等事。

(二)清末改制后的管理机构

清末在预备立宪的改制过程中,以强化统治工具为目的,以经武理财为中心,进行了官制的改革。光绪三十二年九月,庆亲王奕劻等上奏指出,旧官制制度"权限不分,职任不明,名实不符",建议进行官制改革。经过这次改革,工部与商部合并,改名为农工商部;巡警部改为民政部,辖内外巡警总厅;户部改称度支部,将财政处并入。从此以后,原户部职掌分由度支部、民政部、农工商部三部承担。

度支部设尚书一员,左右侍郎各一员。宣统三年,改尚书为大臣,侍郎为副大臣。其职掌是综理全国财政,管理各省田赋、关税、榷课、漕仓、公债、货币、银行、会计,监督本部特设各局、厂、学堂等事宜。盐政院裁撤后,盐务行政事宜也并入度支部办理。度支部下置田赋司、漕仓司、税课司、管榷司等机构。其中田赋司为土地赋税管理机构,掌各省筹议垦务、清丈田亩、征收赋税并查核内务府、八旗庄田地亩等事宜。

民政部成立后,除接管巡警部职掌外,将户部所掌疆理、户口、保息、拯救、旗人过继归宗等事务,礼部所掌臣民仪制、风教、方术等事务,工部所掌城垣、公廨、仓廪、桥道

---

① 《光绪会典》卷二十。
② 《历代职官表》卷四十九。
③ 《光绪朝东华录》五。

工程多事务,吏部所掌职官过继归宗、复姓改籍等事务,同时并入该部管理。民政部作为全国内务、民政、治安的最高行政机关,其职掌包括全国户口、风教、保息、荒政、巡警、疆理、营缮、卫生、寺庙、方术等各项事务。民政部设尚书一人,左右侍郎各一人,下辖承政、参议二厅和民生司、卫生司、警政司、疆理司、善缮司负责具体事宜。其中疆理司掌核议地方区划,统计土地面积,稽核土地买卖,审定测绘图志等各事。下设经界科掌各地区划变更、官地收放、民田买卖注册及京城市区规划等事,图志科掌全国土地清丈测绘、图志编制审定等。

商部成立于光绪二十九年(1903年)八月,下设保惠司、平均司、通艺司、会计司与司务厅。其中平均司专掌开垦、农务、蚕桑、山利、水利、树艺、畜牧等生殖事宜。光绪三十二年(1906年)九月,工部并入商部,改为农工商部。于是,原户部的农桑、屯垦、畜牧、树艺等业务,原工部的河防、水利及核销款项等事宜,一并归入该部,使其成为掌管全国农工商各业、各项事务的最高行政机关。农工商部仍设尚书、左右侍郎为正副长官,原商部四司一厅有所更改,平均司改为农务司,通艺司改为工务司,保惠司改为商务司、会计司改为庶务司,司务厅改为承值所。农务司的职掌范围,较平均司有很大扩充,主要负责农田、屯垦、树艺、蚕桑、纺织、森林、水产、山利、海界、畜牧等。

二、地方土地管理机关

清朝地方行政机关,分为省、道、府(直隶厅、直隶州)、县(厅、州)四级。在各级行政机关中,分别设有专门机构或有关官员,负责管理土地方面的有关事务。

清朝基本沿袭明朝旧制,各省置总督或巡抚为地方最高行政长官。总督"掌总治军民,统辖文武,考核官吏,修饬封疆"[1],对所辖省份的一切政务无不综理。巡抚"掌宣布德意,抚安齐民,修明政刑,兴革利弊。考群吏之治,会总督以诏废置。三年大比,献贤武之书,则监临之。其武科,则主考试"[2],直省总督、巡抚之下,设有布政使和按察使,为巡抚属官。布政使总司全省行政、财赋,管理府、州以下各级机关,统计全省户籍、民丁、土地、赋役等总汇于户部。

道介于省和府之间,是地方的第二级机构。自明代宗景泰(1450—1457年)年间起,始设守道与巡道。守道为布政使司派出驻守某地者,巡道为按察使司派出巡查某地者。守道与巡道可兼任他职,或兼兵备,或兼河务,或兼水利,或兼学务,或兼茶马屯田。如黑龙江兴东分守道,驻内兴安岭,兼营务、垦务、木植、矿产等职责;安肃分巡道,驻肃州,兼掌屯田。[3]

府是地方第三级行政机构,主要负责实施国家政令,统辖所属州县,治理百姓,审决讼案,稽察奸宄,考核属吏,征收赋税等政务。其长官为知府,另置同知、通判等官进

---

[1] 《清朝通典》卷三十三。
[2] 同上。
[3] 《清史稿·职官志三》。

行辅助。知府衙门的内部组织机构,一般由府堂及经历、司狱、照磨等司组成。府堂是知府衙门的综合办事机构,设有吏、户、礼、兵、刑、工六房办理具体事务,分掌粮运、督捕、海防、江防、水利、清军、理事、抚苗诸事。

县是地方行政管理的基层组织,长官为知县,主要执掌赋役、诉讼、教化、风俗等事。知县以下设县丞及主薄,分掌钱粮、户籍、征税、巡捕等事务。

县以下还设有保甲制度,其职能非常广泛。"什伍其民,条分缕析,令皆归于长。凡讼狱、师徒、户口、田数、徭役,一皆缘此而起"①。保甲负有管理户籍人丁、催征赋税课役、清查土地房产职责,并将所掌内容登记上报,作为州县以上各级机关进行管理的依据。一旦出现户婚、田土之类民事经济纠纷,保甲头目有调解处理的责任和权力。因此,保甲制度是清朝维护君主专制集权统治的基本保障,也是贯彻实施土地法律制度的基层机构。

三、掌辖旗务的八旗都统衙门

八旗制度是清朝特有的兵民合一的社会组织制度。八旗既是国家军事机构,又是行政和生产组织。皇太极曾说过:"我国兵民为一,出则备战,入则务农。"②清朝入关前后,曾相继建立了满洲八旗、蒙古八旗、汉军八旗,共为二十四旗。各旗一般设置都统一人、副都统二人统领旗务,下设都统衙署管理具体事务。八旗都统衙门是满、蒙、汉二十四旗都统衙门总称,分别"掌满、蒙、汉二十四旗之政令,稽其户口,经其教养,序其官爵,简其军赋,以赞上理旗务"③。八旗都统的职掌,主要分成两大部分:一类是管理军务,包括增减旗营编制、挑选旗营兵丁、操演训练军队等;另一类是管理旗务,包括"稽核户口"、"厘治土田"、"经其教养"、"序其官爵"等。

八旗官兵拥有自己的土地田产,称为旗地,包括皇庄、宗室庄田和八旗官兵庄田等形式。它们主要分布在东北、畿辅和各省驻防地区。八旗都统衙门负有管理旗地旗产并调处有关诉讼纠纷的职能。

四、土地管理体制

在自给自足的自然经济占主导地位的封建社会中,如何控制、管理、调整、利用土地这一最重要的生产资料,受到历代统治者的高度重视。清朝政权建立之初,曾遇到与明朝初年相同的社会问题。由于土地兼并和长期战乱,许多农民破产流亡,大量耕地闲置荒芜,农业生产遭到严重破坏,社会经济一派凋敝景象。为了及时解决政治经济危机,尽快稳定社会秩序,巩固君主专制集权统治,清朝政权十分重视发展农业生产,恢复社会经济。为此,清朝政权制订颁行了一整套土地法律制度,建立起各级土地

---

① 陆世仪:《论治邑》,转引自华力:《清代保甲制度简论》,载《清史研究集》1988年第6辑。
② 《明清史料》丙编第一册。
③ 《光绪会典》卷四十八。

管理机构,逐步完善了土地管理体制。其中《赋役全书》、户籍黄册与鱼鳞图册的编制,就是清朝土地管理体制的重要组成部分。

清朝入关以后,首先开始编制《赋役全书》,加强对赋役财政收入的控制。《赋役全书》是关于赋役方面的专门法规。顺治元年,御史宁承勋以"赋役之制未颁,官民无所遵守"为由,奏请编制《赋役全书》。顺治二年,山东总督杨方兴又因"人丁逃亡十居六七","一户止存一二人,十亩田止存一二亩",奏请清丈土地田产,重新编审有关簿籍。顺治三年,清朝正式谕令户部,稽核钱粮原额,汇编《赋役全书》。由于《赋役全书》的编制早于户籍黄册和鱼鳞图册的编制,当时是以明朝万历(1573—1620年)年间正额钱粮数为准编定而成。张懋熹《清成赋税定额方册疏》即明确指出:

> 天下财赋至繁至难,理清头绪亦简亦易。以旧册为底本,以新例为参考,先定其入数,而后清其出处。案簿有据,则官吏无所肆其贪猾,小民不复困于监派矣。前朝有《赋役全书》、《会计录》二书通行天下,汇藏户部,财赋出入之数纤悉备具。今府县之籍,存去不可考。户部所藏者见在,虽经兵火,未闻焚毁。但取其册一加披阅……原额起解存留一定之规无容增减,则入数已清十之八九矣。①

至顺治十一年,朝廷又命侍郎王宏祚订正《赋役全书》。其主要内容是"先列地丁原额,次荒亡,次实征,次起运、存留;起运分部寺仓口,存留详列款项细数"②。顺治十四年,修订后的《赋役全书》正式实施。它详列土地、人丁、垦田、赋役等内容,分别按旧管、新收、开除、实在四栏进行汇编,使各地的赋税征收有法可依,有章可循,有利于国家财政收入的稳定。

赋役的征课,必须以户籍人丁和土地田产为基础。《赋役全书》的编制,也必须以户籍人口的调查统计和土地田产的清丈核查为基础。顺治二年,在着手编制《赋役全书》的过程中,清朝政权下令各直省地方官,对当地无主荒地进行调查统计。但是,这次调查统计土地田产很不彻底,仅仅是对部分无主荒地"开具实数报部,以便裁酌"。至于"熟地钱粮,照蠲免例如数开征"③。顺治十一年,以原有土地数额为基数,进行调查、统计、核实,开始编制土地丈量册。顺治十二年下令,彻底清查人丁地亩,重新造册上报户部,并且规定每十年清查造册一次。至顺治十四年,首次编成土地丈量册。据顺治十八年姚文然《丈量末议》④所说,当时的土地丈量册分为两种:一为鱼鳞图册,一为简明总括册。鱼鳞图册详细绘制每户土地田产的面积、形状、丘段、四至等具体内容,简明总括册则仅登记各地或每户土地田产的清丈总数,故前者的绘制是后者的编制基础。但是,一些地区往往以简明总括册取代鱼鳞图册,影响了土地田产的认真清丈核查。关于清朝的鱼鳞图册,目前现存的主要有《清顺治六年丈量鱼鳞图册》、《清康

---

① 《皇朝经世文编》卷三十一。
② 《清史稿》卷一百二十一《食货》二。
③ 《清世祖实录》卷十二、卷十三。
④ 《皇朝经世文编》卷三十一。

熙三年丈量鱼鳞册》《清乾隆鱼鳞摊剑册》、清嘉庆十三年《二十四都新丈身字鱼鳞总册》和《光绪鱼鳞册》等。但从道光十七年刊本《治浙成规八卷》①所反映的情况来看，乾隆(1736—1795年)年间，安徽、四川、浙江等省的鱼鳞图册仍残缺不全，鱼鳞图册制度并未在全国范围内普遍推行。

顺治五年，因征收丁银的需要，开始全面清查户口，统计人丁。顺治十一年，正式下令攒造户籍黄册。顺治十三年，将户籍黄册改为简明黄册，止登记现在里甲、熟地活丁及应征钱粮总额，强化了黄册在赋役征课方面的功能，减弱了土地统计方面的功能。顺治十四年，首次编成户籍黄册。顺治十六年(1659年)再次重申，每十年进行一次编造户籍黄册的活动。顺治十八年(1661年)，针对编制户籍黄册过程中的问题，曾经下令规定：

> 州县造黄册时，有府册、道册、司册、抚册、督册、部册，徒费民财。以后每府止造总册一本，进呈御览，发部存案。至督抚司道府各册，概行免造。②

但是，户籍黄册的编制，仍然存在许多问题。到康熙七年，终于下令"停止攒造黄册"。这意味着清朝开始废止明朝的赋役黄册制度。

康熙五十一年，颁行"盛世滋丁，永不加赋"谕令，将康熙五十年应征丁银数固定下来，作为今后每年征收丁银的常额；此后新增成丁，不再征收丁税。这一措施把全国丁税总额基本固定下来，削弱了清查成丁人口的需要。在此基础上，又有人进一步提出：

> 丁、粮同属朝廷正供，派之于人与摊之于地，均属可行；然与其派在人而多贫民之累，孰若摊在地而使赋役均平？③

清廷采纳这个建议，开始推行"摊丁入亩"制度，将康熙五十年的丁役银总额，平均摊入各州县的田赋银中，按每一两田赋银分摊丁银若干，合并为地丁银统一征收。此后，又将匠班银、盐钞银、渔课银等其他杂税，陆续合并到田赋银中征收。至此，地丁银成为赋税收入的主要项目，其他各项赋役征课全部转入土地，国家也就不再重视人丁的编审，土地册籍遂成为清朝赋役征课的基础。

清朝是中国历史上最后一个封建王朝，也是封建土地法律关系的松懈时期。封建土地所有制关系包括两方面内容：一是封建土地所有权，地租是其实现形式；二是基于实现地租的需要而产生的封建依附关系，即人身依附与超经济强制。清朝的人身依附与超经济强制关系都在发生变化。一方面，在清初抑制绅权和扶持小土地所有制的政策下，在清朝出现的官田向民田转化的过程中，庶民地主和一部分自耕农发展起来，以至出现了"田不在官而在民"的说法。地主身份的变化，农民小土地所有制和自耕农经济的发展，封建人身依附关系的相对削弱，正是封建土地法律关系趋于松懈的一个表

---

① 该部分资料见《治浙成规八卷》，清道光十七年刊本，载《官箴书集成》，黄山书社1997年版。
② 康熙《大清会典》卷二十四《户部·赋役》。
③ 田文镜：《抚豫宣化录》卷二《题请豫省丁粮按地输纳以均赋役事》。

现。另一方面,随着社会结构的变化,以往附加在地主制经济的主佃关系及主雇关系之上的尊卑贵贱的宗法关系也有所削弱,这也是封建土地法律关系松懈的表现之一。总之,清朝的土地法律制度,继承发展了以往的土地立法传统,发挥了保护封建土地所有制、调整封建土地法律关系、促进土地资源的开发利用的三大作用。

第七节 清朝土地资源管理及其法制建设的意义

清朝是中国古代最后一个君主专制王朝,也是由满族贵族建立起来的一个多民族的统一国家。自后金政权在关外地区诞生以来,在"参汉酌金"的立国思想指导下,学习、吸收、借鉴明朝政权的政治法律制度与汉民族的社会思想文化,同时在一定程度上保留本民族的生活传统和法律习惯,便成为清朝统治者所奉行的一项基本国策。顺治元年(1644年),清朝入关以后,出于统治全国各族民众及其辽阔地域的需要,他们更将这一基本国策进一步发展为"详绎明律"、"参以国制"的法制指导原则。于是,将明朝法律制度与本民族传统习惯法相结合,根据统治对象的不同社会状况,因地制宜,因人而异,采取灵活的法制政策进行统治,也就成为鸦片战争以前清朝法律制度的一个基本特色。在土地资源管理及其法制建设方面,清朝统治者也坚持奉行这一立法指导原则,采用了一些与明朝既相同或相似、又存在一定差异的政策、措施,积累了一定的经验教训。

一、土地资源管理及其法制建设,必须遵循社会发展的客观规律

清朝的土地资源管理及其法制建设,经历了一个漫长而又有所反复甚至是局部倒退的发展过程。其最初的土地资源立法,可以追溯到关外统治时期在辽东地区实施的"计丁授田"法。天命六年(1621年)三月,清太祖努尔哈赤攻占辽阳、海州一带,获得辽河以东的大片土地和人数众多的汉族俘虏。同年七月,为了恢复发展农耕生产,达到以农养兵的政治、经济和军事目的,首次颁布"计丁授田谕",将海州和辽东的三十万晌土地,"平均分给"[①]八旗兵丁及辖区百姓,开始确立满汉军民的土地所有制,以取代原明朝地主、官僚及农民的土地所有权。这种"计丁授田"法,虽然建立在军事征服和战争掠夺的基础上,但它通过对一部分土地的再分配,在一定程度上重新调整了明末以来辽东地区的土地资源法律关系,有利于这部分土地资源的开发利用和重新配置,也促进了满族社会进一步向稳定的农耕生活发展过渡。因此,从这种意义上说,清朝统治者在关外时期施行的"计丁授田"法,符合社会发展的客观要求,对清朝土地资源管理制度的确立及其法制建设是有一定的积极作用的。

但是,顺治元年清朝政权大举入关后,基于安置南下诸王、勋臣及八旗官兵的需要,将关外时期创立的"计丁授田"法带入关内地区,开始在京畿和直隶一带强行实施

[①] 《满文老档·太祖》卷二十四。

圈地法。从顺治元年十二月首次颁布圈地法之时起,到康熙二十四年下令"嗣后永不许圈"之时止,圈地法前后历经四十余年,对清朝前期土地法律制度的发展产生了重要的影响。其间规模较大的圈地活动主要有三次,大体集中于顺治元年至顺治四年。在这三次圈地过程中,满、蒙、汉军八旗在京畿附近共计圈占土地十四万一百二十八顷八十一亩。其中满洲八旗圈地九万六千三百九十六顷十七亩,约占圈地总数的百分之六十八点七九;蒙、汉八旗圈地四万三千七百三十二顷六十四亩,约占圈地面积的百分之三十一点二一。而在满洲八旗中,又以正黄、镶黄两旗占地面积最多,其下依次为正白、镶白两旗,正蓝、镶蓝两旗,最后是正红、镶红两旗。①

  圈地法实施初期,清朝统治者只是把明朝的皇庄、王庄等各种贵族官僚的庄田纳入重新分配范围,部分地改变当地原有的土地占有制度。但是,由于这部分庄田不敷瓜分赏赐,无法满足清朝统治者占据或扩大领地的需要,他们又进而大肆圈占民间土地田产,然后在其他指定地区另行兑换拨补,强迫当地许多居民放弃原有的田土家园,转而远徙他乡异土。在这种情况下,一些人为了躲避兼并掠夺,甚至采取带地投充的方式,依附于诸王、勋贵或旗人的庇护之下。因此,圈地法的实施,对北方广大地区的农业社会造成极大的破坏,也给被圈占地的众多农耕居民带来深重的灾难。这种不顾所在地固有的土地资源法律关系,以强制性、掠夺式的抢占手段任意瓜分土地资源,强行改变原有田产归属和土地占有制度的野蛮做法,完全是为了适应清初贵族统治集团土地财产再分配的利益需要。它严重违背了土地资源法律关系正常发展的客观规律,直接影响到土地资源的合理配置和开发利用。如果说清朝政权在关外时期的"计丁授田"法还有一定的积极作用的话,那么,他们在入关以后所采用的圈地法则纯属倒行逆施。所以,圈地法仅仅推行半个世纪,到康熙二十四年以后,即被迫废止。圈地法的强行实施与明令废除,说明土地资源管理及其法制建设,必须顺应土地资源发展的内在规律,符合土地资源法律关系的客观要求,适应其赖以建立的经济基础与社会结构;否则,就会影响社会经济的发展,破坏社会秩序的稳定,造成土地资源领域的混乱。

二、积极开发和有效利用土地资源,严惩破坏垦荒生产的违法犯罪行为

  清朝政权统治前期,面对明朝中期以来的土地兼并和明末清初的长期战乱造成的大批农民破产流亡或避难逃亡,导致大量土地人为荒芜的社会危机,为了不断发展农业生产,尽快恢复社会经济,从顺治(1644—1661年)、康熙(1662—1722年)到雍正(1723—1735年)、乾隆(1736—1795年)年间,也曾像明朝政权那样,多次颁行法律、法令,积极开发利用和重新调整土地资源,严惩破坏土地资源管理的违法犯罪行为。这些法律、法令在清朝统治前期,曾经产生过一定的积极作用。例如:

---

① 陈锋:《清代军费研究》,武汉大学出版社1992年版,第27页。

(一)积极招抚流民垦荒生产,有效开发利用土地资源

明末清初的长期战乱,使大批农民流离失所,大量土地人为抛荒,社会秩序非常混乱。为了尽快恢复经济,巩固统治,从顺治到乾隆年间,陆续颁布了一系列垦田法令,鼓励流民积极垦荒,以便有效利用土地资源。这些垦田法令大致包括以下一些内容:

第一,放宽新开垦荒田的起科年限,给予垦荒者减免一定赋税负担的优待,鼓励民众积极垦荒生产。如顺治初年规定:长期荒芜的土地,"三年起科"[1];人为抛荒的"新荒"耕地,"一年后供赋"[2]。顺治六年,又将起科年限延长为六年。顺治十一年,因"国赋告匮",曾将新垦荒田改为"十二年征粮"[3]。康熙十年,重新放宽起科年限,新垦荒地"三年后再宽一年"[4],改为四年起科。康熙十一年和十二年,又先后放宽为六年和十年起科。[5] 康熙十五年,由于发生三藩之乱,一度调整为三年起科。但康熙十八年以后,又恢复了六年起科。[6] 雍正即位后明确规定:"开垦水田,以六年起科;旱田,以十年起科。永著为令。"[7]此后,还对边远地区采取了特殊的优惠政策。凡前往宁夏垦荒的陕西无业农民,由官府给予路费,每户所垦荒田,以百亩永为世业;入川垦荒百姓,给予水田三十亩或旱田五十亩;若有成丁子弟,每丁另给水田十五亩或旱田二十五亩。清初放宽起科年限的立法,有利于招抚流民垦荒生产,尽快恢复社会经济,稳定社会秩序。

第二,由官府提供耕牛、种子、农具等生产资料,解决垦荒者生产、生活中的实际困难。如顺治元年规定,招徕垦荒流民及缺乏生产资料者,由官府提供耕牛、种籽、农具等。[8] 康熙四年,为安顿湖广一带流民,对"苦无农器"者"酌给牛、种、银两"[9]。这些耕牛、种粮、农具及资金等,或由官府直接置办发放,或向官府借贷银两自行筹办,及时解决了流民垦荒所需的生产资料和生活资料,有利于垦田法的贯彻施行。

第三,从法律上承认垦荒者对所开垦的土地田产拥有所有权。如顺治六年(1649年)颁布法令规定:"无主荒田,州县官给以印信执照,开垦耕种,永准为业",垦荒者可取得该田产的所有权。[10] 乾隆二年(1737年)颁布《承垦荒地令》,进一步规定:凡开垦荒地者,无论土著居民或流寓居民,只要提前呈报,均承认其土地所有权。[11] 这些法令对于促使流亡农民重新附着于土地从事耕作,尽快恢复社会经济,具有积极的推动

---

[1] 康熙《大清会典》卷二十《户部四·田土一·开垦》。
[2] 《清朝文献通考》卷一《田赋考一》。
[3] 蔡士英:《抚江集》卷八《江省钱粮压久甚多疏》。
[4] 康熙《大清会典》卷二十四《户部八·赋役一》。
[5] 《清圣祖实录》卷四十四。
[6] 康熙《大清会典》卷二十四《户部八·赋役一》。
[7] 《大清会典事例》卷一百六十六《户部·田赋·开垦一》。
[8] 《清世祖实录》卷七。
[9] 《清世祖实录》卷十四。
[10] 《清世祖实录》卷四十三。
[11] 《清朝文献通考》卷四《田赋考四·田赋之制》。

作用。

第四,在部分国有土地上,集中开展屯田垦荒生产。自顺治元年(1644年)清朝入关时起,即颁布屯田垦荒法令,将部分州县卫的无主荒地分给一些流民和军队官兵集中屯种,并由官府借给屯资或提供耕牛、种子、农具等生产资料,在部分国有官田特别是新疆、东北、蒙古、青海、热河等边疆地区分别推行民屯与军屯制度。它加速了边疆地区的经济发展,促进了民族融合,也改善了驻防官兵的生活与作战条件,起到了稳定军队和巩固边疆的作用。

第五,自顺治十三年(1656年)起,还规定了奖励地主乡绅垦荒生产的法律内容,充分利用地主乡绅的经济实力进行垦荒生产,使国家"不烦帑金之费,而坐收额课之盈"①,即弥补了国库赋税财政收入的不足。

此外,清朝垦田法还肯定了垦荒土地上的主佃关系。如乾隆七年(1742年)规定:"准原佃子孙永远承耕,业主不得换佃";"业主或欲自耕,应合计原地肥瘠,业佃均分,报官执业"②。这在一定程度上保护了佃农的土地使用权,规范了主佃关系,调动了农民垦荒生产的热情,相对减少了农民与地主的摩擦,稳定了社会秩序。

以上垦田法与屯田法,大力招抚流亡农民,积极鼓励开荒生产,重新确认无主荒田的产权归属,并由官府提供耕牛、粮种、农具等生产资料,放宽垦荒起科年限,减免一定的赋税课役负担,激发了广大农民的生产积极性,重新调整了土地资源法律关系,有利于土地资源的合理配置及开发利用,有利于农业经济的迅速恢复和社会秩序的稳定,因而具有一定的积极意义和进步作用。

(二)严禁违法占垦荒田,严惩破坏垦荒行为

为了合理配置和有效利用土地资源,维护土地资源管理制度,清朝前期颁布各种法律法令,严禁违法占垦荒田,严惩破坏垦荒生产的违法犯罪行为。

首先是严禁隐瞒或欺占垦田面积,加强国家对新垦耕地的严密控制。如雍正五年(1727年)发布谕令规定:凡开垦荒地"隐匿未报"或"垦多报少"者,限期一年"令其首报"③。乾隆六年(1741年),又颁布处罚隐占垦田条例,对"将新垦地及熟地隐匿一亩以上至一顷以上者",分别"议处"及"责惩,所隐地入官,所隐钱粮按年行追"④。

其次是严禁违法耕占或人为撂荒土地,违者依法追究刑事责任。如《大清律例·户律·田宅》之《欺隐田粮》条规定,"还乡复业人民",若多占耕地致使荒芜,按面积大小进行处罚,即三至十亩笞三十,每十亩罪加一等,六十亩以上杖八十,并没收其荒芜土地。《荒芜田地》条规定,各地里长所管辖的土地,"无故荒芜"十分之一者,里长笞二十;荒田递增一成,里长罪加一等;七成以上,杖八十。本县官员减二等量刑。直接撂

---

① 《清世祖实录》卷一百二十一。
② 《清高宗实录》卷一百七十五。
③ 《清朝文献通考》卷三《田赋考三·田赋之制》。
④ 《清朝文朝通考》卷四《田赋考四·田赋之制》。

荒的当事人从重处罚,荒芜五分之一笞二十,每递增一成罪加一等,并且追缴其荒田应纳税粮。

再次是限制原业主违法夺田,保护垦荒者的土地所有权。自顺治(1644—1661年)时起,曾多次颁布垦田法,确认农民对新垦荒地的所有权,限制原来的业主擅自"认业",保护垦荒者的产权利益。康熙二十二年制定的《垦荒事宜》也明确规定:"数年无人耕种完粮"的"抛荒"田,"如已垦熟,不许原主复问"①。雍正二十年(1742年)颁令规定:今后各州县开垦荒田,"先将土地界址出示晓谕",五个月内允许业主认领;"如逾期不报,即将执照给原垦人承种管业"②,原业主即丧失其所有权。次年又规定:五年之内,原业主返回,可将土地"对半平分";五年之后,则全归现耕垦者所有,原业主"不许争执"③。乾隆二年,颁布《承垦荒地令》,以纳税为前提,肯定了垦者的土地所有权。乾隆五年又规定:"民地先令业主垦种,如业主无力,始许他人承垦";一旦垦种"成熟之后,业主亦不得追夺"④。

最后是严格考核各级官员的督课垦田工作,严禁虚报垦荒数字或阻挠垦荒生产。如顺治六年(1649年)颁布劝民垦田令,开始对各级官员的垦田政绩进行考核。顺治十五年(1658年),又将这一制度进一步系统化,具体规定了督抚、道府、州县、卫所等各级官员督课垦田工作的奖惩标准。⑤ 康熙(1662—1722年)初年,再度颁布官员考核条例,严惩官吏虚报垦荒数目或垦田重新荒芜等行为。⑥ 雍正七年(1729年)颁令规定:各省荒田,"听民相度地宜,自垦自报,地方官不得勒索,胥吏亦不得阻挠"⑦,违者追究其法律责任。

这些法律规定,对于督课百姓积极垦荒生产,强化地方基层官员的监督管理职能,遏止官僚、贵族、豪强、地主借垦荒之名霸占官私土地田产,加强土地资源的有效控制和合理利用,具有一定的保障作用。

三、重新调整和依法保护土地产权关系,严惩土地资源方面的违法侵权行为

清朝入关后,为了稳定社会秩序,发展社会经济,增加赋税收入,巩固专制集权统治,在积极招抚流民,鼓励垦荒生产,重新确认土地所有权的同时,自顺治四年(1647年)起,还对明朝皇室、藩王、勋贵等原有大量田产庄园采取变价之法,将其中一部分重新登记入册,并变价估算转为民田,另一部分暂行交予原管业者和承种人耕作使用,按照普通民田征收租税。但是,由于实施过程中出现了一些问题,变价之法实际成为一

---

① 《清圣祖实录》卷一百八。
② 光绪《大清会典事例》卷一百六十六。
③ 《清代内阁钞档》地丁题本(九)《山东四》,转引自马伯煌:《中国经济政策思想史》,云南人民出版社1993年版。
④ 《清朝通志》卷八十一《食货略》。
⑤ 《清朝文献通考》卷一百九。
⑥ 康熙《大清会典》卷二十《户部四·田土一·开垦》。
⑦ 《清世宗实录》卷八。

种变相的经济掠夺。于是,康熙八年(1669年)以后,明令停止变价之法,改行更名田法,将未变价土地正式分配给现占有者或承种人所有,以法律的形式重新变更或确认了该土地田产的所有权和占有使用权。根据这一法律规定,原来依附于明朝权贵的佃农,依法取得了对其原耕种土地的所有权和占有使用权,并在法律上得到了承认和保护,从而转化为直接隶属于国家编户的自耕农,他们依法拥有、耕种的这部分土地田产,也因其所有权的变更成为更名田。更名田法的颁布实施,再次调动了广大农民的生产积极性与劳动热情,加速了各地荒田的耕垦开发,促进了清朝前期农业生产的发展和社会经济的恢复。

在官私土地所有权的法律保护方面,《大清律例·户律·田宅》专门规定了《盗卖田宅》、《任所置买田宅》、《典买田宅》、《盗耕种官民田》等各项条款,严厉打击土地资源方面的各种违法侵权行为。例如:

第一,严厉制裁以各种手段侵占官私土地田产、侵犯官私土地所有权的违法行为。如《盗卖田宅》条规定:盗卖、换易、冒认、诈骗、侵占他人土地,一亩以下笞五十,每五亩罪加一等,最高杖八十、徒二年;如系国有官田,加重二等量刑;如系矿冶、山林、湖泊、川泽、茶园等经济价值较高的自然资源,则处罚更重,即不论多少,一律杖一百、流三千里;若将有产权争议的或他人的田产投献官僚权势谋求规避,投献者与接受者各杖一百、徒三年,并追缴历年所获利益,归还该田产原所有权人。

第二,严厉制裁私自耕种使用官私土地田产、侵犯官私土地使用权的违法行为。如《盗耕种官民田》条规定:未经主人同意,私自耕种他人田园土地,一亩以下笞三十,每五亩罪加一等,最高杖八十;如系国有官田,加重二等量刑;若以强行手段耕种,再加重一等处刑;并追缴所获利益,归还该田产原所有权人。

第三,严厉制裁违法典卖土地的行为。如《典买田宅》条规定:典买土地田产,不按规定缴纳契税,笞五十,没收其交易标的额的一半;不按规定过割土地或其赋税者,一至五亩笞四十,每五亩罪加一等,最高杖一百,并没收其土地田产;将同一土地田产重复典卖两家以上,按违法所得计算赃值,依窃盗罪论处,并追回重复典卖所得归还后一典买人,该土地田产仍归原典买人所有;但重复典买人及牙保知情,则与犯人同罪,并没收重复典卖所得;典卖期满,典主托故不肯放赎所典土地,笞四十,并追缴期满后所得归还业主。

第四,严格限制现任官员在任职地区购买土地。为了防止官员利用权势侵占他人土地田产,《任所置买田宅》规定:现任官吏不得在任职地区购置土地田产,违者笞五十,并解除官职,没收违法购置的土地田产。

以上打击违法侵权行为的法律规定,对于保护官私土地所有权,调整和规范土地资源法律关系,减少土地资源方面的产权纠纷,在一定程度上遏制土地兼并势头的疯狂发展,具有一定的积极作用。

四、加强土地资源的管理控制,严惩破坏土地资源管理的违法犯罪行为

为了加强国家对土地资源的管理控制,自顺治十一年起,以原有土地数额为基数,开始对各地的土地田产进行调查、统计、核实,着手编制土地丈量册。次年,又下令清查人丁地亩,重新造册上报户部,并且规定每十年清查造册一次。至顺治十四年,首次编成土地丈量册,分为鱼鳞图册和简明总括册两种。鱼鳞图册详细绘制每户土地田产的面积、形状、丘段、四至等内容,简明总括册登记各地及每户土地田产的清丈总数,它们成为清朝国家对土地资源进行管理控制的法律依据。

在严厉制裁脱逃国家地籍管理的违法犯罪行为方面,《大清律例·户律·田宅》规定有《欺隐田粮》、《功臣田土》等条的法律内容。据《欺隐田粮》条规定,凡欺诈或隐瞒土地、税粮数额,逃脱地籍管理者,一至五亩笞四十,每五亩罪加一等,至三十五亩以上杖一百,并没收脱漏土地,补交所欠税粮;私自改动田土分界,以隐匿、诡寄田粮义务者,依欺隐田粮罪处刑,并恢复田界原状,补交所欠税粮。里长知情不报,与犯人同罪。《功臣田土》条规定,功臣之家自置田土,其庄田管理人员必须如数上报,登记入籍,依法交纳田粮税收;如隐瞒不报,一至三亩,其庄田管理人员杖六十,每三亩罪加一等,至三十亩以上杖一百、徒三年,并依法没收欺隐土地,补交所隐田粮税额。里长及有关官员知情不报,与管庄人员同罪。由此可见,逃脱国家地籍管理的行为,要受到经济和刑事的双重制裁。里长及有关官员知情不报者,也要受到责任追究。这些法律规定,对于加强土地资源管理,维护统治阶级利益,稳定社会政治经济秩序,具有一定的保障作用。

五、尝试建立近代土地资源法制体系

道光二十年(1840年),鸦片战争爆发以后,随着帝国主义列强的入侵和西方资本主义制度的影响,在中国延续了几千年的传统社会结构与政治法律制度开始发生变化。日益尖锐的社会矛盾和不断加深的民族危机,迫使清朝朝廷不得不于光绪二十七年颁布谕令,宣布进行变法修律活动。然而,鸦片战争后的半个多世纪中,晚清政权在土地资源管理及其法制建设方面并无新的建树,他们始终未曾制定专门的土地立法,基本仍沿用清朝前期的律令法规。直到宣统三年完成《大清民律草案》的起草工作后,才将其过渡性法律《大清现行刑律》中有关土地立法的条款加以改变。它开始摆脱自《法经》以来民事经济立法等各种法律内容附属于刑律之中,对民事经济法律行为同样定罪科刑的状况,而将原有的笞杖等刑事处罚改为罚金等经济处罚。在清末修律活动中,土地、森林、河流、矿产等自然资源,已被从西方引进的法律界定为"物",成为民事法律关系的客体,受到民事经济法律规范的调整。而深受日本、德国民法典影响的《大清民律草案》关于物权法的重要内容之一,就是确定土地所有权范围,调整和保护土地所有权关系。尽管由于当时的社会条件制约,《大清民律草案》中的土地立法内容仍是

维护封建土地法律关系,但它开始引进西方先进的法律思想、法学理论、法学观念来调整土地法律关系,不失为一种重大的历史进步,从立法制度的形式上揭开了中国近代土地资源管理及其法制建设的新篇章。辛亥革命推翻了清朝的君主专制统治,《大清民律草案》未及正式颁行和实施,新型的近代意义的土地资源管理与法制建设亦未能正式提上清朝政权的日程。但是,晚清政权尝试建立中国近代土地资源法制体系的立法活动及其法律内容,却对后来中华民国的土地资源管理及其法制建设产生了一些影响,这是应该给予充分肯定并值得进行总结的。

第九章 民国时期的土地法律制度

第一节 民国时期土地问题产生的社会背景

辛亥革命胜利后,以孙中山为首的资产阶级革命派在南京建立临时政府,当时外交内政,百绪繁生,面临着非常严峻的社会现实。经济方面,传统的自给自足经济已哗然解体,由于受到封建经济和帝国主义经济的压制和剥削,民族资本主义经济在中国始终没有得到顺利发展。临时政府缺乏强有力的经济支持,又没有真正发动广大人民群众,国家财政不统一,经费开支极度匮乏,始终处于入不敷出、难以为继的困境,许多振兴实业、发展经济的良好计划都无法付诸实施。社会生活方面,由于战争频繁,耕地荒芜,人民流离失所,农业生产力急剧下降,工商业又不发达,土地问题成为影响社会经济稳定的大事,社会形势非常不利。但困境中却孕育着经济思想的变化,一些先进人物大胆提出见解,发表思想,这其中尤以孙中山的经济思想颇有见地,并对临时政府的经济政策有不少的影响,如其反复阐明发展实业是民国肇建后的当务之急,"现在民国大局已定。亟当振兴实业,改良商贷,方于国计民生,有所裨益","民国初建,破坏告成,建设伊始,首当其冲要发展工商实业,增强经济实力,改善民众生活状况"[1]等,随着经济政策的推行,振兴实业、建设民国的民生主义思想也广为流传,为民众所接受。

北洋政府时期,军阀内部争权夺利,政局动荡,国家对经济管理缺少统一的规划和指导,即使有良好的政策措施,也得不到切实执行。战事纷乱,人们颠沛流离,离村弃耕,耕地荒芜的现象非常严重,农业生产进一步衰落。军阀政客则利用战争占有大量土地,使土地的集中和兼并趋势更为激烈。据相关资料统计显示,中国人地比率失调,人多地少的问题较之民国初年更为严重[2]。尽管如此,社会经济整体状况在缓慢中还是有所发展。袁世凯比较重视实业的发展,曾以临时大总统的身份发布、修订各项经济实业法规,并强调"各省民政长有提倡工商之责,须知营业自由,载在国宪,尤应尊重。务望督饬所属,切实振兴,以裕国计"[3],为此北洋政府继续采取南京临时政府发展实业、振兴经济的措施,推行了资本主义性质的经济政策,如任命知名工商人士张謇担任农商总长,大力开展实业活动,使近代工商经济有所发展。

南京国民政府初期,内战并未停止,战争对国家经济造成极大破坏,严重的世界经

---

[1] 中国科学院近代史研究所史料编译组:《辛亥革命资料》,中华书局1961年版,第217页。
[2] 参见台湾"教育部"主编:《中华民国建国史》第二篇民初时期(三),编译馆1985年版,第1385页。
[3] 中国第二历史档案馆:《中华民国史档案资料汇编》第3辑"工矿业",江苏古籍出版社1991年版,第15—16页。

济危机,又使西方剩余产品大量涌入中国,排挤我国农产品,同时水灾、旱灾等自然灾害又频繁发生,使农业生产损失惨重,农村经济面临崩溃。具体表现为:(1)天灾人祸,使农村人口大量死亡,离开土地。据统计,1927—1935年全国农民死于灾难人数多达1600万人以上①,由于生活所迫,广大农民只得流离他乡。根据1935年国民政府中央农业实验所的调查,在所有报告的1001个县中,农民离村总数至少在2000万人以上。(2)土地荒芜增加,农作物产量减少,农业生产萎缩,农民生活贫困。在1928—1930年期间,整个陕西省农村人口减少300万,耕地面积荒芜达200多万亩②。而1934年,水稻、小麦、玉米等主要农作物产量与1932年相比,总产量下降了3%左右。③（3）水利失修,经济残破,农村金融枯竭,缺少必要的生产资金和农具。不仅如此,农村中有田无粮、无田有粮、田多粮少、田少粮多这种税负畸形状况加剧,农村问题的核心——土地所有与土地使用间的矛盾日趋尖锐,国统区农民自发斗争不断发生,共产党领导的苏区土地革命也日益发展和壮大,这一切对国民党的统治构成了严重的威胁。土地问题已不仅仅是经济问题,更成为社会问题和政治问题,面对如此严峻的现实,国民党不得不对农村土地问题采取一系列改革措施。

抗战爆发后,为适应战时需要,采取农业改良措施,推行土地政策,进行战时机构调整。1938年初,调整农政机关,行政院经济部增设农业司,1940年为加强农业开发与建设,又增设农林部和粮食部,使其成为与经济部平行的一个专门领导机构,农林部还增设垦务总局、中央林业试验所、中央畜牧试验所等机构,力求全面发展。1938年3月,国民党临时全国代表大会又相继制定《抗战建国纲领》、《抗战建国纲领实施方案》、《非常时期经济方案》④及一系列经济政策,把农业摆在工业之前,粮食衣料力求自给,提倡和鼓励移置难民开垦荒地,加强整治河川,兴渠筑坝,以利农田,制定一系列经济法规,如《战时农矿工商管理条例》、《非常时期农矿工商管理条例》等,统制经济,为战争服务,取得一定的效果。

民国时期的社会经济状况,既有共性,也有不同时期的个性。整个民国时期,跨度近半个世纪,中间历经三届有代表性的政府,战争频发,时局动荡,政权始终不够稳定,在这种社会局势下,很多有建设性的经济政策并没有真正的落实到底,其实施效果和影响,自然要大打折扣。代表封建军阀、封建地主或大资产阶级利益的政权占据着社会统治地位,广大人民群众则处于社会底层,没有耕地或耕地不足,生活贫困,流离失所,农业生产力和技术水平低下,土地问题由此产生,并且随着人口的增加和战争的频发,农村和土地问题日益严重和突出,相应时期的土地行政及土地立法活动,也带有那个时代的烙印和特色。

---

① 章有义:《中国近代农业史资料》第3辑,三联书店1957年版,第613页。
② 陈翰笙:《崩溃中的关中小农经济》,《申报月刊》第1卷,第6号,1935年12月15日出版。
③ 严中平:《中国近代经济史统计资料选辑》,科学出版社1955年版,第360—361页。
④ 荣孟源主编:《中国国民党历次代表大会及中央全会资料》下册,光明日报出版社1985年版,第484页、第509页。

第二节　民国时期土地资源管理机关的设置及职责

土地资源管理机关不仅指专门的土地行政主管机关(地政机关),还包括其他的管理机构,涉及农、牧、渔、林、矿、水利等主管部门,因为这些产业天然以土地为依托,对它们的开发利用和管理保护,也就是对土地的开发利用和管理保护,它们共同管理和保护这些土地资源,以改善土壤,增进地利,保护环境,促进农业生产的发展。此外,垦殖机关因业务特殊,自成一线。土地资源管理机关的设置及职责因不同时期和环境的变化而有所增益,以下结合年代的变迁和机关职掌专属的不同,分类别,分阶段,分述之。

一、土地管理机关的设置和职责

(一)中央土地管理机关

1. 中央土地管理机关的演变

民国初建,时间仓促,并没有足以称道的地政机关,与此相关的事务由内务部和实业部等部委职掌。

北洋政府时期,全国土地行政事宜归内务部设司主管,1913 年该部曾设全国土地调查筹备处,不久裁撤,1915 年 6 月成立全国经界局,次年又裁撤,所有未尽事宜仍归内务部筹计办理。

奠都南京后,全国土地行政事宜归内政部设司主管,1931 年 1 月,明令设中央地政机关筹备处,同年 4 月修正《内政部组织法》,关于土地法所规定的各项土地行政即不属内政部主管范围,后因人事变迁,1932 年 4 月,该筹备处取消,10 月又修正《内政部组织法》,设土地司,以专管地政,土地法实施后,改为地政司,而关于中央专管地政机关的设立,虽几经中央讨论,但未能实行。1934 年 2 月,中央政治会议议决由全国经济委员会及内政部、财政部,合组土地委员会,对各省土地实况作比较有系统的调查。8 月土地委员会正式成立,动用各级党政人员三十余人,调查二十二省土地状况,后因调查整理及编撰报告工作全部完成,于 1935 年 12 月底裁撤。抗战发生,中央行政机关略有更动,而全国土地行政仍归内政部地政司主管。1941 年春,因事实需要,部内添设地价申报处。同年 12 月,九中全会提议设立地政部,但因经费紧张,决定暂先设立地政署,以统筹全国地政。1942 年 6 月,地政署正式成立,直隶行政院,凡行政院各部会有关地政之职掌,均由行政院审议,分别划归该署主管,从此设立了中央专管地政机关。1947 年 5 月,鉴于所谓绥靖区土地问题严重和推行其土地政策的重要,又将地政署扩大改组为地政部,主管全国土地行政事务,至此中央地政机关的演变,算是相当完备了。

2. 中央土地管理机关的职责

南京临时政府时期,内务部主要管理警察、卫生、户口、礼俗、田土、水利工程、善举公益等事项,监督所辖各官署及地方官,置部长一人,次长一人,下设民治、警务、礼教、土木、疆理、卫生六局及承政厅,局以下分科治事,其中土木局主要掌理有关土木工程等行政事务,疆理局分管疆域测定、地图绘制等事务,下设测绘、编审、印铸、采访、书契五科。

袁世凯执政后,多次修官制,内务部职方司,职掌官地、放牧、民地调查、土地图志等事项,1912年10月,又修官制,职方司职掌改为"土地调查测绘、土地收用、官地收放及河防水利等"。

在南京政府时期,内政部主管土地方面的职掌包括有公布土地测量应用尺度章程、调查各省市田租数额和农民生活生产概况、照土地征收法核定各地收用土地以促进各种新建设、公布兴办水利防御水灾奖励条例通行各省市等。其内部机构先后有:(1)土地司。1928年4月设于内政部,职掌下列事项:土地的测量、调查、登记、整理;土地收用;移民垦边;地权限制及分配;水利的调查、测绘及水源、水道的保护;水灾的防御;疆界的整理及图志的征集编审。1931年4月又将其改订为:土地征收;移民实边;水利的调查、测绘及水源、水道的保护;水灾的防御;疆界的整理及图志的征集编审。(2)地政司。1936年7月,土地司改为地政司,分管土地行政事务,下设地政、地籍、地权、地用四科,具体职责包括:地政机关的组织及经费;地政人员的训练、任免、考核、奖惩;土地调查、测量及登记;土地使用;土地估价及土地税率;土地征收;都市计划及建筑;移民实边。事实上,在土地法所规定的中央地政机关没有成立之前,有关土地行政及土地调查、登记、测量、估价的筹备事项,均暂由该司掌理。(3)地价申报处。1941年7月,为实现土地政策,由国民党五届八中全会决议设置地价申报处,专司全国地价申报事项,内设四科,具体职责包括:各地地籍图册、地租地价及一般土地状况的调查统计与测丈登记业务、计划实施办法的设计审核,地价申报程序的规定,地价申报机关组织地政人员训练考核等。在各省市则规定凡设地政局的,由地政局兼办地价申报工作,未设地政局的,设省地价申报处专责办理。各省地政机关,有设地政局的,也有正在筹备改地政局的,或在民政厅设科办理的,或设地政处的。各市有在财政局设科办理的,各县则依据县各级组织纲要的规定,设地政科办理。

1947年5月,设地政部,主要掌理地籍、地价、地权、地用等事务,下设地籍、地价、地权、地用、总务五司,附设或直辖有地政研究委员会、地政法规整理委员会、诉愿审议委员会、设计考核委员会、中央土地测量队等机构。职责具体如下:(1)地籍司,分管地籍行政事务:地籍测量计划规章的审核;土地登记计划规章的审核;荒地勘测;公有土地清理;保管审核地籍图册。(2)地价司,分管土地价格及税收事务:土地价格的审核规定;土地改良计划规章审核与规定;土地价格、土地改良等业务进行的监督指导;土地税及改良物税征收与减免征收的审核并监督指导。(3)地权司,分管地权行政事务:地权的调整;扶植自耕农计划规章的审拟;公有土地的处理;土地诉愿的办理;土地征收的审核;土地金融的审核。(4)地用司,分管土地使用事务:各种使用地的编定;农地使用的规划、指导;土地暨房屋租赁的管理;市地使用的规划、统制;荒地使用、土地重划与土地经济调查的规划、督导。

(二) 省级土地管理机关

至于省级地政机关,北洋政府时期并无一致的组织,如黑龙江、察哈尔、青海、江西等省有垦务局之类的垦殖机关,吉林、陕西、福建、广西等省有清查田赋处之类的清赋机关,辽宁、广东等省则有清理官产处之类的清产机关,以上各类机构大都昙花一现,成立一两年即告裁撤。根据1913年1月颁布的《划一现行各省地方行政官厅组织令》的规定,省级行政公署一般设内务、财政、教育、实业四司,各行政公署及各司,承民政长的指挥,办理各该处事务。内务司主办如土地调查、官产官物、土地收用、道路及其他土木工程等事项,实业司主办如农业改良、农业试验场、地方水利及耕地整理、天灾虫害的预防善后、农林渔牧各种团体、公有林及私有林的监督和保护、苗圃林业试验等事项。

奠都南京后,各省市地政机关,在土地法未施行以前,多各自为政,其组织名称多不一致,内政部曾根据《各省市举办地政程序大纲》甲项的规定加以整理,在1936年3月1日土地法施行后,又根据《各省市地政施行程序大纲》第二章地政机关设立程序的规定,各省市再度加以整理,才开始有渐次统一的趋势。当时已设省市地政局的有江苏、安徽、广东、南京、上海等十几个省市(其中有的称土地局,宁夏称垦务总局,名称不尽一致),有的由民政局或财政局设科办理,也有浙江、湖南、北平、天津、青岛等十几个省市,其余各省多在筹设中。

根据《土地施行法》第7条及《各省市地政施行程序大纲》第2、4、5、6条的规定,最完备的省地政机关,应为地政厅,其次为省地政局,再次由民政厅设科办理。省地政局直属省政府,具体职责包括:土地测量的规划指导及考核事项;土地登记及规定地价的规划指导及考核事项;公地清理、土地重划、土地使用、土地征收及地权事宜项;其他有关事项。

(三) 市土地管理机关

市地政机关,始自1922年广州政府所设的土地局,南京政府成立后,南京、上海、杭州、天津、北平等市也相继设土地局或地政局的,但多数不久即被裁并。根据《土地施行法》第8条及《各省市地政施行程序大纲》第3、4、5、6条的规定,市地政机关的完善组织为市地政局,其次由财政局设科办理。至于省属县市地政机构,名称不一,有地政局、土地清查办事处、清丈处、登记事务所、土地测量理事处、土地科、地政处、土地整理处。另外,根据土地法的规定,市县地政机关所在地应设土地裁判所,直辖于中央土地裁判所。

(四) 县土地管理机关

县地政机关,依《土地施行法》第8条的规定,为县地政局。而依1939年9月颁布的《县各级组织纲要》的规定,县政府得设地政科,惟因经费人才的限制,遵照设立者决少。在抗战前除江苏、广东等少数省份曾有县地政局之类的组织外,其余各省大都无县一级常设的专管地政机关,其有设临时性县地政机关的,事毕即行裁撤,如在整理地籍期间,由地政局设县地籍整理办事处整理地籍,内设处长一人,由县长兼任,下设课长、课员若干人,办事处所办业务完成后,应即行撤销,依旧归到县地政科接管。

二、其他土地资源管理机关的设置和职责

民国初建,中央即设九部,实业部职掌农、工、商、矿、渔、林、牧、猎、度量衡等事项,置部长一人,次长一人,下设农政、工政、商政、矿政四司。1912年4月,临时政府北迁后将该部分为农林、工商两部,其中农政部分管农、林、渔、牧等事务。此外,财政部管理赋税、官产事务等,其中赋税司,分管赋税之部门,置司长一人,下设若干科。

北洋政府时期,对土地资源的保护进一步完善,相关机构也在增多。(1)农林部。主管农林事务之机关,管理农务、水利、山林、畜牧、蚕业、水产垦殖等,监督所辖各农林官署,置总长一人,次长一人,下设农务、垦牧、水利、山林四司和总务厅。a. 农务司,分管农业改良及水利气象、虫害预防等事务之机关,其职掌包括有:农业改良;蚕丝业;水利和耕地治理;茶、棉、糖、豆各业;天灾地害的预防善后;农会和农业团体及气象等八项,下设农政、树艺、蚕丝、水利、土壤、化验六科,后与山林司合并为农商部之农林司。b. 垦牧司,为分管荒地开垦、畜牧生产等事务之部门,职掌为:开垦、移民;畜牧改良;荒地处分;种畜检查和兽医;垦牧团体等六项,下设垦务、边荒、畜牧、兽医四科。c. 山林司,分管森林殖造和山林保护、监督等事务,职掌为:山林的监督、保护、奖励;保安林;国有林;林业团体;狩猎等六项事项,后与农务司合并为农商部农林司。(2)农商部。1913年12月由农林、工商两部合并而来,主要职掌农林、水产、畜牧、矿业等,置总长一人,次长一人,下设农林、工商、渔牧三司和矿政局及总务厅。农商总长直接隶属于大总统,地位有所提高,1914年7月北京政府公布《修正农商部官制》,明确规定"农商部隶于大总统,管理农林、水产、畜牧、工商事务",1927年张作霖军政府将该部又分为实业和农工两部,实业部的矿司主管地质调查、矿区勘定、矿业用地等;农工部分农林、渔牧、水利、工务四司。(3)财政部赋税司。职掌有关土地清册;赋税的调查、稽核、计算等事项。(4)全国水利局。1914年1月设,为国务院直属机构,主要管理全国水利及沿岸垦辟事务。

南京政府时期,其他土地资源管理机构比较多,又因抗战前和抗战后机构间的演变较大,分为两个阶段:

第一阶段,国民政府奠都南京至抗战以前。

财政部。(1)财政部土地处。1927年8月设,分管有关土地价格、测量业权、税收等事务,职掌为:土地种类的调查及核定报告;土地价格的核正;土地的测勘及清丈;土地业权纠葛的审决;土地登记手续的审定;土地产品的调查;土地税制改正;土地勘报灾歉及蠲缓带征;土地上征收考成;土地上一切统计的编制等,但于同年11月裁撤。(2)财政部赋税司。1927年8月设,11月增掌"土地之整理"、"管理官产及沙田"二项,1928年又减去"土地之整理"等项,1942年裁撤该司。

实业部。主管农矿工商等事务的机关,1927年3月设,1928年2月一度分为农矿、工商二部,1931年1月又复合为该部,下设六司一署,相关机构有:(1)农业司。1931年设,相关职掌包括改良农业土地,奖励农业器具和种子,农田水利,调查田租,促进农民银行等。(2)林垦署。1931年设,相关职掌为:宜林、宜垦之荒山、荒地之测勘登记;林地垦地的编订整理及林区垦区的划分;公营垦务的计划经营监督;民营垦务的指导监督保护;林垦的查勘;林垦争议的调处;林垦团体及合作社等。(3)先后附设和直辖的机构:地质调查所(1928年设,掌理地质矿产情况调查之机构,下设有土壤研究室等,1938年改隶经济部后,职责加以扩大,包括:调查全国土亩及水利水力之研究,1946年改称中央地质调查所,调查研究全国土壤情况);中央农业试验所;全国稻麦改进所(1935年12月设,职掌为:促进灌溉制度之改进;调查全国稻麦生产状况及农作制度;扩充全国稻麦耕地面积;增进地力,改良农具等),这些机构制定实施的土地改良、土壤灌溉的措施,有利于农业发展,改良土地。

农矿部。1928年2月设,1931年又合为实业部,下设总务、农政、林政、矿政四司,附设地质调查所,相关职掌为:检验、改良、奖励、农用器具及肥料;荒地的垦殖;农地灌溉;田租的调查规定;调查、测量及利用、垦殖国有荒山;矿业用地等。

第二阶段,抗战爆发至解放前夕。

经济部。1938年将实业部改组为经济部,实行战时体制,所有中枢经济机构均并入,使经济管理趋于统一,该部对于各地方最高行政长官执行其主管事务有指示监督之责,就主管事务对于各地方最高行政长官之命令或处分认为有违背法令或逾越权限者得提经行政院会议议决后停止或撤销之。其下设有农林、水利、矿业等六司,附设各委员会及机构,其农林司职掌有关农田林区的整理、改良及保护,荒山、荒地的勘测、垦殖等事项。

农林部。1940年5月设,职掌有关整理、改良、保护农地,调查、改良土壤肥料,调整、改进耕地租用,荒地、荒山之测勘及造林等事项,下设有农事司、农村经济司等及垦务总局,1946年又改设七司,并先后附设相关机构和委员会。(1)农事司。于1946年增设"农田灌溉、排水之设计、示范及奖进"项,具体管理有关农地的整理改良,农田水利的指导监督。(2)垦务总局。1940年5月设,职掌有关公营垦务、私营垦务、垦务团体、宜垦荒地之测勘、调查等事项,1946年改为垦殖司,职掌相同。(3)农业推广委员会。1944年设,全国农业推广事业的直辖机构,管理农、林、渔、牧、垦殖、农田水利事业的推广。

财政部。(1)中国农民银行土地金融处。1941年设,兼办土地金融业务,宗旨是用以协助政府实施平均地权政策,职掌具体包括六项:照价收买土地放款,凡实施土地税的区域,地政机关对报价不实的土地,实行照报价收买的放款属之;土地征收放款,国家依法征收私有土地的放款属之;土地重划放款,地政机关依法举办土地重划的放款属之;土地改良放款,政府为开发公有荒地或兴办长期性质的农田水利的放款,公有荒地承垦或代垦的放款属之;扶植自耕农放款,政府为直接设自耕农征购土地的放款及农民购买或赎回土地自耕或依法呈准征收土地的放款属之;地籍整理放款,政府为整理地籍,举办测量登记时的放款属之。土地金融业务基金为国币1000万元,一次拨足,必要得呈请财政部核准增拨之,为办理土地金融业务,得发行土地债券。(2)田赋管理委员会。财政部管理全国田赋事宜之机构,1942年7月设,相关职掌为:各省田赋管理经费的核定;地价税的征收;陈报土地;公有地产管理等。

田赋署。粮食部分管全国土地赋税征收管理等行政事务的部门,1945年6月设,其职掌包括:田赋征额及核配;田赋折征标准;赋地测籍的整理及编照;土地调查等事项。

土地及建筑司。国防部分管有关军用土地及设备建筑等事务的部门,1946年6月设,职掌包括监督国防所需土地的取得与处理等,下设有土地组等机构。

三、垦殖机关

(一) 垦殖活动的一般理论

凡土地的开发利用与人口的迁徙移动,其主要目的在于地尽其利并调剂人地关系者,为垦殖,垦殖的对象为土地,更确切地说为荒地,即"可耕地而未耕地",荒地的分类法有多种,依地势地形,有山荒、平原荒、水荒;依所在地,有边荒、内地荒、滩荒;依其成荒原因,有生荒、熟荒;依其所有权,有官荒、公荒、私荒等。垦殖活动具有丰富的经济、政治和社会目的,人们过去往往只关注其单一的经济职能,忽视其他职能,因而对垦殖事业不够重视,值得注意。

(二) 垦殖机关的演变

中央政府一直都有主管垦务行政的机关,但规模都较小,隶属常常变更。民国改元之后,政局变幻不定,行政制度常改,农村建设无人注意,垦殖行政机关地位更低,作用更微。南京临时政府时期,设实业部,南北统一后,分设农林、工商两部,垦务隶属农林部,后又将农林、工商两部合为农商部,设农林司,垦务属之。奠都南京后,置农矿部,设农政司,内有一科,专管垦务,1932年,合并农、矿、工、商为实业部,设林垦署。抗战发生后,实业部改为经济部,垦务行政由农林主管(而事实上是由几个性质不同的机关分别办理),后鉴于农政对建国的重要,于1940年增设农林部,直隶行政院,附设垦务总局(1941年),总算有了一个专门的中央垦务行政机构,以统一垦务事宜。

至于地方垦殖行政机构,则不如地政机关那样层次分明、职能明确,大多名目不一,各自为政,内部多不健全。各省普通农村行政皆属建设厅,有专设一科者,也有不明白规定专管之科者,各县亦同此原则,不过规模更小,人员更少,分工更为简单而已。

(三) 垦殖行政及立法活动

第一阶段(1912年—1930年)

孙中山早在《实业计划》、《地方自治开始实行法》中对垦荒造林有详细的说明,临时政府也鼓励垦荒,发展垦殖事业。北洋政府时期,军阀割据,一切政策完全等于具文,所有地方的垦务,都以清末政策为原则。于1912年农林部颁发的《农政纲要》三十一条,对于移民垦殖、利用荒废的事业,极为着重,1915年公布《国有荒地承垦条例》及施行细则,凡山林江海新涨及荒芜无主未垦之地,一律移垦,其最重要精神在于以国有地变为垦民私有地,其适用范围以内地省县的国有荒地为限,对于边荒的承垦,不得适用。二次北伐后,奠都南京,内外局势混乱,垦殖政策未能更进一步制定,1928年开垦务会议,厘定垦务政策,决定十项政策及垦殖计划,并计划将全国分为十四区,进行垦殖,较之《农政纲要》更为扼要,是一大进步。此次会议后,垦殖问题引起注意,公私经营的垦殖事业发生不少。此后,国民政府进行了一系列重要的工作,如"草拟《垦荒条例》、《督垦条例》、《私荒登记办法》、《垦殖保护奖励条例》、《租佃法》等,举行农政会议和垦务会议,并筹设移垦局,计划培植垦务人才,调查各省垦务,调查统计各省荒地和田租,筹设模范垦区、民营垦场和归国侨民垦区,处理垦务纠纷"①。屯垦方面包括在绥区五原等地的兵垦试办,还有移垦和盐垦方面等,有关垦区的水利交通都在积极进行。

第二阶段(1930年土地法公布—抗战开始)

国民政府各种垦殖政策已经具体化,集中体现在《土地法》的"荒地使用"22条规定中,对于公私荒地的开垦,均有规定。其虽名为法,但其政策之意昭然透露于各条文中,如代垦人制度的承认及限制等。1933年后,内政更为统一进步,积极推行垦殖,屡有新条例办法的颁布,其中最为注意者,为1930年东北实行的《黑龙江沿边荒地抢垦章程》,充满自由垦殖精神,收到不少实际效果,打破把持公私荒地者的限制;其次为东北之兴安屯垦,计划周到,进行顺利,为民国以来唯一有意识的屯垦事业。中央法令尤为重要,除《土地法》外,1933年颁布《督垦原则》、《奖励辅助移垦条例》及《清理荒地暂行办法》和1936年《内地各省市荒地实施垦殖督促办法》等,对于移民资助及垦区公共事业有详密规定,鼓励垦殖事业,于是自1934年始,垦牧事业有所回升,据统计当年全国新增垦荒面积2600万亩。②

第三阶段(抗战开始后—1949年)

抗战后,为救济难民增加生计,经济部成立之初,派员分赴各省调查可垦荒地,1938年颁布《九省荒地开垦计划》、《非常时期难民移垦条例》及《补助各省难民移垦经费办法》,同时商洽有关各省政府组设垦荒委员会,筹设国营省营垦区,还颁布《难民垦殖实施办法大纲》,鼓励难民垦殖,积极推行移垦工作。具体由经济部制定垦殖计划,分为大规模垦殖和小规模垦殖,垦殖方式以国营、省办及私人集团经营三方并进为主,实际上以地方举办为主,由中央予以资金及技术的协助。1939年行政院通过《筹设国营垦区计划纲要》,1941年3月农林部开全国农村会议,关于垦务部分的有两案最重要,一为农林部三年施设计划之垦务部分,一为推进全国垦殖事业纲领。九中全会通过《土地政策战时实施纲要》,规定"荒地之可为大规模经营者,由国家垦务机关划设垦区,移植战地难民或后方有耕作能力之人民,并供给生产工具,以资耕作。私有荒地……由政府限期使用"。根据农林部垦务局1941年底的报告,垦荒工作如下:(1)扩

---

① 台湾"教育部"主编:《中华民国建国史》第三篇,第1209—1210页。
② 石风涛:《中国棉花产销底新趋势》,载《中国经济论文集》第一集,生活书店1935年版,第193页。

充原有垦区,包括国营垦区和民营垦区;(2)增设新垦区;(3)协助督导省民营垦殖,包括核拨补助款项、督导派员分赴各省视察督导;(4)调查,包括荒地调查和垦务调查;(5)训练垦殖专门人才。这样通过大片荒地的开垦,扩大了耕地面积,抗战期间,后方各省按照国民政府的垦荒政策与计划,先后建立100多个垦殖单位,据农林部1944年统计,当时全国由国营省营垦区和私人出资招募难民建立的垦区数百处,所垦荒地虽无具体统计数字,但从后方主要农作物耕种面积的增加,可推断是垦殖面积增加的结果[1]。农林部垦务总局对于垦务事项虽努力推进,但因经费人才等种种困难,尚无显著成效,1941年度全国营垦区在该局直接管辖下,只增收垦民4300余人,增垦荒地面积18000余市亩,1942年度各垦区也只增收兵民18000余人,增垦荒地84000余市亩,何其渺小![2]

第三节 民国时期的土地管理措施

一、南京临时政府时期的土地管理措施

南京临时政府虽存续时间短,来不及设置完备机构和颁布土地法规,只能通过临时政府大总统令和相关机构的规章公文中,管窥当时的管理情况,但由于领导者始终以振兴实业、发展经济为己任,对有关土地的问题自是不能回避,相反是积极应对,采取措施,并提出先进的土地思想,付诸实践,收到一定的成效。

(一)鼓励开垦荒地,提倡拓植事业

临时政府对于呈请垦荒者,均给予积极支持和保护,在一系列政府公文中体现对垦荒的管理和监督的内容,如《实业部批扬州绍伯镇自治团代表张鹤第等请开垦绍伯湖西岸呈》[3],因"地土久荒,不忍弃利于地,请筹办垦殖,但应计亩绘图,先行呈部,以便交扬州民政长确查",对此兴农殖垦之大业,实业部予以批准支持,还有《实业部批胡哲显请开垦盱贻县赵公滩禀》中,准予开垦滩地,以志兴实业,及《实业部批紫霞院道士马清中请领垦荒地呈》等。

(二)给照拨地,鼓励兴办企业,振兴实业

《内务部批潘晋设立江苏拓殖有限公司请立案呈》规定:"设立江苏拓殖有限公司,收买官地倡办实业,于国计民生,两有裨益,足为我国目前救急要着",并对收买官地的范围作了规定:除与要塞形式有关系,及向作公共事业之场,或将来拟作公共事业之场,均应存留外,其余各官地,原应准设公司,集资收买。《实业部批安宁垦牧公司总办

---

[1] 《国民政府年鉴》1944年3月版附表统计数。
[2] 《垦讯》,第1—2期;《人与地》一卷23期;上述转引自吴文晖:《中国土地问题及对策》,上海商务印书馆1947年版,第73页。
[3] 本节南京临时政府实业部、内务部公文,均选自中国科学院近代史研究所史料编译组:《辛亥革命资料》,中华书局1961年版。

曹锡圭请创办农林垦牧总局呈》及《实业部批侨商朱卓文开办工厂请给照拨地呈》:"集资建设工厂,教养流民,使无业之人皆有谋生之业,不至流为匪类,于民生主义,国计前途,大有裨益。"《实业部令南京府知事调查城内外官荒地文》:"安宁垦牧公司总办曹锡圭呈称,筹集资本30万,拟承领南京城内外官荒地,应由贵知事确切查明,以便核报办。"《内务部批侨商招镜泉等请垦官荒呈》:"查荒地有无纠葛,荒价亩值几何。该侨商应将此垦荒资本5万元,执帖赴部呈验,并绘图贴说,报部存查,发给执照,借资信守,优待侨。计亩升科,宽至五载",而按清朝旧例,一般荒地开垦二三年即升科,但同时对垦荒者的责任也有规定,"垦荒成熟应以三年为期,若逾期未垦和垦有未尽,非遇特别重大原因,一旦期满,凡在未成熟地,应收归国有,再行另放,其原缴荒价,一律充公,不准领还"。

(三) 保护耕地,重视农业

《内务部奉大总统令凡谒陵时被践损伤田苗准照数赔给示文》中规定:"被车马及军队一路践损之田苗,准由地主到本部呈报,核明实情,照数赔给"。《内务部注重春耕通告各省电文》:战端既弥,民事宜先。兹值春耕伊始,诚恐人民因转徙流离,荒弃农业,则春耕既未尽力,秋收必受影响。速令各地方官出示通告,俾各安心乐业,注重民事,则生计得免困蹙,而国库赖以增加,民国前途幸甚。《大总统令内务部通商各省慎重农事文》:军兴以来,四民失业,而尤以农民为最。田野荒芜,人畜流离,器具谷种之类,存者盖鲜。自近海内粗平,流亡渐集,农民凤无该藏,将何所赖以为耕植之具。……为此令该部咨行各省都督,商下所司,劳来农民,严加保护。有耕种之具不给者,公田由地方公款、私田由各田主设法资助,待秋成后,计数取偿。

(四) 保护不动产

民国刚建,内务部颁《保护人民财产令》,凡人民财产房屋除经正式裁判宣告充公者外,勿得擅行查封。《外交部照会驻宁沪各国领事通商交涉使除清帝原有私产外所有清廷手内之动产或不动产均数国有不得私相授受由》规定,民国国有的财产范围,其物主权不得私相授受,否则视为无法律效力之买卖,追还物产等。

(五) 成立垦殖协会,兴办农业公团

《实业部批万春圩领垦公司等请设农业公团呈》中,允许该公司联合各公司各业户,组织农业公会以振兴农业,收群策群力的效果。"现在共和成立,百废具举,而拓植一端,尤为当务之急"。1912年3月,黄兴、蔡元培等发起成立拓殖协会,黄兴为会长,其宗旨是"拓地垦荒,殖产兴业",活动内容为包括调查农林矿产、筹办银行、设立公司、开办学校、编辑书报、附设关于垦植事业各机关等。孙中山对此给予大力支持,"拓殖协会之组织自是谋国要图,国家应予协助",组织拓殖协会的30万经费就是由大总统批准,令财政部编入每年的预算案,以资进行的。

此外,为推动农垦事业的发展,财政部曾拟定创办各种农业银行的计划,孙中山在相关批示中说道:"中国地膏腴,广幅员,但东南之收获不见其丰,西北之荒芜,一如其故,此因无特别之金融机关为之融通资本的缘故,创设农业、殖边等银行,实属方今扼要之图"①。但因财政困境,这项计划最终未付诸实现。

二、北京政府时期的土地管理措施

北京政府时期,土地管理机构的分合撤并比较大,一方面说明北京政府重视对农业土地资源的管理,希望通过机构变迁使其进一步完善,发挥更好的管理职能;另一方面说明,农业土地资源开发利用的增多,客观上要求完善机构,细化规则,具体规定垦荒、水土保持的条件范围及相关责任等。南北统一后,宋教仁任农林总长时,也强调要重视农业,提倡开荒造林,兴修水利,发展农村金融,设立农业试验站等。先后有张謇、刘揆一等不少实业人士出任工商部或农商部总长,袁世凯也比较重视实业的发展,曾发布、修订不少经济实业法规,强调"举凡路矿、林垦、蚕桑、畜牧,以及工艺厂,一切商办公司,其现办者,务须加以保护;即已停办及有应办而未办者,亦应设法维持,擅为劝导"②,这其中就涉及对农业土地资源的合理利用和保护。

(一) 鼓励垦荒,改良农业,颁布相关法规

1914年2月,张謇呈文袁世凯:各省国有荒地,亟宜招人承垦,以辟地利……今当民国肇建,凡关于土地事宜,俱应厘定规条,俾资遵守③。为此,农商部拟定了暂行承垦荒地令35条,提交国会审议。3月又将此令减为29条,内容并无改动,颁布《国有荒地承垦条例》,鼓励私人出资出力,开垦荒地。7月农商部又颁《国有荒地承垦条例施行细则》18条,对有关承垦荒地的具体事项作了规定,11月袁世凯根据农商部的提议发布命令,对《国有荒地承垦条例》作了修正和补充。11月还颁布了《边荒承垦条例》24条,对边荒的范围作了规定并对提前竣垦者给予奖励。而荒地较多的黑龙江、吉林等省,还根据本省的具体情况拟定了鼓励垦荒的规则。张謇持棉铁救国主张,提出扩充棉田5500万亩的计划,主张创办资本主义大农场,利用荒地"招佃开垦,成集公司,用机器耕种"④。总之,这些措施对于垦荒和农业的发展具有积极的作用,尤其是对边远省区的农业进步有显著的影响,也为更多的新式农垦公司的诞生提供了条件。奖励垦荒的条例在不少地区得到执行,对荒地的开垦和农业的发展产生了积极的作用。

(二) 设立垦务局,完善机构设置

为与垦荒条例的颁布相配套,在农商部的推动下,江苏、绥远、察哈尔、黑龙江等8个省份于1915年前已设立垦务局,其他省份也先后设立,专门办理清丈放垦事宜,取得一定成效。同时倡导成立农会,借民间社会力量促进农业发展,鼓励多种经营,大力发展植棉制糖牧羊渔业,创办各种农业试验场,改良引进优良品种,其中就涉及到对土壤、化肥、农产的技术性研究和保护,同时设劝农员,辅助改良农事。

---

① 中国第二历史档案馆:《中华民国史档案资料汇编》第2辑,江苏古籍出版社1981年版,第440页。
② 中国第二历史档案馆:《中华民国史档案资料汇编》第3辑"工矿业",江苏古籍出版社1991年版,第15—16页。
③ 沈家伍:《张謇农商总长任期经济资料选编》,南京大学出版社1987年版,第303页。
④ 张謇:《张季子九录·实业录》第1卷,中华书局1932年版,第5页。

(三) 振兴水利,保护奖励发展林业

水利是农政的根本,1913年12月,袁世凯曾发布命令:要求欲垦辟农田,必先讲求水利。得其道则化污莱为膏腴,有百利而无一害。失其道则漂流禾稼,洊为巨灾,为此特设全国水利局,张謇为水利局总裁。1914年的《森林法》规定,凡愿承领官荒山地造林者,得无偿给予之,并可免除五年以外,三十年以内之租税,以示奖励。1915年6月颁布了《造林奖励条例》,对造林确有成绩者,给予奖励,具体奖励,根据造林面积的多少给予不同等级的奖章。

(四) 推行各种奖励措施

1915年颁《农商部奖章规则》,"凡创办经营各种实业,或其必需之补助事业,确着成效者,得依本规则之规定,由农商部给予奖章"。如:承垦大宗荒地依限或提前竣垦者,其竣垦亩数在3000亩以上的,即可获得奖励。

总之,这段时期的机构设置比以前要完备的多,工商、农工、财政部门主管官员由多年经营实业且具有丰富管理经验的工商界杰出代表担任,对制定政策很有帮助,但在具体的政策实施中,有关部门缺乏密切配合,相互牵制,使政策难以落实,如农商部为筹办各种农业试验场所需的经费,很难在财政部处得到筹拨,对此持消极态度。同时,财政的窘困严重制约政策的贯彻与落实,军阀割据各自为政,中央政府失去对地方各省的控制能力。

三、南京国民政府时期的土地管理措施

在有了完备的土地资源管理机构之后,土地行政管理活动是事关土地政策纲领能否实现的关键,为实现"平均地权"和"耕者有其田"的土地政策,南京国民政府二十多年来,采取各种措施,投入大量经费和人力,制订土地法规,设立地政机关,实行土地测量、土地登记,办理地价申报,征收地价税,统制土地使用,创设土地金融制度等,使地政建设卓有成效。虽因各种原因,如经费、人才和环境的因素,其效果未能尽如所期,然各种办法和机构,规模初具,基础已立,是民国时期土地行政管理设施最完备,内容最丰富的时期。以下将土地行政管理的各项内容分别述之,惟土地立法,数量繁杂且内容重要,故单独成篇,而土地行政机关沿革前已述,不再列出。

(一) 土地测量

土地测量包括地籍测量与地质探险,是整理土地的先决问题。土地经测量之后,才能进行土地登记、土地税估价和征收等事项,故其是办理土地行政最先之程序。民国自成立后因政治动荡,战争频繁,许多地籍户册大多丢失无存或是保管不当,地籍管理极为混乱。孙中山在《建国大纲》中就规定,测量土地是训政时期重要工作之一,在1931年的土地法中也规定,一切公有私有土地均应加以测量,并且未经依法测量的土地不得办理所有权登记。关于测量义务的实施,内政部于1934年10月24日公布《土地测量实施规则》,以资准备。

地籍测量系就一定区域内之土地,按其面积、形状、位置、距离、段落、界线等状况,

为测算丈量,于地籍册中登录其结果。地质探险,系就土地变形的来源,矿产蕴藏的种类,土壤岩石的成分,为土地性质的调查。按土地法的规定,地籍测量的程序可略分为六步:大三角测量、小三角测量、图根测量、户地测量、计算面积及制地籍图。大三角测量关系全国地籍测量成果,且为军事国防所必需,由中央地政机关会同参谋本部统筹规划,其他测量由各省市依中央地政机关颁布之实施规则,分别办理。内政部对于大三角测量都曾拟定计划,1936年2月又制定《重要省区航空土地测量计划概要》,具体由参谋本部陆地测量总局主持办理,随后抗战发生,未能实现。户地测量在测量程序中占极重要的地位,可选用人工丈量方法或飞机航摄方法,即人工测量与航空测量,二者各有利弊。各省市办理测量,依规定为小三角测量,到1937年7月,各省市已完成户地测量的总面积,抗战爆发后,稍有停顿。

事实上,土地测量耗时费财,不管采用那种方式,都困难重重,短期内难以完成,若待此繁难的测量登记程序完成之后,再逐步推行土地政策,势必坐失时机。随后因战时形势的需要,内政部订有《非常时期举办土地测量办法》,采用比较简易的测量方法。内政部第二期战时行政计划规定:完成后方各重要城市地籍测量,测量方式包括航空测量和人工测量等。

(二) 土地登记

在土地测量完成后,即应举办土地登记,以明确土地权属关系,减少土地纠纷的发生。土地登记即将土地及其定着物之各种权利(所有权、永佃权、地役权、典权、抵押权)的取得、设定、移转、变更或消灭等法律事实,予以登记。依土地法的规定,无论公有土地或私有土地,均应登记,未登记所有权的土地,不得为其他权利之登记。

土地法采托仑士制度的绝对严格精神,凡经登记的土地权利,任何人不能加以推翻,依法所为之登记,有绝对效力。

关于土地登记的程序,更有详细的规定,具体包括土地登记通则及程序、登记费、土地权利书状等。土地登记应由权利人及义务人或代理人申请,提出申请书、证明登记原因文件、土地所有权状或土地他项权利证明书及依法应提出之书据图标。地政机关接收申请书后,应于15日内调查完毕,依次登记。土地所有权登记完毕时,应给申请人以土地所有权状,土地所有权以外权利登记完毕时,应给申请人以土地他项权利证明书。但申请为第一次登记时提交的系列书据,应由契据专员审查,经地政机关公告6个月期满无异议,才为所有权及他项权利之登记。由此可见登记程序的严密。若在登记程序中发生争议,则由土地裁判所裁判之。事实上,在土地法施行以前,经呈准依据单行法规举办正式土地登记的已有不少省份。

土地登记的主要目的和作用主要有:一为确定产权、减少纠纷。登记过的土地具有绝对效力,四至确定,经界分明,证据齐全。二为减轻赋税、平均负担。三可活动金融,将土地用于抵押、拍卖。四可发展经济建设,促进自治。在土地整理完毕之后,对土地的情形了如指掌,垦殖荒地、开发矿山、改进农村、整理水利、兴修交通,皆可据以实施。

第九章　民国时期的土地法律制度

（三）办理土地陈报

土地陈报是为避免正式测量手续，由人民将其土地实况，陈报于政府，然后予以清查登记造册，是整理赋税，在地籍整理尚未举办前的临时办法。其具体方法是由人民于一定限期内，自行向土地陈报机关据实陈报所有的土地，由政府事前绘图编查，事后抽丈复查，然后据以改订科则，以期达到地籍翔实，赋税公允的目的。其优点在于程序简易、节省金钱和时间。1934年1月，四届四中全会为清查田赋积弊，整理全国各地田赋，达到实户实粮起见，通过土地陈报决议案，行政院于1934年6月公布《办理土地陈报纲要》及其《办理土地陈报纲要要点说明》，通令各省市遵照办理，这是全国性土地陈报工作的开始。依纲要规定，各县办理土地陈报由财政厅会同省地政机关，或由省地政机关会同财政厅办理。具体由县区督率乡镇公所办理土地陈报。后为适应战时需要，将各省田赋暂归中央接管，以便统筹而资整理，同时在财政部内设整理田赋筹备委员会，加紧推行土地陈报工作，要求全国各省除战区外均限令依期办理完毕，为加速办理，定有奖惩办法八条，对办理土地陈报人员分别予以奖惩。1942年7月又修正《办理土地陈报纲要》。

事实上，办理土地测量、土地登记与土地陈报都属地籍整理的范围，是土地行政中最基本的工作，土地陈报为整理地籍治标的方法，土地测量与登记为整理地籍治本的方法。通过地籍整理，在量的方面可以明了土地的面积和分配状况，在质的方面可以明了土地的性质及使用状态。如果地籍不明，经界不清，一切土地政策必无法推行。实践中举办的，如1928年江苏在镇江、青浦、丹阳等县市进行地籍整理，1934年5月省政府主席陈果夫决定通过土地清丈，进行地籍整理。到抗战爆发前，江南各县开展了土地清丈，部分举办了土地登记，确定地价后，开始征收地价税，代替古老的田赋。

（四）实行征收地价税，举办地价申报

照价征税的基本前提就是规定地价。规定地价的方法，依孙中山的主张就是业主自行申报，土地法则规定为申报地价与估定地价两种。地价之估计由地政机关将所辖区内之土地以前5年内之市价为准，划分为地价区，于同一地价区内之土地，参照其最近市价，或其申报地价，或参照其最近市价及申报地价，为总平均计算。也可择其中地段价值较高者，为选择平均计算。依总平均计算或选择平均计算所得之地价数额，为标准地价。地政机关将标准地价分区公告，30日内不发生异议的，为估定地价。除有重大变更外，每五年重估一次。

抗战以后，都市和农村地价飞涨，与民生主义宗旨大相违背，国民党五届八中全会决议从速举办地价申报，接办地价税，实现土地政策。1941年于内务部成立中央地价申报处，负责规划办理全国地价申报事宜，同时令各省市成立县市地价申报处，开始举行地价申报，限期办完，以作为照价征税、照价收买、涨价归公的依据。办理地价申报的程序分为：(1)测丈地亩；(2)查定标准地价；(3)业主申报；(4)编造地价册。内政部同时拟定地价申报条例，于1941年公布《非常时期地价申报条例》，具体推行地价申报工作，并详细拟定工作计划的办理进度及期限。后方各大城市已有开始征收地价税的,但相关工作并没有切实进行,1942年12月,全国地政业务会议召开,决定后方843个城市都要限期完成地籍整理与地价申报,以作为征收地价税的依据,但因困难重重,大都没有实现。

民国《土地法》将土地税分为地价税和土地增值税两种,征收程序由中央地政机关核定,交地方政府征收。地价税就是照估定地价按年征收,它也是实现平均地权、平均负担的公平原则的体现。土地增值税按土地增值实数计算,于土地所有权移转时征收。

《土地法原则》规定税率采渐进方法,但土地法对税率的规定颇低,与孙中山所主张的将地主不劳而获的地价全部归公的办法,相差甚远。土地法规定分等的法定税率,分市地与乡地两大类,视其改良的情形,税率有低有高,如已依法改良到适当程度之土地,征税最轻,改良情形较次的略重,若是全未改良的荒地,则最重。最低为千分之十,最高千分之一百,因为土地贵乎利用,改良完善的土地,就是最充分利用的土地,社会受其益,反之,全不改良的荒地是弃利于地,社会受损,自征重税,促其改良。各地举办地价税的情况也不同,在土地法颁布前绝大部分省市已实行土地税,税率一般低于土地法的规定。

(五) 土地使用

土地使用是对土地施以劳力资本,使其为各种利用,其目的在于使地不荒废且尽量发挥土地的效能,简言之为"地尽其利"。为使土地有最适当的经济使用,必斟酌盈虚,实施调剂,适应实际上的需要,这自非政府统筹全局则不能收效,故土地法采干涉主义原则,对土地使用加以管制,以求合乎经济原则。

土地法对于土地各项使用的限制和办法,都有详细的规定,对市地从使用限制、房屋救济两方面来规定,对农地则从耕地使用、荒地使用两方面进行规定,并对土地重划的条件和程序作规定。政府应根据国家的经济政策和地方需要及土地性质,对土地进行各种统制,这就涉及到对全部土地的地质及使用情形进行切实的调查,包括进行地质探险和地质探险编制报告书。此外,尤须重视土地重划,凡对零碎畸零或不合经济使用的土地,主管地政机关就该区段土地重新划分整理,以期适用。

市地使用方面,除实施重划外,根据使用上的标准,分限制使用区和自由使用区,限制使用区应于都市设计时分别规定,如土地及其建筑物使用之限制、建筑物所占土地面积及应留余地等,以收经济使用和整齐划一之效。都市建设,系需按各方面加以设计,将市地划分为政治、文化、工业、商业、住宅、风景等区域,限制其使用。对于市中空地和市内房屋救济,也有规定,使市民不致因居住问题而引起恐慌。内政部咨准各省市拟具都市计划送部核准备案,并参考欧美各国有关都市计划的法令,结合各地实际情况,于1939年6月公布《都市计划法》。

农地使用方面,目的在于改善租佃关系,使地尽其利。要使农地改良、农业进步,耕者安于其业,就必须保护佃农,实现"耕者有其田"的政策,土地法规定,"地租不得超过耕地正产物的收获总额千分之三百七十五,出租人不得预收地租和收取押金",此外还规定了佃地改良之赔偿和业佃纠纷处理的方式等内容。内政部咨准各省市拟具农地使用及租佃关系章则送部核准。

荒地使用方面,对于公有荒地,若适合耕作,除经政府保留或指定为他种使用以外,应勘测分段,编为垦荒区,由地方政府招人承垦。承垦人分农户与农业合作社两种,垦竣荒地即无偿取得其土地耕作权。私有荒地应由主管地政机关限令其所有权人于一定期间内开垦,逾期得由需用土地人呈请征收之。内政部曾进行调查编制统计,与相关机构拟定《边区垦殖计划》,制定颁布一系列条例规章,如《清理荒地暂行办法》、《督垦原则》、《奖励辅助移垦原则》、《内地各省市荒地实施垦殖督促办法》等,抗战后则有《非常时期难民移垦条例》的公布,积极进行荒地的清理和施垦。

(六)建立土地金融制度

土地金融就是一切通过土地关系所产生的信用或资金的活动。一直以来,农民无地或虽有土地而数量不足及土地不能充分利用的情形非常严重,原因在于缺乏完善的土地金融制度。土地金融的使命是推行土地政策。一是为推行耕者有其田,利用土地购买金融的运用,直接或间接地创设自耕农,或是运用土地改良金融,保护已有的自耕农,提高其生产力。二是为实现地尽其利,因为有其田的耕者是最善利用和增进地利的,可以运用土地改良金融开垦荒地,重划土地,举办灌溉排水工程,改进农业经营等。

国民党在早期就主张设立农村金融调剂机关,以调剂盈余,融通资金。南京政府成立后,各级农业金融机关相继设立,政府虽经努力倡导采取措施,农贷的数额和农村机构有所增加,但其业务仅限于短期和中期信用贷款,长期信用借贷的很少,难以实现"平均地权"和土地改革的目的。抗战前政府曾有设立八大银行的计划,其中之一就是设立中央不动产银行,惜战事发生,计划搁置。1941年五届七中全会后,财政当局积极进行筹办土地银行的事宜,决定由中国农民银行兼办土地金融业务,并由国库指拨国币1000万元作为业务基金,并专设土地金融处,专营土地信用借款,规模虽不大,却开创了民国土地金融的发展史上新的一页,民国土地金融机构已经初具。该处设立后,就拟具业务进行计划与各项放款规则,积极展开工作,各省市分支机构也逐渐开始实际业务。

土地金融机构的资金来源非常重要,土地金融处成立后,就开始筹划土地债券的发行。1942年3月公布《中国农民银行土地债券法》,对土地债券的发行有重要的规定:"中国农民银行土地债券,以中国农民银行兼办土地金融处之全部资产,及其放款取得之土地抵押权为担保",这样土地债券有双重担保,比较安全。"土地债券之发行总额,不得超过前条土地抵押放款之总额,其每年偿还额不得少于收回土地抵押放款百分之八十",这样必须以每年收回的放款偿还债券,并规定一个比例,以取得信任。"土地债券得自由买卖抵押",以使土地再度资金化,加速流通。之后订有《征收土地办法》,由农民银行发行土地债券分别征收,并规定由农民分十五年偿还地价,《土地资金化方案》的办法也在实施中。1942年,土地金融处开始办理放款业务,计划分省分期办理,单就农民购买土地放款而言,1942年已达四千五百多万元。但总的说来,土地金融仍在开始试办时期,还没有明显成效。

(七)改良租佃制度

土地租佃制度不合理的表现有很多方面,如租额太重,租期过短,押租条件太苛,预期交租,业主自由撤租,佃农没有保障等,严重影响到租佃关系和农民的生产积极性,国民政府对此也采取一些措施,取得一定成效。

农地方面,1926年10月,国民党第二届中央执行委员会及各省区联席会议通过《中国国民党最近政纲》,正式提出"减轻佃农田租百分之二十五",这个地租额相当于总收益的37.5%,也称"三七五地租",它一般能保护佃农的必要劳动产量,且能获得部分剩余劳动产量,是在承认地主土地所有权的前提下,减轻农民负担的政策,因此二五减租成为国民党的基本土地政策,在北伐军占领的省区不同程度实行过。1928年12月,第一次民政会议制定《减轻佃农租额负担》,通过《保障佃农改良租佃暂行办法》共8条,后经内政部修改补充,改订为《租佃暂行条例》15条,但交中央政治会议审定时,没有通过。1929年6月,又有"二五减租案"的决定,1931年的《土地法》中明确规定"地租不得超过耕地正产物的收获总额千分之三百七十五,出租人不得预收地租和收取押金",在内政部1932年颁布的《保障佃农办法原则》中也有类似的规定,这些都是保护佃农最实际和迫切需要的政策,可惜这些好的政策并没有真正得到实行。市地方面,土地法中规定,房屋的标准租金不得超过地价册上所载土地及其建筑物等的估定价额的年息百分之十二,在施行期,原定租金超过标准租金的,承租人得依据标准租金支付原定租金,少于标准租金的,依照原定租金支付,出租人不得以任何名目加租。

土地租佃的改良办法已经确定,关键就看如何执行了,而实际效果不尽如人意。1927年大革命时期,曾制定相应的法令,实行过二五减租政策,但在推行中遇到实际的困难,即告停止。抗战时期曾进行"鄂西减租",1943年陈诚下令实行"二五减租",以刺激农民耕种热情,增加生产,但在实施中遇到阻力,各县政府士绅均不肯真正赞助"二五减租"的推行,而战时政府不免要多依赖地主合作,所以湖北的减租就半途而废了。抗战胜利后,行政院于1945年10月颁布命令实行"二五减租",为切实明了各省推行实况及为今后改善租佃关系起见,农林部于1946年举办"二五减租"之调查,对苏、豫、皖、浙、赣、鄂、粤、桂、湘各省的租佃制度及推行二五减租的情形进行调查,编成详细的调查报告,在报告结论中指明,"推行二五减租为政府改善贫苦佃农生活之德意,亦为保障佃农,扶植自耕农,实施民生主义之国策"[①],举办实地调查的目的,一为随时解释法令广为宣传,二为引起地方长官对此项工作的重视。

(八)公私土地的管理

公私土地的管理实际涉及地权的处理问题,依据平均地权的精神,土地法一方面承认土地私有制度的存在,凡私人所有土地,如不妨碍公共利益的发展,法律上仍许其

---

① 中国第二历史档案馆:《中华民国史档案资料汇编》第五辑第三编财政经济六,江苏古籍出版社2000年版,第104页。

私有；另一方面限制私有土地面积最高额，将土地所生之利益分配于国民全体。

1. 公有土地的管理

民国时期的公有土地，由于缺乏完整的地籍整理及统一的管理处分，名目繁多，数量也难有统一记载。就名目而言，有湖滩地、湖边地、官产、教产、营产、局产、旗产（南京及西安）以及沙田（粤浙苏）、草山（湘），与旗圈各地或清室官地房地黑地等；就管理机关而言，有沙田官产局（苏）、公产局（鄂）、沙田官产清理处（浙）、湖田局（湘）等；以法规而言，有《公产管理暂行章程》（鄂）、《市区官有土地处理办法》（西京）等，凡此种种，几难综述，中央有鉴于此，相继颁布系列法规，加以管理。

对公有土地的管理，其实自民国建立时起就有，如1912年1月内务部颁布的《保护人民财产令》中就规定："原属清政府的官有财产，归民国政府所有；现为清政府官吏，且反对民国政府，没收其在民国势力范围之内的财产，归民国政府所有"，此外还有《外交部照会驻宁沪各国领事通商交涉使除清帝原有私产外所有清廷手内之动产或不动产均属国有不得私相授受由》等。北洋政府时期，曾颁有《清查官有财产章程》①，由财政部在参事室内附设官产清查处，管理关于清查的一切事宜，虽非对公有土地的直接管理，但其中也涉及相关内容，如凡非私有公有财产均属官有财产，对官有财产的清理分为对建筑物和土地两种清查等。《管理官产规则》则进一步加以规定：（1）官产之范围为国有之动产、不动产。（2）官产依种类、性质分属各部总长主管之，使用官产属内务总长，收益属财政总长，开垦地、森林、农林试验场及其他农业上之官产属农林总长，工厂矿山及其他工商业之官产属工商总长等。（3）为确保官产妥为使用和保管，规定管理官产的官吏不得承买、承租、受让或交换与其职务上有关系的官产，并对官产的买卖作出明确的要求，即"售卖官产须依法令以投标或其他方法行之，售卖之官产非将价额收纳不得交付"，这样使官产的买卖公开化和程序化。（4）借用官产的应缴纳相当的租价，但供公益事业者不在此限。官产的租借期限除依法另有规定外，土地不得超过30年，其他财产不得超过3年；租借官产未经许可，变更其所租官产的形状性质或有毁损的情形者应负赔偿之责。《官产处分条例》规定，处分官产照财政部清查官产章程执行，其处分方法有变卖、租佃和垦荒三种，不管是变卖、租佃或垦荒都必须由财政部颁发执照。凡官产经调查确实可变卖者，依邻近土地或建筑物价格分别等级，酌定价值，报财政部核准，以投标法行之。凡官荒应设法招垦，其荒价及升科年限，应分别酌定，陈由财政、内务、农商三部核定之。由上可见，民国初期对公有土地的管理内容包括清查、管理及处分，但其重点还是在于清查和保管，并且分属不同的机关，不便于综合利用，统筹规划。

南京政府成立后，其制定的土地法原则将"管理公有土地"作为土地管理机关的第一项职责，足见对此问题的重视，并规定"政府机关及地方公有土地，不以营利为目的

---

① 《清查官有财产章程》、《管理官产规则》及《官产处分条例》，参见浙江省民政厅《土地法规》，1931年。

者,经政府许可后得免交地税"。《土地法》及其施行法规定:(1)对公有土地的含义作出明确界定。"凡未经人民依法取得所有权之土地或私有土地之所有权消灭者为公有土地"。(2)享有公有土地使用、收益权的机关。"地方政府对于管辖区内公有土地除法令别有规定外有使用及收益之权"。(3)对公有荒地的开垦,由地政机关勘测完竣,划分地段,编为垦荒区内地段,由地方政府招垦。《土地法施行法》进一步具体规定,"可垦公有荒地,应由中央及各省市地政机关会同各该垦务机关定期清理,按地段划定垦区,实行垦殖,并于必要时,得由中央地政机关会同最高军事机关划为屯垦区,驻军屯垦"。(4)公有土地的拨用。各级政府机关需用公有土地时,应商得该公地保管机关同意,予以租用或无偿拨用,并呈请国民政府备案。国营事业需用公有土地时,应由该事业最高级主管机关核定其范围,向该公地保管机关无偿拨用,但应呈请国民政府核准。(5)公有土地、学校、学术机关、公园、公共体育场、农林试验场、公共医院、慈善机关、公共坟场、森林及其他专办公益事业等用地,均得由中央地政机关呈准国民政府免税或减税。此外,对延误不登记的土地,依据《江苏省各县办理土地登记施行程序》的规定,经催告期满,业主仍不登记的,土地于登记结束之后,由县地政局暂管,若经三年仍无人过问,视为无主土地作为地方公产,在暂管期内的孳息及作为公产后的收入,悉数拨充地方事业经费之用。

1934年6月,又公布《公地处理办法》①,内容包括:(1)公有土地的含义、管理机关和收益机关。公有土地指国有省有市有县有土地,其管理机关指现管公有土地之中央或地方机关,该机关对所管公有土地有管理、收益之权,地方政府对管辖区内公有土地除中央管有部分外,有管理、收益之权。(2)非经行政院核准,管有机关不得放领、标卖、设定负担或超过十年期之租赁。公有土地除中央管有部分外,面积在一亩以下者,得由省政府或直隶于行政院之市政府核准处分,但仍须报行政院备案。(3)公有土地放领、标卖、租借的具体规定。公有土地放领时由承领人依照评定或呈准地价缴价承领;标卖时至少须有二标以评定地价为底价,超过底价最高者为得标;放租时得规定月租额,并酌收担保金;承租公有土地者由管有机关发给承领租照,标卖公有土地的,依法予以登记发给土地所有权状及勘图。(4)公有土地的拨用。各级政府机关需用公用土地时,应商同管有机关予以拨用或租用,并报行政院备案;经核准拨用的土地,应由原管有机关依法转移,报主管地方政府查勘登记;经核准领用公用土地机关对该地全部或一部分不需要时,仍应交还原管机关并报行政院备案。1936年《城市公有土地清理规则》②,主要是对各城市公有土地及无主土地清理的具体规定,通过对城市土地的登记清理,明确城市土地的权属状况,便于进一步对城市土地的综合管制和充分利用。1943年《军营公地处理办法》规定,各省市营产一般由军政部管理使用,各级政府机关需用该项营地时,得依《公地处理办法》相关条款予以办理;各省市营产非经

---

① 参见地政署:《地政法规汇编》,1944年5月出版。
② 《城市公有土地清理规则》、《军营公地处理办法》,参见地政署:《地政法规汇编》,1944年5月出版。

行政院核准,其保管机关不得处分、设定负担或为超过十年期的租赁。1946年修正后的土地法,将公有土地定义为"国有、省有、市县有或乡镇有土地",并规定省市县政府对于其所管公有土地非经该管区内民意机关同意,并经行政院核准,不得处分或设定负担或为超过十年期的租赁。公有土地的收益,列入该政府预算,各级政府机关需用公有土地时,应商同该管市县政府呈请行政院核准拨用。

2. 私有土地的管理

《土地法》在肯定和保护私有土地时,也对土地私有权加以限制:(1)中华民国领域内之土地,属于国民全体,其经人民依法取得所有权者,为私有土地,但附着于土地之矿产不因土地所有权之取得而成为私有。这与《建国大纲》之规定相符,也与《矿业法》"中华民国领域内之矿为国有"的规定相符。(2)水道、湖泽、道路、矿泉、瀑布、水源及名胜古迹等,均不得为私有,市镇区域之水道、湖泽,其沿岸相当限度内之公有土地,不得变为私有,以顾全公共利益之需要。(3)地方政府对于私有土地,要斟酌地方需要、土地的种类及性质,限制其面积最高额,以防止私有土地过度扩张。(4)农林、渔牧、盐各地,及要塞军备区域,与领域边境之土地,均不得移转,设定负担或租赁于外国人,此为国民生计与国防之需要。

至于土地权利纠纷,依法应由土地裁判所处理,但土地裁判所组织法一直未颁布,而司法机关受理民事诉讼,收费既多且需时亦久,人民往往不愿投诉,《修正土地法》规定,因登记异议所生之土地权利纠纷,应由该管市县地政机关予以调处,不服调处者,应于接到通知后15日内,向司法机关诉请处理。

事实上,对公有土地管理的重点不仅在于清理、保管,更在于统制其使用,避免其荒芜或被用于土地投机活动,最终目的在于地尽其利。为此,地政学者祝平提出民国时期统制土地使用的实施原则,从这个侧面可以大致了解当时公私土地的管理状况:(1)公有土地原为不同的机构分别保管,应由地政机关集中管理,通盘计划。(2)地方公共团体管有土地,应由主管地政机构接管,并依国民经济建设计划,促进其利用,其收益,原充地方公共事业之用者,照旧拨付。(3)寺庙、私人团体管有的土地,由主管地政机构监督管理,促其利用,消除浪费。(4)私人所有土地,应在整个国家经济计划下,由地政机关督促倡导,以合作方式,厉行集体化经营,同时调整其所有关系,提高经济使用。(5)所有市地林地矿地水源渔牧地盐灶地及其他公用土地,应一律由主管地政机关接收管理,依国民经济建设计划的规定,分别拨交或租与各机关团体或私人利用。

(九)扶植自耕农、实行土地改良

扶植自耕农,实现耕者有其田,为国民党一贯政策,正如孙中山在《民生主义》第三讲中所说的:"将来民生主义真是达到目的,农民问题真是完全解决,是要耕者有其田,那才是我们对于农民问题的最终结果……现在农民都不是耕自己的田,都是替地主来耕田,所生产的农品,大多是被地主夺去了。这是一个很重大的问题。我们应该马上用政治和法律来解决。如果不解决这个问题,民生问题便无从解决。"此后,在国民党一大宣言中对此问题也有重要表述,1941年,五届九中全会通过的《土地政策战时实施纲要》之第八点规定:"农地以归农民自耕为原则。嗣后农地所有权之转移,其承受人均以能自为耕作之人民为限。不依照此规定移转农地或非自耕农所有之农地,由政府收买转售给佃农,予以较长年限,分年偿还地价。"

《土地法》中对此有明确的规定,如超过最高额的私有土地,由政府限期分划出卖或依法征收;承租人有优先承买所租耕土地之权,并得依法请求征收其继续耕地十年以上而出租人为不在地主之耕地。《非常时期难民移垦条例》的对于逾期不垦殖的私有荒地,实行强制租赁、强制出卖、强制征收三种办法,这些都充分体现保护农民利益、扶植自耕农的指导精神。1943年,国家施政方针明确规定,保障佃农及扶植自耕农是地政部分的主要业务,中国农民银行土地金融处则以办理扶植自耕农放款为中心工作。广东、广西、湖南、福建、江西等省,均先后根据《土地政策战时实施纲要》,订立扶植自耕农实施办法,以从事实验。1945年10月,地政署修订《扶植自耕农实施办法草案》,1946年4月,国民政府修正《土地法》,修正的《土地法》规定,私有农地所有权的转移,承受人以承受后能自耕者为限;省或院辖市政府得限制每一自耕农的耕地负担最高额等。1946年10月,公布《国民政府绥靖区土地处理办法》,1948年,由国民政府中国地政学会拟定《国民政府农地改革法草案》,这说明国民政府正大力采取措施,扶植自耕农。

抗战前部分省区的地政改革。(1)1931年为纾解剿匪战事,在豫皖鄂部分省份实行的农村改革。由三省剿匪司令部颁行《农村土地处理条例》及《屯田条例》等法规,对于土地限额分配及业佃关系均有相当规定,通过采用小农制方法,把佃农推进到自耕农,逐渐走向耕者有其田。(2)闽西"计口授田"。1933年,国民党善后委员会颁布《计口授田暂行办法》,多少体现了"耕者有其田"的原则。(3)山西"土地村公有"制。1935年,阎锡山通过《呈请国民政府请由山西试办土地村公有制文》的提案及《土地村公有办法大纲及说明》,该政策完全是为抵制中共土地革命运动的影响、稳定军心民心而提出来的,在具体方法上无法实行,实际上并未真正实施。(4)浙江"地政实验"。1935年10月,国民党中央政治学校地政学院会同浙江省政府,将平湖县作为地政实验县,内容包括:地籍整理,核定地价,成立平湖县农民银行等,但具体实施未达预期目的。

抗战时期局部土地改良政策。(1)鄂西减租。1943年,陈诚下令实行"二五减租",以刺激农民耕种热情,增加生产,但在实施中遇到阻力,各县政府士绅均不能真正赞助二五减租的推行,而战时政府不免要多依赖地主合作,所以湖北的减租就半途而废了。(2)福建龙岩土地放领。为实行佃农购地计划,先进行土地调查,再颁《福建省扶植自耕农暂行办法》,1943年9月实施,分期实行征收土地及分配放领,先征收所有自耕农的农田及私有荒地,由政府加以重划,然后按次序分配给原有土地使用人耕种。(3)山西晋西的兵农合一制。它只是保证兵源的一种方法,对土地所有制没有改变。(4)江西赣南地政改革。蒋经国提出《新赣南地政实施方案》,内容包括:健全地政机构,扶植自耕农,推行减租办法,普及合作农场,设立农民新村,开垦荒地,改良农田水利等,确有不少利于农民的地方,但在战争环境下,这些办法不可能真正实行。(5)重庆北碚自耕农实验区。1943年,在重庆北碚设立扶植自耕农实验区,将地主土地征收后,放领给现耕农民。

扶植自耕农,实行土地改良的成效。正如1948年9月行政院对立法委员关于某些问题的书面意见的答复中提到的:实行扶植自耕农,自1942年中央设立主管地政机关以来,已逐渐举办,各省市共计征收1257226亩分配于45528户承领自耕,其成绩较显著者如福建之龙岩县、四川之北碚及甘肃之湟惠渠灌溉区,龙岩已将全部耕地由政府征收放价于自耕农民,达成平均地权之目的,本年下半年国家总预算案在特别预算案中列有实施土地改革准备金一项,规定得随时呈准本院动支,现各省市正拟具计划送由地政部核转中;限制私有土地面积最高额……所有额外土地限令于一定期间内划分出卖,逾期不划分出卖者政府得依法征收。近年来各省市已有报据该条文之规定拟具实施办法,其经核定公布实施者有五县市,其他正拟定送核中。[①]尽管如此,这些局部性改革终究不能彻底解决土地问题或改善土地利用和分配的根本症结。

第四节　民国时期的土地立法

土地行政是政府依法执行国家土地政策,处理行政事务的一种行为,因此必须以土地法规定的程序和范围为活动依据。土地法律法规完善与否,土地政策是否得到切实的履行,这些问题都是我们在研究某一特定时期土地法律制度要考虑的。土地法律制度的体系应该很广泛,不仅指专门的土地法或以土地法命名的规范,如土地法、土地法施行法等,还包括相关的法律法规,如民法、森林法及矿业法等;从法律渊源角度看,不仅包括宪法,还包括土地民事法、土地行政法等;从适用范围来看,有全国普遍适用的土地法规,也有只适用于局部地区的地方性土地法规等。至于狭义的土地法,大致包括土地的权属(土地的所有权和使用权)、土地的登记、土地的利用、土地税和土地征收等方面的内容。

以执政机关为分界线,民国时期土地法律分为三个阶段:南京临时政府、北京政府、南京国民政府,不同阶段有其独特点,代表不同政府的土地政策,但各个阶段的土地政策又是互相联系、陈陈相因,顺时势而变,有其内在逻辑联系,虽然在不同的阶段其执行者和执行的力度及表述有所不同,虽然最终执行效果与其初衷大相径庭,但我们不能因此否定那个时期土地法律制度建设的进步性和合理性,以及可资借鉴之处。

---

① 中国第二历史档案馆:《中华民国史档案资料汇编》第五辑第三编"财政经济"六,江苏古籍出版社2000年版,第83—84页。

一、南京临时政府的土地立法

南京临时政府因存在时间较短,来不及制定和颁布具体的土地法规,但以孙中山为首的临时政府却有着比较完备的土地政策和指导思想,临时政府成立后也在临时约法和一系列的大总统令中及实业部的有关活动中,对具体落实其政策,作出明确的规定。

(一)"平均地权、核定地价,使耕者有其田"的土地政策和指导思想

"平均地权、核定地价,使耕者有其田"的思想,是孙中山先生三民主义中"民生主义"的重要内容,也是民国时期国民党土地政策的指导原则。孙中山关于土地政策的思想观点,不胜枚举,下面仅就几步重要著作,摘叙要义。

1894年,孙中山曾上书李鸿章,要求兴农政,"地尽其利,在农政有官、农务有学、耕耘有器。农政有官,在开荒地,兴水利,尽山林川泽之利……使土地之生产无限增加,以与人口增殖相调剂"[①],提倡用改良的方法发展资本主义农业。

1896年,孙中山游历欧美,对资产阶级的土地理论,潜心考察,深入研究,综合中外,斟酌古今,创立平均地权学说。在1905年中国同盟会成立的宣言中明确提出"平均地权"的纲领,"平均地权,当改良社会经济组织,核定天下地价,其现有之地价仍属原主,所有革命后社会改良进步之增价,则归于国家,为国民所共享",这是对土地问题的一个比较具体的主张,以后又在不同时期多个场合数次提到。

在1919年的《三民主义》一文中,明确提出实施平均地权的方法,主张"创立民国后,则继之以平均地权——中国今工商业尚未发达,地价尚未增加,则宜乘此时定全国之地价,其定价之法,以业主所报为准,但有两个条件:一是所报之价,则以后照价年纳百分之一或百分之二以为地税;二是以后公家有用其地则永远照此价收买,不得增加,若私自买卖,则以所增之价悉归公有,地主只能得原有地价,而新主则按新地价而纳税,有这两个条件,地主就不能欺瞒地价"。在1920年《地方自治实行法》一文中进一步提出"定地价、垦荒地"是实行地方自治的六件试办事情之中的两件。而在1924年的《中国国民党第一次全国代表大会宣言》中,则进一步发展和高度概括为:"盖酿成经济组织不平均者,莫大于土地权为少数人所操纵。故当有国家规定土地法、土地使用法、土地征收法及地价税法。私人所有土地,由地主估价呈报政府,国家就价征税,并于必要时依报价收买之,此则平均地权之要旨也",可见其"核定地价、照价征税、照价收买"三者相连的操作方法,兼顾地主利益,又将涨价归于国家,有利于发展国家资本主义经济,代表中国民族资产阶级发展资本主义经济的要求和利益。至于实现平均地权后国家和人民所得到的利益,在《国民党之政纲》之对内政策之第三项和《国民政府建国大纲》中都明确规定:"土地之税收,地价之增益,公地之生产,山林川泽之息矿产水利之利,皆为地方政府所有,用以经营地方人民之事业,及应育幼、养老、济贫、救灾、

---

① 《孙中山选集》,人民出版社1981年版,第3页。

卫生等各种公共之需要"。

1924年,孙中山在失败中吸取教训,又提出"耕者有其田"的思想,"中国以农立国,而全国各阶级所受痛苦,以农民为甚。国民党之主张,则以为农民之缺乏田地沦为佃户者,国家当给以土地,资其耕作……",同年8月,又在《耕者要有其田》的演讲中,指出"现在俄国改良农业政治后,便推翻一般大地主,把全国的田地,都分到一般农民,让耕者有其田。我们现在的革命,要仿效俄国这种公平办法,也要耕者有其田,才算是彻底的革命"①,从"平均地权"到"耕者有其田"是一次飞跃,具有重大意义。

(二)《临时约法》的基本规定

《临时约法》第6条第3款规定:"人民有保有财产及营业之自由。"虽只有短短几个字,却是以宪法性的文件明令保障人民之公私财产,体现资产阶级宪法关于私有财产神圣不可侵犯的原则,一旦这种自由遭到侵犯,就可诉诸法律,它同时也是制定其他民事土地法律的最高依据。

(三)有关经济的法规法令

南京临时政府在短时期内,制订、颁布一系列法规、法令,主要涉及保护民权等多方面的内容。具体如下:(1)保护耕地,重视农业的。如《内务部奉大总统令凡谒陵时被践损伤田苗准照数赔给示文》、《大总统令内务部通商各省慎重农事文》等。(2)鼓励开垦荒地,振兴实业的。如《实业部批胡哲显请开垦盱眙县赵公滩禀》及《实业部批紫霞院道士马清中请领垦荒地呈》等。(3)给照拨地,鼓励兴办企业的。如《实业部批安宁垦牧公司总办曹锡圭请创办农林垦牧总局呈》、《实业部批侨商朱卓文开办工厂请给照拨地呈》等。(4)保护不动产的。例如,《外交部照会驻宁沪各国领事通商交涉使除清帝原有私产外所有清廷手内之动产或不动产均数国有不得私相授受由》及1912年1月28日由内务部颁布的《保护人民财产令》规定:非经法院判决,任何人不得擅自查封、扣押他人财产;所有私人财产,仍归原所有人所有;原属清政府的官有财产,归民国政府所有;原为清政府官吏,现无反对民国政府的证据,其个人私产仍归其个人所有;现虽为清政府官吏,但无反对民国的证据,而其财产在民国势力范围之内,其财产由民国政府暂加保护,待其本人投归民国时归还其财产;现为清政府官吏,且反对民国政府,没收其在民国势力范围之内的财产,归民国政府所有等。

二、北京政府的土地立法

北京政府时期,政局动荡不安,政权更迭频繁,立法的重点主要在于宪政方面,但出于稳定政权和社会经济发展的需要,相应制订了一些民事经济法规,包括专门的土地法规。在审理具体案件无法可依时,大理院和各级审判机构,援用前清相关法律、《民律草案》之原则、民间民事习惯或依法理进行断案,形成比较丰富的判例和司法解释例,具有指导性意义。

---

① 《孙中山选集》,人民出版社1981年版,第937—939页。

（一）暂行援用前清相关法律

民国初年，法制未定，1913年3月，临时大总统发布命令，下令宣告暂行援用前清法律："现在民国法律未经议定颁布，所有从前施行之法律及新刑律，除与民国国体抵触各条，应失效力外，余均暂行援用，以资遵守。"参议院于4月开会议决："所有前清时规定之《法院编制法》……等，除与民主国体抵触之处，应行废止外，其余均准暂时适用。惟民律草案，前清时并未宣布，无从援用，嗣后凡关民事案件，应仍照前清现行律中规定各条办理，唯一面仍须由政府商下法制局，将各种法律中与民国国体抵触各条，签主或签改后，交由本院议决公布施行"①。可见，《大清现行刑律》中的民事部分在这段时期继续有效并广泛适用。其中的"田宅"部分（包括欺隐田粮条，条例2则；盗卖田宅条，条例5则；典卖田宅条，条例3则等），连同户部则例中田赋之开垦事宜项24条，牧场征租项20条，寺院庄田项4条，撤佃条款项8条，滩地征租项11条等，都继续适用，直到1929年民法公布施行。

在没有土地基本法或法规不完善的情况下，民法物权编的内容就成为指导民事行为的基本准则，其中有不少关于土地权属的规定。修订法律馆于1925—1926年间完成民律第二次草案，废《民律第一次草案》物权编担保物权章，将抵押、质权各立一章，考虑到"典权"一直是我国所特有的民事制度，并增典权一章。其物权编共9章：（1）通则；（2）所有权，分通则、不动产所有权、动产所有权、占有4节；（3）地上权；（4）永佃权；（5）地役权；（6）抵押权；（7）质权；（8）典权；（9）占有。

（二）制定一系列土地法规

随着工商业的发展和对土地需求的增加，对土地进行开发利用就必不可少，政府先后制订荒地开垦和土地征收方面的法规，同时成立土地机构，清丈测量土地，划定地价，并积极奖励开发荒地，对全国土地进行有效的管理，以发展经济。

1.《国有荒地承垦条例》（1914年3月3日颁布，并于11月12日进行修正）。该条例共29条，分为4章和罚则、附则：（1）总则。指明国有荒地的范围及享有承垦权的主体。（2）承垦。对承垦的相关事项和手续作出明确的规定，要求欲垦荒者必须书面呈请主管官署核准并报部立案。（3）保证金及竣垦年限。承垦人缴纳保证金是主管官署发给承垦证书的前提，并对竣垦年限作出具体的规定。（4）评价及所有权。承垦地由官署勘定地价分别登记，共分为五等，承垦者缴纳地价后，主管官署应发给所有权证书。（5）罚则。（6）附则。总之，该条例虽简单但章节分明，对承垦国有荒地的主体、权限、年限、程序及相关事项都有明确规定，有利于鼓励开荒，扩大土地面积，发展农业生产，使无地、少地农民通过开荒获得土地，体现耕者有其田的思想，对稳定政局起到一定作用。此外于1914年7月16日又公布《国有荒地承垦条例实施细则》。

2. 土地征收方面。1915年10月23日，颁布《土地收用法》，该法对于国家、自治团体或人民因公益事业收用土地的事项，有明确规定，共38条，分为5章：（1）总纲。

---

① 谢振民：《中华民国立法史》上册，中国政法大学出版社2000年版，第54—56页。

指明土地收用的适用范围、土地收用的主体及种类。(2) 土地收用的价额。(3) 土地收用的准备。规定土地收用之前必须做的准备工作,如向地方官署先期咨询、禀请核准、加以公告等事项。(4) 土地收用的程序。应由企业的主管官署或创办人拟订计划书,呈大总统核准,并由地方长官于各该地方公告之。(5) 监督及诉讼。其他法规有1912年6月《国有航空站收用土地规则》、1913年7月9日《铁路收用土地章程》。

3.《经界法规草案》。1915年,全国经界局成立,分测丈、造册、清赋、总务诸科,以清理全国田亩,厘定经界,并编纂《经界法规草案》42种,条文繁密,多为关于测丈地亩、厘正经界、整理田赋的规定,形成有系统的土地制度,虽最终没有颁布实施,但其内容丰富,是典型的土地行政法规。具体包括:(1) 编制一,《经界局暂行编制》;(2) 条例三,《经界条例》、《地税条例》、《经界审查委员会条例》;(3) 章程七,《经界调查章程》、《经界测丈章程》、《土地整理章程》等7个;(4) 规则二十五,《经界预查规则》、《土地陈报规则》、《地价评算规则》等25个;(5) 细则二,《经界条例施行细则》、《经界审查委员会条例施行细则》;(6) 簿册表式四,《地税户册式》、《地方经济及习惯调查表式》等4个。

4. 管理使用官产方面。《清查官有财产章程》,对清查官有财产的机构、对象和程序都有规定。《官产处分条例》,规定官产处分方法有变卖、租佃和垦荒三种,并有详细的处分说明。《管理官产规则》,对官产的范围、主管机关及官产的使用方式(包括售卖、租借)及限制等有明确的规定。

5.《不动产登记条例》。1922年5月23日公布,对不动产登记的相关事项有明确的规定,自此以后,土地及建筑物的物权效力以登记为限,彻底改变旧时不动产的移转有书面契据才发生效力。其条文分为总纲、登记簿册、登记程序、登记费、附则5章,主要内容如下:(1) 不动产管辖登记机关为不动产所在地的地方审判厅或县公署。(2) 不动产登记的权利包括所有权、地上权、永佃权、地役权、典权、抵押权、质权、租借权,上述权利之设定、保存、移转、变更、限制、处分或消灭应为登记。(3) 不动产登记的效力:不动产物权应行登记的事项,非经登记不得对抗第三人;同一不动产为登记时,其权利次序除法律别有规定外,应依登记的先后,登记无先后者视为同一。(4) 登记程序:登记应由登记权利人及登记义务人或其代理人申请之,官产公产前清皇家私产旗产或特标名义的官公产为登记时,其主管者视为代理人。此外还有《清理不动产典当办法》,主要是关于不动产文契登记程序的规定。

(三) 司法判例与解释例的适用

由于民法典迟迟未出台,前清法律中之民事有效部分的规定有不少已时过境迁,因而法官在司法实践中大量使用判例和解释例来处理案件,主要是有关公私田土地产的权属规定,包括土地所有权及其他权利的设定、移转、限制及处分方面的内容,这也构成土地法的重要渊源。根据郭卫编撰的《大理院判决例全书》的规定[1],具体包括以

---

[1] 郭卫(编):《大理院判决例全书》,上海会文堂新记书局1931年版。

下内容：

1. 不动产所有权及他物权的设定和保护

不动产之前典买主虽未交价，亦不能遂使第三人取得所有权（四年上字第325号），即价钱交付为买卖契约履行要件，非成立要件，在买卖契约未解除前，其最初买卖仍有效，决不能因此判令第三人取得该物所有权，以致使一不动产有两重买卖；不动产物权能否对抗第三人，不以卖据有无投税及是否官纸为断（四年上字第149号）；不动产所有人得完全处分其不动产（三年上字第63号）；无所有权之人私卖他人之不动产，买主不能以之对抗所有人（四年上字第95号）；不动产他物权不能因所有权移转而消灭，亦不能限制所有权人移转其所有权（四年上字第2250号）；他物权得以对抗物之承受人（三年上字第455号）。

2. 不动产所有权的取得、限制及转让

（1）不动产所有权的取得。因行政处分取得土地所有权在前为适法之所有人（三年上字第1166号）；淤地先尽坍户拨补，沿河业主不能即取得淤地（二年上字第86号）；领荒依特别法之规定（三年上字第780号）；淤地除依法拨补坍户外皆属官产（三年上字第1195号）；多余涨地不能以私约预定业主，依律其系属官地不许霸占（四年上字第525号）；拨补及回复冲没沙洲以曾报官为原则（四年上字第846号）；报领荒地不能应包揽大段而确认为无效（四年上字第2253号）；淤地不得径判入官（五年上字第77号），径判入官为对私行霸占者的一种行政处分，而在审判衙门不能不待代表国家之机关讼争而遂引此例判归国有；人们已领之荒行政衙门不得自由剥夺（七年上字第742号）；坟地不因葬有祖坟即可定其所有权之所属（八年上字第679号）。

（2）不动产所有权的限制。所有权应受行政处分依法所设权利之限制（二年上字第166号）；他物权得以对抗物之承受人（三年上字第455号）；地上设定有他物权者，则其地因被占用所给予之价银，地主不能独享，即地上权人、佃权人有权向地主请求返还利益（四年上字第164号）；国家于官营事业极而至于公用征收土地犹必依法尊重人民之财产权……土地所有人不得因筑塘而害及他人晒盐之权利（四年上字第2287号）。

（3）不动产所有权的转让。不动产让于不以移转老契为要件（四年上字第902号）；让于不动产未交贴身红契，不为无效（四年上字第1349号）；不动产之让于不以交付为要件（五年上字第12号）；不动产物权之移转不以税契过割及交足价银为要件（四年上字第2259号）；物权转移以立契为成立并对抗第三人之要件（五年上字第208号）；江省既有买卖荒地不立卖契之习惯，不立契亦可转移物权（四年上字第2242号）；赠与不动产亦以立据为原则（四年上字第1403号）；买卖田房未立契据而在老契内批明者亦可生转移效力（十年上字第26号）。

3. 不动产所有权的共有

有一定用途之公产，族中共同共有（三年上字第1144号），即非经设置公产之各房全体同意并有正当理由，不得变更其目的或处分其财产；祀产遇有必要情形亦得经各房同意而为处分(四年上字第771号);祭田自亡人死后由其后嗣管业(二年上字第8号);处分祭田依习惯获规约得由房长或多数议决为处分者,其处分为有效;各自占有非维持共有权之要件(二年上字第36号),公产依现行法例固不以各自占有为共有权维持之要件;就共有祭田设定永佃关系须经全体同意(二年上字第119号);使用同族公地毋庸缴价而支特别改良者应享特别利益(二年上字第226号),即族中公地于不背族中规约之范围内,族人皆有使用之权,若无缴纳使用代价之规约或惯例并毋庸负缴价之义务,惟将公地处分及公地上物处分时则应得多数族人同意,若经多数族人同意施以改良,开辟支出特别费用时,亦得许其享受特别之利益;分析不动产得用找贴变价之方法(三年上字第169号);长兄出名置产不能即谓为私产(四年上字第1351号);同乡会公产为共有(四年上字第1363号);茔田为共同共有,共有人不得处分应有之分(四年上字第1816号);共有茔田不得擅行分析处分(四年上字第2267号);同族公产为维持同族之和平得由审判衙门令其分析(五年上字第420号);祠堂系共有性质,若非为规约所明禁,族人有使用之权(九年上字第797号)。

4. 不动产之典权

赎取田亩双方皆须依约定期限(三年上字第762号);一不动产不得设定数典权(五年上字第887号);业主不得径向转典人找绝(五年上字第1280号);典产被收用者亦应分担损害(七年上字第520号);如典产到期,经典主催告,原业主仍预期不赎时,亦得为绝业之主张(判例上字第210号)。

关于清理不动产之典当办法。典产不得回赎者有三:典卖契载不明,远在30年以前并未注明回赎,亦无另有佐证可以证明回赎者;自原立约之日起已过60年的;虽未满60年但业主明示作绝或可认为有作绝之意(五年上字第1030号)。军田经典当时亦应依清理不动产之典当办法解决(十二年上字第393号);清理不动产之典当办法关于应否回赎及其期限之规定系强行法规(八年上字第419号);定有回赎期限者过期不赎,应听凭作绝(五年上字第881号);关于典产之时效利益得以抛弃(七年上字第740号),此外还有不少关于典当时效、典价方面的规定。

5. 不动产之佃权

(1)佃权的设定及期限。佃权之设立不以订立书据为要件(七年上字第1265号);人民佃种旗地不得无故增租多佃(二年上字第69号);重复佃权以设定在先者为有效(七年上字第1457号);佃约不能释为有定期者即系永久存在(二年上字第140号);官田原佃亦无一定年限之限制(四年上字第1654号);约定永久存续之佃权不得擅请消灭或缩期(四年上字第501号);永佃权之设定不必定有押租,旗地之外亦有永佃地(八年上字第377号)。

(2)佃权的使用及让于。关于让于得依设立行为及习惯(五年上字第333号);佃权人得以佃地转租(七年上字第983号);佃权得以转让(四年上字第252号);佃权人得处分其权利(二年上字第140号);佃权人得使用收益土地(四年上字第444号)。

(3)佃权的撤销及消灭。不按期交租者可以撤佃,取得佃权时给有对价者,地主于撤佃时应价还之(二年上字第140号);永久存续之佃权须有法律上正当理由始可撤佃增租(三年上字第708号);典买永佃权不为撤佃理由(四年上字第302号);因涉讼无从交租者不得撤佃(四年上字第900号);历经催告而不付租者得以撤佃(四年上字第582号);主张撤佃须有法令或习惯所认之原因(六年上字第1437号);因天灾等一时滞纳非存心拖久者不得撤佃,旗地之佃权不因变为民地而剥夺,旗地撤佃应补偿对价(四年上字第1731号);佃权外设定有质权者,质权消灭佃权不随之消灭(三年上字第975号);佃权不因所有权人与让受人之契约而消灭(四年上字第1117号);约定永久存续之佃权不得擅请消灭或缩期(四年上字第501号)。

6. 不动产的其他物权

(1) 先买权的规定。本族本屯先买之习惯无效(二年上字第3号);垦户先买权之习惯有效(二年上字第239号);原佃先买之习惯有效(三年上字第347号);长期租户先买之习惯有效(四年上字第429号);典主非当然有先买权(五年上字第897号);受兑垦地人亦有先买之习惯有效(四年上字第735号);先买权人经通知而不为买受之表示者丧失先买权(五年上字第1491号);抵押人先买权之习惯有效(六年上字第886号);合意所生之先买权仅能拘束当事人(六年抗字第18号);亲房拦产之习惯无效(六年上字第1014号);短期租户先买之习惯无效(七年上字第224号);典户先买之习惯有效(七年上字第755号);先买权人表示不愿承买或不照时价承买者为抛弃先买权(七年上字第468号);有先买权人未受业主卖业之通知者得请撤销其买卖(九年上字第115号);违反先买习惯之卖约,先买权人得请撤销(八年上字第269号)。

(2) 地役权的规定。通行地役权因设立行为而取得(五年上字第727号)。

(3) 地上权的规定。地上权得以合意使之永久存续(四年上字第900号);地上权之性质与土地租赁不同,地上权之让于不能涉及土地及超过期限(五年上字第1211号);地上权得以让于(五年上字第311号);地上权得对抗后之买主(八年上字第838号)。

7. 有关清赋及放荒的规定

无主官荒尽地邻近屯先领(三年上字第230号);官荒应先尽原占主报领(六年上字第845号);淤荒之报领与淤复不同(二年上字第86号);禁荒虽由民私占仍不许报领(三年非字第1号);以所有意思垦占无主荒地者为原业主(三年上字第114号);垦熟官荒由垦户首报,佣人及租给他人开荒亦为垦户,佃户典户自垦官荒归其首报(三年上字第585号);村屯公共牧羊地以村屯为原业主,报领闲荒应径向民署首报(三年上字第640号);无主闲荒准人报领(三年上字第664号);无主闲荒指官荒之未经人民占有者而言(五年上字第1163号);先占开垦而非佃种者为原业主(六年上字第161号);荒地由首报之户承领(六年上字第913号);无课地占有人逾期不报得由他人报领(八年上字第665号)。

此外,将他人土地冒认为己有而行使其权利者成窃盗罪(十年上字第1447号);三人以上伙同盗卖田宅者应成结伙窃盗罪(八年上字第206号);以强暴胁迫强占不动产结伙达于三人亦成结伙窃盗罪(九年上字第315号);盗卖管有他人之不动产者应为侵占不得论以诈欺取财(六年上字第822号)等。

三、南京国民政府的土地立法

1927年,南京国民政府建立后,根据"平均地权、耕者有其田"的土地政策,国民党在历届全国代表大会暨历次中央执行委员会全体会议上作出的有关土地的决议和方案,对民国时期的土地立法有重要的指导作用,另一方面,借鉴西方国家的土地立法,结合本国实际情况,制定了比较完备先进的土地法律法规,并自成一套体系。"仅1927—1937年10年中南京政府颁布的地政法规及各省地政单行章则不下240种"①,其中较重要的有《土地法》、《土地法施行法》及《各省市地政施行程序大纲》等土地基本法,还有其他具体的细则规定。

（一）完备的土地法律体系

1. 土地法原则

土地法原则②的重心在于规定土地征税的办法,其十点原则具体如下:(1) 土地法原则之要旨在使地尽其用,并使人民有平均享受使用土地之权利,以符孙中山先生之精意。为求达此目的,必须防止私人垄断土地以谋不当得利之企图,并设法使土地本身非因施以资本或劳力改良结果所得之增益归为公有,其最有效之办法,厥为按照地值增税,及征收土地增益税。(2) 征收土地税以地值为根据。(3) 土地税率采渐进办法。(4) 对于不劳而获的土地增益行累进税。(5) 土地改良物之轻税。(6) 政府收用私用土地办法。(7) 免税土地。(8) 以增加地税或估高地值方法促进土地之改良。(9) 土地掌管机关。(10) 土地权移转须经政府许可。土地法原则为土地法的制定打下了基本纲领和框架。

2. 地政法律法规体系

根据土地法规的内容及性质,将其细分为十三大类,具体如下③:

(1) 基本法规:土地法、土地法施行法、各省市地政施行程序大纲及诸多内政部和外交部对相关条文及实施中疑难问题的解释。

(2) 组织法规:地政署组织法、省地政局组织通则、县地籍管理办事处组织规程、地政人员训练所组织规程等。

(3) 服务规则:地政署设计考核委员会办事细则、地政署设计考核委员会工作实施办法、地政署视察人员服务规则等。

(4) 征调、任用法规:各省市初级地政人才训练、估计专员任用条例、契据专员任

---

① 朱子爽:《中国国民党土地政策》,国民图书出版社1943年版。
② 1928年11月,国民党中央政治会议第169次会议,根据孙中山平均地权之要旨,酌用广州国民政府关于讨论土地税法之结果,并参考胶州、加拿大、英国、德国等关于土地之法案,草拟《土地法原则草案》,提经第171次政治会议决议通过。
③ 地政署:《地政法规汇编》,1944年5月出版。

用条例、地政人员登记规则、特种考试初级地政人员考试暂行条例、地政署调剂各省市初级地政人员办法等。

(5) 地籍管理法规:测量标条例施行细则、战时地籍整理条例、地籍测量规则、各省市办理地籍整理借教办法、兴办建设事业地区地籍整理办法等。

(6) 地价法规:战时地价申报条例、标准地价评议委员会议事规则、土地建筑改良物估价规则。

(7) 垦殖法规:清理荒地暂行办法、督垦原则、奖励辅助移垦原则、内地各省市荒地实施垦殖督促办法、徒刑人犯移垦实施办法、非常时期难民移市条例、移垦人犯减缩刑期办法、堤防造林及限制倾斜地垦殖办法等。

(8) 征收土地的法规:建筑铁路征收土地暂行办法、铁路用地登记四项办法、征收土地应注意事项、征收土地应尽量避免可耕熟田令、《征收土地办法》。

(9) 公地处理法规:公地处理规则、解释公地处理规则与土地法抵触部分疑义、城市公有土地清理规则、军营公地处理办法。

(10) 地税法规:战时征收土地税条例、城市改良地区特别征费通则、土地移转买卖匿报地价逃避增值税处罚办法、修正勘报灾歉规程、修正土地赋税减免规程、各地土地行政与土地税征收工作联系办法等。

(11) 涉外法规:内地外国教会租用土地房屋暂行章程、外国使领馆租购土地办法、外国教会租用土地房屋应强制于契约内载明必要事项四项等。

(12) 土地金融法规:中国农民银行兼办土地金融业务条例、中国农民银行土地金融处照价收买土地放款规则、中国农民银行土地金融处扶植自耕农放款规则、中国农民银行土地债券法、土地资金化方案。

(13) 有关的地政法规:战时土地权利处理暂行办法、战时因赋税征收实物暂行通则、修正田赋推收通则、水利法及施行细则、土地重划法等。

由此可见,民国时期土地法规的内容是多么的丰富完备与细致明确。下面仅以土地法和土地法施行法等基本法详述之。

3.《土地法》

《土地法》[①]共分总则、土地登记、土地使用、土地税及土地征收等5编,共397条,对于土地所有权的确定和保障,私人或团体所有土地面积的限制,土地使用的统制,开垦荒地的奖励,国家因国防的安全或公共利益的需要对于私有土地的征收,以及地籍测量,土地登记,及征收地价税的程序等,都有详密的规定,其内容不仅包括民法、行政法等实体法,还包括土地登记、土地重划等程序法,是实行平均地权的完整纲领和

---

① 立法院依据土地法之原则,参考《国民党政纲》之规定,加紧起草、编成土地法,几经审查讨论修正,于1931年6月30日公布,1935年4月5日又公布《土地施行法》,又于1936年2月22日公布《各省市地政施行程序大纲》,作为实施土地法的配套法规,最后三部法规统一定于1936年3月1日施行,上述法规施行以后,所有以前颁行的《土地征收法》与《各省市举办地政施行程序大纲》等即行废止。

方案。

第一编总则,分5章:(1)法例及施行;(2)土地所有权;(3)土地重划;(4)土地测量;(5)地政机关及土地裁判所。第二编土地登记,分5章:(1)通则;(2)登记簿册及登记地图;(3)登记程序;(4)登记费;(5)土地权利书状。登记程序章又分通则、第一次土地登记程序、所有权登记程序、所有权以外权利登记程序、涂销登记五节。第三编土地使用,分4章:(1)通则;(2)市地;(3)农地;(4)土地重划程序。市地章又分使用限制、房屋救济两节;农地章又分耕地使用、荒地使用两节。第四编土地税,分10章:(1)通则;(2)地价之申报及估计;(3)改良物价值之估计;(4)地价册;(5)税地区别;(6)土地税征收;(7)改良物征税;(8)欠税;(9)土地税之减免;(10)不在地主税。第五编土地征收,分7章:(1)通则;(2)征收准备;(3)征收程序;(4)补偿地价;(5)迁移费;(6)诉愿与公断;(7)罚则。

后由于《土地法》本身存在较多的弊病和漏洞,1934年8月成立的内政部土地委员会转函中国地政学会,征求修改意见,提出修正土地法原则二十三条,1937年5月,国民党中央政治委员会土地专门委员会通过了《修正土地法原则》,其主要立法精神,一是采取积极有效方法,达到"平均地权、耕者有其田、地尽其利"的目的,二是行政手续与实施技术上之简捷适用,以矫正原法之繁琐迟缓。其要点如下:(1)设土地银行,发行土地债券;(2)扶植自耕农之明白规定;(3)规定地租最高额为地价之百分之八;(4)荒地承垦人于垦熟后无价取得土地所有权;(5)地价税采累进制(后经决定暂不采用);(6)国家征收土地得用土地债券补偿地价等。修正的《土地法》草案亦经立法院经济委员会起草完稿,静候决议公布。抗战发生后,情势转变,决定将修正土地法原则由国防最高委员会再行修正,以求更符合实际的需要,1946年4月国民政府公布修正土地法,分总则、地籍、土地使用、土地税、土地征收五编,共247条,较原土地法减少140条,删其繁而增其简,并对原法之缺点,均有妥善之补充修订。

4.《土地法施行法》

土地法公布后并没有马上实施,具体实施有待土地施行法另定之,故在实践中给土地整理工作带来不便,并且土地法自身也存在一些不足之处,如:(1)土地测量、登记是办理土地行政的最先程序,而土地法中有关土地测量的规定较为简单,且土地测量在技术上、法式上,应求全国统一,不能由地方政府各自为政,应另定《土地测量实施规则》。(2)对于土地调查未有规定,实施上不无困难。(3)土地裁判的性质,未有明确的规定。(4)土地法及施行法所定的行政程序应有较强的行政处分,才能便于执行,而土地法只在第五编土地征收中附有罚则,其他各编则没有。于是行政院决定从速起草、制定土地法施行法,该法于1935年4月公布,共91条,多为关于《土地法》各编施行程序之规定,分为总则、土地登记、土地使用、土地税和土地征收共5编,编数及名称与土地法相同,但不像土地法那样,每编分若干章,而是分编不分章,因为土地法并非每章都有规定施行法的必要。"其要旨约有三点:(1)就《土地法》所未明定之事项,应为规定者加以规定;(2)因各地方在《土地法》施行前已经举办之土地行政事项,于

《土地法》施行后有改正之必要，须于施行法中有适当规定为之救济者；(3) 关于《土地法》条文有为补充规定之必要者"。①

5.《各省市地政施行程序大纲》

在《土地法》施行前，为地方需要，各省市有提前办理土地行政的，但情形各不相同，内政部于1934年呈准公布《各省市举办地政程序大纲》，以作为各地方的依据，但在该大纲公布前，各省市举办的事业，大都与法定原则未尽符合。而在《土地法施行法》公布后，各省市先期举办的地政，应如何设法厘整，事关重大，有广咨各地方主管地政人员意见的必要。1935年6月第一次全国地政会议召开，最后通过了《各省市地政施行程序大纲》。大纲共8章，33条，具体为：(1) 总则；(2) 地政机关设立程序；(3) 土地测量施行程序；(4) 土地登记施行程序；(5) 土地使用施行程序；(6) 土地税施行程序；(7) 土地征收施行程序；(8) 附则。

此外在1927—1928年间，湖南、湖北、浙江、江苏等省颁布的《二五减租法令》、1933年汉口剿匪总司令部公布的《剿匪区内各省农村土地处理条例》、闽西善后委员会公布的《计口授田暂行办法》等，都是适应当时情况，适用于局部地方的临时性土地法规。抗战胜利后，定颁《收复地区土地权利清理办法》，对中共所为处分，一律宣布无效，被侵占的土地准予查明发还。此外还颁《绥靖区土地处理办法》，凡经中共分配的土地，准由现耕农民继续耕种，至原业主的所有权仍予保障。

(二) 国民党历届会议上有关土地问题的决议和方案

国民党中央一直比较重视土地问题，自第一次全国代表大会对土地政策作出概括规定之后，历届全国代表大会暨历次中央执行委员会全体会议，对土地问题都有详细的讨论和规划，并有相应的决议决定，反映了不同时期国民党土地政策的方针和纲领，并以此为依据具体推行土地改革，指导立法实践，取得一定效果。概述如下：②

1. 有关土地政策、土地改革的规定

事实上，国民党土地政策方针纲领的最早最正式的蓝本，体现在1924年《第一次全国代表大会宣言》中，它将孙中山之"平均地权、使耕者有其田、地尽其利"的思想，以正式文件的形式规定进去，作为建国大纲和对内政策的重要施政方针，并对以后的土地改革和土地政策的推行具有重大的指导作用。其平均地权的要旨为："盖酿成经济组织之不平均者，莫大于土地权之为少数人所操纵。故当由国家规定土地法、土地使用法、土地征收法及地价税法。私人所有土地，由地主估价呈报政府，国家就价征税，并于必要时依报价收买之"。"国家当给以土地，资其耕作，并为之整顿水利，移植垦荒，以均地利……然后农民得享人生应有之乐"，此为实现耕者有其田的方法，最终实现地尽其利。

---

① 谢振民：《中华民国立法史》下册，中国政法大学出版社2000年版，第1172—1173页。
② 本标题下之国民党历届代表大会暨历次中央执行委员会全体会议决议案，均参见荣孟源主编：《中国国民党历次代表大会及中央全会资料》上、下册，光明日报出版社1985年版。

1935年11月,国民党第五次全国代表大会宣言决议案中,进一步肯定和确立了"谋平均地权,实现三民主义之主张",并制定了积极推行土地政策的纲领,如:实行土地统制,以调整土地分配,促进土地利用;迅速规定地价,实行累进地价税及增值税;实现耕者有其田,以改进农民生活;促进垦殖事业,以扩大可耕之面积,增加国民之福利;活动土地金融,调剂农村经济,取缔高利贷,扶植自耕农,增加农村资本等。

而关于准备土地改革、实施地政的规定,则是在1937年2月国民党第五届中央执行委员会第三次全体会议提出的:土地改革的目的在于使耕者有其田,安农耕、尽地利,故政府应限期完成全国土地清丈及登记,作为实施土地改革的准备;此外还应扶助佃农、奖励垦荒、提倡合作耕种等。

抗战爆发后,为增加抗战力量,争取最后的胜利,"所有本党对内对外政策,均因新环境之要求,不得不重经考虑,予以适当之变更修正"。1938年3月,国民党临时全国代表大会,提出战时土地政策的目的,拟定战时土地政策大纲九点,并规定非常时期的土地分配"应逐步改进,不能操之过急,积渐施行、稳健推进"。大会强调农业是经济的基础,战时应以发展农业为先,大会通过《抗战建国纲领》,其经济部分规定要"以全力发展农村经济,奖励合作,调节粮食,并开垦荒地,疏通水利"。3月31日,大会还通过《战时土地政策草案》,要点为"提高土地利用之精度、增加生产面积;增加人民之纳税能力,平均人民对国家之负担,彻底解决受伤战士及其家属及难民问题"。大会还决定成立土地利用指导机关和垦务机关,组织公私荒地的开垦,成立土地银行,增加农业贷款等。

1941年,国民党五届八中全会主张从速举办地价申报,12月国民党九中全会通过地政学院草拟的《战时土地政策纲领》10条,对私有土地的申报地价、出租及征收作出规定。1945年6月国民党六大通过《农民政策纲领》18条,内容涉及限制地租,扶植自耕农,实行累进地价税等老调重弹的问题,可见战时纲领政策的着眼点仅为增加地价税收入,充实战时财政,不可能真正解决民生问题,只是打着"平均地权"、"耕者有其田"、实行"民生主义"的旗号罢了。1941年12月,国民党第五届中央执行委员会第九次全体会议,制定土地政策战时实施纲要草案,共十点内容,主要是关于如何调整分配、促进利用、以应战时需要的规定。并在加强国家总动员实施纲领中进一步规定规定:全国土地应受国家之统制,由政府调整其分配、支配其使用,并规定私有土地地租之收益成数,限期垦殖荒地等。

至1945年抗战胜利前夕,国民党六大决定政纲政策,"都市土地一律收归公有,农地应实行耕者有其田,凡非自耕之土地,由政府发行土地公债逐步征收之",相应的实施办法有《土地资金化方案》。

2. 有关地政机关、地政人才等地政设施的规定

地政工作的推行,有赖于地政机构的健全和地政人才的充分供应。为此,1929年7月,第三届国民党中央执行委员会第二次全体会议中规定,要求内政部培养土地行政及技术人才,农矿部设立垦殖银行,进行垦殖事业等。抗战以后,地政机关多有变化,

1941年7月,根据国民党五届八中全会的规定,成立中央地价申报处,专司全国地价申报事项,隶属于内政部。1941年12月,国民党五届九中全会通过设置地政署案。此外,中国农民银行土地金融处、中国土地银行(由国民党五届七中全会拟请设立)、农本局及垦务总局(临时全国代表大会要求中央和地方应特设之垦务机关,或指定现有行政组织中之一部门)的设立,都是有利于地政推行的机关。

3. 有关土地整理的规定

国民党三届二中全会要求内政部进行土地的调查测量登记,用以整理土地。1934年1月,第四届国民党中央执行委员会第四次全体会议通过土地陈报决议案,要求各省政府就地方情形,详定土地陈报章则,由县遴选公正士绅法团代表组织清查田赋机关,分区劝导人民从事土地陈报,以便政府编造征册更定科则等事宜。1934年6月30日,行政院公布《办理土地陈报纲要》及其要点说明,通令各省市遵照办理,这是全国性土地陈报工作的开始。抗战后,为实现土地政策,从速举办地价申报。1941年4月,第五届国民党中央执行委员会第八次全体会议决议:特定申报地价办法大纲,共六点内容;为适应战时需要,将各省田赋暂归中央接管,以便统筹而资整理。在财政部内设整理田赋筹备委员会,加紧推行土地陈报工作,同时举办地价陈报、编制地籍图册及地价税册、开征地价税等。1941年12月,公布《非常时期地价申报条例》,实际推行地价申报工作。

4. 有关开垦荒地的规定

1929年7月,国民党三届二中全会要求农矿部划分垦殖区域、举办大规模国家垦殖事业、设立垦殖银行、实行公私荒地限期垦殖办法。1935年11月,国民党四届六中全会努力生产建设案中规定:凡荒废之地,应即调查明确,督令设法利用等。临时全国代表大会要求中央和地方应特设垦务机关,迅速办理公私荒地调查,制定开垦计划,负责执行。国民党五届九中全会则对此作进一步的规定:荒地之可大规模经营者,由国家垦务机关划设垦区,移植战地难民或后方有耕作能力之人民,供给生产工具,以资耕作。私荒由政府征收高额地价税,限期使用,逾期不使用者,由政府估定地价,以土地债券征收之。

5. 有关土地金融的规定

1926年10月,国民党第二届中央执行委员会及各省区联席会议政纲中规定:设立省县农民银行,以年利百分之五借款于农民。省公有之地,由省政府拨归农民银行作基金。荒地属省政府,应依定章以分配于贫苦农民。1941年7月,国民党第五届中央执行委员会第七次全体会议,又决议设立土地银行,用以促进土地改革实现、平均地权、活泼农村金融、改善土地利用;同时在办法纲要中具体规定,土地银行的设立方式、组织机构、经营形式和业务范围,决议半年内成立土地银行等。

6. 有关土地分配和利用问题

战时土地政策目的之一就是"提高土地利用之精度,增加生产面积"。战时土地政策大纲也规定:"中央及地方政府应特设土地利用指导管理机关,任用专门人才,改善农业生产技术,并严格统制其生产种类"。非常时期经济方案中对土地分配则规定:"在此抗战时期,不宜操之过急,亦需积渐施行,稳健推进"。在土地政策战时实施纲要中又规定,"农地以归农民自耕为原则","土地之使用,应受国家之限制,政府得依国计民生之需要,限定私有农地之耕作种类"。

第五节 民国时期的土地问题及对策

民国时期土地问题非常严重,这点可以从官方或民间的调查统计表及繁杂的资料中,窥之一二。国民政府当局在几十年中,也制定了明确的土地问题纲要及切实可行的土地政策,以期解决日益调敝的农村经济和日益严重的土地问题,最终实现平均地权,耕者有其田的目的,但由于种种社会和经济原因,土地问题非但没有很好的解决,反而愈加严重,有值得一番探究的必要。土地问题到底严重到什么程度?有哪些具体的表现?成因如何?如何更好的对土地加以利用和保护,使地尽其利?民国政府对此有何作为?

土地问题的内容极其复杂,范围也很广,大致分为土地分配和土地利用两大问题,土地分配问题一方面是土地本身分配的不均,即地权问题,另一方面是土地所产生的农产物分配不均,即地租问题。除此之外,还有同样重要的土地利用问题,即农业经营和市地利用的问题,具体包括土地利用的方式、程度及土地垦殖等。只有将这两个问题合并起来分析讨论,才会对民国时期的土地问题有更深层次的认识和了解,找到民国土地问题的症结所在。

一、土地分配问题:地权分配不均、租佃制度不良

土地问题的核心是土地占有关系,虽然各项统计资料的数字比例不尽相同,但大致反映相同的土地分配状况:占农村人口少数的地主富农,占据大部分土地,而占农村人口大部分的贫农、雇农却只占极少部分土地。对此,除了具体数字上的差异外,观点结论基本一致。

(一) 土地供给不足、地权分配不均

1. 地权分配的形态

有地者自耕,耕者自有其地,是理想的地权分配形态。租佃的多寡,更足以表示地权分配的均否程度,中国地权形态历经变化,土地所有权也从国有、公有为主逐渐变为私有占据主导。土地分配的形态有多种形式,有官地、半官地、氏族共有地(如祖田)、教会寺庙的土地及寺产,还有学田等,其表现形式多种作样,不一而足,由于近代社会经济发展和社会变迁的影响,私有地权不仅占绝对优势,并且逐渐现代化和完整化。

(1) 官有地、公有地及团体所有地。根据《全国土地调查报告摘要》[①]的资料,这些

---

① 土地委员会编印:《全国土地调查报告摘要》,1937年出版,第37页。

用地数量很多,但大多出租,客观上助长了租佃制的发展。第一,官有地。部分为政府因特种需要而指定或使用之地,如屯田、卫田、营地、牧厂、盐地、学田、庄田、籍田、旗地及官署、城根;部分为籍没田地,于湖成田,江海涨滩及一切无主荒熟、田地、山荡。全国官地几何,历来记载残缺不全,但数量却甚多,并且荒地几占十分之九。第二,公有地。指属于一村或一地方共有共享之地,多为山林地、池荡地、荒地,水田、旱地则很少见。第三,团体所有地。指寺庙地、义庄地、祭田,及不属于官有之学田,全国各县均有。随着商品经济的发展和资本势力的入侵,田产的移转更趋自由,屯田、旗地、庙田大都名存实亡,或为地主豪强所占有掠夺,许多官田、公田迅速变为私产,如:兵屯之田,因继承、转租、典当及种种税务纠纷关系,落入私人手里,贫农却无此购买力;学田在不少地方秘密或公开出卖,或旗田弃田不耕的;公田也在减少,庙田被僧人秘密典当、出卖、或被地方当局拍卖;族田也为少数人独占,成为大地主。就无锡而言,私田已占所有田产的91.47%,其他各种田产仅占8.53%,而且它们在实质上已成为普通的私产①。由此可见,官田、公田私有化的现象非常普遍,从侧面也说明当时对公地的保护和管理比较缺乏。

(2) 私有地。地主、自耕农所拥有的土地为私有地,主要指官地、公地之外的土地。地主、富农所拥有的土地通常土质较肥,位置较优,农民大众的土地则较低下,如前所述,私有地已占据绝对主导地位,并有继续扩大化的趋势。而在这私有地中,其在不同的主体间的分配比例,却极为不均,简言之,"农家耕地,未必自有,而有地者,未必自耕"。根据1927年武汉国民政府的土地分配概况表,据其统计,占人数44%的农家只占耕地6%,占人口5%的地主却占地43%,由此形成农村中农民和地主这两个利益悬殊的敌垒,并且地权有日益集中的趋势。

2. 地权分配极为不均

(1) 耕地不足,人地比率失调。我国历来人多地少,国土面积虽然广阔,但可耕之地却甚为缺乏,同时加上天灾人祸,农民离村弃业,使荒地增加。相关统计资料表明,当时中国已耕地对全国土地面积的百分比(即垦殖指数)是全世界最低的,已耕地那么少,而人口却异常庞大,耕地不足问题由此发生。从1893年、1913年及1933年中国耕地面积和人口的统计表中可以看到②,民国初年的耕地面积和人口大致呈增加的趋势,1913年的耕地面积较二十年前(1893年)增加了百分之九,而人口则增加了百分之十一,由1913年到1933年,耕地面积又增加了百分之八,人口则增加了百分之十七。这期间,耕地面积每年平均增加千分之四,人口每年平均增加千分之八,由此可见,民国初年耕地面积增加不如人口增加之快,可见,人口对土地的压力,在民国初年已愈来愈严重。(2) 耕地分配不均,土地日益集中。一方面是耕地不足,另一方面,这有限的耕

---

① 陈翰笙:《现代中国的土地问题》,选自《中国近代国民经济史参考资料》(一),中国人民大学出版社1962年版,第214页。

② 台湾"教育部"主编:《中华民国建国史》第二篇民初时期(三),编译馆1985年版,第1385页。

地分配却极不合理。其结果是,农民没有土地或土地太少,不足以吸引劳动力或维持生活,于是向地主租地,成为佃农、半佃农,或受人雇佣成为雇农,并且佃农、半佃农数量有增加的趋势,可见中国租佃制度的发达。

(二) 租佃制度不良

传统的封建租佃关系继续保持,地主有田不耕,出租给佃户,榨取高额地租,农民以家庭为单位,在细小的土地上耕作,缴纳地租,过着贫苦的生活。民国时期一直未真正实施租佃改革,租佃发达的结果,造成恶劣的租佃制度,佃农既需缴纳高额的地租,佃权又无保障,还受不利的租佃条件的束缚,这样地主收取高额地租,累积的结果,又可购入新的土地,成为更大的地主,最终促成土地的兼并。关于租佃制度的成因,上面已经讲到,是地权分配不均的后果。不良的租佃制度具体表现为:

1. 租额过重、地租太高

地租形态分为包租(不问年岁丰歉,每年缴纳额定地租)和分收(以收获所得之正产物或正副产物按成分收)两种,包租制又分为钱租(每年缴纳额定货币)和物租(每年缴纳额定农产),分收制又分普通分收和佃工分收制。一般,额定物租最通行,钱租、普通分收制次之,佃工分收制极少。租额之高下,可通过租额占收益之百分比和租额占地价百分比来观察之,根据《全国土地调查报告摘要》之农家周年出入调查表的统计,平均租额达收获总值43%有余,实付额达38%以上,较之土地法所定不得超过正产物375‰,高出不少;平均租额占地价10%以上,较之近年国内地政学者所主张之不得超过地价8%,高出不少,由此可见,租额之高,佃农每年须将农产物的一半左右交地租①。

2. 租期无定、租种期限很短

租佃期限,分定期租佃、不定期租佃和永佃三种。据《全国土地调查报告摘要》的统计,租期不定者最为普遍,占7/10强,永佃次之,2/10,定期者不及1/10。不定期的,地主可随时收回土地,另租他人,而不给任何土地改良的赔偿,定期中,1年期占1/3强,性质与不定期租佃相同,三年期占1/3,合计7/10。可见,定期大都年限短,与不定期没什么差别。永佃制,有永远耕作之权利,地主不能随意撤换佃农,但这种方式已经开始没落,在地租太高的情形下,备受侵渔而不能脱佃,反而失去人身的自由。

3. 租约条件苛刻

租佃契约是租佃制度或业佃双方关系的依据,一般多为书面形式,也有口约者,租约的内容多简单,多载明业佃姓名、亩分、租额及缴租时期,一般由佃农单方立一租约交地主收执,也有地主立约交佃农收执的。不管内容如何,租约多代表地主利益,对佃农都是不利的,如:契约不定期,可随时收回,不给任何理由和补偿,或以抬高地租相要挟,附加更多不合理条件,或是预期押租,作为租地的条件等。这样苛刻的条件,使农民对土地多为掠夺性经营,不重技术改良,土地利用不能增进。

---

① 土地委员会编印:《全国土地调查报告摘要》,1937年出版,第43—44页。

二、土地的利用和经营问题：土地利用的分散和贫乏

土地的集中说明土地分配的极不合理,但不能忽视土地的使用和经营问题,英、德等国也是土地集中或大土地所有制,却走上了农业资本主义道路,原因在于有好的土地使用和经营方式,即大农场经营,其土地集中经营,土地所有权和使用权一致,而旧中国恰恰相反,土地所有权不断集中,使用权不断分散,土地的耕作经营极为分散细小,中国农村每户使用和经营的土地极少,同时,由于继承、典当、租佃等原因,地块分割,地块细小,非常典型。如此分散和碎小的土地经营,既浪费劳力又增加成本,无法实行农业机械化生产,农业生产力始终停留在较低水平,农产品商品化的程度极低。

（一）土地利用的方式和经营形式

1. 土地利用的方式和程度

一方面,我国历来人多地少,而土地利用又受自然因素的限制,可耕之地甚为缺乏,而此可耕之地又受种种经济和社会因素的限制,未尽利用;另一方面,因家族制度和遗产分割,耕地面积越来越小,田地使用权的种种复杂关系,也使耕地零星散碎,单位过小,不便作有计划的利用和有效率的经营,大多是沿袭千百年来的耕作习惯,少有变化,无甚新意。

根据社会自然环境、经济情况、人民的生活习性及科学技术水平高低的不同,土地利用的方式可分为农家用地、城市交通用地、建筑用地、军事用地等,但一般主要指农地和市地的使用。《全国土地调查报告摘要》主要对农地的利用进行过详细调查,统计出有关的资料,反映出有关问题。（1）农地使用。普通田地分为水田、旱地、山林地（森林、茶山、竹林）、池荡地（鱼塘、藕塘、芦塘）、荒地（荒滩、沙漠滩、坟墓等无收益之地）和其他（宅地、晒场）等六类,应该说农地使用的范围很广,但各种用地所占有的比例是不一样的,在150余万户经营的土地面积中,旱地占半数以上,水田占1/3,两者合计达88.33%。可见作物面积超过90%,其余各种利用并计,不及10%,而坟地面积与房屋用地相等,反映的问题如:森林太少、坟地太多、畜牧不发达、农作物只偏于粮食作物等,说明田地的利用还不够充分,是粗糙的低级的利用。另外,许多地方的土地利用,以种植罂粟等毒物和其他无谓的消耗品,又因迷信风水的关系,良田常为墓地所占,年代越久,所占面积越多,很不经济。（2）市地使用。一方面,过去闭关自守,一旦门户洞开,帝国经济势力入侵,各大城市及通商口岸,受欧美土地投机的影响,土地投机盛行,都市地价狂涨,即使乡村资本也入驻城市商埠。土地投机者组成地皮公司,垄断地价,使市地变为商品,竞争买卖,在都市中产生新地主,使市地的分配和利用极端严重,部分土地为投机者所垄断,闲置不用,待价而沽。另一方面,开办工厂,发展实业又缺乏土地。在抗战后,为建设新城,农地和市地价格都涨,与过去沿海商埠初辟时情况相同。

至于耕地利用的程度,可参考以下几个因素:耕地占总面积的百分比（垦殖指数）;每年收获若干次;每亩产量若干;可耕而未耕之地有多少。从《全国土地调查报告摘

要》中可以看到,已耕地面积仅占全国土地总面积的7.65%,垦殖比率较之国外,极为低微。每亩产量甚低,应加以改进,土地生产量无论何种作物都比不上先进各国,土地未尽垦辟,生产低落,这些都说明土地利用的程度较低,地利有所未尽。

2. 土地经营的形式

农业经营除租佃自耕基本形式外,也出现带资本主义性质的农业经营形式,主要有:(1)经营地主。地主将自己的一部分土地,雇工耕种,以生产商品农产为主,它是自然经济解体,商品经济发展的结果。据严中平《中国近代经济统计资料选辑》的统计,以及《全国土地调查报告纲要》中的调查数字看,经营地主已经产生,但比例很小,是封建地主经济向资本主义农业经济的过渡形式。(2)富农经济。按经营土地的来源分自耕富农和租佃富农两种。前者为自己经营部分土地,雇工耕作,同时出租部分土地,又兼营商业高利贷,半封建性质,后者为向地主租入土地,雇工经营,类似租地农场主。富农经济是农村中的资本主义经济,是一种进步的经济成分。(3)农牧垦殖业。采股份制办法,雇佣农业工人劳动,使用新式农具,产品进入市场,为城市工业提供原料,也是农业资本主义经济性质。民初农垦公司计有171家,资本总额6351672元[①],到三十年代中叶,农垦业趋向衰落,许多农垦公司破产,一直到1934年开始,由于政府的重视和推动,垦牧事业才有所回升。

3. 土地分配和利用问题的关联性

由于我国人地比率(人多而耕地少)失调,并且地权分配极为不均,有限的耕地大都被少数地主所占据,而有地者大多不自耕,而是将土地租给农民耕种,收取高额地租,形成较发达的租佃制度,地主能从地租中获得满意的回报,对耕地的生产不太关心,也不求农业技术的改良提高,而佃农耕种他人的土地,所得收成大半要被地主剥削,对耕地几乎是掠夺性生产,更不求其他,久而久之,土壤硬化,地利减少,收成下降,耕地变荒地,耕地减少,荒地增加,土地的分配将会变得更加不均。相比之下,德国的地主,自己的土地,自己耕种和经营,同时也能采用现代化的机械和农业技术,使土地得到较充分的利用,所以在德国,土地分配的不均,并没有影响土地的利用。同样租佃制度比较发达的英国,租佃关系不恶劣,佃农生产有所收获,乐于耕种,改良技术,提高土地的利用,也没有影响土地的利用。与此相反,我国土地分配问题却导致土地利用的更加分散和贫乏,而土地利用的分散和贫乏,也进一步导致地权分配的不均,由此形成恶性循环,周而复始,土地问题终不得解决。

三、土地问题的解决对策

对土地问题的严重性,南京国民政府还是有相当认识的。这点从国民政府历年来制定的土地政策和举办的农业土地调查活动可以体现出来,通过调查和统计,及时了解土地变化情况,并提出适当的建议,为政府决策提供依据,尤其是1934年中央土地委

---

① 北京政府农商部编印:《民国元年第一次农商统计表》上卷,中华书局1914年版,第208页。

员会举行全国土地调查,发表《全国土地调查报告摘要》,对土地问题重作科学的研究,并针对发现的具体问题,提出一些解决对策。即使在今天看来,这些解决对策还是很有科学性和合理性的,现简述如下:

针对地权分配不均,提出:(1)疏化农业人口。通过发展工商业,可以降低农民的百分比,同时积极举办移民垦殖,扩张耕地,调剂狭乡人口。对此,国家应制定强有力的移垦政策,以增加耕地,调整土地分配。(2)改革租佃制度。采取法定主义和平等互惠原则,明定租额限度等条款,审核租约而登记之,以协调改善业佃双方关系,尤其注重使佃农经济比较宽裕,多产剩余,积累资金,向自耕农迈进,以求改变日益恶劣的业佃关系。(3)扶植自耕农。采取各种措施,保护佃农,确立土地金融,限制豪强兼并,防止自耕农任意分割土地而使土地变得狭小,或因负债而损失。

针对土地利用的分散和贫乏状况,提出:(1)改进土地利用。每亩产量甚低,若能致力于排水、灌溉、防洪、施肥等,耕地总产量不难加倍,国家应设法防止土地细分,维持相当大小的各种经营单位面积,并在土地细分过烈之后区,从速实行土地重划,将零星土地合为整片。(2)确定土地金融制度。应成立土地金融系统,以土地为担保,发行土地债券,筹划巨资调剂,以长期低利贷以耕者购地或农事上所需资金。同时设立土地银行,普及到各县市。(3)整理田赋与改办地价税。(4)防止土地投机与涨价归公。应实行征收土地增值税。对市地限制使用,限定房租额,必要时施以土地重划。

这些建议和措施,也成为国民政府以后制定土地政策、办理土地行政的重要方针和原则,在实践中取得一定成效。

第六节　违反土地管理法的法律责任

自孙中山开始,民国政府就制定出具体可行的土地政策方案,但没有过多考虑方案计划不能执行时的对策,似乎只要制定了好的政策法规,便可以很好的贯彻执行,没有过多考虑到执行中可能遇到的阻力,当然更主要的是政府缺乏执行到底的决心和毅力,一旦遇到阻力,便退缩、拖延,不了了之,没有真正打算制定一部专门的土地法罚例,坚决打击各种阻挠势力,严惩各种土地违法行为,将土地政策进行到底。因此民国时期的主要土地法规大多欠缺"罚则"篇,即使有也是简单的"加以处罚"或"处理之",并没有具体可行、责任主体明确的罚则之规定。相比较而言,地方性法规、部门规章的罚则部分比全国性的土地法规的罚则部分要多些,但总的来说,法律责任的规定太少了,客观上也降低了土地法的威信力和执行力,最终导致有法不依、有法不行,终成一纸空文,导致土地改革的失败。

民国时期土地法自不像现代土地法,有专章之法律责任,此处之法律责任,主要指违反土地行政管理及土地法律法规所应承担的一种法律后果。其责任主体既包括土地行政管理机关及其工作人员,也包括参与土地行政活动的相对人,即一般民事主体,如土地所有权人、土地承垦人、土地承租人等。其法律责任的形式一般有行政责任、民事责任和刑事责任三种,行政责任主要是对行政机关及其工作人员的行政处分或行政处罚,民事责任主要指民事赔偿、罚锾、罚款等,刑事责任则依刑律有关条文加以治罪。具体而言,其法律责任部分的规定主要体现在:(1)历届国民党中央全会土地政策方案决议之法律责任部分规定。其效力最高,最具原则性,也是制定专门罚则的法律依据所在。(2)土地法及施行法等基本法之法律责任部分规定。土地行政大都含有强制执行性质,土地法及施行法所定之行政程序,本需附有较强有力的行政处分,才易于进行,但土地法只在第五编土地征收中附有罚则,其他各编皆缺,如在《土地法施行法》草案及原附说明中,曾有关于制定罚则的规定,但在最后的审查结果中,以《刑法》、《违警罚法》中均有条文可资援用,无需另定罚则,以免繁复为由,最后没有制定行政院原建议制定的《土地法罚例》。(3)地政部门规章及土地单行法规、地方性法规之法律责任规定。下面结合具体的土地违法行为,分别阐述其相应的法律责任。

一、违反地籍整理的法律责任

整理地籍为土地行政中最基本的工作,内容包括土地测量、土地登记、土地陈报、土地调查与统计等,违反地籍整理的违法行为势必影响整个地籍工作的顺利进行,最终影响土地改革的推动进行,因此民国时期对此有相对较多的规定。

(一)违反土地陈报的法律责任

四届四中全会土地陈报决议案为推进土地陈报工作的进行,有具体的奖惩规定:(1)凡有地无粮或地多粮少依限陈报者,一律准予升补不追既往,城市无粮宅地,尤须尽先举办,其有隐匿不报经人举报者,应查明从严处罚,或没收其隐匿田亩,所有罚款及没收田亩,准分成提充本县及本区乡办理公益之需并奖励举发人,但捏词诬告者依法惩罚。(2)凡依限陈报或延期举报者,准酌减或酌增税款以示惩奖,不陈报之土地即认为丧失产权,移转抵押继承均以土地陈报凭证为有效。

1942年《修正办理土地陈报纲要》也有详细规定:(1)隐匿不报之土地在陈报结束后由乡镇公所暂管,如经过3年仍无人过问者视为无主土地,作为乡镇地方公产,其暂管期内之孳息作为地方公产之收入,应由管有机关依法处理之。(2)凡对公地或他人土地冒认陈报者,除查册注销陈报外,并依法惩办;凡阻挠土地陈报者依法治罪;办理土地陈报人员由主管长官考核成绩,考核办法另定之;凡经办土地陈报人员如有舞弊行为,依法从严治罪。1944年《各省市办理地籍整理成绩考核办法》规定,为考核成绩,提高工作效率,由地政署依据审核视察点验结果,分别予以奖惩,其中惩戒包括申诫和记过。并规定各省市办理地籍整理全部业务,如有成绩特优或恶劣者得由地政署呈请行政院褒奖或惩处之。另外,抗战时期,财政部整理田赋筹备委员会,为加速办理土地陈报工作,要求全国各省除战区外均限令依期办理完毕,定有奖惩办法八条,对办理土地陈报人员分别予以奖惩。

此外还有一些地方法规,如《浙江省土地陈报施行细则》规定,凡陈报人有违反陈报办法大纲相关情形者,得由他人举发但诬告者依法治罪。《吉林省清丈地亩规则》规定,起员勘丈遇有人民因荒地、街基纠葛,经起员和平处理不能解决,就聚众阻挠五人以上或捐照契并不呈验,仍抗阻清丈者,得由监理员护送各县审检所惩办。

（二）违反土地登记的法律责任

未登记之不动产因他事发现命为登记者照登记费加倍征收;登记官吏征收登记费不得额外浮收,违反者被害人得向检察厅或相当官署告诉监督长官亦得以职权移送。

为虚伪之登记者,除缴纳登记费不发还外并依刑律治罪,伪造证据证明登记者亦同;出具保证书之人知其为虚伪而仍为保证者,依刑律治罪。(《不动产登记条例》)

对延误不登记之土地的规定,经催告期满,业主仍不登记的,土地于登记结束之后,由县地政局暂管,若经三年仍无人过问,视为无主土地作为地方公产,在暂管期内的孳息及作为公产后的收入,悉数拨充地方事业经费之用。(《江苏省各县办理土地登记施行程序》)

土地登记及关于土地权利之登记,须于某一区内地籍测量完竣时方得行之,并规定每一区之登记期间为8个月,在前定期间内,若没有不可归责之事由,不为申请时,一律作为公地。(《土地法施行法》)

因登记错误遗漏或虚伪致损害者,由地政机关负损害赔偿责任,但能证明其原因,应归责于受损害人时,不在此限。损害赔偿不得超过受损害时之价值。(《土地法》)

二、违反土地税征收的法律责任

欠税者,自应缴纳之日起,按年息百分之五征收之。

积欠地价税等于3年税额总数时,欠土地增值税延至1年仍未完纳时,主管地政机关均得将其土地及定着物拍卖抵偿。

土地所有权人为不在地主时,应于次期缴税前呈报主管地政机关,逾期不报者,按其应缴税额,加倍征收。

受处罚人为政府机关时,应由该机关之主管人负责(《土地法》及施行法)

匿报地价,除补缴应征税款外并处以应补税款2倍的罚锾,以半数充告发人奖金,此项罚款由买卖双方平均负担。后因罚锾部分之奖金,与财政部有关规定不符,改为"以罚锾之三成充告发人奖金,其奖金最高额以2万元为度"。(1943年《土地移转买卖匿报地价逃避增值税处罚办法》)

三、违反土地承垦的法律责任

起员勘荒遇有人民因荒地、街基纠葛,经起员和平处理不能解决,就聚众阻挠五人以上或捐照契并不呈验,仍抗阻放荒者,得由起员送各县审检所惩办。(《吉林全省放荒规则》之"考成"部分)

本条例施行后凡未经该管官署的核准,私垦荒地者除将所垦地收回外,每地一亩处以三元罚金;承垦人受领承垦证书后须于每年一特定期间内向主管官署报告成绩,违者处以50至300元的罚金;呈报应升科的亩数不实者,每匿报一亩处以3元的罚金。

承垦人受领承垦证书后,如满一年尚未开工或开垦者即撤销其承垦权,此外还应追缴其承垦证书并不退还保证金,但因不可抗力或经许可者不在此列;已满竣垦年限尚未全垦者,除已垦地外即撤销剩余部分承垦权,此外还当更换其承垦证书并不退还被撤销部分的保证金,但因不可抗力的可酌量展期。(《国有荒地承垦条例》之"罚则"篇)

私荒应由各该管县局依督垦单行章则分别地质肥瘠、面积大小、工事难易,严定竣垦年限,逾期未垦者得酌予处罚,其罚则由省市政府制定咨部备案施行。(《督垦原则》)

各县市公私荒地每年招垦亩数不得少于全数1/5,其能照此限度增垦2倍以上者,分别奖励。其不及最低限度者,以废弛职务论,依法惩减。(《内地各省市荒地实施垦殖督促办法》)

私有荒地应由垦区主管机关通知所有权人依规定期限竣种,逾期不垦者,由主管机关呈请上级主管机关核准,可以采取强制租赁、强制出卖和强制征收的处理办法。(《非常时期难民移市条例》)

承垦人应自受领承垦证书之日起1年内实施开垦工作,违反规定者,地政机关得撤销其承垦证书,或撤销其代垦证书并没收其保证金。

四、违反土地使用管理的法律责任

(一)违反公地管理的法律责任

违反规定,将农林牧渔盐矿等地及要塞军备区域与领域边境之土地,移转、设定负担或租赁于外国人,或将条约所未许可的土地权利,迁转、设定负担或租赁于外国人,均有处罚之必要,但只处以罚锾而不处以罚金,而罚锾以所得利益全数以上2倍以下为限。

外国人租用土地违反条约上所规定的租用目的,由主管地政机关撤销其租用。(《土地法施行法》)

外国教会在内地租用土地建造或租买房屋,查出有作收益或营业之用者,该管官署得禁止或撤销其租赁。(《内地外国教会租用土地房屋暂行章程》)

租借官产未经许可,变更其所租官产之形状性质或有毁损之情形者应负赔偿之责。(《管理官产规则》)

租借营产者应负责保管,非经核准不得变更用途及原有形状性质并不得私自转借或转租,因擅自变更致有损失应负赔偿责任,若有利用转租以渔利者,一经查出,除收回外并分别罚办。

凡有侵占盗卖隐匿及非法取得营产并伪造等情形,经查获或告发,除收回营产外并从严法办。(《军政部营产管理规则》)

(二)违反土地征收的法律责任

违反规定,征收土地没有避免名胜古迹或没有保存名胜古迹的,除责令该需用土

地人将名胜古迹妥为保存外,并处以100元至1000元的罚锾;

违反规定,未经特许于补偿金发给完竣以前进入土地内工作者,除勒令停止外并处以20元至200元的罚锾;

需用土地人在进入征收土地范围内工作后,违反规定,未经通知手续擅行除去障碍物者,处以10元至100元的罚锾;

违反规定,在征收土地公告发出后,仍在土地上增加定着物者,处以5元至50元的罚锾;

违反规定,需用土地人未将无主坟墓妥为迁移安葬者,处以50元至500元的罚锾;

违反规定,受领迁移费人未在受领完竣后在指定期限内迁移完竣的,处以30元至300元的罚锾。(《土地法》)

土地收用者或业主不依规定履行义务或违反本法侵占土地强索地债时,由相对人向司法官署提起诉讼;土地收用者或业主对于依本法所发布之命令有不遵行时,地方长官可强制其履行。(《土地收用法》)

(三) 其他违法行为法律责任的规定

农地以归农民自耕为原则,嗣后农地所有权之移转,承受人均以能自为耕作之人民为限,违反此规定移转农地或非自耕农所有之农地,由政府收买转售给佃农。(国民党五届九中全会之决议)

自耕农场之承耕人或所有权人非经县市政府之核准,不得将农场出卖出典抵押或租与他人,亦不得设定其他负担。违反前项规定者其行为无效,政府应即将农场收回。违反第15、17、22条规定者,政府应即还发地价,收回农场,另行放领并撤销原发所有权状。(《修订扶植自耕农实施办法草案》)

由上可见,法律责任以民事责任为主,通过给予责任当事人经济上的惩罚,以达到威慑之效果;刑事责任惩罚最重,本应充分发挥其监督惩戒之预防打击的效果,但苦于土地法规中无明文规定,对违法当事人不足以构成威慑力,客观上造成有关机构及其工作人员,有法不依,执法不严,因为反正惩罚大多是无法可依,自然无所畏惧,随意行事。由于行政责任大多规定得很含糊或不具体,往往以"其罚则呈请行政院定之或报部另定之"等语,敷衍了事,真正来追究行政机关及其工作人员责任的规定委实不多。

第七节 土地管理和立法的经验和教训

土地问题,我国历来就有,到民国时期则更加严重,因为土地问题事关农民和农村经济,事关国家和社会的稳定,历届政府还是比较重视的,民国时期历经三届政府,中间跨度近五十年,土地政策和土地法的制定及实施,土地行政管理活动的开展及进行,地政机关的建设等诸多问题,都有所开展进行,并取得一定的建设成果,但受内部动乱及社会因素的影响,实施效果有未尽人意之处,如农地减租和耕者有其田等政策性改革,无法在短期中彻底推动,民国时期的土地改革最终以失败告终。但其中的经验和教训值得我们进一步研究和总结。

一、南京临时政府时期的经验和教训

民国初建,孙中山就博采中西,融会贯通,制定了土地政策的基本纲领:"平均地权,耕者有其田,使地尽其利",详细的方案和步骤计划在其相关著作和系列演讲中有充分的阐述,也奠定了整个民国时期土地政策和土地改革的最基本的依据,尤其南京政府始终是"秉承总理的遗教",以此为宗旨制定和实施土地政策和土地法。

虽存续时间较短,来不及制定具体的政策、法规,加以执行,但活动还是在进行中。我们可以通过实业部对呈请事项的管理和批准,管窥当时的状况,如:开垦荒地,增加耕地;大力发展垦殖,兴办垦殖公司,振兴实业等。关于这一点,在前文中已有论述,不再重复。

此外,临时政府的高层领导,一直坚持革命奋斗的精神,以富强兴国为己任,积极制定开展计划,如黄兴、蔡元培等发起成立拓殖协会,扶植建立垦殖公司,大力发展垦拓、种植、造林事业,开发边荒,调查农林矿产、附设关于垦殖事业各机关,这些方案和活动颇具创意和建设性。孙中山对此特拨经费,给予大力支持。正因为如此,民初的垦殖事业发展较快,当时就有171家垦殖公司。

这段时期的不足在于,由于时间紧迫,政局不稳,资金缺乏,往往只有宏伟的计划,大多没有或来不及付诸实施,成为一纸空文。

二、北京政府时期的经验和教训

北京政府时期,为稳定政局,也采取措施,发展经济,振兴实业。土地方面,也有所进展和突破,如:土地资源管理机关较之以前,相对完善,内务部、经界局、农商部,各司其职,职责更明确,分工更细化。土地立法也有所突破,相继颁布《国有荒地承垦条例》及其实施细则、《不动产登记条例》、《土地收用法》等。为促进垦荒,增加耕地面积,各省大都有垦务局的设置。再者,大理院的司法判例也非常丰富,弥补了当时土地法规的不足,解实际判案中的燃眉之急。

三、南京国民政府时期的经验和教训

纵观南京国民政府执政的22年中,制定了一系列的土地政策和法规,在局部地区实行了有所成效的土地改革,但总体上并未取得实质性的进展,土地问题并没有真正得到解决,土地改革最终以失败而告终。对此,学界几无争议,惟对于失败的原因,却多有探讨,观点不一。美国学者倾向认为国民党政府没有诚意推行和支持实质性的乡村改革,到台湾后的国民党则将其归结为时局、经费等客观原因,进步学者认为,作为大地主大资产阶级利益代表的南京国民政府,为维护自身利益,不可能实行彻底的土地改革。其实,南京政府在土地问题上的不成功,是诸多主观因素和客观因素的结果。撇开政治的因素,民国土地政策的制定及其发展变化,土地法的颁布及实施,各项地政设施的建设状况等,都是既有可资借鉴的经验,也有深刻难忘的教训,值得研究。

(一) 经验

1. 为解决土地问题,实现民生主义,始终围绕"土地问题——土地政策——土地法——土地行政"这个基本模式行事

有什么样的土地问题存在,就会有解决此问题的方针与计划,即"土地政策",有了土地政策,便可由立法机关制定具体施行的法规,即"土地立法",有了土地法规,行政机关便可遵照执行,即"土地行政",这些前后一贯的层次,彼此间有不可分离的关系,紧密围绕这个模式制定出来的土地政策和土地法规,才会目标明确和切实可行。孙中山先生很早就意识到中国土地问题的严重性,提出了"平均地权"的主张,在历次的文告和演说中多次强调,后又进一步提出"耕者有其田"的口号。南京国民政府遂以此作为土地立法和土地行政的指导原则,历次国民党中央全会所制定的土地政策,土地法原则九条和土地法的颁布,以及在此基础上所建立起来的地政设施、所开展的各项地政活动,都是遵循这个思路来进行的,如民国学者所总结的,"土地问题为国民经济的基本问题,平均地权为实现民生主义两大方策之一⋯⋯自国民政府奠都南京以后,中央为谋实现平均地权和耕者有其田的土地政策,秉承总理遗教,制定土地法规,设立地政机关,实行土地测量、土地登记,征收地价税,统制土地使用,办理地价申报,创设土地金融制度等"①。因此,从这个意义层面和理论思路来看,民国土地政策、土地法的制定和实施,是具有科学性和可行性的。

2. 重视土地问题,有贯穿始终的土地政策,并能做到顺时而变,有所侧重,有所轻重缓急

国民党官方始终在文本上强调实施土地政策的重要性,孙中山视解决土地问题为实现民生主义的重要的一环,其土地思想的两个转变——"从地尽其利到平均地权"、"从平均地权到耕者有其田",都充分证明了这点。蒋介石也曾多次提及:"所以实施土地政策,乃是中国今日更永远解决国家财政与经济问题最基本的政策。无论政府与国民个人都不能不认此为之当前切身的急务。"②而南京国民政府一直在立法文本上以"平均地权、耕者有其田"作为主要的政策依据,在历次国民党中央全会的宣言和政纲中,更是常常提到,并且逐渐演进为详细而具体的规定。每次会议都有自己的议题中心点,又能针对不同时期、不同情况,对土地政策及时变更修正,有所侧重,但整体看来,又始终不偏离土地政策的最高目标,稳中有变。如国民党自1927年开始实施"二五减租"政策,以保障佃农,缓和业佃纠纷,稳定乡村政局,而到1938年,为适应非常时期的经济需要,增加抗战力量,特制定《战时土地政策案》和《战时土地政策大纲》。到抗战后期,国家施政方针明确规定,保障佃农及扶植自耕农为地政部分的主要业务,中国农民银行土地金融处则以办理扶植自耕农放款为中心工作,广东、广西、湖南、福建、

---

① 朱子爽:《中国国民党土地政策》,国民图书出版社1943年版,第69页。
② 同上书,第44页。

江西等省,均先后根据《土地政策战时实施纲要》,订立扶植自耕农实施办法,以从事实验示范工作。

3. 从土地法的制定和内容来看,内容充实完备、态度认真严谨

(1) 从制定、修改的过程来看。土地法从草拟到公布,经过一年半的研究讨论,1928 年开始酝酿土地法,先拟出《土地法原则》九条,作为制定土地法的依据,土地法委员会再依据该原则,多次开会讨论,拟好《土地法初稿》,召集财政、法制、经济各委员会召开联席会议详加审查,分别修正通过,完成《土地法草案》共 405 条,又提付二读,删去 8 条,再经三读,最后一致通过,于 1931 年 6 月 30 日公布,由此可见,立法态度之严谨认真。其后,土地法又几经修改,以适应现实变化的需要,1934 年,由中国地政学会拟具修改土地法意见书,中央政治委员会于 1936 年 5 月将修正土地法二十三条原则全部通过,使土地法更趋完善,到 1946 年又颁布《修正土地法草案趣旨说明》,将之前的原则进一步修订,再次公布土地法。

(2) 从土地法律法规的体系来看。既有土地法、土地法施行法等基本法规,也有地政各项具体法规,如:垦殖法规、地税法规、地价法规、土地金融法规等,涉及到实体法和程序法,民事法和行政法,专门法和附属法规,涉内法规和涉外法规等方方面面的内容。

(3) 从土地法的基本内容来看。全面而具体,涉及整理地籍、规定地价、统制土地使用、地权调整等内容,包括了土地法的基本原则、土地的开发利用和保护、土地权属等现代土地法的主要内容。

(4) 从立法的态度来看。能积极学习和借鉴国外先进的法律制度,并结合本国的实际情况,制定出相应的政策法规。比如,孙中山的土地思想就是受欧美各国土地改革运动的影响,并结合中国的社会情况,在动荡多变的斗争局势中逐渐产生和发展完善的。再如,《土地法》的制定,就是根据孙中山"平均地权"的要旨,酌用廖仲恺在广州与德国的单威廉博士等讨论土地税法的结果,并参考加拿大、英国、德国等国的土地法案,草拟而成的。

(二) 教训

1. 土地政策本身存在的原因

(1) 土地政策是先进、可行的,但实施政策的方案却是渐进改良的,在当时难以实现。"平均地权、耕者有其田"是纲领性的土地政策,而其实施的步骤是以和平的方法,以发展生产为条件,将土地的使用加以相当限制,使其由私有制渐渐演进为土地国有。由此,具体的土地方案只能是渐进的、迂回的,"保障佃农与二五减租可视作一事,为国府当前唯一之土地政策,二五减租不过是保障佃农具体方案之一。中山先生所手定的土地政纲是平均地权……可是国民党具体的土地政策,仍只是保障佃农入手"[①]。因此,土地法明令保护土地私有制,规定"中华民国领域内之土地,属于中华民国国民全

---

① 《中国经济年鉴》上,商务印书馆 1935 年版,第 91 页。

体",同时又规定"其经人民依法取得所有权者,为私有土地"。蒋介石说得更明白:"如果我们从地主手里拿走土地,赶走共产党岂不多此一举?"①,并且一再向地主表明土地改革不会损害他们的利益。正如王稼祥所评价的,"激进资产阶级代表的土地纲领虽然在主张上是革命先进的,但其所主张的实现其激进土地纲领的方法却是改良主义的,因而使其难以实现"②,而这一点正是由国民党所赖以建立的政权基础所决定的,不改变这一点,很难有所作为,而即使是这个温和改良的方案,在具体实施中也是阻力重重,最后以失败而告终。到1948年,以萧铮为首的中国土地改革协会,草拟《农地改革方案》,试图以武断、彻底的方式解决拖延已久的土地问题,"由政府下令之日起,土地即马上属于佃农,不采用抽税征购等方法"③,较之以前的政策有较大的改进,讨论了半年之久也没通过,最后不了了之。倒是国民党溃败大陆,退居台湾后,痛定思痛,在没有那么多的阻力和牵绊之后,大力推行"三七五减租"和"扶植自耕农"政策,反而执行得彻底顺利,取得了良好的效果。

(2) 土地政策法规过于注重理论和技术问题,方案繁复,不易实行。几经制定的土地法在公布后,被发现存在诸多问题,中国地政学会明确指出:若依照土地法规定的程序来推行土地政策,实在是缓不济急,"照价收买、涨价归公"这些办法,在实际上很难行得通,需要修正④,"过去对耕者有其田作正面反对的固不多,但在方法上,差不多都采用'局部的或迂回的',如农贷征购等都是,这是难得有何成就的"⑤。地政学者张丕介也认为,"国民党在土地政策方面多偏于技术,大部分未接触到问题本身……等到我们把意见整理,变为方案,化为立法,然后付之执行,获得效果,这中间尚有遥远的距离"⑥。例如,行政院为贯彻实行《土地政策战时实施纲要》,专门设立了地政署,但政府对此采取拖延战术,逐渐使问题由延缓而趋于冷漠,加上财政当局消极反对,"故卒使此案仍为本党之又一'决而不行'之案例"⑦,类似"议而不决"、"决而不行"之事例不胜枚举,国民党一而再、再而三地失去了解决土地问题的良机,以致土地问题积重难返到不可救药的地步。地政部次长汤惠荪对此有很好的总结:"政府历来推行土地政策,有一个毛病,就是办法繁复,不易实行,甚且因噎废食,使整个政策推不动。譬如说规定地价收买土地的问题,必须经过登记测量等手续,做起来非常迂缓,而且估价是很复杂的问题。往往政策本身很好,就因为繁复而困难重重,这是每一个负行政责任的人所感到的共同苦闷。"⑧对于土地改革未能收效的原因,蒋介石是这样认为的:"所可惜

---

① 章有义:《中国近代农业史资料》第3辑,三联书店1957年版,第345—346页。
② 王稼祥:《关于三民主义与共产主义》,载《解放》第86期,1939年;转引自郭德宏:《中国近现代农民土地问题研究》,青岛出版社1993年版,第224—225页。
③ 《座谈中国土地问题》,载《中央周刊》第10卷第13期,1948年3月,第10页。
④ 《中央周刊》第10卷第12期,1948年3月,第6页。
⑤ 《座谈中国土地问题》,载《中央周刊》第10卷第13期,1948年3月,第10页。
⑥ 《座谈中国土地问题》,载《中央周刊》第10卷第10期,1948年3月,第8页。
⑦ 萧铮:《土地改革五十年》,台湾中国地政研究所1980年版,第221页。
⑧ 《座谈中国土地问题》,载《中央周刊》第10卷第13期,1948年3月,第13页。

的是我们有完善的主义、政策、计划和方案,却缺乏具体精密的方法和笃实践履的行动。……过去我们的失败,就失败在虽有计划,而没有行动;虽有行动,而缺少方法,即使有了行动,而又是与现实不合的。……没有方法,亦就不能获致效果。"①固然,政策本身不值得怀疑,值得怀疑的倒是政策的实施者及实施的具体环境了。

2. 实施土地政策的主体原因

(1) 缺少认真执行土地政策的政权力量。政府的施政一般要经过立法程序,要通过行政机构来进行,土地政策的实施不仅要有政策法律的指导,更要有实际的行政推动力,因此,土地改革牵涉从中央到基层的很多人,特别是把持乡村政权的地主豪绅的利益,因而遭到他们激烈的反对。1927年大革命失败后,农村中地主豪绅政治势力得到恢复与加强。旧式的土豪劣绅,摇身一变,当上了新式的区长、乡长、镇长,乡村政权几乎被他们所操纵,农村行政,为地主的广大势力所渗透,税收、警务、司法、教育,统统建立在地主权力之上,正是由于这些兼任军政官吏、高利贷者、商人等新式豪绅地主盘踞在乡村政权中,使得政府在农村土地问题上所采取的许多改革措施,不是收效甚微,便是归于失败。"中央政府所制定的改良政策,往往传到省政府时打了一个折扣,传到县政府时再打一个折扣,落到区乡长的手里的时候,便已所余无几。譬如'减轻田赋,废除苛杂',中央虽然三令五申,但到县政府和区乡长的手里的时候,就会把一部分田赋变成税捐,把一部分的税捐变为摊派,换汤不换药地敷衍过去。"②如有学者所评价的,"我们有许多政策法令都很好,可是实施却有困难,显然在政府中存在着阻碍的力量……而我们成了抓不到贫雇农,就抓地主和资产阶级,抓着他们可成了阻碍一切改革的力量,岂不令人啼笑皆非?"③中国食货会的曾资生也指出:"中国土地问题迄今不能获得合理解决,原因固多,但尤可注意的是政府的本质问题。我们党和政府的土地政策,一到乡村中去,就被少数人操纵,不顾农民的利益,甚且成了妨害农民利益的东西。下层执行与上层决策完全脱节。若干党人只知道升官发财,发了财便兼并土地,变成新兴的地主阶级,因之,一个进步的革命政策拿出来,转了两个弯便没有了。"④到1946年,蒋介石也不得不承认,当年因为"没有足够的行政推动力"致土地改革未能实行。而曾参与国民党土地改革的肖铮的看法则更接近本质,他认为:"问题的焦点在于决心不够,只要我们有推行土地政策的决心,法不完全,可以修正,人力不够,可以培育罗致,经费不足,可以筹拨。所以,这些问题都不足以影响土地政策的推行。唯有决心不够,确实可以影响一切。"⑤可见,国民党的土地政策即使是革命的、进步的,可是当若干党员大多变成了土劣、地主,成了革命的对象,这样的政策又如何能

---

① 中共中央党校党史教研室编:《三民主义历史文献选编》,中共中央党校科研办公室1987年版,第435页。
② 益圃:《新土地政策的实施问题》,载《中国农村》第3卷第7期,1937年7月。
③ 《中央周刊》第10卷第13期,1948年3月,第13页。
④ 《中央周刊》第10卷第12期,1948年3月,第6页。
⑤ 《地政通讯》第23期,1947年,第2页。

贯彻呢？

譬如"二五减租"的实施。浙江省的二五减租运动,在开始后不久,就遭到地主势力的破坏和阻挠。他们或诬指减租农民为共产党,报警逮捕,或借口收回自种,以撤佃相威胁,或贿使地痞流氓及暴徒以武力抗拒减租,天台、遂安、武义等县都发生了县党部指导员因推进减租而被殴打或杀害事件,地主们纠集在一起联名向省政府及南京政府要求废止减租,收回成命的函电,更是屡见不鲜。减租运动"受到代表大地主的省政府的抵制,它通令各县政府禁止'二五减租',甚至出布告宣称主张'二五减租'就是共产党"①。减租运动进行得很不顺利,地主们凭借在地方基层的政治地位,以民团、警察及驻防军队为后盾,为所欲为。湖南的唐生智在文告中就说到:"减租政策公布后,切实执行者固多,而籍故迁延,意存观望者,亦复所在多有,甚至将所颁布文告,匿不张贴,藐视政令,违反党纲,显系土豪劣绅把持操纵,流氓地痞,顽抗阻挠",而在湖北,1927年省政府关于减租的文告"公布已经月余,其切实执行者固多,而借故迁延,意存观望者,亦复所在多有,甚至将所颁布布告,匿不张贴,藐视法令,违反党纲,显系土豪劣绅,把持操纵,流氓地痞,顽抗阻挠"。②而浙江平湖县因有永佃制的关系,农民在"二五减租"中不但没有受益,反而因此遭殃,最终使减租变为加租,地主则利用农民的不知内情,故意鼓动农民起来反对"二五减租",以致发生许多纠纷,而负责调节纠纷的乡政人员大多自身就是地主,自然决不愿揭穿这种秘密"。③

再如土地整理。首先要求册籍明了,但直至抗战爆发,国民政府在各省的清丈土地、编造图册的工作也未完成。而经办土地陈报的乡镇长大都是当地的地主豪绅,大小地主们利用册籍的混乱和在乡村中的特权,将田亩以少报多,以熟报荒,逃避或减少负担。政府当局对此也心知肚明却无所作为,因大多数领导人与乡村中土地占有者"利益一致,思想感情相通"④。在江苏,地主豪绅贿赂地政官员,隐瞒田产之案屡有发生,有的县居然出现查报后的田亩较查前反为短少的情况⑤,由这些人来担任整理土地的责任,是不可能指望有所成就。浙江举办土地陈报,耗资30余万元,农民巨额陈报费负担(每亩0.12元)的结果,是地政的一败涂地,农民毫无好处。尤其是按照各地施行土地陈报情形,举凡绘图编号都由各地乡镇长经手,所以乡镇长实际上对土地陈报忠实与否,具有莫大关系;可是我们知道今日各地乡镇长大都是当地的地主豪绅,地籍不明对他们只是有百利而无一弊,以这种人来负担整理土地的大责任,哪里产生得

---

① 《〈中国农村〉论文选》上册,人民出版社1983年版,第20—21页。
② 《中华民国史事纪要》(初稿)1927年(7—12月),台湾正中书局1978年版,第609—610页。
③ 平湖县因有永佃制,大地主的租额往往在37.5%以下,此时地主们以为有律可援,纷纷增加田租。吴晓晨:《平湖的租佃制度和二五减租》,载《东方杂志》第32卷第24号,第119页。
④ 〔美〕杨格著:《1927年至1937年中国财政经济情况》,陈泽宪等译,中国社会科学出版社1981年版,第337页。
⑤ 萧铮:《民国二十年代中国大陆土地问题资料》,台北成文出版社、美国中文资料中心1966年联合出版,第14392页。

出好的结果来呢!①

(2) 基层地政机关不健全,影响土地施政的效果

地政机关建设是民国土地行政的重要内容之一,也是地政推动的中坚力量,从地政机关建设可以管窥土地施政的效果,而土地施政又必须以土地立法为依据,由此,地政机关与土地行政、土地立法有着密切的联系。作为实施土地行政的专职机关,机关组织体系的完备与否,机关职能的健全与否,地政人员的培训及经费的充足与否,以及地政的实施情况等,都将直接影响到土地法和土地政策的实施及民生主义的实现。纵观民国始终,虽然最终确立了以地政部为首的三级机构体系,但从其沿革、职责及施政效果来看,还存在不少问题,地政机关建设和地政事业的开展没有完全依法行事,尤其是市县级地政机构没有普遍建立起来,使得地政机关职责没有尽力发挥,最终影响施政效果,有违于地政在民国行政建设中的重要地位和作用。

市县地政机关作为地政主管机关,为地政机关的基本组织,其建设的好坏直接关系到地政事业的开展。但是整个民国时期,惟这个至关重要的执行机构却没有普遍的建立。据1935年资料②统计,共计21个省设有县地政机关,但名称各异,除江苏、广东等少数省份设有县土地局外,其余各省大都无县一级常设的专管地政机关,也有设临时性县地政机关的,事毕即行裁撤。可见,县级机构设置较之省市更为凌乱,更加纷繁复杂。作为地政学者和地政官员的吴文晖氏对此很有感慨:"今除少数省外,皆已有地政局之组织。故中央及省市地政机关,已甚完备。惟县级方面,截至1946年12月止,在全国2129县市中,设有临时地政机构者仅367县市,有经常机构者仅399县市,且名称互异,系统不明,故县级地政机构亟宜加以调整,并逐渐普设"③,也正因为如此,使得市县地政业务,直到民国末期还是局限于地籍整理、地价申报等基础性业务,正如地政部次长汤惠荪1948年在"政府对土地政策之实施中"所提到的,"现在地政部的工作还只是在做这个开征土地税的准备工作,大部分的经费都花在土地测量上面,中国的面积太大了,土地测量实在是一个巨大的工作,据估计全国农地约有20万万亩,而进行了二十年的土地测量现在尚只测到1万万余亩"④,可见,"执政二十年,连测量清丈还没有弄好,遑论其他?"⑤。

3. 政策实施的民意基础原因

(1) 民生主义的土地政策在国民党内并没有得到真正的认同,只是少数人的主义。南京国民政府虽然在立法文本上秉承了"平均地权、耕者有其田"的主张,但在具

---

① 石西民:《我国田赋的积弊与整理》,载薛暮桥、冯和法编:《〈中国农村〉论文选》(上),人民出版社1983年版,第386页。
② 《内政年鉴》(三)"土地篇",上海商务印书馆1936年版,第171—172页。
③ 吴文晖:《祝全国地政检讨会议》,载《地政通讯》第21期,1947年10月出版,第1—2页。
④ 《中央周刊》第10卷第10期,1948年3月,第9页。
⑤ 《中央周刊》第10卷第12期,1948年3月,第6页。

体的土地政策和土地法的内容上,并没有完全依此来行事,而是随情况有所变通,尤其是忽略了"耕者有其田"的政策,对既存的土地占有关系没有触及,回避了尖锐的土地改革任务。据萧铮的说法,在南京临时政府成立时,除孙中山之外的资产阶级革命派主观上回避了土地改革问题,革命党人对"平均地权"也有不同的理解,以致到临时参议院正式成立时,将"平均地权"闭口不谈。① 而 1924 年国民党一大在审议宣言时,对政纲中的反帝外交政策和土地政策,就"有人提出种种责难……许多代表对平均地权也产生类似 1905 年同盟会成立大会上的困惑,会上的右翼势力迫使孙将'大土地所有者的土地收归国有'的条文从宣言中删去"②,虽然平均地权纲领最终获得通过,却说明了"国民党组织庞杂,党内始终有一股暗势力,对新三民主义一概持以怀疑否定的态度"③。可见,国民党的土地政策只是"出于少数先知先觉的发政施仁,是依据一种主义"④,他们虽然有自己的一套土地政策,但自己却不能真正相信自己,因此,它从一开始就缺乏坚实广泛的实施基础,而只有当这种"少数人的主义"成为大多数人的信仰时,才会获得实施的原动力。

(2) 宣传发动不够,农民组织没有建立起来,没有真正形成一种运动的力量。民国后期,国民党土地政策的实施效果和中共土地改革运动的卓有成效形成鲜明的对比,让国民党官员和学者开始意识到"组织和力量的重要性"。在他们看来,如果全社会都要求解决土地问题,形成了一种运动,同时又有基层实行人员和民众组织来推行土地政策,则任何人也不得不照着政策去行。

"谈土地问题的解决不是易事,仅靠政府的力量不易收效。我们要把这做成一种运动,要从基层着手,要民众有组织,才能求其成功。"⑤农民有了坚强的组织,才有力量起来,配合完成政府的土地政策,而"政府显然做的太少……社会上的实际觉悟也太不够,大家糊里糊涂,没有重视和警觉到问题的严重性。这样自然不能促起政府改革的决心,地政学会提供政府的改革方案,竟如石沉大海。今天我们既然感到土地改革的必要,就必须大声疾呼,发为一种运动,造成一种力量,以帮助土地问题的解决"⑥。曾资生也一再强调,"土地改革没有农民组织是不行的,过去很多农民贷款往往不能达到农民之手,而为土劣攫去,就是农民没有组织的缘故"⑦。吴文晖则以中共的做法来检讨国民党的政策弱点:国民党多年来未能实行自己的政策,可是中共政策却能真正实行,这缘故在于:第一,共产党真正进行民众组训,特别重视农民组织,《土地法大纲》中

---

① 萧铮:《中国人地关系史》,台湾商务印书馆 1987 年修订版,第 242—245 页。
② 金德群:《中国国民党土地政策研究》,海洋出版社 1991 年版,第 118—119 页。
③ 同上书,第 122 页。
④ 薛暮桥、冯和法:《中国农村论文选》,人民出版社 1983 年版,第 314 页。
⑤ 《座谈中国土地问题》,载《中央周刊》第 10 卷第 10 期,1948 年 3 月,第 10—11 页。
⑥ 《座谈中国土地问题》,载《中央周刊》第 10 卷第 12 期,1948 年 3 月,第 6 页。
⑦ 《座谈中国土地问题》,载《中央周刊》第 10 卷第 13 期,1948 年 3 月,第 12 页。

就规定由农会来执行政策。回想在清党以前,粤湘鄂诸省二五减租曾彻底实行,就是农会的力量。清党以后,地主及知识分子渗入,控制农会,真正农民反被摒于门外,这是政策失败的主因。第二,共产党的组织很健全,构成一个很高等的组织体系,中央决策可以贯彻下层,它的宣传政策也很成功。而我们的党却表现为组织松散。①

---

① 《座谈中国土地问题》,载《中央周刊》第10卷第13期,1948年3月,第11—12页。